COLETTE

Des mêmes auteurs

Simone de Beauvoir et le cours du monde, Klincksieck, 1978.
Les Écrits de Simone de Beauvoir, Gallimard, 1979.
Marcel Proust et les siens, Plon, 1981.
Marcel Proust : Poèmes, Gallimard, 1982.
Partons pour Icarie. Des Français en Utopie, Perrin, 1983.
Simone de Beauvoir, Perrin, 1985 (Grand Prix des Lectrices de Elle).

CLAUDE FRANCIS
ET FERNANDE GONTIER

COLETTE

PERRIN

© Librairie Académique Perrin, 1997.
ISBN : 2.262.01224-5

« ... Ils ont de moi une vieille image stéréotypée. »

COLETTE.

CHAPITRE PREMIER

La famille de Colette

« *Retourné-je ce soir à la Martinique...* »

Étoile Vesper.

« Avec la maturité les plus impétueux atavismes se révèlent. Qu'un doigt me pousse et je roule (...) vers une mer qui amena, au début du siècle dernier, colorés de sang colonial, le cheveu frisé et l'ongle irisé de mauve comme un coquillage, les récolteurs de cacao d'où sortit ma mère [1]. » Ce n'est pas la seule allusion que Colette fasse à ses antécédents antillais. Dans une lettre à Francis Jammes elle confie : « Vous savez mes parents d'autrefois venaient aussi des îles chaudes... Voilà j'ai une tâche noire dans mon sang [2]... » Actrice et danseuse elle se présentait ainsi : « Colette Willy... Indélébilement bourguignonne quant à l'accent ; mais en cherchant bien – pas très loin – on lui trouve des ancêtres singulièrement foncés en couleur [3]... » et l'une de ses amies, Nathalie Barney, parlait sans indulgence de son teint de quarteronne. Colette ne renia jamais ses origines antillaises, ses biographes le firent pour elle. Le dernier n'y voyait qu'une création littéraire, d'autres concluaient qu'il n'y avait « rien d'exotique dans l'arbre généalogique des Landoy [4] ». Refusant de mettre en doute les affirmations de Colette elle-même, notre enquête nous a menées chez les huguenots en Champagne et abouti à la Martinique au XVIIe siècle. C'est une longue exploration qui éclaire les raisons pour lesquelles chez les Landois, « On ne garde rien, ni papiers, ni souvenirs [5] ». Seul a survécu un daguerréotype du grand-père de Colette, un quarteron à « l'œil pâle et méprisant, le nez au-dessus de la lippe nègre [6] », séduisant et cultivé. D'où venait cet Henri Landois qui a engendré une lignée de journalistes, d'éditeurs, d'écrivains dont le fleuron est sans conteste Colette ?

En 1787, Robert Landois, un jeune mulâtre, la bourse bien garnie, fait son apparition à Charleville, ville frontière, plaque tournante de la contrebande des produits coloniaux et du tabac entre la France et les Pays-Bas. Il ouvre un commerce d'épicerie dans la rue principale, la rue Saint-Charles. A la veille de la Révolution un épicier n'est pas un petit boutiquier, c'est un négociant en gros et demi-gros, membre de la puissante Guilde des Épiciers qui, à travers les siècles, n'a cessé d'accumuler les privilèges. Elle a acquis entre autres au XVIIIe siècle le monopole de la fabrication du chocolat, de la vente des fruits exotiques et des produits chimiques importés. A la fin du siècle, la Guilde des Épiciers est la plus puissante organisation commerciale sur le territoire et aux colonies. Elle a des représentants dans tous les ports et dans toutes les villes frontières. Pour avoir le droit de débiter le moindre grain de poivre, un épicier doit faire trois ans d'apprentissage, puis trois ans de compagnonnage avant de prêter serment devant le procureur royal et de recevoir une lettre de maîtrise signée des trois Gardes Apothicaires et des trois Gardes Épiciers, personnages puissants chargés de l'étalon des poids qui ont le droit de porter la robe consulaire en public. Le brevet de maîtrise coûte la coquette somme de 900 livres. Robert Landois *, le jeune homme de 20 ans qui s'installe à Charleville, a donc des moyens. Trois ans plus tard, en 1790, il épouse Marie Mathis, née à Grand-Pré, la fille d'un batelier des Ardennes.

Robert Landois descend de huguenots champenois qui, au XVIIe siècle, ont trouvé refuge en Martinique. L'île alors est divisée en neuf compagnies, chacune subdivisée en *cazes*, sortes de fermes fortifiées. L'une de ces compagnies est sous le commandement de monsieur Le Vasseur (ou Le Vassor) de la Touche, le chef reconnu des protestants français aux Antilles. Bien que les protestants soient persécutés en France, Louis XIV, dans un geste politique, a chargé Le

---

* Or d'après les recherches d'un archiviste de Charleville sur lesquelles se sont appuyées toutes les études biographiques de Colette, Robert Landois serait fils, petit-fils et arrière-petit-fils d'ouvriers agricoles et serait né au hameau de la Neuville par Cormicy (Marne). Un examen des actes montre que Robert n'est pas né au hameau de la Neuville et que les dates de l'extrait de naissance et celui de l'acte de décès ne concordent pas. Ayant enraciné les ancêtres de Colette dans la France profonde il devenait difficile d'expliquer les origines antillaises « la généalogie des Landoy ne révélant aucun ancêtre nègre ». L'archiviste émet alors l'hypothèse que « la destinée terrienne » de Robert changea quand il épousa Anne-Marie Mathis, la fille d'un batelier des Ardennes « La famille Mathis, à l'inverse des Landoy est d'humeur voyageuse, on est batelier... et on se déplace souvent [7]. » L'humeur voyageuse et la navigation en péniche sur la Meuse d'une famille implantée dans les Ardennes n'explique pas non plus « les récolteurs de cacao. » La batellerie n'a rien à voir avec la navigation au long cours. C'était oublier aussi qu'historiquement « la destinée terrienne d'un fils d'ouvrier agricole était d'être asservi à la terre que ses ancêtres cultivaient depuis trois générations. Ce n'est qu'en 1779 que le roi abolit le servage sur les domaines royaux et il faudra attendre la nuit du 4 août pour supprimer complètement toute forme de servitude. Ce qui explique mal comment un manouvrier aurait eu les relations et l'argent nécessaires à l'ouvertures d'un négoce d'épicerie.

Vasseur de la Touche de coloniser les îles où, parmi les corsaires qui sillonnent la mer des Antilles, nombreux sont les protestants français. Un huguenot doit pouvoir plus facilement les persuader de déclarer comme territoire de la couronne les îles dont ils ont fait leurs ports d'attache, que l'Angleterre et les Pays-Bas protestants convoitent. Pour ce faire, Le Vasseur recrute en France dans les milieux huguenots de plus en plus soumis à des mesures vexatoires. C'est dans la compagnie de M. Le Vasseur qu'au cours du siècle se réfugient les ancêtres de Colette. Dès le premier recensement fait à la Martinique en 1664, un François Landois âgé de 32 ans dirige l'une des *cazes* de M. Le Vasseur. Il a sous ses ordres trois Français : Jean La Treuille, 54 ans, Jean Musnier, 28 ans et Pierre Lesné, 28 ans également, tous trois du Havre – probablement leur lieu d'embarquement plutôt que leur lieu de naissance. Puis il est recensé avec deux femmes noires et deux enfants noirs de six et treize ans. Sept ans plus tard, en 1671, alors qu'en France la répression contre les protestants s'intensifie, l'ancêtre direct de Colette, le Champenois Pierre Landois, est recensé à la tête d'une *caze* Le Vasseur. Il a un serviteur noir et pas de femme. Il a laissé en Champagne sa femme et son fils Guillaume né en 1664, le premier Landois à être inscrit dans les registres paroissiaux, une prudente précaution, car dénoncés, dépouillés de leurs biens, de nombreux huguenots font des conversions de raison, d'autres s'exilent dans les pays protestants européens, les plus hardis vont chercher fortune dans cette vaste et vague entité, les îles d'Amérique. C'est ce que fait Pierre Landois, après s'être assuré que son fils dûment baptisé sera à l'abri jusqu'au jour où il pourra le faire venir là où la fortune ou la Providence l'auront établi. Mais à partir de 1685, les frontières du royaume sont fermées et tout protestant arrêté est envoyé aux galères. Guillaume Landois demeure en Champagne où il gagne sa vie comme manouvrier. Ses descendants, Henri, Jean-Louis et Robert, sur trois générations, vivotent au plus bas de l'échelle sociale. Mais alors que les ouvriers agricoles, à de très rares exceptions, sont analphabètes, tous les Landois apposent sur les registres paroissiaux des signatures fermes et même élégantes. La religion réformée est entrée dans la clandestinité, les enfants des familles même les plus humbles apprennent à lire secrètement dans la Bible et à garder le silence. Pierre Landois reste à la Martinique. Au recensement de 1678, la Compagnie Le Vasseur dénombre 82 hommes, 55 femmes dont une « femme Landois », 43 garçons, 44 filles, 46 engagés, 123 noirs, 118 négresses et 77 enfants noirs.

En France, dans un suprême effort pour écraser l'hérésie, les Dragons de la Cavalerie royale ont reçu l'ordre de convertir les huguenots par la terreur. La Bourgogne et la Champagne sont particulièrement ravagées. Un troisième Landois, Jacques, âgé de 40 ans, s'exile chez l'accueillant M. Le Vasseur de la Touche avec sa femme

Madeleine, 42 ans, et ses fils, François, 10 ans, Christofle, 8 ans, Pierre, 5 ans. En 1680 c'est un planteur prospère qui compte dans sa *caze* neuf esclaves noirs, onze noires, six enfants noirs et un engagé, Jean Mabeil. Ces lointains ancêtres de Colette s'établissent dans cette Martinique, décrite dans un rapport officiel en 1677 comme « un pays inhabitable tant par la grande stérilité que par la mer qui y est toujours rude à cause des brisances. »

Dans le système paternaliste des plantations, les enfants légitimes et illégitimes sont baptisés et enregistrés sous le nom de leur père. Le *Code Noir* promulgué par Louis XIV régit leur vie dans les îles comme en France, et stipule que tout esclave mâle accompagnant son maître en France doit y faire un apprentissage. Il est essentiel pour les planteurs d'éduquer leur main d'œuvre car, dès la fin du XVIIe siècle, il est clair que l'émigration des engagés ne peut suffire aux demandes d'une île en pleine expansion. Les fils mulâtres sont envoyés faire leur apprentissage dans les guildes, en particulier la Guilde des Épiciers qui a le monopole des denrées coloniales. Certains demeurent en France où ils gèrent les comptoirs de leur plantation dans les grands ports coloniaux comme Bordeaux, Le Havre ou Nantes. Leurs rangs vont grossir au cours du XVIIIe siècle particulièrement turbulent aux Antilles. Les Anglais, qui ont l'œil sur la Martinique, l'attaquent à trois reprises, les corsaires et les Hollandais font sans cesse des raids, et une série de catastrophes naturelles n'arrange rien au commerce de l'île. De nombreux colons se replient sur la France. Pierre Landois, descendant du planteur Pierre Landois le Champenois, s'installe comme négociant en denrées coloniales au Havre en 1780. Trois générations de Landois feront du Havre leur port d'attache. Le grand-père de Colette, connu sous le nom peu flatteur de « le Gorille » continuera le commerce de Pierre. Sa fille Irma, la tante de Colette, modiste aux mœurs légères, naîtra au Havre, et bien que vivant à Paris et à Bruxelles où elle mourra, elle se déclarera officiellement toute sa vie « modiste au Havre ».

Le gouvernement, inquiet de l'accroissement de la population de couleur, décrète que les Noirs et les mulâtres seront enregistrés et porteront une cartouche avec leur identité, sinon ils seront déportés. Un rapport de police estime en 1782 le nombre des Noirs libres ou esclaves à quatre ou cinq mille, mais *La Table alphabétique des Nègres et des Mulâtres* établie de 1777 à 1778 ne donne qu'une liste de 770 noms. La différence est due d'une part aux arrivées et départs d'une population flottante, d'autre part au fait que ceux qui sont nés en France sont exclus de cette liste, par exemple François Fournier de Pescay, né à Bordeaux, qui fonda une école de médecine à Bruxelles et fut le médecin personnel du roi Ferdinand VII d'Espagne, n'est pas sur cette liste. Les Landois ne sont pas nés en France. Comme beaucoup, pour ne pas être déportés, ils produisent de faux papiers de famille prouvant qu'ils sont sur les registres d'une paroisse. Une identité empruntée, si possible à une branche de la famille, est la façon la plus simple de tourner la loi. La diaspora protestante – et d'autres sources moins recommandables – aident à l'établissement des généalogies.

Pierre Landois établit ses deux fils dans le commerce de l'épicerie : Pierre à Paris, où il a ses entrepôts et sa résidence rue des Fossés Saint-Jacques, l'autre, Robert, l'arrière-grand-père de Colette, rue Saint-Charles à Charleville, qui est sur la route de transit des produits des Antilles, dont les ports d'entrée sont Nantes, Le Havre, Granville, et qui reviennent en contrebande des Pays-Bas sous forme de produits manufacturés : cigarettes, chocolat, etc., lourdement taxés en France. On comprend mieux l'installation de ce jeune mulâtre à Charleville et son mariage avec Marie Mathis, la fille d'un batelier.

En 1792, le 23 septembre, les Landois ont un fils, Henri Marie Landois, le grand-père de Colette et, en l'An III de la République, une fille, Marie Charlotte, qui meurt quelques mois plus tard. Sous l'Empire, profitant du bref interlude où la régie du tabac est abolie, Robert ajoute à son commerce d'épicerie un débit de tabac, il gardera cette sinécure qui lui rapporte quatre cents francs par an. Robert est à l'aise, il a un commis, une servante, il est assez riche pour faire partie de la garde nationale. Il fait donner à son fils unique une solide éducation.

Henri Landois est un mulâtre aux yeux pâles, « laid mais bien fait... Et séduisant [8] », selon la description qu'en donnera sa fille Sido qui était fascinée par ce père dont elle vantait à Colette le goût impeccable, l'allure, les belles manières et les succès féminins. A 20 ans, Henri est happé par l'énorme machine de guerre napoléonienne dont les besoins en hommes ne cessent de grandir. Grâce à ses relations, il est incorporé dans un corps d'élite, le deuxième régiment des chevau-légers lanciers créé par Napoléon deux ans plus tôt. L'Empereur, qui connaît la valeur psychologique des uniformes, a choisi pour ses lanciers un uniforme spectaculaire : pantalon garance à passepoil bleu, kurska bleu foncé à revers jonquille, manteau en drap blanc piqué de bleu à manches et à rotonde. Sur la tête, ils portent le schapska bleu avec soutache et galon jonquille, cordon blanc et plumet tombant en crin rouge. L'harnachement de leurs chevaux est en cuir de trois couleurs, les selles créées spécialement pour les lanciers sont en bois exotique. Les lanciers sont de véritables arsenaux ambulants : ils portent un sabre de cavalerie, un pistolet, un mousqueton, et la plus redoutable de leurs armes, une lance de 2,84 mètres de long qui se termine d'un côté par un fer triangulaire, de l'autre par un sabot de fer dont la douille est ornée d'un petit fanion. Le maniement en est extrêmement difficile et demande un long entraînement. Les lanciers sont la coqueluche des Français, qui chantent des chansons à leur gloire, les acclament dans les défilés et dansent gaillardement la dernière danse à la mode, le quadrille des lanciers. Ils font tourner toutes les têtes, Henri Landois pas moins que les autres.

Son régiment est stationné à Versailles où le séduisant Henri charme la fille de l'administrateur de la Manufacture d'horlogerie de Versailles. Sophie Chatenay a 23 ans. Toute blonde et rose, elle dut paraître irrésistible à cet Othello. « Sans doute, écrit Colette, qu'avant de la tromper vingt fois, son mari tant soi peu *coloured*, avait été séduit par la blancheur de cette parisienne [9]. » Leur rencontre n'est pas entièrement fortuite. Sophie a deux oncles, MM. Delahaut qui vivent à Charleville où l'un est procureur et capitaine de la garde nationale, l'autre drapier.

Leur mariage est précipité car Sophie est enceinte. Henri obtient une permission du conseil d'administration du deuxième régiment de chevau-légers lanciers, et le 29 avril 1815 leur mariage est célébré à Versailles. Ce n'est que quelques jours plus tard, le 7 mai, qu'ils signent leur contrat de mariage. Les Chatenay conjointement donnent à leur fille quatre mille francs or à titre d'avance sur leur succession et, mettant à profit toutes les subtilités du Code Napoléon, ils s'ingénient à protéger les intérêts de leur fille. Ils précisent, en particulier, que si Sophie meurt la première sans enfant, Henri n'aura que l'usufruit des biens de sa femme. Dans le cas contraire, Sophie héritera de la totalité des biens du mari. A peine le contrat est-il signé que les lanciers partent en Belgique rejoindre l'Empereur qui, contre toute attente, a repris le pouvoir pour défendre l'Empire que l'Europe a décidé de défaire coûte que coûte. Le régiment d'Henri est placé sous les ordres du maréchal Grouchy dont le retard, à l'heure la plus noire de l'Empire, permet aux Prussiens de rejoindre Wellington et d'écraser Napoléon à Waterloo. Plus de quarante mille Français sont massacrés mais Grouchy ramène ses régiments sans aucune perte. Pour Henri et l'armée, c'est un temps d'incertitude. Le roi se hâte de licencier les corps d'élite de l'armée napoléonienne et encourage les Français à rebâtir l'économie. Henri rentre à Charleville où il s'associe avec son père. La Guilde des Epiciers a été abolie mais la démocratisation de la profession est lente. Après la levée du blocus continental, le commerce des denrées coloniales et l'épicerie, dont plus rien n'entrave le développement, connaissent une période d'expansion incontrôlée. Les Landois s'enrichissent.

Le 26 novembre 1815 Sophie met au monde un fils, Henri-Célestin, qui ne vit que vingt jours. Un an plus tard, le 17 octobre, elle a un second fils, Henri-Eugène-Célestin. Les Landois s'installent dans leur nouvelle maison, 112, rue du Petit Bois. Deux ans plus tard ils ont un troisième fils, Paul-Émile, qui vécut trois ans et demi et en 1821 un quatrième fils, Jules-Hyppolyte, ne survit qu'un jour. Le 31 juillet 1823 naît leur cinquième fils, Jules-Paulin, dit Paul. Henri Landois est devenu « le sieur Henri Landois » dans les actes officiels. Dans quelles aventures commerciales se lance-t-il alors ? Il n'est pas à Charleville quand son fils Paul-Émile meurt, c'est monsieur Delahaut qui signe le certificat de décès. Il n'est pas là pour signer en décembre 1825 l'action en séparation de biens que Sophie et les Chatenay ont introduite devant le tribunal de Versailles. Henri est condamné à rembourser les quatre mille francs de la dot de sa femme. Il doit « garantir et indemniser » sa femme « de toutes les sommes qu'il lui aurait fait obliger avec lui [10] ». Sophie n'est plus responsable des dettes de son mari qui peut entreprendre de nouvelles affaires sans mettre en péril les biens de sa famille. Car la séparation de biens est souvent une façon légale de mettre une fortune à l'abri. Henri n'est pas là pour signer l'acte, il ne le signera que quatre ans plus tard, le 22 décembre 1829. Où est donc le sieur Landois ? L'hypothèse la plus vraisemblable est qu'il est parti aux Antilles avec son fils aîné Henri-Eugène qui écrira dans un article autobiographique publié dans l'*Illustration*, « Arraché de bonne heure au pays natal, ma jeunesse aventureuse a vu bien des rivages [11] ». Dans son abondante production littéraire, on trouve plusieurs allusions aux tristesses d'un enfant séparé d'une mère qu'il adore.

Ce voyage de quatre ans s'est avéré profitable. Au retour Henri commissionne un portrait sur ivoire de Sophie par le miniaturiste Foulard. C'est le portrait d'une élégante dans une robe décolletée à manches ballons, la taille prise dans une ceinture à large boucle. Elle a de somptueux pendants d'oreille de quelque six centimètres de long. A trente-huit ans, Sophie a l'air heureux. Un daguerréotype d'Henri montre un homme élégant dans une redingote bien coupée, la cravate haut nouée avec recherche ; il a la coiffure en coup de vent que cette tumultueuse époque affectionnait. Le regard perçant, le sourire hautain, Henri dégage une impression d'intelligence et d'autorité.

Comme son grand-père, il s'établit représentant au Havre, 35, rue des Drapiers, où arrivent le café, le cacao, le coton, le rhum, le sucre et les bois exotiques. Dès 1834 il ouvre un autre comptoir à Paris, 4, cité d'Orléans, boulevard Saint-Denis, sous le nom d'*Henri Père et Fils*. Il est désormais « un négociant », mot créé sous Louis-Philippe pour désigner les grands commerçants, les importateurs-exportateurs.

Cette année-là, le 23 mai, Sophie donne le jour à leur première fille, Irma Céleste Désirée, un nom qui reflète leur joie d'avoir enfin une fille. Peu après sa naissance au Havre, les Landois s'installent dans leur résidence parisienne, un appartement sur deux étages, 3, cité d'Orléans, à côté de leurs entrepôts. Les Landois ont des goûts de luxe et les moyens de les satisfaire, mais ils demeurent cependant extrêmement prudents. Leur cabriolet de maître est assuré pour dix ans, ils ont assuré également pour dix ans le vin en pièce stocké dans la cave et au numéro 5 des entrepôts de M. Soupault, ainsi qu'au 50, rue des Flandres à la Grande Villette. Et quels vins ! Margaux, saint-émilion, beaune, frontignan, sauternes, château-lafite, madère, champagne, l'hermitage médoc, saint-estèphe. Ils ont aussi assuré leur mobilier pour l'imposante somme de dix mille francs. Sous l'Empire les bois exotiques, en particulier l'acajou, ont remplacé les bois régionaux et atteignaient des prix fabuleux. Tous les meubles des Landois, sauf ceux de la cuisine qui sont en merisier, sont en acajou, même le meuble bidet. Sur la cheminée, une superbe pendule sur socle en bois de palissandre avec incrustations de cuivre doré vient de la Manufacture d'horlogerie de Versailles. C'est un cadeau de François Chatenay, évalué à 120 francs-or. Les fenêtres du grand salon bleu et or sont habillées de tentures jaunes à franges bleu-vert, les rideaux sont en mousseline à fleurs ou en voile de coton à franges blanches. Les Landois sont musiciens et jouent du violon et de la guitare, cet instrument que l'occupation de l'Espagne par Napoléon a mis à la mode. Colette héritera de ce talent et dans sa dernière interview à la radio dira qu'elle a grandi « dans une famille de musiciens ».

Bien avant que Colette ne lance la mode des collections de presse-papiers et ne confesse un goût prononcé pour les accessoires de bureau, son grand-père a déjà le même penchant. Il a huit presse-papiers surmontés d'animaux divers, un caniche, un cheval, un centaure. Son écritoire est en porcelaine dorée avec porte-plumes assortis et ouvre-lettres à manche de nacre. « Impétueux atavismes » en vérité. Sur les tables sont posés les derniers numéros du *Journal des Connaissances* et *L'Almanach de l'Armurerie*. Les Landois, père et fils, ont le goût des armes et pratiquent l'escrime. Huit masques d'assaut, vingt-cinq lames de fleuret et deux paires de gants d'escrime sont accrochés aux murs de l'entrée. Henri Landois fait partie de la garde nationale comme en témoignent la giberne et les deux buffleteries de garde national pendues avec le reste de son imposante panoplie. Seuls les bourgeois qui peuvent assumer les frais du coûteux uniforme font partie de cette brigade libérale qui soutient la monarchie constitutionnelle. Quand Charles X, offensé d'avoir été accueilli par la Garde aux cris de « Vive la Constitution ! A bas les ministres ! A bas les Jésuites ! », l'interdira, les gardes nationaux militeront dans les sociétés secrètes, les Amis du peuple, les Chevaliers de la liberté, la Société des droits de l'homme et les Carbonari. C'est dans cette garde nationale libérale qu'on trouve à la même époque Nathé Weil, l'arrière-grand-père maternel de Marcel Proust et Henri Landois, le grand-père de Colette.

Le « personnage principal de toute ma vie »

Adèle Eugénie Sidonie Landois, dite « Sido », la mère de Colette, naît dans l'appartement du boulevard Saint-Denis le 31 août 1835. Quelques semaines plus tard la comète de Haley traversait le ciel de Paris. « Si au mois d'octobre 1835 j'empêchais ma nourrice de dormir, elle a pu contempler la comète... et comme j'ai apporté sans doute en naissant le péché de curiosité, je l'ai peut-être vue aussi [12] », écrivait 75 ans plus tard Sido * à sa fille.

Un mois après la naissance de Sido, Sophie mourait. Henri avait appelé à son chevet deux docteurs célèbres, le Dr Meurdefroy et le Dr Dufay, et avait payé pour leurs soins les honoraires imposants de 300 francs-or. Henri ne pardonna jamais à Sido d'être la cause de la mort de sa mère et ne l'aima jamais. « ... je n'ai été que chagrins pour mon père, parce que ma naissance avait coûté la vie à ma mère et que je lui rappelais trop vivement cet événement [13]. » Sido est confiée aux soins de sa nourrice, Mme Guille. Elle venait de la Puisaye, une région pauvre qui, comme la Bretagne et le Morvan, avait le douteux honneur de fournir les meilleures nourrices à la bourgeoisie des villes. Mme Guille emmène Sido aux Matignons, un hameau près de Mézilles où son mari est maréchal-ferrand. Au recensement de 1837, Adèle Landois, âgée de deux ans, habite encore chez les Guille. Généralement les enfants étaient mis en nourrice pour deux ou trois ans.

Henri-Eugène, le fils doué pour les arts, faisait son apprentissage dans la fabrique de verre d'un ami de son père, M. Laurent Jousserandot, 34, rue Aubry le Boucher. Comme beaucoup de jeunes romantiques, il gravitait dans les sociétés secrètes et fréquentait le salon fouriériste de la rue des Saints-Pères où il rencontre Victor Considérant dont il sera l'ami. Il fréquentait aussi La Société des amis du peuple, fondée par François Raspail, le héros des jeunes Républicains, à qui il ouvrait généreusement les colonnes de son journal *Le Réformateur*. Henri Landois fils y fit ses premiers essais de journaliste, il écrivait aussi dans *Le Figaro* qui était alors un journal satirique. En juillet, pendant les fêtes de l'anniversaire de la Révolution de 1830, l'anarchiste Fieschi avait fait éclater une machine infernale qui tua dix-neuf spectateurs mais rata son but : l'assassinat de la famille royale. La réaction du gouvernement avait été immédiate et sévère. *Le Réformateur*, qui réclamait la liberté d'expression absolue et le remaniement intégral des structures politiques et scientifiques, était frappé d'une amende de cent douze mille francs et cessa de paraître. Tous ses collaborateurs furent placés sous surveillance.

---

* Elle signe ses papiers officiels Adèle Landois, mais ses frères l'avaient rebaptisée Sido, le nom que Colette a rendu célèbre et que nous utilisons pour plus de clarté.

Menacés dans leur personne et dans leurs biens, les libéraux se réfugient en Belgique. Henri Landois et ses fils font partie de la première vague d'exilés volontaires.

Avant de fuir, le 4 décembre, Henri Landois se rend précipitamment chez son notaire pour signer un acte désignant M. Philippe Dupuis comme son fondé de pouvoir. Il lui donne toute latitude pour gérer son portefeuille, ses biens meubles et immeubles et ceux de ses enfants : Henri, 19 ans, Paul, 12 ans, Irma, 18 mois et Adèle, 4 mois. M. Dupuis est chargé de régler la succession de Sophie. L'acte est contresigné par un parent de Sophie, Auguste Delahaut, employé à la Cour des comptes et domicilié 8, rue de Fleurus. Sitôt ces formalités terminées, Henri et ses fils, en danger d'être arrêtés, quittent la France.

A Paris, M. Dupuis réunit le Conseil de famille, institution récente créée pour défendre les intérêts des enfants mineurs. Henri est représenté par Philippe Dupuis, propriétaire, Laurent Jousserandot, fabricant de verrerie et cristallerie, et par son cousin le sieur Landois qui habite rue des Fossés-Saint-Jacques. L'oncle de Sophie, Honoré Delahaut, est nommé subrogé tuteur. Sous la direction de Me Perret, notaire, on procède à l'inventaire. M. Louis Pelevers, commissaire-priseur, est chargé de l'évaluation des meubles et objets d'art, et René Toublet, commis négociant, de l'évaluation des marchandises. L'inventaire dure six jours et comprend 20 pages remplies de la fine écriture du clerc. Il donne une idée du niveau de vie du grand-père de Colette. Il donne aussi la certitude d'un départ précipité. Henri a laissé tous ses papiers personnels y compris ses papiers militaires, mais les boîtes à bijoux et les placards sont vides.

Quand le notaire arrive au livre de comptes de 1834-1835, M. Dupuis s'empresse de déclarer que « le mauvais état des affaires de Landois ayant nécessité son départ pour l'étranger il y a environ cinq mois, ces registres ne sont pas établis d'une manière régulière, qu'aucun compte n'est apuré et ne peut l'être par suite de documents exacts [14]... » Le compte débiteur s'élève à 56 113,50 francs, le compte créditeur à peine à 15 762 francs. Henri Landois a mis à profit la fièvre capitaliste qui permet de s'enrichir rapidement grâce à un système bancaire libre de tout contrôle gouvernemental. Il a lancé des actions, avancé l'argent à ses actionnaires en hypothéquant ses marchandises. Henri Landois est cependant un homme prudent comme en témoigne le soin qu'il met à protéger les intérêts financiers de ses enfants. En mai 1835, il a souscrit une autre police d'assurance à la Salamandre qui couvre cinquante mille francs de mobilier et de marchandises. La mort de Sophie et la répression contre les libéraux ont bouleversé la gestion de son entreprise mais ne l'acculeront pas à la faillite. Ce négociant entreprenant va refaire fortune. Grâce à la séparation de biens qui n'a jamais été révoquée, l'héritage de Sophie passe entièrement à ses enfants. Sido avait un revenu et ne fut jamais l'orpheline sans le sou que décrit Colette.

En Belgique, Henri, père et fils, changent de prénom et deviennent Eugène, père et fils, changeant l'orthographe de leur patronyme qu'ils écrivent désormais avec un « y » *. Ils se lancent dans l'édition et dans la chocolaterie (un mot créé l'année de la naissance de Sido), deux commerces qui fleurissent dans le jeune royaume belge. Henri a tout de suite vu le parti qu'il pouvait tirer du cacao, si lourdement imposé dans le reste de l'Europe. Depuis qu'un Français de la Martinique avait ouvert, en 1657, à Londres, une échoppe où il vendait du cacao, les grains du cacaoyer étaient des produits de grand luxe et le demeurèrent jusqu'au milieu du XIXe siècle, les pauvres devant se contenter pour faire leur chocolat d'une pâte amère extraite des cosses fibreuses. La Belgique n'appliquant aucun droit tarifaire sur le cacao, les Landois jouissent vite d'une large aisance.

Moins de deux ans après la mort de Sophie, Henri, 45 ans, se remarie avec Thérèse Leroux, 39 ans, la veuve d'un fabricant de chocolat décédé lui aussi en 1835. Ses témoins sont un agent de change et un avocat. Henri prend en main l'entreprise de sa femme. Il fait rentrer Irma du Havre et Sido de la Puisaye. La famille, qui avait d'abord habité à Molenbeek-Saint-Jean, s'installe à Bruxelles, rue Longue Neuve, avant de redéménager car les Landoy, comme Colette plus tard, ont la bougeotte. Ils sont les premiers à s'installer dans les quartiers neufs, ils ont plusieurs résidences, vont et viennent de ville en ville, de Bruxelles à Gand, de Schaerbeek à Saint-Josse-Ten-Noode, de Londres à Lyon, de Paris à Ostende, une tradition familiale qui prédispose Sido à l'ennui dès qu'elle reste en place. Agile, remuante, elle détestait la monotonie, « Le corps n'est pas construit pour des mouvements toujours les mêmes, l'esprit non plus [15] », affirmait-elle.

Sido grandit dans la grande maison où son père fabriquait du chocolat, avec Eugène, Paul, Irma et une demi-sœur semble-t-il illégitime. Leur père leur avait donné un grand singe apprivoisé nommé Jean. Comme à Paris la maison était richement meublée et décorée, Sido se souvenait d'un grand tableau de Salvatore Rosa, le peintre du XVIIe siècle célèbre pour ses paysages fantastiques. Sido acquiert les goûts fastueux de son père. Plus tard elle demandera à Colette de lui envoyer des chocolats, des confiseries, des thés de chez Rebattet ou Hédiard, et se faisait expédier ses oranges de Nice. A soixante-dix ans elle se flattait de n'avoir jamais pu boire d'un verre qui ne fut de cristal ni d'une tasse qui ne fut de porcelaine.

* Au dos de la miniature de Sophie Landois, Henri avait écrit « Mes enfants n'oubliez jamais votre digne et vertueuse mère » et avait signé « Eugène Landois » (Colette, Étoile Vesper, p. 631). Son arrière-petite-fille, Eugénie Adèle Caroline Landoy, une romancière belge, donne l'arbre généalogique des Landoy en Belgique et écrit « En tête l'aïeul Eugène Landois qui eut deux fils Paul et Eugène et une fille Sido... » Pour plus de clarté, nous continuerons à l'appeler Henri Landoy.

C'est à Bruxelles, dans les milieux libéraux que fréquentent son père et ses frères, que Sido va se former et adopter les principes qui seront à la base de l'éducation de ses enfants, et qui scandaliseront tellement les habitants de Saint-Sauveur. A Bruxelles, le jeune Eugène s'est vite fait un nom comme journaliste politique à *L'Émancipation*, un journal qui avait milité pour l'indépendance de la Belgique et la liberté de la presse. La Belgique avait la seule constitution qui reconnut l'indépendance de la presse et qui stipulait que la censure était illégale et ne pourrait jamais être réétablie. Elle ne le fut jamais. Jusqu'à la Première Guerre mondiale, toutes les publications politiques ou érotiques qui ne passaient pas la censure en France étaient imprimées en Belgique où les maisons d'édition se multiplièrent tout autant que les journaux. On comptait 77 quotidiens et 224 hebdomadaires en 1880 et 1 100 journaux dont 500 quotidiens 20 ans plus tard. En 1836, la Belgique offrait aux jeunes Landoy des possibilités illimitées. Eugène, bien établi comme journaliste, crée une maison d'édition, 67, rue Longue. Il exploite intelligemment deux nouveaux marchés, celui créé par les voyages en chemin de fer et celui des villes d'eau dont la mode se répand. *Le Guide de la Belgique* est un best-seller avec 42 rééditions et *Le Guide indispensable du voyageur sur les chemins de fer de la Belgique* devient le compagnon indispensable des visiteurs et des immigrants qui peuvent aussi acheter dans les gares *Le Moniteur des chemins de fer, Journal des touristes et des flâneurs* où ils trouvent des conseils pratiques, des articles parsemés de caricatures et de blagues. Eugène, qui écrira des romans et des pièces, sans parler d'une énorme production journalistique, n'abandonnera jamais la substantielle publication des guides, et le dernier, *La Belgique illustrée, ses monuments, ses paysages, ses œuvres d'art*, sera publié l'année de sa mort en 1890. Sa maison d'édition qui s'agrandit en s'établissant rue de la Montagne, publie aussi les ouvrages de ses amis, de ses maîtres à penser, en particulier de Raspail, comme *Le Médecin des familles* dès sa parution à Paris et *Le Manuel-annuaire de la Santé*. Ces ouvrages du plus révolutionnaire des hommes de science de l'époque eurent une influence durable sur Sido qui mit en pratique ses préceptes d'hygiène. Raspail avait ébranlé le corps médical en déclarant que la plupart des maladies étaient déclenchées par la pollution de l'air, la mauvaise assimilation de la nourriture, le tabac, l'alcool et toutes les substances toxiques. Il s'efforçait de répandre des notions d'hygiène et de modération parmi les classes pauvres, ravagées par l'alcoolisme, en créant des cliniques gratuites, une œuvre qu'Eugène Landoy soutiendra en Belgique en tant que président d'associations philantropiques. Sido elle-même s'occupera à Saint-Sauveur d'un dispensaire pour les pauvres aidée d'un médecin polonais en exil.

Eugène continue à collaborer au *Figaro* d'Alphonse Karr, qui éditait aussi une feuille d'opposition, *Les Guêpes*, et prendra comme premier pseudonyme « Une Guêpe exilée ». Longtemps il se sentira exilé : « Comme tant d'autres, écrit-il, j'ai dirigé mon vol vers Bruxelles. » Il garde au cœur une certaine tristesse : « Lorsque je cherche à me recueillir je ne trouve pas en moi ces souvenirs délicieux et chers où se confondent les lieux et les affections [16]. » Sept ans après son arrivée en Belgique il a encore des accès de mélancolie : « A ma fenêtre je m'assieds sur l'appui de marbre et je cherche au loin les sommets boisés des Ardennes où mon enfance s'est passée si heureuse et tranquille [17]. » Très vite la « jolie maison blanche à trois étages » du quartier des Marolles va devenir un lieu d'accueil pour « les guêpes » en exil.

Au printemps 1848, un vent révolutionnaire balaie l'Europe. Eugène et Sido, 13 ans, sont à Paris chez M. Dupuis, boulevard Bonne-Nouvelle, mais à cause de l'agitation croissante on met Sido en sécurité chez sa nourrice à Mézilles où elle reste quelque temps. Son nom apparaît dans le recensement de 1848. Cette visite a fait naître la rumeur, probablement vraie, qu'elle avait été mise à l'abri par des francs-maçons et que sa pension n'avait jamais été payée. Sido adolescente a déjà une forte personnalité, « ... j'adore les tempêtes et je les ai toujours aimées. Quand j'étais encore à Mézilles et que je voyais s'élever une tempête je m'échappais et courais sur la plus haute montagne les cheveux au vent que je recevais avec délice [18]. » A Mézilles, Sido se fait deux amies, Octavie et Irène de Vathaire, qui habitent au château du Fort et plus tard au château des Gouttes, près de Saint-Sauveur.

Sido rentre des bois tranquilles de la Puisaye, troublés seulement par la hache du bûcheron qui prépare le charbon de bois, pour trouver la maison familiale en pleine agitation radicale et utopiste. Sans perdre de temps Eugène Landoy vient de publier une *Histoire de la Révolution Française de 1848*. Pour lui le soulèvement de 1848 sonnait le glas de « toutes les oligarchies, de toutes les royautés à la surface de la terre ». Cette illusion sera vite dissipée, le prince Napoléon, l'ancien *carbonaro*, se fait proclamer Empereur, mettant un point final au rêve d'Eugène qui abandonne le lyrisme héroïque et cultive désormais une élégante ironie. « Landoy était un polémiste de premier mérite, maniant l'ironie avec bonhomie sans se départir de cette courtoisie dont il avait le secret [19]. » Il ne va plus embrasser les grandes luttes politiques, mais il va soutenir les causes sociales, s'engageant à fond pour la création de crèches, pour la laïcité de l'éducation. En 1851 il est nommé rédacteur en chef de *L'Émancipation*. Il fait aussi la critique théâtrale et musicale pour le *Journal de Gand* sous le nom de Bertram.

Chaque jour de nouveaux exilés fuient la police impériale et font escale en Belgique avant de prendre la route de Londres pour se mettre hors de portée de l'Empereur qui, trouvant Bruxelles trop près de Paris, exerce sans arrêt des pressions pour que le Gouvernement belge expulse ses critiques. Les penseurs les plus radicaux trouvent un centre d'accueil chez les Landoy : Schoelcher, qui a fait adopter le décret sur l'abolition de l'esclavage pendant le gouvernement provisoire, Edgar Quinet, le champion de la séparation de l'Église et de l'État, Ledru-Rollin, Étienne Arago, et surtout leur ami intime, le porte-drapeau du fouriérisme, Victor Considérant.

Considérant est rejoint par sa femme Julie et par sa belle-mère, Clarisse Vigoureux, véritable missionnaire du fouriérisme. Aristocrate, mariée à un maître des forges de Besançon qui la laissa veuve à 28 ans avec deux enfants, Paul et Julie, Clarisse, l'une des grandes beautés de son temps, consacra sa considérable fortune à la propagation des idées de Charles Fourier. (Par un de ces hasards de l'histoire, elle fera imprimer, à ses frais, chez l'imprimeur Gauthier de Besançon, le grand-père de Willy, *Le Traité de l'Association*). Dans son salon parisien, rue des Saints-Pères, on discutait uniquement des idées du philosophe, c'est là que le jeune élève de Polytechnique, Victor Considérant, tomba sous le charme de Julie et de l'utopie fouriériste. Considérant a de nombreux soutiens dans la capitale belge où, en 1845, il a donné dix conférences et rallié à sa cause le journal *Le Débat social*. Très vite le clan fouriériste se reforme autour de Clarisse. Dans une ambiance de conspiration, on discute, on lit les manuscrits inédits, en particulier *Le Nouveau Monde amoureux*. Les passions, disait Fourier, sont « les maîtresses du monde » mais notre civilisation les condamne sous le nom de péchés capitaux et de vices. Or la répression des passions est à l'origine des maux, des crimes et des problèmes pathologiques des sociétés civilisées. Au lieu de les réprimer, Fourier proposait au contraire de les intégrer, de leur donner droit de cité, de les transformer en forces bénéfiques, et renversant toutes les notions morales, proposait une révolution sexuelle plus audacieuse que celle des sexologues du XXe siècle. L'attraction passionnelle était pour la société ce que la gravitation universelle était pour les planètes, tout aussi naturelle. Sido s'imprègne de ces théories. « Le mal et le bien, disait-elle, peuvent être également resplendissants et féconds. » Fourier prévoyait qu'il faudrait trois siècles pour transformer notre civilisation en *Harmonie*, la société idéale. Sido se voyait comme une pionnière de ce nouvel ordre social et amoureux, elle écrivait à Colette en 1909 : « J'ai toujours été un peu folle... pas tant que tu crois cependant. Voilà ce que c'est : je suis venue trois cents ans trop tôt au monde et celui-ci ne me comprend pas, même mes enfants [20]. » C'est que Sido se réclamait d'une révolution sexuelle d'une audace qui fait paraître timides les théories de Freud, de Wilhem Reich ou de Kinsley. C'est cette philosophie transmise par Sido qui sous-tend toute l'œuvre de Colette, et lui permettra de passer par tous les scandales de sa vie amoureuse avec la tranquillité d'une « missionnaire » fouriériste, et la conscience pure d'une harmonienne. En 1927, Colette, en relisant les papiers de sa mère, a un choc : elle prend conscience de l'héritage intellectuel de Sido. Elle comprend pourquoi Sido « rebaptise selon " son code " de vieilles vertus empoisonnées et de pauvres péchés qui attendaient depuis des siècles leur part de paradis [21] ». Elle écrira alors *La Naissance du jour*, *Sido* et son essai sur l'amour *Le Pur et l'Impur* où sa perspective fouriériste sur la sexualité s'affirme clairement.

Considérant avait obtenu l'autorisation de séjourner à Bruxelles à condition de faire aussi peu de bruit que possible. Mais il donne des conférences et publie trois livres dont *La Solution ou le Gouvernement direct du peuple*. Le roi l'assigne à résidence à Bouillon puis à Laroche. Ensuite, Considérant va ricocher de villages en villages selon que Napoléon III ou le roi Léopold le trouvent trop près de leur capitale. Eugène Landoy reste en étroit contact avec lui, il lui rend visite dans les Ardennes et écrit un traité d'économie politique, *Les Trois Âges de la démocratie européenne* que Fourier n'aurait pas désavoué. Il se mariera avec une amie de Julie Considérant, Caroline de Trye, la célèbre Tante Cœur de Claudine. Chaque jour de nouveaux émigrés prennent le chemin de l'exil. Bruxelles bourdonne de la voix des proscrits. Victor Hugo, pendant les quelques mois qu'il passe à Bruxelles, polarise l'intelligentsia, et veut organiser « une citadelle » d'écrivains et d'éditeurs qui bombarderaient « le Bonaparte » de pamphlets dénonciateurs ; Jules Hetzel, ardent républicain, éditeur de Balzac et de George Sand, est chargé de coordonner le projet. La colonie des gens de lettres émigrés s'enflamme au grand souffle hugolien, pas pour longtemps, et Hugo, qui ne se sent pas en sécurité, s'en va dans les îles anglo-normandes. Eugène Landoy lui rendra un hommage ému au banquet organisé en son honneur. L'arrivée de Raspail ranime les enthousiasmes. Lui qui avait autrefois proclamé « Dieu et Patrie » prend pour devise « Naître sans prêtre, se marier sans prêtre, mourir sans prêtre ». Ce credo impressionne Sido qui, à 18 ans, devient athée et libre-penseuse, et le restera. A 61 ans, dans une lettre à Colette, elle s'amuse de la naïveté d'une Mme Hardy, la veuve d'un médecin, qui tente de la convertir : « ... moi athée et elle très croyante... Elle veut absolument me faire lire deux énormes bouquins sur la foi par le père Bonnard ! Tu me vois lisant ça [22] ? »

Ce ne sont pas seulement les libéraux en exil qui vont former Sido. Autour de ses frères gravitent musiciens, auteurs, acteurs, peintres. Le cadet Paul Landoy, après avoir travaillé dans la fabrication du chocolat, s'est lui aussi tourné vers le journalisme et la littérature. Il commence sa carrière à *L'Indépendance belge* et au *Constitutionnel de Mons* avant de devenir l'éditeur en chef du *Télégraphe de Bruxelles* qu'il dirige pendant 20 ans. Eugène, peintre amateur, publie ses *Salons* où il soutient la nouvelle peinture. Il est l'ami des frères Stevens, Joseph, le peintre animalier et Alfred, le peintre à la mode, la coqueluche des femmes du monde dont il fait les portraits. Dans son salon parisien se réunissent ceux qu'on appelle alors « les peintres réalistes » : Degas, Manet, Berthe Morisot mais aussi le photographe Nadar, Puvis de Chavannes, Fantin-Latour. Il a une résidence d'été à Boulogne où ses invités jouent au croquet sur la pelouse ce qui inspira à Manet son célèbre tableau. Sido se souvenait d'un séjour à Ostende avec Eugène et Alfred Stevens. Ils étaient sur la plage, charmés par la vue d'une jeune Anglaise blonde avec un chien danois couché à ses pieds, se demandant comment l'aborder pour lui demander de garder la pause pour Stevens.

Sido se forme dans ce milieu sophistiqué qui gravite entre Bruxelles et Paris. On comprend la lettre de Colette à André Billy où elle parle des « prédilections de Sido, sa mère »[23] pour les chapelles littéraires et les sociétés secrètes.

En janvier 1854 Henri Landoy meurt, à 62 ans, à l'hôpital de Lyon, seul. Aucun membre de sa famille n'est présent pour signer son acte de décès qui est contresigné par deux employés de l'hôpital. Vraisemblablement, il est mort pendant la peste qui tua des milliers de gens à Marseille et à Lyon.

Ce n'est qu'après la mort de leur père qu'Eugène, Paul et Sido se marient. Eugène épouse, à 38 ans, l'héritière d'un vieux nom français et d'une solide fortune : Caroline Cuvelier de Trye, la fille du dramaturge Cuvelier de Trye. Complètement oublié maintenant, il fut pendant 20 ans le plus célèbre auteur-metteur en scène de Paris. Né à Boulogne, avocat révolutionnaire, député à la Fédération, Commissaire des départements de l'Ouest, Napoléon lui avait confié la création et le commandement des guides-interprètes qui devaient préparer l'attaque des îles britanniques ; ce projet abandonné, Cuvelier de Trye est envoyé en Prusse et en Pologne où il tombe malade. Il démissionne de l'armée pour se lancer dans le théâtre. Jean-Guillaume Auguste Cuvelier de Trye comprit que la nouvelle société peu sophistiquée dans ses goûts voulait des émotions fortes, une langue simple et des sujets faciles à suivre. Il les lui fournit à la douzaine et ses pièces étaient parfois représentées dans trois théâtres à la fois. Il mettait en scène les hauts-faits de Napoléon au fur et à mesure qu'ils arrivaient, *Les Français vainqueurs en Pologne* en 1808, *L'Entrée triomphale des Français à Madrid* en 1809. Rien n'était trop coûteux pour ce théâtre de propagande. Les décors étaient somptueux, la cavalerie galopait sur scène, les canons tiraient et le public criait de plaisir. Les combats équestres étaient réglés par le célèbre Franconi et avaient souvent lieu au Cirque Olympique.

Après les triomphes de Napoléon, Cuvelier de Trye célébra ceux de la royauté et pour nourrir le vague à l'âme des romantiques, se tourna vers le passé *Mazeppa ou le cheval tartare*, *Les Martyrs*, pantomime à grand spectacle tirée de l'œuvre de Chateaubriand. Pendant les fêtes données à l'armée par la ville de Paris pour célébrer les victoires du duc d'Angoulême en Espagne, Cuvelier de Trye fut chargé d'organiser les célébrations sur le thème *La Gloire et la Paix*. Il régnait aussi sur les boulevards avec des pièces qui remuaient le cœur du public, *La Fille sauvage ou l'inconnue des Ardennes*, *La Famille savoyarde ou les jeux de la fortune*. Musicien, il composait souvent la musique de ses spectacles, il est l'auteur de deux opéras, *La Mort du Tasse* et *Alcibiade solitaire*, donnés à l'Académie royale de Musique. Surnommé Le Crébillon des Boulevards, ses critiques voyaient dans ses productions des spéculations d'argent plus que des œuvres littéraires, mais pendant vingt ans il fut le maître incontesté du théâtre populaire. Il demeura un partisan convaincu de la liberté de la presse et des principes de la Fédération, l'ami de Ledru-Rollin et le mentor du jeune Étienne Arago dont il lance la carrière littéraire en signant avec lui *Le Pont de Kehl ou les Faux-Témoins*, un mélodrame joué à l'Ambigu Comique.

Caroline de Trye, qui était l'amie de Julie Considérant, fut élevée dans les cénacles littéraires et les salons libéraux. Elle parlait couramment l'espagnol, l'anglais et l'allemand, et enseigna le grec et le latin à ses fils. Excellente musicienne, elle était, d'après eux, une merveilleuse interprète de Chopin. C'était une beauté aux cheveux noirs et aux yeux verts. Colette, qui la vit plusieurs fois à Bruxelles et à Paris, la décrit sous le nom de Tante Cœur dans *Claudine à Paris*. Ce qui l'étonnait le plus c'était le contraste entre cette dame qui avait l'air majestueux de l'impératrice Eugénie et le cadre Art nouveau de son appartement Avenue de Wagram. Caroline de Trye, devenue Madame Landoy, séjourne régulièrement à Paris et reste en contact avec les milieux littéraires et artistiques. Sido l'admirait, c'est la seule femme dont elle parle dans ses lettres sans ironie ou animosité. Elle la donnait en exemple à Colette en lui vantant son indulgence vis-à-vis des frasques de son mari, « ... ma belle-sœur Caro, que j'admirais fort, payait les ou la maîtresse de son mari, mon frère, qui était bien beau et bien amoureux, mais quoi [24] ?... » Il avait une fille illégitime d'une Madame Deleau.

Après la mort de son père, Sido s'installe chez Eugène. Un daguerréotype de Sido à 18 ans montre une jeune fille à l'air sérieux, mince dans sa robe de velours frappé avec un large col et des manchettes de dentelle et un gros bracelet incrusté de pierreries. C'est une jeune fille « pas très jolie et charmante, à grande bouche et à menton fin », aux pommettes hautes, aux yeux « couleur de pluie ». Colette parle à plusieurs reprises de son « regard gris, presque dur à force d'acuité », de

« son regard gris, terriblement direct [25] ». Elle est fière de ses mains élégantes et de ses petits pieds. Elle marche gracieusement appuyant à peine les talons, les pieds légèrement en dehors comme une danseuse. Son charme principal vient de sa voix « un soprano nuancé, vacillant pour la moindre émotion [26] ». Musicienne, elle joue du violon et apprendra le solfège à ses enfants et à ses petites-filles.

Sido est un être capricieux qui aime capter l'attention. Elle est volontaire, provocante. Ses yeux révèlent parfois « une sorte de frénésie riante, un universel mépris, un dédain dansant... » Ils s'allument « d'un besoin d'échapper à tout et à tous, vers une loi écrite par elle seule pour elle seule », quelquefois une expression violente passe « sur son visage sauvage, libre de toute contrainte, de toute humanité [27] ». Peu de gens se rendent compte de la violence qui l'anime. Dans le salon de Caroline, elle pétille d'esprit, elle a cependant une « manière intolérante... de discuter, de réfuter » qu'elle gardera toujours. Sido mène une vie libre, habituée à avoir des amitiés masculines, à vivre avec « des peintres, des musiciens et des poètes, toute une jeune bohême d'artistes français et belges [28] ».

« IL ÉTAIT LAID... ET PLUS OU MOINS IDIOT MAIS IL ÉTAIT RICHE »

Sido à 21 ans n'est toujours pas mariée. Paul vient de se fiancer à la fille d'un grand propriétaire de Rousies, Clémentine Louise Cérisier. Sido a hérité de son père et de sa mère mais elle aime le luxe, le jeu et s'endette. Ses frères voudraient voir leur sœur établie. Ils voudraient surtout éviter que Sido n'ait le sort d'Irma. Irma la modiste dont le nom a été oblitéré de l'arbre généalogique des Landoy, un ostracisme motivé par son inconduite. A cette époque, seule « une femme déchue » pouvait être ainsi complètement reniée par sa famille. Irma n'est jamais mentionnée à l'exception d'une ligne dans *La fille de mon père* où Colette indique que Sido a grandi avec « Paul, Eugène, Irma ». Le silence autour d'Irma n'a jamais été rompu, Sido n'en parle pas dans ses lettres. Pourtant l'ombre d'Irma va peser lourd sur l'éducation de Colette. Sido avait la hantise de l'enlèvement, une obsession traumatique, une peur irrationnelle que Colette adolescente ne fut séduite et enlevée par un homme mûr. Irma avait 14 mois de plus que Sido. C'est probablement elle, la jeune fille de 16 ans enlevée dans une voiture à deux chevaux, dont parle Sido, mais contrairement au récit, il n'y eut pas de réparation par le mariage. Irma est devenue modiste et, avant Chanel, sous le couvert de cette profession, elle mène une vie de femme entretenue. Sous le nom d'Irma de Montigny (ne pas confondre avec la Montigny, tenancière d'une célèbre maison close), elle gravite dans le demi-monde. En 1860, à 26 ans, l'âge où les courtisanes meurent ou se retirent,

Irma épouse un expert-comptable de 42 ans, Auguste Joseph Philias Cheval, un Français établi à Bruxelles depuis peu. Ce mariage la fera rentrer en grâce chez les Landoy pour peu de temps. Mariée en Belgique où elle vivra, changeant fréquemment de résidences, Irma continuera à donner comme domicile et profession dans les papiers officiels, « modiste domiciliée au Havre ». Elle croquera les biens de Cheval. Indigente, sans ressources, elle finira ses jours à l'hospice de Bruxelles. La fascination de Colette pour les courtisanes, les femmes entretenues, vient de loin, de ce personnage mystérieux dont les Landoy ne parlaient qu'à mots couverts.

Il fallait absolument marier Sido. L'occasion se présente, une demande en mariage arrive de Mézilles où la famille Bourgoin est à la recherche d'une épouse pour leur cousin Claude Jules Robineau-Duclos de Saint-Sauveur, un grand propriétaire terrien de 42 ans, alcoolique au dernier degré. Le candidat est difficile à marier, il y a une tare dans la famille, sa mère et son oncle sont morts dans des asiles d'aliénés et Robineau donne des signes certains de « troubles de la personnalité. » Sa sœur a essayé de le faire placer sous tutelle mais c'était avouer publiquement ce qu'on avait tenu caché au sein de la famille. Les cousins de Robineau, les Robineau-Bourgneuf et Robineau-Desvoidy, s'étaient ligués pour sauver l'honneur de la famille. Pendant des siècles les Robineau avaient été verriers, une profession qui leur conférait le titre de gentilhomme. Les vastes forêts de la Puisaye fournissaient le bois nécessaire à la fabrication de la pâte de verre. La création et la concurrence de la Manufacture royale de Saint-Gobain avaient peu à peu obligé les verreries seigneuriales à fermer leurs portes. Les ancêtres de Jules comptaient des hobereaux, des greffiers, des juges, des avocats, des médecins et un savant distingué, l'entomologiste Robineau-Desvoidy.

Jules était le dernier rejeton des Robineau-Duclos. Né en février 1814, il grandit « comme une bête sauvage ». Il faisait peur à voir, n'ayant jamais perdu ses dents de lait, il avait une double rangée de dents. A 16 ans un barbier itinérant, muni d'une paire de tenailles et d'une bouteille d'eau-de-vie, lui arracha sa double dentition, 14 dents en tout, un exploit dentaire qui passa dans le folklore de Saint-Sauveur. Son père l'avait envoyé faire ses études au Collège de Fontenay-aux-Roses, près de Paris. Il avait 15 ans quand sa mère fut internée dans une clinique où elle mourut 7 ans plus tard. Cette année-là M. Robineau-Duclos fit son testament, divisa ses biens entre son fils et sa fille, qu'il fit émanciper, il nomma M. Givry comme leur subrogé tuteur et mourut presque aussitôt. Le tuteur s'empressa de marier son fils à la jeune héritière. A 22 ans, Jules héritait de plusieurs fermes, de forêts, de troupeaux et d'un vignoble qui produisait annuellement cinq mille litres de vin et d'eau-de-vie, le tout estimé à cinq cent mille francs-or. A cheval du matin au soir, Jules allait par ses forêts et par ses champs, surveillant les moissons, la fabrication du charbon de bois et la coupe de ses futaies. C'était un être traumatisé qui avait peur des ténèbres et ne pouvait supporter d'être laissé seul la nuit. Il prit comme concubine Marie Miton, la fille d'un meunier. En 1843, elle eut un fils, Antonin Miton, déclaré de père inconnu car les Robineau veillaient. Pendant vingt ans, Mlle Marie régna sur la maisonnée, une situation peu choquante si Jules n'avait pas essayé d'imposer sa concubine à la bonne société de Saint-Sauveur. A un bal donné par un monsieur Sibillat où Jules avait été invité seul, il arriva avec Marie à qui on refusa l'entrée, « Je ne veux pas, dit M. Sibillat, qu'elle danse dans la même pièce que ma femme. » Jules, ivre à son ordinaire, devint fou de rage à la joie des badauds qui lui criaient de se battre pour sa maîtresse. Pour mettre fin à cet esclandre, Marie fut admise au bal... Sa vie avec Jules n'était pas toujours facile. Il la battait. Une nuit, elle arrive en chemise de nuit dans l'étable avec son bébé dans les bras. Elle donne l'ordre à Lucien, le garçon d'écurie, d'aller mettre l'enfant à l'abri chez sa sœur. Quelques jours plus tard la même scène se reproduisait. Cette fois Marie se réfugie elle aussi chez sa sœur. Jules vient chercher Lucien qui s'était recouché près des bidets et lui dit : « Mon bicot voilà deux bouteilles de vin blanc et une d'eau-de-vie que nous allons boire et nous irons nous coucher après. » Lucien dut passer la nuit dans le lit de Robineau qui ne voulait pas rester seul.

Jules buvait tellement qu'il avait des crises d'hallucinations, il voyait sa maison envahie par des soldats d'Afrique, se prenait pour un maréchal de France et avec une rôtissoire empêchait ses domestiques de sortir. On le soigna pour ces troubles, mais il refusa de prendre tout médicament de peur d'être empoisonné. Un jour il tira un coup de fusil sur son garde champêtre. En 1855, il eut une autre crise de folie qui le lança à la poursuite de la fille de basse-cour qu'il voulait tuer pour faire des appâts pour pêcher les écrevisses. Il fit réveiller un de ses fermiers à minuit pour lui faire moissonner ses champs et ordonna à un domestique d'enlever la toiture de la maison.

Après ces épisodes Louise Givry, sa sœur, intenta un procès en interdiction. Immédiatement famille et amis se divisèrent en deux camps, les partisans des Givry qui pensaient que Jules était fou et ceux de Jules qui soutenaient que son beau-frère Givry, après s'être emparé de la fortune de la sœur, voulait aussi celle du frère. Vingt-huit témoins défilèrent devant le juge chargé de l'affaire. Escorté par ses cousins : Victor Gandrille, le châtelain millionnaire de Saint-Sauveur, le Dr Carreau, le Dr Robineau-Desvoidy, le Dr Lachassagne, qui le maintiendront sobre pendant l'audience, Jules, voûté, bégayant, comparut devant le juge. Les témoins des Givry : des servantes, un garçon d'écurie, un journalier qui raconta que Jules s'était acharné à coups de couteau sur une vache qui s'était cassé une jambe, ne firent pas le poids contre les témoins de Jules : un ancien notaire, un huissier à la retraite, un avoué, le maire de Saint-Sauveur qui avait été en pension avec Jules, et trois médecins. Jules n'était pas fou, certes il buvait mais on ne l'avait jamais vu ivre au café, il gérait bien ses affaires. Le juge débouta les Givry.

Les cousins de Jules décident alors que le mariage est le seul moyen de le protéger et de lui garder sa fortune. Mais après le procès il est difficile de lui trouver une fiancée bien née en Puisaye. Leur choix se porta sur Sido qu'on invita à Mézilles. Le Dr Lachassagne fut chargé des démarches. Jules Robineau-Duclos arriva à Bruxelles en sa compagnie. Le 7 janvier 1857, après de longues palabres, on se rendit chez Mᵉ Langendries pour signer le contrat de mariage, ce contrat que Sido remariée au Capitaine Colette ne respectera pas et qui sera la cause de la zizanie entre ses enfants. Le contrat stipule que les deux fiancés étant français sont mariés sous le régime de la communauté de biens. Cependant on ajoute trois clauses. Les époux ne sont pas responsables des dettes encourues par l'autre avant le mariage. Cette clause vise Sido. Ses dettes seront payées par elle ou par ses frères, Sido dépense plus que ses rentes ne le lui permettent et continuera à le faire. La dernière clause indique que pour « se prouver leur affection mutuelle », les futurs époux, en cas de décès, font don de l'usufruit de leurs biens combinés à l'époux survivant. S'ils n'ont pas d'héritiers, l'héritage Robineau reste dans la famille. Ce mariage avec cet homme « horriblement laid », donnait à Sido les moyens de vivre dans le luxe auquel elle était habituée.

En 1922 dans *La Maison de Claudine*, Colette donne sa version du premier mariage de sa mère. Elle appelle Robineau « le sauvage » et raconte qu'un jour qu'il parcourait ses terres sur son « cheval rouge comme guigne », il vit une jeune fille de 18 ans aux « anglaises blondes ». Il en rêva. « Sa pâleur de vampire distingué » ne déplut pas à Sido. « Il fit mouvoir notaires et parents » pour épouser « une jeune fille sans fortune et sans métier. » Colette transforme un alcoolique dégénéré en héros romantique.

Le 15 janvier 1857, le mariage eut lieu à Schaerbeek, un élégant faubourg de Bruxelles. Escortés du Dr Lachassagne et de sa femme, les mariés partirent en train pour Saint-Sauveur. A Auxerre, leur cocher les attendait pour les conduire à leur « belle maison à perron et jardin. »

« Le mariage ne procure aucun bonheur, sauf dans le cas où l'on acquiert une grande fortune... »

Saint-Sauveur-en-Puisaye est le reliquat de siècles de turbulence dans une région pauvre. « C'est un village, pas très joli même » écrivait Colette dans *Claudine à l'école*. Saint-Sauveur est construit à l'est d'une colline entourée des marécages et des vastes forêts de la « Bourgogne pauvre » qui a toutes les raisons d'envier la riche Bourgogne et ses vignobles aux noms chantants : Beaujolais, Beaune, Chablis...

Saint-Sauveur était un avant-poste du duché de Bourgogne et servait de point de rassemblement aux rares habitants de ces terres marécageuses. C'était avant tout une forteresse militaire entourée de trois remparts. Le village et l'église étaient hors les murs. Du haut de leur colline les seigneurs de Saint-Sauveur contrôlaient le passage de la vallée du Loing à la vallée de l'Yonne, qui se jette dans la Seine à Fontainebleau. Mise à sac, restaurée, redémolie, la structure médiévale a presque totalement disparu. Quand le duc de Bourgogne signa une alliance avec Charles VII, il se désintéressa de cet avant-poste qui vivota chichement.

Le château, aujourd'hui le musée Colette, une grosse bâtisse dénivelée dont les trois étages côté village dominent les toits serrés de Saint-Sauveur, fut commencé en 1600 ; il fallut plus d'un siècle pour le terminer, ce qui explique l'éclectisme de son style. Dans la cour d'entrée les ruines d'une tour du XIIe siècle, « une tour sarrasine, basse, toute gainée de lierre, qui s'effrite par le haut un petit peu chaque jour [29] », faisait partie du système de défense bâti pour signaler l'approche des Sarrasins, mais cette ligne Maginot médiévale fut en place bien après les menaces de raids musulmans.

Pas de château digne de ce nom, pas de clocher non plus. Au XIIe siècle, pendant la grande montée religieuse qui couvrit la France de cathédrales, de monastères et d'églises, les Sansalvatoriens entreprirent la construction d'une nouvelle église à l'emplacement de l'ancienne église gallo-romaine. Ils y travaillèrent trois siècles. Construit sur une veine ferrugineuse, le clocher de l'église avait la rare propriété d'attirer la foudre. Sans cesse frappé, il fut sans cesse réparé. Puis la ville devint républicaine, cessa son entreprise impossible contre la rage des éléments et laissa l'église sans clocher.

Selon le recensement de 1881, Saint-Sauveur avait 1 100 habitants, un chiffre peut-être gonflé par les représentants locaux qui voulaient une gare sur le territoire de la commune. Il n'y avait que deux rues pavées, l'une qui montait au château, l'autre construite sur les anciens remparts débouchait sur le marché. Les autres n'avaient que deux rangées de pierres pour permettre aux roues des charrettes de ne pas s'embourber. « Les rues, grâce au ciel, ne sont pas pavées ; les averses y roulent en petits torrents, secs au bout de deux heures [30] », disait Colette qui, enfant, aimait à sautiller d'une pierre à l'autre quand on l'envoyait faire des courses. Les maisons s'alignaient, basses avec une porte et une seule fenêtre. Seules quelques maisons bourgeoises avaient plusieurs étages et fenêtres sur rue. Ce manque d'air et de lumière était la conséquence de l'impôt sur les portes et fenêtres. Les onze fenêtres sur rue et les deux étages de la maison à perron de Jules Robineau-Duclos dans l'étroite rue de l'Hospice affirmaient la richesse et l'ancienneté de la famille. La bourgeoisie nouvelle construisait à l'extérieur du village des maisons carrées dans des jardins aux allées sablées, entourées de murs de trois mètres de haut.

Sido gravit les marches du perron dénivelé, huit marches d'un côté, six de l'autre, où les initiales des Robineau sont blasonnées dans la rampe en fer forgé. « La grande maison grave, revêche avec sa porte à clochette d'orphelinat [31] » s'ouvre devant elle et Marie Miton, flanquée de deux servantes et de deux domestiques, l'accueille. Elle entre dans le grand salon blanc et or. Les trois pièces principales sont hautes de plafond et pavées de dalles, le petit salon s'ouvre côté sud sur une terrasse couverte d'un arceau de glycine. Le premier étage est à l'abandon, le salpêtre ronge les murs. Depuis l'internement de la mère de Jules trente ans plus tôt, personne ne s'est occupé de la maison et les chambres servent à emmagasiner les châtaignes, les pommes, les noix. « Le jardin du haut », le jardin d'agrément, commande « le jardin du bas », le potager qui est de l'autre côté de la rue. Les dépendances, écuries, poulailler, lavoir, sont accrochées à la maison.

La lune de miel de Sido est de courte durée. Jules, s'étant rapidement remis à boire, essaie un jour de la battre comme il battait Mlle Marie. Sido qui se trouve près de la cheminée attrape une lourde lampe, la jette à la tête de Jules qui gardera de cet exploit une longue balafre à la joue et un prudent respect pour Sido. Désormais il s'abstient de la battre mais il se réfugie dans les bras de Marie et délaisse Sido. A nouveau les cousins interviennent. Le 3 août, on marie Marie à Jean Cèbe qui a quatorze ans de moins qu'elle. Il a accepté de reconnaître Antonin comme son fils bien qu'il soit né quand Cèbe avait treize ans. On les installe dans une petite maison qui a un mur mitoyen avec la maison Robineau. De cette façon, en cas de crise, Marie est à proximité, car elle seule peut calmer les délires de Jules. Les Cèbe resteront jusqu'à leur mort les voisins de Sido. Jean Cèbe était un ardent républicain. Pour le 14 juillet, devenu la fête nationale, il teignait la tête de son chien blanc en bleu et l'arrière-train en rouge.

Sido prend en main la maison. Elle ressort l'argenterie frappée du blason des Robineau, une chèvre debout sur fond d'azur, et les nappes de dentelles. Dans ses robes de soie elle surveille les servantes qui filent le chanvre de ses champs, tissent la rude toile pour le lit des domestiques, barattent le beurre, pressent les fromages. Peu ou pas payés, les serviteurs ne sont pas un luxe, même un ouvrier peut avoir une servante, mais leur nombre indique le rang social. Avec une femme de chambre, une cuisinière, une servante, un jardinier et un cocher, sans compter la couturière à la journée et les journaliers qui aident à la lessive, au repassage, au grand nettoyage, Sido mène la vie d'une grande bourgeoise.

A l'automne, pour les grandes chasses qui réunissent tous les hobereaux du pays, Sido est de la partie. On chasse le loup, le sanglier. En 1908, elle dira à Colette qu'elle est à même de juger si Rudyard Kipling a vraiment vu et observé les animaux « dont il parle avec tant de talent... ayant vécu dans la compagnie de chasseurs pendant une dizaine d'années[32]... ». Elle lui raconte l'histoire du renard que Robineau a vu se plonger dans un étang pour se débarrasser de ses puces et, qui, pour ne pas se noyer, s'emplit la gueule d'une touffe d'herbe. Celle du loup famélique qui suivit sa victoria pendant cinq heures. Elle était agreste et non provinciale, dira d'elle sa fille.

Sido mène une intense vie sociale dans les châteaux des alentours où les propriétaires ne résident qu'une partie de l'année, passant le reste du temps à Paris qui n'est pas loin de la Puisaye. Elle est invitée au château des Baronets où réside M. de Lacour, ex-ambassadeur auprès de la Sublime Porte, au château de Ratilly, résidence des Vivien, ses grands amis, au château des Gouttes, au château des Janet. Le président du Crédit foncier possède le château de l'Orme et celui des Bennes. Il fera des prêts avantageux à Sido. Il y a aussi le château de Saint-Fargeau où l'ombre de la Grande Mademoiselle devait plaire à l'irrépressible Sido. On la voit souvent au château de Saint-Sauveur où réside quelques mois par an Victor Gandrille, le cousin germain de Jules, le Don Juan de Saint-Sauveur. Quand ce Don Juan essaya de se faire élire maire, il fut défait « parce qu'il avait exaspéré tellement de pères et de maris[33] ». Il mourut à 51 ans, en 1879, après une vie de plaisirs. Il ne pardonna jamais à Saint-Sauveur de ne pas l'avoir élu. Dans son testament il légua son château et 10 millions de francs-or pour en faire une maison de retraite pour les pauvres des communes où il avait des biens, mais Saint-Sauveur fut nommément exclu; aucun de ses habitants ne pourrait finir ses jours au château. Ce fut la vengeance posthume de Victor Gandrille.

Il était très attaché à Sido dont il défendit les intérêts jusqu'à sa mort. Il passait pour être son amant selon un rapport du juge de paix qui signalait que Sido menait une vie dissipée et qu'elle avait pour amant le contribuable le plus riche de Saint-Sauveur. Alors que ses amis admirent son ardeur à vivre, ses critiques disent qu'elle est « une femme sans ordre, sans économie, incapable certainement d'être maîtresse de maison[34] ». La simple idée d'une routine, d'un horaire quel qu'il soit l'ennuie. Elle écrira à Colette qu'essuyer ses tasses de porcelaine de Chine lui donne l'impression de vieillir. Le besoin d'ordre de sa fille l'étonnera toujours, elle s'exclamait devant ses armoires bien rangées... « Quels placards!... Ce n'était pas un compliment, il s'en fallait[35]. » Ses seules passions étaient la musique, l'art, la littérature, la vie mondaine. C'est à Paris ou à Bruxelles qu'elle les trouve. « Rien ne supplanta dans le cœur de ma mère les belles villes belges, la chaleur de leur vie policée et douce, gourmande et amoureuse des choses de l'esprit [36]. »

Elle dépense sans compter et se donne l'illusion d'économiser en repeignant « le petit doigt en l'air » une cage d'oiseau achetée pour cinq sous. Même avec « un revenu d'une douzaine de dix mille francs [37] », elle fait des dettes. Elle trouve un bailleur de fonds et un amant dans le notaire Adrien Jarry, le frère de sa meilleure amie Adrienne de Saint-Aubin. En quelques années elle accumule quatre vingt mille francs-or de dettes (environ cinq millions actuels).

Trois ans et demi après son mariage, le 14 août 1860, Sido met au monde une fille, l'héritière tant attendue des Robineau-Duclos, Juliette Héloïse Émilie.

« NÉ POUR PLAIRE ET POUR COMBATTRE... IL ÉTAIT POÈTE ET CITADIN »

Deux mois plus tôt un nouveau personnage avait fait son apparition sur la scène de Saint-Sauveur, le capitaine Jules Joseph Colette, héros de la guerre d'Italie, amputé de la jambe gauche. Il a servi sous Mac-Mahon qu'il connaît et dont il entreprendra d'écrire la biographie, *La Vie d'un Soldat*. Napoléon III lui a lui-même remis la Légion d'honneur et fait donner une sinécure, la perception de Saint-Sauveur.

Jules Colette est né en 1829 au Mourillon près de Toulon, il descend d'une famille d'officiers de marine. Son père, le capitaine Joseph Colette, avait été administrateur de la Guyane française pendant 7 ans, Jules Colette grandit en Guyane et à Toulon. Il abandonne la tradition familiale et opte pour l'armée de terre. A 18 ans, il est admis à Saint-Cyr qui compte alors 350 élèves. En plus des matières scientifiques où Jules Colette excellait, les élèves étudiaient l'allemand et l'anglais, suivaient des cours de littérature, de danse, d'escrime et de monte anglaise. Les saint-cyriens étaient célèbres pour leurs bizutages quelquefois si cruels que de nombreux « melons » (nouveaux) préféraient renoncer plutôt que de subir les brimades des deuxièmes années. Ils étaient le cauchemar de la Compagnie des chemins de Fer du Nord. Ils arrachaient systématiquement les parois des compartiments et les jetaient par les fenêtres. Le dimanche personne ne s'aventurait dans le train des saint-cyriens. A Paris ils se réunissaient au *Café Hollandais*, au Palais-Royal ; là ils régnaient en maîtres, défendant l'entrée aux *pékins* dont la tête ne leur revenait pas. Ils sifflaient, aboyaient, rugissaient, chantaient des chansons de corps de garde, tout un répertoire qui devait enchanter plus tard Gabrielle Colette.

A l'école les saint-cyriens se regroupaient en sociétés qui portaient le nom des provinces ou des lycées dont ils venaient. C'étaient des sociétés fermées avec leurs codes, leurs lois, et les membres se soutenaient à la vie à la mort. De plus en plus politisées, leurs rivalités étaient farouches. Pour un regard, un mot, ils se lançaient des défis, en venaient aux coups, ou se battaient en duel. Le mentor de Jules Colette était Charles Bourbaki, *carbonaro*, futur général. Les *carbonari* avaient leur heure de gloire grâce au prince Napoléon Bonaparte, ancien *carbonaro*. Ce prince qui avait combattu avec les révolutionnaires italiens, avait enflammé l'imagination de la jeunesse qui trouvait que Louis-Philippe manquait de panache. Avec l'appui du prince, les *carbonari* recrutaient activement dans les Grandes écoles.

Dix-huit ans, les cheveux clairs, « le nez court et ouvert, les sourcils hérissés sur de clairs et terribles petits yeux de chat – tout ressemblant à un Cosaque [38] », une voix de baryton, un tempérament violent et passionné, Jules Colette a vite des ennuis. A la fin de l'année il est renvoyé de Saint-Cyr, et versé dans un régiment de conscrits. C'est la punition réservée aux élèves qui ont enfreint la loi sur le duel et tué leur adversaire. Les raisons du duel sont inconnues, probablement quelque lutte politique intestine ou une histoire de femme car Jules Colette est un séducteur. Les duels étaient féroces. Les saint-cyriens s'étaient d'abord étripés à la baïonnette. Après la mort de plusieurs élèves, leur général avait confisqué toutes les baïonnettes et les gardait sous clef. Les élèves inventèrent alors une arme qu'un ancien de la *Société* était chargé de confectionner. Il fendait l'extrémité d'un manche à balai, fixait solidement dans la fente les deux branches d'un compas. L'arme était encore plus redoutable que la baïonnette car un coup de la fine pointe du compas dans la poitrine provoquait une hémorragie interne et entraînait la mort. C'est armés de cette pertuisane bifide que les duellistes se défiaient la nuit dans les greniers, dans les escaliers dérobés, en silence, rapides, car il fallait faire vite pour ne pas attirer l'attention des officiers. Jules Colette blessa son adversaire mortellement. La mort de l'élève fut passée sous silence et la punition fut immédiate. Radié de Saint-Cyr le 26 décembre, il se retrouva simple soldat à la queue du 3e régiment d'infanterie de ligne le 3 janvier. C'était le suprême déshonneur pour un saint-cyrien.

Jules Colette essaya d'entrer à l'École polytechnique et publia un article sur la trigonométrie des sphères dans le journal de l'école, *Les Nouvelles Annales de mathématiques*. La troisième révolution s'apprêtait à renverser le dernier roi de France, le jeune *carbonaro* de dix-neuf ans, se mêle aux émeutiers. Quand il s'essaiera plus tard à la politique se souvenant de ces jours glorieux, il dira à ses électeurs : « Ce vieux républicain de 1848, ce vieux démocrate, c'est lui qui était à l'Hôtel de Ville à côté de Lamartine, d'Arago, de Ledru-Rollin [39]. » Grâce à l'intervention de son père, le jeune révolutionnaire est muté au 3e régiment d'infanterie navale en partance pour la Guyane, une façon de se faire oublier pendant que ses amis intervenaient en sa faveur. Avec son panache habituel il évoquait en 1896 cet intermède de sa jeunesse, « ... il y a plus d'un demi-siècle, aux bords lointains de la Guyane française, je portai, pour la première fois, cet uniforme de soldat que l'on a si bien nommé la livrée glorieuse de la Patrie [40]. »

Un an plus tard Jules Colette était réintégré dans son rang (fourier) à Saint-Cyr, il en sort en octobre 1850 dans les derniers de sa classe : 138e sur 150. Il va rattraper le temps perdu, sous-lieutenant au 38e régiment de ligne, il se fait muter au 1er régiment de Zouaves qui venait d'être créé et placé sous le commandement du colonel Bourbaki. Il a vite fait de se faire pousser la farouche moustache qui complète l'uniforme théâtral des Zouaves. La conquête de l'Algérie était pratiquement terminée, mais, de toute l'Europe, de jeunes aristocrates attirés par la propagande du Gouvernement français leur promettant gloire et action s'engageaient. Ils étaient vite déçus, la mission des troupes étant de protéger la construction de la première ligne de chemin de fer contre la guérilla des tribus nomades et de défendre les nouveaux colons, pour la plupart des chômeurs parisiens dont le gouvernement finançait l'installation. « Dans les régions où les Français s'établissent en Afrique, les arbres disparaissent, les puits sèchent, les habitants fuient, il ne reste qu'un désert [41] », écrivait le comte Boganis, jeune Suédois qui rêvait de gloire.

Quand ils ne pacifiaient pas les Kabyles, les Zouaves organisaient des défilés pour impressionner les populations locales. Ils menaient une vie facile, souvent tapageuse. Des troupes théâtrales venaient de Paris et l'Opéra d'Alger était fréquenté assidûment par les officiers. Jules Colette se fera en Algérie un cercle d'amis : de futurs généraux qui l'aideront plus tard. L'un d'eux, le futur général Cholleton, épousa une chanteuse de l'Opéra d'Alger qui initiera Colette adolescente aux « pratiques du harem », et s'entremettra pour lui faire épouser Willy.

La vie de garnison du lieutenant Colette change radicalement quand le 1er Zouave regagne Toulon où l'armée de l'Orient se regroupait avant de partir pour les champs de bataille de la Crimée. Cette guerre sera encore plus meurtrière à cause du choléra qui décimait les troupes. Dans un village on trouve un régiment entier de mercenaires turcs, les Bashi-Bouzouks, morts ; à Constantinople 300 personnes périssent en une nuit. Dans leurs uniformes créés pour l'Afrique, les Zouaves grelottent de froid. A Alma, le lieutenant Colette conduit un assaut victorieux contre les Russes et prend la tour télégraphique. Renversé par un projectile reçu en pleine poitrine, il s'en tire et participe à l'assaut victorieux du fort Malakoff où flotte bientôt le drapeau du 1er Zouave.

Le 1er régiment de Zouaves est ensuite envoyé en Italie. Napoléon III, toujours hanté par ses rêves de jeunesse, veut délivrer l'Italie du joug autrichien. Les Français chassent les armées autrichiennes de Milan. Pendant que dans la ville libérée les habitants dansent dans les rues, le général Canrobert, saint-cyrien lui aussi, qui n'a pas participé à la victoire, décide de frapper un coup décisif et d'anéantir l'armée autrichienne en retraite. Les historiens se sont demandés si cette sanglante sortie contre des vaincus était nécessaire. Sur la route plate de Melegnano, les Français sont des cibles faciles. Mille soldats sont tués, les blessés jonchent le sol. Le capitaine Colette a le fémur gauche fracassé. Deux Zouaves veulent le mettre en sécurité : « Où voulez-vous que nous vous mettions ? – Sous le drapeau [42] », répond le jeune capitaine. Dans *Le Zouave*, Colette nous a donné de l'événement une version plus théâtrale. Transporté par le soldat Fournès qui le chargea sur son dos, le capitaine Colette riait en lui tirant « les cheveux à poignées » et disait : « Quatre jours de boîte au soldat Fournès ! *Primo* : porte les cheveux longs ; *secundo*, s'est permis envers son capitaine une attitude familière et déplacée. » Le lendemain une file ininterrompue de voitures sortait des portes de Milan pour aller à Melegnano. Les Milanaises recueillirent chez elles tous les blessés, rien ne fut épargné pour leur bien-être et les amours fleurirent. « Ah !... Les Milanaises ! Ah ! Quels souvenirs ! C'est la plus belle année de ma vie [43] ! » Le 9 juin on dut lui amputer la jambe. Napoléon lui épingle le ruban de la Légion d'honneur. Sa carrière militaire est finie.

Nommé en juin à la perception de Saint-Sauveur, il prête serment en août. La meilleure société de la Puisaye ouvre ses portes au capitaine Colette qui a ses entrées aux Tuileries, grâce à Charles Bourbaki, nommé commandant de la garde impériale. Moins d'un an après son installation, ce séducteur, ce « tonnerre de Dieu » comme l'appelait sa fille a déjà un enfant illégitime quand il séduit Mme Robineau-Duclos et l'entraîne dans une aventure passionnelle. « Ah ! Dieux ! Peut-on se vautrer ainsi dans les délices de Capoue [44] », s'émerveillait Sido.

Le 27 janvier 1863 elle donnait naissance à un fils. Personne ne douta de l'identité du père mais légalement c'était un Robineau. Elle le nomma Edme Jules Achille. Edme comme le maréchal Edme de Mac-Mahon, un heureux hasard faisait que Jules était le prénom des pères légitime et illégitime, quant au prénom Achille, qui rappelait le plus grand guerrier de l'Iliade, il évoquait plus le capitaine que Robineau-Duclos. Ce dernier devenait de plus en plus apathique et vivait dans un abrutissement complet. Du matin au soir « il restait assis et engourdi auprès d'une table sur laquelle il y avait toujours une bouteille d'eau-de-vie qu'on remplissait au fur et à mesure qu'il la vidait [45]. » Personne ne voyait aucune raison de l'empêcher de sombrer.

En mai, le capitaine apprend qu'il est muté dans un autre département. Mais il ne veut plus quitter Saint-Sauveur qui n'aurait dû être que le premier tremplin de sa carrière administrative. Il se démène, fait intervenir ses relations. Le ministre des Finances envoie une lettre de sa main au préfet de l'Yonne l'informant qu'il a reçu de nombreuses requêtes en faveur du percepteur de Saint-Sauveur. Le 13 juin, Colette est réintégré dans son poste.

Quelques mois plus tard Robineau-Duclos mourait. Pour Sido c'est la fin d'une époque qui lui assurait la richesse et un rang social privilégié. « M. Robineau est mort le 30 janvier d'une attaque d'apoplexie foudroyante, mort la nuit dans une chambre écartée où, bien que malade, bien que succombant aux excès de son ivrognerie, sa femme le faisait coucher seul. Un matin il ne remuait pas ; on entre chez lui et on le trouve sans vie. J'ai été étonné de n'avoir jamais entendu dire que son infidèle femme et l'amant de celle-ci n'avaient pas avancé ses jours. Il est certain au moins qu'ils l'ont laissé se suicider en paix [46]... » Les rumeurs existaient, puisqu'en 1939, Jean-Paul Sartre en visite chez les Emery, cousins de Robineau-Duclos, écrit à Simone de Beauvoir « ... Sido, la fameuse mère de Colette, a tout bonnement empoisonné son mari pour épouser M. Colette un beau casse-cœur [47] »...

Le bouillant capitaine menaça Sido de lui mettre une balle dans la tête si elle refusait de l'épouser. Sido s'en fut en Belgique laissant à Jules Colette le soin de veiller à ses intérêts. « M. Robineau à peine mort, M. Colette prenait la direction des affaires de la veuve » qui, sans respecter une période de deuil décente, allait faire part aux châtelains de Saint-Fargeau de son mariage avec M. Colette, au grand scandale de la personne qu'elle en informait. En même temps M. Colette faisait tourner sens dessus dessous la maison du défunt où il a occupé tout l'été de nombreux ouvriers qu'il surveille lui-même. « Ne vous étonnez pas qu'il aille aussi chez elle puisqu'elle-même vient chez lui, aussi le public de Saint-Sauveur, qui est pourtant habitué à être témoin de bien d'immoralités, est scandalisé de tant d'impudeur, d'un tel mépris de tout respect humain. On dit que Mme Robineau est enceinte, ce n'est probablement pas vrai mais ce qui paraît plus réel c'est que de ses deux enfants M. Colette traite l'aînée, qui est une petite fille, assez durement tandis qu'il est plein de sollicitude pour le petit garçon qu'il regarde comme son œuvre et à qui il avait appris à dire : Je suis Colette II, en lui apprenant aussi le : " Portez Armes ! " M. et Mme Robineau Bourgneuf ont fini par être scandalisés eux-mêmes et ne reçoivent plus chez eux, comme trop souvent autrefois, Mme Robineau et M. Colette [48]. »

Jules Colette fait nommer au conseil de famille qui doit veiller aux intérêts de Juliette et d'Achille « des mandataires aveuglément dévoués à Mme Robineau. » Sido fait intervenir Victor Gandrille pour persuader son beau-frère Givry d'accepter la nomination de M. Vivien, le châtelain de Ratilly qui lui est dévoué. Un autre membre du conseil est persuadé de donner son pouvoir à Me de Fourolles, le notaire du capitaine, qui aurait bien voulu compter la riche Sido parmi ses clients. Le capitaine intriguait pour éliminer Me Adrien Jarry, à qui Sido devait quatre vingt mille francs-or et qui représentait Marie Cèbe. Cette dernière venait de produire un testament de la main de Robineau lui léguant des meubles, du linge, 275 boisseaux de blé et dix mille francs-or. Il imposait à ses héritiers l'obligation de payer une assurance-vie sur Antonin dont Marie était la bénéficiaire. Sido attaqua immédiatement en justice le testament holographe.

A ce stade le juge Crançon, excédé par l'ampleur des manigances, envoie un rapport cinglant au procureur impérial où il blâme tous les intéressés : les Givry pour avoir essayé de mettre la main sur la fortune de Robineau, ses cousins pour avoir fait jouer leur influence en faveur de ce « demeuré » bégayant, Sido pour la légèreté de ses mœurs. Scandalisé par sa conduite, il demandait « s'il y avait lieu ou non de conserver cette veuve dans la tutelle de ses enfants. » Quant au capitaine Colette : « S'il faut en croire Mme Colette mère, son fils serait un bourreau d'argent et les aurait ruinés. Elle aurait sacrifié pour lui les intérêts de sa fille qui est morte laissant plusieurs enfants et point de fortune. M. Colette doit donc avoir de ce côté des charges de famille et en tout cas il a celle d'une jeune fille dont je vois les parents aux petits soins pour lui, qu'il a engrossée en même temps qu'il faisait la cour à Mme Robineau et qu'il a envoyée ensuite à Paris pour qu'elle n'entravât pas ses projets. »

Le 20 décembre à 8 h du soir Sido et le capitaine se mariaient civilement à la mairie de Saint-Sauveur puis ces deux libres-penseurs partaient pour Bruxelles célébrer leur mariage religieux, suivi d'une réception dans l'élégante demeure d'Eugène et Caroline Landoy.

Le juge Crançon avait vu juste. Les Colette se plongèrent avec insouciance dans une vie de loisirs et de plaisirs et entamèrent à belles dents la fortune de Robineau-Duclos. Le percepteur de Saint-Sauveur négligeait ses fonctions. Son évaluation annuelle peu flatteuse note : « ... qu'il manque d'activité et de zèle, que ses recouvrements de toute nature sont fort arriérés ; qu'enfin de nombreuses traces de négligence ont été relevées dans sa gestion [49]. » Mais le rapport envoyé au ministre par la direction générale des Impôts était au contraire flatteur. Contradictions ? C'était plutôt le reflet des animosités locales contre le capitaine et le désir de la direction générale de ne pas antagoniser un percepteur qui avait des appuis en haut lieu.

Le 22 octobre 1866 naissait le premier Colette. La Belgique n'avait pas perdu son attrait pour Sido. Elle appela son fils Léopold en l'honneur du roi des Belges.

CHAPITRE II

Gabrielle Sidonie Colette

« Tu n'es pas une paysanne. »

Lettres de Sido à sa fille.

Le 28 janvier 1873, à 10 h du soir, après trois jours et deux nuits de travail, Sido, 38 ans, mettait au monde son dernier enfant, Gabrielle Sidonie Colette. « Comme je surgis bleue et muette, personne ne crut utile de s'occuper de moi... » Les servantes épuisées « perdaient la tête » autour de Sido. Dans la tradition des grands héros, à peine avait-elle vu le jour que Colette prenait son destin en main « manifestant une volonté personnelle de vivre [1] ».

Son acte de naissance déclare que Joseph Jules Colette, 44 ans, percepteur « nous a présenté une enfant de sexe féminin. » La loi napoléonienne qui mandait que le sexe des nouveaux-nés soit vérifié *de visu* à la mairie dans les trois jours suivant leur naissance, était toujours en vigueur car, pour éviter la conscription obligatoire, beaucoup de parents déclaraient leurs fils sous des noms de fille. Gabri ne fut pas présentée à la mairie un jour froid de janvier. Le châtelain de Saint-Sauveur, Victor Gandrille, et le colonel Louis Desandré accompagnèrent le capitaine et signèrent l'acte de naissance. On lui donna comme parrain et marraine le colonel Desandré (sous peu général) et sa femme, l'héritière du château des Janets qu'il venait d'épouser trois semaines auparavant; le capitaine Colette avait été son témoin. Ne pouvant venir au baptême de Gabri le 11 avril, ils furent remplacés par Juliette, 13 ans et Achille, 10 ans.

Avec la naissance de Gabri nous entrons dans la vie et la légende de Saint-Sauveur. Terre pauvre, la Puisaye partageait avec la Bretagne et le Morvan le triste honneur de faire commerce des « nourrissons parisiens [2] ». Il ne fut pas difficile de trouver à Gabri une nourrice locale, en fait elle en eut deux. La première, Mme Jollet de la ferme du Thureau, venait de mettre au monde une petite fille, Yvonne, qui, sous le nom de Claire, est la sœur de lait tant aimée dans *Claudine à l'école*, « une fillette, douce avec de beaux yeux tendres et une petite âme romanesque [30] ». La seconde nourrice, Émilie Fleury, a inspiré Mélie, la célèbre nourrice de Claudine. Un mois avant la naissance de Gabri, elle avait eu un enfant illégitime. Sido l'avait prise à son service au scandale de son amie Mme de Saint-Aubin qui lui en fit la remarque, Sido rétorqua que la vue d'une belle fille enceinte et ne s'en repentant pas n'avait rien d'offensant à ses yeux. Mélie elle-même était une enfant illégitime, ce qui paraissait aller de soi à Saint-Sauveur où, selon le juge Crançon, le concubinage faisait partie « des mœurs », et l'historiographe local, le Dr. Robineau-Desvoidy, dressait la liste de 109 bâtards en 35 ans pour une population de moins de 1 100 habitants, un chiffre qui, faisait-il remarquer, « ne dépasse pas celui d'une époque plus éloignée [4] ». Ces bâtards n'étaient pas toujours des enfants du cru, c'étaient les fruits des amours secrètes de parisiennes venues accoucher clandestinement et qui abandonnaient leur enfant chez une nourrice. Mélie avait été adoptée par M. Fleury, un menuisier de Saint-Sauveur. Elle sera la nourrice de Gabri pendant quatre ans, quittera le service des Colette pendant quelque temps puis reviendra comme cuisinière. Gabri avait alors 8 ans.

Avec Mélie « chienne fidèle », « esclave blonde et blanche [5] », Gabri apprenait la culture rustique de la Puisaye. La mère de Mélie était une marchande ambulante qui allait de villages en villages vendre ses denrées. Son frère était un musicien qui jouait du violon aux noces et aux foires ; Mélie connaissait tous les secrets des familles. Elle avait un joyeux tempérament et avant de se mettre au travail elle se jouait toujours un petit air sur son violon rouge. Elle avait un vaste répertoire de chansons folkloriques et une préférence marquée pour les chansons égrillardes, voire obscènes. Gabri les écoutait et les retenait. Le soir elle restait à la cuisine avec sa nourrice. « Je trottais comme un rat, curieuse et peu bavarde », regardant les servantes filer, « ... des dévidoirs cliquetaient... les pelotes ovales de fil gris roulaient une à une dans la caisse de bois qui entourait le dévidoir », d'autres « cassaient les noix de l'automne pour le pressoir ». Ce qu'elle aimait le plus c'était « la légende oubliée que chantaient les femmes : Caïn trempait ses mains dans toutes les fontaines » ou quand s'élevait la voix haute et dolente de sa nourrice, « cette voix de fileuse [6] » maintenant oubliée. La cuisine offrait à Gabri, impressionnée par les ombres dansant à la lueur des chandelles et les sombres histoires évoquées par les chanteuses, les frissons d'un monde encore médiéval, riche de traditions. C'est en observant Mélie que Gabri apprenait les règles cardinales de la cuisine paysanne. On cuisinait sur un fourneau de brique plein de tisons ardents. Les plats braisés mijotaient dans une casserole à gros couvercle concave rempli de braises. Les gâteaux et les gratins étaient portés chez le boulanger qui les mettait au four après avoir retiré sa fournée de pain. Les volailles se faisaient au tournebroche dans la profonde cheminée de la cuisine.

Mélie était une admirable conteuse. Elle augmentait le ravissement de Gabri « d'une précieuse terreur » en lui racontant des histoires de loups que, par les hivers très froids, on voyait encore rôder autour des fermes. Le feu était une menace plus sérieuse et qui ne devait rien au folklore. A Saint-Sauveur la peur du feu était si grande qu'il était interdit d'allumer une pipe dans la rue et de fumer dans une grange, une étable, une écurie, même sur le pas d'une porte. Il était interdit de transporter des braises dans des plats de maison à maison, mais en hiver les enfants de la première classe avaient le droit d'emporter à l'école un chauffe-pied rempli de charbon de bois. Colette se souviendra que « de massives émanations d'oxyde de carbone montaient de tous ces braseros. Des enfants s'endormaient, vaguement asphyxiés [7]... » A l'automne, après la coupe du chanvre, la principale récolte de Saint-Sauveur, l'interdiction de faire du feu était levée. On laissait sécher le chanvre avant de le broyer pour récolter la fibre qu'on filerait en hiver. Dans les rues on faisait des feux de joie avec les tiges sèches. L'automne était la saison favorite de Gabri ; elle courait les bois avec Mélie pour cueillir la poire sauvage, les baies, les noix, les sorbes, les châtaignes et ramasser les champignons. En automne les fermiers venaient payer leur redevance en nature. La maison s'emplissait de vin, d'huile de noix que Gabri dégustait à même la bouteille, elle grignotait du moût de noix et aimait les châtaignes par-dessus tout, elle les faisait bouillir, les écrasait dans un mouchoir avec du sucre et tapait dessus pour s'en faire une galette.

Entre une mère « fantasque », un père peu préoccupé de ses enfants, une sœur et des frères en pension, Gabri grandissait comme une pousse sauvage. Très tôt elle éprouva le besoin de s'ancrer et insista, sans trouver d'opposition d'ailleurs, pour participer à la vie de Saint-Sauveur. Avec sa sœur de lait Yvonne et la fille de Mélie, Gabri était de tous les événements, mariages, premières communions, fêtes. Elle était « superstitieusement attachée [8] » aux fêtes traditionnelles. A la Saint-Jean on mangeait les biscuits de Saint Jean, au dimanche des Rameaux un gâteau fait de fromage frais, de crème, de beurre et d'œufs. Aux Rogations, après avoir semé les rues de fleurs, on cheminait en procession derrière les bannières à l'effigie du Saint patron, par des chemins de terre battue et à travers champs pour exorciser les souris mangeuses de blé et demander à Dieu de bénir la moisson. La moisson était de surcroît protégée par un personnage qui fascinait Gabri, le garde champêtre, reconnaissable à sa large blouse bleue ceinturée de cuir et à son képi. Il était chargé de signaler l'approche des orages et, tous les soirs, les roulements de son tambour marquaient la fermeture des cafés. Le jour de l'an, au point du jour, il annonçait l'arrivée de la nouvelle année. C'était le signal que Gabri attendait avec « une impatience proche des larmes [9] » pour sauter du lit et aller voir le boulanger livrer cent livres de pain dans l'entrée des Colette. Toute la matinée Gabri, Juliette, Achille et Léo distribuaient un pain et un sou aux pauvres, aux vagabonds qui sonnaient à leur porte.

Les Colette, déjà si différents de leurs voisins de la rue de l'Hospice, s'en distinguaient encore plus par leurs voyages : Toulon, Lyon, Paris, Bruxelles, Ostende, Gand. Les Français voyageaient peu. La plupart des villageois n'avaient jamais vu un train et la plupart n'étaient jamais allés plus loin que le chef-lieu, Saint-Fargeau, à 6 km de là. Il n'y eut pas de gare à Saint-Sauveur avant la fin du siècle. Auxerre où Sido se rendait tous les trois mois était une expédition que peu pouvaient se permettre. Tout cela coûtait cher et l'argent liquide était une commodité rare dans la France rurale ; aussi marchait-on ou allait-on en charrette sur les routes très bien entretenues de l'époque. Tout homme entre 18 et 60 ans devait réparer les routes trois jours par an ou payer un suppléant.

Très tôt, Gabri fait partie des voyages. Sido ne se souvenait pas si elle l'avait emmenée à Toulon dans la propriété des Colette ou laissée à sa nourrice, mais à 5 ans on la jugea assez grande pour aller à Paris voir l'*Exposition universelle*, la grande fête célébrant les trois ans de la République. Les lampes à gaz, inaugurées pour l'occasion, illuminaient *a giorno* le palais de l'Élysée, l'hippodrome et la Place de la Concorde qui venait d'être achevée. Les républicains avaient décoré et éclairé leurs fenêtres de lanternes tricolores, les fenêtres des Bonapartistes étaient noires. Le capitaine Colette ne manquera jamais de célébrer les fêtes républicaines en fabriquant « de vastes lanternes en papier huilé, peintes d'emblèmes, qu'il suspendait aux arbres [10] ». Gabri qui n'en comprenait pas le symbole appelait cela « les enfantillages » de son père.

En 1876, le capitaine voit « une chance de devenir quelqu'un [11] ». La proclamation de la République, l'élection de Mac Mahon à la présidence et de nombreux amis à la Chambre ou au Sénat le décident à se lancer dans la politique. Paul Bert, son « ami intime », député de l'Yonne, est son conseiller. Avant de se rendre à Paris, les Colette ont séjourné à Auxerre dans « la belle maison à jardin » des Bert. Madame Bert était anglaise et protestante, Gabri aimait cette femme qui élevait ses quatre filles « à l'anglaise... elles avaient les bras et les jambes nus en toute saison », une éducation qui, aux yeux de Gabri, les rendait imperméables aux intempéries. Plus tard elle fera élever sa fille par une nurse anglaise chargée d'appliquer ces principes. Colette de Jouvenel se plaindra qu'on la laissait mourir de froid dans un vieux château en Corrèze. Chez les Bert, à Auxerre, Gabri découvre une autre culture, elle lit les auteurs anglais en traduction, en particulier Shakespeare qu'elle « aime avec passion... Oui, il a été une passion de mon enfance... », et Sido lui achète les contes de fées illustrés par Walter Crane. « J'étais, écrit-elle, enivrée d'admiration pour Mme Paul Bert parce que déjà âgée et grisonnante elle portait les cheveux courts [12]. »

Paul Bert avait étudié avec Claude Bernard et fait des recherches sur les greffes animales et les anesthésiques avant de devenir député. Il partageait avec Sido et le capitaine une profonde admiration pour Victor Considérant qui était de retour à Paris après l'échec de sa commune fouriériste au Texas. Victor, grâce à ses amitiés belges, était le correspondant de *L'Echo du Parlement belge*, Julie, qui avait englouti sa fortune dans le rêve fouriériste, vendait ses tableaux. Pressé de se présenter à l'Assemblée nationale, Considérant refusa, préférant continuer à disséminer les idées de Fourier. De nombreux libéraux venaient chez lui chercher des conseils et une direction politique. Paul Bert était l'un de ses fidèles. Il encouragea le capitaine à se présenter à Saint-Sauveur.

Après avoir pris des contacts à Paris, les Colette allèrent à Bruxelles. Eugène venait de créer avec succès *L'Office de publicité*, le premier journal entièrement financé par la publicité où il écrivait ses fameuses rubriques qu'il signait Bertram. Paul, promu officier d'académie, avait abandonné la direction de *L'Indépendance* pour prendre celle du casino d'Ostende où les souverains venaient en villégiature.

Gabri aime tout de suite la chaleur et le confort de la maison de son oncle. Des rideaux de lourdes soies tamisent la lumière dans le grand salon où flotte un parfum de vétiver, une douce odeur ambrée signale le bureau de son oncle, à travers ces parfums Gabri perçoit vite les riches arômes de chocolat, de café et de gâteaux qui montent des cuisines situées au sous-sol comme c'était la coutume en Belgique. Dans le salon de musique le grand piano de tante Caro est entouré de fauteuils larges et profonds, partout des meubles hollandais en bois exotiques dont les surfaces cirées reflètent les tableaux de maîtres qui couvrent les murs, partout des sculptures. L'impression ne s'effacera pas, les premiers meubles de Colette Willy seront des meubles de style hollandais et, au moment de son divorce, Sido insistera pour qu'elle les récupère.

Une autre impression ne s'effacera pas davantage. Sur les coussins, d'imposants chats persans somnolent, un angora, Moumour, vit sur le piano. « Ah! les chats! l'étrange adoration pour cet animal mystérieux éprouvée par les vrais Landoy! » écrira cette cousine oubliée de Colette, la romancière Jenny Landoy. « Ils aiment les bêtes, toutes les bêtes, les plus humbles, les plus dédaignées, telle l'araignée [13]... », que l'un d'eux célèbre dans un poème. Le grand singe Jean qui amusait Sido n'est plus, il a été remplacé par des perroquets verts et gris. On montre à Gabri une photo de son grand-père, un perroquet sur l'épaule.

Gabri était une enfant silencieuse et bien élevée. Sido n'avait aucune indulgence pour les comportements enfantins ou pour « les larmes indécentes de l'enfance [14] ». Elle était heureuse que Minet-Chéri joue joliment du piano, sache déjà tant de choses, en discute intelligemment. Gabri aimait s'asseoir sur un petit tabouret, la tête appuyée sur le genou de sa mère et écouter. Elle absorbait ce qu'on disait autour d'elle. Elle trouve son oncle «... fort beau, imposant, chevelu de blanc [15] ». Ses cousins qui viennent souvent en vacances à Saint-Sauveur l'amusent. Bons musiciens, écrivant déjà, entourés d'une élégante bohême intellectuelle, si, Eugène, l'aîné, prépare son doctorat en droit, c'est Raphaël, l'ami d'Achille, qui est l'amuseur. « Sa noble tête au type arabe, profil aquilin, longs yeux verts, cheveux noirs de jais... faisaient un ensemble d'une beauté remarquable et exotique qu'il tenait de sa mère... » Il étonnait Gabri quand, dans le jardin de Bruxelles ou de Saint-Sauveur, il coupait la mèche d'une bougie d'un coup de pistolet ou logeait la balle dans le trou d'un pot de fleurs retourné. Pince-sans-rire, il se moquait du capitaine en l'appelant « l'homme-chien » à cause de sa barbe hirsute et « d'un cocasse petit chapeau boule qu'il portait de côté [16] », qui lui donnaient l'air d'un chien savant. Il surnommait Jules, son frère cadet, le crocodile ou le Vidame Spons parce qu'il avait « les allures distinguées d'un gentilhomme » et aurait pu en remontrer au prince de Sagan. Raphaël écrivit « pour (son) excellente tante Sidonie » une historiette sur « Comment le Vidame Spons faillit réaliser l'alliance franco-russe » pendant un voyage qu'il fit à Saint-Pétersbourg. Il appelait Sido « Madame de Sévigné », car ses lettres étaient un petit événement familial, on les lisait à haute voix, on se les repassait. Colette n'affirmait-elle pas que sa mère était meilleur écrivain qu'elle ? « D'elle ou de moi, qui donc est le meilleur écrivain ? N'éclate-t-il pas que c'est elle ? » A 80 ans elle louait encore le style de sa mère : « elle écrivait d'une façon tellement séduisante, tellement frappante [17] ».

Gabri remarque qu'à Bruxelles Sido était différente, elle brillait parmi les écrivains, les peintres, les musiciens qui fréquentent le salon de tante Caro. Elle prend conscience de la fascination de sa mère pour ses deux frères, Sido ne cesse de s'émerveiller de leur élégance, de leurs succès mondains, de leurs prouesses littéraires. Quand Colette fut devenue célèbre, Sido ne manquait jamais de l'informer qu'un Landoy venait de publier un article, qu'un autre venait de faire jouer une pièce, qu'un membre de la famille royale avait honoré de sa présence les funérailles d'un Landoy. Elle insistait sur le fait qu'elle venait d'une famille d'intellectuels et d'écrivains, si elle appréciait le style de Colette, elle n'en aimait pas toujours les sujets qu'elle jugeait « risqués » et surtout elle n'aimait pas le fumet de scandale qui entourait sa carrière sur la scène. Ils lui rappelaient trop la carrière d'Irma, la sœur dont le nom était tabou. Elle répétait à sa fille qu'elle venait d'une famille distinguée et, quand les journaux présentèrent Colette comme une villageoise, elle s'insurgea : « tu n'es pas une paysanne. » Fanatiquement attachée aux Landoy, Sido vantait non seulement leur intelligence mais aussi leur beauté, Bertram est beau, Raphaël est beau, Caro est belle. Sido était Landoy avant tout. Cette obsession, ce subtil lavage de cerveau dont se plaint Colette, déclenchera chez elle un sentiment d'infériorité qui la tournera contre sa famille maternelle.

Peu de temps après leur retour de Bruxelles Julie Considérant mourait à Paris. En quelques heures son corps enfla tellement qu'il fut impossible de la mettre dans le cercueil en bois d'ébène aux poignées en argent massif que Considérant avait « fait tailler sur mesure », en hommage à la femme qui l'avait aimé et soutenu. Il fallut se contenter d'un cercueil ordinaire. Julie fut enterrée à Besançon et Considérant donna à Caroline Landoy, la meilleure amie de Julie, le somptueux cercueil. Caroline, impressionnée par ce cadeau funèbre, ne voulut pas le garder et le donna à sa femme de chambre. En l'apprenant, Sido se lamentait. « Que ne me l'a-t-elle donné à moi?! J'aime le luxe [18]... »

« JE N'AI JAMAIS EU DE CAMARADES DE MON ESPÈCE »

A l'automne 1879, Gabri entre à l'école de Saint-Sauveur. C'est l'occasion pour Sido et le capitaine d'affirmer leurs idées républicaines et leur anticléricalisme, de mettre en pratique cet idéal du Fouriérisme, l'école laïque gratuite et obligatoire. Le capitaine Colette base toute sa campagne électorale sur l'éducation. Il fallait donc donner l'exemple. On a souvent écrit que Colette est allée à l'école laïque qui joue un tel rôle dans son œuvre, à cause de la ruine de sa famille. En fait leur ruine – toute relative – n'aura lieu que cinq ans plus tard, après le mariage de Juliette.

L'école de Saint-Sauveur avait 38 élèves, deux classes et deux instituteurs. Elle était située sur la propriété de M. Paultre qui venait d'être rachetée par la mairie. Les filles étaient dans la maison, les garçons dans les écuries. Dans les villages de moins de 500 habitants les écoles étaient mixtes mais la République avait deux programmes, un pour les filles et un pour les garçons.

Gabri se sentait différente des autres, car les rares familles bourgeoises envoyaient leurs enfants en pension au chef-lieu à Auxerre ou à Paris. Différente, elle l'était. Sur la première photo prise à l'école, elle porte une jupe de soie plissée d'où sortent des bloomers bordés de dentelles, elle a un grand col rond et des poignets ornés de dentelle belge. Ses camarades sont les filles des commerçants, des gendarmes et surtout des fermiers et des ouvriers locaux. Avec une arrogance de ci-devant elle en parlera comme de « ce milieu étrange » où la saleté et les odeurs régnaient. Gabri a un traitement de faveur. C'est elle qui représente l'école, remet le bouquet au maire, récite le poème composé par son père pour les grandes occasions. Elle est aussi la plus intelligente et c'est à elle que s'adressent les questions le jour redouté de la visite de l'inspecteur d'académie. Elle se décrira en train de plaisanter avec un examinateur qui lui faisait passer le certificat d'études, le père de Marie Noël, la poétesse d'Auxerre, qu'elle a rencontré chez les Bert.

Si elle est obligatoire, l'école publique n'est pas encore gratuite. Il faut payer un impôt au percepteur et acheter livres et cahiers. Les écoles de village sont les germoirs du républicanisme bien que la nouvelle République apprenne à lire à ses enfants dans le *Nouveau Testament*, n'ayant pas eu le temps d'imprimer des abécédaires. L'institutrice « scandait à coups de règle sur son pupitre le rythme des syllabes sacrées... En ! - ce ! - temps ! - là ! - Jé ! - sus ! - dit ! - à ! - ses ! - dis ! - ci ! - ples ! [19]... »

Gabri aimait l'école. C'était le théâtre où elle dominait tout le monde et donnait libre cours à son imagination. Les études ne présentaient pour elle aucune difficulté. Très douée, elle connaissait ses lettres à 21 mois et lisait couramment à 5 ans. Chez les Colette personne ne s'en étonnait car tous étaient d'avides lecteurs. Ils étaient abonnés à une énorme quantité de journaux, *Le Temps, La Nature, Le Mercure de France, La Revue des Deux Mondes, Le Journal des Dames et des Demoiselles*, les journaux belges où collaboraient les Landoy, *La Revue bleue*, les revues et les feuilles d'avant-garde qu'Achille, Léo et les cousins Landoy soutenaient en faisant souscrire leurs parents.

Les frères de Gabri « lisaient à l'excès, nuit et jour ». Ils faisaient des marathons de lecture et se lançaient des défis à qui trouverait le plus de fois un certain mot chez tel ou tel auteur. Juliette lisait jusqu'à perdre tout sens de la réalité. Gabri n'eut pas de livres pour enfant. Elle commença à lire dans Daudet, Mérimée, Hugo ; pour ses 7 ans elle demanda le théâtre complet de Labiche. Cela n'étonna pas, ce qui étonnait c'est qu'elle mit si longtemps à adopter « des livres intéressants ». Sido, qui trouvait des plaisirs toujours renouvelés à la lecture des dix-huit volumes de Saint-Simon, ne comprenait pas qu'à 8 ans elle « ne les partageasse pas tous [20] ». Gabri était libre d'explorer la riche bibliothèque de son père qui cependant ne voulait pas qu'elle lise Zola parce que « Zola l'ennuyait ». Sido en cachette, le lui donna à lire volume par volume, alléguant qu'il n'y avait pas de mauvais livres.

Gabri n'aimait pas Alexandre Dumas, elle préférait les superbes et terribles illustrations des contes de Perrault aux contes eux-mêmes qui la décevaient. Elle avait une préférence pour les ouvrages de d'Orbigny, de Redouté, pour les récits de voyageurs : Ida Pfeiffer, Baker, Delegorgue, qui décrivaient des corps à corps avec les crocodiles, l'art d'attraper un serpent endormi sur un toit de feuilles de palmes, de le faire tournoyer en le tenant par la queue avant de lui fracasser le crâne sur une pierre. Septuagénaire et immobilisée par l'arthrite, Colette se laissait encore prendre aux récits de quelque voyageur du XIXe siècle, « Avec lui... je conquiers délicatement sur quelque branchage gigantesque, entre un python à jeûn et un nid de guêpes maçonnes, l'extravagante *oncidie* de Galeotti [21] ». Ses compagnes de jeux qui ne connaissaient que les rues en pente de Saint-Sauveur et les étangs brumeux au cœur des bois vicinaux écoutaient les récits fabuleux de Gabri qui était une conteuse née.

Ce goût du courage physique et de l'extraordinaire ne s'arrêtaient pas aux voyages exotiques. Elle voulait être une amazone de cirque galopant dans le vent. A 8 ans elle fut saisie d'un orgueilleux mépris pour une petite acrobate de 5 ans qui, effrayée, suppliait « Assez ! Assez ! » Elle rêvait d'égaler une écuyère de son âge qui exécutait des sauts périlleux sur le dos d'un cheval. Elle se jurait de faire tout ce que les autres étaient capables de faire, mais beaucoup mieux. Elle voulait exceller, surpasser. Le risque qui faisait partie du spectacle du cirque l'exaltait. Elle comprit que l'angoisse et la récompense vont de pair, que le numéro le plus dangereux est le meilleur, que « le point d'honneur, c'est toujours d'aventurer une vie [22] ».

Le compagnon de ses voyages secrets, l'initiateur de ses rêves, le mentor littéraire c'est Balzac : « Je suis née dans Balzac » dira Colette en 1949. Elle est de « ceux qui se vouèrent dès l'enfance au romancier unique ». Balzac est « mon berceau, ma forêt, mes voyages ». Pour elle, qui citera dans son œuvre cinquante-cinq personnages et vingt-trois titres de la *La Comédie humaine*, « aucune œuvre ne se compare à celle de Balzac ». A 7 ans, Sido avait commencé à lui faire lire Balzac dans l'édition en vingt tomes de Houssiaux. Le choix n'était pas dû au hasard. Balzac était un contemporain et un admirateur de Fourier qu'il comparait aux grands innovateurs comme Jésus. Il pensait que Fourier avait raison de voir dans les passions les pulsions qui guident l'homme et les sociétés. Colette s'amusera d'un critique de Balzac qui avoue ne pas le comprendre quand il écrit « Les sens ont leur beau idéal... La hardiesse d'un tel postulat a déconcerté l'âme simple de l'annotateur » ironise Colette, qui trouve qu' « aucune œuvre romanesque ne se compare à celle de Balzac. Célèbre, elle est mal connue [23] ». Un jugement qu'on pourrait porter sur l'œuvre de Colette. Mais à 7 ans une passion ne survit que si elle est encouragée. Sido lui montrait et lui permettait de toucher « l'épingle de cravate de Balzac... une boule de sardoine rougeâtre, autour de laquelle gravitait un serpent d'or. » Elle imaginait « les petites mains potelées » de Balzac « disciplinant sous l'épingle bizarre les plis de sa cravate [24]... »

A quel Landoy Balzac l'avait-il donnée ? Nous ne le saurons sans doute jamais.

Au retour de Bruxelles, le capitaine s'était présenté au Conseil général de l'Yonne. Il venait de recueillir l'héritage de sa mère que Colette désignait comme « ma méchante grand-mère », morte en 1877. Le capitaine se trouvait propriétaire d'une grande maison à Toulon et d'un domaine surplombant la mer ; il avait été promu percepteur de deuxième classe, il ne pouvait aller plus haut à Saint-Sauveur. Riche de son héritage et d'espoirs politiques, il démissionne sous prétexte de « grave dyspepsie ». Paul Bert était président de la Commission chargée de veiller à l'application des lois rendant l'école obligatoire jusqu'à 12 ans. Le programme du capitaine sera centré sur ce thème et sur celui de l'éradication de l'alcoolisme. A l'Exposition universelle il avait été frappé par la méthode de Caroline Kleinhan qui enseignait la géographie à partir de la topographie. Les élèves dessinaient une carte de leur école et passaient par degré à la carte de leur commune puis à celle du monde. Le capitaine se munit d'une lanterne de projection, de plaques de verre peintes, de cartes pour illustrer ses conférences. Gabri l'accompagnait, elle était chargée du maniement de la lanterne magique. Elle aimait déjà la scène, le contact avec le public. Son père la donnait en exemple de ce que l'éducation pouvait faire pour les filles. Cet idéaliste pensait s'attirer des suffrages en proposant un programme scolaire qui comprenait l'histoire naturelle, la physique, la chimie élémentaire et bien entendu la topographie. Menés par Émilien, le valet de chambre du capitaine, au trot paisible de leur cheval, Gabri et son père allaient de mairie en mairie. Parfois délaissant le thème de l'éducation le capitaine faisait des conférences sur les ravages de l'alcoolisme et faisait pleurer son auditoire. De maigres applaudissements saluaient la fin des conférences éducatives et le capitaine d'un geste large invitait tout le monde à une tournée générale. On était en automne, il faisait froid. Du vin à la cannelle chauffait doucement sur les tisons du poêle. Le capitaine ne buvait que de l'eau gazeuse et quand l'aubergiste suggérait qu'une goutte de vin chaud ferait du bien à la jeune demoiselle, celle-ci réclamait un verre plein « jusqu'au bord », elle le vidait, cognait le fond du verre sur la table en faisant un commentaire de connaisseur « ça fait du bien par où ça passe [25] ». D'instinct elle savait déjà conquérir son public, on riait, le capitaine savait élever sa fille. Quand Sido s'aperçut que Gabri rentrait légèrement grise, elle mit un point final à sa campagne électorale. Gabri en voulut à sa mère qui la privait d'un public et d'une complicité avec son père. Colette qui longtemps s'identifiera à son père trouvait qu'il avait détruit toutes ses chances de succès en s'inclinant devant la volonté de Sido, que son amour pour elle avait été la cause de la médiocrité de sa vie.

Aux élections, le capitaine arriva second avec 549 voix derrière le Dr Pierre Merlou qui avait promis la construction d'une gare. Le bonapartiste Gonneau avait 978 voix. Au second tour, le capitaine amèrement déçu refusa de se désister en faveur du Dr Merlou qui avait ouvert un cabinet à Saint-Sauveur moins d'un an plus tôt, et soutenait que les élections avaient été truquées. Le Dr Merlou devint maire de Saint-Sauveur, député, ministre, ambassadeur au Pérou. C'était la carrière dont avait rêvé le capitaine. Il se tourne alors vers la politique locale et est élu conseiller municipal. Cet ancien percepteur est « plus que jamais impopulaire ». Cela tient « ... au ridicule qu'il a de s'occuper de tant de choses mesquines, ce qui n'a pas échappé aux ouvriers [26] ». Il se distingue aussitôt en étant le seul membre du conseil municipal à refuser de reconduire le mandat du maire. Dans *Claudine à l'école*, Colette règle son compte à ce dernier : un homme qui pouvait à grand-peine signer son nom, et elle met au pilori le Dr Merlou qu'elle accuse d'avoir fait un enfant à la directrice de l'école, de caresser les élèves. Dans *Progéniture* publié dans *Le Figaro* en 1924, elle ira plus loin, elle dira qu'il était un avorteur et un meurtrier pour avoir laissé mourir un enfant illégitime de huit jours que lui avait confié sa mère.

Colette ne put jamais concilier les échecs du capitaine avec l'image idéalisée qu'elle s'en faisait. Elle était sa préférée. S'il ne l'embrassait jamais, il lui bâtit un petit manoir avec des fenêtres à vitraux pour loger ses hannetons. Le monde était simple et rassurant avec le capitaine qui la traitait en égale alors que Gabri se sentait en état d'insécurité avec Sido qui ne reconnaissait d'autres lois que les siennes, qui était « l'inquiétude elle-même [27] ». Blessée par « la céleste cruauté » de Sido, Gabri a pour elle des sentiments tourmentés. Chaque fois que sa mère revient d'un voyage à Paris, elle est en proie aux plus violentes émotions, incapable de parler, intoxiquée par le parfum et par la vue de Sido dans son élégant manteau de fourrure.

« Des sauvages, des sauvages... que faire avec de tels sauvages ? »

Les vacances rendaient Gabri morose, languissante « à force de regretter l'école et de le taire [28] ». Ses frères revenaient du collège d'Auxerre « salis, amaigris, mangés de puces l'été, l'hiver enflés d'engelures... » Il fallait redevenir la dernière d'une famille dominée par Achille. Gabri ne se sentait jamais menacée dans l'affection de sa mère par Léo ou Juliette mais elle luttait contre Achille pour retenir l'attention de Sido. Sans succès. L'amour de Sido pour son fils aîné ne se tempéra jamais. Un mètre quatre-vingts, les yeux verts, une « bouche magnifique », des cheveux châtains bouclés, elle l'appelait « Beauté » et « semblait acquise à toutes les audaces de son bel aîné pourvu qu'elle le tint en face d'elle[29] ». Il était farouchement indépendant, quelque peu misanthrope, et n'oubliait jamais une offense. Gabri observait, non sans troubles émotifs, la passion de Sido pour Achille. Elle voyait sa mère rêvant « dramatiquement au long de l'adolescence de son fils aîné, le beau, le séducteur. En ce temps-là je la devinai sauvage... ordinaire, enlaidie, aux aguets... Ah ! que je la revoie ainsi diminuée, la joue colorée d'un rouge qui venait de la jalousie et de la fureur[30] ! » Dans *La Naissance du jour*, Colette conclura que la relation mère-fils est incestueuse sinon en pratique du moins platoniquement « car un automne n'est jamais pur de passion[31] ». Sido avait pour Achille des coquetteries d'amante. Malade, pour lui seul elle se faisait coiffer, mettait sur ses cheveux une pointe de dentelle espagnole et poudrait son visage. Elle disait à Gabri « tu es une fille, une bête femelle, ma pareille et ma rivale. Lui, j'ai toujours été sans rivale dans son cœur[32] ». Gabri essaiera d'imiter Achille en tout, ses sentiments pour lui vacilleront toujours entre l'admiration et la jalousie. Le portrait qu'elle donne de lui, un modeste médecin de campagne, rappelle plutôt celui du vieux docteur Pomié de Saint-Sauveur que celui d'Achille qui, dès 1893, avait l'une des premières De Dion-Bouton, possédait un pied-à-terre à Paris, fréquentait certains salons parisiens comme le salon musical de Mme de Serres et épousa la petite-fille du marquis de La Fare.

Gabri a 9 ans quand Achille entre à la faculté de médecine. Il amène à Saint-Sauveur les petites feuilles d'avant-garde, les potins de la bohème littéraire et un ami passionné de musique comme lui, l'étudiant en droit Henri Gauthier-Villars, le futur Willy, l'un des trois fondateurs de *Lutèce*, une feuille du Quartier latin qui soutient les mouvements décadents, les Zutistes, les Ironistes, les Symbolistes. Comme ses amis, comme ses cousins, comme son père, Achille écrit des vers et compose des chansons bouffonnes. Il envoyait à sa famille belge des lettres en vers qui faisaient leur joie.

Il fait des blagues de carabin et aime pousser les paradoxes jusqu'au bout, dans une famille où chacun s'efforce d'étonner l'autre. Pendant l'une de ses visites, Domino, leur chiot de six mois, est écrasé par la roue de la Victoria. Achille le ramasse, le regarde. « Voilà un chien plus dodu qu'une poularde » dit-il, et propose de le manger. « Nous mangeons bien... des agneaux qui nous connaissent, un " bicot " de la ferme tous les ans... » Joignant le geste à la parole, il écorche le chien et le met à mariner pendant trois jours pendant lesquels il disserte sur l'hypocrisie, « Nous sommes des imbéciles routiniers, des sanguinaires camouflés... » et traite Gabri qui refuse d'aller voir la marinade de « créature pusillanime ! Victime de préjugés tellement idiots[33]... » Il supervise la cuisson et quand, la cuisinière pose le rôti sur la table, il procède au découpage et sert à chacun une tranche de chien. Quand il arrive à Gabri, elle se lève épouvantée et s'enfuit au jardin sous les quolibets de son frère.

Le second frère, Léo, est un musicien né. A 6 ans à peine il suit, pendant six kilomètres, un mendiant qui joue de la clarinette et, de retour, s'asseoit au piano et joue tous les airs qu'il a entendus. C'est un enfant secret; il se cache n'importe où, dans la caisse d'une horloge, sur le plus haut d'un meuble, sur une colonne, il disparaît dans les caves n'ayant peur de rien. Il passe des heures à démonter et remonter des mécaniques. Il ramasse des serpents et court les cimetières. Il décrit à Gabri en termes lyriques les plus beaux mausolées dans un rayon de quinze kilomètres. La France républicaine abandonnait la pratique d'enterrer les morts autour des églises et créait de vastes cimetières entourés de murs où chacun pouvait ériger des monuments funéraires et rivaliser de somptuosité avec ses voisins. Léo entraîne Gabri dans ses entreprises funéraires. Au grenier il lui montre les malles des serviteurs, des caisses de bois étroites dont les couvercles légèrement enflés sont tapissés de peau de chèvre. Léo y voit des cercueils. Il construit dans le secret du grenier des tombes de carton sur lesquelles il peint les noms, les dates de naissance et de décès de familles entières à qui il donne des noms extravagants, « Egreminy », « Astoniphronque », puis avec sa sœur comme desservant se lance dans de longues oraisons funèbres. Bientôt le grenier ne suffit plus et il emmène ses tombes dans le fond du jardin. Sido qui ne s'occupe jamais des jeux de ses enfants tombe par hasard sur ces sépultures miniatures ; épouvantée, elle court chercher un râteau et ratisse le champ funèbre en prédisant : « Cet enfant finira dans un cabanon ! » Toute sa vie il restera un marginal, tantôt jouant dans des orchestres d'hôtel, tantôt clerc de notaire, toujours sans le sou, aidé par son entourage. Il vivra au gré de ses amitiés masculines. Willy, après son divorce d'avec Colette, continuera à le nourrir, la marquise de Morny lui donnera ses vieux costumes. Sido jusqu'à sa mort lui fera faire ses chemises et désespérera de voir « le lazzarone » mal lavé, mal rasé, mal peigné, se nourrissant de bonbons, de sirop, de gâteaux. D'après Colette il avait l'âge mental d'un enfant de 6 ans. Il était fanatiquement attaché à ses souvenirs de Saint-Sauveur et vivait tourné vers son enfance.

Achille et Léo ne se disputaient jamais. Ils avaient créé à Saint-Sauveur un orchestre et écrivaient pour chaque instrument les partitions des succès du jour, le *Faust*, de Gounod, *Les Noces de Jeannette*. Le soir ils jouaient à quatre mains au piano ou sur l'orgue Auscher Beethoven, Stradella, Saint-Saens, Bizet ou Toselli. Ils s'enthousiasmaient pour les chanteurs d'opéra. Achille composait des chansons parodiques sur des airs connus que Gabri chantait avec délices. La musique était un domaine sacré. Ses frères ne permirent jamais à Gabri de tomber dans la médiocrité. Sous leur férule, elle devint une bonne musicienne et répéta souvent que sa réelle vocation était la musique. Tous les Colette allaient à Auxerre faire de la musique chez les Bert et d'autres amis. Le capitaine chantait de sa voix de baryton, Sido de son soprano étendu et Léo éblouissait par la légèreté de son toucher.

En dehors de la musique, les deux frères se passionnaient pour la botanique et l'entomologie. Achille « aimait la plante au-dessus de l'homme, et l'animal mieux que toutes les plantes [34] ». Avec Léo, puis avec Gabri, il battait la campagne à la recherche d'insectes et de plantes. Ils avaient une superbe collection de lépidoptères et un riche herbier. Gabri essayait de ne pas se laisser distancer dans cette course. Elle voulut elle aussi avoir ses collections mais ses frères lui interdirent de le faire en dilettante. Si elle leur demandait un papillon qu'ils rejetaient sous divers prétextes, Léo lui disait : « Non, tu le garderais. Il n'est pas assez beau pour être gardé [35]. » Elle apprenait sans ménagement à ne vouloir que le plus rare et le plus beau. Elle demeurera une perfectionniste. Elle se considérait comme au-dessus de la moyenne dans sa connaissance des papillons, elle pouvait mettre un nom sur toutes les espèces françaises et la plupart des nord-africaines. Cette passion était encouragée par toute la famille. Le capitaine montrait à Gabri des planches botaniques et lui apprenait les noms latins de chaque plante ; il étonnait sa fille par sa totale incapacité à les reconnaître en plein air. Sido avait toujours sous la main les œuvres complètes de Jean-Henri Fabre. Elle observait, en interdisant qu'on y touche, la chenille qui dévorait une plante rare ou l'araignée qui, le soir, descendait du plafond de sa chambre pour boire dans la tasse de chocolat posée sur la table de nuit puis, lourdement repue, remontait le long de son fil. Ils étaient d'une époque qui avait une foi absolue en la science, le chancelier de l'université catholique de Paris, Mgr d'Hulst, lui-même avait déclaré que « l'Humanité ne peut se développer que par la science [36]. » Darwin, Berthelot, Renan, Claude Bernard, Ribot, Pasteur transformaient le panorama scientifique. Les libres penseurs, en simplifiant leurs théories, croyaient que la méthode expérimentale pouvait résoudre tous les problèmes. Loupe en main, l'élite intellectuelle européenne se répandait à travers les continents, examinant, disséquant, analysant, cataloguant comme l'avait fait Jean-Baptiste Robineau-Desvoidy, cet étrange personnage de Saint-Sauveur qui avait fait partie du complot pour marier Sido à son cousin germain.

La personnalité de cet érudit dont les œuvres complètes, publiées à titre posthume par sa famille, étaient dans la bibliothèque du capitaine Colette, impressionna Gabri qui en fera le modèle du père de Claudine. Elle citera presque verbatim des passages de ses recherches. Ce qu'elle admirait par-dessus tout chez Robineau-Desvoidy, comme chez Sido, c'était leur façon de ne suivre d'autre morale et d'autre autorité que les leurs.

Le Dr Robineau-Desvoidy avait passé sa vie à étudier les insectes autour de Paris et de Saint-Sauveur. Ses découvertes lui avaient valu une réputation internationale plus que nationale et une demi-page dans la très respectable encyclopédie britannique *Bibliographia Zoologica*. Ami de Raspail et de Geoffroy Saint-Hilaire, Desvoidy faisait partie de ces chercheurs dont les découvertes ébranlaient le monde scientifique et que leurs associations politiques rendaient suspects. Toute sa vie Desvoidy fut en butte aux attaques des autorités académiques. L'Académie des sciences avait refusé de publier ses travaux sur l'appareil olfactif des crustacés qu'il avait découvert. Car reconnaître que les crevettes avaient un sens n'était-ce pas s'engager sur une voie dangereuse? Sûr de lui, le jeune savant publie son mémoire à compte d'auteur et l'agrémente d'une préface où il attaque sans ménagement et sans diplomatie l'université. Ce n'est pas sa première confrontation avec les autorités. L'année précédente, pendant la cérémonie de remise des diplômes de doctorat, Desvoidy avait été arrêté sur les marches de la tribune au moment même où, vêtu de sa toge, il s'apprêtait à recevoir son diplôme. On l'informe que sa dissertation a été refusée et que le procureur du roi en a fait arrêter l'impression. Il réécrit sa dissertation, paie toutes les dépenses de l'impression, reçoit son titre de docteur en médecine. C'est un homme en colère qui rentre à Saint-Saveur. Il ouvre un cabinet mais c'est aux champs qu'on le trouve en train de collectionner plantes et insectes ou étudier l'archéologie locale. A 27 ans il connaît un certain succès scientifique avec son essai sur *Les Myodaires d'un Canton de Saint-Sauveur*, mais comme nul n'est prophète en son pays, son ouvrage est inséré dans les *Mémoires des savants étrangers*.

Le préfet de l'Yonne charge Desvoidy d'une étude statistique sur Saint-Sauveur. La lecture de l'essai stupéfie la préfecture peu habituée à dépenser ses deniers pour se voir attaquée. Statistiques à l'appui, il démontrait que les Sansalvatoriens étaient physiquement et moralement condamnés. Ils ne pouvaient échapper aux lois de leur hérédité déterminées par les mariages consanguins et l'humidité des marais qui les « faisaient dépérir ». Des siècles de religion n'avaient pu réformer leurs mœurs. L'essai de Desvoidy enrage la ville. On lui demande d'enlever les passages les plus offensants. Il refuse et fait publier le livre à Bruxelles chez Amédé Gratiot. Il en fait un brûlot contre les mesures inadéquates sur la santé publique prises par le préfet « qui devrait se limiter à l'hygiène de ses ongles manucurés ». Comme Raspail, Desvoidy était partisan de l'hygiène quotidienne, de bains et de douches pour tous, un concept auquel s'opposait l'Église catholique sous prétexte de pudeur. Aussi Desvoidy attaquait-il dans son pamphlet le prêtre, « cette chemise de la fainéantise gagée ». Athée, il ne croyait qu'à la Cause Première.

Les prises de bec entre Desvoidy et l'Évêché étaient alimentées par ses découvertes archéologiques. Il affirmait que l'Église avait volontairement détruit la civilisation celte. Il réécrit l'histoire de l'Auxerrois en montrant que de nombreux sites celtes avaient été démolis ou récupérés par l'Église et que les quatre tombes qui entourent le tombeau de Saint-Germain n'étaient en réalité que quatre bornes celtes indiquant les points cardinaux. Il se fit le défenseur de la langue celte et poussa à la résurrection du Druidisme. Il était le précurseur d'un retour aux sources qui poussa historiens et écrivains à retrouver leurs racines régionales et à faire revivre le celte, le catalan, le provençal que la IIIe République s'efforçait de faire disparaître. Le retour aux sources deviendra l'obsession d'une société issue des bouleversements d'un siècle de révolutions. Mistral reçoit le prix Nobel pour une œuvre écrite en provençal, Proust se lance *A la recherche du temps perdu*, Daudet et Colette parsèment leurs œuvres de mots patois.

Dans la deuxième moitié du XIXe siècle un mouvement druidique souterrain d'origine maçonnique se développe en France. On observe en secret les cérémonies druidiques comme la cueillette du gui mais surtout on promeut les coutumes et les lois de la Gaule. En particulier on veut soustraire la femme à la loi romaine adoptée par l'Église de Rome, et lui redonner une égalité de droits, car les Gauloises n'ont jamais été *in mariti manu* mais libres de participer à toutes les activités de la cité, de divorcer car le mariage n'est pas un lien sacré. Colette, qui affirmera toujours son paganisme, donne dans *Claudine s'en va* le vrai portrait de sa célèbre héroïne, « la vraie Claudine exaltée et sauvage comme une jeune druidesse [37] » libre, indépendante, païenne courant les bois là où des siècles plus tôt les druides honoraient leurs divinités.

Gabri et ses frères observaient la nature en héritiers spirituels de Robineau-Desvoidy, leur oncle à la mode de Bretagne. Cette leçon de choses continuait à la maison où Sido, écologique avant la lettre, entraînait Gabri à observer. « Regarde, lui disait-elle, regarde la chenille velue... ! Regarde la première pousse du haricot... Regarde la guêpe... Regarde la couleur du ciel au couchant... Regarde vite, le bouton de l'iris noir est en train de s'épanouir ! Si tu ne te dépêches pas, il ira plus vite que toi [38]... » Elle lui apprenait à observer sans toucher, une règle que Gabri trouvait difficile à suivre car sa curiosité n'était pas intellectuelle comme celle de sa mère mais sensuelle. Dans *La Naissance du jour*, elle oppose son besoin de toucher, de sentir, d'intervenir au non-interventionnisme de Sido qui laissait la glycine détruire le mur ou la chenille dévorer un cactus parce que c'était dans la nature des choses. Contre le conseil de sa mère, Gabri déterrait une crysalide, grattait « à la dérobée le jardin d'essai » et s'attirait cette condamnation sans appel : « Tu n'es qu'une petite meurtrière de 8 ans... » Pourtant elle recommençait. « Déjà je cherchais, enfant, ce choc, ce battement accéléré du cœur, cet arrêt du souffle : la solitaire ivresse du chercheur de trésor [39]. »

Quelquefois, pour lui faire plaisir, Sido lui permettait de se lever à 3 h 30 pour voir la nature à l'aurore. Elle passait près de l'Ermitage que s'était construit Desvoidy pour continuer son œuvre loin de ses critiques, et lisait son testament sur le portique :

> *Adieu rêves de ma jeunesse*
> *Gloire, ambition des grands cœurs*
> *Adieu je préfère les fleurs*
> *A la plus généreuse ivresse.*

Ses derniers mots avaient été pour les mouches. « Mouches, qui avez toujours fait mes plus chères délices... Vous pouvez me considérer comme votre homme lige. Inscrivez seulement mon nom sur le talc diaphane de vos ailes ; emportez-le dans le mystère de la nue [40]. »

Dans *Claudine à l'école et Claudine à Paris*, le père de Claudine, à l'image de Desvoidy, fuit le monde et donne tous ses soins aux limaces. Il note que la *Limax flavus* dévore 0,24 g de nourriture tandis que le *Helix ventricosa* n'en dévore que 0,19 g, le genre de notations qu'on trouve dans les 22 volumes de l'œuve de Desvoidy. Colette décrira avec une précision d'entomologiste les habitants de Saint-Sauveur. Et Saint-Sauveur se sentira longtemps offensée par Colette comme elle l'avait été par Desvoidy. Pourtant tous deux ont aimé la Puisaye. « Et toi, ô ma Puisaye qui m'as vu naître, me verras-tu mourir ?... J'aime ton immense horizon de verdure, la vigoureuse végétation de tes forêts [41]... », écrivait le lyrique entomologiste. « Chers bois... les bois profonds et envahisseurs qui moutonnent et ondulent jusque là-bas, aussi loin qu'on peut voir [42]... », se souvenait Colette.

Ses frères partis, Gabri retrouvait sa « solitude » et la routine des jours. Lever à l'aube, petit déjeuner à 6 h, grand déjeuner à 10 h 30, dîner à 6 h suivi de la lecture des quotidiens parisiens et belges. Gabri, curieuse de tout, posait des questions auxquelles Sido répondait ou ne répondait pas. « Au premier choc son intolérance reparaissait et se dressait contre le questionneur. Elle ignorait le premier mot du langage dont on abêtit les enfants. De sorte que ses invectives nous laissaient... grandis [43]. » Car Sido observait Gabri comme elle observait les animaux et les plantes, sans intervenir. Elle ne venait jamais la chercher à la sortie de l'école. Colette septuagénaire se souvenait encore de la déception que cela lui causait. Elle demandait à ses petites camarades si « leurs mées » les attendraient à la sortie de l'école à 4 h, toutes répondaient « Oui, elle vient me chercher ! Mais la mienne, ma "mée" ne venait pas me chercher ». Faisant contre mauvaise fortune bon cœur, Gabri remontait seule la rue de l'Hospice et allait se changer avant d'aller voir sa mère qui n'aimait ni sa figure d'école un peu salie », ni ses cheveux, ni ses vêtements « imprégnés de l'odeur des autres enfants [44] ».

CHAPITRE III

Une éducation à fumet fouriériste

> « Ce n'est pas en un jour, ni de primesaut que se façonnent un " polynésien " réfléchi comme D. ni " une enfant de la nature telle que moi ". »
>
> *Le Pur et l'Impur.*

L'école laïque n'était pas assez radicale pour Sido résolue à instiller sa propre philosophie dans l'esprit de ses enfants. Elle arrachait « d'une main impérieuse les fruits de tels enseignements[1] ». Sido n'interdisait jamais rien car la contrainte était contraire à ses principes, pas de contrainte, pas de refus, pas de répression. Un exemple, une réflexion ironique qui faisait danser ses yeux gris lui suffisaient pour redéfinir radicalement la maternité, le mariage. Selon Fourier, les pires méfaits de notre civilisation ont leur origine dans le *familisme*, les passions qui régissent les liens familiaux. L'alliance de l'institution du mariage et du familisme opprime l'individu et lui ôte son autonomie. Les liens familiaux existent mais ils doivent suivre leur cours naturel, au-delà ils assujetissent l'individu. Un jour que Gabri parlait de l'amour d'une mère pour sa fille qui venait de se marier, Sido, « ses yeux gris un instant courroucés », rétorqua que « l'amour sacré » en question ne faisait qu'empoisonner les relations entre mères et filles, en faisait des ennemies, les obligeait à se mentir. Un autre incident donne à Sido l'occasion d'illustrer le sens véritable de la maternité. Gabri s'indignait de voir un chaton battre sa mère chatte ; le visage de Sido s'éclaira de « cette gaieté impénétrable et combative » qui étonnait sa fille et lui dit : – « C'est que les temps sont venus. Qu'y faire C'est écrit.

– Où écrit ?

– Partout.

– Que moi je te battrai ?

« – Non, je ne serai plus assez jeune. Mais... tu me quitteras. »

C'était cela la loi naturelle. Au-delà de ce point, l'amour maternel devenait une perversion, une passion destructrice. Colette développe cette idée dans *Des Mères et des Enfants*, l'histoire d'une mère qui tombe malade parce que sa fille l'a quittée pour se marier. Sido l'appelait « une harpie, une mauvaise mère, une vieille horreur, une folle dangereuse, une simulatrice, une criminelle et je ne dis pas tout ». La tyrannie émotionnelle que Mme Thomazeau infligeait à sa fille était aussi peu naturelle, aussi maléfique que la sorcellerie. Selon Sido et son anatomie de la maternité, toute passion ne doit jamais dépasser les bornes de leur cours naturel sinon elle devient subversive et transforme les individus en fous dangereux, en criminels. Elle attribuait les échecs du capitaine Colette à l'amour exclusif qu'il lui avait voué. La maternité, comme tout autre lien affectif, n'incluait pas « un amour indéformable et rigide, qu'on nomme sacré ».

Gabri apprenait également qu'il y avait une place assignée aux pères dans le catéchisme fouriériste et que c'était loin des enfants. Un jour que Sido expulsait leur chien de chasse qui veillait sur la corbeille de ses chiots, Gabri se mit à pleurer. « Pauvre Moffinot, ce sont ses enfants... où veux-tu qu'il aille ? » Sido riposta que la place d'un père était au café à jouer aux cartes ou à faire la cour à une jolie couturière. Il fallait détruire le patriarcat en assignant au père « une place d'arrière-garde [2] ».

Elle remettait en question toutes les valeurs traditionnelles qui étaient la trame même de la vie sociale d'une petite ville. On admirait les familles nombreuses. Chaque année la plus nombreuse recevait un prix décerné par le président de la République. La politique nataliste de la France était contraire aux idées de Sido qui jugeait que les femmes n'étaient pas faites pour avoir « de telles portées ». Elle parlait d'une famille de 22 enfants comme d'une épidémie, d'une invasion, et maudissait le père prolifique en le traitant de « bouc désastreux » faisant écho à Fourrier qui disait : « L'homme se réduit au niveau de l'insecte quand il procrée des masses d'enfants qui seront réduits à se dévorer les uns les autres à cause de leur nombre. » La surpopulation entraînait les guerres, les spoliations, le ravage de l'environnement et les famines. Il était vain, selon le philosophe, d'augmenter les moyens de production si l'humanité se condamnait à proliférer. « L'homme charnel » devait endiguer ses passions s'il ne voulait pas être « un bouc désastreux », en vérité « une plaie [3] ». L'homme raisonnable voulait peu d'enfants pour pouvoir leur donner le bien-être et le luxe sans lesquels il n'y a pas d'épanouissement et de bonheur. Sido essayait de frapper l'imagination de Gabri en lui disant que dans les familles nombreuses les enfants semblaient « bâclés », et avaient quelque chose des produits mal finis. Gabri lui fit remarquer que les neuf enfants Pluvier étaient tous beaux. « Beaux ?... Oui... un cauchemar de beaux enfants », lui répondit Sido.

Elle encourageait ses enfants à ne ressembler à personne. Elle les voyait comme des êtres uniques dont il convenait de respecter la différence. Elle applaudissait toutes leurs idiosyncrasies, tout ce qui les faisait sortir du commun. Elle se félicitait que ses quatre enfants soient « tellement différents [4] ». Elle ancrait dans l'esprit de Gabri la notion qu'elle était supérieure aux gens de Saint-Sauveur, qu'elle venait d'une famille exceptionnelle, intelligente et raffinée.

Le raffinement commençait par la gastronomie qui, pour Sido, s'éclairait de philosophie. Le premier précepte d'une éducation fouriériste était la formation attentive du goût dès le plus jeune âge. Fourier voyait dans la gourmandise la passion dominante chez l'enfant et la première phase du développement systématique des sens. Les enfants apprenaient d'abord à discerner le goût et l'arôme de chaque ingrédient entrant dans la composition d'un plat. Virtuose de cet exercice, toute sa vie Colette s'amusera à étonner ses amis en identifiant tout ce que leur cuisinière avait mis dans les sauces et les assaisonnements. La *gastrosophie* développait les cinq sens : la présentation des mets comblait la vue, le délicat craquement des fritures ou des biscuits, le tintement des verres de cristal plaisaient à l'ouïe, la texture des mets flattait le toucher, l'odorat était sollicité par les arômes divers. Colette devait à cette enfance où la gourmandise était un talent et non un péché la remarquable orchestration de ses sens et l'approche symphonique de ses descriptions : « N'appelais-je pas au secours de mes facultés gustatives les couleurs constantes du tapis et de l'abat-jour, le piaulement de la bise d'est sous la porte, l'odeur du beau tome neuf, le grain de son cartonnage un peu poisseux ? » Elle concluait cette description par cette réflexion : « Joie des cinq sens ! De telles délices, qu'on nommerait païennes, créent une religion domestique [5]... »

Elle n'avait pas 3 ans que le capitaine remplissait son gobelet de cristal de muscat de Frontignan. « A l'âge où l'on lit à peine, j'épelai goutte à goutte, les bordeaux rouges anciens et légers, d'éblouissants Yquem. Le champagne passa à son tour... » La cave de Robineau-Duclos avait survécu intacte à l'invasion de 1870 grâce à Sido qui l'avait enterrée. Colette, « gamine privilégiée que je fus », buvait au retour de l'école « des château-larose, des château-lafite, des chambertins et des crotons [6] » pour accompagner des goûters qui ne devaient rien au pain et au chocolat. Au gré de sa fantaisie, elle mangeait une tartine de haricots rouges, des fromages durs « passés sous la cendre de bois », des galettes de châtaignes, des cuisses de poulet froid. Elle n'était jamais obligée de manger ce qu'elle ne voulait pas. Suivant la règle cardinale de Fourier : il est interdit d'interdire, Sido laissait ses enfants libres. Le dimanche, les repas ne se distinguaient chez les Colette du reste de la semaine que par une liberté encore plus grande. Le capitaine, presque végétarien par goût, prenait « du pain, du café, beaucoup de sucre, un demi-verre de vin, force tomates, des aubergines [7]... » Léo trempait une brioche aux fruits dans un bol de chocolat trop sucré. Achille préférait le chou rouge au vinaigre. Gabri, éclectique, acceptait le plat qu'on lui offrait à condition qu'il y eut beaucoup d'ail. Ce goût de l'ail allant toujours grandissant, elle pouvait se vanter un jour de croquer au déjeuner quarante gousses dont elle n'ignorait pas les vertus thérapeutiques. Les repas de Gabri pouvaient être « une platée de fromage blanc, bien poivrée, tomates, oignons farcis, tarte à la citrouille, gratin de poireaux » qui la « préservaient » de la viande, « centre monotone de toute agape parisienne ». Sido se désolait de n'avoir pas le courage de devenir végétarienne. « Mon Dieu, tuer la petite poule rouge [8] » et c'est pour se moquer du manque de fermeté de leurs principes qu'Achille avait fait cuire Domino.

Chaque occasion leur était bonne pour souligner leur raffinement. Il y avait sur leur table des fruits exotiques que les petites camarades de Gabri n'avaient jamais goûtés. A Noël, ils ne mangeaient pas le plat de boudin traditionnel ni la dinde aux marrons obligatoire mais un gâteau qui frondait les coutumes locales, une délicate pâtisserie décorée de raisins de Corinthe, de Smyrne et de Malaga, fourrée de melon candi, de citron et d'orange.

Diététicien avant la lettre, Fourier faisait de la *gastrosophie* une branche de l'hygiène. Il qualifiait de « gastro-âneries » la cuisine de Grimod de la Reynière, de Berchoux et de « simpliste » Brillat-Savarin parce qu'ils ignoraient tout de la diététique. Une saine gastronomie était à la base même de la santé. Il favorisait cinq repas par jour, légers et variés, faits de fruits, de légumes, de pains fourrés aux fruits, de viandes blanches aux dépens des viandes rouges. Mais comme il voyait dans le plaisir un élément guérisseur puissant, il recommandait un usage rationnel et modéré de liqueurs fines, de confitures, de friandises délectables, de mets choisis pour satisfaire une impulsion gourmande. Ignorant le conseil de modération, Colette étonnera sa belle-famille par les quantités de confiture qu'elle avalait ; quant à Léo, il ne se nourrira jamais que de bonbons fondants, de gâteaux très sucrés, de sirop. S'il fallait choisir entre ses principes et la prescription du docteur, Sido suivait Fourier. Un jour que Gabri était alitée avec une forte fièvre, le médecin prescrivit pour toute nourriture du bouillon et du lait. Gabri, âgée alors de 5 ans, réclamait du camembert. Sido lui donna le fromage désiré et la fièvre tomba. Colette célébra toujours les vertus curatives des aliments et donnait cet épisode en exemple. Elle se vantait de transformer la santé de ses amants, de ses amantes, de ses amis en les soumettant à son régime. Sa correspondance fait foi de ses réussites, elle échouera cependant avec Henri de Jouvenel qui l'entraînera dans des excès gastronomiques auxquels sa silhouette ne résista pas.

Car malgré des « parents si frugaux » Gabri enfant aimait les gros repas et pour rien au monde n'aurait voulu rater les ripailles gargantuesques qui accompagnaient les mariages en Bourgogne. Invitée à la noce d'Adrienne Septmance, leur femme de chambre, Gabri, qui devait être demoiselle d'honneur, craignant qu'on l'empêcha d'y aller, avait préparé un discours pour fléchir sa mère qui avait refusé l'invitation. Aux premiers mots Sido l'avait arrêtée et la couvrant « d'un mépris extrêmement narquois » lui avait dit : « Dis donc simplement, j'adore les noces de domestiques [9]. »

En Bourgogne, les noces duraient trois jours. Le festin commençait par la *trempée*, on buvait à la santé des mariés, tandis que les invités défilaient pour les embrasser, les verres s'entrechoquaient, se remplissaient et s'entrechoquaient encore. Gabri se réjouissait à l'idée de l'énorme banquet étalé dans la vaste grange, de la parade incessante des plats en sauce, des morceaux de sucre trempés dans des bols de vin rouge pour exciter l'appétit entre le civet de lièvre, le gigot à l'ail ou les œufs au vin rouge. Le festin durait l'après-midi entier, interrompu par des défis extraordinaires que se lançaient les convives : l'un devait boire un seau de vin blanc, un autre dévorer un gigot de mouton, les défis se succédaient aux acclamations générales. L'abondance était homérique. Après les ripailles, les danses commençaient et duraient jusqu'à l'aube. Gabri éprouvait dans cette fête débridée et cette gastronomie démesurée un plaisir sensuel que ni ses frères ni Sido ni le capitaine ne partageaient. Ils ne supportaient ni le bruit, ni surtout les odeurs fortes des gens en goguette. Sido déplorait les « fréquentations », les « mauvaises manières [10] » et les goûts de Gabri.

Comme la gastronomie, l'élégance vestimentaire et le raffinement des manières faisaient partie du catéchisme fouriériste et développaient le sens esthétique. Fourier en faisait un élément civilisateur, il s'insurgeait contre les moralistes qui voyaient dans la parure une source de corruption. Les femmes, par leur élégance, le raffinement de leurs manières, la pureté de leur langage créaient une ambiance propice, un charme social qui conduisait à l'appréciation du beau, et par extension aux beaux-arts et à la littérature. Sido se sentait parfaitement justifiée quand, laissant mari et enfants à Saint-Sauveur, elle partait pour Paris comme une abeille va butiner pour le miel de la ruche. « Théâtres de Paris, modes, fêtes de Paris ne lui étaient ni indifférents ni étrangers. Tout au plus les aimait-elle d'une passion un peu agressive. » Elle s'approvisionnait de denrées exotiques, de coupons d'étoffes, d'essence à la violette, de vêtements. Elle rapportait du chocolat en barre et « des gants très chers [11] ». Elle donnait à Gabri en exemple d'élégance vestimentaire son grand-père, ses oncles, tante Caro, tout en ajoutant qu'elle-même était la moins élégante des Landoy, « alors tu vois » lui disait-elle. Elle cultivait son jardin coiffée d'une « grande capeline de paille rousse... retenue à son cou par un ruban de taffetas marron [12] ». Elle prenait un soin particulier de ses mains, « que n'a-t-on moulé, peint, ciselé cette main de Sido » qui gardait en dépit des travaux et des jours « ses doigts longs bien façonnés en pointe, ses beaux ongles ovales et bombés [13] ». Très tôt Gabri apprend à aimer ce qui est rare et raffiné. « A 7, 8 ans j'apprenais que la beauté seule mérite de durer [14] ». L'élégance sera toujours une préoccupation de Colette qui, jeune mariée, donnait des conseils vestimentaires à son amie, la petite fille du marquis de Saint-Georges, l'héroïne du *Képi* qu'elle avait habillée de pied en cap ; elle surveillait la garde-robe de Willy qui s'habillait trop vieux à son goût. Dès son mariage, Colette sera habillée par de grands couturiers.

« ELLE BANISSAIT LES RELIGIONS HUMAINES »

Les enfants sont grégaires de nature et n'aiment pas être différents de leurs pairs. Sido était contrariée par l'intrusion du folklore et de la religion dans la pensée de sa fille. Gabri rapportait les histoires que racontaient ses compagnes aux approches de Noël. Sido, qui avait une méthode à elle pour savoir si oui ou non Gabri croyait à ces contes, lui donnait du vin sucré pour la faire babiller et l'écoutait sans sourire raconter que Juliette avait vu une comète descendre par la cheminée, que Fifine avait vu la lune briller dans ses sabots. Touchée par la confiance enfantine de Gabri qui avait posé les siens devant la cheminée de sa chambre la nuit de Noël, Sido hésita. Gabri la vit entrer dans sa chambre, poser deux paquets sur les sabots, s'accouder à la fenêtre un long moment puis se retourner, reprendre les paquets et sortir de la chambre à pas de loup. Comme les autres années Gabri trouva ses cadeaux sur son assiette le jour de l'an. Une année sa grand-mère Colette lui envoya un sapin décoré de santons. Sido se moqua du mauvais goût de sa belle-mère et laissa Gabri dépitée et triste. Gabri essaya de lui faire acheter des boules de verre et, connaissant les points faibles de sa mère, lui dit qu'elle les avait vues dans un château voisin. Sido refusa. « C'est étrange, disait-elle, que nous soyons encore fétichistes [15]. » Le sentimentalisme de Noël l'excédait, elle n'y voyait qu'un abaissement du goût qui détournait l'enfant de la vraie beauté.

Elle n'allait pas à la messe de minuit et pour une fois qu'elle y alla, elle emmena avec elle sa petite chienne havanaise. Si elle allait cependant à la messe le dimanche avec ses deux filles, c'était pour affirmer son rang social. A l'entrée de l'église le bedeau louait pour un sou des chaises aux paroissiens qui s'installaient à l'endroit de leur choix, les pauvres restaient debout, les familles les plus riches avaient leur banc réservé. Gabri s'asseyait sur un banc dont la plaque de cuivre ne portait pas son nom mais celui de Robineau-Duclos. Elle prenait peu à peu conscience de l'ambiguïté de sa position. Ses deux aînés étaient alliés aux meilleures familles locales, elle était dans la situation du bernard-l'ermite et en souffrait.

Pendant la messe, sa mère lisait le théâtre de Corneille, elle avouait ne pas savoir son *Pater*, s'agaçait des sermons interminables de M. le curé Millot qui se terminaient par l'annonce des prochaines ventes, des réunions à la mairie, des bals, des baptêmes, des mariages. Il chantait le *De Profundis* en l'honneur des morts dont les familles payaient 5 francs par an. A 70 ans Colette pouvait encore en réciter la liste. C'était pour les femmes de la paroisse souvent le seul français qu'elles entendaient de la semaine et le seul repos. Sido demanda au curé Millot de réduire la longueur de ses sermons à dix minutes, mais, imperturbable, il continuait son prêche. Sido sortait alors sa montre et la faisait osciller comme un pendule. Souvent Gabri surprenait dans les yeux de sa mère « une sorte de frénésie riante, un universel mépris, un dédain dansant qui me foulait avec le reste, allègrement [16]... » L'arrogance de Sido était modérée par sa générosité. Avec un exilé polonais, un médecin installé à Saint-Sauveur après la guerre de 1870, elle s'occupait des enfants nécessiteux en maudissant l'inconscience des pères mais, réaffirmant son credo de l'amour libre, elle protégeait les filles-mères.

Gabri s'efforçait d'être comme les autres petites filles de Saint-Sauveur qui, pendant le mois de Marie, ramassaient des bouquets de fleurs et les faisaient bénir ; Gabri les imitait. Sido en la voyant avec son bouquet de fleurs bénites « rit de son rire irrévérencieux » et lui demanda : « Crois-tu qu'elles ne l'étaient pas déjà ? » Gabri, un instant désarçonnée par les réparties de sa mère, persistait. A 11 ans, elle insista pour faire sa première communion. La robe de la communiante, le bonnet l'attiraient, elle était intriguée par les volubiles prières, les litanies, les hymnes. Elle enviait les échanges d'images pieuses, de rosaires. Plus tard elle donnera de cette attirance passagère une explication plus sensualiste. Elle était tombée amoureuse. « Le jour qu'à mon épaule de petite fille une épaule pareille s'appuya, qu'une tresse blonde glissa contre l'une de mes tresses et se lova sur mon livre ouvert... je fus conquise [17]. » Sido ne s'opposait pas à la religiosité de Gabri mais elle explosait en « réflexions désobligeantes exprimées vertement » chaque fois qu'elle voyait le catéchisme dans les mains de sa fille. C'était un livre qui avait un parfum d'Inquisition, avec toutes ces questions : « Qu'est-ce que ceci ? Qu'est-ce que cela ? » et rien n'en rachetait les défauts car, faute suprême, il était mal écrit. « Qui a traduit les Commandements en un pareil charabia ? » s'indignait-elle. Cependant rien ne lui paraissait plus nuisible que la confession. De ses ancêtres huguenots, Sido gardait le respect de la conscience et trouvait la confession malsaine. « La confession rend l'enfant enclin à un jeu de paroles, à un épluchage intime où il entre bien plus de plaisir vaniteux que d'humilité. » C'était de l'exhibitionnisme. Il fallait, disait-elle, taire ce qu'on a fait de mal, « ... s'en punir au fond de soi, voilà qui est mieux [18] ».

Le capitaine qui se faisait un malin plaisir de mettre Sido en face de ses contradictions, lui suggérait d'enlever le catéchisme des mains de Gabri. Le vendredi saint, lui qui ne mangeait pas de viande, proposait de manger « un canard aux olives... un râble de chevreau...

— Tu n'y penses pas ? C'est demain vendredi saint !
— Eh bien ?
— Eh bien, répliquait Sido l'athée, pourquoi se donner... l'air de braver exprès l'opinion... ? »

Elle avait des scrupules vis-à-vis de ce qu'elle appelait « le commun des mortels [19] ». Le capitaine trouvait ses scrupules mal placés et ne voyait aucune raison de se conformer à des rites auxquels on ne croyait pas. Gabri adoptera l'attitude de son père et choquera placidement l'opinion publique, contrairement à Sido qui, partagée entre ses croyances et celles des autres, finissait par faire ce à quoi elle était violemment opposée et choquait son village tout de même.

En grandissant Gabri se sentait de plus en plus tiraillée entre Sido et Saint-Sauveur. Elle était attirée par tous les aspects du surnaturel et par les femmes dont on disait qu'elles étaient les dépositaires de liturgies secrètes, écrites « par des mains maladroites sur des cahiers d'écoliers ou sur du papier quadrillé de gris, mince, coupé aux plis, jauni au bord, cousu de coton rouge [20] ». Ce recueil transmis secrètement de mère en fille contenait d'innocents conseils : « ne dormez pas les fenêtres ouvertes, les chauves-souris entreront pour vous piquer les yeux » ou pour que les cheveux poussent bien et fort, ne jamais les couper à la lune descendante. Ils contenaient aussi des remèdes, des filtres d'amour, des rituels pour se débarrasser de ses ennemis. Souvent dans ses promenades à l'aube, Gabri suivait La Varenne, une vieille femme qui portait attaché sur le ventre au bout d'une ficelle un gros noyau d'abricot qu'on se léguait dans sa famille de mère en fille depuis des générations. La Varenne cueillait des simples. Elle montrait à Gabri les baies comestibles, celles qui ne l'étaient pas, elle lui apprenait les propriétés des herbes, celle qui pouvait tuer un chien, celle où les serpents font leur nid. Quand elle trouvait une herbe aphrodisiaque, La Varenne faisait quelque commentaire lubrique. Dans l'œuvre de Colette les plantes tiennent une place plus grande que les animaux.

Sido, scientifique et athée, ne croyait pas aux vertus des simples. Elle voyait dans cette pharmacopée agreste la survivance de superstitions. Les femmes qui ramassent des herbes sont « un danger de mort [21] », disait-elle à Gabri. Cette disciple de Raspail avait la même opinion des sages-femmes, ces reliques d'un autre temps. Ce qui n'était que superstitions pour Sido était tenu pour vrai par Mélie et les domestiques. C'est à leur contact que s'est développé chez Colette le goût de l'occulte. « ... bien que Sido [lui] ait cent fois enseigné que la porte franchie, il n'y a ni tendre retour, ni jonctions vocatives, ni signaux [22]. » Elle consultait clairvoyantes, médiums, assistait à des séances où l'on communiquait avec les morts. Elle tirait les cartes, se servait d'un pendule et se flattait de communiquer par le regard avec les animaux et les enfants. Cocteau et Carco, qui l'avaient vue rompre le cou à un oiseau trop blessé pour être sauvé et donner le fouet à sa fille, pensaient qu'elle les terrifiait plutôt de son étrange regard.

Elle pratiquait avec Marguerite Moréno les perceptions extra-sensorielles, communiquant par la pensée. Dans *Le Pur et l'Impur* elle raconte comment elle s'était engagée dans un duel à coups de sorts avec une rivale dont elle était jalouse et qu'elle voulait tuer. Sa rivale étant une sorcière plus puissante qu'elle, d'étranges choses commencèrent à lui arriver. Elle tombe dans une tranchée Place du Trocadéro, elle attrape une bronchite, perd dans le métro les derniers chapitres de *Mitsou* qu'elle doit réécrire car elle n'a pas de copie, un chauffeur de taxi lui arrache 100 francs et la laisse sous la pluie, une mystérieuse maladie tue ses trois chatons angora. Croyant que tous ces événements lui sont arrivés parce que, trop préoccupée à écrire, elle ne s'est pas assez concentrée, elle jette à son tour une série de sorts. Finalement, les deux rivales, voyant qu'elles ne peuvent pas triompher, tombent dans les bras l'une de l'autre, ce qui a toujours été pour Colette le meilleur moyen de vaincre. Dans *Lune de pluie*, elle raconte l'histoire étrange d'une femme qui occupe un appartement où Colette avait vécu après sa séparation de Willy. Pendant « 7 lunes » cette femme a jeté des sorts à son mari jusqu'à ce qu'il meure. Colette se souvient que dans ce même appartement elle aussi avait lancé un sort à son mari, selon l'ancien rituel « ... vous dites un nom, rien que le nom, cent fois, mille fois le nom de la personne... sans manger, sans boire, le plus longtemps que vous pouvez tenir, vous dites le nom, pas autre chose que le nom [23] ».

Ses parents, libres penseurs, auraient été surpris de savoir que Gabri, comme les druidesses, était « une capteuse de sources » et pratiquait les voies extra-humaines. Mais vivant en porte à faux, très jeune, Gabri était passée maîtresse d'un art moins ésotérique, celui de la dissimulation. « Feindre sans défaillance, longuement, par silences, par sourires, devenir en apparence une autre personne, voilà qui relègue loin le petit mensonge bavard. C'est une tâche qui convient... à la seule jeunesse [24] ».

Dissimuler demande une discipline et crée une tension intérieure. Psychologiquement divisée entre Sido et Saint-Sauveur, Gabri se créait un monde secret. Elle imagina une jumelle Marie, un nom que Colette prendra comme pseudonyme pendant la Première Guerre mondiale. Marie portait une robe de coton bleu, un tablier à carreaux bleu et blanc, des bottines jaunes et avait de longues nattes. Le soir dans son lit, Gabri se serrait sur l'extrême bord et avait peur que Sido ne la voie. « Je voulais surtout qu'elle n'aperçût pas ma jumelle suspecte, la fillette aux cheveux plats qu'elle aurait pu aimer [25]. » Elle peuplait les bois de sylphes, de faunes, de sylvains, elle parlait avec les animaux, les nymphes, les satyres. « Je me souviens qu'en dormant près d'une petite rivière tumultueuse (j'adorais dormir en plein air) le langage de l'eau s'est transformé, *traduit* en langue humaine, quand j'ai passé de la veille au rêve [26]. » Ce monde imaginaire était un antidote à l'éducation en apparence facile, légère mais en réalité extrêmement contraignante qu'elle recevait.

« ELLE REFAISAIT POUR NOUS TOUT LE TABLEAU DES SENTIMENTS HUMAINS »

Sido prit très tôt grand soin de remodeler pour Gabri le concept de l'amour. Elle la mit en garde contre l'idéalisme de l'amour et le romantisme des descriptions dans les romans, « C'est beaucoup d'embarras, tant d'amour, dans ces livres... Minet-chéri, je te fais juge : est-ce que vous m'avez jamais, toi et tes frères, entendu rabâcher autour de l'amour comme ces gens font dans les livres ? » Gabri fut donc sauvée du « délire romanesque ». Mais cette éducation la porta « à raisonner quand, dit-elle, je n'aurais dû être qu'une victime enivrée [27] ».

Gabri apprenait de Mélie les lois naturelles qui régissent bêtes et gens. Mélie considérait la sexualité et la procréation comme une partie de la vie qui devait être encouragée. Au printemps elle sortait des assiettes de viande pour attirer les matous pour sa chatte et aimablement surveillait leurs amours. Elle disait à Gabri qu'avant de se marier elle ferait bien de mettre les soupirants à l'épreuve »... essaie-les avant, comme ça le marché est honnête et y a personne de trompé. » La virginité n'avait aucune valeur à ses yeux. « Après, avant, si tu crois qu'*ils* n'y prennent pas le même goût [28]. »

Grâce à « la candeur hardie » de sa mère et aux leçons de choses de Mélie, Gabri sait très tôt tout sur la sexualité. Elle évoque « sa tranquille compétence de jeune fille des champs » témoin des « amours de bêtes paissantes [29]... » Cette instruction sans ménagement lui laissera longtemps une violente répulsion pour les réalités physiques de l'amour. Invitée par Sido à regarder la chatte qui fait ses petits, elle détourne le regard. Elle est effarée par la violence soudaine de la Toutouque en chaleur, une bête normalement paisible et bénigne qui aime la musique, tolère les poussins. Gabri en conclut que la sexualité est « une force malfaisante qui peut changer en brute féroce la plus douce des créatures [30] ». Au mariage d'une servante, s'étant glissée par curiosité dans la chambre préparée pour les époux, elle les imagine dans le lit étroit et la voilà prise d'une peur incontrôlable, elle a la nausée. Elle éprouve aussi une montée de dégoût un jour qu'elle surprend le jardinier en train d'embrasser la femme de chambre. A la lecture de la description d'un accouchement dans un roman de Zola, en évoquant « la chair écartelée, l'excrément, le sang souillé... » elle s'évanouit. Sido déploie toute sa tendresse pour lui assurer que tout ça s'oublie, que « toutes les femmes l'oublient, c'est qu'il n'y a jamais que les hommes... qui en font des histoires [31] ». Colette refusera longtemps d'avoir des enfants, elle a 40 ans à la naissance de sa fille. Peu à peu Sido va inculquer à sa fille une éthique qui est aussi radicale aujourd'hui qu'elle l'était à Saint-Sauveur il y a un siècle. Elle le fera au gré des circonstances, au hasard des conversations, sans méthode, lui léguant « Sa morale qui ne prenait conseil d'aucune morale [32]. »

Chaque fois que Gabri prononçait le mot « mariage », sa mère partait sur le sentier de guerre. Son mariage avec le capitaine avait été une erreur, « ... il se trouve des gens qui viennent se jeter en travers de votre existence et vous la bouleversent : ainsi a fait ton père envers moi [33] ». Elle déplorait de n'avoir pu rompre le joug conjugal parce que « cela ne se fait pas ». « Ce n'est pas tant le divorce que je blâme, disait-elle, c'est le mariage. » Si Gabri lui rappelait qu'elle s'était mariée deux fois, « Il le fallait bien ... on est quand même de son village [34] » répliquait Sido en lui rappelant la tyrannie des convenances. La seule justification possible du mariage était la fortune car la fortune libère la femme et lui permet de vivre à sa guise. C'est la raison qui la poussera à marier Gabri à Willy et à sa fortune. Le mariage et l'amour ne vont pas de pair. Le mariage est une « bureaucratie » et comme toute bureaucratie doit être utilitaire ou n'être pas. Trente ans plus tard Sido essaiera de dissuader Colette de se marier avec Henri de Jouvenel. Elle lui prédisait que ce mariage basé sur l'attirance physique ne durerait pas. Si Colette voulait absolument commettre la folie de se marier, il valait mieux épouser l'amant millionnaire qu'elle trouvait idiot. Avec lui elle garderait son autonomie.

Sido dénonce toute passion obsessionnelle. Ces passions conduisent au meurtre, à la folie *(La Cire verte)*. La passion obsessionnelle est une paralysie et l'amour inaltérable du capitaine pour Sido est présenté comme la cause première de ses échecs, « l'amour et rien d'autre... Il n'avait gardé qu'elle [35] ». Avec les années il s'impatientait de la voir vieillir, « il ne tolérait pas quelle eût mauvaise mine » et se réfugiait « dans quelque lieu élu où elle portait chignon à boucles anglaises et corsage... ouvert en cœur [36] ». Cet homme qui, selon sa fille, avait tout pour réussir avait sombré. Aveuglé par sa passion il avait ruiné sa femme en voulant l'enrichir et s'était désintéressé de ses enfants « envahi et borné par son grand amour [37] ». Dans *Ma mère et la morale*, Colette reviendra sur cette idée. Une jeune femme brûle de passion pour son jeune amant dont elle est enceinte perdant ainsi toutes les chances de faire le riche mariage prévu par sa famille. Elle veut épouser son amant. Selon Sido la pire des choses que puisse faire la jeune fille c'est d'épouser son séducteur. Si Gabri se trouvait dans cette situation elle lui conseillerait d'avoir l'enfant, d'oublier le père, et si elle éprouvait un désir brûlant pour son amant, d'aller le retrouver la nuit.

Sido allait jusqu'au bout de son radicalisme amoureux, même le tabou de l'inceste est examiné dans *Le Sieur Binard*. Ce veuf a des relations incestueuses avec ses quatre filles. La dernière âgée de 15 ans vient d'avoir un enfant, Sido s'émerveille de la beauté du tableau formé par l'adolescente donnant le sein à l'enfant de l'inceste, et évoque les temps bibliques : « En somme les anciens patriarches [38]... » Colette n'ira pas plus loin, elle imitait sa mère « qu'une candeur particulière inclinait à nier le mal cependant que sa curiosité le cherchait et le contemplait pêle-mêle avec le bien d'un œil émerveillé [39] ».

Cette éducation non conformiste, si elle crée un certain dégoût chez Gabri, s'accompagne aussi d'une intense curiosité. A peine âgée de 8 ans, elle entraîne ses camarades dans de drôles de jeux. Elles s'amusent à imiter une femme dissolue, elles discutent de « basses amours » et miment avec passion les tricheurs, les ivrognes, les amours illicites, tout ce qui constitue « la boue d'une ruelle pauvre [40] ». Elle les entraîne aussi à la sortie de l'école à tirer systématiquement la sonnette du greffier ou à écraser avec une pierre les giroflées de la mère Adolphe. On est loin des petites filles modèles.

Très tôt Gabri montre des signes précoces de bisexualité. Elle confiait à Saint-John Perse : « Mais j'ai la chance de n'être femme qu'à demi ». Elle rêvait d'être un garçon, d'être un marin, de courir les mers comme son grand-père, de visiter les îles ensoleillées ; le rêve survivra longtemps, à 30 ans elle se fait faire une série de photographies habillée en marin. Elle avait la certitude d'avoir en elle « une âme extraordinaire d'homme intelligent [41] ». Adulte, Colette souligne constamment ses traits masculins et sa bisexualité. Enfant elle se battait avec ses camarades et les écoutait avec une certaine ironie faire des plans d'avenir qui se bornaient à vouloir être la femme d'un boulanger, d'un épicier ou pour les plus hardies d'être institutrice ou couturière. Elle rejetait ces futures « femelles » « non que je me sentisse misogyne mais garçonnière [42] ». La bisexualité est pour Colette la marque d'une supériorité intellectuelle.

De 11 à 14 ans elle ressent une attirance passionnée pour une femme plus âgée qu'elle, l'amie intime de sa mère, Adrienne de Saint-Aubin. Gabri est séduite par son charme capiteux, elle ne manquera pas de noter les cheveux crépus, les yeux jaunes et la peau bistre d'Adrienne, suggérant qu'elle avait eu, comme elle, des ancêtres noirs. Adrienne portait au doigt une bague où étaient gravés ces mots révélateurs « ie brusle, ie brusle ». Elle vivait dans un désordre bohème au milieu d'entassements de livres, de paniers remplis de champignons, de baies, de truffes, de fossiles et d'une multitude de chats. Elle prétendait ne pas s'apercevoir du trouble de Gabri et s'amusait de sa confusion, « Elle mettait à me négliger une sorte d'art sauvage. » L'image du sein brun d'Adrienne et « sa cime violette et dure » tourmentaient Gabri. Colette gardera une fixation sur le sein féminin. Sido n'avait pas manqué de s'apercevoir de l'attirance de Gabri, pour Mme de Saint-Aubin et ne voulait pas intervenir puisqu'on « tombe toujours du côté où l'on penche [43] ». Son attitude était ambiguë. Les jours où elle trouvait sa fille particulièrement jolie, elle lui attachait un ruban bleu dans les cheveux, lui emplissait les bras d'un énorme bouquet de fleurs et l'envoyait chez sa « singulière amie » d'où elle la rappelait quelquefois d'une voix angoissée. Colette parle d'« une première séduction » et en garda longtemps « un gênant souvenir ». Quant à Sido elle accepta toujours sans réticence les amours homosexuelles de Colette.

A mesure que Gabri grandissait sa mère était hantée par la peur de la voir enlevée comme l'avait été Irma, et se détendait quand elle savait qu'il n'y avait à l'horizon « Point de garçons adolescents, point d'hommes [44] ».

Sido lui parlait de la paix profonde du gynécée, elle rêvait d'une société où les enfants seraient élevés en commun, téteraient au hasard le sein de l'une ou de l'autre et grandiraient ainsi sans contraintes et sans préjugés. Sido redoutait comme Fourier l'influence des pères sur les jeunes enfants. Elle partageait aussi sa crainte d'une sexualité précoce. Fourier pensait que la gymnastique et l'athlétisme retardaient la puberté et repousseraient graduellement à 18 ans l'âge nubile chez les filles « même sous les tropiques ». Gabri est encouragée à courir les bois, à faire du trapèze, des anneaux, des barres parallèles au gymnase complet installé au fond du jardin de Saint-Sauveur. Elle ne cessera de s'entraîner, elle aura un gymnase chez elle, rue de Courcelles et un autre à la campagne. Elle montera à cheval, fera de la bicyclette, de la boxe. Cet entraînement physique exceptionnel dès l'enfance lui donnera un corps musclé qui fera sa gloire de danseuse nue. A 11 ans, la gymnastique a ses revers. Gabri voudrait porter des chaussettes. « Avec les mollets que je t'ai faits ? », s'exclame sa mère, « Mais tu aurais l'air d'une danseuse de corde [45]... »

Si Sido ne mâche pas ses mots, Gabri n'a pas l'habitude qu'on lui refuse quoi que ce soit. Sido n'a pas voulu lui acheter une scie, ou des boules en verre, et le lui a dit « d'une manière maternelle, c'est-à-dire, humiliante [46]... » Blessée, Gabri se réfugiait dans les bois, dans le désordre capiteux d'Adrienne de Saint-Aubin, dans le jardin, loin de

Sido. Dans le récit *Où sont les enfants ?*, elle dira qu'elle cherchait une liberté qu'on ne lui refusait pas et dans *Le Journal à rebours* elle se revoit au long de l'enfance, et de l'adolescence silencieuse, secrète, toujours prête à se cacher, à fuir. Cependant l'éducation qui libérait Gabri des idées reçues, des conventions, de l'influence de l'école ou de l'Église, lui donnait une confiance en soi absolue : « Vous n'imaginez pas quelle reine de la terre j'étais à 12 ans ! Solide, la voix rude, deux tresses trop serrées qui sifflaient autour de moi comme des mèches de fouet, les mains roussies, griffées, marquées de cicatrices, un front carré de garçon... et comme je me regrette [47] ! »

Cette année-là son univers commença à s'écrouler. « Ma douzième année vit arriver la mauvaise fortune, les départs, les séparations [48]... »

« MA MYSTÉRIEUSE DEMI-SŒUR »

Les ennuis commencèrent avec le mariage de Juliette « l'étrangère, l'agréable laide aux yeux tibétains [49] ». Gabri avait à peine 5 ans quand Juliette finit sa scolarité au pensionnat de Mlle Ozélie-Vautrude Ravaire, 12, rue des Champs à Auxerre et retourne à Saint-Sauveur. Sido avait choisi pour sa fille aînée un pensionnat privé qui offrait un programme d'études avancées. L'inscription coûtait 450 francs par an, les leçons de musique et de dessin étaient en plus. Elle poussa Juliette à suivre les cours qui préparaient au « brevet de capacité » et donnaient la possibilité d'enseigner ou d'ouvrir un pensionnat, c'était une section réservée aux élèves sans dot qui devraient gagner leur vie, ce qui n'était pas le cas de Juliette. Mais Sido avait des projets très clairs, Juliette serait éducatrice, Achille médecin et Léo pharmacien (selon une lettre de Colette). Juliette est plus douée pour l'aquarelle et la tapisserie que pour les études, en 1877 elle échoue au brevet de capacité qu'elle a présenté avec deux autres élèves du cours.

Juliette revient rue de l'Hospice. Le capitaine Colette ne s'intéresse pas à elle, et peu d'efforts sont faits pour la marier. Elle n'était pas jolie, petite avec d'étranges yeux mongols sous d'épais sourcils, une belle bouche aux lèvres épaisses et une masse de cheveux noirs frisés qui, défaits, la couvraient « comme une tente [50] ». Cette chevelure qui aurait dû provoquer l'admiration et l'envie d'une époque qui prisait les belles chevelures n'inspirait que des réflexions désobligeantes. Sido en parlait comme d'un mal inguérissable. Juliette « faisait pitié et donnait à rire... » Mal-aimée, ridiculisée, laide, petite, dans une famille qui se vante de sa beauté, Juliette se replie sur elle-même et lit voracement nuit et jour Stendhal, Dumas, Hugo, Dickens, Voltaire, Musset, romans modernes, romans anglais, romans d'aventures, romans historiques, journaux, magazines. Elle découpe et coud les feuilletons parus dans *La Revue des Deux Mondes, La Revue bleue, Le Journal des Dames et des Demoiselles*.

Juliette est de plus en plus névrosée mais dans cette maison où chacun vit à sa guise personne n'y prête attention, jusqu'au jour où une forte fièvre la fait délirer. Dans un monologue passionné elle avoue son amour à Catulle Mendès et s'offre à lui en répétant : « Je ne connais personne ici [51]. » Colette ne la trouvait pas intelligente, Sido essaiera de changer son opinion, « Juliette n'est pas bête, surtout quand elle est seule avec moi [52] ». Mais Gabri, ses frères et le capitaine avaient depuis longtemps banni Juliette de leur monde.

Après six ans de tapisseries et de lectures, Juliette se laisse prendre au charme du Dr Roché qui vient de s'installer dans la rue de la Roche. Sido qui pensait que Juliette ne se marierait jamais appelait ce mariage « un accident », un acte « désespéré [53] ». Juliette et Charles se marièrent le 14 avril 1884. La photo du mariage montre une minuscule Juliette blottie contre son mari, très grand, très mince et très barbu. Deux Landoy, un général, les fermiers et les serviteurs font partie de la fête. Ce fut une belle noce et la dernière image d'une famille unie.

En mai le capitaine Colette est en pleine campagne électorale, il a des visées sur la mairie. Décidé à gagner, il distribue des pots-de-vin pour qu'on fasse « sa publicité ». Toute la famille est enrôlée. Son gendre milite en sa faveur. Le capitaine accompagné de Sido et de Mlle Colette offre le champagne au café de Saint-Sauveur. Il ne sera jamais maire. Pour financer sa campagne il s'est endetté. Le Dr Roché, parcimonieux et même avare, s'étonne du train de vie de ses beaux-parents et de la prodigalité du capitaine. Alarmé par les rumeurs qui courent sur la gestion hasardeuse de son beau-père, il demande un récapitulatif détaillé des comptes de tutelle.

En mars, quelques semaines avant le mariage, Juliette et Achille avaient donné quitus des comptes de tutelle au capitaine et avaient signé un acte assignant à chacun sa part de l'héritage Robineau estimé à quatre cent mille francs. Achille et Juliette recevaient un quart des biens en nue-propriété, Sido recevait un quart en nue-propriété et les revenus du dernier quart. Cette répartition favorisait Sido et ne tenait pas compte du contrat de mariage belge. Le capitaine n'avait plus de biens personnels. Depuis qu'il s'était lancé dans la politique il avait mangé la maison de Toulon et la propriété du bord de mer. En avril, pour payer la dot et le mariage de Juliette, le Capitaine a emprunté cent vingt mille francs au Crédit foncier en hypothéquant la grande ferme de la Massue et les bois de Champignuelles. Juliette et Achille sont les co-signataires de cet emprunt.

A peine installé dans la maison dont les fenêtres donnent sur le jardin des Colette, le Dr Roché, persuadé que sa femme a été lésée, consulte plusieurs avocats qui confirment ses craintes : l'acte signé en mars n'est pas légal. « ...les Colette sont dans de vilains draps, écrivait Mme de Caldavène. Le gendre revient sur les comptes donnés par M. Colette et... si on doit croire les " on-dit ", il y a des choses fortes [54]... » Juliette ne parle plus à sa famille. Sans exception tous les Robineau se rangent de son côté et se liguent contre le capitaine Colette, cet étranger dans leur sein. Le temps des comptes était venu. On fit signer à Juliette une requête exigeant une révision du partage. Sido et le capitaine refusent. Les Roché menacent d'intenter un procès.

Juliette est une femme passionnée, elle a reporté sur le mari qu'elle a choisi tout l'amour dont sa famille n'avait que faire. Tiraillée entre sa mère qui l'accuse de vouloir la mettre sur la paille et un mari intéressé par sa dot, deux mois après son mariage Juliette essaie de se suicider. A cette nouvelle le capitaine fait dire à Roché qu'il lui mettra une balle dans la tête s'il ne sauve pas Juliette.

Après la tentative de suicide il fallait trouver une solution. Le 4 septembre on se réunit chez Me Coudron, les discussions sont âpres avant d'arriver à une entente. Les Colette, les Roché et Achille reçoivent chacun un tiers des biens. La ferme de la Massue lourdement hypothéquée revient aux Colette. Ils s'engagent à payer une indemnité de quarante mille francs à Juliette et à Achille qui immédiatement renonce à cette somme et se porte garant de l'indemnité due à sa sœur. Sido n'avait plus que le tiers de ses revenus. Elle se sentit lésée et ne pardonna jamais à son gendre qu'elle accusera toute sa vie de l'avoir ruinée, elle l'accusera aussi de se droguer et d'avoir des relations incestueuses avec sa fille. Sido avait un sens tragique de la haine.

Dans un Saint-Sauveur en ébullition, les rumeurs se multiplient. On dit que pour convaincre Achille de se montrer désintéressé, sa mère lui a révélé qu'il n'était Robineau-Duclos que de nom. Gabri a l'impression de vivre en territoire ennemi. De vieilles histoires ressurgissent, Sido depuis toujours est l'objet de propos malveillants. Gabri prend conscience que son propre statut social est incertain, qu'elle a vécu dans une coquille qui n'était pas la sienne : la maison, les bois, les étangs, les fermes, la Victoria, le banc à l'église, tout porte le sceau de Robineau-Duclos. Et Sido se réfugie dans son passé, et se remémorant « les morts qu'elle avait aimés », elle raconte à Gabri sa vie en Belgique, elle évoque de plus en plus souvent la vie facile du temps de Robineau-Duclos, donnant à Gabri l'impression d'un âge d'or révolu.

En 1885 Juliette donna le jour à une fille, Yvonne. Les Colette ne reçurent pas de faire-part.

Le train de vie des Colette change peu, ils coupent sur leur domesticité et voyagent un peu moins. Les créanciers les harcèlent. Sido fait tailler une veste dans un vieux frac du capitaine pour Gabri qui, peu habituée à porter des vêtements refaits, se sent humiliée, car ce boléro symbolise pour elle la gêne financière de sa famille. En octobre 1885, ses parents vendent la grande ferme de la Massue pour payer leur emprunt au Crédit foncier. Ils voudraient quitter Saint-Sauveur mais pour cela il faudrait vendre la part de Sido et apurer les comptes. En attendant on vit à crédit et on décide de rester sur place jusqu'à ce qu'Achille finisse ses études de médecine.

Quand Sido voulait discuter de leurs difficultés le capitaine l'arrêtait. Indignée, elle l'accusait d'avoir une attitude simpliste. Leur entente se heurtait à de petites méchancetés qui envenimaient leur relation. Sido parlait de son premier mari, piquant l'orgueil du capitaine qui la regardait de son « regard bleu-gris dans lequel personne n'a jamais pu lire [55] ». Il l'accusait de « courir le guilledou [56] », de flirter avec des jeunes gens. Le capitaine se repliait de plus en plus sur lui-même, contrariait Sido : « Tant est efficace le recours à l'insulte [...] et grand le plaisir de fronder un maître... » Sa frustration éclatait parfois en colères violentes et brèves. Dans un accès de fureur il fêla le marbre de la cheminée d'un coup de son unique pied. Gabri prenait silencieusement parti pour son père, elle se sentait comme lui écrasée par Sido et s'efforçait « pour [se] mesurer à un tourment caché d'imiter son regard insondable [57] ».

Gabri a ses premiers succès. Elle remporte un premier prix de lecture à un concours interdépartemental et passe le certificat d'études primaires. Elle a 12 ans et demie, l'école de Saint-Sauveur n'a plus rien à lui offrir. Comme ses aînés avant elle, on l'inscrit dans un pensionnat où elle tombe malade de désespoir, cette sauvageonne ne peut supporter d'être enfermée. Il semble qu'on ait fait un deuxième essai, elle s'échappe alors ou retombe malade. Elle restera à Saint-Sauveur. On lui fait donner des cours particuliers, elle lit avidement et discute avec son père. Depuis l'enfance elle trouve un refuge dans le bureau de son père où abondent les fournitures diverses : rames de papier multicolore, crayons de couleur, tubes de peinture et les dernières inventions : un coupe-papier qui tranche 100 feuilles à la fois, un compas Alidade. Ce bureau satisfaisait chez Gabri un besoin inné d'ordre et de sécurité. Elle aimera toujours les luxueuses fournitures de bureau et, dès *Claudine à l'école*, contrairement à la légende, elle écrit sur un papier américain spécial où la plume en courant fait un crissement soyeux, doux à son oreille. Gabri fait ses premiers apprentissages d'écrivain avec le capitaine. De la niche qu'elle s'est organisée en ouvrant les portes de la grande bibliothèque en acajou qui couvre tout le mur, elle a des discussions avec son père qui l'appelle Bel-Gazou. Elle aimait se mesurer à lui, « il était très doué pour les particularités de l'orthographe. A 7, 8 ans j'avais avec lui des conversations à ce sujet et j'aimais le trouver en faute [58] ». Il lui lisait de sa belle voix de baryton son dernier poème ou un morceau de prose oratoire, elle l'écoutait, concentrée, et lançait sans ménagement un jugement définitif : « toujours trop d'adjectifs [59] ». Elle imitait son père.

Combien le feu tient douce compagnie.
Au prisonnier, dans les longs soirs d'hiver !

« Au fait, ils sont peut-être de moi ces médiocres vers » écrira-t-elle à 80 ans. Ce qu'elle apprenait aux côtés du capitaine en voyant s'amonceler sur le sol les pages froissées, c'est qu'écrire est une question de style, une discipline et non le fruit d'un vague désir qu'elle n'eut jamais. Jamais, dit-elle, elle n'éprouva le besoin de se lever la nuit « pour écrire des vers au crayon sur le couvercle d'une boîte à chaussures [60] ». Non, elle travaillait à trouver « l'expression exacte [61] », le mot qui frappe, encouragée par Sido qui lui offrit son premier stylo.

Après ses échecs politiques le capitaine s'était tourné vers l'écriture. Il n'en était pas à son premier essai. Après la guerre de 1870 il avait publié un essai *A l'Armée, au peuple de France, aux Chambres* où il proposait un plan pour la défense du territoire. Il met désormais toute son énergie à devenir ce qui pour ce saint-cyrien est la marque de l'homme cultivé : un historien géographe. Il écrit dans *Le Bulletin de la réunion des officiers* ou dans la *Revue du cercle militaire*. Il est membre de nombreuses sociétés : *La Société de topographie, L'Alliance française, La Société de géographie, La Société internationale des Électriciens* où il fait des conférences et publie des articles dans leurs savantes revues. Il propose ce que sa fille appelait « d'élégantes solutions » à des problèmes d'algèbre, de géométrie, de la trigonométrie des sphères, il compare d'anciens traités de géographie à ceux qui viennent de paraître. Il se passionne pour le Compas Rossignol (1887) et pour cette invention récente, le compas Alidade du colonel Peigné. Il écrit de nombreux portraits biographiques des topographes français. Son étude historique de *La société de topographie* lui vaut une médaille d'argent de première classe à la Sorbonne.

Cet érudit apprend l'astronomie à Gabri. Au coucher du soleil, quand l'étoile du soir apparaissait au-dessus du bois, il s'exclamait « Vesper » et récitait le poème de Musset en installant son télescope pour suivre les constellations. Il apprenait à Gabri que Vesper, l'étoile du soir, appelée aussi Vénus, devenait au matin Lucifer, l'ange déchu, le séducteur de l'humanité. Colette se servira de l'étoile aux trois noms comme d'une métaphore de sa vie dans *L'Étoile Vesper*, le livre qui, pensait-elle, serait son testament.

« Ce qu'il faudrait écrire, c'est le roman de cet homme-là »

L'été 1887 Achille vient passer deux mois à Saint-Sauveur avec « son ami préféré » que Colette dans *L'Ami* appellera Maurice en précisant que ce n'est pas son vrai nom. Qui est Maurice ? Tout porte à croire que c'est Henry Gauthier-Villars, pas encore connu sous le nom de Willy. Maurice, comme Henry, vient de terminer sa licence en droit, il est passionné de musique, et ressemble au baryton Tarkin, or Tarkin ressemble à Willy. Il a le regard caressant, une moustache « comme roussie au feu », de belles mains, les manières raffinées, la gentillesse et la douceur qui vaudront à Henry Gauthier-Villars, l'héritier d'une lignée d'éditeurs, le surnom de Belle-Doucette. Dans *L'Ami*, Colette fera des parents de Maurice des négociants de produits chimiques en gros, une façon peu flatteuse de décrire la respectable maison d'édition spécialisée dans les publications scientifiques. Mais quand Colette publie *L'Ami*, elle et Willy sont à couteaux tirés depuis des années et s'attaquent régulièrement dans la presse, Colette accusant Willy de ne pas avoir écrit une seule ligne de son abondante production, lui l'accusant de préférer les femmes aux hommes ou d'être une nymphomane.

Ce n'est pas la première fois que Gabri voit Henry. Elle le connaissait, dira-t-elle, depuis le temps où elle lisait en cachette *Lutèce*, la revue d'avant-garde qu'il avait fondée avec Léo Trézénik et Rall, qui paraît de 1883 à 1886. Cet été Henry est à Saint-Sauveur pour mettre quelques distances entre lui et les autorités après un duel avec le mari de sa maîtresse, Marie-Louise Courtet. Elle est l'épouse d'Émile Courtet, célèbre sous le nom d'Émile Cohl, le créateur des premières bandes dessinées et des premiers dessins animés. Le mari et l'amant ont convenu de se battre en duel ; celui qui sortirait vainqueur aurait Marie-Louise. Henry, blessé à la main et au-dessus de l'œil, est nettement vaincu. Il aime profondément Marie-Louise, elle seule, dira-t-il plus tard, lui a fait connaître ce que les romanciers appellent le grand amour. C'est le cœur en écharpe qu'il débarque à Saint-Sauveur. Pour Gabri c'est un bel été, on fait de la musique, de longues promenades, des jeux de mots, des vers impromptus. Elle dérobe « journaux illustrés libertins, cigarettes d'Orient » qui étaient alors opiacées et la changeaient des cires à cacheter et des colles qu'elle dérobait dans le bureau du capitaine et pour lesquelles elle avait une prédilection gourmande. Et surtout elle collectionne le nouveau gadget à la mode, les boîtes d'allumettes décorées de portraits d'actrices et de demi-mondaines. Elle éprouve une fascination pour ces grandes courtisanes « race inconnue, admirable... » A 15 ans, elle a vite compris que son charme à elle n'était pas celui des actrices aux déshabillés évocateurs mais « une coquetterie plus intelligente », « et je fus, dit-elle, avec une apparence de simplicité, telle que je devais être pour être parfaite ». Avec un art consommé elle manipule son image pour sa première séduction. Toute la famille est sous le charme d'Henry qui sait si bien transformer en conte facétieux toute chose dramatique et qui n'est jamais aussi spirituel que lorsqu'il se moque de lui-même. Quand il part, Gabri éprouve son premier « chagrin victorieux de femme. »

Henry reviendra chez les Colette, il a toujours des cadeaux pour Gabri, « des bonbons, des singes en chenille de soie grenat [62]... » et les derniers potins parisiens. Ce charmeur la fascinera comme Renaud attire Claudine.

Henry Albert Gauthier-Villars, est né le 10 août 1859 dans une famille de grands bourgeois conservateurs et catholiques. Du côté paternel on est imprimeur depuis le XVIIe siècle dans le Jura. Son père a fait l'École polytechnique, il a mis au point un système pour imprimer les formules mathématiques et invente les fontes G.V. De leurs presses sortent les magnifiques éditions illustrées de Balzac et de Jules Verne et toutes les grandes revues et les journaux scientifiques de l'époque. Jean-Albert Gauthier-Villars va ajouter aux presses une maison d'édition. Il a racheté une affaire sur le point de faire faillite et la transforme en une entreprise florissante : la librairie Gauthier-Villars, 55, Quai des Grands-Augustins. Les auteurs de la maison s'appellent Auguste Comte, Louis Pasteur, Henri Poincaré, Charles Cros, Pierre et Marie Curie. Le catalogue comprend les œuvres de nombreux chercheurs étrangers.

Henry a une sœur cadette qui épousera un polytechnicien, Étienne Sainte-Claire Deville, l'inventeur du 75, le célèbre canon de la guerre de 1914, et un frère Albert de deux ans son cadet qui fera Polytechnique et qui est aussi sérieux et discipliné qu'Henry est talentueux et imprévisible.

Henry Gauthier-Villars est blond, de santé délicate, doué et musicien. Avant de savoir l'orthographe il connaît par cœur les grandes œuvres de Schumann, Schubert, Chopin et Beethoven. C'est cette connaissance de la musique qui fera de lui le critique musical le plus écouté de son époque. Un autre talent se fait jour très tôt, c'est un charmeur « à l'aisance caressante d'un fils qui a peu quitté sa mère », dira de lui Colette. Elle dira aussi qu'il chantait à ravir en s'accompagnant au piano. Il reste marqué par la guerre de 1870 qu'il passe chez sa tante à Châteauroux. Loin de la surveillance maternelle il découvre le charme de l'école buissonnière et joue au loto avec les blessés d'un régiment d'Afrique, on joue sérieusement pour de l'argent. La passion du jeu ne le quittera plus ; il y engloutira toute sa fortune et aura recours à des expédients qui lui vaudront une réputation de manipulateur. En attendant il joue sa casquette de lycéen contre une chéchia et attrape des poux. Sa tante horrifiée lui fait raser le crâne sous les yeux moqueurs de ses cousins et lui prédit qu'il finirait sur l'échafaud.

Paris assiégé a faim. Les animaux du zoo sont abattus, les Parisiens mendient, des femmes, le visage voilé pour cacher leur identité, chantent dans les rues. Henry imagine ses parents en train de manger du chameau et du zèbre. Le second Empire s'effondre. Son père est emprisonné pendant cinq jours, une expérience pénible qu'il raconte dans un fascicule. Henry ressent l'horreur de la guerre et parce que son tempérament l'y inclinait, il se persuade que la vie est absurde, que seuls les joies artistiques et les plaisirs valent la peine d'être vécus.

Il fait ses études au lycée Fontanes (aujourd'hui Condorcet) et au collège Stanislas. Il excelle en littérature, a le don des langues, parle couramment l'anglais et l'allemand grâce à sa mère qui lui fait donner des cours par des tuteurs dont c'est la langue maternelle. Il a la passion des langues mortes, ce qui lui vaut à 13 ans une médaille d'or pour sa traduction d'un poème grec. A Stanislas il a une réputation de rebelle, rebelle d'après les critères d'un grand lycée catholique au XIXe siècle. Il a employé une expression du latin de la décadence dans la traduction d'un poème classique et tient tête à son professeur en défendant son choix dans une longue tirade en latin. Il sera puni pour son impertinence mais remporte la seule victoire qui compte : avoir le dernier éclat de rire. Les langues mortes sont pour lui le véhicule de l'absurde et le moyen de faire des mots pour les *happy few*. Jeune critique dramatique il écrit en latin un compte-rendu de *Tennis Lawn*, la pièce de Mourey dirigée par Antoine, et en grec une critique de *Lysistrata* de Maurice Donnay publiée dans la revue du *Chat noir*. Il rêve de voir les murs de Paris couverts de réclames en latin, ce serait le comble de l'inutile. A Stanislas, pour la Saint-Charlemagne il écrit une pochade si mordante qu'on lui interdit de la lire, comme c'est la coutume, au banquet annuel de l'école. Il attendra la fin des festivités pour la lire sur les escaliers du collège, les étudiants le porteront en triomphe jusqu'à la gare Saint-Lazare. Il a très tôt les traits qui lui vaudront sa célébrité : mépris de la morale et des institutions, amour de la farce, passion de la linguistique et recherche d'un style qu'il trouvera dans *le style rosse*. Il défendra, l'épée à la main, ses attaques verbales d'une virulence qui étonne aujourd'hui.

A 18 ans il s'inscrit à la faculté de droit, publie quelques articles sérieux dans *La Liberté du Jura*, le journal fondé par son grand-père, et un recueil de sonnets que, très dandy, il fait imprimer sur un velin japonais des plus rares. C'est un des « bohémiens » les plus actifs et l'un des lions des « Jeunes », rebaptisés plus tard Décadents. Les Jeunes sont anglophiles, raffinés dans leurs élégances. Henry, que ses amis appellent Willy, fait faire ses chemises à Londres et adopte le monocle et le haut-de-forme à bords plats porté par Whistler, le vieillissant prince des esthètes. Il se lance dans les polémiques littéraires. Après 1880 les Parnassiens et les Naturalistes qui ont dominé la vie intellectuelle pendant vingt ans sont violemment pris à partie par « Les Jeunes ». Henry Gauthier-Villars donne une conférence contre *Les Parnassiens* dans l'élégante série des *Conférences Ollivaint*, il demande la libération de l'imaginaire et le rejet des réalités quotidiennes. Sa condamnation de Leconte de Lisle, Gautier ou Banville est sans appel comme celle des « élucubrations ruisselantes d'inouïsme de Stéphane Mallarmé ». Plus tard il changera son opinion sur Mallarmé et sera l'un de ses défenseurs les plus fidèles.

Les Décadents sont un tout petit groupe mais extrêmement visible. Dans la mouvance du panorama littéraire, deux événements vont aider leur cause : la loi de 1881 sur la liberté de la presse et le retour de Verlaine à Paris après deux ans de prison passés en Belgique et plusieurs mois d'exil en Angleterre. Les manifestes littéraires et des myriades de journaux – 130 de 1884 à 1885 – font des apparitions météoriques.

Henry Gauthier-Villars fait partie de l'avant-garde la plus prolixe et la plus durable. Il n'a pas 20 ans quand il est intronisé à la *Société des Hydropathes* fondée en 1878 pour permettre aux jeunes poètes de rencontrer un public de connaisseurs. C'est le club à la mode. L'étrange nom dérivait d'une valse en pseudo-allemand, *Hydropathen Valsh,* écrite par Glungl', certains affirment qu'hydropathe veut dire « ennemi de l'eau donc ami du vin. » Le Tout-Paris s'engoue pour ce club qui ressemble vite à « une Chambre des Députés en réduction ». Sarah Bernhardt y lance son dernier protégé, « l'une des curiosités de Paris », Maurice Rollinat, le poète des *Névroses* où il célébrait le meurtre, le viol, le parricide, le suicide, la maladie, l'hypocondrie, les cadavres, l'embaumement, les enterrés vivants, la folie, le diable et toutes les putréfactions. Le mentor de Gauthier-Villars est le poète savant Charles Cros, l'inventeur de la photographie en couleur et du paléophone, l'ancêtre du tourne-disque. Son influence sur sa génération est énorme, plus tard il figurera au Panthéon surréaliste. C'est un sensualiste hanté par des images érotiques. Il a fondé un club, *Le Nouveau Cercle des Zutistes*, qui très vite a explosé en sous-groupes, dont *Les J'm'en Foutistes.*

Les Nouveaux Zutistes se réunissent le mardi soir dans le sous-sol mal éclairé du *Café de Versailles*, 139, rue de Rennes, appelé *La Maison de bois*. Térence Cros, l'élégant neveu du poète, était le maître de cérémonie. On prenait place autour d'une table de billard présidée par Cros qui, certains mardis, éblouissait par ses paradoxes et d'autres fois, abruti par la morphine et l'opium, restait tassé sur sa chaise sans dire un mot. Henry, un régulier des mardis zutistes, descendait l'escalier du sous-sol dans un feu d'artifice de mots, « chez George Sand, le style c'est l'homme » ou au sujet de la cantatrice Lilie Lehmann : « Nous avons avalé le kalish jusqu'à la Lilie » puis de sa voix claire de ténor récitait quelques poèmes latins ou quelques aphorismes rabelaisiens. Les Zutistes se lançaient des défis littéraires. On les soupçonnait d'avoir écrit collectivement *Sarah Barnum*, la biographie scandaleuse et anonyme de Sarah que tout Paris lisait avidement.

Un groupe de quatre amis, Léo Trézénik, Alphonse Allais, Georges Rall et Henry Gauthier-Villars font bande à part. Ils fondent le groupe des *Ironistes* pour dénoncer tous les défauts de la nature humaine et se moquer de tout y compris d'eux-mêmes. Cette année-là Henry Gauthier-Villars découvre Mark Twain, alors inconnu en France. Il profitera d'une conférence qu'il donne en 1886 aux conférences Ollivaint sur Mark Twain pour exposer le manifeste des Ironistes qui sera publié. A la sortie du livre, Guy de Maupassant lui déclare : « Eh bien, vous avez tort, jeune homme, aucun auteur américain, aucun vous m'entendez, n'a le moindre talent [63]. » Henry, furieux de la rebuffade, choisit son pseudonyme chez Mark Twain : Jim Smiley, Gabriel de Toulouse-Lautrec le félicite d'avoir fait découvrir l'Homère américain à Paris et dédicace sa traduction des *Contes Choisis de Mark Twain* « à Henry Gauthier-Villars ».

Les Ironistes fondent *La Nouvelle Rive gauche* qui, après quelques mois de parution, est rebaptisée *Lutèce*. Cette feuille de 4 pages devient le journal officiel des Décadents quand Verlaine y publie *Les Poètes maudits*. Les trois membres fondateurs, Gauthier-Villars, Trézénik et Rall assument le poste de rédacteur en chef à tour de rôle. Gauthier-Villars qui se prépare à prendre la direction de la respectable maison d'édition paternelle signe d'un nom de plume : Henri Maugis, un nom qu'il rendra célèbre en le donnant au personnage pseudo-autobiographique d'une série de romans écrits avec Colette et sans Colette. Il signe donc Maugis la direction de *Lutèce* et Gaston Villars ses critiques théâtrales. Puis, à la suite d'un duel, il annonce à ses lecteurs que Gaston Villars a été tué à la frontière belge et n'utilisera plus ce nom de plume. Il en a déjà une série : Louis Villette, Pierre Seudis, Henry Villars. Les pseudonymes sont à la mode et illustrent littéralement l'axiome : se faire un nom.

Dans *Lutèce*, certains Zutistes dénoncent les Symbolistes qui émergent sur la scène littéraire et traitent Mallarmé, Moréas et Rimbaud, de *Maboulescents*. A la suite d'un article particulièrement virulent sur les Maboulescents, le triumvirat de *Lutèce* (Trézénik, Rall et Gauthier-Villars) démissionne. *Lutèce* cesse de paraître peu après. Les trois Ironistes entrent à *La Revue indépendante*, la revue créée par Félix Fénéon qui s'est assuré la collaboration de Verlaine, de Huysmans et de Barbey d'Aurevilly, le dandy sanglé dans un corset si serré qu'il disait « Si je devais recevoir la communion l'hostie me ferait éclater. » *La Revue indépendante* devient un journal pro-symboliste sous la direction d'Édouard Dujardin, le créateur de l'élégante *Revue wagnérienne* où Henry Gauthier-Villars, wagnérien passionné, fait partie de la rédaction.

Henry et Léo Trézénik font aussi partie des Hirsutes, un autre groupe qui donnera à la Belle Époque son piquant, sa saveur et son image. Leurs réunions souvent houleuses ont lieu au *Café du Commerce*. Bientôt débordé par l'affluence de peintres, musiciens, poètes, on se déplace dans le grand sous-sol du *Café de l'Avenir*, puis *Au Soleil d'Or*. Quand les Hirsutes quittent la Rive gauche pour Montmartre et pour leur nouveau antre *Le Chat noir*, le centre intellectuel de Paris bascule. Gauthier-Villars collabore au *Chat noir* et sera un jour son rédacteur en chef. En attendant il finit son droit, s'inscrit au barreau et se prépare à succéder à son père à la direction littéraire de la librairie Gauthier-Villars.

« Taisez-vous et embrassez-moi »

A l'automne Gabri retourne à l'école. Une petite révolution vient d'avoir lieu à Saint-Sauveur. La directrice Mlle Viellard, qui n'a pas de diplôme, a été forcée de prendre sa retraite et a été remplacée par une directrice de 24 ans, Mlle Olympe Terrain, assistée d'une institutrice de 19 ans, Emma Duchemin. Elles font partie du premier bataillon d'éducateurs laïques préparés dans les écoles normales. Elles sont chargées des deux classes du cours supérieur qui viennent d'être créées. La nouvelle école-mairie, la pierre angulaire de la IIIe République n'ayant pu être terminée faute de fonds, les classes ont lieu dans la vieille école délabrée aux odeurs qui font frémir les narines sensibles de Gabri.

Il y a trois inscrites au cours supérieur : Gabrielle Colette, Marie-Berthe Michaut et Gabrielle Duchemin, la jeune sœur de l'institutrice. Gabri a pleuré quand elle a appris la mise en congé de Mlle Viellard et le premier jour de classe, elle est d'humeur frondeuse, décidée à s'imposer et à intimider la nouvelle directrice. Après deux ans de vagabondage, Gabri accepte mal la discipline. A la rentrée, elle regarde ironiquement les élèves se mettre en rang et, jugeant qu'elle n'en fait pas partie, rentre à sa guise. En classe elle ouvre *Le Temps* et commence à lire. Mlle Terrain, avec une note d'amusement dans la voix qui pique Gabri, lui dit qu'elle comprend combien ce doit lui être désagréable d'être dans une école communale. Après cette remarque Colette se montre « une aimable jeune fille, *très* intelligente, parfaitement douée en français, très musicienne, et espiègle et spirituelle [64] ». Dans le rapport de fin d'année Mlle Terrain lui trouve une grande imagination et un désir de se singulariser. Elle rédigeait avec une facilité qui faisait l'envie de ses compagnes, en un quart d'heure elle écrivait : « ce qu'aucune de nous n'aurait pu écrire en une heure et demie [65] ». Dans *Claudine à l'école*, Claudine comme Gabri est une élève douée en français. Aux épreuves du brevet, elle a 17/20, la meilleure note de sa session. Ce n'était pas assez, elle aurait voulu 19 ou 20. On brocardait alors la sévérité de l'académie en disant : « 18 est réservé à Victor Hugo et 20 à Dieu ». Être Victor Hugo ou rien ou, dans le cas de Colette, être Balzac ou rien. Elle a la médiocrité, les demi-mesures en horreur. Très tôt la magie de son style fascine. A 15 ans elle remporte un prix dans une foire où elle récite un texte poétique sur les animaux qu'elle a écrit et charme son public. Ce qui contredit le « non, je ne voulais pas écrire [66] » du *Journal à rebours,* mais Colette n'en est jamais à un paradoxe près.

Dans *Claudine à l'école,* Colette fait un terrible croquis de l'école de Saint-Sauveur. Elle met en scène Mlle Terrain sous le nom de Mlle Sergent, le Dr Merlou sous le nom du Dr Dutertre, Emma et Gabrielle Duchemin deviennent Aimée et Luce Lanthenay. Elle peint la guerre sournoise entre la directrice et Claudine pour les beaux yeux d'Aimée Lanthenay qui préfère assurer sa carrière en tombant dans les bras de Mlle Sergent plutôt que de continuer un flirt avec Claudine. Cette dernière se venge de l'abandon d'Aimée sur sa sœur Luce, qui est amoureuse d'elle. Les faits dans *Claudine à l'école* ne sont pas très loin de la réalité, mais l'objet des feux de Colette et de Mlle Terrain n'était pas Emma mais la jeune sœur Gabrielle. Emma après quelques mois à Saint-Sauveur avait postulé un meilleur poste, une demande appuyée par le Dr Merlou. Elle fut transférée à Auxerre, au milieu de l'année suivante. Elle s'y maria avec un marchand de vin et abandonna l'enseignement.

Gabrielle Duchemin, surnommée Duduche par Colette, demeura pendant 19 ans l'assistante de Mlle Terrain refusant toute promotion. A la parution de *Claudine à l'école,* Saint-Sauveur ne manqua pas de reconnaître les personnages de l'histoire. On parla ouvertement de la situation de Mlle Terrain qui avait déjà étonné le village par sa conduite. Républicaine comme le Dr Merlou, elle servait quelquefois d'hôtesse dans les réunions politiques qu'il présidait. Seules quelques femmes libérées, quelques « pétroleuses », faisaient de la politique. En 1898 Olympe Terrain eut un enfant qu'elle fit élever en nourrice, puis le fit passer pour un orphelin de sa famille qu'elle avait adopté. La publication de *Claudine à l'école* laissa peu de doutes sur l'identité du père. Mlle Terrain voulu démissionner, on l'en dissuada. L'école de Saint-Sauveur était très bien administrée et avait d'excellents résultats aux examens. C'est Gabrielle Duchemin qui fit les frais de l'affaire, on la maria à un collègue et elle partit de Saint-Sauveur. *Claudine à l'école* était une vengeance contre Saint-Sauveur, contre le Dr Merlou et contre Mlle Terrain, qui en voulut longtemps à son exélève. Devenue célèbre et quinquagénaire Colette se réconciliera avec elle, lui affirmant regretter ce qu'elle avait écrit. Mlle Terrain dit alors des choses flatteuses sur les Colette et ressortira de ses papiers un poème écrit par le capitaine et récité par Colette à l'occasion de la fête donnée par les élèves pour son anniversaire. On oublia Duduche, elle fit une médiocre carrière. Colette-Claudine n'avait aucune estime pour elle, « je n'aime pas les gens que je domine [67] ». Dans *Claudine à Paris*, elle en fera une adolescente vicieuse, devenue la maîtresse de son oncle.

Le capitaine Colette, piètre administrateur de biens, se lance dans des spéculations financières pour refaire fortune. En 1888 il vend La Forge dont le bail vient d'expirer. Aussitôt il emmène Sido et Gabri à Paris où il reçoit, au cours d'une cérémonie à la Sorbonne, la médaille d'argent de première classe pour son histoire de la Société de topographie. Ils sont invités au Salon de la Nationale, Gabri qui a épinglé sa tresse dans les plis de sa robe, trébuche en montant les escaliers et se sent blessée dans son amour-propre, elle a 15 ans. Avec Achille et Léo qui est étudiant en pharmacie, on court les concerts, les théâtres et les expositions. On rend visite aux Gauthier-Villars, quai des Grands-Augustins. Cette année-là Jean-Albert Gauthier-Villars a donné l'administration des presses à son fils cadet Albert et la librairie à l'aîné, Henry, qui a transformé son bureau au rez-de-chaussée en un cercle littéraire. Il passe des heures à s'entraîner à faire des mots avec ses amis. Il y a aussi l'inévitable visite à tante Caro (tante Wilhelmine dans *Claudine à Paris*) où l'on retrouve quelques cousins Landoy. Quelques mois plus tard Gabri est de nouveau à Paris. Elle a passé son brevet élémentaire et le certificat d'études primaires supérieures. Seules 8 candidates sur 26 ont réussi. Gabri a 16 ans, sa scolarité est terminée.

Avant ce séjour à Paris, les Colette ont participé à l'inauguration de la statue de Paul Bert à Auxerre. L'ami intime du capitaine était mort en Indochine où il avait été nommé Gouverneur général en 1886. La ville d'Auxerre commissionna Bartholdi qui avait atteint la gloire internationale avec la statue de « la Liberté éclairant le monde », pour un monument à Paul Bert. Le capitaine Colette fut chargé d'écrire le poème qu'on grava sur le monument. Dans *L'Ode à Paul Bert*, le capitaine vante la vision sociale de Bert mais ses envolées les plus lyriques sont pour Bartholdi qui a dressé le phare victorieux de la liberté. C'est Gabri qui récite le poème de son père. Sur l'estrade décorée de drapeaux et de guirlandes en papier gaufré où se pressent les ministres et les édiles locaux, Gabri, l'inévitable ruban noué « à la Vigée Lebrun » dans les cheveux, s'avance devant la foule et récite les sonores vers paternels. La presse loue une interprétation qui venait du cœur.

Après le succès auxerrois, les Colette renfloués financièrement par la vente du Pré Saint-Jean, vont à l'Exposition universelle où Sido se passionne pour la musique d'Extrême-Orient. Ils vont voir *La Fille du Tambour Major* d'Offenbach et assistent au grand succès d'Augusta

Holmès dans *L'Ode triomphale*. Gabri admire « son contralto profond ». A une soirée son cœur bat un peu plus vite en voyant Augusta Holmès, « blonde, le profil qu'on prête aux déesses... » et remarque qu' « elle n'était pas exempte d'affectation et semait sur sa coupe de champagne des pétales de roses [68] ».

En 1889 Gabri est amoureuse. « A 16 ans, dit-elle, l'amour vint perturber la plus claire des existences [69]. » Des deux années qui suivent on sait peu de choses de la vie de Colette. Le 28 septembre 1890 c'est elle qui lit l'allocution de bienvenue à l'occasion de l'inauguration des nouveaux bâtiments scolaires par le ministre de l'Agriculture. Elle remercie le Dr Merlou qui avait posé la première pierre du groupe scolaire et mis Saint-Sauveur à moins de deux heures de Paris en faisant construire une gare. « D'accès facile au bout d'une voie ferrée, Paris me semblait plus proche, plus intelligible que la Côte-d'Or inconnue [70] » écrit cette Bourguignonne qui a les yeux tournés vers Paris.

CHAPITRE IV

Madame Gauthier-Villars

> « L'ami admiré devenu mon fiancé était maintenant mon mari. »
>
> *Noces.*

Achille venait de terminer ses études. En février 1890, sa thèse de doctorat *Les Incisions chirurgicales du rein*, dédiée à sa mère, est publiée chez M. Steinheil. Sa promotion compte 386 candidats originaires de toutes les provinces françaises, d'Afrique du Nord, d'Égypte, d'Espagne et surtout d'Europe centrale qui a fourni aussi la presque totalité des vingt femmes médecins. Achille s'est vu récompensé de ses travaux par la médaille de bronze de l'Assistance publique et par un poste d'inspecteur de santé à Châtillon-sur-Loing à 100 km de Paris, où il ouvre un cabinet. Il n'est pas question pour Sido de vivre loin d'Achille, « elle l'avait suivi[1] » écrira Colette dans *La Maison de Claudine*, ils se voyaient tous les jours.

Parce qu'ils allaient habiter une maison plus petite, les Colette décidèrent de vendre aux enchères une partie de leurs effets. Il n'y avait là rien d'extraordinaire. La maison de Saint-Sauveur qui appartenait à Achille fut louée. Dans *La Cire verte* Colette raconte que la maison avait été vendue aux enchères après la ruine de la famille se souvenant sans doute de la faillite d'un voisin qui habitait rue de l'Hospice et dont les biens, mis sous séquestre, furent vendus aux enchères quelque temps avant le déménagement des Colette. Mais la légende fut répétée par Maurice Goudeket – le troisième mari de Colette – et captiva l'imagination de ses biographes. La ruine de la famille s'accordait avec l'image de Colette, la pauvre villageoise mariée à un homme vieux qui l'exploitait. En fait la maison sera vendue en 1925 par les filles d'Achille.

Couper ses racines est traumatisant. Si Gabri était heureuse de s'éloigner de Saint-Sauveur, elle avait le cœur serré de quitter la grande maison refuge, de voir l'orgue, la bibliothèque en acajou, les belles commodes, les bibelots chinois, les livres aux belles reliures, passer dans des mains inconnues. La vieille maison, comme l'appelait Sido, était bourrée de richesses héritées ou achetées. Adrienne de Saint-Aubin, toujours curieuse des faits et gestes des Colette, pensait qu'ils ne trouveraient jamais à Saint-Sauveur d'amateur capable d'apprécier les meubles et les objets d'art de cette vente.

En septembre 1891, les Colette quittent définitivement Saint-Sauveur pour Châtillon-sur-Loing, bientôt rebaptisé Châtillon-Coligny en l'honneur de Gaspard de Coligny, le chef du parti huguenot dont le fief de Châtillon fut mis à sac la nuit de la Saint-Barthélemy. La maison était plus confortable, chaque chambre avait un cabinet de toilette mais l'eau du bain était toujours apportée par la domestique devenue la bonne-à-tout-faire. Le jardin entouré de murs sur trois côtés était rempli de lilas, de tarragon, de giroflées, et descendait en pente douce jusqu'au Loing aux rives couvertes de radis sauvages et de saponaires.

Pas plus tôt installés, les Colette se trouvent mêlés au tragique imbroglio des amours d'Henry Gauthier-Villars. Le duel avec Émile Courtet n'avait rien arrangé, Marie-Louise l'avait quitté pour s'installer avec Willy 22, rue de l'Odéon où ils vivaient sous les noms de Germaine et Gaston Villars. Le 19 septembre 1889 ils ont un fils. Déclaré de mère inconnue, Jacques est reconnu par son père. Willy installe alors Germaine et son fils dans un appartement neuf 99, boulevard Arago. Après la naissance de l'enfant, la santé de Germaine décline. Henry fait venir un médecin après l'autre dans l'espoir de la sauver. Désespéré par les souffrances de plus en plus cruelles de Germaine, il lui fait administrer de la morphine et demande à Achille jusqu'où on peut aller sans danger. Sido plus tard répandra dans plusieurs salons parisiens la rumeur que Willy avait tué Germaine, elle accusera aussi son beau-fils, le Dr Roché, d'en avoir fait autant avec Juliette.

Germaine meurt dans la nuit du 31 décembre 1891. A son chevet Willy entend les chants, les rires, et les grelots des chevaux de cette nuit de réveillon. Le jour de l'an amène quelques amis vascillants après une nuit blanche. Ils trouvent Henry ne sachant comment annoncer la mort de celle qui, légalement, est encore Mme Marie-Louise Courtet née Servat. Finalement, faisant fi du mari, des parents et de la loi, il fait imprimer des faire-part annonçant la mort de Germaine Villars et la fait enterrer sous ce nom au cimetière de Bagneux le 4 janvier. (Sept ans plus tard ses parents la feront transférer au Père Lachaise et enterrer sous son nom légal.) Henry écrit à un ami : « Je la pleure sans vergogne... et je maudis l'obligation de la copie " rigolo " qu'il faut écrire le cœur en larmes[2]. »

Henry est seul avec son fils de 2 ans dont il a caché l'existence à ses parents. Achille propose de l'aider. En tant qu'officier de santé chargé des orphelins et des enfants abandonnés, il pouvait trouver une nourrice que Sido surveillerait. Vers la mi-janvier Henry amène son fils chez une nourrice qui habite à côté des Colette.

Sido voit là une occasion inespérée de marier Gabri. Dès le 24 janvier elle écrit à Juliette : « C'est cet enfant qui doit faire entrer par la grande porte Gabri dans la famille Gauthier-Villars[3]... » Elle y était donc déjà entrée par la petite ? Prévoyant les difficultés que ne manquerait pas de faire la famille de Willy, elle ajoute : il faudra que M. Gauthier-Villars « consente au mariage de son fils avec une jeune fille sans dot à cause de ce petit, sans cela je crois qu'il faudrait les sommations respectueuses[4]* ». Le petit, l'enfant illégitime reconnu, rendait un mariage avec une héritière richement dotée plus difficile pour Willy, mais non impossible. Sido a donc un autre argument de poids car Willy ne montrera pas de grand empressement pour ce mariage et il faudra plus d'un an et demi pour amener « l'ami parisien » devant le maire. Depuis dix ans qu'elle le connaît, Sido a détecté chez cet homme compliqué un côté fleur bleue, une opinion qu'elle partage avec Rachilde qui le voyait comme « le plus naïf et le plus doux des hommes[5] ». Il a aussi un sens de l'honneur. Sido est sûre de pouvoir le manœuvrer.

« IMPOSSIBLE À MARIER DANS SON PAYS »

Dans *Les Imprudences de Peggy*, Willy affirmait que Vivette Wailly (Colette Willy) était « impossible à marier depuis qu'elle avait lâché la maison paternelle pour travailler chez un professeur de musique d'Auxerre, la fugue... avec divertissement[6] ». Cette phrase a donné lieu à plusieurs hypothèses toutes invérifiables.

Qui était ce mystérieux professeur de musique ? Dans *Gigi* Colette décrit un épisode similaire. La mère de Gigi se fait enlever par un professeur de musique, perdant ainsi ses chances de faire le riche mariage prévu avec un minotier. Immariable, elle était devenue chanteuse dans les chœurs de l'Opéra-Comique. Ce qui est sûr c'est que Gabri provoque les regards et Sido surveille sa fille de près ; elle a peur qu'un maléfice l'ait « déjà remise âgée de 15 ans seulement dans les bras d'un ravisseur[7] ». Car Sido l'a tirée des griffes d'un séducteur après s'être aperçue par d'infaillibles marques que Gabri subjuguée par le « désir masculin » était en danger de perdre sa virginité dans les bras d'un homme mûr. « Quelques hommes seulement dispensent la

---

* L'autorisation des parents était alors obligatoire même pour les enfants majeurs. S'ils refusaient de la donner, le seul recours était d'envoyer trois lettres notariées à un mois d'intervalle. A la troisième lettre, le jeune homme ou la jeune fille déclarait son intention de se marier sans l'autorisation parentale et pouvait le faire.

torpeur d'où les filles s'éveillent perdues [8] » constatait Colette. Qui était cet homme, père de deux enfants, qui avait fasciné Gabri ?

Et il y avait son flirt avec Henry. Pour pousser Gauthier-Villars au mariage, il fallait que Willy lui-même ait séduit Gabri. (Nous savons par une lettre de Sido que c'est avec lui que Gabri perdit sa virginité.) En 1949 Colette confiait à un journaliste qu'elle avait juste 15 ans quand elle se fiance à Willy. Or Colette n'a été officiellement fiancée qu'un mois avant son mariage. Elle reviendra sans cesse dans ses attaques contre lui sur le fait que Willy était un homme mûr et qu'elle n'était qu'une adolescente quand ils se sont mariés. Certains biographes l'accuseront de noircir le tableau puisqu'elle avait 20 ans et lui 33 l'année de leurs noces, une différence d'âge courante dans les mariages bourgeois. Colette avait cependant raison. A 16 ans elle était tombée follement amoureuse d'Henry Gauthier-Villars qui, lui, attendait le divorce de Germaine pour l'épouser. A cette époque Gabri fit un séjour à Paris chez la générale Cholleton, la veuve d'un camarade de promotion du capitaine. Pour Gabri l'école est finie, son père voudrait qu'elle continue ses études, elle envisag un moment de faire sa médecine, mais sa passion c'est la musique, elle travaille le piano et le chant. Sido la confie à Mme Cholleton. La générale Cholleton, née à Oran, est une ancienne chanteuse de l'Opéra d'Alger. De son passé galant elle gardait une liberté de manières qui étonnait Gabri. Elle l'avait surprise en train de pincer les fesses de son valet de chambre qui lui avait rendu la pareille. Mme la générale prend immédiatement en main l'éducation sentimentale de Gabri en lui enseignant « quelques bonnes manières de harem [9] ». Elle lui apprend aussi à se maquiller les yeux avec du khôl dont Colette vantera les vertus thérapeutiques. En ce lointain printemps aucune jeune fille, à moins de faire carrière au théâtre ou dans la galanterie, ne porte de fard même thérapeutique, les femmes respectables non plus.

On trouve un autre fait troublant dans l'éducation de Gabri qui la rapproche étonnamment de celle de *Gigi*. Dans ses souvenirs, la belle Otéro raconte qu'on lui amena une petite Lisbette de 16 ans pour apprendre à chanter ou pour auditionner pour sa troupe (ce n'est pas clair) ; elle trouva Lisbette peu douée. Le 22 août 1926 dans *Aux Écoutes*, Otéro donnait les clefs des noms fictifs dont elle s'était servie dans ses mémoires. Lisbette était Colette. A l'époque où Lisbette ambitionnait une carrière théâtrale, Otéro avait sa propre troupe de 14 chanteurs et danseurs. Son imprésario – et amant – américain l'avait installée dans un hôtel particulier rue de Cluny et faisait marcher la machine publicitaire parisienne : Lorrain, Gauthier-Villars, Sem, etc. Le bruit courait qu'elle était l'enfant adultérine de l'impératrice Eugénie et d'un amiral. On l'appelait la comtesse Carolina de Otéro. Ce n'est pas par hasard si *Mes apprentissages* commence par un hommage à Caroline Otéro. « Dans le temps de ma grande jeunesse, dira Colette, il m'est arrivé d'espérer que je deviendrais quelqu'un [10]. » Toujours dans le long entretien radiophonique de 1949, Colette répondra d'un ton agacé que le monde du théâtre n'avait pas pu l'étonner car elle le connaissait depuis longtemps.

Un autre événement a lieu pendant son séjour chez la générale Cholleton. Cet aimable chaperon laisse Gabri sortir seule avec « l'ami de la famille » Henry Gauthier-Villars qui l'emmène dîner dans un « restaurant de nuit ». Gabri est ivre, deux verres d'Asti lui sont montés à la tête et lui ont enlevé ses inhibitions. Dans le fiacre qui les ramène chez la générale, Gabri déclare à Henry : « Je mourrai si je ne suis pas ta maîtresse [11]. » Elle ne mourut pas. Colette reprendra cet épisode, à peine modifié dans *Claudine à Paris* et dans *Gigi* où Gigi – qui porte la même robe que porte Gabri sur les photos prises à Châtillon – déclare au boulevardier Gaston (comme Gaston Villars) qu'elle préfère devenir sa maîtresse plutôt que de le perdre. Ému par tant d'amour, Gaston l'épouse tout comme Henry Gauthier-Villars finit par épouser Gabrielle Colette. Willy reprit le dialogue du fiacre dans la pièce tirée des *Claudine* et le soir de la première il murmura à son fils : « C'est ta petite maman. » Dans une lettre publiée après sa mort, Willy raconte la scène du fiacre à un ami.

Gabri découvrit les mystères du « Vénusberg », l'appartement de Willy au-dessus de la Librairie Gauthier-Villars, baptisé ainsi en l'honneur de Wagner *(Tannhäuser)*. « Le charme voltigeant » de Gabri, son esprit, sa drôle d'éducation attirent ce grand bourgeois en rupture de ban. Colette décrira la scène de sa séduction dans *Claudine en ménage*, quand Claudine découvre la volupté grâce à Renaud. « Je ne compris rien à sa réserve, à son abstention, dans ce temps-là... Je lui sus gré, je lui sus beaucoup de gré, plus tard d'une abnégation aussi active, d'une patience stoïquement prolongée [12]. » Ces divertissements libertins et l'amour de Gabri pour Henry permirent à Sido d'obtenir pour sa fille ce qu'elle espérait : le mariage avec un fils de famille. Willy adorait son fils, Gabri lui servirait de mère. Ce sera plus tard pour Jacques un véritable traumatisme affectif quand il apprendra que Colette, « sa petite maman », n'était pas sa mère.

Sido met son plan de bataille en marche. On va redorer le blason de Gabri en présentant Henry aux Landoy. En mars Henry fait la tournée des Landoy, de Paul le directeur du Kursaal à la célèbre tante Caro en passant par Eugène II, docteur en droit, rédacteur en chef du *Précurseur* et Raphaël, chansonnier au cabaret du *Diable au Corps* le soir, fonctionnaire chargé de résoudre les problèmes du frêt ferroviaire international le jour. A son retour de Bruxelles, Henry ne semble pas pressé de convoler.

En avril 1892 Achille et le capitaine vendent la ferme des Lambert et sa forêt à un investisseur de la Nièvre qui paie le prix fort. En avril Gabri est envoyée à Paris chez l'accueillante générale Cholleton. Elle sort seule avec Henry au théâtre, au concert, dîne dans des brasseries où aucune jeune fille digne de ce nom n'a jamais mis les pieds. Un soir, chez Pousset, sur le boulevard des Italiens, ils retrouvent Catulle Mendès, l'éditeur littéraire de *L'Écho de Paris*, l'ancien Parnassien dont la réputation de dépravation n'est plus à faire. Éthéromane, il n'hésite pas à se piquer à travers son pantalon et répand autour de lui des effluves de colle et d'éther. Mari séparé de Judith Gautier, il a une prédilection pour les adolescentes et les jeunes théâtreuses en mal de protecteur. Ce printemps, il promène Mésange, sa maîtresse de 16 ans, « une pâle, pâle, pâle petite femme, maigre, maigre, maigre [13]... » et les 19 ans de la longue et mince Marguerite Moréno. Ce soir-là il est en compagnie de la tumultueuse Eugénie Buffet, une Algérienne, chanteuse de Caf' Con', qui, après avoir passé quinze jours en prison pour son soutien vociférant au général Boulanger, venait de faire ses débuts à *La Cigale* avec deux chansons de Bruant. Elle allait créer le personnage de la Pierreuse, une prostituée des bas-fonds qui hanta le folklore de la Belle Époque. Que faisait donc Gabrielle Colette dans cette brasserie ? Elle a l'air si jeune avec ses longues tresses que Mendès se fait un devoir de rappeler à Willy que la police ne plaisante pas sur le chapitre du détournement de mineures. Car il ne fait aucun doute pour Mendès : Gabri est la maîtresse de Willy.

En juillet, avant de partir à Bayreuth, Willy reprend son fils et l'emmène chez ses parents à Passy. Il lui a fallu six mois pour régler le destin de son fils qui sera élevé par ses grands-parents. Sido a perdu son moyen de pression et s'inquiète de la tournure des événements. Toujours pas de fiançailles officielles qui ont valeur de contrat, presque autant qu'un contrat de mariage. Elle se confie à Juliette « ... mais il est bien malade l'amoureux de Gabri, et je crains bien que ça ne finisse pas bien tout ça : aussi je suis bien tourmentée [14] ». Willy souffrait probablement de la syphilis qui faisait des ravages dans les milieux artistes et qui quelques années plus tard devait le rendre impotent. Prenait-il ce prétexte pour ne pas donner suite au projet matrimonial ?

Sido avait raison de s'inquiéter, des lettres anonymes au sujet de Colette et Willy commencèrent à arriver chez les Colette et chez Achille. Sido soupçonnait Jules de Saint-Aubin et sa sœur d'en être les auteurs. Willy répondit aux lettres anonymes dans *L'Année fantaisiste*, un recueil d'articles et de poèmes. Il s'y moquait de Saint-Sauveur où le lait était aussi pollué que l'eau des fontaines parisiennes et les mœurs si corrompues que ses lecteurs le remercieront de ne pas les décrire. C'était une menace voilée qui n'arrêta pas les lettres anonymes. Willy y attaquait aussi en le nommant le Dr Merlou ; avait-il un compte personnel à régler avec le docteur ou le fit-il pour faire plaisir aux Colette ? Gabri apprend que les livres peuvent servir aux règlements de compte. Dix ans plus tard Willy et Colette régleront leurs différends à coup de romans.

Le chantage continue. Les Colette prennent la décision d'annoncer que ce mariage n'aura pas lieu. Sido écrit à Juliette : « Non, on n'a plus reçu de lettres anonymes. Je crois bien que la rupture supposée du mariage a dû satisfaire la personne qui les commettait [15]. » Sido semble trouver quelque réconfort dans les lettres qu'elle écrit à sa fille Juliette. Celle-ci ne doit pas lui être d'un grand secours, elle a de sérieux problèmes personnels. Elle boit et a des accès de jalousie morbide pendant lesquels elle voile les miroirs de la salle à manger pour empêcher son mari de regarder la bonne. Son état dépressif est aggravé par un procès que le Dr Roché a intenté pour faire casser le testament d'une cousine dont Juliette aurait dû hériter. La vieille dame a légué un million de francs à un prêtre. Celui-ci gagnera le procès après des années de procédure. La presse locale prend parti pour le prêtre, Juliette se trouve encore une fois au centre d'une controverse publique qui ne fait rien pour améliorer son équilibre psychique.

A Châtillon on joue le tout pour le tout. Le capitaine accompagne Gabri à Paris pour la présenter aux Gauthier-Villars qui n'ont pas perdu tout espoir de « bien marier leur fils avec une belle et bonne héritière. Ils en ont sous la main qui n'attendent que l'occasion [16] ». Willy qui devait les accompagner prit prétexte d'une blessure au bras reçue dans un duel un mois plus tôt pour les laisser partir sans lui. Que dit le capitaine Colette à Albert Gauthier-Villars pendant cette étrange démarche ? Que leur fils devait une réparation ? Qu'il y allait de l'honneur de la famille ? M. Gauthier-Villars acquiesça mais refusa d'assister au mariage. A la fin de sa vie Colette dira que sans son beau-père elle n'aurait jamais épousé Willy. « Gabri a une peur atroce de se trouver avec cette famille et cette dernière a la même peur de Gabri [17] », constate Sido.

Enfin Gabri revient d'un séjour à Paris avec de bonnes nouvelles. « Willy lui a fait la surprise de lui montrer son futur appartement tout emménagé jusqu'aux casseroles rangées et brillantes comme si on allait faire la cuisine dedans demain [18]. » A Châtillon on respire. Parmi ses amis, Willy a lancé la rumeur d'un mariage et cultivant son image de rebelle bohème, « vous verrez, dit-il, je finirai par épouser une fille sans dot [19] ».

En janvier 1893, Willy coupe les liens professionnels avec l'entreprise familiale, et dans un geste plein de panache fait transférer toutes ses parts au nom de son frère. Puisque sa famille est convaincue « que c'est un mariage déplorable », il en prend l'entière responsabilité financière. En avril tout est en place, Willy annonce à Marcel Schwob, son ami le plus proche, « dans un mois je l'aurai épousée. Et voilà. Et je n'aurai pas le sou. *All right !* » Il se dit « tout à fait abruti » à l'idée de ce mariage et « surtout par la grâce voltigeante de ma jolie petite Colette[20] ». Mais il manque de courage pour l'annoncer à ses tantes qui habitent le noble faubourg et à la famille de Valentine (sa belle-sœur) qui « poussera des cris aigus ». Enfin le 21 avril il envoie une lettre triste à son frère sur en-tête du quotidien *La Paix*, pour lui faire part de son mariage « avec la fille du capitaine (de Châtillon), heureux de témoigner ma reconnaissance à une famille qui a été pour Jacques d'une bonté absolument touchante... ». Il avoue ne faire ni un mariage d'argent, ni un mariage d'amour, l'amour est enfoui au cimetière à Bagneux et ne se remplace pas. « Mais je crois qu'une bonne affection peut avoir du bon encore, n'est-ce pas ? » Pourquoi se marie-t-il donc ? Parce que, confie-t-il, à son frère : « En conscience, je ne pouvais agir autrement que je fais[21] ». Le lendemain il écrivait à la mairie de Châtillon de faire publier les bans pour le mariage Colette-Gauthier-Villars fixé au 15 mai.

Onze jours avant le mariage, le *Gil Blas* publiait un article anonyme. « On jase beaucoup à Châtillon, du flirt intense dont un de nos plus spirituels clubmen parisiens, poursuit une exquise blonde, célèbre dans toute la contrée par sa merveilleuse chevelure. On ne dit pas que le mot mariage ait été prononcé. Aussi nous engageons fort la jolie propriétaire de deux invraisemblables nattes dorées à n'accorder ses baisers, suivant le conseil de Méphistophélès, que « la bague au doigt ». A bon entendeur salut. Autant dire que Gabri était la maîtresse de Willy. Le mystérieux personnage expédia des copies du *Gil Blas* à une multitude de gens, y compris aux maires de Châtillon et de Saint-Sauveur. Sido se demande qui leur veut assez de mal pour dépenser deux cents francs pour la publication d'un article dans *Gil Blas*, le journal du demi-monde. Pour venger l'honneur de Gabri attaquée publiquement, Willy provoque le directeur du *Gil Blas* en duel et le blesse à l'abdomen.

Le premier acte de ce mariage s'achevait. Le 9 mai les Colette sont à Paris pour la signature du contrat de mariage chez Me Masson. Willy mettait dans la corbeille de mariage trois mille francs d'effets personnels et de meubles, deux mille francs en espèce et une créance de cent mille francs sur la société Gauthier-Villars. Ce n'était pas la grosse fortune attendue par Sido, celle d'un Robineau-Duclos, d'une Caroline de Trye. S'il a renoncé en partie à sa fortune, Henry Gauthier-Villars vivra avec désinvolture au-dessous de ses moyens. La dot de Gabri se composait d'un préciput de trois mille francs et de cinq mille francs de meubles et de trousseau. La veille de son mariage Willy écrivait à son frère « tout le monde croit que je me suis secoué les oreilles comme un chien mouillé après le coup que j'ai reçu [la mort de Germaine] et que tous jugent oublié[22]... » C'était loin d'être le cas.

Le 15 mai Gabri épousait enfin pour le meilleur et pour le pire

Henry Gauthier-Villars. Elle portait une robe à traîne de mousseline blanche tenue par deux enfants. La seule photo connue du mariage montre un cortège d'une vingtaine de personnes dont Yvonne sa sœur de lait et ses parents. Elle a pour témoin son cousin Jules Landoy et Achille, ceux de Willy sont l'écrivain Pierre Véber et le sous-préfet Adolphe Houdard. Aucun Gauthier, aucun Roché ne sont présents. Quelques jours avant le mariage Sido avait écrit une lettre embarrassée à son gendre « ... vous pensez bien que j'aurais été cent fois heureuse de vous voir tous les trois au mariage de Gabri et Gabri aussi en eut été heureuse mais quoi ! *ils* ne comprennent pas [23]... ». *Ils* c'est Achille et le capitaine qui n'ont jamais pardonné à Juliette d'avoir réclamé sa part d'héritage.

Gabri quittait une famille désunie pour entrer dans une famille hostile, et comme Gigi elle échappait à un destin incertain pour épouser Willy, « mon Dieu ! que j'étais jeune et que je l'aimais, cet homme-là [24] ». Trente-cinq ans plus tard se souvenant que sa mère disait : « Le pire dans la vie d'une femme : le premier homme ». Colette concluait « On ne meurt que de celui-là [25]. »

« L'ANGE DE MINUIT »

Le lendemain Gabri – désormais Colette – et Henry encadrés par Véber et Houdard prennent le train pour Paris. Elle ne se doute pas des problèmes que présente la vie avec quelqu'un de connu. Les journaux enterrent la vie de garçon de Willy, ce « bon confrère qui ne méritait pas d'être marié ».

> *O povero mio ! pleurez littérature,*
> *Pleurez Muses...*
> *Willy s'est marié !...*
> *Pleurez, vous qui, jadis, près de lui dans* Lutèce
> *Fîtes vos premiers pas ; pleurez ! Willy engraisse*
> *et ne maigrira plus* [26].

Il y a là de quoi donner des inquiétudes à la plus brave des jeunes mariées. Et Colette, sans transition, pas même un bref voyage de noces, passe du rôle de la visiteuse du Vénusberg à celui de Mme Henry Gauthier-Villars et se trouve lancée dans un tourbillon de dîners, de pièces, de concerts, de nouvelles amitiés. La première invitation vient d'un cousin d'Henry, le peintre mondain Jacques-Émile Blanche à l'occasion de la première de *La Fin d'Antonia*, une pièce écrite et produite par le flamboyant Édouard Dujardin qui veut créer un théâtre wagnérien à Paris. Le Tout-Wagner est à la première. Les collaborateurs de la *Revue wagnérienne* ont invité le ban de la finance et du Faubourg. La première matinée a attiré une telle foule que l'heure de la représentation doit être reculée jusqu'à ce que les gendarmes aient débloqué l'embouteillage devant le Théâtre du Vaudeville.

La Fin d'Antonia clôturait la trilogie de *La Légende d'Antonia*, inspirée du mysticisme de Wagner et de la poétique de Mallarmé. La mise en scène était signée Lugné-Poë qui, dix ans plus tard, lancera la carrière théâtrale de Colette. Pour *La Fin d'Antonia* il a choisi une mise en scène minimaliste et pour faire passer la symbolique du texte, il a fait adopter aux acteurs un ton monocorde qui rappelle les chants grégoriens que sa génération est en train de redécouvrir. Pour la première fois dans l'histoire du théâtre la salle reste plongée dans le noir pendant toute la représentation, seule la scène est éclairée. Cette innovation seule survivra à la trilogie de Dujardin. Le public huppé a l'impression qu'on se moque de lui, chahute et rit aux extravagances du texte, les partisans de Dujardin prennent sa défense, on en vient aux mains, la police doit intervenir. L'ambassadeur de Grande-Bretagne, Lord Lytton, anxieux de savoir de quel côté souffle le vent de l'intelligentsia demande à Jacques-Émile Blanche, « êtes-vous sûr que monsieur Dujardin a du génie [27] ? » Après la matinée, Blanche a invité quelques amis dans une brasserie du Quartier latin.

Colette dans une robe grenat à col blanc tuyauté est le point de mire des invités de Blanche et des dîneurs curieux d'apercevoir la jeune femme qui a mis fin au célibat d'un « des plus spirituels clubmen parisiens ». Colette écoute les discussions passionnées sur la façon de transposer au théâtre, en littérature, la musique wagnérienne. On s'enflamme. Le nihilisme n'est-il pas le vrai génie ? Supérieur au génie messianique ? Les *leitmotive* de Wagner traduisent-ils les archétypes de Schopenhauer ?

Colette ne connaissait pas Wagner, elle aimait les romantiques allemands, Schubert, Weber, Spohr, Mendelssohn, Schumann. Elle aurait pu diriger les symphonies de Beethoven ou *La Damnation de Faust* sans partition, tant sa mémoire musicale était parfaite. Sous l'influence de Willy et de ses amis, elle aura une période Wagner qui durera aussi longtemps que son mariage. Ce soir elle s'aventure et fait une ou deux remarques. Colette, qui a un sens critique aigu a vu les excès *d'Antonia*. Willy, nerveux, surveille les réactions de ses amis. Colette, ennuyée par une discussion qui s'éternise, se met à émietter son petit pain et « à nous regarder, perplexe », se souviendra Jacques-Émile Blanche. Discrètement Willy lui fait signe de s'arrêter, car s'il est permis de faire les déclarations les plus excessives, les mauvaises manières sont inexcusables. Colette lance un regard fulgurant, lâche son pain et tourne la tête, puis regarde ces Wagnériens, ce petit groupe de grands bourgeois qui fait chaque année le pèlerinage de Bayreuth et se donne des illusions de bohème en couchant chez l'habitant.

A la première des *Romanesques* de Rostand, Mme Gauthier-Villars fait sensation. Les amis de Willy sont séduits, elle a une personnalité, un tempérament. Jules Renard, écrivain à la plume acidulée note « qu'elle traîne la corde à puits de ses cheveux [28] » (1,53 m de tresse), mais Georges Courteline trouve qu'elle a un certain charme poétique.

Quelques jours à Paris et Colette et Willy rejoignent les Gauthier-Villars dans leur propriété du Jura. Ils ont accepté le mariage bohème de leur fils aussi gracieusement que possible. Et puis il faut que Colette devienne vite « la petite maman de Jacques ». Colette allait les séduire. Une photo la montre au piano jouant à quatre mains avec sa belle-sœur, une autre avec toute la famille autour de la table, où Colette avec sa tresse a l'air d'une petite fille perdue au milieu de dames et de messieurs vêtus sobrement de noir qui lui sourient. Ils étaient gentils avec elle, quelque peu surpris par la liberté de son langage et l'énorme quantité de confiture qu'elle avalait. Ils l'appelaient Gabrielle alors que Willy l'appelait Colette. Elle les observait dans leur vie quotidienne comme si elle avait atterri sur une autre planète. Les obligations et les interdits de la haute bourgeoisie catholique lui étaient totalement étrangers. Elle peindra sa belle-famille avec une ironie amusée.

Le 28 juin, Colette et Henry s'installent 28, rue Jacob, dans l'appartement présenté souvent comme la geôle de Colette. La salle à manger et le salon donnent côté sud, la chambre avec son cabinet de toilette donne sur la rue Visconti. Colette en aimait le papier pékiné rouge et blanc, la grande armoire normande contenant son trousseau, le lit bateau à rideaux de perse à fleurs jaunes et rouges, sur fond blanc, le petit bureau d'acajou, le fauteuil crapaud, les chaises dépareillées et au sol « la peau d'un grand caniche blanc », « voilà une salade ! Mais cet ensemble m'a toujours paru exquis » affirme-t-elle. Elle a mis dans son cabinet de toilette « une console Louis XV à dessus de marbre rose » « c'est du gaspillage, c'est de l'imbécillité... je le sais, mais on n'est pas pour rien la fille à papa [29] ». Les domestiques vivent de l'autre côté du palier où se trouvent la cuisine et le cellier. Mme Gauthier-Villars a une cuisinière, Juliette, une femme de chambre, Joséphine, et Willy a un valet. L'appartement est loué mille quatre cents francs par an (le salaire d'un directeur d'école). Colette le trouvait « sombre » et « pourtant agréable [30] ». Colette et Willy étaient rarement chez eux : « Nous sommes tout le temps dehors, dîners en ville, déjeuners itou, soirées, théâtres, etc. [31]... » Quand ils sont chez eux l'appartement est un caravansérail, un va-et-vient incessant d'amis, de collaborateurs, de messagers. Colette a besoin de silence, de lieux secrets, de ses bois de la Puisaye, de ses cachettes dans la grande maison de Saint-Sauveur où l'on peut attendre « cette aube intérieure qui fête le départ des bas démons [32] ». Il n'en est pas question. Depuis 1891 Henry fait partie de ce quarteron de journalistes qui font la pluie et le beau temps. *Les Lettres de l'ouvreuse*, ses chroniques musicales signées « Une ouvreuse du Cirque d'Été » ont fait, dit-on, monter de cinquante mille exemplaires le tirage de *L'Écho de Paris*, l'un des trois grands quotidiens parisiens qui, pour ce succès, lui donne le salaire inouï de quinze mille francs.

Willy connaissait le potentiel de Colette en tant qu'écrivain. Pendant leurs « fiançailles » elle lui avait écrit abondamment et elle lui avait probablement montré son journal, « cet amas de notes » qui deviendra *Claudine à l'école*. Une photographie prise dans le Jura, un mois après son mariage montre Colette, deux dossiers devant elle, le coude gauche posé sur un troisième. Les femmes autour d'elle brodent, ce qu'aurait dû faire Colette si elle avait été une épouse ordinaire, ce qu'elle n'était pas. C'était un écrivain en puissance et c'est en tant qu'écrivain que Willy préparait « son enfant de génie », savourant un rôle de Pygmalion, qui en un sens, justifiait son mariage aux yeux de sa famille. Conscient du manque d'expériences de sa jeune femme, il va la soumettre de Montparnasse aux salons de Mme de Caillavet à une intense éducation littéraire, sentimentale et mondaine. Que Colette s'essouffle par moment et rêve des bois de la Puisaye n'est pas étonnant. Willy cultivait Colette comme un jardinier pousse une fleur très rare dans sa serre, dira Rachilde. Ses amis faisaient de même. Peu d'écrivains ont eu des parrains aussi talentueux pour veiller sur leur apprentissage : Jean Lorrain, outrancier et brillant, le nihiliste érudit Marcel Schwob et un conservateur de la Bibliothèque nationale, spécialiste des impostures littéraires, Paul Masson.

« AVOIR TOUJOURS TU LES GRANDES RENCONTRES DE MA VIE »

Colette commence sa vie dans les milieux journalistiques. La presse parisienne après le second Empire est la plus puissante, la moins inhibée au monde, elle a aussi la réputation d'être la plus corrompue. La pratique d'accepter des dessous de table de droite et de gauche, de se laisser ouvertement soudoyer, d'être utilisée comme une arme politique est notoire et la férocité de ses attaques contre les particuliers est bien connue. Elle pratique la diffamation et le libelle et, hors le droit de réponse et le duel, la loi n'offre aucune protection contre les attaques journalistiques. Ce milieu, puissant, brillant, pyrétique, est un monde d'intrigues, de scandales. Les grands journalistes possèdent un énorme pouvoir, ils ont leur entrée dans la haute société, ils sont adulés et craints. C'est dans ce milieu que Colette fait ses premières armes de Parisienne.

Elle passe de nombreuses soirées dans les salles de rédaction de

L'Écho, 16, rue du Croissant, en compagnie de Mendès, Schwob, Courteline. Elle n'est pas là en spectateur, elle apprend à corriger les épreuves, une pratique qui deviendra vite une habitude. Elle ne pourra plus lire un livre sans corriger une faute d'orthographe ici, une coquille, là, machinalement, sans interrompre le fil de sa lecture. Dans *Les Mœurs des Diurnales* que Marcel Schwob, le jeune rédacteur du supplément littéraire de *L'Écho*, a publié sous le pseudonyme racinien de Loyson-Bridé, il brosse une vision des salles de rédaction digne de Pétrone. Le journal s'élaborait au milieu de véritables saturnales. On y jouait, on y buvait, on s'y droguait, on y amenait des petites femmes. Quand Willy et Colette ne sont pas à *L'Écho* on les trouve dans les salles de rédaction du *Journal* avec Octave Mirbeau l'anarchiste, Sèverine l'implacable féministe, et l'étonnant homosexuel Jean Lorrain. *Le Journal* qui venait d'être lancé par Fernand Xau avec le soutien des literati et des journalistes de *L'Écho*, s'était donné pour tâche de propager dans la petite bourgeoisie les nouveaux mouvements culturels. Son succès fut énorme, son tirage atteindra vite un demi-million d'exemplaires. Tard dans la nuit les journalistes allaient au Gambrinus, chez Pousset ou au Napolitain continuer la conversation autour de tables chargées de bocks de bière et de victuailles. Colette préférait un sorbet au citron. Elle écoute Catulle Mendès, le directeur littéraire de *L'Écho* qui écrit ses articles, tout en parlant. Blême, la tignasse en bataille, couvert de taches, « Apollon en personne » s'est transformé en ce que Cocteau décrira comme une mutation entre un lion et un turbot. En 1861 il a fait de la prison pour offense à la morale publique et n'a plus cessé de se livrer à « une propagande incessante de démoralisation, une sorte d'apostolat pornographique [33] ». Colette n'est pas impressionnée par l'intelligence de Mendès, lui ne sera pas étonné du talent de Colette Willy. Elle lui préfère Georges Courteline « Ma p'tite Côlete », s'écriait-il dès qu'il la voyait, d'une voix râpeuse à « l'inflexion faubourienne [34] ». « Vous avez la voix d'une chauve-souris », lui répondait Colette en riant.

Personne n'est plus charmé par Colette que Marcel Schwob qui, à 26 ans, est déjà marqué par la maladie et l'abus des drogues. Schwob est l'ami intime d'Henry Gauthier-Villars. Ils s'envoient souvent plusieurs lettres par jour où ils échangent des confidences et continuent leurs discussions sur les auteurs anglais, la linguistique, l'argot médiéval, l'ironie, l'érotisme. La jeune Colette trouve en Schwob une âme sœur. Descendant d'une éminente famille de rabbins et de docteurs, il avait été élevé dans le culte de Fourier. Sa mère remontait aux Cayms qui s'étaient battus au côté de Saint Louis pendant les croisades, un fait qui inspira à Schwob son grand succès international *La Croisade des enfants*. Son père qui dans sa jeunesse avait fréquenté les milieux parnassiens et connu Banville, Gautier et Baudelaire, était un fouriériste convaincu et un ami de Considérant. Il avait fait une carrière de haut fonctionnaire en Égypte avant d'acheter un journal à Nantes. Son fils aîné lui succéda et devint un baron de la presse régionale, sa fille devint concertiste, il destinait Marcel « à l'Arche sacrée » c'est ainsi qu'il appelait l'université. A cette fin on envoie l'adolescent précoce chez son oncle le très érudit bibliothécaire de la bibliothèque Mazarine. Marcel a un penchant pour la littérature à message, il publie des articles et des contes dans la revue de gauche *La Lanterne* et écrit en collaboration un essai sur l'argot à travers les âges. Verlaine lui dédie un sonnet qui le consacre dans les cercles décadents. Extrêmement érudit, existentialiste avant la lettre, il partage le nihilisme de Schopenhauer. Passionnément anglophile il fréquente les milieux littéraires de Londres où il envisage d'émigrer. Il réunit chez lui le petit groupe d'anglophiles et américanophiles parisiens : Sarah Bernhardt, Mallarmé, Gauthier-Villars, Gabriel de Toulouse-Lautrec. C'est lui qui pilote Oscar Wilde à travers Paris pendant son séjour en 1891, ce qui lui vaudra d'être brocardé dans la presse comme « le cornac de Wilde », ce qui décrivait fort bien Schwob, petit et frêle, escortant l'imposant Oscar Wilde (1,80 m). De George Meredith qui l'aime beaucoup il retiendra que l'humour est, pour le poète, le seul remède à la pédanterie et à la souffrance. A 25 ans il est corédacteur du supplément littéraire de *L'Écho de Paris*, et représente pour sa génération ce que sera Sartre après la Deuxième Guerre mondiale.

Colette se sent à l'aise avec Schwob. Elle connaît mal la littérature anglaise. Elle a besoin d'un guide patient pour la conseiller et il n'en est pas de meilleur que le jeune érudit trilingue. Pendant trois ans Schwob viendra régulièrement rue Jacob. Il « parlait, traduisait pour moi, écrit Colette, gaspillait pour moi son temps avec magnificence, et je ne m'en étonnais pas. Je le traitais comme s'il m'eût appartenu. A 20 ans on accepte royalement les présents démesurés [35] ». Schwob escorte la jeune Mme Gauthier-Villars, lui fait connaître la jeunesse dorée du d'Harcourt et souvent l'accompagne dans les salons. Willy, soucieux de la réputation de Colette et de la sienne, leur recommande de ne pas arriver ensemble dans le même fiacre, ces véhicules des amours illicites, Marcel devait descendre à un carrefour et faire le reste du trajet à pied. Colette retrouvait chez lui des notions qui lui étaient familières. Empreints de fouriérisme et écologistes avant la lettre, leurs chemins divergeaient quand ils envisageaient l'avenir de la planète. Colette voyait dans la nature l'éclosion constante et la vie, Schwob voyait l'univers déjà condamné, il l'imaginait évoluant vers un chaos minéral. S'inspirant des théories de Camille Flammarion il prévoyait la venue d'un hiver continu, d'un monde de glace, de crevasses engloutissant tout, une terre stérile sous une lumière d'argent suivie par des ténèbres glaciales, le néant prenant lentement le dessus. Colette s'insurgeait : « Quant à vos sottes histoires de gouffre et d'inutilité flagrante de vivre, je ne veux même pas y répondre, c'est si bête ! » et, passant du « vous » grondeur au tendre « tu » coutumier elle demande, à cet ami qu'elle n'appelait que « mon Schwob », « ne serais-tu point l'Insane[36] ? »

Schwob lui faisait partager son admiration pour Oscar Wilde, l'écrivain esthète, l'un des esprits les plus frondeurs de l'époque, le messager de l'avant-garde anglaise, Burne-Jones, William Morris, Walter Crane, Aubrey Beardsley. Tout en amusant Colette, avec des anecdotes sur Wilde, Schwob lui donnait une leçon d'indépendance et de hardiesse. « J'ai été marié trois fois dans ma vie, une fois avec une femme, deux fois avec un homme » avait déclaré Wilde au cours d'un dîner et, à un mardi de Mallarmé, il avait répondu à Jean Lorrain qui refusait de lui serrer la main parce qu'il n'était pas de ses amis : « Mon cher Jean vous avez raison quand on mène la vie que vous et moi nous menons on n'a plus d'amis seulement des amants. » Cette audace verbale avait conquis un certain Paris. Toulouse-Lautrec et Jacques-Émile Blanche avaient fait son portrait, les Goncourt, Jean Moréas, Alphonse Daudet donnaient des dîners en son honneur, la princesse Ouroussof éblouie prétendait voir un halo autour de son front chaque fois qu'il parlait, plus tard elle s'engouera de Colette et lui enverra des oiseaux. Schwob transmettait à Colette, qui n'en perdait rien, ce qu'il admirait le plus dans les contes de Wilde qu'il traduisait, Wilde faisait parler ses oies comme des ladies, ses chiens comme des attachés d'ambassade, ses poules avaient autant d'esprit que les personnages de Sheridan. Colette s'en souviendra quand elle fera dialoguer Kiki-la-Doucette et Toby-Chien comme des êtres délicieusement spirituels, elle se souviendra aussi que Wilde disait que le devoir de l'écrivain était de rechercher toujours de nouvelles sensations et d'avoir le courage de ses péchés.

Schwob appelait Colette « Lolette », Willy l'appelait « petit camaro » ou « ma Huronne » une façon spirituelle de présenter sa femme. A ceux qui pouvaient en saisir la connotation il la présentait comme « La Tahitienne avant l'arrivée du missionnaire », une périphrase qu'il reprendra dans la préface de *Claudine à l'école*. Dans l'utopie fouriériste les Tahitiens sont le modèle de l'individu libre et autonome. Tahiti avait capturé l'imagination des penseurs du XVIIIe siècle. Les récits des premiers navigateurs. Simon Wallis, Cook et Bougainville revus par Diderot faisaient état d'une population que n'entravait aucun tabou sexuel, pas même l'inceste. De remarquables appétits charnels, pas de préjugés, pas de répressions expliquaient la santé et la longévité du Tahitien. Ceci découlant de cela, selon Fourier, les Tahitiens avaient atteint un degré de civilisation plus avancé que les sociétés dites civilisées bloquées dans leur développement par le système patriarcal, tourmentées par le remords et le repentir.

Colette était la Tahitienne autant qu'on pouvait l'être à la Belle Époque, le contraire absolu de la féminité baudelairienne décadente qui voyait la femme comme « un être naturel », c'est-à-dire « abominable ». Il faudra du temps à Colette pour se trouver : « Ce n'est pas en un jour, ni de primesaut que se façonne un " polynésien " réfléchi comme D. ni une " enfant de la nature " telle que moi [37] », constatait Colette dans *Le Pur et l'Impur*. En la présentant comme La Tahitienne, Henry Gauthier-Villars mettait discrètement Colette au premier rang de l'avant-garde. Gauguin rentré de son exil volontaire à Tahiti venait de persuader un Durand-Ruel hésitant d'exposer 38 toiles en novembre 1893. Willy connaissait bien le credo du peintre : l'artiste doit exprimer la nature telle qu'il la ressent. Gauguin l'avait publié dans *Art et Critique* quand Gauthier-Villars faisait partie du comité de rédaction. A cela Willy va ajouter son credo personnel : tout art est autobiographique, tout art est érotique.

« Lisez donc cela, disait Willy à sa jeune femme. Cela pouvait être les *Élégies* de Verlaine, *Cosmopolis* de Bourget ou *Le Roi au Masque d'Or* de Schwob. L'auteur discuterait de son livre au mardi du *Mercure de France*. Colette allongée sur le divan avec Kiki-la-Doucette, le chat chartreux de Willy, lit vite tout en croquant des chocolats.

Tous les mardis, Colette et Willy sont au *Mercure de France*, rue de l'Échaudé, dans le petit bureau d'Alfred Vallette et de sa femme Rachilde qui reçoit les habitués vêtue d'une sévère robe de laine noire, deux souris blanches sur l'épaule. Rachilde a accueilli Colette. Une intime amitié les liera quelque temps quand Colette aura trouvé sa voie d'écrivain mais l'indépendante Rachilde ne comprendra pas pourquoi Colette qu'elle admire, refuse de reconnaître qu'elle est l'auteur de *Claudine à l'école*, arguant de raisons familiales qui lui paraissent timorées. Il n'est pas facile d'impressionner Rachilde. Née dans une famille aisée du Périgord, son père a confié son éducation à un père jésuite. A 12 ans elle a publié un premier conte. Pour éviter l'inévitable mariage de convenance, elle a fui à Paris chez sa cousine, l'éditeur d'un des premiers journaux féministes, *l'École des femmes*, qui publie son premier roman en feuilleton. La transformation de Marguerite Emmery en Rachilde est radicale. Elle se fait couper les cheveux, s'habille en homme, fait imprimer sur ses cartes de visite « Rachilde, homme de lettres », fréquente les cafés littéraires. Rien n'a changé depuis que George Sand adoptait le costume masculin pour aller au théâtre sans chaperon ; on continue à interdire l'entrée des théâtres et des cafés aux femmes non accompagnées. Seules quelques intellectuelles et demi-mondaines portent le pantalon. En 1892 le ministère de l'Intérieur publie un décret rappelant que le port du costume masculin est interdit et ne sera toléré que pour les sports vélocipédiques.

Le deuxième roman de Rachilde, *Monsieur Vénus*, étonna par l'audace de son sujet. Intervertissant les rôles traditionnels des sexes, elle décrivait les aventures d'une femme qui traitait ses amants comme un homme traite ses maîtresses. Ce qui surprit aussi c'est que Rachilde ne se cachait pas derrière un nom de plume masculin. Refusé par les éditeurs parisiens, le roman fut publié à Bruxelles. Dans cette ville qui imprimait romans, journaux et cartes postales érotiques du Gay-Paris, le roman de Rachilde fut jugé obscène, et la romancière, condamnée à deux ans de prison par contumace et à une forte amende. A Paris, Verlaine qui avait subi lui aussi les rigueurs de la censure et de la loi, la prend sous sa protection. La renommée de Rachilde est consacrée par une série de sobriquets, « Princesse des Ténèbres », « Mademoiselle Baudelaire ». Barbey d'Aurevilly, le scandaleux auteur des *Diaboliques*, malade, frêle, aux portes du tombeau, prend sa défense. « De la pornographie ? Eh bien oui ! Mais tellement distinguée [38]. » A Paris la police a donné l'ordre de confisquer le premier et seul envoi de *Monsieur Vénus* que Rachilde a caché dans le garni de Jean Moréas. Elle attendra dix ans qu'un éditeur brave la censure et publie son roman.

Esthètes et symbolistes se pressent pour rencontrer « Mademoiselle Baudelaire » qui a l'air d'une pensionnaire « un peu mince, un peu frêle, aux mains inquiétantes de petitesse, au profil grave d'éphèbe grec ou de jeune français amoureux... et des yeux – oh ! les yeux ! longs, longs, alourdis de cils invraisemblables et d'une clarté d'eau [39] » disait Jean Lorrain qui, comme Oscar Wilde, portait aux nues *Monsieur Vénus*. On vit « la Princesse des Ténèbres » dans son costume masculin piloter le jeune esthète Barrès, le fondateur de *Taches d'Encre*, à travers les réunions anarchistes, dans les cafés littéraires où les discussions se terminaient en rixes. Au Boulant, profitant d'une discussion agitée, un groupe séditieux mettait à sac le café. Barrès aurait voulu s'adresser à eux mais gêné par un défaut d'élocution, il n'avait aucune chance de se faire entendre. Rachilde écoute ses arguments, puis debout sur une table, met de l'ordre dans le chaos jusqu'à ce que la police la cueille et l'emmène au poste. « Vous n'étiez même pas convaincue de tout ce que vous disiez... » lui dit Barrès. « Justement, je pouvais soigner ma diction [40]. » On connaissait la gentillesse de Rachilde, son don pour découvrir les talents, sa générosité envers les jeunes écrivains, sa fidélité à Verlaine qu'elle soigna chez elle après l'avoir trouvé sur un trottoir, ivre, malade et sans-le-sou. Cette révolutionnaire tomba amoureuse et épousa Alfred Vallette, le fils d'une vieille famille parisienne, directeur d'une entreprise de lithographie. Vallette portait toujours des complets noirs et ses cheveux roux coupés en brosse. Il faisait partie d'un groupe qui se réunissait chez *La Mère Clarisse*, leurs discussions étaient sérieuses. Vallette inventait le *synthétisme*, une nouvelle forme de réalisme. Il voulait que la psychologie des personnages se dégage des descriptions minutieuses de leurs gestes, vues par différents protagonistes. Vallette n'écrivit jamais le grand roman synthétique, Proust le fit pour lui, mais avec Rachilde il créa un centre intellectuel bouillonnant de talents et d'idées.

Le Mercure de France fut un carrefour littéraire. Dans les réunions hebdomadaires on discutait du rôle de la femme, de l'environnement, du contrôle des populations, du droit des travailleurs, des enfants, des animaux, de la liberté de la presse et de l'abolition de la censure, de l'inconscient, de l'érotisme. On commentait Ibsen, Strinberg, Sjoernson, Bakunin, Gorky, Tolstoï, Rudyard Kipling, Stevenson, Mark Twain, Oscar Wilde. Les conversations, raconte Rachilde dans ses mémoires, étaient toujours sérieuses, techniques. Dans ces réunions les femmes brillaient surtout par leur absence. Les quelques rares admises au *Mercure* devaient, tout au moins intellectuellement, se conduire comme des hommes, c'est-à-dire participer aux discussions, débattre, contester, lancer des idées. C'étaient des écrivains ou en passe de le devenir. Colette qui donnera d'elle-même dans *Mes apprentissages* le portrait sombre d'une jeune femme triste qui se terrait « surtout pour ne pas connaître Paris », impressionnait les écrivains du *Mercure*. Dès 1894 Alfred Jarry lui dédicace *Minutes de Sable Mémorial*, « pour glorifier Mme Colette Willy », Marcel Schwob, son grand succès *Mimes* et Pierre Louys lui envoie *Poétiques* avec ces mots : « A Mme Colette Willy. Pourquoi ? Mais pour lui apprendre à écrire[41]. » Ce que Colette n'est pas, c'est l'ombre silencieuse d'Henry Gauthier-Villars.

Willy présente sa femme promptement dans tous les cercles littéraires qui comptent. Mallarmé était l'objet d'un culte, être invité chez lui correspondait à un baptême littéraire depuis que Whistler avait proclamé « les mardis de Mallarmé sont historiques, exclusifs et réservés aux artistes qui sont *honnêtes* ». Y avoir son entrée est une preuve de talent, « une distinction dont on s'enorgueillit[42] ». Assister aux réunions du mardi dans le modeste appartement des Mallarmé est un privilège recherché. Les plus brillants causeurs, qui se mesurent à coup de mots d'esprit dans les salons, se glissent dans la salle à manger, s'assoient autour de la table et écoutent le Maître qui, debout devant la cheminée, monologue, s'interrompant seulement pour faire monter de son éternelle pipe une volute de fumée bleue. Ils l'écoutent envoûtés par la perfection délicate de l'improvisation, « par la magnifique symphonie de la prose » dira Colette qui se laisse prendre à « sa douce voix » mais, pas plus que Pierre Louÿs, elle n'aime le côté pontifiant de ces réunions, « je l'ai vu si peu, gris chinchilla[43] », se souviendra Colette qui n'accompagna jamais Willy aux week-ends chez les Mallarmé.

Certains soirs Colette et Willy vont à Montmartre. On y retrouve Maurice Joyant, Octave Raquin, Henri de Toulouse-Lautrec, Degas, Steinlein, Cohl et Forain qui accueille Colette en s'exclamant :

« Voilà mon ange de minuit. » Willy décrira cette coterie dans *En Bombe* et *La Môme Picrate*, un roman à clés sur Jane Avril, la muse de Lautrec. Montmartre avec ses rues en pente non pavées, ses maisons délabrées, ses petits jardins rappelle Saint-Sauveur à Colette. Willy fait partie de la rédaction du *Chat noir*, la revue publiée sous les auspices du célèbre cabaret, avant d'en devenir le rédacteur en chef, la revue paraît d'abord sous le titre *La Vie drôle*. Ce journal, plus qu'aucun autre, reflète les préoccupations sociales de la fin de siècle. Le ton en est séditieux, antibourgeois. On se lamente sur les malheurs des sans-logis, des chômeurs, des prostituées. Ces satires sociales rehaussées d'expressions populaires et d'argot sont illustrées par Forain, Steinlein, Lautrec ou par les bandes dessinées d'Émile Cohl. La plupart des articles sont signés de noms de plume plus ou moins rocambolesques et sont rédigés en commun. On est loin du calme bureau du capitaine Colette et du culte de la Littérature. Colette ne s'adaptera jamais à ces séances de travail bruyantes où la provocation est une fin en soi. Le ton du cabaret est tout aussi séditieux. Rodolphe Salis, le mathématicien peintre qui peignait des tableaux religieux avant d'ouvrir *Le Chat noir*, a le goût de la provocation, il a habillé le maître d'hôtel en garde du pape et les garçons en académiciens. Dans l'atmosphère bruyante et enfumée, Colette fait la connaissance de l'ancien groupe des Hydropathes, tous journalistes ou écrivains établis. On discute à perte de vue, on s'amuse de gaudrioles quand on n'écoute pas Aristide Bruant, vêtu de velours noir, un feutre noir sur l'œil, chaussé de bottes, une longue écharpe rouge zébrant tout ce noir. Il va et vient entre les tables en chantant d'une voix puissante et profonde des sortes de chants funèbres sur les miséreux, les prostituées, les assassins, les voleurs, les maquereaux, les moines salaces, la « Veuve rouge » (la Guillotine), et monsieur de Paris, le bourreau qui préside aux exécutions capitales qui ont encore lieu en public. Bruant immanquablement s'arrête au cours de ses chansons pour insulter un client en tenue de soirée, il laisse jaillir un flot d'invectives contre le bourgeois, l'aristocrate ou le touriste venu se plonger dans l'ambiance anarchisante du cabaret et consommer la seule boisson servie, une bière vendue au prix du Moët. Bruant lui-même fait payer la tiède bibine souvent à la tête du client. Colette s'amuse de l'audace de Bruant et reprend en chœur les couplets agressifs.

Les Gauthier-Villars préfèrent La Nouvelle Athènes et surtout Le Rat mort qui sera La Souris convalescente des *Claudine*, lieu de réunion des homosexuels des deux sexes. On les retrouve aussi au *Jardin de Paris* ou au *Moulin rouge* où se succèdent des danseuses aux noms provocants et à la triste destinée La Goulue, La Mélinite, Grille d'Égout, La Glu, La Môme Fromage. Ce sont les hauts lieux de la noce canaille. Les amis de Willy entourent la jeune Mme Gauthier-Villars qui les étonne et les amuse. Son vocabulaire est surprenant, un mélange d'expressions de la Puisaye, du parisien des faubourgs et « de mots extrêmement crus » qu'elle avait appris de son père et de son frère étudiant en médecine. Elle a un sens de l'humour qui fait pardonner les rosseries. Elle répond du tac au tac aux sous-entendus osés. Colette se décrit à cette époque comme étant « insolite, désolée, secrète et attrayante [44] ».

« Le bastion de l'intimité artistique »

Il y avait un autre niveau de la société où il fallait s'imposer à tout prix : les salons. La fin du XIXe siècle voit la fin de la tradition des grands salons héritée de Mme de Rambouillet. Ils sont détrônés par les clubs et les cercles où le baccara remplace les jeux d'esprit. Les salons sont un lieu de parade intellectuelle, « une sorte de récréation élevée [45] » où se pratique l'art de la conversation, considéré encore comme l'un des beaux-arts. Certaines hôtesses dirigent les conversations avec la fermeté d'un arbitre. Mme d'Aubernon agitait une clochette dès qu'elle voyait ses invités discuter en aparté. Certaines ont un invité d'honneur, sur lequel elles veillent avec la jalousie d'une amante, ce qui est quelquefois le cas. Proust a décrit les guérillas entre les hôtesses pour s'imposer ou imposer leurs protégés. C'est un monde d'intrigues mondaines et c'est un monde essentiellement masculin avec un petit contingent d'intellectuelles et d'artistes. Les épouses ne sont invitées qu'aux grandes manifestations : un bal, un concert privé, une pièce, un récital, rarement aux réunions hebdomadaires.

Les salons ne sont pas un monde totalement inconnu pour Colette. Elle a servi le thé au *five o'clock* de sa tante Caro mais c'était un rôle silencieux. Il faut maintenant qu'elle brille par son esprit, qu'elle s'impose par sa personnalité. Willy s'émerveilla bientôt des grâces mondaines de sa femme et de sa façon « d'être du monde en s'en fichant [46] ».

Le monde de Willy est avant tout celui de la musique. Colette, élevée dans « une famille de musiciens », se sent accablée par les nombreux concerts où elle doit aller. Sa relation avec la musique est si intense qu'elle en a les nerfs trop tendus. Le soir dans son lit en regardant les ombres tremblantes projetées par les becs de gaz, elle repasse le concert dans sa tête, marquant la mesure avec ses doigts de pied et les muscles de ses mâchoires. Elle va se discipliner, apprendre à soutenir « l'assaut des cordes, le choc des masses orchestrales [47] », apprendre à écouter en critique. Toute sa vie Colette compose des morceaux. « Le dessin musical et la phrase naissent du même couple évasif et immortel : la note, le rythme », dit Colette qui trouve d'abord la ligne musicale avant de trouver les mots qui traduisent sa musique intérieure. « Écrire, au lieu de composer, c'est connaître la même recherche, mais avec une transe moins illuminée, et une récompense plus petite [48]. »

Colette pensait que la musique avait été son passeport parisien. Dans certains cercles littéraires elle se sentait « invisible et une non-entité [49] ». Les discussions sur la jeune science de la linguistique, les lectures de poèmes latins et grecs, les recherches des racines indo-européennes si chères à Henry et à Schwob lui donnent un sentiment d'infériorité. Colette a un désir d'exceller en tout. Elle lit voracement, prend des leçons de chant et de piano, améliore son anglais, grapille de l'espagnol, de l'italien et assez d'expressions latines pour en semer un peu dans ses articles. Mais c'est par la musique qu'elle commence sa carrière de journaliste moins d'un an après son mariage, elle signe Colette Gauthier-Villars des critiques musicales à *La Cocarde*, puis à *La Fronde*.

Le mercredi, sans faute, Colette et Willy se rendent à la citadelle musicale de Mme de Saint-Marceaux, 100, boulevard Malesherbes. Ce salon est un atelier musical où chacun vient en tenue de ville ou en habit de travail. La maîtresse de céans a banni la queue de pie, le haut-de-forme, les tenues de soirée, elle veut que ses mercredis soient « sans panache » et se fait appeler « Meg ». Il fallut plus de vingt ans à Mme de Saint-Marceaux pour convaincre ses hôtes que « le confort sans apprêt [50] » est acceptable, qu'ils peuvent arriver à n'importe quelle heure, se joindre aux discussions ou se reposer dans un coin, pendant qu'Emma Calvé chante sans se lever de sa chaise, que le prince de Polignac, un châle de vigogne sur les épaules pour se protéger d'imaginaires courants d'air, fait les croquis des invités. Colette perdit le dessin « flatteur » qu'il avait fait d'elle. Tandis que Gabriel Fauré préfère crayonner plutôt que de jouer, Debussy, Chabrier, Messager, Schmitt, Chausson et Louis de Serres, réunis autour des pianos, improvisent, se lancent des défis, continuent le morceau que l'un d'eux a commencé. Seuls les apartés chuchotés sont interdits dans le salon de Meg.

Colette n'est pas une invitée silencieuse. Elle prend part aux discussions afin qu'on ne pense pas qu'elle est « sourde, opaque et bannie [51]... » Colette, l'écrivain, a choisi de ne décrire pour son lecteur que le pittoresque de ces réunions : la petite ouistitite qui ramasse les miettes de gâteau, et essuie ses petites pattes sur un mouchoir de dentelle, Waldine, le basset, qui prend des attitudes de connaisseur pour écouter la musique. D'autres sources racontent que dans ce « bastion de l'intimité artistique, dans ce lieu qui consacrait des réputations de compositeurs et de virtuoses [52] », les conversations sont souvent techniques entre ces musiciens qui transforment les règles du discours musical. Gabriel Fauré pousse ses élèves à retrouver les éléments polyphoniques de la musique grégorienne et Vincent d'Indy, Charles

Bordes et Alexandre Guilmant créent *La Schola Cantorum* pour remettre en vogue les chants grégoriens et exhumer les œuvres inédites de Monteverdi, Campa, Schütz. Jusqu'à la fin de sa vie Colette manquera rarement le concert du samedi au Conservatoire.

Gabriel Fauré, qui aime séduire et être séduit, a un faible pour elle. Le grand maître « aux orbites bistrées » lui envoie « des billets joueurs et gais, tendres... » (Les points de suspension sont de Colette.) Il compose pour elle une ritournelle sur le thème : « oh ! oui ! des baisers dans l'oreille ». Les cadeaux de Fauré iront au-delà de quelques « vifs billets [53] ». Le style de Colette doit beaucoup à Fauré, la même sinuosité du thème ou de la ligne mélodique, dans un ensemble très structuré et surtout la même dynamique sensuelle. Fauré et Messager, formés tous les deux à l'école de Niedermeyer, improvisent à quatre mains. Ils se lancent des défis : « Pare celle-là !... Et celle-là tu l'attendais [54] ? » Colette écoute attentivement quand elle ne chante pas pour Julien Tiersot, le libraire du conservatoire de musique qui compile les chansons populaires françaises, quelques chansons que sa nourrice Mélie lui a apprises.

C'est avec « le noir Debussy » que Colette a le plus d'affinités. De trois ans plus jeune que Willy, Claude Debussy est une âme tourmentée. Élevé par une mère autoritaire dans une famille qui a connu des revers de fortune, il n'est jamais allé à l'école. Une de ses tantes, ayant détecté très tôt son génie musical, s'est chargée de son éducation et lui a fait donner des leçons de musique. À 11 ans, elle le présente à la belle-mère de Verlaine, la puissance occulte du conservatoire. Émerveillée par le talent de l'enfant, cette ancienne élève de Chopin le fait inscrire au conservatoire, le prend à sa charge et l'élève dans le culte du compositeur polonais. A 18 ans, invité en Russie pour donner des leçons de piano et de chant aux enfants de Mme Von Meck, l'égérie de Tchaïkovski, il se passionne pour la musique russe. De retour à Paris pour l'Exposition universelle, il découvre les instruments annamites et ceux du *Gamelang*, l'orchestre javanais. C'est une révélation qui le plonge dans l'étude de la musique de l'Extrême-Orient et en fait son plus ardent défenseur. « Le contrepoint de Palestrina n'est rien moins qu'un jeu d'enfant à côté du contrepoint rythmique des musiciens javanais [55] », affirme-t-il, « dressé, l'œil sauvage sous des cornes torses, ainsi le chèvre-pied arrache à la haie sa ronce préférée [56]... » Il ajoute passionné : « La percussion dans nos orchestres dit civilisés n'est que le bruit barbare d'une troupe de cirque. »

Colette n'ignore pas les arts orientaux grâce à Sido qui, rapide à saisir les nouveaux courants, s'intéresse à la musique orientale et ne manque jamais un « concert de musique birmane [57] ». Debussy est impressionné par la faculté de Colette de jouer sans erreur un morceau de musique qu'elle n'a entendu qu'une fois. Colette se sentait de telles affinités avec Debussy que, pendant quelque temps, elle signait ses lettres « Mélisande ». Debussy était reconnaissant à Willy qui le soutenait. Le monde des musiciens est une franc-maçonnerie qui laisse peu de place à l'amateur ignorant. Colette en connaît le langage. « A des élus de la musique qui dialoguaient en langage sacré, j'osai dire : J'aime la musique, je suis digne d'elle [58]. »

Elle préférait l'ambiance détendue du salon de Meg de Saint-Marceau à celui de sa rivale Diane de Saint-Paul, une pianiste à l'humour cinglant qui lui avait valu le surnom de « serpent à sonnettes ». Le comte de Montesquiou, à l'humour tout aussi acide, disait que c'était un malheur pour le paganisme et la chrétienté qu'elle fut à la fois Diane et Saint-Paul.

Willy faisait partie du cercle des intimes de la plus despotique des hôtesses parisiennes, Mme Arman de Caillavet. Mme Arman à 44 ans est un tourbillon. Elle ne tolère pas les gens ennuyeux. Enfant, elle avait voulu jeter son petit frère par la fenêtre parce qu'il l'ennuyait. Née Léontine Lipmann, elle a épousé Albert Arman qui ajouta « de Caillavet » à son patronyme après l'achat du château de ce nom. Républicaine militante elle continuait à signer Mme Arman. Elle avait des opinions arrêtées sur tout et surveillait de près ses invités, Mme Alphonse Allais ne fut plus jamais invitée pour un mot qui allait trop loin. Présentée à une dame qui avait eu quatorze enfants, la femme de l'humoriste avait dit mezzo voce : « Ce n'est plus de la maternité, c'est du frai [59] ! » Le salon de Mme Arman, 12, avenue Hoche, était l'antichambre du Sénat et de l'Académie française. Les réguliers étaient Dumas fils, Jules Lemaître, Jean Jaurès, Clémenceau, Briand, Poincaré, Hébrard, Barthou, Loti, d'Annunzio, Léon Blum, Renan et Maurras. Le dimanche elle recevait une centaine d'invités et donnait un dîner le mercredi pour les élus.

Mme Arman s'était donné pour tâche de laisser son empreinte sur les lettres françaises. Contrairement aux autres hôtesses qui organisaient leurs réunions autour de quelques célébrités des lettres et des arts, Mme Arman avait décrété que les hommes illustres étaient pour la plupart complètement vidés et avait décidé de créer son propre grand homme. En 1883 elle jetait son dévolu sur Anatole France (François Anatole Thibault). A 39 ans il n'avait publié que deux petits volumes de poèmes, un roman et une nouvelle. Ayant décelé chez lui les qualités d'un grand écrivain, Mme Arman consacre son énergie, son temps et son argent à mettre en marche les rouages qui mèneront Anatole France à l'Académie. Ce qu'il lui faut d'abord c'est un emploi du temps et une stricte discipline. Chaque jour elle l'enferme dans son bureau et le libère quand il a écrit son nombre de pages quotidien. Le bruit court qu'ils sont amants, ce qui n'est pas exclu, mais surtout ils travaillent animés d'une ambition commune. Assise à son bureau à côté de celui d'Anatole, elle corrige ses œuvres, traduit pour lui livres et articles étrangers. Elle écrit certaines préfaces et peut-être même quelques chapitres de ses romans. A Pierre Loti qui le remerciait pour un article, France répondit en se tournant vers Mme Arman : « Remerciez-la, c'est elle qui l'a écrit. » Elle supervise un groupe d'universitaires qui travaille pour France anonymement, en revanche elle fait leur publicité dans son salon. Henry Gauthier-Villars et Marcel Schwob ont fait partie de ce secrétariat secret. Sous la férule de Mme Arman, Anatole France publie livre sur livre à une vitesse prodigieuse.

Le dimanche à 5 heures, une centaine d'invités se pressent dans la grande galerie, les femmes seules sont assises, les hommes vont et viennent. Mme Arman est installée à droite de la cheminée. Suivant un rite préétabli, Anatole France fait son entrée avec un bouquet de violettes qu'il va offrir à l'hôtesse avant de prendre place sur le siège préparé pour lui devant la cheminée, un flux et reflux d'admirateurs apportent et emportent les admirateurs du grand homme. Il parle, le silence s'établit, s'il hésite Mme Arman lui souffle la suite et le discours traitant de politique, de littérature, d'éthique s'écoule magistralement.

Mme de Cavaillet met aussi son énergie à lancer la génération montante en commençant par son fils Gaston de Cavaillet et ses amis Robert de la Motte-Ango, marquis de Flers, Marcel Proust, Jacques Bizet, Fernand Gregh. Colette et Valéry seront aussi nourris dans ce sérail.

Colette et Willy sont du petit cercle des dîners du mercredi. Colette racontait avec humour des histoires de Saint-Sauveur. Son éducation dans « une école sans Dieu » en faisait un spécimen unique. Toutes les femmes des milieux parisiens qu'elle fréquentait avaient été élevées dans des pensionnats religieux ou par des tuteurs. Colette, le produit de cette *terra incognita*, l'école laïque, en tirait le maximum d'effets. Charmé par elle, Anatole France recherchait son avis. Il lui envoie le *Puits de Sainte-Claire* sur épreuves avec ces mots : « A Mme Willy avant les autres. » Ses réparties font pouffer ses voisins de table et comme il n'y a aucun doute que Colette Willy sera un jour célèbre, Marcel Proust les note. A un dîner, Proust, intéressé par les manières un peu garçonnières de Mme Willy, lui débitait des compliments, la comparant à tous les éphèbes de l'Antiquité terminant sa longue énumération par Narcisse : « Ah c'est la rêverie de Narcisse enfant, que la vôtre, c'est son âme emplie de volupté et d'amertume... » « Point du tout, répond Colette très huronne, je n'ai l'âme pleine que de haricots rouges et de petits lardons fumés [60]. » La pique porta. Ce jeune homme de 23 ans, à la politesse raffinée, avait cru s'attirer les grâces de Colette Willy dont on savait déjà qu'elle était « une amphibie ». Leur admiration mutuelle survivra à ce faux pas.

Colette et Willy fréquentaient aussi le salon musical de la princesse

Edmond de Polignac, née Winaretta Singer, qui mettait son énorme fortune au service de la musique contemporaine. Elle sera l'une des protectrices de Colette. Ils vont régulièrement chez la comtesse de Martel qui signe ses romans *Gyp*. Willy écrira avec elle des pièces de théâtre. On les voit dans un salon très différent, celui de la baronne Marguerite de Pierrebourg, 1, avenue du Bois, qui écrit sous le nom de Claude Ferval. Après un divorce tumultueux elle a achevé de scandaliser la bonne société en vivant ouvertement avec son amant, l'écrivain Paul Hervieu. C'est une ardente féministe.

Ainsi Colette dès les premiers mois de son mariage fait partie du Tout-Paris, cette étrange et puissante entité qui comprend les quelque 2 000 personnes qui ne manquent jamais une première, les 1 000 qui sont invitées à un vernissage, les 500 qui lisent un livre à sa sortie, les 100 qui sont invitées à un bal. La beauté, le talent, l'esprit sont de bons ingrédients pour en faire partie autant que le pouvoir, la richesse ou un joli nom, mais ne sont pas une garantie d'entrée dans ce monde fermé qui se choisit par cooptation tacite. Le Tout-Paris reconnaît les siens. Dans ce cercle les allusions sont saisies à mots couverts, un silence, un sourire ont plus de valeur qu'un discours. En une soirée le Tout-Paris peut lancer une carrière de peintre, de chanteur, d'écrivain. C'est un monde flamboyant, bouillonnant, provocant et baroque. En moins d'un an, Colette en est devenue l'un des membres les plus remarqués et recherchés. Anatole France lui envoie une dague puisqu'elle aime les armes blanches, Vincent d'Indy la consulte, Proust suit ses conseils. Contrairement à la triste image d'une Colette languissante dans un sombre appartement, la jeune Colette s'amuse tellement dans le tourbillon de sa vie que Sido se moque gentiment de sa fille : « Toi, te voilà comme le pou sur ses pieds de derrière parce que tu as épousé un Parisien [61]. »

Pour qui fait partie du Tout-Paris c'est vraiment la Belle Époque : la gaieté superficielle de Montparnasse, la sophistication des salons, l'esprit des grands cafés donnent à la dernière décade du siècle son piment. On fait du cheval au Bois, de la bicyclette sur les bords de la Marne, les grandes courtisanes rivalisent de luxe dans leurs calèches tapissées de satin, Réjane a un attelage de douze mules blanches, Sarah Bernhardt, l'Idole, et Liane de Pougy, la maîtresse des rois, portent une fortune de perles et de diamants. Le soir on se presse à Montmartre pour écouter Yvette Guilbert chanter la poésie des rues ou regarder la danseuse Loïe Fuller, l'Américaine qui a conquis Paris en se changeant en papillon de tulle et de soie. C'est une Belle Époque pour transgresser les règles. Il faut étonner de la façon la plus outrancière. Oscar Wilde fait voler en éclats le *décorum* du mariage et ouvre la voie à Gide et à Proust. Pierre Loti se maquille et porte des talons, Montesquiou pratique l'art de l'arrogance jusqu'aux limites, la marquise de Morny fait faire ses complets à Sackville Row. Pour aller à l'opéra la statuesque Judith Gautier pose un lézard vivant (et passablement endormi) dans la végétation de son chapeau, Rachilde se décore de souris blanches et Colette Willy leur emboîtera le pas en s'y rendant portant sur son épaule Kiki-la-Doucette. C'est le tournant du siècle et le siècle est pris de vertiges. Sous la civilité des manières la fabrique même de la société est en train de craquer. La jeune république est assaillie de tous côtés : militarisme, royalisme, bonapartisme, les bombes des arnachistes ; la religion est en état de siège.

Les Gauthier-Villars sont partout, recherchés par tous. Colette reconnaît qu'ils étaient « une curiosité bien parisienne [62] ».

Pendant que Gabri se métamorphosait en Colette Willy, le capitaine Colette avait son heure de gloire. Le maréchal Mac-Mahon, ex-président de la République, et héros national, venait de mourir. Les Colette avaient été plusieurs fois les invités de Mac-Mahon dans sa propriété aux environs de Châtillon. C'est au capitaine Colette qu'échut l'honneur de faire l'éloge funèbre du maréchal au cimetière de Montcresson après les funérailles nationales à Paris. En costume d'apparat des Zouaves, sa belle voix étouffée par l'émotion, le capitaine est impressionnant. L'éloge funèbre devint en quelque sorte sa spécialité, c'est lui encore qui fait en grande tenue l'éloge du maire de Châtillon-Coligny.

En automne Colette et Willy passent quelques jours à Châtillon. Le capitaine a entrepris d'écrire *La Vie d'un soldat : Edmé Patrice Maurice de Mac-Mahon, duc de Magenta, maréchal de France 1808-1893*. Une photo prise pendant ce séjour montre le capitaine une liasse de papiers dans les mains, Sido allongée sur un divan a un manuscrit sur les genoux, devant une table couverte de papiers Willy, une plume à la main, a l'air de discuter avec le capitaine et Colette, le coude sur une pile de feuillets regarde droit dans l'objectif. Cette photo longuement posée montre nettement une famille d'écrivains au travail ou est-ce que tous les Colette collaborent aux articles de Willy qui à cette époque n'a pas encore publié de roman ?

La photo montre aussi un appartement cossu aux murs couverts de velours frappé, des rideaux de dentelle aux fenêtres, la table est couverte d'un cachemire, les chaises et le sofa sont recouverts de cretonne à larges fleurs.

L'année 1893 se termine par la mort de Victor Considérant. Il était devenu l'une des curiosités du Quartier latin. Vêtu en pionnier texan avec chapeau, bottes et sarape, il passait de longues heures au *Soufflot* à jouer aux dominos. Depuis la mort de Julie sa santé n'avait fait que décliner et Kleine, un disciple fouriériste, l'avait recueilli. En 1891 il avait donné sa dernière interview à *L'Éclair* où il réitérait sa foi dans ses principes et lançait un appel pour l'établissement volontaire de démocraties pacifistes et évolutionnistes ; il proposait une

République fédérale européenne qui inclurait les États-Unis. Paris fit à ce pionnier du socialisme des funérailles quasi nationales. Le gouvernement décréta que Considérant serait inhumé au Père-Lachaise et non à Besançon près de Julie, et pour permettre aux Parisiens d'assister aux obsèques, fixa à midi l'heure de la cérémonie. De l'avenue de la Bourdonnais où mourut Considérant à Ménilmontant, les rues sont bordées de monde. Toute la gauche a envoyé des délégations : syndicalistes, révisionnistes, anarchistes, marxistes et socialistes conduits par Jean Jaurès et Alexandre Millerand. Eugène Landoy fils est venu de Belgique avec une délégation belge. Sido est trop fidèle à son passé, à ses amis de jeunesse, à ses idées pour n'avoir pas assisté à la cérémonie, elle est, à cette date, à Paris où elle est descendue à son habitude, à l'hôtel du Palais-Royal.

CHAPITRE V

De Colette à Claudine

> « De la première, de la seconde année de mon mariage, je conserve un souvenir net, fantastique... »
>
> *Mes apprentissages.*

Et ce fut l'hiver. Le premier de Colette à Paris, l'un de ces hivers très froids où les rues gèlent. De sa chambre, Colette, qui souffre de la première d'une longue série de bronchites, écoute les chevaux glisser, les cochers crier. Après sept mois de mariage elle s'irrite des cachoteries de Willy. Il ne lui a pas dit que Louise, la maîtresse de Schwob, une ouvrière encore adolescente, vient de mourir de la tuberculose. Il a caché le télégamme et mis le faire-part dans sa serviette et il est allé seul à l'enterrement. Colette se plaint à Schwob que Willy aurait mieux fait de la prévenir « et de ne pas s'entourer comme il fait toujours d'inutiles mystères [1] ». Colette aurait aimé être informée de tout. Dans les *Claudine*, son héroïne n'hésite devant rien pour découvrir la vérité : elle retire du feu des lettres qui brûlent, elle ouvre avec la lame d'un couteau un secrétaire pour lire des correspondances privées. Willy envisageait la vie comme sur une série de compartiments étanches. Colette la vivait comme un continuum qui ne cesse de s'enrichir.

En janvier 1894, Colette reçoit une lettre anonyme probablement écrite par la même personne qui, quelques mois plus tôt, avait essayé d'empêcher son mariage. Elle lui apprend que Willy a une maîtresse et lui donne une adresse. Colette met son chapeau, hèle un fiacre et s'en va rue Bochart-de-Saron où elle trouve Willy et Charlotte Kinceler à une table, en train de faire des comptes.

Charlotte Kinceler était déjà la maîtresse de Willy en 1885, l'année de la mort de Victor Hugo. « En ce temps-là j'avais des cheveux et une petite amie qu'on appelait Lotte parce qu'elle se prénommait

Charlotte, et qui m'appelait Kiki – je n'ai jamais su pourquoi[2]. » Colette donnera ce nom au chat – très humain – du *Dialogues de Bêtes*. Elle décrira Charlotte comme une petite femme de 1,49 mètre, « pas jolie, pleine de feu et de grâce ». Willy évoquait « une frimousse de gavrochette, de beaux yeux toujours en ignition, un nez folâtre, une bouche passionnée ». C'était une célébrité montmartroise, à l'esprit aussi imprévu que spontané, aux expressions savoureuses. Elle avait séduit Lucien Guitry, Jules Lemaître et bien d'autres. Dans *Les Hannetons* Brieux la décrit dévorée de passions et opprimant ses amants. Elle ouvrit une herboristerie rue Pauquet où, au milieu des tisanes, elle vendrait des contraceptifs et une panoplie d'objets érotiques, elle donnait conseils et adresses dans « un admirable language, celui des tireuses de cartes ». Willy l'aidait à tenir ses comptes. En les surprenant ensemble, Colette est déchirée par cette entente, par cette connivence. Du jour où elle rencontre Charlotte, Colette apprend à faire un pacte avec les maîtresses de Willy. En l'épousant, Colette savait que c'était un séducteur, mais la réalité tangible lui donna « le goût de [se] défendre... une terrible obstination à vouloir souffrir par l'amour plutôt que de renoncer à lui[3] ». Le premier choc passé, Colette se sentit plus curieuse que jalouse. Ayant constaté que toute jalousie était physique, le meilleur moyen de l'éteindre était de partager les maîtresses de Willy : Charlotte Kinceler, Fanny Zaessinger, Meg Villars, Musidora, Polaire, la liste est longue. Ce goût du partage ne quitta pas Colette qui le garda toute sa vie.

La correspondance Willy-Kinceler-Colette montre l'entente du trio. Colette se tourna vers Charlotte pour apprendre à devenir « une femme ». « Cette jeune femme m'apprit beaucoup. » Ce n'est pas la seule demi-mondaine qui aida Colette à s'assumer, la belle Otéro lui donna de curieuses leçons de survie. Dans *Claudine en ménage*, dans *La Vagabonde* Colette exprime le regret de s'être mariée, elle aurait préféré être la maîtresse de Willy.

Après quelques mois Colette constate que, s'il y a une fêlure dans son mariage, il demeure solide. On entend leurs deux voix dans leurs romans :

Colette : « Mais il m'aime et si l'amant que j'ai en lui cesse de me comprendre, je me réfugie en lui encore, au cher grand ami paternel. »

Willy : Elle avait adoré son mari « quelques mois, pas plus » pendant lesquels elle avait été « l'épouse la plus fervente, la plus recueillie, la plus fidèle ».

Colette : « La vie intense qu'il porte en lui s'extériorise en exigence amoureuse, il m'accuse de ne pas lui faire la cour, de pouvoir lire en sa présence, d'avoir trop fréquemment les yeux accrochés à un point dans l'espace. »

Willy : Espoir confus, affolant qu'il n'était pas trop tard, qu'elle m'écouterait, qu'elle me découvrirait des qualités rares, insoupçonnées (même de moi), qu'elle deviendrait l'Amie. »

Colette : « Je gardai longtemps d'ailleurs et à vrai dire je garde encore un peu l'effroi du... comment dire ? On appelle cela " devoir conjugal ". »

Willy (faisant parler un double de Colette) : « Lassé des prétextes que j'inventai il s'était déshabitué de ne désirer que moi[4]. »

Ils formaient un étrange couple. Dès le début de leur mariage ils sont « une paire de camarades », écrit Jean de Tinan qui trouvait Colette intelligente, spirituelle, gracieuse et jolie, et s'amusait de tous les noms dont elle appelait Willy : « le Doux Maître », « le Gros chat », « la Doucette », « le Bleuet ». Ils sont un ménage d'artistes. Seuls quelques rares ménages mènent la vie de la bohème parisienne : Paul Adam, et sa femme Juliette qui écrit sous le pseudonyme de comte Paul Vasili, Henri de Régnier et Marie Heredia dont le nom de plume est Gérard d'Houville, Vallette et Rachilde, tous ont des affinités avec les milieux anarchistes et font partie de ce petit groupe extrêmement visible dont l'immoralité hautement proclamée titille l'imagination. « Le fait que l'adultère soit le sujet de tant de pièces et de romans convainquit les étrangers que Paris se vautrait dans l'immoralité et était le havre des débauchés[5]. » Cependant seule une mince frange affiche son indifférence à l'adultère et si elle tolère ou pratique l'homosexualité et le lesbianisme, elle le fait à huis clos et se protège derrière un mur de silence digne de la camora sicilienne.

LES AMITIÉS DE PENSIONNAIRE

Quelques mois après son mariage Colette avait ce qu'on appelait des amitiés de pensionnaire. Elle eut un coup de cœur pour son professeur de piano qui n'était autre qu'Augusta Holmès, dont *L'Ode triomphale* avait impressionné ses 15 ans. Augusta, la fille putative d'Alfred de Vigny, avait été l'élève préférée de César Franck et fait une double carrière de chanteuse et de compositeur. Elle avait été l'une des grandes beautés du Second Empire, J.B. Regnault l'avait peinte en Minerve. Sa haute taille, le blond vénitien de sa chevelure, ses yeux verts avaient attiré aux pieds « du Monstre mâle et femelle » de nombreux soupirants des deux sexes. Elle avait été la maîtresse de Wagner et avait eu une longue liaison avec Catulle Mendès dont elle avait eu quatre enfants mais elle refusait de passer pour leur mère. Elle s'était ruinée pour Mendès et quand il l'avait abandonnée, elle s'était tournée entièrement du côté de Lesbos. Elle donnait des leçons de piano pour vivre et les wagnériens lui venaient en aide. Elle s'habillait toujours de vert ce que Colette qualifie « de parures couleur d'aquarium ». Elle la décrit comme « une grande alezane teinte et reteinte... la pommette haute, l'abattis énorme et l'œil prasin », c'est Augusta Holmès telle qu'elle apparaît dans la série des cartes publicitaires des chocolats Guérin-Boutron représentant les gens célèbres. « Quant à son prénom, dira Colette, je préfère le taire plutôt que d'avouer qu'elle se nommait Daffodyl, Aglavaine ou Ortrude [6]. » Augusta Holmès, portait le nom étrange de sa mère : Tryphima. Colette eut une autre « amitié de pensionnaire » pour Marguerite Moréno, la jeune actrice du Français, mince, pâle qui était alors la maîtresse de Catulle Mendès, dont elle avait un enfant qui mourut d'une méningite. Moréno avait demandé à Marcel Schwob de lui présenter la jeune femme de Willy dont il était tellement entiché. Ils vinrent rue Jacob, Colette faisait griller du chocolat, Schwob en plaisantant la bombarde d'un livre, Colette répond en lui envoyant une boule de chocolat fondu qui atterrit sur son plastron blanc. Moréno de deux ans plus âgée que Colette avait déjà une longue expérience de la galanterie, elle fut surprise par le naturel et la jeunesse de Colette qui, aussitôt, n'eut « d'yeux et d'oreilles que pour la longue jeune femme ». Elle la revit chez Catulle Mendès et leur amitié « s'empreignit de la fougue dont se grisent les amies de pensionnat [7] ». Colette avait rencontré son alter ego et appelait Marguerite « mon âme ». Leur amitié dura toutes leurs vies, étrangement parallèles dans leurs amours. Moréno « au regard d'hildago » sera le modèle de l'être bisexué et parfait dans *Le Pur et l'Impur*.

Catulle Mendès qui s'était acquis le titre de l'homme le plus dépravé de son temps à une époque qui n'en manquait pas, s'amusait de la flambée de passion de Colette et de Moréno. Il les sortait, les emmenait dans sa loge au théâtre. Il était attiré par les bisexuelles : sa femme, la très belle Judith Gautier, Augusta Holmès, Moréno, Rachilde. Quand cette dernière s'était éprise de lui, elle avait sombré dans une dépression qui la laissa momentanément paralysée des deux jambes. Pour devenir la maîtresse de Catulle, il fallait accepter de s'abaisser, et encore, et encore, disait-elle, ce qu'elle avait refusé de faire, *Monsieur Vénus* avait été sa catharsis.

Moréno, devenue une habituée de la rue Jacob, faisait de Willy son confident. « Écoute, chauve discret, pour qui je n'ai rien de caché, Mendès toute la nuit il me lit des vers, ... et le matin, il me rate [8]. » Willy se moquait de Mendès et favorisait l'attachement de Marcel Schwob pour Moréno. Colette avait déjà élargi le champ de ses amours. Elle écrit à Mlle Terrain : « J'ai découvert une jeune fille épatante, savez-vous quoi ? C'est exactement moi avant le mariage ! Vous me direz que le mariage m'a si peu assagie [9]... » Et l'on ignore pourquoi Louise Balthy, qu'elle avait connue à Montmartre, la gifla un soir en public. Balthy qu'Otéro appelait « Sappho » était une des reines de Lesbos. Ainsi Colette s'installait dans une ambiance de harem, aux relations aussi fluides que l'eau des fontaines et où l'homme, mari ou amant, était un paravent protecteur.

La maladie dont on tait le nom

L'hiver de 1894 Colette tomba dangereusement malade. Elle avait contracté la syphilis. Sœur d'un médecin elle connaissait les effets dévastateurs de la maladie dont on taisait le nom mais qui avait contaminé 20 % de la population parisienne. Sept mois après son mariage, ce fut une découverte qui lui ôta l'envie de vivre. « Il y a toujours un moment dans la vie des êtres jeunes où mourir leur est tout juste aussi normal et aussi séduisant que vivre, j'hésitais [10]. » Willy fit venir le professeur Louis Jullien, le spécialiste des maladies vénériennes, auteur du monumental *Traité pratique des maladies vénériennes* et médecin chef de la section de syphilographie à l'hôpital Saint-Lazare, l'ancienne prison des prostituées transformée en centre de traitement des maladies vénériennes. Le traitement au mercure était alors le plus courant mais le professeur Jullien appliqua à Colette un traitement expérimental qui durait de deux à trois mois et qui consistait à élever la température du corps à 40 degrés. Pendant deux mois, une fois par semaine, une équipe de l'hôpital montait rue Jacob une baignoire de cuivre tapissée de draps, qui avait dû connaître Marat. « Quatre bras me prenaient, me déposaient dans l'eau chaude où je grelottais de faiblesse, de fièvre, d'envie de pleurer, de misère physique [11]. »

Le docteur Jullien désespérait de la sauver. Colette, épuisée par sept mois de vie parisienne, de lettres anonymes, de tension, ne réagissait plus. Sido vint s'installer au chevet de sa fille, le Capitaine versait sa douleur en de déchirantes lettres. La maladie fut enrayée mais pas complètement guérie. Pendant deux ans Colette souffre de terribles maux de tête et prend de l'éther pour calmer ses douleurs ; elle avait le nerf optique atteint et restait dans le noir pendant des heures. Elle continuait le traitement des bains chauds qui lui donna une aversion pour les bains. Plus tard, journaliste écoutée, elle les déconseillait vivement à ses lecteurs parce qu'ils affaiblissent l'organisme et préconisait le lavage à l'éponge. Dans *L'Age d'or*, Fernand Gregh raconte qu'il était venu voir Colette, alors critique musical à *La Cocarde* (1895), pour lui demander d'être moins dure pour Saint-Saëns. Willy lui dit que s'il voulait parler à sa femme il n'avait qu'à la voir dans son bain. Ignorant que seule la tête de Colette émergeait des draps, Gregh battit en retraite et abandonna Saint-Saëns à l'ire de Colette.

Les séquelles dont Colette souffrit pendant des années, maux de tête violents, infection des voies respiratoires, douleurs oculaires, sont ceux de certaines formes de syphilis ; traités à temps les symptômes disparaissent mais pouvaient ressurgir. En 1911 Colette se plaignait de ses fréquentes bronchites et après un voyage en Afrique du Nord elle écrivait à Léon Hamel qu'elle avait « une reprise... de bartholinite [12] ». Colette, confiait le Dr Lamy qui la soignait à la fin de sa vie, ne pardonna jamais à Willy de lui avoir transmis une maladie vénérienne. Dans *Mes apprentissages* Colette écrit que Willy était « endommagé » et Charlotte Kinceler « tachée », des euphémismes pour désigner la syphilis. Dans *Ginette la rêveuse*, Willy fait mourir Ginette, un ersatz de Colette, de la syphilis. Willy, lui, souffrait de sévères crises de dépression et dès 1906, selon Colette, était impotent. L'impotence est un thème récurrent dans les romans de Willy où il nomme à plusieurs reprises le Dr Jullien. Dans sa correspondance il se plaint des difficultés qu'il a à se concentrer et plusieurs fois contemplera l'idée du suicide ; ses héros, eux, choisiront souvent cette sortie tragique. Il y avait un autre aspect au traitement de la syphilis, les docteurs recommandaient un célibat de deux ans, ce qui tendrait à expliquer le voyeurisme avoué de Willy et le fait qu'il encourageait le lesbianisme de Colette. L'épidémie de syphilis qui ravage les milieux artistes de l'époque est probablement à la racine du nihilisme et du voyeurisme qui imprègnent les mœurs et la littérature au tournant du siècle et de la célébration du lesbianisme vu par de nombreux auteurs, y compris Willy, comme un divertissement sans conséquences qui évite au mari abstinent le ridicule des ridicules : être cocu. Colette refusa toujours de répondre aux questions sur sa maladie.

Pendant les deux mois de sa maladie, Mme Arman de Caillavet vient plusieurs fois lui rendre visite et lui apporte des fruits rares : un pamplemousse, des pêches de serre, et des friandises, un signe pour qui en douterait encore que Mme Gauthier-Villars faisait partie du Tout-Salon. Deux amis se relayaient quotidiennement à son chevet. Marcel Schwob, syphilitique et drogué, qui, à 26 ans, s'essoufflait en montant l'escalier, et le démoniaque Paul Masson, le parrain de ses débuts littéraires qui marqua le plus Colette. Elle n'aima jamais que les personnalités singulières et complexes et nul ne l'était plus que cet érudit aux « petits yeux sataniques et clignotants, des yeux de diable bureaucrate [13] » derrière ses lunettes. Admirateur de Poe et de De Quincey, il était opiomane. A 44 ans il lui restait quelques mois à vivre, Colette fut le dernier amour de sa vie, il venait la voir tous les jours. Elle l'appelait « son garde du corps ». Un dessin de Forain a saisi leur intimité. Ils sont assis à la table d'un café. Colette en canotier fait face à Paul Masson barbu qui lui sourit, elle est penchée vers lui et lui tend la main. « Il ressemblait, dit-elle, à ces démons chargés de démoraliser une province, d'y semer la folie avec la mission d'abuser les jeunes filles, de changer le châtelain en loup, l'honorable notaire en vampire [14]. » Né à Strasbourg en 1849, il avait fait sa carrière aux colonies. Nommé juge en Algérie, puis à Chandernagor il fut nommé à 32 ans procureur général de l'Indochine. Il vivait fastueusement, faisait venir une gondole de Venise pour ses promenades sur le Gange et choquait les Européens en employant des condamnés comme jardiniers, ou en séjournant dans un ashram, vivant à demi nu sous un arbre, pratiquant le yoga. Dans *Les Pensées d'un Yoghi*, il exprime, avec un humour acerbe, la dichotomie de son cartésianisme et du mysticisme de l'Inde. Il pratiquait déjà le canular dont son époque était friande. En 1880 il avait envoyé une lettre au *Figaro* signée Joseph de Rosario dénonçant l'expulsion brutale des Jésuites de la Cochinchine par les Français. Cette lettre, publiée à la une du *Figaro*, exacerba une situation déjà tendue par l'abolition des ordres religieux en métropole. Le gouvernement chargea Paul Masson d'enquêter, il en profita pour voyager somptueusement à travers les colonies avant d'envoyer un rapport indigné : oui, les Jésuites avaient bien été chassés... deux cents ans plus tôt ! Le vertueux fonctionnaire eut une promotion et fut invité à venir en France pour faire une conférence à un congrès républicain. Il voyagea à loisir, visitant Ceylan, l'Égypte, la Sicile aux frais des contribuables et arriva à Paris après le congrès. Des rumeurs sur sa vie aux Indes l'avaient précédé, on voulut le limoger ; grâce à un ami sénateur il fut envoyé comme juge en Tunisie. Il s'y maria, mais après quatre mois de mariage, sa femme prit la fuite. Il démissionna, se fit construire à Meudon une grande villa pour loger une collection rare d'art indien et de tapis d'Orient. Les cheminées étaient des copies de Cluny et dans le grand hall d'entrée, en face de son portrait en habit de procureur général, pendait du plafond un squelette de femme. Avec son voisin, le peintre Garnier, célèbre pour ses dessins érotiques et morbides, *César Borgia s'amuse, Exécution capitale au Moyen Age* représentant la torture d'une truie et pour ses illustrations de Rabelais, Masson lance son « entreprise de démoralisation et de crétinisation [15] ». Il signe Lemice-Terrieux (le mystérieux) et se venge de la vie en préparant dans l'ombre des farces absurdes. Le banquier Osiris dut désavouer publiquement une lettre envoyée à Meissonnier annonçant la création d'un prix de 50 000 francs. Il en envoie une autre signée Cernuschi aux grévistes de la *Compagnie des Omnibus* disant qu'il était prêt à leur verser 100 000 francs s'ils continuaient à faire la grève parce que la rue était trop bruyante quand ils travaillaient. Paul Masson s'était vu interdire le salon de Mme d'Aubernon après l'avoir saluée en argot : « Si l'on écrit comme on parle, pourquoi ne pas parler comme l'on écrit ? » demandait-il à Colette.

Masson a mis au point une théorie dont Colette sera la dépositaire. Il pensait qu'on pouvait faire croire au lecteur et au critique n'importe quoi à condition que le récit soit sérieux et personnel. Pour prouver sa théorie, Masson, prenant comme point de départ (personnel) la mort de sa tante dans un déraillement, écrit un traité (sérieux) sur les diverses façons d'empêcher les trains de se tamponner. Puis il écrit *Les Pensées intimes du général Boulanger* et *Les Carnets de jeunesse de Bismarck*. Masson avait patiemment imité l'écriture de Bismarck et les graphologues avaient certifié l'authenticité des carnets. Paul Masson « n'aimait que les mystifications... à retentissements internationaux [16] ». Les meilleures de ses mystifications, d'après Willy, n'ont jamais été découvertes et font partie de l'histoire. Attaché au Catalogue de la Bibliothèque Nationale, il inventait des titres et calligraphiait des fiches avec l'art consommé du faussaire. Colette se souviendra des leçons de Masson quand elle écrira *Mes apprentissages* avec citations et notes, ou dans *La Naissance du jour* où elle insère des lettres remaniées de Sido.

Il avait des admirateurs et des disciples. La mystification littéraire demandait une véritable érudition, l'art du pastiche et un total mépris de l'être humain. Schwob, qui le suppliait de créer un incident international pour faire éclater une guerre, avait choisi de traduire *Moll Flanders*, cette autobiographie fabriquée. Masson aida Pierre Louÿs à organiser la fraude littéraire que fut la publication anonyme des *Chansons de Bilitis* soi-disant traduites du grec pour la première fois par P.L. précédées d'une biographie de Bilitis. L'auteur anonyme (Louÿs) racontait que la tombe de Bilitis venait d'être découverte par un érudit allemand, le professeur G. Heim, qui le premier avait publié les poèmes de Bilitis à Leipzig en 1894. Le professeur G. Heim (Geheim voulant dire le mystérieux) n'était autre que Paul Masson. Ils avaient concocté la biographie de Bilitis, lui avait fait passer sa jeunesse en Pamphylie, puis à Lesbos où elle avait connu Sappho avant d'être une prostituée sacrée au service d'Aphrodite à Amathus à Chypre. Un helléniste distingué qui avait une chaire d'archéologie déclara que la poétesse grecque ne lui était pas totalement inconnue et suggéra quelques modifications dans les « traductions » des poèmes. Cette mystification avait parfaitement réussi mais toutes n'étaient pas aussi innocentes : il y eut de louches histoires de ventes de faux tableaux et Trézénik, alias Léon Épinette, alias Pierre Infernal, alias G.L.G. Mostrailles, l'ami de Willy avec qui il avait signé *Histoires normandes*, était emporté par le je m'enfoutisme qu'il avait créé. Il disparaissait de la scène littéraire en 1896 et mettait au point avec la Belle Otéro comme appât, des jeux truqués pour alléger de leur fortune quelques nobles des Balkans qui prenaient les eaux en Allemagne.

Colette n'était pas un simple spectateur, elle participait aux mystifications de Masson. Dans *Le Képi* elle raconte l'histoire anodine et cruelle de Marco que Masson et elle poussèrent à écrire à un jeune officier et à accepter un rendez-vous galant. Colette se chargea d'habiller et de maquiller la pauvre Marco, de la conseiller dans son entreprise de séduction jusqu'à l'inévitable fin : l'abandon de Marco. Marco faisait partie de l'entourage de Colette. Elle était la petite-fille du marquis de Saint-George, un amateur de musique qui dirigea l'Opéra-Comique et s'y ruina. Elle s'était mariée avec un peintre qui était parti aux États-Unis pour vendre des toiles qu'il signait mais pas toujours de son nom. Marco écrivait sous le pseudonyme Henry de Lucernay sans grand succès, Masson lui donna l'idée d'écrire un roman hindou. Lui et Willy lui confiaient des travaux, elle faisait des recherches à la Bibliothèque Nationale et s'occupait de cataloguer la bibliothèque de Willy. « Je n'avais qu'à la regarder pour apprendre les meilleures façons de manger [17] », dira Colette.

Paul Masson, ce Caligula des lettres françaises, fut le constant compagnon de Colette pendant sa maladie. Il venait la voir « plusieurs fois le jour [18] » et en fit l'héroïne « mi-Froufrou mi-Mademoiselle de Maupin » d'une pièce à la Ibsen qu'il écrivit en 1895. Masson est en partie le personnage de Hamond dans *La Vagabonde*, il est Masseau, l'ami, le conseiller dans *L'Entrave*, il apparaît sous son nom dans *Mes apprentissages* et dans *Le Képi*. « Nous dînions souvent tous deux... moi en robe de chambre à prétentions botticelliennes, lui toujours vêtu de noir... la peau fanée et l'œil mi-clos. » Masson et Schwob se jalousaient l'amitié de Colette et « jouaient à s'insulter », puis oubliant leur querelle « causaient longuement et je m'échauffais entre ces deux esprits fins et faux [19] ».

En mai 1894, *L'Almanach parisien* signale la présence de Colette Willy au théâtre Sarah-Bernhardt. Quelques jours plus tard Colette, très pâle dans une robe vert d'eau, ouvre le bal du centenaire de l'École polytechnique au bras de son beau-père, alors président de l'Association des anciens élèves. C'est en un sens pour Colette son bal des débutantes, les Gauthier-Villars, inquiétés par sa maladie, l'intègrent et la présentent au cercle de leurs amis.

Cette année-là Paris est secoué par une série de bombes posées par les anarchistes et par les appels répétés de *La Révolte* à la lutte des classes et au renversement violent de la société. Écrivains et artistes avaient entendu l'appel de Viélé-Griffin : « Le symboliste est l'anarchiste en littérature. » L'année précédente *La Plume* avait sorti un numéro spécial sur l'anarchisme illustré par Forain, Caran d'Ache et Willette. Willy avait brocardé l'art dans *Comic-Salon* illustré par Christophe, célèbre pour ses bandes dessinées *Le Sapeur Camembert* et *Le Savant Cosinus*. En 1894 *La Société mourante et l'Anarchie*, le livre de Jean Grave, le rédacteur en chef de *La Révolte*, précédé d'une préface d'Octave Mirbeau, est saisi par la police qui confisque la liste des abonnés de son journal. La liste est le *Who's Who* de l'intelligentsia libérale : Anatole France, Alphonse Daudet, Huysmans, Mallarmé, Pierre Loti, Rémy de Gourmont, Jean Richepin. Elle comprend les amis de Colette en commençant par Henry Gauthier-Villars qui, avec Lucien Muhlfeld, Tristan Bernard,

Laurent Tailhade, Paul Adam, Paul Masson, ont tous contribué, à un moment ou à un autre, à *En dehors*, l'autre revue anarchiste publiée par un déserteur qui répond à l'étrange nom de Zo d'Axa.

L'arrestation de Félix Fénéon éclate comme une bombe. C'est un ami de Willy depuis les jours de *La Revue indépendante* quand Fénéon s'était fait le champion des Impressionnistes, Seurat, Signac, Pissarro. Le rejet des Impressionnistes par les mandarins des lettres et des arts l'ont persuadé que le véritable artiste est un hors-la-loi. Ce fonctionnaire du ministère de la Guerre, courtois, élégant, un peu solennel, adopte les préceptes anarchistes et ne fait aucun secret de ses tendances politiques. Pendant une perquisition à son domicile la police découvre une flasque de métal qui peut servir à confectionner une bombe. Il est emprisonné à Mazas, la sinistre geôle parisienne. Dès que la nouvelle se répand, il y a une fuite éperdue vers les provinces avant même la fin de la saison parisienne. On va se mettre au vert en attendant la suite des événements.

Colette, Willy et Paul Masson vont dès le début juin s'installer pour six semaines au manoir de Kernic-en-Trédez à Belle-Ile, Marcel Schwob doit les rejoindre. Willy qui fait bouillir la marmite passe le plus clair de son temps enfermé, à écrire. Colette et Paul Masson, « faible et rarement fatigué, capricieusement dopé ou effondré par " la drogue " [20] » font de longues promenades et discutent. Celui que Colette appelle « le premier ami de mon âge de femme [21] » l'aide à voir clair en elle-même, non sans quelques éclats. Pour des broutilles, Colette lui griffe les poignets jusqu'au sang. Ils passent une journée sur le yacht d'un industriel, rendent visite à Théodore Duret, le grand collectionneur et le biographe de Manet et de Whistler, vont voir les Bigoudens danser le Tralala, une scène qui sera intégrée dans *La Retraite sentimentale* et dans *Maugis Amoureux*. Mme de Caillavet lui envoie une broche, une mouche dont le corps est une grosse perle et les yeux deux rubis. De Belle-Ile Colette écrit à Marcel Schwob des lettres pleines d'une coquetterie de femme-enfant et sur le ton d'une étudiante zélée en perversités sadiques. Elle aimerait qu'il soit là pour faire des bulles de savon et chanter :

Vive le Roi, Vive la Reine
Vive la Compagnie.

Elle aimerait aussi l'envelopper dans du papier mouche et le voir lutter jusqu'à l'englument définitif. Elle a remarqué que les coquillages « avaient un petit ratatinement douloureux quand on les arrachait et alors j'ai acheté un couteau exprès... ». Elle prend un plaisir certain à regarder tomber du toit de petits lézards « parce que la frayeur leur faisait lâcher les ventouses à leurs pattes [22] ». L'observation scientifique était à la mode mais s'était vite transformée en jeux sadiques. On se réunissait pour voir des expériences faites sur des souris et des rats couverts d'électrodes. Huysmans décrivait avec délices les tortures des gravures de Jean Luykens ou les perversités de Gilles de Rais. Jean Laforgue recréait un Hamlet sadique torturant des canaris, des hannetons, des crapauds, se frottant les doigts de leurs yeux arrachés. Rachilde dans *Les Vendanges de Sodome* décrivait les sodomites qui, ayant découvert une malheureuse attardée, la jettent dans leur pressoir à vin et la foulent. Un personnage de Jean Lorrain, cet autre ami de Colette, ramenait chez lui des prostituées uniquement pour les terroriser toute une nuit en leur passant un rasoir sur la gorge. Un récit plus nuancé dans son raffinement sadique montrait deux amants dans une barque ; le jeune homme plongeait dans l'eau limpide et chaque fois qu'il voulait remonter la jeune femme, d'un petit coup de rame, éloignait la barque. Ce jeu gratuit qui troublait à peine la surface de l'eau se termina par la mort de l'amant et le plaisir parfait de l'amante. Paul Masson, le plus terrible des mentors de Colette, affirmait qu'aux Indes il avait supervisé des croisements de population indigène avec des singes. Malgré ses mentors littéraires, la tentation du sadisme ne dura pas chez Colette : quelques cruautés dans *Claudine à l'école*, les vrilles d'une vigne qui ligote un rossignol, mais le tempérament solaire de Colette la préservait des ténèbres psychologiques et chez elle le rossignol gagne la bataille sur les vrilles. Schwob ne pratiquait que le sadisme imaginaire, il élevait tendrement un écureuil, un loir, une couleuvre et un petit chien, cadeau de Montesquiou, qu'il portait dans un pli de son veston.

Ce qui ressort de la correspondance avec Schwob c'est la tendresse vigilante de Willy pour Colette, il ne veut pas qu'elle écrive de lettres pour ne pas se fatiguer les yeux et la berce, jusqu'à ce qu'elle s'endorme quand elle est bouleversée par la lecture du *Livre de Monelle* de Schwob. « Ce petit évangile triste » comme l'appelait Lorrain, devint le manifeste de toute une génération : « Détruis, détruis, détruis, détruis en toi-même, détruis autour de toi... détruis tout bien et tout mal.

Regarde toutes choses sous l'aspect du moment...
Toute pensée qui dure est contradiction.
Aime le moment. Tout amour qui dure est haine...
Toute sincérité qui dure est mensonge...
Toute justice qui dure est injustice.
Tout bonheur qui dure est malheur.
Sois semblable aux roses : offre tes feuilles
à l'arrachement des voluptés ;
aux piétinements des douleurs. »

Et Colette, qui a failli mourir, sanglote en se retrouvant dans le personnage de Magde ou dans Cice qui voulait « une place dans le merveilleux corbillard [23]... ».

Schwob ne vint pas les rejoindre à Belle-Ile, il avait peur que Colette ne le fasse trop souffrir. « Gourde, sorte de pou de mer, ... morceau d'étoupe, je ne sais pas si je t'aurais fait autant de mal que j'en ai fait à Masson... », lui répondit Colette fortifiée par les bains de mer, sûre d'elle, sûre de son entourage. « Willy est une bête susceptible, toi tu es un susceptible idiot. Qu'est-ce que vous voulez que je fasse entre vous deux [24] ? »

Elle l'invite à les rejoindre à Châtillon où elle avait retrouvé une vie saine. Elle accompagnait Achille chez ses malades, s'arrêtant pour cueillir des baies sauvages en chantant des airs d'opéra tout au long. Elle espérait guérir Schwob de son nihilisme et des brumes de sa pensée. Schwob vint. Pourquoi ne revenait-il pas ? Achille aimait et admirait Schwob. On se revit tous à Paris.

Au retour de Belle-Ile, Maurice Barrès demanda à Willy et à Colette de faire partie de la rédaction de *La Cocarde*, le journal qu'il venait de créer. Il voulait ouvrir ses colonnes à tous les mouvements littéraires et politiques. Dans les salons de rédaction rue Paul-Lelong se mêlaient des nationalistes comme Maurras, des socialistes comme M. Gabriel, Pierre Denis, le champion de l'anarchisme. Paul et Joseph Pascal défendaient les bonapartistes, Séverine les droits des animaux, la passionaria Paule Minck et Maurras qui se supportaient mal s'enflammaient en discussions et Colette, « le béret basque sur l'oreille, la natte battant les talons, tout en feignant de corriger les épreuves de son mari – et les siennes – écoutait quelquefois ces doctes déluges, ni *Claudine à l'école*, ni *Claudine à Paris* ne diront jamais de quel air [25] ». Ce qu'on appelait « la question sociale » préoccupait tout le monde, la haute société parlait de tendre les bras au peuple, Marcel Proust parlait d'abolir l'héritage. Dans *Le Figaro* Jean Huré résumait cet engouement : « Le Pape est socialiste, Guillaume II est socialiste, Maurice Barrès est socialiste... Nini Patte-en-l'air est socialiste [26]. »

Colette écrivit six critiques musicales signées Colette Gauthier-Villars. Dans le premier article on retrouve les maniérismes de Willy, ensuite la clarté du style et du langage sont typiquement de Colette. Elle célébrait le *Wallenstein* de Vincent d'Indy. Les Willy le soutenaient, et suivaient de près la création de *Fervaal*. C'est Colette que d'Indy consulte pour trouver un ténor pour ce rôle.

La collaboration des Gauthier-Villars à *La Cocarde* ne dura qu'une saison. Très vite une génération d'esthètes et de dilettantes qui s'était ralliée autour du « Prince de la Jeunesse », du tenant de l'Égotisme, et du Moi idéal, se sentit trahie quand Barrès opta pour l'opportunisme politique contre l'idéalisme.

« JE M'APPELLE CLAUDINE, J'HABITE À MONTIGNY »

C'est probablement en rentrant de Belle-Ile que Colette se met à écrire son premier roman. S'il est difficile d'en connaître la date exacte, un an ou dix-huit mois après son mariage d'après Colette, le roman est terminé au printemps 1896. Colette confiait à Rachilde qu'elle avait « ce gros tas de notes en journal mais qu'elle n'aurait jamais osé croire que ce fût lisible [27]... ». Colette donne deux versions de la façon dont elle écrivit son premier roman. La plus connue, celle de *Mes apprentissages* est que Willy lui avait demandé de raconter ses souvenirs de Saint-Sauveur. Il trouva que le premier jet ne valait pas grand-chose et relégua les cahiers dans un tiroir. Quelque cinq ans plus tard, au retour de vacances en Franche-Comté, il retrouva les cahiers par hasard, les lut. « Nom de Dieu ! grommela-t-il, je ne suis qu'un c... [20] », que Colette atténua dans la préface de ses œuvres complètes en « Nom de Dieu !... Je ne suis qu'un imbécile » et courut chez l'éditeur. L'autre version est celle donnée par Colette, en 1907 à un journaliste après sa séparation d'avec Willy,

> « Il faisait des livres, ça m'intéressait. Un jour, je lui dis que j'écrirais bien aussi, moi, un livre. Il rit aux éclats, se moqua de ma prétention et de mon inexpérience. Cependant, sans rien dire, je me mis à griffonner sur du papier tout ce qui me passa par la tête ; quand il y en eut assez d'écrit, je le lui montrai ; il fut stupéfait, effaré [29]. »

Voilà qui contredit la vision de Colette enfermée à double tour, obligée d'écrire sa ration quotidienne de pages. En 1948 dans une émission de deux heures pour la radio dont les deux tiers furent consacrés aux Claudine, Alain Parinaud, pensant à la jeune Colette enfermée, exploitée, lui demandait dans quelles conditions elle avait écrit *Claudine à l'école*. Colette lui répondit qu'elle était très mal installée rue Jacob, elle n'avait pas de bureau, la lampe éclairait mal. Parinaud insista : n'avait-elle pas écrit les Claudine parce que Willy le lui avait « ordonné » ? A ce mot, Colette se rebiffa, Willy le lui avait demandé et non ordonné, et elle ne voyait aucune raison de le lui refuser. Quand Parinaud parla encore de « livre commandé », Colette le rappela à l'ordre. Il voulut savoir comment Willy épiçait les textes et donna en exemple la scène risquée entre Aimée Lanthenay et Claudine qui, d'après lui, agissait plutôt comme un garçon. Pourquoi une fille n'éprouverait-elle pas les mêmes sentiments qu'un garçon, rétorqua Colette qui précisa que, dès *Claudine à l'école*, lorsqu'elle n'était pas d'accord avec les conseils de Willy, elle les refusait et ça s'arrêtait là.

Au cours de l'interview, Colette parla avec lyrisme d'un petit café anglais rue des Pyramides où elle allait avec une amie, elle se sentait bien dans cette pénombre, dans cette quasi-solitude que ne troublait aucun Français. Parinaud étonné lui posa deux questions : est-ce que Willy la laissait sortir seule ? Ne la séquestrait-il pas pour écrire ? Jamais à Paris, répondit Colette, peut-être quelquefois à la campagne fallait-il la rappeler à l'ordre. Elle avait tellement envie de vagabonder qu'il fallait la contraindre un peu. Écrire avait toujours été un travail difficile mais elle s'imposait elle-même une règle. Quand elle ne pouvait plus écrire elle faisait autre chose, elle allait jardiner ou faire de la menuiserie. Toute sa vie elle avait dû se forcer à écrire, s'enfermer, « en attendant la récréation ».

Colette refusa de parler de ses relations avec Willy, sauf pour dire que son divorce n'avait rien à voir avec la littérature, et rien à voir avec le fait que ses premiers romans aient paru sous le pseudonyme de son mari ; elle n'avait exigé de signer Colette Willy que quand elle avait dû gagner sa vie.

Willy l'encouragea à écrire les *Claudine*. Rien ne fut épargné pour que Colette retrouve l'ambiance des jours où « son adolescence inquiète s'était divertie à dominer les gamines [30] » de Saint-Sauveur. Elle écrivit à Mlle Terrain pour lui demander les derniers potins de l'école et pour que la directrice ne s'égare pas en généralités elle lui parla de sa nouvelle amie avec qui elle faisait « des concours de culbute, et avant-hier, toutes seules ici chez moi, nous avons battu, roué de coups et couturé de griffes et jeté dans l'escalier deux petits amis à nous qui n'ont que 21 et 22 ans [31] », et signait « votre ex-fléau ». Étrange lettre à la directrice d'une école mais Willy ne la décrivait-il pas comme « L'École-Sérail unisexuel ? » Colette invita Gabrielle Duchemin, le modèle de Luce Lanthenay, à passer quelques nuits avec elle. Mais après ses amitiés avec Marguerite Moréno, Augusta Holmès ou Charlotte Kinceler, Gabrielle Duchemin lui parut bien fade, après vingt-quatre heures elle la renvoya à Saint-Sauveur. « Zut, tu comprends mon Willy... à Paris ça n'est plus ça [32]. »

Puisqu'on ne pouvait recréer l'ambiance de Saint-Sauveur rue Jacob, on irait à Saint-Sauveur où Colette n'avait pas mis les pieds depuis cinq ans. Elle voulait revoir les lieux et les habitants. En mai, Colette et Willy sont à Saint-Sauveur. Mlle Terrain qui ne soupçonnait pas à quelles fins le couple lui rendait visite fut surprise de la demande incongrue de Colette, de passer la nuit à l'école avec Willy. La directrice et ses invités dînèrent à une table ronde séparés des institutrices et des élèves qui dînaient à la longue table du réfectoire. Après le dîner, Willy s'assit au piano, Colette s'agenouilla à côté de lui, et ils chantèrent un duo aux élèves éblouies par l'élégante Colette et son célèbre mari. Le matin, les visiteurs parisiens entrèrent dans le dortoir – ce lieu interdit aux hommes, y compris aux parents d'élèves. Willy portait un énorme sac de bonbons qui fit fondre la timidité des pensionnaires vêtues de rugueuses chemises de nuit en grosse toile qui ne laissaient paraître que la tête et les mains. Leur régime était spartiate, elles se bousculaient en tendant leur cuvette où Willy versait de généreuses portions de bonbons et de chocolats. Colette en chemisier de mousseline fit le tour et les embrassa, elle s'assit sur le lit d'une enfant qui lui plaisait et en partant lui donna un baiser sur les lèvres. Jeanne Rogé tenait l'épisode de sa mère qui avait été cette enfant. Colette le raconte dans *Claudine en ménage* : « J'entoure d'un bras cette petite fille silencieuse, qui sent le crayon de cèdre et l'éventail en bois de santal. Elle frémit, puis cède et c'est sur sa bouche élastique que je dis adieu à mon jeune passé [33]... »

Colette et Willy s'arrêtent à Châtillon où ils passent quelques jours. En août, ils partent avec la chatte Nonoche pour Champagnole, un village de « trois personnes ou un peu plus ». Pour cinq francs par jour, ils ont une chambre et la table d'hôte alimentée en écrevisses, lièvres, cailles par les braconniers locaux. Ils ont emmené Marco. Dans sa description de la modeste chambre d'auberge, Colette décrit le papier moisi et les « mauvais petits rideaux à emballer les foetus [34]... » (les points de suspension sont de Colette). Dans une lettre à Charlotte Kinceler, Colette raconte qu'elle a eu tous ses intérieurs endommagés mais qu'elle s'est remise complètement. Colette ne voulait pas d'enfant pour ne pas abîmer sa taille, affirmait méchamment Willy. Rien ne dit que cet événement ne fut pas dû aux séquelles de sa terrible maladie. A Champagnole Colette fait lever Willy à 4 heures du matin pour faire de la bicyclette puis écrit à côté de Marco. Les Willy quittent l'auberge des braconniers pour aller chez les Gauthier-Villars. En septembre ils font un voyage en Suisse et en Allemagne et vont au festival de Bayreuth. Willy était un ami de Cosima Wagner et prit la défense de Wagner dans deux articles sur *Bayreuth et l'homosexualité* quand circula la rumeur que Wagner était homosexuel.

JEAN LORRAIN : « LA CHATTE PORTUGAISE »

Demi-monde et journalisme, étroitement mêlés, dépendaient l'un de l'autre pour leur publicité, Colette les explore avec Willy, Schwob ou le grand ami des années avant 1900, Jean Lorrain, journaliste à *L'Écho*, qui écrit sous le pseudonyme de Raitif de la Bretonne. Les joues rehaussées de rouge, les yeux verts – les plus beaux que Colette ait jamais vus – cernés de khôl, les cheveux teints où se mêlaient le roux, le noir et le blanc, qui l'avait fait baptiser par Colette « la chatte portugaise », une poitrine d'athlète serrée dans un corset qui faisait gonfler des seins, toujours vêtu avec recherche, Jean Lorrain était affable et avait la force d'un lutteur de foire. Il était le journaliste le plus payé de Paris, spécialiste des articles à clé sur les vices des célébrités, critique admiré, maître styliste, il n'avait peur de rien. Ses articles servaient de munitions dans les luttes politiques. Lorrain détestait les bonapartistes, ridiculisant le demi-frère de Napoléon III, le duc de Morny. Dans un article sur les travestis, il décrivait Morny dans des robes de chambre de Worth ou dansant en tutu et chaussons. Il attaquait sans répit la fille du duc de Morny, la marquise de Belbeuf, et quand Colette eut une liaison avec elle, Lorrain ne l'épargna pas et la baptisa « la Sous Belbeuf ». Il dénonçait l'hypocrisie de la haute société en démasquant le saphisme de la princesse Edmond de Polignac ou l'homosexualité de son mari. Il attaquait le comte de Montesquiou et quand il laissa entendre qu'il avait une liaison avec Proust, Marcel défendit son honneur l'épée à la main.

Il aimait les marins, les forts des halles, les garçons bouchers, et faisait de la Villette son terrain de chasse. Pétrone d'un « Satiricon 1900 », il jetait sur ses contemporains le regard d'un Fellini sur les siens. Né Paul Duval, il avait été élevé dans un manoir près de Fécamp par des parents qui l'adoraient. Quand le jeune homme arriva à Paris pour faire une carrière littéraire, ils l'installèrent confortablement, lui versèrent une grosse pension, et sa mère lui trouva son pseudonyme. Protégé de Judith Gautier et de Catulle Mendès, il fit partie des Hydropathes, puis du groupe du Chat noir. Il était l'un des habitués du Rat Mort. Homosexuel, il le fut avec panache, célèbre dans tous les lieux louches, se fiant à ses muscles, à sa maîtrise des armes pour se sortir d'affaire. « Voyez-vous, disait-il, je peux aller n'importe où, ils m'admirent, je suis leur Sarah Bernhardt [35]. » Schwob était son meilleur ami ; tous deux éthéromanes et opiomanes, tous deux passionnés de littérature médiévale, ils aimaient se rencontrer chez un tavernier du bord de la Seine qui louait des chambres à l'heure et leur racontait les faits divers du coin : un cadavre trouvé dans un fiacre, un autre jeté dans la Seine, les combats au couteau des *Pschutteux*, des *Urphs* ou des *Vlans*.

Lorrain était ravagé par la syphilis et l'alcoolisme. Quand il était trop malade, il retournait chez sa mère, puis se relançait avec fureur dans les désordres de sa vie. Tel était Jean Lorrain quand il devint l'ami de Colette en 1893. Elle était toute curiosité, lui, en se plaignant de ses mille maux, se sentait naïf et jeune en sa compagnie. Jean Lorrain était entouré d'un groupe de garçons et de filles qu'il appelait *La Petite Classe*, un syndicat de mortels amoraux unis par la même quête du plaisir, de l'insolite et des sorbets aux aphrodisiaques. Nous ne citerons que ceux que Colette a connus plus intimement : la baronne Deslandes, la baronne Nyvelt de Zuylen, Jean de Tinan, Jean-Paul Fargue, Mrs. Clarke, un peintre spécialiste des têtes pré-raphaélites posées sur des plateaux ou surgissant du décor. Tous étaient écrivains ou artistes et puisaient leur inspiration de Montmartre à La Villette ; toute génération a ses Katmandou. Dans *La Petite Classe* Lorrain fait un charmant portrait de Colette sous les traits de Mme Gabrielle Baringhel, admiratrice de *Pelléas et Mélisande*, qui préfère les iris, l'orchidée du pauvre, aux fleurs japonaises et parle en termes lyriques des plantes et des animaux. Le narrateur fait faire à la belle Gabri le grand tour des fortifs avant qu'elle ne parte passer l'été dans son village de Momigny.

Parmi les élèves de la Petite Classe on trouvait aussi la nouvelle génération des grandes courtisanes, Émilienne d'Alençon, Otéro, Liane de Pougy dont Lorrain était le conseiller. Elles faisaient appel à lui pour décorer leur intérieur, pour le choix d'un vêtement, d'une coiffure, pour apprendre les bonnes manières car, sauf Liane de Pougy qui avait été élevée au Sacré-Cœur ou Cléo de Mérode, une aristocrate belge, elles avaient toutes d'humbles origines. Elles l'appelaient « notre Jean ». Il était leur meilleur agent publicitaire, un article de lui valait littéralement son pesant d'or. Sarah Bernhardt aussi le cultivait pour le lancement de ses pièces. Lorrain s'occupait plus particulièrement de la publicité de Liane de Pougy comme Willy s'était occupé de celle d'Otéro. Il lui écrivait – ou faisait écrire – des sketches pour son numéro de music-hall et supervisait sa carrière littéraire. Elle écrivait des romans à succès. Qui se souvient encore, demandait Colette dans *De ma fenêtre* que l'événement littéraire de 1898 fut un roman de Liane de Pougy ?

Liane de Pougy était divorcée d'un officier de marine qui lui avait tiré un coup de revolver dans le fessier en découvrant ses infidélités. La blessure avait été légère mais Liane en avait profité pour le quitter. Elle donna pendant quelque temps des leçons d'anglais et de piano avant de se faire engager aux Folies-Bergère – elle ne savait ni danser ni chanter. Elle avait lu que le prince de Galles serait à Paris la semaine de ses débuts, elle lui envoya une lettre : « Your Highness, I am about to make my first appearance at the Folies-Bergère. If you come and applaud me, I shall be famous immediately. (Je vais faire mes débuts aux Folies-Bergère. Si vous venez m'applaudir, je serai célèbre) [36]. » Le prince de Galles entouré de ses amis du Jockey Club lança sa carrière au music-hall et bien entendu sa carrière galante. Excellente femme d'affaires, elle fit un voyage en Russie d'où l'or semblait couler à flots, en compagnie du bijoutier Cartier. Elle portait ses créations, et avait un pourcentage sur les bénéfices. Elle eut longtemps quatre protecteurs attitrés : Maurice de Rothschild à Paris, Lord Carnavon à Londres, le banquier Bleichröder à Berlin et le comte Strozzi à Florence, de nombreux princes et grands ducs la couvraient de bijoux, une fortune qu'elle plaçait prudemment. Ce qui n'empêchait pas Liane de régner sur le Paris saphique, accompagnée par Lorrain elle allait au bal Bullier à la recherche d'aventures.

Le conseiller des grandes courtisanes se fit celui de Colette, il veillait sur son élégance. Pour compléter son éducation comme « un homme de lettres » Lorrain l'emmena faire le tour des fortifs, voir les bas-fonds pour lesquels Colette avait la même fascination que son *Ingénue libertine*. Il l'invita à ses five o'clock dans son appartement boulevard Saint-Germain où il avait créé un décor gothique autour de son chef-d'œuvre : la copie d'une tête Renaissance de femme décapitée, les yeux en émail blanc, la face vert bronze, les cheveux et les lèvres peints en or, des gouttes de sang autour du col. La statue était sur un socle d'ébène noir drapé de soies bleues et vertes. « C'est la vengeance de saint Jean le Baptiste », murmura Oscar Wilde en le voyant. A la suite de Lorrain, tout le monde voulut des têtes de statues antiques peintes. Le thé chez Lorrain était arrosé d'éther. L'abus des stupéfiants lui donnait des hallucinations, des obsessions, il voyait d'étranges formes jaillir des tentures, il avait des étouffements, croyait avoir une attaque et reprenait de l'éther. Il entendait des sons, des voix, il voyait des diables partout. Satan était à la mode, on parlait de messes noires, d'exorcismes. Lorrain fasciné par l'au-delà était comparé à ces Florentins de la Renaissance entourés de magiciens et d'alchimistes férus en poisons sinistres. On annonçait qu'il allait écrire un roman satanique « à la belle corruption », Lorrain vacillait au bord de dépressions nerveuses. Il emmena Colette chez la grande initiée de l'occulte, la fille de Théophile Gautier et de Grisi, la célèbre cantatrice. Judith Gautier recevait rue Washington le dimanche. Brune, statuesque, elle était d'une grande beauté, « c'est le plus parfait de mes poèmes », disait son père qui lui fit apprendre le chinois, persuadé qu'elle était la réincarnation d'une princesse chinoise. Victor Hugo lui écrivit un sonnet semé de cris d'extase – elle fut le dernier amour de Wagner et la muse de son *Parsifal*. Elle épousa Catulle Mendès au temps de sa grande beauté et de ses vices naissants. « J'aime ce Mendès, disait Baudelaire, il connaît toutes les dépravités. » Elle divorça quand elle apprit que les quatre enfants reconnus par le père de Catulle étaient ceux que son mari avait eus avec Augusta Holmès.

Le salon de Judith Gautier, écrivain, poète, traductrice de poèmes chinois, était dédié à l'Asie. Une statue ancienne de Bouddha occupait un panneau entier, des sofas encerclaient la pièce où des mets orientaux étaient posés sur des tables basses par un maître d'hôtel chinois qui se coulait silencieusement parmi les quelques invités choisis avec soin. Judith Gautier recevait en robe de mandarin. L'ambiance était orientale, un euphémisme pour les salons où l'on fumait l'opium. Ce n'était pas encore interdit, et les fumeurs d'opium se réunissaient dans des ateliers arrangés pour la circonstance. Des domestiques chinois préparaient la pâte verte, les pipes et allumaient les braises ; Schwob, Loti, Farrère avaient un valet chinois. Les descriptions des fumeries d'opium de Lorrain précédèrent celles de Colette, Cocteau, Morand. Colette apprit chez lui à traiter des plaisirs purs et impurs, et découvrit un style plus près de sa nature que celui de Willy. Willy est comédie légère, opéra bouffe, Lorrain est vie, sang, rires, pleurs, feu et tonnerre. Son agressivité stylistique, sa façon de blesser la sensibilité du lecteur préparent Genet. Colette et Cocteau puiseront chez Lorrain quelques tisons au feu de ses pages.

Colette voyait souvent Caroline Otéro, « la femme la plus scandaleuse depuis Hélène de Troie ». Willy avait soutenu Otéro dès les premières « Lettres de l'Ouvreuse » et continuera à le faire sans jamais faillir à son amitié. Dans un autoportrait il se moquait de lui-même : « SIGNE PARTICULIER : parle espagnol (n'est-ce pas Nina ?) ce qui ne l'aide pas à comprendre Wagner [37]. »

Augustina Carasso, née en 1868 d'une mère gitane et de père inconnu, ce qui lui permettait de se déclarer la fille d'un noble espagnol, avait commencé à danser à 12 ans ; deux ans plus tard elle était kidnappée par un chef de police amoureux d'elle, sauvée par un jeune amoureux, et emprisonnée à la demande de sa famille qui ne voulait pas que leur fils épouse Otéro. A 15 ans elle épousa un Italien qui l'exploita, elle eut trois Grands d'Espagne pour amants, puis le couple dut quitter l'Espagne et aboutit à Marseille où Otéro dansait dans un caf' conc' au bord de l'eau. Attirée par le jeu, elle arriva à Monaco où elle gagne 150 000 francs en une soirée. Riche de ce butin, elle laisse son mari en route et s'installe à Paris. Dès 1892, elle a sa propre troupe, est la vedette des Folies-Bergère, fait des tournées aux États-Unis. Elle comptait parmi ses admirateurs Guillaume II, le Prince de Galles, Alphonse XIII, le grand duc Nicolas, Gabriele D'Annunzio et du côté français Aristide Briand. Elle vivait dans un somptueux hôtel particulier près du Bois construit pour elle par un descendant des rois de France. Elle avait seize domestiques et pour secrétaire un Grand d'Espagne, ancien consul à Lisbonne. Elle circulait dans un landau du XVIIIe siècle capitonné de satin bleu, tiré par quatre chevaux noirs. Ses bijoux étaient célèbres. Ses rangs de perles avaient appartenu le premier à l'impératrice Eugénie, le second à l'impératrice d'Autriche. Cartier avait créé pour elle un boléro couvert de diamants ; quand il l'exposait dans sa vitrine, les gens faisaient la queue rue de la Paix pour voir ce chef-d'œuvre assuré pour 2 275 000 francs or. Puis Otéro le rangeait dans un coffre du Crédit Lyonnais. Chaque fois qu'elle devait le mettre en scène, il était transporté dans une voiture blindée accompagnée de deux gendarmes qui montaient la garde dans les coulisses. Dans *Un petit vieux bien propre*, Willy affirme qu'Otéro n'arrivait plus à distinguer entre les pierres fausses et les vraies qu'elle perdait aux tables de jeu. Les trente ans d'Otéro furent un événement qui dura plusieurs jours, célébré par des bals et des dîners. Le plus discret eut lieu à minuit le 4 novembre 1898 dans un cabinet particulier où Léopold II, roi des Belges, le prince Nicolas Ier du

Henry Landoy le grand-père de Colette.
(Harlingue-Viollet.)

Eugène Landoy : journaliste, écrivain, éditeur. *(D. R.)*

Adèle Sidonie Landoy (Sido) à dix-huit ans. *(D. R.)*

La maison natale. *(D. R.)*

La famille. *Au premier rang* : Juliette Robineau-Duclos (la sœur de Colette), une amie, Sido, le Capitaine, Gabri à huit ans, Marthe Landoy, deux amies ; *au deuxième rang* : Léo Colette, Jules Landoy, un ami, Raphaël Landoy, un ami, Achille Robineau-Duclos (le frère de Colette), un ami. *(D. R.)*

Gabri à quinze ans dans la robe qu'elle attribuera à Gigi. *(L'Illustration / Sygma.)*

Henry Gauthier-Villars (Willy). *(D. R.)*

1893. Willy, Colette, Sido, le Capitaine à Châtillon. *(D. R.)*

1893. Colette et sa belle-famille. *(D. R.)*

1894. Colette et Willy, rue Jacob. *(D. R.)*

« *L'ange de minuit* ». Colette et Paul Masson par Forain. *(Photothèque Perrin.)*

A gauche : Mme Colette Willy par Nadar. *(D. R.)*
A droite : 1902. Au temps des *Claudine* : Colette, Willy et Toby chien. *(D. R.)*

1905. Willy et Colette. *(D. R.)*

A gauche : le couple célèbre de la Belle-Époque, Colette habillée par Redfern. *(D. R.)*
A droite : les Willy avec leur secrétaire Boulestin et leur cocher, Ogier. *(D. R.)*

Colette à trente ans. *(D. R.)*

Colette dans sa garçonnière rue de Courcelles. *(D. R.)*

Monténégro, le prince Albert de Monaco, le grand duc Nicolaevitch de Russie et le prince de Galles se réunirent pour l'anniversaire d'Otéro qui dansa sur la table jusqu'au petit matin.

Colette la tutoyait. Elles jouaient aux cartes ensemble. Colette se passionnait pour les cartes, si l'on en croit Willy qui préférait les cercles et les casinos, elle perdait beaucoup d'argent. Otéro donnait des dîners intimes pour Colette et une ou deux amies; après le *puchero*, Otéro en chemise prenait ses castagnettes et dansait pour le plaisir de danser. Comme presque toutes les courtisanes, elle aimait les femmes. *Truth* de New York rapportait : « Elle préfère la compagnie des femmes... Comme les hommes, les femmes veulent rendre hommage à sa beauté [38]. » Comblée de cadeaux par les deux sexes, elle revint de New York avec presque deux millions de francs. Autour d'Otéro se pressait le tout Lesbos international qui dix ans plus tard se pressera autour de Colette.

« LA JEUNESSE DU D'HARCOURT »

Colette aime passer ses soirées au café Vachette ou au d'Harcourt place de la Sorbonne où se réunit la jeunesse dorée et littéraire. S'ils admirent Wilde et Mallarmé, leur maître à penser est Marcel Schwob qui a éclipsé Jean Lorrain et Maurice Barrès au panthéon littéraire de la Rive gauche. Accompagnée de Schwob, Colette est vite intégrée au groupe du d'Harcourt. Elle en aime l'ambiance même si elle a quelquefois l'impression qu'on lui fait la cour à cause de Willy. Henry Bauer, le fils naturel d'Alexandre Dumas, se souvenait que ce qui le frappait le plus chez elle, c'était l'intensité avec laquelle elle écoutait sans jamais quitter des yeux le visage de son interlocuteur. Aux conversations générales elle préférait et préféra toujours le tête-à-tête.

Colette s'appuyait « sur la jeunesse littéraire du d'Harcourt » pour ses lectures : un livre mérite d'être lu quand ils en parlent « respectueusement et venimeusement ». Elle est aussi attirée par « cette virile jeunesse inconnue ». L'un d'eux en particulier lui plaît assez pour représenter « un péril [39] », elle prêtera ses traits à Marcel, le jeune homosexuel de *Claudine à Paris*. Les jeunes du d'Harcourt concoctent d'étranges tenues ou des accents bizarres pour se distinguer. Colette porte une chemise d'homme au col en celluloïd très haut et une cravate quand elle n'est pas habillée en cycliste. Alfred Jarry se coiffe d'un chapeau melon dont l'énorme calotte a l'air « d'un observatoire », une très longue cape lui bat les talons puis il adopte lui aussi la tenue de cycliste qui fait fureur et parle en accentuant chaque syllabe comme un automate. André Lebey, le poète de 17 ans, les yeux cachés par une grande mèche blonde, se passionne pour les arts déco. « Je ne m'étonnais pas que celui-ci fût poète, dit Colette, mais j'entendais pour la première fois un homme discourir d'ameublement et d'art décoratif[40]. » Le très beau Pierre Louÿs porte un col d'incroyable. C'est la personnalité la plus charismatique du groupe. Son talent s'est imposé dès le lycée où il a fondé *Potache-Revue* avec un autre lycéen non moins talentueux, André Gide. Il passe pour être le nouveau Rimbaud bien qu'il n'ait publié que quelques poèmes. Schwob l'a présenté à Oscar Wilde qui, pendant les trois semaines qu'il a passées à Paris en 1891, a vu Pierre Louÿs tous les jours. A un dîner au d'Harcourt organisé par Schwob, avec Aristide Bruant et Stuart Merrill, Louÿs est arrivé avec André Gide qui a un tel coup de foudre pour Wilde qu'il est incapable d'avaler une bouchée. Mais c'est à Pierre Louÿs qu'Oscar Wilde dédie *The House of Pomegranates*, « Au Jeune Homme qui aime la Beauté, Au Jeune Homme que la Beauté adore, Au Jeune Homme que j'adore », et ce n'est pas tout, il lui dédie *Salomé*, sa pièce française à laquelle ont collaboré Schwob, Rettré et Louÿs. L'année suivante il invite Louÿs à Londres pour la première de *Lady Windermere's Fan*. Pierre Louÿs est hanté par des fantasmes. Sa mère, un peintre, est morte quand il avait neuf ans, peu après son jeune frère meurt de tuberculose. Louÿs est persuadé qu'il est lui aussi condamné à court terme. Son père, un septuagénaire austère, ne lui montre aucune affection et intimide l'adolescent qui reporte toute son affection sur son demi-frère Georges qui a 23 ans de plus que lui. En 1893 Georges est ministre plénipotentiaire en Égypte avant d'être nommé ambassadeur en Russie. Pierre Louÿs a pour lui une véritable passion et laisse entendre qu'il est né des amours incestueuses de sa mère et de ce frère tant aimé. Ce qui lui vaut l'admiration de la jeunesse du d'Harcourt où l'on tient en haute estime Félicien Rops, le dessinateur des *Cythères parisiennes,* qui finit sa vie rue des Blancs-Manteaux, entre ses deux sœurs qui sont aussi ses maîtresses.

Le baron Jean de Tinan, le neveu de la comtesse Greffülhe, est le plus exotique des habitués du d'Harcourt. Très grand, légèrement voûté, de longues jambes maigres, de très belles mains, il arrivait drapé dans une cape noire doublée de satin lie-de-vin qu'il ouvrait d'un geste négligent pour découvrir un gilet de velours noir avec une double rangée de trente boutons en argent massif sous un veston où il avait fait poser à la hauteur du cœur une poche où il laissait se faner un bouquet de violettes. A 19 ans, le jeune baron avait perdu toutes ses illusions sur l'amour après une aventure dévastatrice qui était le sujet de son premier roman, *Un document sur l'impuissance d'aimer*. Il écrivait sans arrêt sur les tables de café, sur les nappes des restaurants, il prenait des notes sur les revers de ses manchettes, raides d'empois. On racontait qu'il n'avait pas cessé de jeter des phrases sur des bouts de papier pendant un dîner avec des courtisanes dans un cabinet particulier chez Paillard. Il avait impressionné Rachilde et Vallette qui avaient créé pour lui au *Mercure de France* une rubrique sur « les cirques, cabarets et concerts ». Tinan ressortait parmi la bohème échevelée et barbue mise à la mode par Montmartre. L'hégémonie de la butte était battue en brèche par la nouvelle vague d'esthètes qui cherchaient leurs inspirations chez Whistler, Wilde, Ruskin, Pater ou Kierkegaard dont l' « homo aestheticus », contrairement à l'homme éthique, vivait au gré de ses humeurs, de ses pulsions. Jean de Tinan, esthète kierkegaardien, vivait ses états d'âme et mourra de leurs complications à 24 ans. Son pied-à-terre modern style près du Luxembourg devient vite un lieu de rencontres où se retrouvent Colette, Fargue, Pierre Louÿs, Lebey, Henri de Régnier, Marie de Heredia, Léon Blum et même Alfred Jarry dont le manque d'hygiène affligeait Tinan. Quand il n'est pas à Paris, Tinan vit chez sa tante à Jumièges au milieu du parc de l'abbaye.

Les habitués du d'Harcourt se partageaient les faveurs de « quelque loute ». « Veuillez remercier Fanny (Zaessinger) de l'intérêt qu'elle porte à ma santé et couchez de ma part avec l'excellente Lucy [41] », conseillait Louÿs à Henri Albert. Quand l'une des petites loutes mourra emportée en huit jours par la syphilis, Colette lui écrit et lui envoie des fleurs.

Le groupe du d'Harcourt a des préoccupations sérieuses. Ils décident de lancer une revue réservée aux jeunes sous la direction de Henri Albert (Henri Albert Haug) qui a découvert Nietzsche au cours d'un voyage à Heidelberg en 1893 avec Paul Masson, excellent germaniste. Les Vallette confièrent à Henri Albert la rubrique des lettres allemandes au *Mercure de France* où il commença en 1896 la publication des œuvres complètes de Nietzsche. L'année précédente il avait lancé la version française de la célèbre revue allemande *Pan*. La nouvelle revue envisagée par Albert, Tinan et Louÿs donne lieu à d'innombrables discussions au d'Harcourt, promu siège de la rédaction :

> Les rédacteurs du *Centaure*
> dînent tous les lundis soir
> AU CAFÉ D'HARCOURT
> boulevard Saint-Michel.

« Je les écoute et je ne m'embête pas » écrivait Colette à Schwob.
En mars 1896 Colette et Willy sont invités au banquet donné pour le lancement du *Centaure*. C'était « une revue d'amis », Albert en était le directeur, J. de Tinan le gérant, les rédacteurs : Fargue, Gide, Lebey, Louÿs, Valéry, Hérold, Régnier. « Nous n'avions d'autre but, expliquera Valéry, que d'être entre nous et de faire œuvre d'art. *Le Centaure* n'eut que deux numéros qui nous épuisèrent. » Cinquante-cinq personnes assistèrent au banquet du d'Harcourt, parmi les-

quelles Lord Douglas. Après les allocutions d'usage, on signa des exemplaires du *Centaure*. Est-ce Colette ou Willy qui signa : « Colette G.V. et son homme Willy ? » Après le banquet on termina la soirée au bal Bullier où on entraîna Robert de Bonnières, le doyen du groupe, dans une farandole échevelée. A minuit, souper au d'Harcourt « (encore au premier naturellement, étage convenable). Mais là, pour accoutumer nos aînés aux mœurs de la nouvelle génération, nous avons fait monter de la salle inférieure [...] plusieurs jeunes personnes. Pas une femme mariée n'est partie [42]... », racontait Pierre Louÿs qui signalait tout particulièrement à son frère la présence de Mme H.G.V. et de son mari.

« MADAME H.G.V.... LE NOUVEAU JEUNE JOURNALISTE »

Colette, intégrée à la jeunesse littéraire du d'Harcourt, travaillait à son premier roman, se préoccupait de stylistique. Les deux seuls numéros du *Centaure* qui seront publiés avant que le coût de la production et le manque de lecteurs mettent fin à l'aventure, traitaient de la fonction de l'art, du paradoxe qui crée la vie dans toutes ses possibilités dialectiques et déchaînent des forces qui ne peuvent être que subversives. L'art ne devait s'encombrer ni de morale ni de religion, encore moins de politique ou de finance. C'était une force libératrice qui dérivait son énergie du mot et de l'image. « Choisir le juste mot, il n'en est point d'autre », écrivait Louÿs à Colette dans sa dédicace de *Poétiques*.

Colette rejetait la vision romantique de la littérature comme épanchement des émotions; elle fera de son père, le Capitaine, la métaphore du concept d'Oscar Wilde que la mauvaise poésie naît des bons sentiments. Paul Valéry élargira ce concept à l'art en général dans *La Soirée avec Monsieur Teste* publié dans *Le Centaure*. On y soutenait aussi la libre expression de l'érotisme. Gide envoya sa démission parce qu'il trouvait que la revue était « une invitation à la débauche ». Ils s'intéressaient tous à l'hermaphrodite, ce fils-fille d'Hermès et d'Aphrodite. Le succès inattendu et retentissant du roman de Louÿs, *Aphrodite, mœurs antiques*, indiquait la direction à suivre. L'androgyne demeura pour Colette l'être parfait.

Colette cherchait sa voie et s'appuyait sur Willy dont la jeune génération admirait les recherches stylistiques comme en font foi les nombreux articles consacrés à son art d'écrire. L'année précédente en mai, avant le voyage dans le Jura, Colette et Willy avaient assisté chez Madeleine Lemaire à la lecture de *Portraits de peintres* par Marcel Proust, l'un des « pages » de l'hôtesse. « Le peintre des roses » recevait d'avril à juin, tous les mardis, dans son atelier au sommet de son hôtel particulier rue Monceau, qui avait le seul toit vitré de Paris. Elle portait de grands chapeaux pour cacher son visage marqué d'acné et des robes très longues pour cacher ses pieds qu'elle avait grands. Elle s'entourait de jeunes auteurs en herbe qu'elle appelait ses pages et organisait des réunions où ils lisaient leurs œuvres. Ce jour-là Marcel Proust récitait ses poèmes très mal au gré de Colette. « Je veux vous dire maintenant combien nous avons trouvé fines et belles vos gloses de peintres... Il ne faut pas les abîmer comme vous faites en les disant mal, c'est très malheureux [43]. » Proust prit sa critique au sérieux, quelques jours plus tard il faisait lire ses textes par Le Bargy, l'élégant acteur de la Comédie-Française, accompagné au piano par Reynaldo Hahn. Il en profita pour envoyer à Willy qui, dans ses articles, lançait les jeunes poètes comme Saint-Pol Roux et Georges Fourest, une lettre admirative sur son style. Willy, qui ne trouvait pas le poète Proust doué, demanda à Colette de répondre à sa place, ce qu'elle faisait si souvent que Schwob l'appelait « la gentille secrétaire ». Colette, préoccupée par son propre roman, fait pour Marcel Proust une analyse en profondeur du style de Willy. « Mon Willy est un être original, pour lui le mot n'est pas une représentation mais une chose vivante, et beaucoup moins un signe mnémotechnique qu'une traduction picturale... la lecture des expressions éculées ou des métaphores incohérentes [l'] écœure jusqu'à la nausée », expliquait Colette à Marcel en lui donnant rendez-vous chez Mme Lemaire pour continuer la conversation « car il me semble que nous avons pas mal de goûts communs, celui de Willy entre autres [44] ». Cette lettre montre combien Colette écoutait Willy et combien ses idées étaient suivies de près par la jeune génération : dans sa lettre Proust citait un article de Fénéon sur l'originalité de Willy, écrit trois ans plus tôt.

Willy mettait au point un petit traité du style, *Le Vivantisme*, qui se voulait l'antithèse du *Paroxysme*, ou les excès en littérature. Colette n'oubliera jamais le commentaire de Willy sur un de ses premiers textes : « Ai-je épousé la dernière des lyriques ? » Il fallait, lui disait-il, reproduire les sensations et les passions « dans toute leur nudité, dans tous leurs frémissements [45] » au moyen d'images vivantes, de mots justes et naturels, il fallait éviter les phrases pesantes, se délivrer des syntaxes rigides. Il parlera plus tard de « ... la recherche perpétuelle à laquelle je me suis usé sans arriver tout à fait au but, *dialogue vrai*, sans photographier bêtement les platitudes authentiques dont s'encombre toute conversation... sans non plus adultérer de littérature les répliques... qui perdent alors toute vraisemblance [46] ». Comme le montrent ses notations en marge des manuscrits de Colette, il lui faisait travailler la précision, le détail vrai, formant sa vision artistique. Colette assimila les conseils de Willy. Elle remarquait que chez Gauguin : « L'air des plages nous vient... d'une encoche taillée dans la falaise... » Elle notait aussi qu'à l'exception d'un seul homme « qui s'évade et peint Tahiti [47] », les Français font leur révolution de l'intérieur, dans les confins de leur jardin, de leur village.

Au printemps 1896 Colette met le point final à son roman : 656 pages que Willy ne mit pas dans un tiroir mais envoya à son éditeur Simonis Empis qui le refusa, il ne pourrait en vendre plus de cent exemplaires. Delagrave le refusa aussi et Léon Vanier offrit de le publier à compte d'auteur. Willy espère encore ; il a envoyé le manuscrit à Hetzel qui met du temps à répondre. Avant de partir dans le Jura pour les vacances, Willy lui écrit en essayant de l'allécher. Il lui rappelle qu'il a de nombreux amis dans la presse qui feront de la publicité gratuite, lui-même écrira quelques bonnes critiques anonymes pour lancer le roman. Hetzel ne fut pas séduit.

La confession de Claudine reproduit « les sensations et les passions dans toute leur nudité ». Colette s'est débarrassée de la forme classique du roman, pas de chapitres, pas de suspens, pas de rebondissements. C'est un monologue intérieur. Elle dira que *Claudine à l'école* est un paysage. Les éditeurs le refusent comme ils refuseront de publier Proust qui sera publié à compte d'auteur. Mais Willy, toujours à court d'argent, ne peut envisager une publication à compte d'auteur. Il range le manuscrit dans un tiroir, il abandonne aussi l'essai sur le *Vivantisme*. Déçu, traversant une crise de dépression, il tournera en dérision la littérature au fur à et mesure que s'estomperont ses espoirs de faire une œuvre sérieuse. Dans une lettre à Florian Parmentier qui fait une compilation des mouvements littéraires, il lui signale l'école du *Vivantisme* fondée par Gustave Fivé, poète de la *Lampe Charbonne*. Rien ne vaut le plaisir secret d'une mystification à la Paul Masson.

En juillet Colette et Willy sont invités à Saint-Sauveur pour la distribution des prix. « Dans quelques jours, écrit Willy à Curnonsky, je retourne à Saint-Sauveur (pour 48 heures) dans une adorable pension de fillettes, je pelote, en attendant parties (sexuelles), j'embrasse les sous-maîtresses aussi, je vas (*sic*) assister à la distribution des prix. Ça m'amuse follement, et mon exquise vicieuse gosse aimante s'en amuse davantage encore [48]. » Si le couple terrible se faisait une joie d'aller semer le trouble dans le dortoir, l'humeur changea vite. Colette était triste, blessée comme tout jeune auteur dont le premier livre est refusé, blessée par Saint-Sauveur qui, une fois de plus, la critiquait. « On a eu la bêtise de dire à Colette que notre tenue avait scandalisé Saint-Sauveur. La gosse en a eu du chagrin, moi, personnellement, j'ose dire que je m'en f... [49]. » Ce projet avait réouvert de vieilles blessures.

Willy annula le voyage à Saint-Sauveur et ils allèrent prendre les eaux à Uriage emmenant avec eux Nonoche et Jacques pour tenir compagnie à Colette qui l'aimait beaucoup. En août elle part chez ses beaux-parents dans le Jura où, entourée de huit enfants dont « ... les boucles bien ordonnées, les ongles nets, l'odeur de savon anglais, l'auriculaire levé au-dessus de l'œuf à la coque », lui faisaient mesurer « la profonde différence qu'il y avait entre leur enfance et [son] enfance... ». Pour eux, elle redevenait « perceuse de flûtes, tresseuse d'herbes, cueilleuse de baies [50] ». Un havre avant le voyage annuel à Bayreuth.

« 93, RUE DE COURCELLES »

A la rentrée les Gauthier-Villars quittent la rive gauche et la rue Jacob et emménagent dans le nouveau quartier de la plaine Monceau, 93, rue de Courcelles au 5ᵉ étage dans un appartement très art nouveau aux murs vert d'eau, décoré d'objets signés Bing, d'une collection de bocks de bière achetés à Bayreuth et de peaux de chèvre qui ont remplacé la peau de caniche. Un portier en livrée ouvre la porte de l'ascenseur qui, comme son nom l'indique, ne fait que monter, on descend à pied.

Puisque la littérature boudait Colette, Colette aurait « son jour ». Les réunions bohèmes de la rue Jacob furent remplacées par les dimanches de Mme Gauthier-Villars. Après les concerts, on se devait de faire une halte dans le salon de Colette Willy, beaucoup le faisaient avec l'espoir d'apercevoir Willy qui, comme tous les maris des hôtesses parisiennes, ne faisait que quelques apparitions. On y voyait Debussy, Vincent d'Indy, les Muhlfeld, la jeunesse dorée du café d'Harcourt : Pierre Louÿs, Lebey, Valéry, Albert, Fourest, Pierre Véber, Jarry, Curnonsky, Toulet, les journalistes établis, Victor Margueritte, Lorrain, Courteline, Mendès, Henri de Régnier, Fénéon et le groupe de *La Revue blanche* que lance Thadée Natanson ; Willy fait partie du comité de rédaction. Misia Natanson qui fait des incursions du côté de Sappho trouve l'hôtesse bien jolie. « La ravissante Colette avec son visage triangulaire et sa taille de guêpe tellement serrée qu'elle avait une silhouette d'écolière [51]. » On y voyait aussi Sido discutant en agitant son face-à-main et le bel Achille qui mène la vie du play-boy fin de siècle. Émory, le journaliste, notait parmi les invités Gabriel de Toulouse-Lautrec, Léon Daudet, l'actrice Berthe Bady, la comtesse Greffülhe immortalisée par Proust, Henri Cazalis le médecin des gens célèbres, poète à ses heures sous le nom de Jean Lahor, qui avait mis au point les premiers liftings ; on s'émerveillait que Sarah Bernardht, après une opération du ventre, ait rajeuni de vingt ans.

Point de règles strictes, point de vedettes, point d'exclusion dans les réunions de Colette Willy. Elle a créé un décor très hardi et volontairement antibourgeois en meublant son salon en « style auberge » avec une grande table, des bancs, des cuivres, l'ambiance est à l'avenant, bon enfant et faussement rustique. Le succès de la nouvelle hôtesse ne plaît pas à tout le monde. Une querelle éclate entre les Willy et Mme Arman qui accuse Willy d'avoir manqué aux convenances en flirtant ouvertement avec sa belle-fille, Jeanne Pouquet. Mme Arman va trouver Colette et ne mâche pas ses mots : Willy flirte (lisez : est l'amant) avec Jeanne, la Rose-Chou de *Claudine s'en va*. Une autre version de la querelle veut que Colette en soit l'objet. Anatole France trouvait Colette extrêmement attirante. Quoi qu'il en soit, les Willy se voient fermer la porte du salon de Mme Arman. Ils ne le lui pardonneront pas, Mme Arman sera traitée de « vieille chouette » et France d' « outre bruyante » et autres qualificatifs dans *Claudine en ménage* ou dans les romans de Willy. Marcel Proust, ému par cette mise au ban, s'entremit pour les réconcilier. Willy lui dit « que la douleur avait fait perdre la vue à sa femme [52] » qui devait rester dans le noir. Proust alors leur offrit les services d'un oculiste. Il resta dans le camp de Mme Arman. A part une lettre où Willy félicitait Marcel lors de son duel avec Jean Lorrain, ils s'évitèrent.

Colette était de plus en plus une personnalité en vue. Elle pose pour Fix-Masseau. Son buste aux seins nus exposé à la galerie du Champs-de-Mars est l'une des œuvres remarquées du Salon de 1896. Willy demande à Nadar de la photographier, l'époque veut qu'on donne sa photo comme on donne des fleurs. Nadar est un familier des Gauthier-Villars, leur presse a publié ses deux journaux, *La Revue comique* et *Le Petit Journal pour rire*. Il photographie aussi Willy et Jacques.

Les Willy sont de plus en plus mêlés à la vie de Charlotte Kinceler. Ils la conseillent et à l'occasion l'aident à délester un amant. Elle est entretenue par un célèbre général et s'est fait livrer par *La Grande Maison de blanc* pour 10 000 francs de linge. Le linge et la lingerie sont avec les bijoux le signe de la réussite dans le demi-monde, les journaux à scandale publient le prix des chemises de Liane de Pougy ou des draps bordés de dentelles de Cléo de Mérode. Les diaboliques Willy conseillent à Charlotte de faire payer le linge par le général puis de le rendre et d'empocher les 10 000 francs. Colette se charge d'accompagner Charlotte à *La Grande Maison de blanc* où, en tant que Mme Gauthier-Villars, elle a du prestige. Le tour marche. Colette réussit à faire reprendre tout le lot. Le trio célèbre ensemble son succès. Dans ses lettres à Kinceler, Colette fait des plaisanteries de corps de garde. On a fait cadeau à Willy d'une robe de chambre blanche dans laquelle il a l'air d'un pacha à neuf queues ; une suffit, écrit Colette, pourvu qu'elle soit bonne. Elle la met en garde contre un soupirant élégant et sénile, trop sénile pour ce qu'on veut en faire.

Les Willy, eux, ont un coup de cœur pour les 18 ans de Fanny Zaessinger, le modèle qui est cette année la coqueluche de Montmartre. Léandre a fait son portrait en ange des ténèbres, Lorrain la célèbre et la jeunesse du d'Harcourt se la dispute. Invitée rue de Courcelles, Fanny entre dans la chambre des Willy comme en pays conquis, elle « ouvrit sa robe par habitude » et confie « ses préférences voluptueuses ». Dans *Mes apprentissages* Colette se dira indignée par l'affaire, « le sang de la fille de Mme Colette s'insurgea... et je ne ris plus du tout [53] » mais à Schwob cette année-là Colette raconte que sa chatte Nonoche ressemble à Fanny toujours ivre de volupté.

La libido de Colette-Lolette-Folette, « son exquise vicieuse gosse aimante », sera pour Willy un constant sujet d'étonnement et une source de romans où Colette apparaît sous les pseudonymes de Pimprenette de Foligny, Ginette la rêveuse, Mlle Thulette, la baronne de Bize, Loquette Wailly, Miss Mew (Mlle Miaou). A 22 ans Colette écrivait que son passage préféré dans *Moll Flanders* était le commentaire de Moll quand son amant, pour lui prouver son amour et son respect, dort chastement à côté d'elle : « Je ne dis pas que j'en étais aussi charmée qu'il pensait que je le fusse, car j'étais bien plus vicieuse que lui... Je trouve ça joli comme tout [54]. » S'il lui conseille de ne pas perdre son temps en amitiés indignes d'elle, Willy ne la contrariera jamais, encouragera ses amours saphiques, mais protégera soigneusement sa réputation jusqu'au scandale du Moulin-Rouge.

En novembre Willy a une dépression nerveuse et se raccroche à Charlotte Kinceler, sa chère Lotte, sa maîtresse d'antan. « Toi je t'aimais follement à travers mes méchancetés et mes rages et mes bouderies et mes rancœurs, ma Lotte chérie... » Il l'aime encore parce que c'est une âme honnête. Quant à Colette, elle peut avoir toutes les aventures saphiques qu'elle veut « et je les conseille même, c'est moi qui y pousse », mais pas avec Charlotte. Willy termine sa lettre en la priant de ne rien faire ou dire qui puisse révéler à Colette qu'il lui écrit et l'assure de son amour. A quels jeux dangereux joue-t-on? Au trompeur trompé? Colette disait : « ... je cessais de croire follement que m'ayant trompée avec mon mari, Lotte ne fût occupée que de me tromper encore [55] ». En février 1897 Lotte fait cadeau à Colette d'une superbe bague que celle-ci porte au petit doigt, probablement pour un service rendu car les Willy continuent à s'occuper de ses affaires. Leur amitié continuera jusqu'au jour où Charlotte sur le point de se convertir prit un revolver et se tira un coup de feu « dans la bouche » dit Colette, « à la tempe » dit Willy, « un après-midi d'été de pluie étouffante » dit Colette, « un jour gris de novembre » dit Willy.

Novembre apporte d'autres mauvaises nouvelles. Willy ne sait pas s'il pourra payer le loyer et Paul Masson se suicide. Pendant son séjour à Strasbourg, il s'est bourré le nez de boules de coton trempées d'éther et jeté dans l'Ill le 31 octobre. On ne retrouva son corps que sept jours plus tard. Colette en eut un profond chagrin. Masson la comprenait si bien, et à sa façon assez particulière remettait tout en perspective, « ... je perdis, quand il mourut, mon premier ami [56]... ». Colette, à son tour, a une dépression, de violentes crises de nerfs et reste enfermée dans le noir. Willy recommande à Charlotte de ne plus venir rue Jacob jusqu'à ce que Colette la demande.

Pour remonter le courant, Colette se dépense. Jarry lui a promis deux places pour les répétitions d'*Ubu Roi* mais Jarry étant Jarry ne les envoie pas. Colette étant Colette lui envoie un mot pour lui rappeler sa promesse et, pour être sûre d'arriver à ses fins, elle envoie aussi un télégramme à Rachilde et à Vallette. Elle assiste aux répétitions et le 10 décembre elle est à la première au théâtre de l'Œuvre. C'est une sorte de club sans guichet pour le public, qui ne marche que par abonnement. Les abonnés sont les habitués du *Mercure de France* et de *La Revue blanche*. Le soir de la première, Jarry, outrageusement maquillé, vêtu d'un costume trop grand, perché sur une table couverte de jute, débita le prologue en martelant ses phrases. Le rideau s'ouvrit. D'un côté de la scène la neige tombait sur un lit à rideaux, une table de nuit et un pot de chambre, de l'autre côté le soleil brillait sur un boa constrictor enroulé autour d'un cocotier à côté d'un échafaud où pendait un squelette. Le Père Ubu dans son célèbre costume entra en scène par une énorme cheminée. « Merdre », dit-il. Ce mot qui mettait fin à la décence du théâtre classique déchaîne le public. « Jarry se moque de nous ! » criait Courteline. Le clan du *Mercure* soutenait son protégé. Willy se leva en ordonnant « que le spectacle continue ! ». Le Père Ubu se lança dans une gigue endiablée, Lugné-Poe fit rallumer la salle. Toute la représentation fut accompagnée d'un concert de cris d'animaux qui couvrait la voix des acteurs. Colette riait si fort que son rire dominait le brouhaha.

Depuis la bataille d'Hernani, Paris n'avait pas connu une si glorieuse émeute intellectuelle, il lui faudra attendre *Le Sacre du Printemps* en 1913 pour en connaître une autre. Les Ubuismes firent leur entrée dans la langue et devinrent le symbole de la liberté d'expression. *Ubu Roi* était l'apothéose de l'anarchie, l'aboutissement des pronunciamienti littéraires des *Hirsutes*, *Hydropathes*, *Fantaisistes* et autres *J'm'enfoutistes*, qui tous s'accordaient sur un point : l'artiste a le droit de s'exprimer sans entraves. Mallarmé, qui n'aimait pas beaucoup l'anarchisme de Jarry, son homosexualité tapageuse, le félicita et baptisa deux de ses chats : M. et Mme Ubu. *La Revue blanche* offrit un salaire régulier à Jarry, quand elle disparut en 1903 Jarry ne vécut que de l'aide de ses amis : Schwob à qui *Le Père Ubu* était dédié, Rachilde, Apollinaire et Willy avec qui il écrivit une pièce. Jarry vivait dans une chambre jonchée d'os desséchés, les restes des repas des chouettes qu'il élevait. Alcoolique et drogué, il était petit et d'une pâleur impressionnante qu'il accentuait en mettant du rouge à lèvres. A son lever il avalait trois verres d'absinthe et deux litres de vin, il composait d'affreux cocktails avec tout ce qu'il trouvait. Apollinaire le vit se fabriquer un cordial d'absinthe, de vinaigre parfumé et de quelques gouttes d'encre. Il mourut à 34 ans.

« Changer, c'est vivre »

Son roman relégué au fond d'un tiroir, Colette ne reste pas inactive. Elle signe Colette Gauthier-Villars des critiques théâtrales pour *La Critique* et en 1897 entre à *La Fronde*, le journal féministe que venait de fonder une actrice de la Comédie-Française mariée à un député. *La Fronde* était entièrement dirigé, imprimé et écrit par des femmes : Gyp, Juliette Adam, Rachilde font partie de la rédaction. Colette en est le critique musical. Plus tard Willy prétendra qu'il était l'auteur de ces articles signés Colette Gauthier-Villars parce qu'ils étaient si mauvais, une façon à lui de piquer Colette qui affirmait alors qu'elle n'avait été que le nègre de son mari.

Au printemps 1897 Colette est affolée : « Mon Willy » est dans une clinique de Passy, officiellement pour maigrir, plus vraisemblablement pour soigner une dépression. Il était très malade, écrivait Colette à Marcel Schwob, il était complètement abattu, sans réaction, il sombrait. « Je m'ennuie à périr, d'un ennui tenace et dense qui me pèse et me ronge, et je ferais tout, entends-moi bien *tout* pour me distraire, sans y parvenir d'ailleurs [57] », confiait Willy à Charlotte dans une lettre quelques semaines plus tôt. Pourtant son deuxième roman, *Maîtresse d'esthètes*, après un démarrage lent, commençait à se vendre. Ce roman décrivait les mœurs des artistes et des journalistes parisiens. Fix-Masseau avait montré à Willy la correspondance de Henriette Maillat qui racontait ses aventures et les dessous du Paris littéraire dont elle était l'une des muses. Willy la décrit ainsi : « Wagnérienne, Ésotérique, Néo-Platonicienne, Occultiste, Androgyne, Primitive, Baudelairienne, Morbide – Nietzschéenne même lorsqu'elle éternue... » Elle avait inspiré la princesse d'Este dans le roman satanique du Sar Péladan *Le Vice suprême* et Hyacinthe Chantelouve dans *Là-Bas* de Huysmans. Armé de sa correspondance, Willy et son groupe de collaborateurs présentèrent sous des noms à peine déguisés les amants de la dame : Rémy de Gourmont, Maeterlinck, Péladan, Barbey d'Aurevilly, Félicien Rops, Léon Bloy, Sully Prud'homme. Ils sont qualifiés de verlibristes de brasserie, de métaphysiciens d'ateliers. En contrepartie on célèbre la vraie littérature honnête, celle du *Mercure de France*, de la *Revue blanche* et celle de tous les amis. Les Willy sont en scène sous le nom de Jim Smiley et Clarisse-Sidonie, sa jeune maîtresse.

Maîtresse d'Esthètes est à l'origine de la brouille entre Pierre Véber et Willy. Ils ont cosigné *Contes fantaisistes* et en 1894 *Les Enfants s'amusent*. L'année suivante ils écrivent ensemble *Une passade* qui paraît sous le seul nom de Willy. C'est un roman à clés qui met déjà en scène Henriette Maillat, nymphomane de Montmartre qui déteste Pierre Véber et écrit des lettres de trente pages à Willy. On l'enferma quelque temps dans un asile pour avoir tiré un coup de revolver sur le sénateur Lazare Weiller. Véber et Willy attaquent le symbolisme insipide des occultistes et des mystiques. D'après François Caradec, le biographe d'Henry Gauthier-Villars, Véber ne signa pas *Une passade* parce que étant sur le point d'épouser la fille de Tristan Bernard, il ne voulait pas signer une histoire autobiographique où l'on tirait à boulets rouges sur des confrères qui pouvaient être des amis du futur beau-père. Willy pour couvrir Véber signe le livre et, pour qu'on n'ait aucun doute sur l'auteur, ajoute (Henry Gauthier-Villars). Il nomme le narrateur Henri Maugis, son pseudonyme de *Lutèce*. Mais Willy n'invite pas Pierre Véber à participer à *Maîtresse d'Esthètes* et reprend à son compte Minna, l'héroïne d'*Une passade* rebaptisée Monna. Pierre Véber est furieux. En apprenant que Willy avait refusé de signer une pétition en faveur d'une réouverture du procès Dreyfus, Véber lance une pointe qui survivra à leur querelle, « c'est bien la première fois que Willy refuse de signer quelque chose qu'il n'a pas écrit [58] ». Le mot est rapporté à Willy. Cette fois c'est Willy qui est blessé et refuse de mettre son nom sur la réédition d'*Une passade*. L'année suivante Véber et Willy sont réconciliés, les rééditions d'*Une passade* portent désormais leurs deux noms.

Willy entre à la Société des Auteurs patronné par Victor Margueritte. On lui demande de prendre la direction du *Chat noir* qui croule sous les dettes. Il s'entoure d'un groupe de jeunes écrivains avec qui il continue la tradition du travail en collaboration des petits journaux. Il ne sauvera pas *Le Chat noir* dont les couplets anarchistes et les coq-à-l'âne ne plaisent plus à la France de l'affaire Dreyfus. Le journal ferme ses portes. Willy s'attache deux collaborateurs formés au *Chat noir* : Paul Barlet qui écrit sous le nom de Paul Héon, et sera le secrétaire de Willy puis celui de Colette après son divorce, et Curnonsky, de son vrai nom Jean Saillant, qui sera l'ami, le confident de Willy jusqu'à sa mort. « Cur » renonce à la carrière académique et ne se présente pas à l'agrégation pour travailler avec Willy. L'équipe comprend aussi Jean de Tinan, Henri de Lucernay, Colette, et bientôt Jean Toulet. Mis à part la tétralogie des *Claudine* qui forme un bloc à part, les romans de Willy, depuis *Une passade*, ont un style, un ton, une formule : ce sont des romans à clés sur fond de satire sociale, trop pareils pour avoir été écrits par des auteurs divers dont Willy se serait contenté de signer le produit. Willy passe ses nuits à sa table de travail à réviser les textes de ses collaborateurs pour en faire ce que Fagus, collaborateur de passage, appelait « de l'inimitable Willy ».

Après *Maîtresse d'Esthètes* pour lequel « Jean de Tinan touche

500 francs », l'équipe travaille à *Un vilain monsieur!* dont certaines descriptions sont de Colette. Willy donne le ton. Qu'on lise les romans de Tinan ou ceux de Perdicas (Curnonsky et Toulet), ou ceux signés Willy, on retrouve la même formule. On a la dent dure pour tout ce qui ne représente pas la modernité en musique ou en littérature et surtout on applique la formule de Willy : « Toute littérature est autobiographique, toute littérature est érotique. » L'autobiographie réelle ou romancée, non la confession avec ses implications morales, devient le mode d'expression de ce petit groupe qui met à nu, non pas son cœur, mais ses sensations ou sa sexualité en se moquant de la moralité.

Ce qui est remarquable dans ce travail d'équipe, c'est la virtuosité d'un jeu de ricochet, d'un jeu de miroirs où chaque collaborateur apparaît sous les traits d'un personnage ou de plusieurs, car les traits les plus marquants de chaque personnalité deviennent autant de personnages nouveaux. Colette amoureuse devient Sidonie, Clarisse, ou Marie. Colette sauvageonne devient Jeannette, Colette gavroche devient Suzette, etc. Willy se multiplie : Jim Smiley le voyeur, Parville le romantique, Renaud l'amoureux, Maugis le Père Ubu du monde littéraire, Tardot le vieux monsieur trompé, etc. Colette aussi multiplie ses avatars dans ses romans. Colette bisexuelle devient Claudine, Colette nymphomane devient Annie, Colette malheureuse devient Renée... Dans *Aimienne*, le roman inachevé de Tinan mort à 24 ans d'abus divers : « Je vais mettre de l'éther dans du curaçao c'est très ingénieux. Ah, Willy ! J'ai des peines de cœur[59] ! » Tinan a laissé ce portrait de Colette et de Willy :

> « Je n'apprendrai à personne que son " genre de talent " consiste à oser le plus imprudent mélange d'érudition et de fantaisisme. Les circonstances en ont fait le critique musical que vous savez, mais soyez sûr qu'algébriste il eût fait du calcul intégral par calembours... et c'eût été très bien aussi.
>
> « Silly est marié. Il appelle sa femme Jeannette... Vous croyez peut-être que c'est parce qu'elle s'appelle Jeanne ? Pas du tout, elle s'appelle Renée ; Jeannette est son nom de famille.
>
> « C'est un ménage de camarades. Les gens grincheux les trouvent un peu bohèmes ; les autres charmants. Je crois que les premiers sont jaloux. »

Sous les traits de son héros Vallonges, Tinan passe un mois à Montigny avec Suzette où il fait la connaissance de son père qui en discours lyriques prêche l'harmonie sociale. Le village de Claudine a, comme les personnages, un don d'ubiquité qui lui permet de surgir dans divers romans, chez Tinan, chez Masson...

Colette et Willy vont à Bayreuth où Siegfried Wagner les conduit dans sa voiture aux représentations. Willy vient d'être nommé rédacteur en chef de la très sérieuse *Revue internationale de musique*. A la rentrée ils sont de plus en plus en vue. Le portrait de Colette par Fernand Humbert, un œillet derrière l'oreille, est exposé au Salon des Artistes français en même temps que le portrait en pied de Colette et de Willy par Jacques-Émile Blanche, actuellement au Musée de Barcelone. Il a donné une image du couple, qui restera. Willy, très droit, très élégant, dominant une Colette assise, mince et petite. Or Colette était grande, 1,63 mètre, la moyenne des femmes avant 1900 est à peine 1,50 mètre, et Willy mesurait 1,69 mètre.

Ils assistent à Bruxelles à la première de *Fervaal*, l'opéra de Vincent d'Indy. Dans le train, Jacques-Émile Blanche soulignait dans la partition les passages empruntés, d'après lui, directement à Wagner. « Le doux et rêveur Ernest Chausson, le pénétrant et fin Pierre de Bréville, le sensitif Louis de Serres, il embêtait tout le monde sauf Mme Colette qui dormait du sommeil de l'innocence [60]. » Car Colette avait la faculté de s'endormir n'importe où, même au milieu de son repas de noces elle avait fait un petit somme, assise sur sa chaise. A un dîner chez Mme de Caillavet, J. H. Rosny la vit disparaître, « nous la trouvâmes couchée, recroquevillée sur un sofa, à l'aise en apparence sous nos regards surpris, d'ailleurs charmante ainsi, éclairée par ses yeux magnifiques, un peu sauvages et prêts à braver l'univers [61] ». Ce besoin irrépressible de dormir ne la quittera jamais, elle s'éveillait alerte et reposée, continuant une conversation commencée ou se mettant à écrire sans transition.

Fin de siècle

L'affaire Dreyfus divise Paris. Lugné-Poe, Fénéon, France, Courteline, Monet, Tristan Bernard, Rostand sont dreyfusards. Cézanne, Degas, Renoir, Lorrain, Gyp, Valéry, Louÿs, Léautaud, Arthur Meyer, le propriétaire du *Temps* sont antidreyfusards. Dans les milieux littéraires ce sont souvent les sentiments pour ou contre Zola qui déterminent une position vis-à-vis de l'affaire. Willy n'a jamais aimé le « réalisme outrancier » de Zola, il a fait des mots contre Zola dans un article pour *La Revue blanche* que Thadée Natanson refuse de publier : « Je ne veux pas qu'en ce moment on fasse des mots contre Zola... Qu'il fasse des mots à *L'Écho de Paris* [62]. » Aussitôt *L'Ouvreuse* annonce que Henry Gauthier-Villars l'a chargée de faire part de sa démission de *La Revue blanche* « dont il refuse de partager la Zolatrie dreyfusienne ». Quant à Colette, elle cesse sa collaboration à *La Fronde*. En fait les Willy gardent leurs entrées dans les deux camps et s'en tirent en faisant des mots. Ils resteront fidèles à cet esprit anarchisant qui refuse tous les engagements.

Pendant l'affaire de nouveaux centres intellectuels se sont créés. Jeanne Muhlfeld remplace Mme Arman et les Willy sont des familiers de son salon. Née Meyer, Jeanne Muhlfeld descend d'une vieille famille juive, l'une de ses sœurs est la femme de Paul Adam, l'autre du peintre Leonetto Cappiello. Jeanne a épousé Lucien Muhlfeld, un ami d'université de Willy. Après quelques années à Bombay, Muhlfeld est en train de devenir le « Roi de la Presse ». Grand, mince, le cheveu grisonnant, il aime à dire que puisque la littérature n'est pas une œuvre d'art ni un produit scientifique, elle n'existe pas. Il travaille dans une pièce sans fenêtres aux murs couverts de lamé d'or. Jeanne Muhlfeld a changé les rites des salons, elle a abandonné « le jour » et reçoit tous les jours pour le *five o'clock*. Cappiello dont les affiches colorées égayent les murs gris de la capitale, a décoré son salon en jaune paille et blanc. Jeanne reçoit allongée sur un sofa, une couverture d'hermine sur les jambes. Elle souffre d'une arthrite à la hanche qui la rendra impotente. Jean Cocteau la voyait comme un pion essentiel pour qui briguait l'Académie française ou la Légion d'honneur. Elle avait un très beau visage, beaucoup d'humour et un flair pour découvrir les nouveaux talents et passait pour être « une amphibie ». L'anticonformisme de Colette l'avait captivée, elles étaient très amies. Colette l'appelait *la Fille du Fleuve* et lui donnait des rendez-vous dans des fiacres, en plaisantant que si elle ne venait pas elle serait obligée de la tromper avec Willy. C'est à Jeanne que Colette confie combien elle a fondamentalement besoin de lui, elle lui décrit aussi les petites maîtresses de Willy.

En avril le père de Willy meurt, Colette laissera de lui un portrait affectueux dans *De ma fenêtre*. A Châtillon, Achille se fiance à la fille du vicomte de la Fare, dans une ambiance de mystère. « J'ai lu ta lettre seule, écrit Sido à Juliette, parce que je ne veux pas qu'Achille sache que j'ai parlé de son mariage. Il ne veut pas qu'on connaisse ce projet, cependant la demande est faite et il est accepté à grands bras (j' te crois). D'ailleurs le père de la jeune personne tient aussi à ce que ce mariage ne soit pas ébruité dans le public avant que lui-même n'en ait fait part à la famille, ce qu'il veut faire le plus tard possible donc je vous prie tous deux de ne parler de rien[63]. » Le mariage devant avoir lieu trois semaines plus tard, pourquoi ces cachotteries ? Achille avait mené entre Châtillon et Paris la vie typique d'un riche célibataire. Il avait séduit la fille d'un fermier. Ils se retrouvaient dans les champs et de ces amours un enfant était né. Sido prétendait que les fermiers étaient si fiers que le Dr Robineau-Duclos fût le père de l'enfant qu'ils s'en flattaient. Elle englobait dans sa vision utopiste la mère et l'enfant sans penser au sort affligeant réservé alors aux filles-mères.

Le 2 mai, Colette et Willy, qui relève de maladie, assistent au mariage d'Achille (34 ans) et de la petite-fille du marquis de la Fare, la fille du vicomte Paul de la Fare, ingénieur des mines, et de Zénobie de Chergé. La famille possède quatre manoirs autour de Châtillon : le Manoir, Rebel-Oiseau, la Tête, les Roussets. Le capitaine Colette arbore la rosette d'officier de la Légion d'honneur. Depuis 1891, il essayait d'obtenir une promotion envoyant des lettres où il décrivait en termes lyriques ses campagnes militaires et ses contributions d'érudit. Un premier refus – son rang ne le qualifiant pas pour une promotion – ne l'avait pas découragé, il fit intervenir le préfet du Loiret. En mars l'année précédente toute la famille avait assisté à la cérémonie où le général Davout, duc d'Auerstaedt lui avait remis la décoration tant convoitée.

Colette n'est pas heureuse. De tous les jeunes qui gravitent autour de Willy, de Lorrain ou de Schwob, elle est la seule à n'avoir rien publié en dehors de quelques articles. Jean de Tinan vient de mourir, Lorrain s'est fixé dans le Midi, Schwob voyage, Willy ne se sent pas bien. Les problèmes d'argent du couple s'aggravent, et la production ralentit. Après le troisième roman signé Willy, rien n'est en préparation. Il décide de se procurer, à grands frais, des documents pour un ouvrage historique, *Le Mariage de Louis XV*, et écrit le livret d'un opéra-comique en un acte de Mozart, *Bastien et Bastienne* dont la partition était restée inédite. C'est peut-être à cette époque que germe chez Colette l'idée de gagner sa vie en dansant comme Otéro ou comme Polaire, que les Willy emmènent en 1899 à Bayreuth. Vuillermoz affirme avoir vu Colette danser avant 1900. Rien d'étonnant, car les représentations privées étaient en vogue.

Le retour de Curnonsky va changer le cours des choses. Curnonsky est un grand organisateur, il a ses propres nègres. Il vient de rentrer d'Asie où il a fait un voyage avec Jean-Paul Toulet, le poète né à Pau, qui a déjà parcouru l'île Maurice, l'Afrique et les Indes. De retour à Paris, ils produisent des romans signés Perdicas, *Le Bréviaire des Courtisanes*, *Le Métier d'amant* et mènent une vie déréglée. Couché à l'aurore, Curnonsky se lève à 18 heures. Toulet, lui, vit couché. Il se lève deux jours au plus par semaine et, après un dîner chez Debussy ou chez Colette, tient sa cour au café de la Paix où il improvise toute la nuit en se soutenant à l'absinthe. Il raconte à Colette ses errances à travers Paris, des fumeries d'opium aux bouges homosexuels. Bientôt on voit le trio Cur-Colette-Toulet aux *Concerts rouges* où pour un franc cinquante on boit de la bière ou du brandy décoré de cerises au marasquin en écoutant l'orchestre symphonique jouer Wagner, Beethoven, Mozart. Ils vont au Bullier chercher quelques aventures. On y voit des hommes du monde en quête de midinettes, des dames le visage caché sous d'épaisses voilettes en quête de gigolos, le Paris saphique autour de la marquise de Morny ou de Liane de Pougy. Le demi-monde affectionne Bullier et Colette s'y amuse. Elle est quelquefois accompagnée de leur nouveau secrétaire, Marcel Boulestin, un étudiant toulousain, critique du *Courrier musical* publié à Bordeaux. Orphelin, il dispose de ses revenus à sa guise. C'est un protégé des Muhlfed. Cappiello a fait un portrait de ce jeune dandy à 19 ans. Boulestin avait demandé à Willy une préface pour *Le Pacte*, une pièce qu'il avait montée à Toulouse. Willy lui écrivit une préface et l'invita sans en avertir Colette.

« Bonjour, monsieur, et qui êtes vous ? lui demande-t-elle.
– Je suis Boulestin. »

Colette amusée se tourne vers ses invités :
« N'en disons pas plus, c'est Boulestin [64]. »

Ce jeune homme peu banal devient un habitué. « Marcel était un peu filou et énormément pédéraste. Il aimait les apaches, les garçons bouchers et les costauds. Il divertissait Colette qui l'observait avec un mépris amusé [65] » et chipait des louis à Willy pour les lui donner. Elle lui prêtait du khôl et ses boucles d'oreilles. Toujours à court d'argent, il devient le factotum des Willy.

CHAPITRE VI

Claudine

« Fichtre non ! Il ne faut pas me nommer dans *Claudine*. »

Lettre de Colette à Rachilde.

Le public s'était engoué de Claudinet dans *Les Deux Gosses*, le succès populaire de la fin du siècle. Willy a le don de saisir les nouveaux courants et se rend compte que le moment est venu de publier le roman de sa femme. Avec un sens aigu de la publicité, il va lancer *Claudine* sur les traces de Claudinet. Il demande à plusieurs amis écrivains ou journalistes de lire le manuscrit. Armory se souvenait que Willy lui avait remis un rouleau de feuillets que Colette avait écrits. « Tenez, parcourez cela. Vous me direz ce que vous en pensez... des souvenirs de Colette qu'elle s'est amusée à écrire. Allongé sur le vaste divan que recouvraient des peaux d'ours blancs, je lus les feuillets...
— Eh bien ?
— Épatant ! Quand publiez-vous cela[1] ?... » Willy pensait qu'il fallait faire certains changements, Armory lui conseille de ne rien toucher. Willy demande cependant à Curnonsky de réduire les 656 pages du manuscrit à un format plus commercial, puis décide de s'en occuper lui-même. Alfred Diard, l'un de ses secrétaires, racontait qu'il montrait fièrement à ses amis les manuscrits de *Claudine à l'école* entièrement écrits de la main de Colette. Dans une interview avec Pierre Varenne, Willy dit qu'il avait coupé le manuscrit original. Colette ne mentionne jamais de coupures mais elle confiera à Alain Parinaud que, dès la première *Claudine*, elle avait refusé certaines suggestions de Willy. Le plus vraisemblable c'est que Willy a simplement divisé le manuscrit original en deux parties : *Claudine à l'école* et *Claudine à Paris*.
Simonis Empis refusant de publier *Claudine à l'école*, Lucien

Muhlfeld propose le manuscrit à Ollendorff. Le 10 janvier 1899, il envoie un petit bleu * à Willy marqué « confidentiel », avertissant Willy que Pierre Valdagne, le lecteur d'Ollendorff, trouvait le livre bien mais que la description du village et de son école allait faire « hurler », ce qui, à son avis, était une bonne chose pour la vente. Muhlfeld donnait à Willy la marche à suivre : il fallait qu'il négocie avec Ollendorff comme un auteur qui sait que son livre va faire « du pétard », qu'il exige un premier tirage de 3 000 exemplaires (au lieu des 500 habituels) et 12 centimes par volume. « Et ne transigez pas [2]. » Une fois le roman accepté, Willy ajoute une préface que Valdagne et Ollendorff lui demandent de supprimer. Pourquoi cette préface qui « a le grand défaut de laisser croire que ce livre n'est pas de vous [3]... » Willy refuse. En mars *Claudine à l'école* paraît donc sous la signature de « Willy » avec la préface qui prévenait le lecteur que le livre était « un journal de jeune fille », « de la prose de femme ». Pendant des semaines, le livre qui allait devenir un des best-sellers du siècle ne se vend pas. Les quotidiens l'annoncent dans la liste des livres du mois. Willy, qui espérait qu'Ollendorff lancerait le roman dans son journal *Le Gil Blas*, est déçu. *Claudine à l'école* y est à peine mentionné. Colette s'impatiente. Le 18 mai elle demande à Lucien Muhlfeld de l'aider : « A l'occasion vous qui êtes écouté chez ces gens, dites-leur donc, redites donc que *Claudine* est très bien, oh ! très bien... Ce n'est pas exact, mais ça me rendra service [4]. » Willy remue le ban et l'arrière-ban de ses amis, et fait mentionner le roman dans les petites feuilles. En mai deux articles vont mettre *Claudine* sur la voie du succès. Charles Maurras, qui connaissait Colette depuis *La Cocarde*, écrit dans *La Revue encyclopédique* du 5 mai : « Willy veut nous persuader qu'il nous a donné un portrait... d'une jeune fille à l'état sauvage. Et la thèse est assez spécieuse... On donnera à son écolière une trentaine de printemps au bas mot. » Il concluait en disant : « C'est un effet de travesti. » L'autre article sérieux était signé Rachilde dans *Le Mercure de France*. Avant de l'écrire Rachilde avait envoyé une lettre à Colette lui faisant part de son intention de la nommer comme le véritable auteur de *Claudine à l'école*. Colette lui avait aussitôt envoyé un petit bleu la priant de ne pas le faire. « Raisons de famille, convenances, relations, patati, patata [5]. » Étant donné le brûlot qu'était *Claudine à l'école* et le ton autobiographique, on comprend que Colette ait tenu à garder l'anonymat vis-à-vis des Gauthier-Villars, d'Achille qu'elle craint et de la famille du marquis de la Fare. Quelles que soient ses raisons de rester incognito, tout le Paris littéraire sut très vite qu'elle était non seulement l'auteur mais Claudine elle-

---

* Les petits bleus étaient des lettres écrites sur un papier bleu spécial. On les plaçait dans des cylindres propulsés par air comprimé à travers un réseau de tubes qui reliaient les postes de Paris. Un employé des postes, pédalant à toute allure sur sa bicyclette, les délivrait en moins d'une heure au destinataire.

même. Jules Renard, un habitué des dimanches de Mme Gauthier-Villars, notait dans son *Journal* : « Claudine est une délicieuse créature et Willy *ont* beaucoup de talent[6]. » Franc-Nohain écrivait que « Willy ne cachait pas... quelle part revenait à Mme Colette Willy dans la paternité – ou maternité – de ce livre agaçant et adorable[7] ». Quant à Rachilde à qui on avait demandé de garder un secret dont l'auteur de *Monsieur Vénus* ne comprenait pas la raison, elle lève le voile. « De Willy le livre est un chef-d'œuvre. De Claudine, le même livre est l'œuvre la plus extraordinaire qui puisse éclore sous la plume d'une débutante, elle promet un peu plus que la gloire à son auteur : le *martyre*[8]... »

Tout à coup on ne parle plus que de Claudine, les ventes démarrent en flèche : 40 000 volumes en deux mois, un tirage qui dépassait celui d'*Aphrodite*. L'antidreyfusard Jean Lorrain se fit un plaisir d'écrire que Claudine se vendait plus que Zola. Sous le nom de plume « Willy », Colette, à 27 ans, était enfin un écrivain, même si son statut littéraire demeurait ambigu. La presse catholique accusait l'auteur d'immoralité. La presse républicaine l'accusait d'être un adversaire de l'éducation laïque. Willy se servait du droit de réponse pour maintenir *Claudine à l'école* à la une des journaux. Il capitalisait sur le scandale avec brio.

Malgré la préface de Willy, personne n'entrevit les principes philosophiques qui sous-tendaient le texte. Claudine « petite personne lucide » n'avait pas été élevée avec de bons ou de mauvais principes, elle avait grandi sans aucun principe. Elle racontait sa découverte de la sexualité « avec une ingénuité de Tahitienne – avant l'arrivée du missionnaire ». Colette avait commencé ses réflexions sur le pur et l'impur. De *Claudine* à *Gigi*, Colette a vu l'amour comme un pivot de la liberté humaine, elle a poursuivi imperturbablement sa propre analyse des séries passionnelles, sa recherche d'un ordre nouveau. Il y a une étonnante unité dans son œuvre qui vient des enseignements de Sido et que Saint-Sauveur, le village sans clocher, a laissée s'épanouir. Chaque fois que Colette se sentira en danger de perdre cet héritage, elle se tournera vers sa mère, vers son enfance à Saint-Sauveur.

En mai pendant le lancement de son roman Colette est à Londres en compagnie de Sophia Van den Brule (Calliope Van Langendonck dans *Claudine à Paris* et *La Retraite sentimentale*), « Grecque mariée à un Belge que personne ne vit jamais à Paris, elle non plus peut-être[9] ». Colette a un coup de cœur pour « la jolie créature. Des cheveux qui volent, un vaste chapeau emplumé qui tangue, des yeux myopes et pâmés, un geste fréquent, enveloppant et mou de la petite main droite, brillante de bagues » et un « air d'antilope qui a fait la fête[10] ». Elles assistent aux manifestations spontanées qui ont lieu à l'annonce de la victoire des Anglais sur les Boers à Mafeking. « Je n'ai vu nulle part une si implacable joie populaire, ni tant d'hommes qui, sans clameurs, marchaient droit devant eux, par masses, comme s'ils foulaient l'ennemi... » Le motif officiel du voyage est de rendre visite à son beau-fils Jacques, pensionnaire dans un établissement privé en dehors de Londres. Il se souvenait de l'étonnante beauté de la dame empanachée qui accompagnait sa petite maman, « très chic dans son tailleur de chez Redfern et coiffée d'un bibi net et seyant de chez Lewis [12] ».

Le 2 septembre, après le traditionnel séjour chez les Gauthier-Villars, Colette et Willy signent l'acte d'achat des Monts-Boucons (Casamène dans les *Claudine*), à quelques kilomètres de Besançon. C'est une propriété construite sous le Directoire avec un corps de logis, des dépendances, des serres : « un ravin, bien entendu sauvage, deux collines, une combe, une grotte, un point de vue, une grande allée pour la perspective, des arbustes exotiques, une voie empierrée pour les voitures, tortueuse assez pour que l'on croie parcourir des kilomètres sur ses terres... » Colette redessine immédiatement le parc. Elle avait « dès [son] jeune âge horreur des allées droites et des jardins quadrilatères. Je les voulais soumis aux courbes et toujours accotés à quelques flancs... et regardant le sud ou l'ouest. » Elle n'aime pas les espaces ouverts ni qu'« un glorieux paysage entre à toute heure dans ma maison par toutes les issues. » Elle transforme les trois terrasses en petites jungles, coupe les allées de gros massifs fleuris qui bornent la vue et « donne l'air et l'espace » aux arbres qui le méritent. « Mais le désordre dans les jardins que je dirigeai fut toujours une simulation [12] », explique le jardinier Colette qui respire enfin dans ce parc qui est à elle. Plus de longs étés à Lons-le-Saulnier dans sa belle-famille. Sido et le Capitaine viennent aux Monts-Boucons. Emporté par un élan de lyrisme, le Capitaine écrit un poème dédié « à ma fille Gabrielle » :

Au pays Franc-Comtois il est une demeure
Que je voudrais nommer l'estivale maison.
J'y voudrais savourer ma paix intérieure;
Ce serait, de ma vie, une part : la meilleure !
Et mes derniers beaux jours de l'arrière-saison.
...
Et si, dans le jardin, plein de fleurs embaumées,
J'avais un petit coin où l'ombre d'un sapin
Me permit de rêver aux lointaines années
Je nommerais l'enclos, fils des pages aimées,
Au lieu de Monts-Boucons, du nom de Mon Bouquin.

Une série de photographies montre Colette, très pré-raphaélite, en robe de velours, dans son jardin de fleurs sauvages, un groupe d'amis autour d'elle lui chantant une sérénade.

A la fin de l'année les droits d'auteur des *Claudine* sont de 4 500 francs environ. Willy verse « une rente viagère » de 300 francs par mois à Colette (le salaire d'un capitaine), il faut achever de payer les 40 000 francs qu'ont coûtés les Monts-Boucons.

Le deuxième volume, *Claudine à Paris*, sort en mars 1901. « En somme il n'y a guère que du vrai dans *Claudine à Paris*[13] », écrivait Willy à Jules Marchand : le côté « bien né » de Colette qui la rend supérieure aux Sansalvatoriens et son côté agreste qui la rend différente des belles amies de Willy, sa longue maladie, Mélie, Tante Caro, Gabrièle Duchemin, cette Luce qui se fait entretenir par un oncle et accepte de jouer pour lui l'écolière en sarrau, Claudine, amoureuse de Renaud, âgé de 40 ans, qu'elle épouse. Le fils de Renaud, Marcel, homosexuel de 17 ans, est un portrait composite de la jeunesse dorée du d'Harcourt, Louÿs, Tinan, d'Humières et de Boulestin. L'originalité du livre venait du fait que l'homosexualité et l'attirance de l'adolescente pour un homme mûr y sont présentées comme normales, contrairement aux livres de l'époque qui traitaient de ces sujets pour les condamner comme des anomalies. Dans *Claudine à Paris*, seule Luce est réprouvée non parce qu'elle commet un inceste mais parce qu'elle le fait sans plaisir et pour des raisons mercenaires. La deuxième *Claudine* paraît aussi sous la signature « Willy » mais dans son entourage, Colette a laissé tomber le masque, « Vous préférez *Claudine à l'école* et vous me faites l'honneur de me le dire. Je suis très flattée, je vous jure, d'être traitée en homme de lettres... », écrit-elle à Rachilde qui est la première à noter les exquises histoires de chats.

Georgie Raoul-Duval

Deux mois plus tôt, à un dîner chez les Muhlfeld, Colette a eu un coup de foudre pour une femme du monde, Georgie Raoul-Duval, une Américaine qui écrivait sous différents noms de plume, des poésies et des romans, *Little Miss*, *Shadows of Old Paris*, *Written in the Sand*. « Oui, je l'ai aimée, si c'est aimer que de désirer jusqu'à la brûlure... que de songer... à la fuite avec elle, à sa séquestration voluptueuse[14]... », explique Colette qui fait à Georgie une cour impétueuse. Cette passion trop évidente passait les bornes des convenances même dans un milieu très libre, et, d'après Willy, scandalisa Paul Adam, Henri de Régnier, et leurs femmes qui pourtant n'étaient pas étrangères à Lesbos. Tous savaient que Georgie était « dangereusement attirante ». Elle était l'une des grandes séductrices du Paris cosmopolite, Marie de Régnier (Gérard d'Houville) avait succombé avant Colette. Édouard Bourdet fit de Georgie l'héroïne de sa pièce *La Prisonnière*, l'histoire d'une jeune femme qui essaie d'échapper à l'envoûtante Georgie, mais que ni sa famille ni son mariage n'arriveront à arracher à cet amour qui n'ose dire son nom.

Georgie Raoul-Duval, née Georgie Urquhart, était la femme d'un milliardaire américain d'origine française, occupé à prospecter des champs de pétrole à travers le monde. Née à Vienne, éduquée en France, elle faisait partie de la société cosmopolite de Rome, Berlin, Saint-Pétersbourg, Vienne, Londres qui se regroupait à Paris dans le seul but de s'amuser en dépensant de colossales fortunes. Elle comptait parmi ses amies Consuelo Vanderbilt, duchesse de Malborough, Minnie Stevens devenue Lady Paget, Adèle comtesse d'Essex. Paul Helleu, élégant don Juan aux yeux tristes, peignait ces belles milliardaires et s'assurait un excellent revenu en vendant des copies des portraits de ses modèles. « L'art de Helleu, disait Blanche, naquit dans les salons dont Bourget était le littérateur... Jean Lorrain le chroniqueur, Colette et Willy les vedettes [15]. » Les Raoul-Duval habitaient 107, rue de la Pompe. Jean Cocteau qui était dans le même cours privé que leur fils trouvait Georgie « noble » et « mystérieuse ». Les ambitions littéraires de Georgie l'avait mise sur le chemin des Gauthier-Villars.

Colette devient la prisonnière passionnée de Georgie. Elle la suit partout des boutiques de Worth, de Doucet, de Rouff rue de la Paix, au Bois où elles montent, Colette dans une tenue que Redfern a créée pour elle. Il n'est pas question de donner des rendez-vous à Georgie dans un fiacre, Willy loue donc avenue Kléber, non loin de la résidence de Georgie, une garçonnière pour Colette. Elles font un voyage en Angleterre où Mrs. Brown-Potter, la sœur de Georgie, a une propriété à Bray. Elle est le modèle de l'enchanteresse Calypso dans *Ulysse*. Le dimanche elle reçoit des artistes, des écrivains venus de Londres, de Paris, d'Europe centrale, de New York. Un orchestre joue en sourdine, des cygnes voguent sur la Tamise au bord du parc.

En août Colette, Georgie et Willy vont à Bayreuth. Les Willy arrivent le 12, Georgie le 13 pour des raisons de convenance. Colette passe des heures à l'admirer à sa toilette, elle adopte son régime de compote de fruits, de salades et de concombres. Mais dès que Georgie est prise ailleurs, elle se console avec d'énormes glaces à la crème, en disant qu'un pays où l'on peut acheter une glace pour 10 sous n'est pas complètement abandonné de Dieu. Ensemble on écoute *Le Vaisseau fantôme*. Colette envoie une carte à Jeanne Muhlfeld qui est dans la confidence : la musique est superbe mais certaines choses ne vont pas bien. Georgie est capricieuse. Willy, pris par Wagner, ne pense qu'à la musique. Après le festival, le trio se détend en visitant l'Autriche. Les Gauthier-Villars font maintenant partie du cercle des Raoul-Duval qui ont pour ami le comte Boni de Castellane et sa femme, la milliardaire Anne Gould. C'est Raoul-Duval qui a financé le voyage du comte quand il a traversé l'Atlantique à la recherche d'une héritière américaine qui le sauverait de la ruine. Boni affole les Gould par la légèreté avec laquelle il dépense en fêtes les dollars gagnés à Wall Street.

La passion de Colette ne diminuait pas, elle voudrait pouvoir rester seule sur la planète avec Georgie. Flattée, mais infidèle, Georgie séduisit Willy et trouva piquant de lui donner des rendez-vous à une heure d'intervalle avec Colette. Quand Willy s'aperçut de son manège, il l'avertit que Colette avait toujours un revolver sur elle et la tuerait si elle découvrait son infidélité, « ... et ce n'est pas sur vous qu'elle tirerait [16] ? », dit Georgie. Non, répondit Willy. Colette fut profondément blessée par Georgie « que j'aimais trop simplement, trop profondément [17] », quand elle se rendit compte qu'elle n'était pour Georgie qu'un divertissement parmi d'autres.

En février 1902 Ollendorff refuse de publier *Claudine amoureuse*. Il est sûr que la censure ne laissera pas distribuer une aussi scandaleuse histoire. Déjà plusieurs ligues pour la défense de la morale publique ne cessent de dénoncer *Claudine à l'école* et les articles cinglants de Willy contre la presse de province, s'ils font monter les ventes, ont irrité la droite comme la gauche. Pierre Valdagne vient trouver Colette pour lui demander de supprimer quelques passages, en particulier la scène où Renaud accompagne Claudine et Rézi dans sa garçonnière. Colette s'insurge et trouve Valdagne et Ollendorff timorés. Elle demande à Lucien Muhlfeld de lire le manuscrit et de lui dire franchement s'il faut couper les passages incriminés car elle n'y voit rien à censurer. Lucien Muhlfeld est de son avis, il intervient auprès d'Ollendorff qui, à demi rassuré, fait imprimer le livre.

Mais quelqu'un de chez Ollendorff a averti Georgie Raoul-Duval que *Claudine amoureuse* raconte en détail son aventure avec les Willy et que son portrait y est si peu déguisé que tout le monde la reconnaîtra. Aussitôt, par l'intermédiaire de son avocat, elle propose de payer tous les frais du tirage à condition qu'Ollendorff mette les livres au pilon. L'éditeur accepte la proposition. Il ne reste aujourd'hui que quatre exemplaires de cette version. Willy, furieux de l'affaire, arrache à Ollendorff une forte somme pour rupture de contrat, et porte le manuscrit chez Valette. *Le Mercure de France* se bat depuis des années pour l'abolition de la censure et prend systématiquement la défense des auteurs censurés. Les journaux de droite ont dénoncé le laxisme des censeurs lors de la publication du roman de Willy *Maîtresse d'Esthètes*, et de *Claudine à l'école*, Vallette et Willy sont sûrs que *Claudine amoureuse* sera censuré, ce qui permettra de relancer le débat sur la suppression de la censure. Le groupe du *Mercure* avait témoigné en faveur de divers auteurs dont le peu de talent et le grossier érotisme avaient rendu leurs cas difficiles, ils avaient perdu chaque fois contre les censeurs. En septembre 1900 la rédaction du

Mercure y compris Gauthier-Villars avait lancé sans succès un appel en faveur de Bekhoud, l'auteur d'*Escal-Vigor*, condamné pour attentat aux bonnes mœurs. Avec *Claudine amoureuse* le débat serait à un autre niveau : érotique ou pas, c'était un petit chef-d'œuvre. Willy lance le train publicitaire. Puis-je compter sur vous, demande-t-il à des collègues car « la boîte » (Le Mercure) qui publie le nouveau Willy n'a pas de budget publicitaire. Le soir, il s'enferme pour épicer le texte de Colette et « transforme, à coups de retouches trop brutales, la Rézi de Claudine en Georgie ».

Colette est horrifiée. En état de totale « liquéfaction morale » elle ne trouve pas les mots pour parler de cette affaire à Jeanne Muhlfeld. Le soir elle tombe épuisée dans son lit pendant que Willy, « ce garçon rancunier, brouillé sérieusement (je vous le disais bien !) avec G.R-D », continue sa vengeance contre Georgie. Colette supplie Jeanne Muhlfeld d'intervenir. « Elle (Georgie) y est – elle y serait effroyablement reconnaissable... je m'inquiète, surtout pour lui (...). Ma chère amie, vous savez qu'il *suffira d'un mot de vous – ou de Lucien, ou de tous les deux* pour empêcher Willy de commettre cela. » C'est indigne de lui, quant à Georgie, Colette avoue que sa passion est morte. « J'ai des raisons pour m'intéresser moins... à l'amie de Claudine [18]. » Willy, jaloux, croit que Colette veut protéger Georgie, une querelle éclate et Colette se tourne encore vers les Muhlfeld pour leur demander d'intervenir, ce qu'ils font, le texte ne sera en définitive pas modifié.

Colette fait lire le manuscrit à Rachilde qui propose d'ajouter « un vilain petit garçon » pour équilibrer l'histoire. C'est vrai, dit Colette, le livre « eût été plus logique » mais il « aurait recélé des horreurs ». Ne voulant pas blesser Rachilde, elle supplie : « N'est-ce pas que vous continuerez d'aimer Claudine et votre amie très reconnaissante ? » Colette sait qu'elle agace Rachilde qui la trouve trop exhibitionniste mais celle-ci s'est laissé un moment toucher par Colette dont elle a fait, selon Jean Lorrain, un des modèles de *La Jongleuse* et l'un des personnages de *La Tour d'Amour*. « Vous m'avez fourrée là-dedans », lui reprochait Colette. Elle cultive l'amitié de Rachilde : « Au nom du ciel, Rachilde, ne quittez pas la vie à présent. Voilà que j'ai eu la veine de vous plaire un peu, laissez-moi le temps de vous aimer de plus près et de vous voir souvent... attendez au moins que je vous sois redevenue indifférente. » Et l'impénitente Colette lui donne quelques conseils de survie : « Si c'est les gens qui vous font des misères, il faut cogner dessus ! C'est mon grand remède, mais ce n'est peut-être pas une panacée, quel dommage [19] ! »

Colette avait ses propres problèmes et passait de sautes d'humeur belliqueuse à des moments d'abattement. Dès la sortie de *Claudine amoureuse* rebaptisée *Claudine en ménage*, les appels à la censure se multiplient. Willy risquait de passer en correctionnelle. Or Willy n'est qu'un pseudonyme, un paravent commode derrière lequel Colette s'est abritée pour s'exprimer sans entrave. Un procès ferait tomber le masque. Qui serait prêt à jurer devant un juge que Colette n'était pas l'auteur des *Claudine* : Rachilde et Vallette ? les Muhlfeld ? les Régnier ? Jean Lorrain ? Curnonsky ? Henry G.V. pouvait toujours invoquer la distanciation de l'écrivain, puisqu'il s'agissait de femmes, mais pas Colette. On verrait là une œuvre autobiographique, Georgie ne manquerait pas de faire un procès en diffamation et, dans ce cas-là, peu d'amis prendraient le parti des Willy. Après le procès de Wilde, ses amis l'avaient publiquement renié, Jean Lorrain le premier. Au cocktail donné au *Mercure* pour la sortie du livre, Colette répondait avec un étonnant sang-froid à quelqu'un qui l'interrogeait au sujet d'une scène risquée, « Je n'en suis pas encore là », comme si elle commençait seulement à lire ce livre. Rémy de Gourmont, lui, se demandait quel jeu jouait Colette.

Les amis font un barrage d'articles élogieux. Lorrain dit que ce sont *Les Liaisons dangereuses* du XXe siècle, Rachilde que *Claudine en ménage* met Willy au premier rang des écrivains français, Marcel Boulenger que le style atteint la perfection et qu'il est impossible d'oublier certaines phrases. On dit bien en passant que le livre est amoral mais aussi que c'est un chef-d'œuvre et le jugement définitif est prononcé : les *Claudine* sont des classiques.

Cependant il y a de violentes réactions contre *Claudine en ménage*. Le sénateur Bérenger dénonce le livre et essaie par le truchement d'une ligue du bien public de faire déposer une plainte contre l'auteur. Bérenger s'opposait à l'émancipation des femmes. Claudine était encore plus dangereuse que les suffragettes qui revendiquaient le droit de vote car elle revendiquait le droit au plaisir.

En avril, Colette part avec son beau-fils Jacques prendre quatre jours de repos à Châtillon où Achille les emmène faire un tour dans sa nouvelle De Dion-Bouton. Colette prenait sérieusement ses responsabilités de « petite maman », n'hésitant pas à annuler un dîner pour accompagner Jacques au train qui l'emmenait aux Roches où il est maintenant pensionnaire.

Polaire

Malgré articles et romans, les Willy vivent au-dessus de leurs moyens, seul le théâtre permettrait de financer leur train de vie de plus en plus dispendieux. Le théâtre devient l'obsession des Willy. L'expérience de Willy comme dramaturge est limitée. Il a signé avec Jarry une pièce, *Pantagruel*, qui n'a jamais été montée et avec Andrée Cocotte *Médecine aux champs*, une pièce en un acte. Il demande à Lugné-Poe et à Charles Vayre d'écrire avec lui une pièce en trois actes, *Claudine à Paris*, précédée d'un acte en forme de prologue, *Claudine à l'école*. Plus qu'une pièce c'était une comédie musicale dont la production serait entièrement contrôlée par les Willy.

Dès que la nouvelle se répand qu'on allait porter *Claudine* à la scène, Colette et Willy sont pourchassés par de jeunes actrices qui veulent le rôle. On les aborde au restaurant, on les attend à leur porte, on se glisse dans leur antichambre, voire dans leur chambre. C'est la plus inattendue des candidates, Polaire, l'étoile du music-hall qui jouera *Claudine*. Elle avait lu le roman et s'y était reconnue. Pierre Mortier, son agent, essaya de lui obtenir le rôle mais Lugné-Poe, qui dirigeait la pièce, voulait Ève Lavallière, Willy préférait Hélène Réyé qui avait joué le célèbre Claudinet. Sans ménagements, Willy découragea Mortier, Polaire n'avait jamais fait de théâtre, ses maniérismes de chanteuse étaient trop marqués. Il ajouta que Polaire se préoccuperait plus de mettre sa taille en valeur et de montrer ses jambes que du texte. Mortier lui rapporte les propos de Willy, et Polaire voit rouge. Elle saute dans sa victoria capitonnée de satin bleu, tirée par ses chevaux blancs, et se fait conduire au galop rue de Courcelles. Arrivant à l'improviste chez les Willy, elle déclare : « Claudine, c'est moi. » Colette fixe sur Polaire un regard scrutateur et voit qu'elle a raison. « Ce que fit Polaire de Claudine est inoubliable », dira Colette.

Colette et Willy connaissaient Polaire. Willy avait été l'un des premiers à signaler son talent et sa taille à rendre une guêpe jalouse. Jean Lorrain parlait avec lyrisme de ses yeux de *fellahine*. Émilie Zouze-Bouchaud née en Algérie dans une famille de huit enfants avait rejoint à 14 ans son frère, le comédien Dufleuve. Il lui avait acheté une chanson, l'avait fait répéter avant de la présenter au directeur de l'*Européen* qui l'engagea sur-le-champ en lui demandant de revenir avec un nom de scène. En rentrant chez elle, elle regardait les étoiles, pourquoi ne pas prendre le nom de l'étoile qui en Algérie pointait vers Paris, vers le succès, pourquoi pas Polaire ? Trois semaines après ses débuts à l'*Européen*, Polaire tentait sa chances aux *Ambassadeurs*, un music-hall en plein air où les boulevardiers venaient voir auditionner les jeunes actrices et les chanteuses huées ou applaudies pour leur minois plus que pour leur talent. Polaire présente une danse et une chanson. Elle a un tempérament nerveux et, les poings serrés, elle chante avec une intensité qui touche le public populaire de l'Européen. Elle chante avec le pathos qui plus tard sera la marque de Piaf. La jeunesse dorée des Ambassadeurs l'écoute et l'applaudit, on lui signe un contrat où son salaire passe de 7 francs par semaine à 10 francs par jour. Polaire est lancée. Marchand, le directeur des Folies-Bergère, lui offre 150 francs par jour que la prudente Polaire accepte à condition de pouvoir également honorer son contrat aux Ambassadeurs. Tous les soirs un fiacre l'attend pour la conduire aux

Folies-Bergère, suivie de ses admirateurs qui l'escortent dans leurs voitures. En 1895 Toulouse-Lautrec dessine son affiche publicitaire. Polaire, habillée sur scène et à la ville par Landof, lance une certaine mode. Elle fait couper ses cheveux. Petite, elle mesure 1,50 mètre, elle a un visage au menton pointu, de superbes dents blanches, de grands yeux mélancoliques, et une taille pas plus grande qu'un col de chemise. Succès et riches protecteurs vont de pair. Max Lebaudy, l'héritier d'une fortune sucrière que le demi-monde se dispute, lui donne un énorme croissant de diamants, des perles aussi belles que celles d'Otéro, une voiture; c'est un passionné de l'automobile, quand il gagne une course, il fait arroser sa voiture au champagne. Il mourut à 22 ans. Un autre admirateur de Polaire fait créer par Lalique une ceinture, un anneau de cristal, digne de sa taille. Une procession de livreurs vient tous les soirs déposer des cadeaux dans sa loge. Dès qu'elle entre en scène, le public couvre la scène de bouquets de violettes. Polaire attire aussi les femmes. Paris-Mytilène à l'œil sur elle, Marguerite Moréno l'avait signalée à Colette, Otéro l'invite à ses soirées. Émilienne d'Alençon, la première femme à avoir une écurie de courses, lui fait livrer un bouquet en forme de cheval grandeur nature couvert de fleurs rares. Émilienne se produisait elle aussi aux Folies-Bergère caparaçonnée de bijoux, tenant en laisse des lapins apprivoisées, teints en rose.

En 1902, Polaire habitait un hôtel particulier, 11, avenue du Bois. Elle était entretenue par Jules Porgès, un banquier qui lui versait des flots d'argent avec lequel Polaire entretenait de beaux garçons. Sa décision de jouer Claudine laissait espérer le pactole. Colette se charge de lui faire apprendre son rôle et Willy assiste tous les jours aux répétitions aux Bouffes-Parisiens. « J'ai besoin d'argent », répète Colette à Polaire, qui nullement occupée de ces questions, lui répond : « Nous autres, on s'en fout, on fait de l'art ! » Ce qui fait sourire Colette qui murmure : « Je voudrais seulement faire plaisir à mes créanciers. Elle demanda à Mulhfeld de faire du battage pour *Claudine* : « Je vous conjure, Muhlfeld, d'éreinter favorablement la pièce. Elle n'a rien à démêler avec l'art ni avec la littérature. C'est idiot, et dites-le. Mais dites aussi " ça fera recette ". Il faut que cela fasse recette, car j'ai besoin d'argent et nous tirons la langue [20]... »

La première a lieu le 22 janvier 1902. Polaire en sarrau noir et jupons mousseux, un ruban à carreaux noué sous un col rond, en chaussettes et bottines, entre en scène. Ce n'est pas la Polaire que le public a l'habitude de voir, les huées commencent. Willy de sa loge d'avant-scène se lève et crie : « Continue, Polaire, ne fais pas attention à ces idiots [21]. » Et cette pièce, écrite à la va-vite, montée en hâte, tiendra grâce à Polaire 123 représentations. Il faudra l'arrêter en plein succès parce que les Bouffes-Parisiens sont retenus pour une autre pièce. Tous les soirs Willy, qui a investi de l'argent, vient vérifier les comptes. Il a lieu de se réjouir.

La pièce fait de Claudine un type, un nouveau « sex-symbol ». Toutes les maisons closes auront une *Claudine*, une gamine en sarrau court et chaussettes. Music-halls, cabarets et cafés-concerts ont un numéro consacré à Claudine : *Claudine et l'apache*, *Claudine aux arrêts*, *Claudine s'amuse*, l'Eldorado fait des projections animées sur écran par le vitographe intitulées *Claudine aux deux écoles*, à Parisiana on joue *Claudine en vadrouille* de Trebla et Saint-Cyr.

Flagrant délit

Pendant ce temps, le drame qui débouchera sur *Claudine s'en va* et *Le Retour d'âge* de Willy se déroulait à Bayreuth. Un après-midi Colette découvre Liette de Serres (Marthe Payet dans les *Claudine*), la femme du compositeur, dans une situation compromettante avec Willy. Liette est une amie du couple depuis de longues années et habite aussi rue de Courcelles. Colette se sent doublement trompée et prend immédiatement le train pour Paris où elle fouille tous les tiroirs de son mari, fait sauter la serrure de son secrétaire et dans « une correspondance indécente » apprend que Willy, qui la trompe avec Liette, a été pendant des années l'amant de Mme Chausson, la femme d'un autre musicien de leurs amis. Laissant les lettres bien en vue, elle va s'installer à L'Impériale Résidence, rue Marguerite. Son mariage, disait-elle, avait commencé à se détériorer en 1902, l'année où Polaire jouait Claudine. Willy ne la trouvant pas au domicile conjugal, la rejoint à L'Impériale Résidence et la persuade de reprendre la vie en commun sur de nouvelles bases : Colette promet de ne plus aimer Georgie, lui de mettre un point final à sa liaison avec Liette. Il décrira L'Impériale Résidence comme un lieu de délicieuses réconciliations conjugales. Les épisodes de Bayreuth et de Georgie laissent malgré tout une rancune insurmontable. A 44 ans, Henri a peur de perdre son petit Camaro, il devient soudain jaloux. Où est donc, se demande Colette, « mon complaisant ami d'autrefois » ? Quant à elle, elle a toujours été jalouse : « Il n'y a pas un de vos sourires, égarés vers les yeux d'une autre femme, qui n'ait suscité au fond de moi la plus ordinaire envie de tuer [22] », explique Colette à Willy, mais ce n'est qu'« un cas vulgaire » de banale jalousie quand on aime comme elle l'aime. La violence de ses émotions, de ses emportements ne cessait d'étonner son entourage et de provoquer une certaine gêne dans ce milieu esthète qui vit de frissons plutôt que de tempêtes. Pendant une séance de pose chez Jacques-Émile Blanche, elle ne pouvait tenir en place. Chaque fois qu'elle entendait une voiture approcher, elle se levait, courait à la fenêtre pour voir si Willy arrivait. Quand elle aperçut la voiture du Jockey-Club qui ramenait Willy en compagnie de la comtesse de Guimont-Fautru, elle eut une crise de nerfs. Mme Blanche dut lui défaire son corset pendant que la femme de chambre lui faisait avaler un cordial et l'enveloppait dans une couverture. « Est-ce qu'il l'embrasse ? » demandait Colette d'une voix angoissée à Jacques-Émile Blanche.

C'est à partir de l'épisode de Bayreuth que Colette met en train son projet de gagner sa vie au théâtre et d'avoir un appartement à elle. Willy, qui a été pris en flagrant délit d'infidélité et de cachotteries financières, acquiesce. Il va couvrir Colette de cadeaux. Il achète le deuxième étage d'un hôtel particulier 177 *bis*, rue de Courcelles dont le précédent locataire avait été le ministre des Travaux publics. Au rez-de-chaussée habite le prince Alexandre Bibesco, un bibliophile passionné et sa femme, l'actrice Hélène Réyé, célèbre pour ses rôles de Gavroche et Claudinet. C'est un appartement clair « d'un Art nouveau raisonnable et discret » mais le salon est « une pièce baroque qui tenait à la fois d'une salle d'attente et d'un cabaret hollandais... une pièce dont le jour était tamisé et verdi grâce à un amusant effet de culs de bouteilles qui filtraient curieusement la lumière ; une longue table et des bancs... des cuivres, des étains, des faïences villageoises... meubles larges, bancs massifs, tables trapues... draperies lourdes glissant sur des tringles... », c'est le mobilier hollandais de la dot de Colette tellement prisé par Sido. Aux murs des tableaux de peintres contemporains : Degas, Boldini, Sem, Cappiello, Léandre, des statuettes représentant Willy et Colette. Les meubles Art nouveau de leur chambre à coucher, laque blanche, satin blanc, cannage blanc, sont signés Cappiello. Willy les a achetés à une vente après saisie. La salle de bains a « une baignoire pour mammouth, un réservoir de cuivre comme un bastion [22]... ». Colette et Willy ont chacun leur bureau. Celui d'Henri est tout blanc, Colette lui trouve un air de pâtisserie, encombrée de journaux, de livres, de photos, avec un buste d'Albert Gauthier-Villars sur la cheminée et au mur le grand tableau de Pascau qui a saisi la déliquescence physique et morale de Willy et la fatigue de Colette. Ni l'un ni l'autre n'aimait ce tableau. Les Willy ont cette rareté : un téléphone, le 556-86.

Dans l'appartement du troisième étage Colette a installé « sa garçonnière ». Elle a une entrée privée, une chambre à coucher et un studio où elle a fait installer un gymnase avec des agrès comme elle l'a fait aux Monts-Boucons, et commence son entraînement pour la scène. Elle a un maître de gymnastique. Elle prend des leçons d'équitation avec Calame, un officier du Cadre noir de Saumur, à l'école militaire à Saint-Cloud. Les Willy montent régulièrement au Bois. Colette y promène aussi son bouledogue, en bottines à boutons, et trotte d'un bon pas au milieu des landaus et des élégantes en chaussures de satin à talons, qui se risquent parfois à faire quelques pas. Elle porte des costumes tailleurs et de petits chapeaux. Dix ans plus tard, pendant la petite révolution Chanel, Colette décrivait dans

L'Entrave les regards critiques que ses tailleurs stricts lui attiraient encore, le costume tailleur passant pour la tenue des femmes « déclassées », lesbiennes, artistes, actrices.

Colette n'écrit jamais dans sa garçonnière, elle a un petit bureau dans une alcôve qui ouvre sur le salon. Sur sa table éclairée d'une lampe de cuivre à l'abat-jour de verre vert achetée à Londres, voisinent l'encrier, la rame de papier américain rayé de bleu pâle, les plumes et la boîte à poudre de riz. Pour écrire Colette a besoin d'un cocon où elle retrouve le coin qu'elle s'était organisé dans le bureau du Capitaine. Toute sa vie, elle recréera ce cocon, un coin meublé d'une table, d'une lampe, tournant toujours le dos aux fenêtres. Plus que le confort d'un bureau, Colette a besoin d'une présence près d'elle. Des photos la montrent au fil des années, assise à une table couverte de papiers et de plumes avec sa famille, avec sa belle-famille, à côté de Willy, puis debout derrière elle, au cours de sa vie, on voit la marquise de Morny, Henri de Jouvenel, Maurice Goudeket.

Si l'écrivain avait besoin d'un cocon, Colette, à trente ans, voulait être libre de vivre à sa guise. La trahison de Georgie a provoqué une crise en profondeur dont les conséquences sont complexes. Elle est consciente de sa « virilité » et voit de plus en plus Willy comme un être féminin, faible même physiquement, la rondeur de ses épaules, la délicatesse de sa voix « de ténor léger », la finesse de ses mains. Colette a une aventure avec Renée Parny, une jeune actrice de la troupe de Sarah Bernhardt et sa protégée. Willy les découvrit se roulant par terre en train de se donner des coups de poing. Colette affirmait que les jeux un peu rudes amélioraient les relations, elle changea d'avis plus tard.

Après la trahison de Willy, Colette refuse de se conformer à un semblant d'étiquette bourgeoise, elle rejette l'hypocrisie des convenances. Les milieux littéraires qu'elle fréquente depuis son mariage, *Le Mercure de France*, en particulier, sont en guerre contre l'hypocrisie, la censure. Pourquoi faut-il présenter au public l'image fallacieuse d'un couple bourgeois? Willy lui-même dénonce l'hypocrisie dans ses articles, et ses romans. Elle met Willy en face de ses contradictions comme le Capitaine mettait Sido en face des siennes. L'emménagement au 177 *bis*, **rue** des Courcelles marque le début d'une phase de provocations. A cette époque on voit Willy et Colette, en frac tous les deux, « twins » masculins ayant plutôt l'air d'un père et d'un fils que d'un couple marié. « Déconcertante et curieuse cette silhouette de femme au corps svelte de gamin qui met indifféremment les habits de femme et d'homme et sous les uns et sous les autres paraît également insexuée[24]. » Colette a non seulement des aventures féminines, elle commence à avoir aussi des aventures masculines.

Le succès de Polaire dans *Claudine* a éclipsé le roman ; Polaire était désormais Claudine. C'est elle qui mobilise l'attention du public et de la presse. Colette décide de reconquérir sa création et les énormes revenus qu'elle représente. Il semble peu probable que Willy ait poussé Colette sur scène, les comédiennes sont assimilées aux courtisanes. Or Willy protège le nom de sa famille. Lui-même ne signe « Gauthier-Villars » que des ouvrages historiques, il a trop le souci des convenances pour accepter que sa femme se lance dans une carrière qui la déclasserait. Il n'arrêtera pas par la suite dans *Un petit vieux bien propre, Pimprenette de Foligny* et d'autres romans de se plaindre à travers ses avatars littéraires d'avoir été ruiné par Pimprenette de Foligny (lisez Colette) qui voulait faire du théâtre. Mais en 1902 Willy est pris entre deux possibilités de scandale : un divorce dont le menace Colette, et que sa mère malade ne supporterait pas, ou Colette sur scène. Il met au point un scénario digne des mystifications de Paul Masson, un scénario destiné à brouiller les pistes : Colette va se transformer en double de Polaire. D'abord la coiffure. La longue natte tombe sous les ciseaux de Lenthéric. Le cheveu court, comme le maquillage, déclasse une femme. Colette raconte aux Gauthier-Villars qu'elle a brûlé ses cheveux par accident à une lampe. « Tes cheveux ne t'appartenaient pas, ils étaient mon œuvre », s'écrie Sido qui ne croit pas un mot de l'histoire de la lampe. Colette n'a aucun regret : « J'étais toute à la joie de secouer une tête délivrée, de dormir sans lien [25]. » Willy fait faire une série de cartes postales représentant Colette en sarrau de Claudine avec son bouledogue Toby-chien, une autre série représentant Colette en Claudine et Willy en Maugis avec comme légende *Claudine et Toby-chien, Colette et Toby-chien, Willy et Colette* ou *Colette Willy*, et un jeu identique de cartes postales avec Polaire. Il fomente une confusion totale. Le « père des Claudines » fait faire trois tenues identiques pour Colette et Polaire : un costume tailleur gris-bleu rayé de blanc, une robe de mousseline blanche portée avec une capeline de dentelle et un autre costume à carreaux verts, gris et bruns. On voit Willy et ses « twins » aux courses, à l'opéra, au restaurant. Quelques sorties bien préparées et le résultat escompté est obtenu. Le trio est photographié, brocardé. « Colette et Willy ont ajouté un trait d'union à leur nom », la publicité est énorme. Polaire, dans ses mémoires dira qu'elle n'aimait pas ces allusions, « je n'étais même pas la maîtresse de Willy », mais elle n'avait pas résisté à sa jumelle Colette.

En juin Colette et Willy vont à Marseille avec Polaire et la troupe de *Claudine à Paris*. Willy parade les « twins » qui portent des canotiers identiques. Dans la rue, les gens prennent Colette pour Polaire et l'appellent : « Hé, Claudine ! » Il est probable que Colette a, dès cette tournée, servi de doublure à Polaire qui s'est intoxiquée en mangeant des coquillages. Quand Colette fera ses débuts officiels, un article du *Rire* dévoilera que Mme Colette Willy a joué « en tournée tout le répertoire de Polaire : Claudine, le Friquet, etc. ».

Jean Lorrain vient les rejoindre. Il est installé sur la Riviera où il tient la chronique mondaine pour des journaux étrangers. Il en est au dernier stade de la toxicomanie. Colette est heureuse de le revoir. Comme au temps de « la petite classe » ils vont visiter les « enfers » marseillais, les bars et les cafés au bord de l'eau et le quartier réservé derrière l'Opéra. Polaire qui dénonce dans ses chansons les fumeurs d'opium et les millionnaires pervertis ne trouve aucun attrait à la vie des bas-fonds. Son enfance pauvre lui fait préférer le confort des promenades en bateau, les hôtels de luxe. Elle refuse d'accompagner Colette et Lorrain dans un bordel où Colette demande qu'on fasse défiler plusieurs fois les filles dont la nudité est dissimulée par une robe de mousseline empesée qui laisse voir les bas noirs et les jarretières, la nudité intégrale est interdite. Elle est fascinée par une fille hagarde et « sans nez », à la chevelure en nuage qui ne sait pas un mot de français. La patronne explique : « C'est une qu'on a pris pour les équipages de couleur. » Ils partirent après avoir offert à boire à tout le monde, et allèrent dîner chez Basso, le restaurant élégant sur la mer. Colette essayait d'oublier cette fille et Lorrain, amusé par la fascination de Colette, improvise plusieurs biographies de celle-ci « et m'en dégoûte complètement [27] ».

Lorrain lui présente alors Baptistine, un travesti fleuriste du théâtre et proxénète, qui offre de la part d'un admirateur de Polaire une très belle épingle de cravate à Willy et promet d'être généreux si on lui arrange un rendez-vous.

Colette s'installe aux Monts-Boucons pour l'été. Le 27 août Willy achète une ferme et cinq hectares de vigne qui jouxtent leur propriété. Colette est heureuse. Rien ne vaut « la couleur de la cinquième heure du matin, ni l'émouvant pillage d'un nid de couleuvres dans le pré où les très jeunes couleuvres sont comme des morceaux de lacet de soie [27] ! », (Colette s'est toujours amusée de la peur de ses amies des serpents et des souris.) Elle monte un demi-pur-sang. Willy lui a offert un harnais de « fin cuir anglais » et une gourmette en argent, ou bien elle attelle le duc, un autre cadeau de Willy, et parcourt sa propriété avec ses trois bouledogues. Colette s'entraîne aussi, en vue de sa carrière au music-hall, sur un gymnase en plein air avec trapèze, barres, perches et échelles sur lesquelles elle fait des « voltiges timides ». « Pourtant les barres parallèles marchent et je m'admire particulièrement dans un renversement au trapèze [28] », confie-t-elle à Moréno. Elle a appris à Toby-chien à grimper aux échelles, un numéro qu'elle réserve en cas de coup dur.

Sa relation avec Willy est, en apparence, redevenue normale : « Willy demeure comme par le passé le plus beau et le meilleur [29]. » Elle le met au régime de longues promenades et de nourritures simples. Il n'a jamais prisé la simplicité fouriériste des repas de sa belle-famille. Il préfère les champignons à la crème, les gâteaux de Savoie, les lourdes choucroutes qui l'envoient régulièrement dans des villes d'eaux. Cependant une sourde tension se manifeste entre eux au sujet de *Claudine s'en va*. « Cette *Claudine s'en va* est le volume de la tétralogie à propos duquel nous eûmes ma collaboratrice et moi les plus âpres discussions. Colette voulait y traîner dans la boue toutes les femmes avec lesquelles elle avait couchotté, et quelques autres qu'elle soupçonnait – à tort – de m'avoir remarqué... Je m'y opposai. Il eut fallu six volumes, petit texte *Inde irae*. » Cette fois c'est Willy qui s'affole de trouver des portraits trop ressemblants de ses maîtresses : Liette de Serres (Marthe Payet) ou la femme d'Ernest Chausson (Valentine Chessenet), Jeanne Pouquet (La Rose-Chou)... Il affirmera : « De mon mieux, je déformai les portraits trop ressemblants [30]. » Willy n'est pas de bonne foi car les corrections qu'il apporta sont minimes. En réalité Colette a voulu écrire seule ce roman sur les difficultés de son mariage, « *Claudine s'en va* me donna bien du tracas », dira Colette qui veut prouver à Willy qu'elle n'a plus besoin de lui. Elle s'amuse à écrire une lettre de Maugis, en faisant un pastiche outré du style de Willy. « Bravo, dit froidement M. Willy [31] » qui encaissa le coup. Il avertit Vallette que le roman était mal structuré et qu'il s'en lavait les mains.

Claudine s'en va est une catharsis. Colette en fait un argument en faveur du divorce et l'intitule d'abord *Je m'évade*. Dans les dernières pages de *Claudine en ménage*, Claudine se disait heureuse de l'amour de Renaud, triste de ses infidélités et de son amour du secret. Elle se blâmait de n'avoir pas vu plus tôt les dangers qui menaçaient leur couple. Le livre se terminait sur le désir d'être la femme fidèle d'un mari fidèle. Dans *Claudine s'en va*, après le choc émotionnel de la découverte de Willy avec Liette de Serres à Bayreuth, Colette se demande pourquoi elle a été si longtemps aveugle. Elle oppose deux couples antithétiques : Claudine et Renaud qui rappelle constamment l'entente idéale de leur vie en camarades et Annie-Alain, le couple bourgeois par excellence. Annie est soumise à un mari égoïste et infidèle qui tient sa femme dans l'ignorance de ses affaires. Pendant un voyage d'Alain, Annie découvre qu'elle n'a pas besoin de lui pour vivre. Elle a rencontré un groupe de femmes libérées qui l'ont aidée à voir clair en elle-même.

Annie est un avatar de Colette, elle représente son côté soumis, ce qu'elle appelait son côté midinette. Annie est le reproche que se fait Colette d'avoir cru à la sincérité de Willy. En forçant son secrétaire, elle a découvert des liasses portant des suscriptions : « Voici ! *Factures acquittées*, voici *Titres de propriétés*, voici *Pièces relatives au procès des terrains* (quels terrains ?), *Lettres de Marthe*, *Lettres d'Andrée* (mais quelle Andrée ?), lettres, lettres, lettres, ... ah ! enfin *Lettre de Valentine*. »

Colette a attribué à Annie, qui ressemble à une créole, ce qu'elle aime le plus : les Monts-Boucons (Casamène), son bouledogue Toby, Mélie, sa nourrice. La vie d'Annie est un travelogue à travers la vie de Colette : le voyage à Uriage, le voyage à Bayreuth en 1901, une soirée chez Mme Lemaire sur le thème des *Fêtes galantes* de Verlaine où les invités avaient présenté des tableaux vivants reproduisant des tableaux de Fragonard. Elle attribue à Annie sa tentation d'avoir un enfant. « Bouac ! Jamais ! » conclut Annie. Elle doit garder sa silhouette mince. Et s'amusant de ce jeu de miroirs qu'elle aime, Colette nous donne une Claudine amoureuse d'Annie et vice versa. Comme conclusion elle propose **deux** solutions : celle de Claudine, retourner à Montigny avec Renaud, « J'ai tout quitté... sauf Renaud... pour Renaud... Il vieillira plus vite que moi... et je pourrai peut-être donner un peu de ma vie pour allonger la sienne... », et celle d'Annie qui a abandonné son foyer pour vivre la vie « de la voyageuse solitaire ». Dans le dernier paragraphe Colette fond subtilement les deux personnages, Claudine et Annie, en un seul : la nouvelle Claudine. « Debout, de roux vêtue, je dis adieu, devant la glace à mon image d'ici... Avec une triste et passagère clairvoyance, je vois ce recommencement de ma vie [32] ».

Le message est clair, Colette est prête à partir si Willy mène une vie cachée et parallèle. Colette, qui pense à tort que les Monts-Boucons (Casamène) sont entièrement à elle, fait des calculs dans *Claudine s'en va*, elle a 3 000 francs de dot et 50 000 francs d'économies ; financièrement elle est indépendante, même si le divorce est prononcé à ses torts pour abandon du domicile conjugal. Mais c'est Willy qui porterait la responsabilité d'une rupture ; il n'a pas respecté le pacte de vivre leur vie à livre ouvert. Il a manipulé Colette en encourageant ses amours homosexuelles, il n'a pas eu à trembler de la grande peur des maris de l'époque : être le mari cocu qui fournit aux théâtres de boulevard tant de scènes comiques. C'est lui qui a mis « le loup dans la bergerie [33] » en lui donnant Georgie et c'est lui que Colette a pris en flagrant délit. Dans la « Lettre de Claudine à Renaud », Colette le met en garde : « Revenez, tout complote contre vous ! Redoutez que la mémoire du passé revienne à votre Claudine... ô prudent, imprudent mari [34]. » Sinon elle fera comme Annie, elle prendra Toby-chien et son revolver espérant trouver « un à-peu-près de paradis pour une petite créature comme moi [35] ». Colette s'est, pour l'instant, réconciliée avec elle-même.

A l'automne le trio Colette-Polaire-Willy est inséparable. On les voit au Palais de Glace des Champs-Élysées après cinq heures, l'heure à laquelle la patinoire se vide des enfants de la bourgeoisie et de leurs chaperons. C'est l'heure où les cocottes, les demi-castors, les grandes horizontales s'élancent sur la glace soutenues par les moniteurs en uniforme vert aux brandebourgs et épaulettes dorés. Liane de Pougy, dans une envolée de renard argenté, glisse sur ses patins d'argent. A une table du promenoir, on voit Colette mince dans un costume cycliste, avec Toby-chien sur une chaise à côté de Willy monocle à l'œil, grosse moustache aux bouts retournés, large cravate de soie, l'œil amusé sous le haut-de-forme, « ses mains d'évêque » appuyées sur le pommeau de sa canne. Polaire fait son entrée et va les rejoindre. Elle polarise les regards, « elle domine la mode, elle exaspère les femmes, elle excite les hommes [36] ». Sem fait des croquis du trio pour les journaux, et le *Gil Blas, Le Cri de Paris, L'Éventail* rapportent leurs faits et gestes, ne distinguant pas toujours Colette de Polaire.

PARIS-MYTILÈNE

Colette poursuit son plan de monter sur scène en donnant des représentations privées dans les salons de Paris-Mytilène, ce monde fermé sur lui-même dont les pôles d'attraction sont la princesse de Polignac, la baronne de Nyevelt, la marquise de Morny, la baronne Deslandes, Natalie Barney et Renée Vivien. Sauf les deux dernières, elles sont mariées, quelquefois plusieurs fois, et ont d'énormes fortunes qu'elles consacrent aux arts et aux lettres. La princesse de Polignac lance dans son salon la carrière parisienne d'Isadora Duncan qui est entretenue somptueusement à Londres par son frère Paris Singer. Colette songe à trouver une protectrice pour se lancer. Grâce à Georgie Raoul-Duval elle a fait la connaissance du groupe d'Américaines milliardaires qui ont fui le puritanisme de la haute société américaine pour vivre à Paris. La plus célèbre est Natalie Barney, surnommée par François Mauriac « le pape de Lesbos ». Héritière « de la fabuleuse fortune des Barney », Natalie est une écuyère, une tenniswoman et une nageuse accomplie, elle écrit aussi des poèmes sous le pseudonyme de Florence Temple Bradford. A quinze ans elle a découvert l'amour dans les yeux verts et les cheveux roux d'Eva Palmer, l'héritière des biscuits Huntley et Palmer. Elles voient l'Amour comme l'expression sublimée de l'Art, qui ne peut être que grec. Nymphes du Nouveau Monde, elles courent nues dans les bois de leurs vastes propriétés sur les bords de l'Atlantique, prenant des poses de statues pour des photos. Pendant un tour d'Europe avec sa sœur et sa mère, Alice Pike Barney, un peintre élève de Whistler, Natalie a un choc culturel en voyant en Belgique une carriole chargée de pots de lait tirée par un chien et une femme attelés alors que le mari marche à côté en fumant la pipe. Cette scène en fait sur-le-champ une féministe. Elle conçoit le féminisme comme la liberté de vivre comme un homme du monde. Ses parents lui ayant donné de l'argent pour faire faire son portrait par Whistler, Natalie le dépense à entretenir un modèle de sa mère, une Espagnole qui lui fait découvrir les lieux de rencontre du Paris-Lesbos, le bois de Boulogne, le Palais de Glace, le Bal Bullier, le Ladies Club de la rue Duperré présidé par la comtesse de Peragallo.

Un soir au Bal Bullier elle aperçoit Liane de Pougy entourée d'une escorte d'hommes du monde, et se jure de faire sa conquête. Elle demande aux Landorf de lui confectionner un habit de page avec un lys brodé sur la poitrine. Tous les matins elle envoie à Liane un poème dans une gerbe de lys. Enfin le signal tant attendu arrive : Liane porte un lys à sa ceinture pendant sa promenade au bois. Natalie endosse sa tenue de page et s'en va sonner chez la courtisane. Elle est reçue par Valtesse de Bigne, ancienne grande horizontale qui avait eu son heure de gloire sous Napoléon III. Valtesse, conseillère en amours, filtre les visiteurs, elle juge Natalie digne, financièrement, de Liane qui, dans un roman autobiographique, *L'Idylle saphique*, publié en 1901, raconte son aventure avec « Moonbeam », Natalie Barney.

Faisant fi de toute contrainte, Natalie a décidé de vivre sans mari-paravent, malgré ses parents qui la poussent à faire un mariage de raison. Elle refuse le candidat idéal, lord Alfred Douglas, qui est à Paris pour la publication de sa correspondance avec Oscar Wilde. La singulière personnalité de Natalie inspirera nombre d'écrivains : elle est Flossie dans *Claudine s'en va*, Évangéline dans *L'Almanach des Dames* de Djuna Barnes, Laurette dans *L'Ange et les Pervers* de Lucie Delarue-Mardrus, Miss Seymour dans *Le Puits de solitude* de Radcliffe Hall, Miss Retchmore dans *Tendre est la nuit* de Fitzgerald, la femme dans *Une femme m'apparut* de Renée Vivien et l'Amazone de Rémy de Gourmont dans *Les Lettres de l'Amazone* pour ne citer que ses avatars les plus connus. Son influence sur Colette aura des conséquences profondes. Autour de Barney dont *Portraits-Sonnets de Femmes* vient d'être publié par Ollendorff, avec des illustrations de sa mère Alice Pike-Barney, gravite le haut Lesbos international et littéraire. C'est à ces femmes que Colette attribue, dans *Claudine s'en va*, sa libération complète.

A l'automne 1902 Natalie est invitée rue de Courcelles. Elle remarque que Colette et Willy « n'ont pas de vie privée [37] », et sont toujours en représentation. Elle décrit Colette comme une jeune femme au derrière rond, aux jambes fortes, aux manières aussi directes que son langage. Quand elle se tait, elle devient aussi énigmatique qu'un chat, personne ne peut lire dans ses yeux gris-vert. A l'automne, Colette est encore amoureuse de Georgie. Celle-ci lui en veut de *Claudine en ménage*, mais continue à voir Willy qui, à ses yeux, a peu de responsabilités dans cette aventure, car c'est Colette qui a choisi de raconter leur histoire. En novembre Willy a reçu une longue lettre fiévreuse de Georgie sans une seule mention de Colette. Assez bizarrement, il en conclut que Georgie aime toujours Colette. Il est jaloux ; avant Georgie, Colette n'a aimé que lui, ses amours contingentes n'ont été que contingentes ; il a peur d'une réconciliation entre Georgie et Colette. Il décide de la pousser dans les bras de l'Amazone qui offre le double avantage de pouvoir prendre à sa charge le lancement de Colette et de la distraire de Georgie. Sa correspondance avec Barney est digne de Choderlos de Laclos. Un soir où Colette se trouve libre à cause de l'annulation d'une première au théâtre, il fait porter un billet à Natalie la priant d'inviter Colette à dîner (Barney habitait alors l'hôtel Lapérouse). Puisqu'elle n'avait plus à se ménager pour la soirée, Colette aurait toutes ses forces pour dîner avec Natalie. Dans une autre lettre il lui dit que Colette est rentrée de chez elle fiévreuse et enivrée par son après-midi, mais en le lui racontant, par deux fois, elle a parlé de « Georgie » au lieu de « Natalie ». Qu'il est donc difficile d'oublier Georgie !

Natalie couvre Colette de fleurs, de cadeaux, lui envoie un oranger puisqu'elle rêve d'Italie, Colette la remercie en lui promettant des délices, et en dansant pour elle. Natalie s'agaçait de Willy, ce mari omniprésent et confiera que la profonde amitié du couple Colette-Willy la surprenait. Elle trouvait Colette trop attachée, trop dépendante de Willy tout en lui reconnaissant – car on n'est jamais à un paradoxe près – une forte personnalité qui la préservait de toute domination. Ce que Natalie n'avait pas compris c'est qu'elle n'était qu'un relais dans les plans d'avenir de Colette. « Colette, disait-elle, avait deux faiblesses : elle était sensible aux flatteries et elle ne supportait pas d'être seule [38]. »

A Mytilène les amours tournent en rond. Georgie qui voit Colette par intermittence est l'amie de Marie de Régnier qui la célèbre dans *Esclave*, roman autobiographique, tout en convoitant la jeune poétesse Catherine Pozzi séduite par Moréno qui la mettait en garde contre la dangereuse Georgie. Paris-Lesbos ne pratiquait pas la monogamie mais était adepte des amours pivotales et des amours contingentes. Les amours saphiques, selon Carassus, « étaient réputées rares, littéraires et aristocratiques bien que l'escorte comprenne aussi des demoiselles du Moulin-Rouge et des piqueuses de bottines [39] ». On parlait aussi d' « homosexualité intellectuelle » pour celles qui ne franchissaient pas le cap de certaines privautés. Ce ne fut jamais le cas de Colette. « Avec Colette l'horizontalité finit toujours par l'emporter [40] », disait Lucie Delarue-Mardrus qui savait de quoi elle parlait.

Avec Natalie Barney, Colette entre de plain-pied dans le monde des Amazones, dans les cercles et salons littéraires où se donnent des soirées exclusivement réservées aux femmes. Elles sont à la recherche d'une expression qui leur soit propre. Le Code Napoléon, qui, légalement, met en tutelle les mineurs, les fous, et les femmes mariées, place les épouses, quelle que soit leur carrière personnelle, sous la dépendance absolue de leur mari. Les habituées de Paris-Lesbos remettent le statu quo en question d'abord sur le plan de la sexualité. Sodome et Gomorrhe font partie de la texture de la Belle Époque. Léo Taxil dénonce ces tribades qui se reconnaissent par des signes distinctifs dont le moindre n'est pas leur chien, le plus souvent un caniche enrubanné. A travers leurs bravades sexuelles, elles trouvent un moyen de proclamer leur égalité avec le sexe opposé et de le défier sur ses terrains de chasse favoris : le demi-monde, Montmartre, les bordels ou les fortifs. Entretenir une grande courtisane paraît alors une déclaration d'indépendance.

Le demi-monde et les actrices naviguent prudemment entre ces deux rives sans remettre en question le monde masculin. Un protecteur ou un mari sont soit une protection, soit une façade. Marguerite Moréno, mariée à Schwob, et entretenue par de Dion, ou Liane de Pougy, entretenue par des rois, se laissent entretenir par le gratin de Mytilène, tout comme Valtesse de Bigne, « la Sévigné des cabinets particuliers », la dernière maîtresse de Napoléon III, avait eu d'aristocratiques maîtresses qui auraient inclus l'Impératrice elle-même. Mais, en 1900 les temps ont changé.

Les femmes remettent aussi en question le statu quo par le truchement de la littérature. « Un phénomène s'est produit : *l'explosion de la sincérité féminine.* Jusqu'à présent les femmes avaient considéré la passion, la vie, la morale du point de vue du mâle. Désormais elles se placent *au point de vue de la femme.* Nietzsche l'avait prévu, Mme Rachilde donna l'exemple. La revanche des Amazones se précipite. Il en vient de partout : du monde, du demi-monde, et même du Nouveau Monde... On avait un salon, on a un éditeur ; on avait un jour, on a son critique [41]. » Le groupe du d'Harcourt a mis Sappho à la mode, André Lebey avec sa traduction *Les Poèmes de Sappho* (1895) et Louÿs avec ses pseudo-chants saphiques, *Les Chansons de Bilitis.* Maintenant les poétesses revendiquent Sappho. Renée Vivien guide le retour à Lesbos en compagnie de Natalie Barney. Toutes deux prennent Colette sous leur protection, c'est dans leurs hôtels particuliers qu'elle donnera ses premières pantomimes et dansera nue.

Pauline Tarn est une anglaise élevée en France, une débutante londonienne présentée à la cour de Saint-James. Elle vit à Paris tout en faisant de fréquents voyages à Londres. Grande, les cheveux châtain clair, les yeux noisette, des fossettes aux joues, une petite bouche dont la lèvre supérieure remontait un peu, un petit nez, elle était extrêmement pâle et si mince qu'elle avait l'air de flotter, entourée de châles qui glissaient de ses frêles épaules. Elle égarait tout, ses gants, ses ombrelles, et se moquait d'elle-même avec une espièglerie d'adolescente. Elle écrivit d'abord sous le pseudonyme masculin de René

Vivien puis féminisa son nom en affirmant son saphisme. Renée Vivien vivait divisée entre l'amour idéal qui était poésie, et la tyrannie des sens qui la poussaient à des pratiques sadomasochistes.

Elle fut le grand amour de Natalie Barney qu'elle accueillit dans une chambre envahie de gerbes de lys, le lit même en était parsemé. Les noces de deux poètes ne pouvaient être pour Vivien qu'un dialogue platonicien. En vain la sensuelle Natalie essaya-t-elle de la convertir à d'autres réalités, elle se heurta à la frigidité de Pauline. Mais Renée Vivien entretenait Émilienne d'Alençon. Elles allaient au Moulin-Rouge dans la voiture électrique de la courtisane, que Renée escortait déguisée en Camille Desmoulins; si Natalie se joignait à elles, elle s'habillait alors en Lucile Desmoulins. Liane de Pougy, entretenue par Natalie Barney, aimait aller au bordel et les entraînait dans des orgies avec le menu fretin. La princesse Violette Murat et la baronne Zuylen de Nyevelt se disputaient les faveurs de la « Muse aux violettes ». Renée s'attacha à la baronne, née Hélène de Rothschild, romancière et poète « douloureux et humble » qui portait monocle et frac. C'était l'un des plus généreux mécènes de Paris-Lesbos. Sous le pseudonyme Paule Riversdale, Hélène de Zuylen et Renée Vivien écrivirent ensemble quatre romans plus ou moins autobiographiques, dont *L'Être Double* qui traitait du mystère de la volupté et de l'énigme des sens.

Au moment où Colette se tourne vers le théâtre, Vivien se plonge dans la culture grecque, se fait donner des leçons de latin et de grec par un professeur de la Sorbonne et en 1904 part avec Natalie Barney fonder une colonie de poètes saphiques dans le village de Mytilène à Lesbos. L'aventure ne réussit pas sauf pour l'hédoniste Natalie qui note dans ses mémoires que Renée Vivien a enfin répondu à sa sensualité. Elles quittent l'île en apprenant l'arrivée de la baronne de Zuylen, emportant dans leurs bagages *Cinq petits dialogues grecs* de Barney, une nouvelle traduction des *Poèmes de Sappho* par Vivien pendant que Lucie Delarue-Mardrus glorifie aussi Sappho dans un drame, *Sappho désespérée* (1904) qu'elle écrit à Carthage.

Imposer une vision féminine de Sappho était difficile, car beaucoup d'universitaires refusaient de croire que les poèmes de Sappho aient été adressés à des femmes. Des hellénistes affirmaient que Renée Vivien, « cette créature égarée », ne savait de quoi elle parlait et rejetaient sa naïve interprétation. L'homosexualité était tabou dans la critique universitaire, suivant en cela une tradition qui remontait au Moyen Age quand les moines transformaient Alcibiade en femme. De plus, les Grecs et les Romains, si libéraux quand il s'agissait de l'homosexualité masculine, ne faisaient pas grand cas de l'homosexualité féminine.

Le succès de Colette dans les cercles féminins était grand. Par la bouche de Claudine elle disait à ses contemporaines qu'il n'y avait rien d'anormal dans leur sexualité, rien à cacher. Le paradoxe c'est qu'elle s'abritait derrière le nom de plume de son mari. Son nouveau cercle d'amies refusait d'adopter le pseudonyme masculin. Colette retrouvait dans Paris-Mytilène la baronne Deslandes. Pâle, rousse, livide à force d'insomnies, de soporifiques et de drogues, elle étonnait par la petitesse de ses pieds et de ses mains, et le volume disproportionné de ses seins. « Quel est donc ce petit animal qu'elle serre frileusement contre sa poitrine [42] ? » demandait l'abbé Mugnier. D'Annunzio improvisa sur « le petit animal » de la baronne un truculent discours. Le poète, qui se flattait de ne jamais faire de serment à une femme, en imagina un assez extravagant pour étonner la baronne : en gage de son amoureuse admiration il lui fit le serment de la violer dans son cercueil. Romancière, elle écrivait des romans aux phrases langoureuses qui cheminaient pendant des pages. Elle avait été courtisée par Oscar Wilde, Barrès et Forain ; Burne-Jones avait fait son portrait et Henry de Graux l'avait peinte en Ligeria, l'héroïne d'Edgar Poe. Elle avait horreur du trivial. Ses voisins, le comte et la comtesse de Chabrillan, racontaient qu'elle se servait pour ses besoins intimes d'un vase d'albâtre, après usage le maître d'hôtel le posait sur une étagère, rempli d'orchidées. Son boudoir était tapissé de peaux d'ours blanc. Elle s'habillait indifféremment en homme ou en femme. D'un premier mariage elle avait un fils et disait en le regardant : « Je ne puis nier que (mon mari) m'ait violée. » Elle s'enflamma pour un dompteur de lions. Boni de Castellane se servit de cette passion pour attirer la foule à une fête de charité qu'il organisait place des Ternes et annonçait que l'attraction principale en était « une femme du monde dans la cage aux lions ». Vêtue de blanc, elle récita un poème composé pour l'occasion par Richepin. Robert de Montesquiou, toujours narquois, affirmait que les lions grognaient d'ennui et qu'on dut les faire sortir avant la fin. Elle était entourée d'une cour de femmes de lettres qu'elle soutenait de ses deniers. Colette l'appelait « Isle Chérie », leur correspondance n'a jamais été publiée.

Dans le même cercle Colette rencontra la marquise Casati, admirée elle aussi par D'Annunzio. Elle vivait le plus souvent au Vésinet dans l'ancien palais des Montesquiou. Elle l'avait fait vider de ses meubles et déambulait de pièce en pièce dans les plus bizarres costumes, portant en guise de chapeau un mufle de lion. Elle se charbonnait le visage, ce qui faisait ressortir des yeux étrangement brillants. Un guépard, un perroquet noir, une colombe blanche et un boa, nourri de deux moutons par mois, partageaient sa demeure vide, sauf pour une grande armoire dans le hall qui contenait la statue de cire, grandeur nature, de la baronne Marie Vetsera morte à 17 ans après avoir été moins d'une semaine la maîtresse de l'archiduc Rodolphe. La marquise Casati gaspilla les quarante fermes et les dix châteaux de son héritage en fêtes raffinées et somptueuses à la recherche de l'Idéal, de la Pureté et de l'Art.

Colette essaie encore une fois le journalisme. Elle obtient d'Ollendorff la rubrique musicale, qu'elle tiendra de janvier à juin, au *Gil Blas*. Elle signe « Claudine au concert » et « Claudine au Conservatoire ». Les articles sont écrits par la primesautière Claudine dans le style de ses romans : « Rassurez-vous, je ne vous parlerai, chaque semaine, que très peu de musique... parce que Debussy, aux boucles d'ébène, me paraît tout de même plus autorisé que moi (mieux vaut Claude que Claudine)... J'apporterai du moins à cette critique à côté (très à côté) la bonne foi et la mauvaise éducation qui m'ont déjà fait tant d'ennemis [...] D'ailleurs la solide camaraderie qui m'unit à l'Ouvreuse me préservera, je l'espère, de gaffes trop voyantes... »

L'égotiste Claudine ramène toute critique à elle-même. « Le délicieux, le mineur, l'argenté *Clair de lune* de Fauré... Quelle joie vaut la tristesse de cette musique charmeuse, dénuée de sens moral autant que... moi-même [...] Je l'adore, cet homme-là ! [...] il ressemble un peu à mon Renaud [...] Et puis, toujours comme ce juponnier de Renaud, en voilà un qui sait parler aux femmes. »

Colette fait intervenir tous ses doubles et ceux de Willy, « dont les calembours m'agacent souvent ». La publicité que Colette fait à Claudine est aussi grande que l'engouement des lecteurs pour son personnage. A une soirée à l'Opéra elle a compté 143 Claudines « ensachées du grand tablier noir qui immortalisa Polaire, exhibant, entre la jupe ridiculement écourtée et les chaussettes noires, des mollets nus et des dessous de cocotte... Si vous pouviez savoir, Claudine de carnaval, combien peu vous m'évoquez ma silhouette d'autrefois et comme votre accoutrement de petites filles pour vieux messieurs ressemble peu à la jupe de laine, à la chemise plissée, au capuchon bourru, aux sabots effilés en barque aiguë de la vraie Claudine[43] ! ». Ce dernier portrait est tout aussi faux, c'est celui de la couverture de *Claudine à l'école* par Émilio della Sudda qui l'avait peinte comme un Petit Chaperon Rouge à l'air pervers.

Dans ces articles, Colette utilise une technique qui deviendra son style de journaliste. Elle se distancie toujours du groupe qu'elle décrit et se met du côté du lecteur, l'amenant à croire qu'elle est là par hasard, débutante intimidée par les gens autour d'elle. A un concert chez le prince Edmond de Polignac, elle s'émerveille d'être en présence de « princesses, comtesses, marquises et duchesses aussi, oui, cinq ou six ». Au cours du voyage pour aller à Bruxelles assister à la première de *L'Étranger* de Vincent d'Indy, elle dénombre Mme Catulle Mendès, « étincelante de paillettes noires », Pierre Lalo, le comte de Saussine, le marquis de Gonet [...] Louis de Serres. Et moi, enfin, moi que les reporters de *L'Éventail* ont prise à cause de mes cheveux courts pour Mlle Polaire " chanteuse excentrique "..., j'écoutais consciencieuse et intimidée[43] ». Cette façon de séduire son lecteur en lui faisant des clins d'œil ancrera dans l'esprit du public le stéréotype de la villageoise de Saint-Sauveur que Paris déconcerte.

En juin, Claudine dit au revoir aux lecteurs du *Gil Blas* qui n'a pas renouvelé le contrat de Colette. Encore une fois elle n'a pas réussi à s'imposer comme critique musical, un domaine dominé par son mari. Si elle est déçue, il n'en paraît rien. Les Willy accaparent la scène littéraire. En janvier *La Maîtresse du Prince Jean*, le dernier roman signé Willy, a permis au sénateur Bérenger d'amener enfin Henry Gauthier-Villars devant les juges. Ce roman, comme les *Claudine*, prétend que l'amour dans toutes ses manifestations est acceptable et que les mœurs de la haute société sont aussi corrompues que celles de l'école de Montigny. Le procès est fixé au 1er avril. Willy lui-même n'aurait pu choisir une date plus opportune! Paul-Boncour assure sa défense. Le 1er avril, les amis du *Mercure*, de *L'Écho* et du *Gil Blas* viennent défendre la liberté d'expression. Les historiens Casimir Stryienski et Funck-Brentano, se référant au *Mariage de Louis XV* et à divers articles historiques, assurent que Gauthier-Villars est un historien sérieux, Huysmans déclare que ses romans sont des documents sur les mœurs contemporaines, Catulle Mendès parle de la générosité de l'*Ouvreuse* qui a aidé des douzaines de musiciens et de jeunes écrivains et Jules Renard, qui est sûr que le procès est un procès déguisé contre les *Claudine*, fait une superbe plaidoirie sur l'art dans les *Claudine*. Gauthier-Villars est condamné à 1 000 francs d'amende, *La Vie en rose*, qui publiait le roman en feuilleton, a 300 francs. Albin Michel devait éliminer certains noms avant de le publier en volume. Willy fit faire une couverture qui n'avait rien à voir avec *La Maîtresse du Prince Jean* : on le voit à son bureau, le bras autour de la taille de Colette. A la première page, il y a une photo de Polaire en *Claudine* avec ces mots « Vive la vie en rose ! ». Ce procès est une cause célèbre. Colette et Henry publient un poème dans *Le Gil Blas* en tant que coauteurs des *Claudine* et de *La Maîtresse du Prince Jean* :

> *Si j'avais à plaisir pataugé dans la boue*
> *Pour de l'argent, la honte empourprerait ma joue...*
> *Si de mon mieux, j'ai fait de la littérature,*
> *Excusez-moi, c'est mon métier.*

Et c'est signé : « Willy et Colette Willy [45] ».

C'est la première fois que Colette utilise ce nom dont elle signera ses livres jusqu'en 1923. « Mon nom de fantaisie », dira-t-elle alors.

Ce couple exceptionnel

En mars 1903, *Claudine s'en va* sort en librairie. La couverture dessinée par Pascau montre une jeune femme en vêtement de voyage, derrière elle deux panneaux pointés en direction opposée, l'un dit *Claudine à l'école*, l'autre *Claudine s'en va*. Sur le dos du livre une caricature de Polaire.

Les amours passées ne sont pas les seules cibles du livre. Sous le nom de Jean de Katorzeur, *Claudine s'en va* contient une charge violente contre *Le Cri de Paris*, décrit comme un torchon qui fait des profits dans le chantage et contre son éditeur en chef Jean de Mitty, accusé d'être un homosexuel « chochotte qui se dit impérialiste pour justifier ses mœurs à la Cambacérès [46] ». Jean de Mitty envoie sur-le-champ ses témoins à Willy. Le 3 avril 1903, ils se battent en duel. Mitty, hors de lui, se jette sur Willy, le blesse à la poitrine, une tache de sang s'élargit, il faut emmener de force Willy qui veut continuer le combat. Quinze jours plus tard, Willy rencontrait, l'épée à la main, Samuel Larray, offensé par un article dans *Le Gil Blas*. La rencontre a lieu dans le parc du comte de Chabannes, Larray est blessé à l'estomac. Pendant les duels Colette se traînait de pièce en pièce, étourdie d'angoisse, les jambes tremblantes. Boulestin, qui lui faisait respirer des sels, ne comprenait ni son inquiétude ni la passion qui la liait à Willy, il était le témoin des amours contingentes de cet étrange couple, l'amour essentiel qui les unissait lui était incompréhensible.

Colette, elle, se battait pour son nom de plume. Elle s'indignait de voir un nombre croissant de femmes utiliser « Willy » comme pseudonyme. Des Charlotte Willy, des Jeanne Willy signaient articles et confessions dans les journaux, s'assurant une publicité gratuite. Colette proteste contre l'utilisation frauduleuse de sa griffe. Elle seule a le droit de signer Colette Willy.

A aucun moment le public ne pouvait oublier que Colette était Claudine. L'engouement claudinesque ne retombait pas. Le glacier Latinville invente la glace Claudine, un pâtissier crée le gâteau Claudine qu'on vendait encore dans une pâtisserie de la rue de la Boétie après la Seconde Guerre mondiale. Les grands magasins vendent la lotion Claudine, le parfum Claudine, le parfum Colette, la poudre de riz Willy. Le catalogue de *La Samaritaine* propose le claudinet et le col Claudine. Lewis crée le chapeau Claudine. Même l'État capitalise sur le succès, la Régie lance les cigarettes Claudine. Colette et Willy mettent leur griffe partout : Willy sur des supports chaussettes et sur une cuvée de champagne ; Colette Willy, sur les socquettes Claudine, l'avant-garde de la mode des jambes nues, sur des briquets et des cure-dents. Colette, « sportwoman », fait la réclame pour un programme de gymnastique !

L'idée de mettre son nom sur des produits était nouvelle, elle venait des États-Unis par l'intermédiaire des grandes courtisanes : Otéro, Cléo de Mérode et même de Sarah qui, reine de la scène, était aussi reine de la publicité. Elle avait accepté de lancer, en Amérique, le parfum Sarah Bernhardt, les bonbons Sarah Bernhardt, les cigares Sarah Bernhardt, les lunettes de soleil Sarah Bernhardt. A travers les États-Unis on pouvait voir sur de grands panneaux publicitaires pour la bière de Saint-Louis (Bush) deux portraits de la Divine : Sarah mince et filiforme et Sarah, aux formes voluptueuses, « Sarah avant et après six mois de bitter », disait l'inscription. En France, ce genre de publicité n'avait pas encore pris. Willy va exploiter à fond cette nouveauté. Il intensifie les sorties de ses twins. Mais Polaire est trop occupée par le théâtre et Colette par la direction des ateliers. Willy invente le sosie publicitaire. De jeunes actrices, coiffées à la Colette-Polaire, portant des tenues identiques, sont paradées par Willy ou par des sosies de Willy. La mode des jumelles eut un succès étonnant, des amies portaient les mêmes vêtements pour sortir. Coco Chanel polarise l'attention en arrivant à une première avec sa jumelle Misia Sert, toutes deux vêtues de robes du soir identiques.

Mystifier Paris devient une plaisante habitude. En mai, à l'occasion de la réception d'Edmond Rostand à l'Académie française, *La Nouvelle Revue* publie un article signé Henry Gauthier-Villars – car c'est un article sérieux – où il se flatte de publier un inédit, le discours de réception en vers de Rostand. Il déplore que les Immortels aient demandé à l'auteur de Cyrano de refaire son discours en prose. Le poème est reproduit dans *Le Figaro* avec un article de Jules Claretie sur Rostand. « Il y a de l'Athénien en effet chez ce Français de pure race... par la grâce et le charme, de l'Aristophane par l'ironie et le caprice. Il y a aussi du rêveur de légende [47]... » Le lendemain, une lettre ouverte de Gauthier-Villars à Claretie dévoilait la supercherie. Rostand en rit et félicita l'auteur du pastiche.

L'ascension des Willy se poursuit. Cinq biographies leur sont consacrées. En 1903 Eugène de Solenière commence avec *Willy* dédié à Colette. En 1904 Henri Albert, biographe de Nietzsche, nègre de Liane de Pougy, vieille connaissance du d'Harcourt, continue avec *Willy* pour la collection « Les célébrités d'aujourd'hui ». Cette biographie – qu'Ernest Gaubert affirmait avoir écrite pour Henri Albert – n'est pas toujours tendre. Il raconte que ni Willy ni Colette n'acceptent de critiques, qu'ils surveillent de très près tout ce qui s'écrit sur eux, et font ensuite de méchantes allusions dans leurs livres ou envoient aux journaux des démentis, des demandes de rectifications pour des détails. Par exemple un article dans *L'Art et la Mode* décrit la toilette et les « boucles d'oreilles dorées » que Colette portait ce jour-là ; non, rectifie-t-elle, les boucles étaient « en acier ». Quand, la quarantaine venue, Colette cessera de mener sa vie privée en public, elle cessera les attaques contre ses confrères. Willy, lui, ne mettra jamais fin à une pratique qui lui vaut des ennemis mortels. Dès la parution de *Willy*, il traite Henri Albert, qui est alsacien, « d'homme de style moche et boche [48] ». Mais il soutient Jean de la Hire qui consacre le premier volume de la collection « Couples d'artistes » à *Willy et Colette*. Sur la couverture Colette habillée en Claudine est assise aux pieds de Willy avec Toby-chien. On en tira une carte postale.

Colette et Willy sont devenus les amuseurs par excellence. Bons danseurs, toujours à la recherche du nouveau, ils lancent le cakewalk dans les salons. Pendant plusieurs semaines le comte Étienne de Beaumont et le marquis de Montebello viennent répéter, rue de Courcelles, cette danse importée d'Amérique, pour une soirée donnée par la comtesse de Chabannes La Palice dans son hôtel Art nouveau de la rue Dosne. Le clou du spectacle était le moment où le danseur devait lancer dans les airs sa partenaire, puis la balancer de gauche à droite en la tenant par la taille. Le meilleur couple de danseurs gagnait un prix. Colette, un œillet rouge dans les cheveux, remporte le prix et, ravie, regarde Willy « avec les yeux d'une panthère apprivoisée [49] ». Avec les Beaumont, la société du faubourg-Saint Germain, du moins ses membres les plus artistes, ouvre ses portes aux Willy. Leurs faits et gestes sont rapportés dans *The London Referee* et *La Revue de Paris et de Saint-Pétersbourg*.

Au 177 bis, rue de Courcelles, Colette reçoit pour le *five o'clock tea* le mercredi, un jour plus chic que le dimanche. Le valet annonçait quelque quarante personnes qui entraient dans un hall encombré d'antiquités, de peintures, de dessins signés Degas, Lautrec et Ingres. Catulle Mendès prétendait qu'il devait se glisser de côté pour se frayer un chemin jusqu'au salon où des tapis de peaux d'ours blancs avaient remplacé les peaux de chèvres. Aux vieux amis se sont ajoutés de nouveaux habitués, et le clan des étrangers : les Sud-Américains avec Gomez Carillo, les Espagnols avec José-Maria Sert, les Italiens avec le comte Primoli, les Anglo-Américains avec les Raoul-Duval, et Winnie, princesse de Polignac. On y voit aussi Robert de Montesquiou, Liane de Pougy et des écrivains anglais : Reginald Turner, Cosmo Gordon Lennox à la recherche de pièces à traduire pour Frohman ou Gerard Kelly qui étudie alors la peinture à Paris. « Chez eux on rencontre un bizarre assemblage » de gens du monde, de couples légitimes, illégitimes, de courtisanes, de travestis, de morphinomanes. « J'ai insisté pour que mon mari ne fît point d'épuration... », écrit Colette. « Parmi des cabotines de tout ordre (même de l'ordre mineur), des gens de lettres de toute plume et des artistes de tout poil, évoluent, un peu gauches ou trop désinvoltes, des femmes bien – ravies et délicieusement scandalisées de fréquenter ce couple compromettant, mais classé très parisien – et que chavirent les reparties de Claudine, si bellement insoucieuse de la réputation que lui vaut parmi ces hypocrites pécores, sa liberté de langage et l'effarante franchise de son journal, publié en quatre volumes [50] », écrit Willy.

On se presse autour du buffet de foie gras, de caviar de béluga, de club-sandwichs, de fraises, de gingembre, de petites pâtisseries, où le thé est remplacé par des *jézabels*, ces cocktails fruits de l'imagination de chacun ; Jean-Paul Toulet, Renée Vivien et d'autres parfument le leur à l'éther. Colette peut être une hôtesse intimidante, aux manières aussi directes que son langage. La première fois que Lucie Delarue-Mardrus est invitée, Colette, toujours rapide à saisir un point faible, demande en voyant le jeune poète de *Ferveur* trembler de timidité : « Qu'est-ce qu'il y a, *Ferveur* ? Vous avez envie de faire pipi ? » Lucie fut si choquée qu'elle se sentit passer « par toutes les couleurs ». Elle trouvait que Colette était « perpétuellement en train de jouer la centième de Claudine ».

Colette, à trente ans, a une vie privée de plus en plus agitée. Elle se prend d'amitié pour la « Muse enfant », Lucie Delarue-Mardrus, dont la vie sera très semblable à celle de Colette. Elle était la femme du docteur Charles Mardrus, orientaliste élevé en Égypte, traducteur des *Mille et Une Nuits*. Il l'avait rencontrée en 1900 dans un cercle littéraire où elle lisait ses poèmes, dix jours plus tard il l'épousait. Elle avait dix-neuf ans, lui quarante-deux. Le Dr Mardrus organise le mariage en tenue de cycliste ! Lucie portait des bloomers à carreaux, une guimpe de mousseline avec d'énormes manches et un petit canotier. Il avait loué tous les taxis automobiles de Paris qui transportèrent, dans des volutes de poussière, ses invités à l'église Saint-Roch. Mardrus voulait que sa femme s'habille en cycliste ou en jupes courtes, soulignant son côté adolescent. Pour les soirées il lui faisait porter des tenues exotiques, et des bijoux rapportés de Ceylan. Il ne l'appelait que la « Princesse Amande ».

Le premier amour de Lucie avait été la baronne de X, une femme « à la distinction suprême ». Elle montra à son mari sa photographie en lui confessant cette attirance. Goguenard, il déchira la photo en lui expliquant que les amours saphiques n'étaient que des amitiés de pensionnaires sans importance, elle pouvait en avoir autant qu'elle le voulait, seuls comptaient ses poèmes. Le Dr Mardrus était amoureux du talent de sa femme, sa plus grande joie était de trouver le matin sur la table de Lucie un poème écrit pendant la nuit. Il se précipitait dans leur chambre, s'asseyait sur l'un des lits jumeaux, et le lisait les larmes aux yeux. « A de tels moments... nous étions heureux [51] », dira Lucie dans ses mémoires. Les poèmes, les yeux noirs sous une longue frange, le corps mince moulé dans des robes de Paquin font vibrer tout Paris-Mytilène. Mme Muhlfeld lui déclare : « J'ai une admiration physique pour vous ! Une admiration physique[52]. » La comtesse de Clermont-Tonnerre, Natalie Barney, Sarah Bernhardt, Marguerite Moréno qui vient d'abandonner la Comédie française pour la troupe de Sarah, l'entourent, la célèbrent. Colette a pour *Ferveur* une amitié voluptueuse et admire le poète dont elle cite un poème dans *Claudine s'en va*.

Polaire découvre à ses dépens que, dans le monde amoureux de Colette, celle-ci n'a d'autre règle que son plaisir. L'ayant laissée en tête à tête avec son jeune amant – un play-boy qu'elle entretient – elle les retrouve sur son lit. Polaire empoigne Colette, elles roulent par terre, se pommelant de coups de poings Colette repart avec un œil au beurre noir. Polaire, incapable de rancune, se réconcilie avec Colette à qui elle prête de l'argent dans les moments difficiles. Dans ses souvenirs, elle mentionne à peine Colette mais parle avec tendresse de Willy qui lui apprenait la syntaxe. Colette et Willy l'appellent « Lily » ou « Tiger-Lily » dans leurs romans de cette époque, quand ils ne l'appellent pas Polaire.

Colette a aussi des amitiés masculines. « Le sous-préfet de Cosne [Léon Barthou] connaît intimement la femme de Willy », note Renard dans son journal, en 1903. Colette septuagénaire lui dédicacera *Journal à rebours* : « A Léon Barthou que j'aime jusqu'à la fin de nos fins. Quel beau chemin nous fîmes depuis Mantes. » Willy racontera que Barthou avait promis à Colette de la faire entrer à la Comédie-Française. Elle compte aussi parmi ses amis, José-Maria Sert, protecteur de Polaire et de Liane de Pougy, mais de quelle belle femme n'a-t-il pas été le protecteur ? Ce Catalan, petit, laid, mais séduisant, héritier de filatures, était un ami de la famille royale espagnole et chaperonnait à Paris l'infant dont la vie privée défrayait la chronique. Sert, « le Tiepolo du Ritz », s'était installé à Paris en 1899, il peignait d'immenses fresques – celles de la cathédrale de Vich, de la salle de bal du Waldorf-Astoria – « de l'or et de la merde » selon son compatriote Picasso. Il portait volontiers cape et sombrero, dépensait sans compter, buvait de même et se piquait à la morphine. Il donnait dans son studio de la rue Barbet-de-Jouy, l'ancien studio d'Horace Vernet, des soirées déchaînées parmi ses énormes tableaux. Colette aimait l'homme et l'artiste, ils avaient le même goût de la vie et de ses plaisirs. Les lettres de Colette à Sert sont à l'image de leurs personnalités, amusantes et suggestives. Sert a-t-il des difficultés à chauffer son studio ? qu'il fasse venir un harem. Elle lui raconte son premier voyage à Bayreuth. Elle était nue sur sa couchette pendant que Willy pestait contre la grossièreté des draps et la chaleur excessive du compartiment. Elle fait quelques lourdes plaisanteries sur le chanteur wagnérien Delmas qu'elle a vu dans une chemise de nuit rose. Pour attirer Sert à son mercredi, elle lui promet de jeunes beautés et quelques jeunes hommes délicats, elle lui vante en particulier l'un d'eux, nommé Natalie, dix-huit ans, blond, les yeux noirs, un collier de Lalique autour du cou. Elle invite Sert aux Monts-Boucons, son refuge triste et paisible.

A la fin d'un dîner chez Paillard, donné par Sert à un groupe de gens de théâtre, dont Willy, les portes du cabinet particulier s'ouvrent au son d'une musique claironnante, quatre serveurs font leur entrée en portant un énorme gâteau couronné de chantilly et de meringues, et le posent au centre de la table. Du gâteau jaillissent Colette et Polaire nues comme au premier jour, riant aux éclats, se servant de leurs pieds pour bombarder de crème et de meringue directeurs et impresarios.

Rachilde voyait les *twins* comme « deux jeunes et très jolies femmes qui se ressemblaient un peu par le même amour du factice, c'est-à-dire des planches, du même tremplin de la monomanie de l'exhibition[53] ». Colette n'avait aucune réticence à se montrer nue. Pendant une visite chez les Willy, Alphonse Séché raconte : « A un moment je me retourne et, dans la glace de l'armoire au fond de la chambre, j'aperçois Colette toute nue. Je ris, Willy regarde, rit aussi et dit : " Vous savez que Séché vous voit dans la glace ? – J'espère qu'il ne s'en plaint pas " », répond Colette sans s'émouvoir[54].

LES ATELIERS ET « LA PATRONNE »

En août Colette est aux Monts-Boucons pour ce qu'elle décrit comme « une vie aussi solitaire que celle du berger ». Elle avait de la solitude une idée très personnelle. Dans une lettre elle se plaignait de connaître peu de monde à Paris, environ deux cents personnes. Aux Monts-Boucons elle monte son nouveau cheval, un pur-sang qu'elle a découvert battu et blessé et que Willy lui a acheté. Polaire vient les rejoindre pour humer « l'air des montagnes » avant de partir pour une tournée que Willy lui a organisée.

Cet été Colette et Willy se retrouvent très amoureux, décidés, semble-t-il, à mettre le passé derrière eux. Colette abandonne ses chères promenades à l'aube pour rester blottie au creux de l'épaule de Willy à écouter le gazouillis des oiseaux. Et parce qu'il avait eu un énorme chagrin « à la mort de Kiki-la-Doucette – Willy l'aimait tant[55] » – elle écrit « pour amuser Willy » quatre *Dialogues de bêtes* entre Kiki-la-Doucette et Toby-chien. Henry écrit pour elle un poème qu'il mettra dans *Maugis Amoureux* :

> *Et dans un rêve, je me vois*
> *Près de Claudine aux yeux magiques*
> *Oubliant toutes les musiques*
> *Pour écouter rire sa voix.*

Mais ces jeux floraux amoureux ne peuvent entretenir un train de vie somptueux. Cet été Willy et Colette mettent sérieusement en place les « ateliers ».

En 1903, les Gauthier-Villars, sous divers pseudonymes, écrivent dans quelque quarante-neuf quotidiens, hebdomadaires, magazines, journaux étrangers. La France était inondée de journaux, trois mille quatre cent quarante-deux pour la seule région parisienne. Les Willy et Cie sont passés maîtres dans l'art de recycler les articles, une pratique que Colette utilisera pendant toute sa carrière journalistique. Trois secrétaires à temps complet, Boulestin, Diard, Héon, travaillent à cette entreprise. Maintenant Willy organise une usine à romans. Il donne ses directives dans une correspondance énorme, lettres, petits bleus et télégrammes. Ses deux collaborateurs principaux demeurent Curnonsky et Jean-Paul Toulet. Il est impossible de savoir combien d'écrivains ont travaillé pour Willy et Cie. Chacun était chargé d'une partie du travail selon sa spécialité, souvent sans connaître le plan général du roman ; les pages allaient et venaient avec des instructions et toujours il fallait faire vite, puis Curnonsky ou l'un des secrétaires mettait le tout ensemble et Willy parachevait la version finale. Il n'écrivit jamais entièrement un roman. Il est difficile, faute de documents, de savoir la part exacte d'écriture, de réécriture, de corrections dues à Colette. Elle était surnommée « la Patronne », ce qui suppose au moins la supervision de certains textes. Avant 1903 Willy a écrit quatre romans et Colette trois. De 1903 à 1907 les ateliers produisent quatorze titres. Le nom de Gauthier-Villars, sauf pour une biographie de Bizet, disparaît complètement pour être remplacé par « Claudine » ou « Willy », même la célèbre « Ouvreuse » fait place à Willy.

Aux Monts-Boucons Colette et Willy préparent le programme des ateliers : cinq titres pour 1904. Claudine étant partie, il fallait lui trouver un successeur. Ce sera Maugis, Ollendorff ayant demandé à Willy de mettre ce personnage qui plaisait beaucoup aux lecteurs dans ses romans. Le succès de la pièce *Claudine à Paris* a rendu populaires sa silhouette et son chapeau. Le nom de Maugis comme celui de Renaud venait du poème épique *Doon de Mayence*. Maugis le magicien protée, guérit de ses maux son cousin Renaud. La série des *Maugis* fait pendant à la tétralogie des *Claudine* et le public a la version au féminin et au masculin du mariage des Gauthier-Villars. « J'ai découvert depuis longtemps que tous les romans ne sont que des autobiographies, que le sujet est identique à l'objet, que le monde est ma représentation (à prix réduits), qu'il est impossible de sortir de soi-même sans se marcher sur les pieds [56]. »

Maugis amoureux commençait le dialogue littéraire du couple. C'était la réponse à *Claudine en ménage* et *Claudine s'en va*. Tous les événements de leur vie y sont repris. Claudine est amoureuse de Rézi, Maugis est amoureux de Marthe. Elle a bouleversé son existence en faisant naître en lui « le dégoût subit des filles, et même de toutes les femmes, hormis une seule, et mon cœur se mettant de la partie, un besoin fou d'amour, et aussi de tendresse, ma surprise inquiète à voir s'épanouir en moi toute une floraison de sentiments jeunes, parfumés – ainsi un vieux châtaignier qui, tout à coup, produirait des roses, s'estimerait atteint d'une maladie grave », avoue Willy. Il a peur de la réaction de Claudine/Colette mais « c'est une femme intelligente et j'ai eu tort de m'en alarmer... Claudine, comme chacun sait, n'aime guère les hommes, encore qu'ils ne le lui rendent point ; si elle adore son mari Renaud, c'est qu'il est plus fille (soyons décents), plus fille à lui seul que toutes les Rézi de l'univers réunies... ». Il voudrait cependant « trouver un mot heureux qui témoignât mes regrets pour tout ce que je sens bien que j'ai froissé en elle, jadis, sans le vouloir ». Et l'incorrigible Willy affirme que, s'il avait su que derrière Claudine, il y avait Annie, c'est elle qu'il aurait aimée « au lieu de Marthe, [elle] eût parfumé ma vie à jamais... tout ce que j'ai dit à Marthe... Annie l'eût entendu et compris, et aimé... » Il termine sur une note optimiste : il n'est pas trop tard pour voir se lever « l'aube de toute une vie nouvelle... rue de Courcelles ». Et il conclut : « Finies les autopsychologies improductives, ce journal intime... pourquoi n'en ferais-je pas un roman un jour ou l'autre [57] » comme l'a fait Claudine avec le sien ?

En dévoilant leurs amours, leurs haines, en se justifiant à travers leurs personnages, en vivant leur propre légende, Colette et Willy finissent par vivre enfermés dans l'imaginaire. Claudine et Maugis, lancés à grand renfort de publicité, supplantèrent tous les autres avatars et furent perçus comme leur identité. Quant à Colette et Willy, de catharsis en catharsis littéraires, ils finiront par se haïr.

« Je veux danser la pantomime, je veux écrire des livres chastes »

En mars *Le Mercure de France* publie le premier livre signé Colette Willy, *Dialogues de bêtes*. Elle est enfin sortie de son anonymat ambigu, on peut la traiter ouvertement en femme de lettres. Mendès la serre sur son cœur à *L'Écho de Paris* en s'écriant qu'il retrouve la poésie des *Claudine*, et Rachilde, qui n'est plus tenue au secret, rappelle que Colette a écrit les *Claudine* et réclame « Kiki-la-Doucette à Paris », puis « Kiki-la-Doucette en ménage [58] ».

Colette envoie un exemplaire à Francis Jammes, publié lui aussi au *Mercure de France*. Elle voudrait que Jammes, le poète du monde animal souffrant, lui écrive une préface pour la réédition des *Dialogues*. Elle charge Marcel Schwob de cette mission. Le poète catholique essaie de s'en tirer par une pirouette, il se dit intimidé par sa légende parisienne. Colette, qui veut se démarquer des *Claudine*, veut sa préface, elle entame une correspondance avec Jammes, qui est un exercice en séduction et marchandages. Il ne faut pas que Jammes croie sa légende parisienne, elle n'aime pas Paris, heureusement que Willy est là, quand ils auront assez d'argent, ils se retireront sur une petite montagne qui appartient à Colette. Quant à elle, elle n'est qu'un écureuil : « Willy est un très bon maître d'écureuil. La cage est charmante et la porte ouverte. Il m'a donné de très jolis jouets d'écureuil : un trapèze, des barres parallèles, des anneaux et des échelles. Je sais faire la roue, la sirène aux anneaux et me donner des coups de pied sur la tête et en arrière. N'est-ce pas que cela vous plaît ? » Jammes, le poète habillé en moine, résiste, Colette pour l'attendrir lui raconte la mort de Kiki-la-Doucette. Sans succès. Jammes est horrifié d'apprendre qu'elle a jeté sa dépouille dans un fossé.

En octobre Colette va droit au but. Vallette allait publier une série augmentée des *Dialogues*, est-ce que Jammes lui écrirait une préface ? Jammes accepte à condition « que cette préface paraisse dans *Fémina* en même temps qu'un article que va faire sur moi une jeune fille qui est venue m'interviewer hier ». Colette, ravie d'avoir enfin la préface qui, en lui donnant l'imprimatur du poète, la distançait des romans « Willy », promet « tout ce que vous voudrez pour *Fémina*, Willy s'emploiera de son mieux[59] ». Mais Jammes tergiversait, ses amis de la NRF, le nouveau centre intellectuel qui faisait concurrence au *Mercure*, n'avaient aucune estime pour la production des Willy, il craignait aussi une réaction de l'Église à cause de la réputation sulfureuse de Colette Willy. Cyniquement Jammes se justifie auprès de Gide : « Tu me répondrais peut-être que tu n'eusses pas voulu écrire une préface à ce livre. Je te dirai alors que je le trouve parfait et que cette préface est une merveilleuse occasion qui s'offre à moi d'étendre mon nom encore[60]. »

La préface est un chef-d'œuvre d'habileté. Jammes fait un portrait à rebours de Colette Willy. Non, dit-il, Colette Willy n'est pas excentrique, non conformiste, elle n'a jamais eu les cheveux courts, ne s'est jamais habillée en garçon, n'a jamais emmené son chat au concert, son chien n'a jamais bu dans un verre à pied, « Mme Colette Willy n'a jamais cessé d'être *la femme bourgeoise* par excellence... A huit heures, été comme hiver, elle prépare le café au lait de sa bonne et le sien. Il ne se passe guère de journée où elle ne médite sur... *La Maison rustique des dames* par Mme Millet-Robinet. Elle ressemble beaucoup plus à une petite mariée villageoise qu'à une littératrice perverse[61] ». Cette étonnante préface allait accréditer l'image de Colette comme une paysanne sauvant le chien maltraité, ou le chat abandonné sur un tas de fumier, grelottant de fièvre et de faim.

Colette ne se trompa pas sur l'ironie du texte de Jammes. « Cette *Réhabilitation de Colette Willy* sera le commencement et la fin de mon orgueil littéraire », lui écrit-elle, et en recevant *L'Église habillée de feuilles*, elle lui envoie sa photographie « en faune rapport aux beaux muscles [62] ». Colette tient sa part du marché. Elle reçoit Mlle Villiène qui lui paraît « peu faites pour le journalisme ». Colette fait un compte rendu de l'entrevue à Jammes et ne mâche pas ses mots : « On ne se froisse pas, généralement, quand un télégraphiste ou un camelot vous appellent putain à haute voix dans la rue... » Mlle Villiène, effrayée par le monde journalistique et par la crudité du langage de Colette, renonce à aller la revoir. *Le Mercure de France* publie la fameuse préface. En 1911 Colette reprendra à son compte son image d'après Jammes dans un article pour un numéro spécial des *Tablettes* consacré au poète. Sa correspondance avec Jammes est la seule qu'elle laissera publier de son vivant, en supprimant le post-scriptum sur ses ancêtres noirs qui, en 1945, aurait remis en question la légende de Saint-Sauveur. Les quatre *Dialogues de bêtes* devinrent sept, puis douze en 1930. Colette continuera avec *La Paix chez les bêtes*. Dès leur parution, les *Dialogues* ont un énorme succès. Colette, dit à juste titre la critique, a créé « un nouveau genre littéraire [63] ». Pour *La Revue illustrée* c'est l'un des rares livres écrits par une femme qui survivra, *La Vie parisienne* parle de perfection et le *Gil Blas* le conseille comme le seul livre à emporter en vacances.

L'année suivante Colette est citée dans *La Nouvelle Littérature 1885-1905* comme l'auteur des *Dialogues de bêtes*, journaliste au *Gil Blas*, à *La Revue illustrée*, à *La Renaissance latine* et au *Mercure de France*. Elle y est répertoriée comme Willy (Colette – Claudine – (sic) Colette, Mme Henry Gauthier-Villars) née à Saint-Sauveur-en-Puisaye (Yonne). Déjà dominée par la légende de l'adolescente Claudine, Colette est le seul auteur à ne pas donner sa date de naissance.

En juin 1904 Ollendorff publie *Minne* signé Willy, suivi en mai 1905 par *Les Égarements de Minne*. C'est un roman où Colette exprime l'idée fouriériste que toute passion contrariée crée une contre-passion « aussi maléfique qu'une passion naturelle est bénéfique [64] ». Minne est l'exemple de la passion réprimée, l'antithèse de Claudine. Minne qui a 14 ans et 8 mois est élevée dans une famille bourgeoise par une mère veuve et un oncle médecin qui a un fils de 17 ans, Antoine, amoureux de Minne. Maman, dont l'âme simplette n'a jamais été troublée « par l'insoluble problème de l'éducation d'une jeune fille », ne se doute pas que sa fille, « d'une inquiétante sagesse » apparente, rêve de drame, de passions, de violence. Dans l'ambiance feutrée qui invite « au suicide », Minne se crée un monde dominé par ses fantasmes. Elle imagine une amie de sa mère, qu'elle n'aime pas, toute nue dans la rue « torturée à la pointe du couteau par une bande d'apaches et jetée dans un four à chaux ». Minne revit cent fois le même rêve : les apaches envahissent la maison, renversent tout, égorgent les habitants et enlèvent Minne. Elle imagine leur chef, Le

Frisé, amoureux d'elle et l'enlevant, « Ah !... oublier dans ses bras une enfance asservie... devenir la Reine des fortifs. » Un soir Minne s'enfuit à la recherche du Frisé, on la prend pour une prostituée, puis un « Monsieur » ivre veut la violer, effrayée elle s'enfuit et tombe évanouie sur le perron de sa maison. Son oncle l'examine, elle est toujours vierge mais son cousin Antoine, confident de ses rêves, n'en croit rien, il « pleure sur Minne... avilie, marquée à jamais d'un sceau immonde ».

Colette développe un autre thème fouriériste : le mariage traditionnel conduit à des débauches secrètes. Après son escapade, Minne est perdue de réputation aux yeux de sa mère bien que Colette souligne que Minne est physiquement intacte. Maman, sur son lit de mort, lui fait jurer d'épouser Antoine. Elle l'épouse. « Il n'est pas plus mal qu'un autre mais... c'est mon mari. En somme, pour ce soir, j'aurai la paix plus tôt, si je consens... » Sur cette conclusion qui contient toute une philosophie d'esclave « ... Minne entre dans son lit, où aucun plaisir ne l'attend ».

Pendant qu'elle cherche la volupté dans les bras de ses amants, Antoine, qui l'aime, fait un douloureux examen de conscience. « On me l'a donnée pour la rendre heureuse [...] mais elle n'a pas juré d'être heureuse par moi. » Il acceptera donc ses infidélités « car c'est le plus grand amour, celui qui consent au partage ». Il lui propose de mettre leur mariage sur un tout autre plan : « Je voudrais que tu m'aimes assez pour demander tout ce qui te ferait plaisir, mais *tout* [...] même les choses qu'on ne demande pas d'ordinaire à un mari, et puis que tu viennes te plaindre [...] " Un tel m'a fait quelque chose, Antoine : Gronde-le ou tue-le " ou n'importe quoi. » Il est prêt à perdre son honneur pour devenir son complice. En lui disant « Sois heureuse, je ne demande rien pour moi », Antoine a fait sauter l'entrave, a mis le mariage dans sa juste perspective. Minne se sent enfin libre, invite son mari à la rejoindre et « la vie vient au-devant d'elle, facile, sensuelle [65]... ».

L'Ingénue libertine est le moins bien compris des romans de Colette. Jean-Ernest Charles écrit que les « Minne » puent l'artifice et le commercial, ce qui lui vaudra la vindicte de Willy. Colette elle-même n'était pas satisfaite. Elle avait d'abord écrit une nouvelle que Willy lui avait demandé d'étirer en roman. En 1909 elle amalgamera les deux romans en *L'Ingénue libertine*, éliminant les passages écrits par Willy.

Les Minne marquent un tournant chez Colette. Elle a accepté de sacrifier son texte original et s'en veut de n'avoir pas dit non. *Maugis amoureux*, « cette fichaise écrite au jour le jour pour " le supplément ! " – ça se voit [66] ! » a tiré à un quart de millions de copies alors que *Minne* a tiré à environ 25 000 exemplaires. Les « ateliers » sont une entreprise financière poussée par une publicité constante, la fin justifiant les moyens. Colette et Curnonsky ne sont pas toujours d'accord avec les procédés de Willy. Curnonsky se plaint qu'il galvaude Maugis, qu'il a démoli la chronologie du personnage. « Je t'ai déjà répondu vingt fois que je m'en fous, lui écrit Willy. Quand j'ai besoin d'argent, je fais n'importe quoi. Je ne m'en vante pas d'ailleurs [67]. » Dans les *Maugis*, Willy proclame qu'il n'écrit que pour avoir de l'argent, peu lui importe ce que la postérité pensera de lui, seul le présent l'intérese. C'est une proclamation faite pour choquer et elle choque. L'argent est un sujet dont on ne parle pas.

En ayant cédé à Willy pour les *Minne*, Colette a la certitude d'avoir sacrifié son intégrité et son art. « Et nous nous engueulons chaque soir, elle et moi, comme il sied à deux bons collabos. Elle voudrait tout le temps des coups de poing avec quelques viols et elle blague mes timidités « virrrrginales [68]... », écrit Willy. Les divergences entre eux sont irréconciliables. Colette en a assez des « trois francs cinquante », elle en a assez du rythme de production des ateliers. Barney, Vivien, Delarue-Mardrus prennent la littérature au sérieux. « Je m'éveillais vaguement à un devoir envers moi-même, celui d'écrire autre chose que les *Claudine*. Et, goutte à goutte, j'exsudais les *Dialogues de bêtes* [69] », dira Colette. Danser lui paraît un moyen plus facile de gagner sa vie, danser lui donnerait la liberté d'écrire.

Il semble que ce soit cette année-là que Colette ait fait une tournée secrète, elle fait allusion à une fugue d'Annie dans *La Retraite sentimentale*. Willy en fait le point de départ de *Pimprenette de Foligny*, et « Les potins de Paris » rapportent :

> « Notre spirituel confrère Willy s'étonnait d'une absence prolongée de la charmante Colette partie pour quelques jours en auto. Or, Colette, sur sa route, avait rencontré une troupe de romanichels. Séduite, comme Jean Richepin, par la vie aventureuse et romanesque de ces errants, elle vécut de leur vie, partagea leurs travaux, apprit leurs danses sauvages et devint une vraie zingara. Et couverte de haillons et de loques, radieuse, les pieds nus et les cheveux en broussaille, elle revint chez Willy, qui en philosophe indulgent, la trouva bien bonne.
> Moi, je veux bien. »

Willy est malade, probablement d'une attaque de syphilis, il passe l'été couché aux Monts-Boucons. Pendant des mois sa santé se détériore, il subit deux opérations. Colette confie ses inquiétudes à la comtesse de Martel (Gyp), elle a peur d'une gangrène. Willy était déprimé, comme son alter ego Maugis il a perdu le goût de vivre. Colette avait écrit les *Dialogues de bêtes* « pour amuser Willy », sa réponse « pour amuser Colette » publiée dans *L'Almanach Willy pour 1906* est *Le Suicide reconstituant*, un conte surréaliste où un homme avale des allumettes pour se suicider, ce qui rallume sa flamme. Les chants conjugaux alternés reprennent. Henry ne pouvait vivre sans se noyer dans les yeux de Claudine, elle répond : « Revenez, pour vous pencher sur mes yeux jaunes, dans ma figure hâlée [70]. »

Ils retournent à leur mode de vie familier, ils ajoutent un nouveau trait d'union à leur couple, une élève du Conservatoire qui « ressemble à Louis XV adolescent ». Colette l'initie aux arts de l'amour dans sa garçonnière « afin qu'elle déboulât un peu ». Elle pose pour les 60 photos d'*En bombe*. Willy se lassera le premier de cette fausse Claudine : « J'en ai assez de cette charrette à bras qui a le nez triste [71]. » Elle est suivie d'une autre élève en quête de protecteur. Marguerite Maniez, brune aux yeux bleus, a été élevée en Angleterre. Elle écrira plus tard des romans et des pièces, et pendant vingt-cinq ans sera la correspondante parisienne du *Tatler* sous le nom de Priscilla. En 1904 elle suit des cours de théâtre et, comme beaucoup d'adolescentes, tombe amoureuse de *Claudine*. Invitée dans la garçonnière pour rencontrer la vraie Claudine, Meg en ressort « hypnotisée ». L'anglophile Willy pratique son anglais, s'occupe de sa carrière et s'attache à l'intelligente Meg. Rebaptisée Meg Villars, il la fait passer pour sa fille. On voit les Willy et leur fille au bal Bullier, elle prend son rôle au sérieux, appelle Willy « papa » et écrit à Jacques comme à un frère. Elle se perd un peu dans les imbroglios du couple et signe une lettre à Colette : « Ton Meg, qui n'est pas très fixée sur son sexe [72] ».

Le premier octobre Willy remporte un autre succès au théâtre avec *Le Friquet*, adapté d'un roman de Gyp. Lugné-Poe, Vayre, Armory et Colette ont participé à l'adaptation scénique. Les aventures du jeune acrobate superbement jouées par Polaire font sangloter le public jusqu'à la fin de l'année. Pendant ce temps, l'équipe travaille à l'adaptation de *Minne*.

Le 2 décembre Mme Albert Gauthier-Villars meurt. Colette n'aima jamais cette grande bourgeoise qui disait que son fils gaspillait son talent et critiquait les romans libertins de Willy, qui prenait cependant la précaution d'épingler les pages les plus osées avant de les lui envoyer. Le 8 décembre *Le Gymnase* annule la représentation du *Friquet* parce que « M. Willy est en deuil ». Le geste est inattendu étant donné les pertes que cela représente pour le théâtre et les acteurs. Mais M. Willy est l'enfant chéri de Paris.

La mort de sa belle-mère libère Colette du dernier frein qui l'empêchait de monter sur les planches. Depuis deux ans elle s'entraîne avec un maître de gymnastique. Elle a un maître de ballet italien, elle prend des cours de danse avec Caryatis, une danseuse qui s'inspire de l'école rythmique de Jacques Delcroze, danse nu-pieds dans une tunique grecque, ou demi-nue dans une peau de léopard. Elle porte ses cheveux « à la page ». C'est dans son studio que Colette apprend la technique de la dislocation pour laquelle Caryatis était célèbre.

Colette promène sur quelques scènes privées un numéro avec Toby-chien. Un imprésario lui propose de lui vendre un numéro avec treize lévriers russes. « C'est du tout cuit, tout est prêt, l'itinéraire de la tournée, les contrats, tout [73]... » Au dernier moment Colette hésite à rompre les amarres. En février elle lit *Dialogues de bêtes* dans un salon à Nice où elle passe la saison avec Willy. La nouvelle de la mort imminente de Marcel Schwob les ramène à Paris. Pendant l'enterrement Colette et Willy soutiennent Jarry, qui, ravagé par la mort de son protecteur, est complètement ivre. La mort de Schwob, suivie de celle de Jarry, marque la fin de la légère Lolette, de l'inconsciente Folette. En juin 1905 *La Vie parisienne* annonçait que Claudine allait danser une pantomime.

CHAPITRE VII

Danse, théâtre et music-hall

« Aucune actrice n'a été lancée avec autant de fanfare que Mme Colette Willy. »

Le Cri de Paris.

Tout est en place pour le théâtre. Le 1er mai 1905, Colette et Willy sont légalement séparés de biens, ils ont séparé leurs intérêts financiers, mais en réalité ils ne sont pas sortis de la communauté de biens. Les Monts-Boucons et l'appartement de la rue de Courcelles restent à leurs deux noms. A partir de là, Willy organise la carrière théâtrale de Colette, orchestre une série de révélations dans la presse destinées à attirer l'attention. En juin un article anonyme, dans *La Vie parisienne*, décrit une soirée privée donnée à Neuilly dans les jardins de deux hôtels particuliers attenants, celui de Natalie Barney et celui d'Eva Palmer.

« Parfois ces demeures mystérieuses entrouvrent leurs portes et les électriques amènent de Paris des princesses divorcées, des écrivains très parisiens : une gamme qui va de Paul Marion à Francis de Croisset en passant par le ménage Willy et Montesquiou, [...] Emma Calvé, des anglais également très parisiens dont les uns ont beaucoup d'esprit comme Cosmo Gordon Lennox et d'autres des chaînes d'or au cou. Si Oscar Wilde était encore en vie, il serait là. Il y a dans ces petites fêtes intimes tout juste une vingtaine d'invités qui ont montré pattes blanches... La dernière cérémonie comportait un fragment de Pelléas, toujours Pelléas, (en travesti) l'inévitable danseuse indoue [Mata-Hari] dont la nudité a souffert dans son épithélium extérieur de trop d'exhibitions et une pantomime de niaise affabulation mise en scène par le père de Claudine et dont la fille tenait un rôle [1]... »

Colette jouait le rôle du berger Daphnis amoureux de la nymphe des bois interprétée par Eva Palmer. Mlle de Rivière et Miss Gauthier-

Villars (Meg Villars), en bouquetières, complétaient la distribution. Willy met tout le poids de sa popularité d'auteur dramatique pour lancer Colette. Avec un instinct sûr de ce qui plaît au public, il crée pour elle le personnage du Faune. Toujours dans le parc de Natalie Barney, un peu plus tard, Colette interprète une saynète signée Willy, inspirée du *Prélude à l'après-midi d'un faune* :

> *... Je suis un faune, un tout petit*
> *Faune, robuste et bien bâti,*
> *Au doux regard, au fin sourire...*

déclame Colette en roulant les « r » comme les acteurs du vaudeville.

Une série de cartes postales avec « Le Faune/Colette Willy » ou « Le Faune et Willy », en queue de pie et chapeau haut de forme est exposée chez tous les libraires, distribuée dans les rues, envoyée dans les théâtres. Pour montrer la versatilité du talent de Colette, elle est photographiée en costume Directoire, en paysanne, en beauté préraphaëlite, en beauté des Caraïbes avec un hibiscus dans les cheveux, en marin. Colette se sert de ces cartes pour son courrier. Elle envoie sa photo en faune à Robert de Monstequiou pour le remercier de son dernier livre. Elle espère que le comte, qui n'a peur de rien ni de personne, la soutiendra quand elle franchira le pas et deviendra une actrice professionnelle. L'appui du critique du *Figaro* est essentiel à sa réussite.

Quelques mois plus tard Colette interprète un acte de Pierre Louÿs, *Dialogue au soleil couchant*. Colette, en pâtre grec, courtise la bergère, Eva Palmer. Mais Natalie Barney n'a pas envie de financer en dehors des murs de son parc la carrière de Colette, qui ne lui semble pas une bonne actrice. Elle n'aime pas non plus la publicité tapageuse dont s'entourent les Willy, ni les révélations aux journaux. Colette a trouvé un autre appui. Depuis le début de l'année, on voit régulièrement aux 5 à 7 de Colette, Mathilde de Morny, marquise de Belbeuf, qui a été amenée rue de Courcelles par Pepe Luis del Campo, un Espagnol cosmopolite, habitué des palaces, qui conduit une voiture peinte en jaune canari. Sa sœur, Mariquita del Campo, fait partie de ces jeunes filles en fleurs tant admirées de Proust et de Louÿs.

Sophie-Mathilde Adèle Denise de Morny, la fille du duc de Morny, était la nièce par la main gauche de Napoléon III. Son arbre généalogique resplendissait de naissances princières illégitimes. Le duc de Morny était le fils adultérin de la reine Hortense et du général comte de Flahaut, lui-même né des amours de Charles-Maurice de Talleyrand et d'Adélaïde de Flahaut, elle-même étant peut-être la fille adultérine de Louis XV et d'une beauté du *Parc aux cerfs,* Adèle Filleul de Longpré. Du côté maternel Mathilde de Morny était la fille de la princesse Troubetskoï. La bienveillance de la famille impériale à l'égard de la princesse concourait à accréditer les rumeurs qu'elle était la fille du tsar. Le duc de Morny avait été un entrepreneur infatigable, il participa à tous les grands travaux de l'Empire, routes, canaux, chemins de fer et créa Longchamp et Deauville. Cultivé, passionné de théâtre, il écrivit une opérette avec Offenbach, fit représenter *La Dame aux camélias* bloquée par la censure, découvrit le talent de Sarah Bernhardt. Nommé ambassadeur en Russie, ce célibataire bon vivant tombe amoureux des 18 ans de Sophie Troubetskoï et l'épouse. Ils ont quatre enfants : Marie épousera l'héritier du duc de Sexto, Auguste la fille du milliardaire Guzman-Blanco, président du Vénézuela, Serge restera célibataire, Missy, qui a 4 ans à la mort de son père en 1865, est élevée en partie en France, en partie en Espagne, après le remariage de sa mère avec un grand d'Espagne, le duc de Sexto. A 18 ans sa famille la marie au marquis de Belbeuf, l'un des hommes les plus riches de France qui règne sur un empire d'industries textiles. Après six ans, ils se séparent en se promettant de vivre chacun à leur guise, de dépenser leur fortune comme bon leur semble et de ne plus jamais se revoir.

La marquise de Morny préfère Mytilène à Cythère. Elle fait couper ses boucles d'un blond cendré, s'habille chez les tailleurs londoniens et met toute sa coquetterie dans ses épingles de cravate, ses cannes à pommeau d'or. Le seul défaut de sa mince silhouette masculine sont ses aristocratiques petits pieds qu'elle essaie d'agrandir en portant plusieurs paires de chaussettes. Pour ne pas choquer dans la rue, elle porte une jupe à boutons-pression qu'elle enlève d'un geste sec en arrivant à son cercle et laisse au vestiaire. La marquise vivait au masculin. Elle traitait les femmes comme un homme du monde, généreusement, avec un sourire indulgent pour leurs faiblesses. Ses rares intimes l'appelaient Missy, ses domestiques « monsieur le Marquis », ses jeunes amies « oncle Max ». Dans *La Vagabonde,* Colette nommera Max le généreux et tendre protecteur de Renée.

La marquise est la cible favorite des républicains qui détestent cette « Napoléonide ». Mais il faudra l'arrivée des Willy dans sa vie pour que son nom s'étale en toutes lettres dans les journaux. Même Jean Lorrain, dont elle est la bête noire, use de périphrases pour la désigner. La marquise a le cœur tendre. Pour partager la vie d'une ouvrière qui travaille dans la métallurgie, elle lui achète un atelier où, ensemble, elles tournent des boutons de porte en cuivre et des robinets. Pour reconquérir l'amour d'une actrice qui l'a abandonnée, elle fait semblant de mourir littéralement de douleur, met en scène une veillée funèbre avec cercueil, cierges et fleurs et envoie un faire-part à sa bien-aimée. L'infidèle pleure sur le corps recouvert de fleurs, alors la marquise se lève, ouvre les bras et généreusement lui pardonne. Quand elle débarque dans une petite station balnéaire, entourée de

« ses femmes » qui organisent des orgies, fument le cigare dans les rues, chantent des chansons grivoises, Jean Lorrain la traite de tribade en délire. Rachilde en fait l'héroïne de *La Marquise de Sade*. Mathilde de Morny aimait donner des soirées costumées où l'on jouait des pièces et des pantomimes souvent écrites par l'hôtesse. Elle apparaît en Néron, en sheik, en moine, ou en hidalgo espagnol car elle dansait très bien le fandango. Elle avait adopté la nouvelle mode des dîners par petites tables où elle faisait poser, à côté de chaque couvert, un panier rempli de pétales de roses. Dès que ses invités étaient assis, la bataille de fleurs commençait. Après la soirée, les couples formés selon leurs préférences amoureuses, étaient libres de se perdre dans ses vastes demeures. Son amour du théâtre en faisait un généreux mécène, elle invitait les grands acteurs sur sa scène privée. Habituée des coulisses, elle était toujours entourée d'une cour de jeunes actrices. Elle sortait dans le monde en compagnie des grandes courtisanes : Otéro avec qui elle partageait le goût de l'Espagne, Lavallière, Cléo de Mérode. En 1905 elle escortait Liane de Pougy qui disait d'elle : « Au fond c'est une charmante et puérile créature, un peu poire, de bonne éducation, mais affichante et déclassée[2]. » Elle a aussi « trois fils » : Sacha Guitry qui lui restera dévoué jusqu'à sa mort et sera son exécuteur testamentaire, le playboy parisien Auguste Hériot, héritier en autres biens des Grands Magasins du Louvre et le prince Ghika de Roumanie.

La marquise ajoute bientôt Colette aux membres de sa fictive famille. Elle parraine l'entrée des Gauthier-Villars dans son club privé, Le Cercle des arts et de la mode, 44, avenue Victor-Hugo, appelé aussi Cercle Victor Hugo. C'est un club très fermé avec salles de roulette et de baccara, une salle de théâtre où acteurs et chanteurs professionnels se joignent aux membres du cercle. Le 27 mars 1905 Colette et Willy assistent au banquet littéraire organisé pour le lancement du *Damier,* la luxueuse revue du Cercle. Ils font partie du comité de rédaction. La marquise trouvait que Colette avait du talent et comprenait son désir de monter sur scène. Elle se laissera enjôler par Willy dans ses projets pour imposer Colette au public.

Colette ne s'entraîne plus en amateur. Au maître de ballet Cernusco, à Caryatis, s'ajoute Georges Wague avec qui elle « travaille la mimique ». Wague est un ami, il connaît Willy depuis l'époque du Soleil d'or quand les Décadents soutenaient ses efforts pour transformer l'art de la pantomime. Comme dans le no japonais, les gestes, les mimiques de chaque personnage de la pantomime traditionnelle étaient codifiés et répétés par des générations de mimes. Wague rompt avec cette tradition et invente une gestuelle plus réaliste qui fera les beaux jours du cinéma naissant. Il avait commencé par des *cantomimes* avec Xavier Privas, chanteur-compositeur qui chantait derrière un rideau pendant que Wague mimait les paroles de la chanson. Vers 1894 il donnait des représentations au café Procope. La pantomime est adoptée dans les petits théâtres, dans les cercles privés, car c'est un art en apparence facile qui ne demande ni cours de diction, ni cours de chant, et permet de mimer des scènes risquées. Les courtisanes voient vite le parti qu'elles peuvent en tirer pour mettre leurs charmes en valeur. Les monomimes, ou pantomimes à un personnage, deviennent obligatoires dans les revues et les cabarets, *Yvette se couche, Le Bain de Diane, Le Lever de Madame, La Mariée s'en va au lit,* etc., et aboutiront au strip-tease. Les monomimes ne sont qu'un étalage de lingerie chère dont les prix sont donnés dans les programmes. On va voir les déshabillés de Liane de Pougy qui s'agite dans une énorme toile d'araignée argentée aux Folies-Bergère, mais la talentueuse Otéro travaille sérieusement avec Georges Wague avec qui elle a dans *La Nuit de Noël* un énorme succès. Colette se composera un répertoire de monomimes dont elle fera la chorégraphie et qu'elle dansera dans les salons : *La Danse du sphinx, La Danse du serpent bleu* et toute une variation sur le thème du faune. Dans les soirées pour dames, elle danse nue. Sinon elle s'habille minimalement de tuniques, de bandes de cuir incrustées de pierreries, ou elle se drape dans un voile. A cause de sa célébrité parisienne et parce qu'elle est Claudine, on voit Colette comme la personnification du nouveau courant : Le Théâtre de Nature qui prône un retour aux sources. L'homme étant né nu, le grand chic veut que l'on se débarrasse d'autant de vêtements que le permet la société. Pour justifier la nudité, on fait de l'exotisme ou on se tourne vers l'Antiquité. Ce retour à « l'état de nature » s'accompagna d'une montée de l'érotisme d'abord dans les représentations de salon puis sur la scène. Colette l'écrivain fait à plusieurs reprises l'apologie de la nudité, Colette l'actrice fait passer la nudité de la scène privée aux grandes salles de music-hall. Les critiques jugeront son talent ou son manque de talent selon leur position idéologique par rapport aux tenants du nouveau naturisme.

Le 17 septembre 1905 le capitaine Colette meurt d'un emphysème. Colette et Willy arrivent en automobile avec deux heures de retard, à ses funérailles. Ils donnent pour excuse trois crevaisons. Ce n'est qu'une partie de l'histoire. En quittant Paris ils se sont arrêtés pour déjeuner dans une auberge de Fontainebleau, « un retour de flamme » les « immobilise le temps de l'éteindre [3] ». Les réactions de Colette devant la mort choquèrent souvent son entourage. Elle avait recours à de solides repas pour exorciser ses peurs, pour cacher une hypersensibilité qui lui paraîtra toujours une faiblesse.

La mort du Capitaine ne met pas un point final aux luttes intestines familiales. Achille ne veut pas qu'on avertisse Juliette de la mort de son beau-père. Ce n'est que cinq jours après sa mort, que Sido, en cachette de son fils, écrit à Juliette : « Mon cher et bon Colette est mort le 17. Je renonce à vous dépeindre l'immensité de ma douleur, avec lui je perds tout bien-être et indépendance [4]. » Selon Sido son « cher Grand » (Achille) ne peut pas pardonner à Juliette le chagrin qu'elle a fait à sa mère « ... causé par nos maudites affaires d'intérêt ». Mais aussitôt Sido presse Juliette de lui verser une pension, elle enrôle Colette pour convaincre sa sœur, « écris-lui d'une façon plutôt amicale, ce sera encore le moyen le meilleur pour arriver à un résultat. En tout cas ne lui dis pas ce que votre bon cœur a fait pour moi [5] ». Colette, Léo et Achille s'étaient désistés de leur part d'héritage en faveur de leur mère et s'étaient engagés à lui verser chacun une pension mensuelle de cent francs. Colette, ou Willy, rempliront cette obligation jusqu'à la mort de Sido. « J'ai rapporté avec moi ma part d'héritage paternel : un ruban de Crimée, une médaille d'Italie, une rosette d'officier de la Légion d'honneur, et une photographie [6] » écrivait Colette à Natalie Barney.

Dix jours plus tard, Colette demandait à Sido de confier ses capitaux à Willy qui lui verserait des intérêts. « Mais dites-moi à ce taux-là, Willy ne doit pas s'enrichir [8]. » Colette en profite pour annoncer à sa mère qu'elle va faire du théâtre. Elle est en pleines répétitions pour ses débuts au théâtre des Mathurins. « Donc tu gagneras mille francs par soirée ! Jésus-Marie quelle somme ! Je crains qu'elle ne serve qu'à boucher quelque trou profond ! Quand pourras-tu te réserver un capital [8] ? » lui répond Sido.

En apprenant que Willy organise « un théâtre à lui », Sido s'alarme. Il y a de quoi. Le théâtre est pour Colette. Pour lui-même, Willy investit l'héritage de sa mère dans une écurie de courses, il achète cinq purs sangs dont les champions Rameau d'or et Belhomme, et engage comme jockey le célèbre Riou. Il partage son temps entre les théâtres, à s'occuper des carrières de Colette, de Polaire et de Meg Villars, et les champs de courses où il surveille l'entraînement de ses chevaux. « Si au moins Mme Colette Willy, qui est la personne qui fit le mieux parler les Bêtes, nous traduisait en quelque dialogue nouveau les opinions et discours des chevaux de l'Écurie Willy [9] » demande un critique. Mais dans quelles tractations Willy s'est-il lancé ? *La Lanterne magique* rapporte qu'Albert Carré, directeur de l'Opéra-Comique, menace Willy, Colette et Polaire d'une amende de cent mille francs.

Le 6 février 1906, à 33 ans, Colette s'aventure sur la scène d'un petit théâtre pour des débuts semi-professionnels. Les petits théâtres sont des salles dont certaines fonctionnent comme des cercles, elles sont souvent louées par des particuliers pour lancer une artiste. Aux entractes les acteurs retrouvent les journalistes et le public, en majorité masculin, qui souvent ne vient que pour voir un certain acte, ou une certaine actrice.

Colette interprète *le Désir, l'Amour et la Chimère* de Francis de Croisset, sur une musique de Jean Noguès, ils ont écrit la pantomime pour elle. Georgette Leblanc, membre du *Cercle Victor Hugo* et maîtresse de Maeterlinck, en est le metteur en scène. Boulestin joue le rôle d'un Athénien. Les répétitions ont eu lieu dans la garçonnière de Colette. On est entre amis. La soirée commence par un acte de Maeterlinck, *La Mort de Tintagiles.* La salle est remplie par des amis de Willy et de la Marquise qui parlent, s'agitent, rient quand Mélisande murmure « Je ne suis pas du tout heureuse » pendant que Golaud, le mari jaloux, lui tape la tête par terre. L'entracte dure plus d'une heure, d'autres amis arrivent, un journaliste écrira que si un spectateur ordinaire s'était aventuré dans le foyer, il serait parti sûr de s'être trompé de lieu. Enfin le rideau se lève sur Colette en faune, vêtue d'une courte tunique, deux cornes dans les cheveux. Le programme annonce :

« C'est aux temps fabuleux de la Grèce païenne où sur les mers brillaient les croupes des sirènes, où les dieux chèvres-pieds hantaient les forêts.

Un jeune faune dédaigneux des chèvres, souvent épie vers la tombée du soir, blotti derrière le mur de leur jardin, deux jeunes vierges, deux sœurs.

Chaque jour, accompagnées de leur suivante, elles descendent dans le jardin, et, rendant hommage à Éros, enroulent à sa statue des guirlandes de fleurs. Le faune s'en irrite. Chaque jour aussi elles méprisent les présents et l'amour que viennent déposer à leurs pieds deux jeunes Athéniens. Et le faune de se réjouir.

Un soir, le dépit suggère une idée à l'animal-dieu. Un miroir oublié par la suivante lui a révélé ses traits. Il est beau ! Vraiment, il ressemble à Éros.

Aussi, quand la nuit vient, il enlève le buste du Dieu et pénètre dans sa gaine. Ainsi sont cachés ses pieds de bouc et les roses de l'amour voilent ses cornes qu'il maudit.

Comment faire revenir dans le jardin les deux sœurs et leur belle suivante ? Le petit faune joue de la flûte. Ce sont elles ! L'arc tendu, Éros est vivant.

D'abord effrayées du miracle, puis, peu à peu rassurées, elles se prosternent et supplient le dieu de choisir entre elles. Vainement elles cherchent à l'entraîner : il n'ose bouger.

Enfin, le désir qui l'agite le précipite vers elles... Horreur ! c'est un faune !

Au cri poussé par les femmes, les deux amants éconduits quelques instants auparavant accourent, rejettent le faune et disparaissent avec leurs cruelles amies, heureuses enfin de leur protection.

Le petit faune gît sur le sol, meurtri. Mais la suivante revient vers lui, il est blessé, il souffre ; elle le soigne, la pitié l'emportant dans son cœur sur la crainte.

Mais ce n'est pas en vain que dans l'Attique les vieillards enseignaient de se défier de l'animal-dieu.

Celui-ci a bondi. Maintenant, il fascine la jeune femme, la terrasse et scelle ses lèvres de son brutal et divin baiser.

Elle se relève. Un long tressaillement... Les voiles qui couvraient sa tête tombent, et comme pour avoir vu Diane, Actéon fut changé en cerf, pour avoir subi le baiser du faune, deux cornes se hérissent sous les cheveux dorés de la vierge et deux oreilles pointues encadrent son visage. Et dans la nuit plus bleue, le jeune faune, vainqueur et soufflant sur sa flûte, entraîne l'imprudente vers la forêt où règne Pan, le dieu barbare aimé des chèvres. »

Ambiguë, intense, sensuelle, Colette séduit une salle prête à se laisser séduire. De sa loge d'avant-scène, la marquise de Morny applaudit ostensiblement les danses du Faune. Le théâtre a été loué pour trois semaines, la troupe ensuite a un engagement à Bruxelles. A la gare du Nord, Colette, escortée de Boulestin, découvre que Georgette Leblanc a mis tout le monde en seconde classe. « L'Art pour l'Art » grogne Colette qui fait changer, pour des premières, son billet et celui de Boulestin. La publicité autour de Colette est énorme. Les photos du faune sont partout. La dernière production des « ateliers », *Une plage d'amour,* parle de Colette – un petit faune de pantomime. Le 15 février elle est en couverture de *La Vie heureuse.* Son portrait par Jacques-Émile Blanche, *La Bourguignonne au sein bruni,* est exposé au Cercle de l'Union artistique. Le titre rappelait la chanson à la mode sur un poème de Musset :

Connaissez-vous dans Barcelone
Une Andalouse au sein bruni ?

Fin février Colette et Willy sont sur la Riviera où Colette danse *Le Faune* à Monte-Carlo. Ils passent le mois de mars chez Renée Vivien à la villa Cessoles, sur les collines, au-dessus de Nice. Une photo les montre sous les arbres, Colette, un grand sac à l'épaule, ramasse des herbes de Provence. Renée Vivien, émue par la danse de Colette, compose *La Flûte qui s'est tue.* Pendant son séjour, Colette apprend son prochain rôle, *Aux innocents les mains pleines,* une pièce en un acte signée Willy et Andrée Cocotte. En l'honneur de Vivien, Willy a nommé le personnage principal René. Il passe le plus clair de son temps dans les salles de jeu. Colette, habillée en Pierrot jaune, accompagnée de Lorrain et d'Henry Bernstein, assiste au *Veglione,* la nuit du mardi gras. Le demi-monde est là en force, vêtu de jaune et de violet : Otéro, Émilienne d'Alençon, Liane de Pougy, Suzanne Derval. Colette a enlacé Ève Lavallière, en Pierrot mauve, et danse. Leur tenue attire l'attention des gendarmes, les dames ne peuvent pas « par décence [10] » danser ensemble. A 4 heures du matin, Colette, Lorrain, Bernstein, Lavallière rejoignent Willy au restaurant du Cercle.

Le 30 mars Colette joue au Théâtre royal, 23, rue Royale, un bijou de petit théâtre. Le quatrième numéro est une comédie écrite par un protégé de la marquise de Morny, le jeune Sacha Guitry. A 10 heures, le rideau se lève sur la vedette de la soirée. Colette Willy, en play-boy dans un costume qui vient de Savile Row, est accoudée à un bar. Elle discute avec le patron, joué par Boulestin, qui lui répond en franglais « le langage de l'Entente cordiale ». Il lui présente Suzanne, une aventurière. Quand Colette la prend dans ses bras et l'embrasse, les spectateurs huent, sifflent, tapent le sol de leur canne. Willy se plaint à Curnonsky qu'un groupe du « smart set » a décidé de punir Colette et essaie de mettre un point final à sa carrière professionnelle. Qui menait cette cabale contre elle ? Certains, qui l'ont connue dans les salons, trouvent immoral qu'elle se déclasse. La marquise de Morny, Willy et leurs séides viennent tous les soirs en force et le spectacle continue dans une ambiance de scandale. Ce qui choquait le public, ce n'était pas Colette en travesti mais le réalisme de l'interprétation en costumes contemporains. Les deux actrices mimaient trop bien la scène de séduction jusqu'à son point culminant : le baiser. Depuis que Beaumarchais avait fait jouer Chérubin par une actrice, le travesti faisait partie du répertoire. Virginie Desjazet avait joué au vaudeville plus de 100 rôles en travesti et Sarah Bernhardt donnait au travesti ses lettres de noblesse car elle trouvait qu'à part Phèdre, il n'y avait pas de rôle de femme qui permit d'explorer les émotions humaines. Elle a joué 27 rôles masculins. Dans *L'Art du théâtre*, elle conseillait le travesti « seulement si l'intellect domine le physique » et se refusait à jouer Don Juan ou Roméo, trop sensuels. Colette franchit ce pas. Elle et son imprésario de mari savaient qu'à 33 ans elle ne pouvait réussir qu'en ouvrant de nouvelles voies. Elle exploita à son maximum « sa grâce féline » et ce que notre époque, peu encline aux métaphores, appelle « le sex-appeal ».

Le rôle de Colette dans *Aux innocents les mains pleines* était trop franchement scandaleux, trop loin des grivoiseries 1900, c'était un faux-pas. Colette demande à Robert de Montesquiou de l'aider à recentrer son image sur son succès en faune. Le critique du *Figaro* écrit un article élogieux sur Colette et son interprétation :

> Je ne crois pas vous avoir assez dit combien j'avais aimé les poses de Madame Colette Willy, dans une pantomime représentée cet hiver – pantomime très simple, où elle incarnait, de toute la grâce robuste et svelte de ses jolies jambes, un jeune faune gamin, amoureux et déçu.
>
> Les joies d'art sont rares au Théâtre ; aussi ai-je ressenti une impression très aiguë et très harmonieuse devant les danses capricantes et la grâce volontairement un peu animale, de Madame Willy. On voit des gestes analogues, rythmiques et lascifs, se dérouler, rouges et noirs, sur

la panse des vases Étrusques... L'auteur des charmants « Dialogues de Bêtes » fut un être hybride, raffiné et inquiétant.

Ce petit Faune vibrait, depuis la pointe de ses sabots fourchus jusqu'au bout de ses doigts fardés ; [...] les pampres écarlates, les yeux sombres, interrogateurs et narquois me retinrent [11].

Montesquiou fait toujours figure d'arbitre du Tout-Paris et son soutien est invaluable. Elle l'avait rencontré pour la première fois chez Madeleine Lemaire en 1895. Beau, nerveux, raffiné, et irritant, Robert de Montesquiou faisait remonter ses ancêtres aux premiers rois de France et tenait Charlemagne pour un usurpateur. Toujours entouré d'une cour de jeunes écrivains, « l'arbitre des élégances », « le Chef des odeurs suaves » était l'autorité suprême en matière d'étiquette, de bienséance et de goût. Grand admirateur de Whistler, il mettait en pratique avec brio *L'Art distingué de se faire des ennemis*. Il disait de la princesse de Polignac, née Singer, qu'elle avait l'air de Néron s'apprêtant à tuer ses victimes sur une machine à coudre. Mais dès qu'il décelait un talent, il mettait toute son énergie au service de sa publicité.

Les Willy avaient été invités aux somptueuses fêtes données par Montesquiou au Pavillon des Muses de 1901 à 1904. La complexité de Colette l'intéressait, elle lui rappelait Aubrey Beardsley, « c'est que je trouve, en vous priant de le tenir pour un éloge, d'étranges ressemblances entre vos personnages et les siens. Même élégante bizarrerie, même apparente ingénuité dans la perversité, même façon d'obtenir par une grâce, l'absolution de ce qu'on allait leur reprocher. » Montesquiou a vu juste et Colette lui confie qu'elle a pour Beardsley « une passion presque coupable, tant les dessins de ce très jeune homme, un peu fou, répondent à ce qu'il y a de caché en moi [12]... ».

L'été, Willy et Meg sont invités à rejoindre Colette et la Marquise au Crotoy où elle a loué la villa Belle-Plage. La Marquise est convaincue qu'elle vit en toute simplicité. Elle s'est fait précéder de deux femmes de chambre, d'une cuisinière et d'un maître d'hôtel qui sont arrivés en train. Elle est venue dans sa voiture rouge avec son chauffeur et sa gouvernante, habituellement quelque noble dame espagnole désargentée. Comme elle est loin de ses connaissances, elle ne porte plus la jupe à pressions. Colette a amené avec elle Boulestin qui lui sert de secrétaire. Elle continue à s'entraîner. Missy a fait installer des barres parallèles sur la plage. La marquise est une gymnaste convaincue, elle a, dans toutes ses garçonnières, des agrès au pied du lit, et impose à ses amies des leçons de gymnastique. Les quelques rares touristes sont choqués de voir Colette en maillot collant au lieu de l'habituel maillot à jupe, et la marquise en pantalon de golf, attendant qu'elle sorte de l'eau pour l'envelopper dans une serviette.

Pas loin du Crotoy se trouve Paris-Plage avec un modeste casino en bois et deux hôtels dans une forêt de pins. Willy a signé un contrat pour quelques représentations de *Aux innocents les mains pleines*. La marquise installe tous ses invités au Grand Hôtel où se trouvent Frank Richardson, le directeur de théâtre, ainsi que des journalistes anglais. Tous vont voir « Colette trousering » (la pantalonade de Colette) devant le « smart set » qui porte des gants blancs le soir pour jouer au Casino. *Le Ruy Blas* et *Le T.P's* signalent la présence de « Monsieur Willy, connu dans le monde entier pour ses amusants chapeaux et ses romans sur Claudine (sans lesquels aucun touriste digne de ce nom ne retourne en Angleterre) [13]. » Que lit-on pendant les vacances demande *La Vie parisienne*? « Les *Dialogues de bêtes* d'une si parfaite perfection de Madame Colette Willy ; les *Claudine* et les *Minne* de Willy plus traduites dans toutes les langues que les plus célèbres romans de Zola [14]. »

C'est la dernière saison de Paris-Plage. Quelques mois plus tard, les travaux financés par Paris Singer et un groupe d'entrepreneurs le transformaient en l'élégant Touquet. Parmi eux se trouve un ami de Mathilde de Morny, Léon Hamel qui a loué une villa au Crotoy. Quinze ans de plus que Colette, grand, mince, extrêmement élégant, grand joueur de tennis et excellent valseur, Léon Hamel, qui sera le Hammond de *La Vagabonde*, a voyagé à travers le Moyen-Orient. Il a passé dix-sept ans en Égypte où il représentait les intérêts du Crédit foncier auprès du Deirah Sanieh, le groupe qui gère les affaires d'Ismaïl Pacha. Il vit à Paris rue de Florence et s'occupe des intérêts de la Marquise. Il devient l'ami de Colette, son confident et son conseiller financier. Après la séparation de Colette et de Willy, il prendra affectivement la place de ce dernier, et deviendra « le meilleur ami ». Colette, qui lui confiera tous les détails de sa vie privée, lui demandera conseil sur tout avec un abandon total.

« Une nouvelle étoile »

Le 1ᵉʳ octobre, Colette débute sur une grande scène de music-hall. Elle joue à l'Olympia *La Romanichelle*, un long mimodrame signé Paul Franck sur une musique d'Édouard Mathé. Elle entre en scène ; audacieusement nue sous ses haillons, alors que les danseuses, les mimes, portent toujours sous leur costume des maillots longs, souvent rembourrés, pour donner l'illusion de formes rebondies.

Willy a préparé le public et la presse. Il a cosigné avec Curnonsky *Chaussettes pour dames* où les deux compères dénoncent l'hypocrisie du port du maillot et font un plaidoyer en faveur de la nudité. Sur la couverture on voit une photo de Colette Willy nue sous sa tunique de faune. Ne laissant rien au hasard, Curnonsky écrit dans *Paris qui chante* un article dithyrambique sur Colette dans *La Romanichelle* :

« Les débuts de Mme Colette Willy attireront sans doute tout Paris à l'Olympia. Le nom illustre, la réputation littéraire et mondaine, le talent et la beauté de la jeune débutante en font une des plus importantes vedettes qu'un directeur de music-hall ait découvertes depuis longtemps.

Mme Colette Willy ne saurait rien faire d'indifférent ; et l'attention passionnée du public lui est d'avance toute acquise. La décision qu'elle vient de prendre, soulèvera bien des commentaires... et il faudra beaucoup d'énergie et de volonté obstinée pour vaincre la résistance d'une partie du public parisien, qui en veut à ceux qu'il aime de ne pas faire toujours la même chose.

Or, Mme Willy a le tort d'être un des plus délicieux écrivains de France ; on n'ignore point quelle fut sa part de collaboration dans cette série de romans universellement célèbres où vivent d'une vie si intense et si vraie les types de Claudine et de Minne. Et Mme Colette Willy a signé ces *Dialogues de bêtes* qui resteront un des livres les plus originaux de notre langue... Le public s'est donc habitué à la considérer comme une grande artiste du verbe, comme un de nos prosateurs les plus parfaits... Aussi ce n'est pas sans crainte que j'attendais l'apparition de Mme Colette Willy devant une de ces salles de grande première, où la présence des amis suffit à créer une atmosphère hostile.

Elle a paru... Tout Paris put constater que la débutante est belle, d'une beauté étrange, expressive et personnelle – et que tout Paris voulut bien ne pas lui en vouloir !

Puis Mme Colette Willy dansa et mima, et sut enchanter ce public sceptique et blasé... Elle apporta dans son rôle toute l'originalité nerveuse de son talent d'écrivain, l'aisance, la grâce, la souplesse des mouvements, le sens des attitudes et l'espèce de brutalité voluptueuse et de sauvagerie câline de ces filles de Bohème qui passent, qu'on adore et... qui s'en vont.

... Si tous les adorateurs de *Claudine* et de *Minne* vont applaudir l'admirable artiste dans son nouvel avatar, l'Olympia ne désemplira pas d'ici longtemps !... [15] »

Mais, dans *Fantasio*, Franc-Nohain, sous le titre « Une nouvelle étoile » se lamente :

« Et ce qu'il y a de terrible, ou pour le moins de terriblement énervant, c'est qu'elle a beaucoup de talent !

Car Mme Colette Willy, il importe de le déclarer tout de suite, a écrit certains *Dialogues de bêtes* qui sont des manières de chefs-d'œuvre...

Et pourtant les femmes de lettres ne semblent point la considérer comme une des leurs. Est-ce à cause de la multiplicité de ses photographies, à profusion répandues dans les vitrines ?... Est-ce parce qu'elle ne craignit point de monter sur la scène habillée en petit garçon ?...

Au vrai, si la littérature de Mme Colette Willy ne semble pas être prise au sérieux par ses consœurs, c'est parce que Mme Willy n'a jamais eu l'air de prendre au sérieux ni ses consœurs, ni la littérature.

Et c'est là précisément ce qu'il y a d'irritant, au moins pour ses amis, c'est de la voir dissimuler son joli bas-bleu... sous un maillot de danseuse ; – c'est de la voir recourir aux mêmes procédés de publicité tapageuse – (scandaleuse est un bien gros mot) –, qui devraient être équitablement réservés aux femmes qui n'ont pas de talent...

On ne saurait expliquer Colette Willy sans Polaire, m'a dit quelqu'un qui la connaît bien et depuis longtemps... La clef de Mme Colette Willy, c'est Mlle Polaire...

Claudine venait de paraître en librairie, et l'auteur ne cachait pas, – et n'avait aucune raison de cacher –, quelle part revenait à Mme Colette Willy dans la paternité, – ou la maternité, – de ce livre agaçant et adorable.

Et voici que *Claudine à l'école*, – et *Claudine à Paris, – et Claudine en ménage*, – devient Claudine en scène, – et du premier coup les trois Claudine prenaient corps, et s'identifiaient aux yeux du public, dans la seule Mlle Polaire.

Polaire-Claudine, – Claudine-Polaire : il n'était plus du tout question de Mme Colette Willy, – et c'était pour elle, en dépit qu'elle en eût, un énervement croissant... à se sentir ainsi dépossédée, au profit de Mlle Polaire, de la personnalité de Claudine, – sa Claudine...

Alors Mme Colette Willy conçut le projet de reconquérir Claudine avec les propres armes de Polaire... Et voilà pourquoi Mme Colette Willy s'est mise à jouer la pantomime.

Réussira-t-elle ? A-t-elle réussi ?

Oui ! sans doute, – et j'ai envie d'ajouter tout bas : comme c'est dommage !... Mais d'autres la joueraient aussi bien peut-être, tandis qu'aucune femme, – ni Mlle Polaire, – ne saurait écrire les *Dialogues de bêtes* [16].

Dans « Les potins de Paris », *Le Rire* trouve aussi que Colette a beaucoup de talent puis fait une allusion désobligeante à Missy dont le nom est désormais associé à celui de Colette :

« Le pas du poignard semblait intéresser personnellement Mme la marquise de Belbeuf – Missy pour les dames – qui, sur ses cheveux coupés courts, arbore un vrai « petit » chapeau, un feutre masculin sans plume – oui, monsieur – ni fleurs – oui, madame. A côté d'elle, comme contraste, il y avait Mme Liane de Pougy qui arborait un immense chapeau de Fornarina en velours noir, avec gigantesque plume blanche. [...] avouons que nous aimerions toujours mieux devant nous une vraie femme – plume et fleurs – comme Liane, qu'une marquise attifée en vieux clergyman, avec feutre bossué et veston de drap. [17] »

Quelques jours plus tard *Le Cri de Paris* annonce la séparation de Colette et de Willy : « Voilà de la bonne copie sur la planche, une Claudine nouvelle, *Claudine divorcée*, et après cela, comme Alfred de Musset et George Sand, on attend leurs deux confessions *Elle et Lui* et *Lui et Elle*, à moins que le vrai titre définitif ne soit : *Elles* [18]. »

En novembre Colette quitte le domicile conjugal pour s'installer chez la marquise de Morny. Mais Colette et Willy continuent à se voir tous les jours et à collaborer. L'on peut se demander si leur séparation n'est pas une charade à des fins publicitaires car il existe une lettre de Willy à Colette où il lui rappelle leurs accords de continuer à prétendre à une mésentente. C'est un jeu dangereux où on finit par ne plus distinguer le vrai du faux et qui entraîne des réactions inattendues comme la réponse de Colette à l'article du *Cri de Paris* intitulé « En famille » qui décrivait Colette, la marquise, Willy et une « superbe blonde » à la première de *Mademoiselle Josette*. « Les deux couples se serrent la main, s'offrent des bonbons, le spectacle continue. »

Colette, usant de son droit de réponse, adresse une lettre au journal :

> « Je lis vos entrefilets avec plaisir, un plaisir fréquent, car depuis quelque temps vous me gâtez ! Quel dommage que vous ayez intitulé « En famille », l'un des plus spirituels :
> Cela nous donne, à Willy, qui est mon ami, à la marquise et à moi, à cette tranquille et gentille danseuse anglaise que Willy nomme Meg, un air de louche phalanstère... Ne réunissez pas si... intimement dans l'esprit de vos nombreux lecteurs, deux couples qui ont arrangé leur vie de la façon la plus normale que je sache, qui est celle de leur bon plaisir [19]. »

Personne n'avait jamais frondé l'opinion comme Colette. Personne n'avait jamais avoué avec une telle candeur ses préférences amoureuses dans une proclamation que n'aurait pas reniée Fourier : le bon plaisir seul crée des relations normales.

Willy poursuit son plan de faire le plus de fanfare possible autour de sa femme. Colette a demandé à Wague de donner des cours de mime à Missy pour jouer *La Romanichelle* au Cercle Charras et au Cercle des Arts et de la Mode. Les répétitions commencent avec Vuillermoz au piano. Aussitôt des rumeurs circulent. « Connaissez-vous la nouvelle ? La marquise de Belbeuf va jouer la pantomime avec Mme Colette Willy ? » Fernand Hauser du *Journal*, qui a été informé par Willy, vient chez Missy contrôler l'authenticité de la rumeur. « Il veut voir la marquise ? Il veut publier son portrait ? Il peut se gratter !... » hurle Colette en apprenant la présence du journaliste dans l'antichambre ; c'est elle qui se charge de le recevoir. « En voilà un indiscret s'écrie l'auteur des *Dialogues de bêtes*... Qu'est-ce que ça peut vous faire que la marquise joue la comédie comme moi ? C'est dans un cercle qu'elle joue, ça ne regarde pas les journaux ». A ce moment « un homme, tout de velours vêtu, tenant à la main une palette, fait son entrée ; cet homme, c'est la marquise... et d'une voix très douce », elle déclare qu'elle joue en amateur, en privé et qu'elle ne peut pas permettre aux journaux de s'en mêler. Willy, qui se trouve là comme par hasard, intervient : « marquise, puisqu'un rédacteur du *Journal* est chez vous, inutile de résister, il saura bien vous faire parler, et, s'il n'obtient pas de vous votre portrait, il saura se le procurer quand même... » Hauser est donc invité à assister à une répétition pendant que Willy lui déverse dans l'oreille ce qu'il veut voir imprimé. A la fin de la répétition, Willy félicite tour à tour la marquise et Colette qui, trouvant qu'il en fait trop, lui fait les gros yeux. « Quand Madame était mariée avec moi, elle ne me faisait pas ces yeux-là ! » Et chacun de rire [20]... » Le journaliste repart avec une photo de Colette et de Missy dans *La Romanichelle*, ayant appris le pseudonyme dont se sert Missy, « Yssim », même sur les scènes privées.

« Paniska »

Le 28 novembre la salle du théâtre Marigny n'a plus un seul strapontin de libre pour la première de *Pan*, une ambitieuse pièce en trois actes où se mêlent pantomime et dialogue du poète belge Charles Van Lerberghe, sur une musique de Robert Hans, mise en scène de Lugné-Poe. Van Lerberghe avait écrit le rôle de Paniska pour Colette. *Pan* est une pièce philosophique, une attaque sur tous les tabous sexuels. L'auteur soutenait que la chrétienté et ses interdits avaient privé la civilisation occidentale des joies des sens. Il prônait un retour à l'antiquité païenne symbolisée par Pan, le dieu de la Nature et, pendant trois actes, célébrait les rites païens, l'annihilation des dogmes et le triomphe des sens. La philosophie de la pièce reflétait les croyances de Colette. Lugné-Poë ne voulait pas d'autre actrice qu'elle pour célébrer la libération des sens et l'union avec Pan.

Une énorme publicité promettait une pièce « profonde et provocante » où Paniska célébrerait son amour pour Pan dans une bacchanale qu'elle danserait nue, couronnée de vignes. Des rumeurs couraient. *L'Intransigeant* annonçait que Pan serait joué par la marquise de Belbeuf sous son nom de scène : Yssim, *Le Cri de Paris* révélait que « la direction du Moulin-Rouge a offert quinze cents francs par jour à Mme Colette Willy pour jouer dans la revue, en compagnie de l'ex-marquise de Belbeuf [21]. »

Le soir de la première « les loges étaient envahies par le tout... Mytilène des premières, sous la haute direction de la célèbre marquise qui allait, venait, bout-ci, bout-là et s'agitait pour que ce gros numéro fût bien présenté. » Le critique du *Rire* décrit la scène : « Après une ouverture en musique assez jolie, ma foi, Colette parut en Paniska – presque le costume des Romanichels, avec ce jupon très court et déchiqueté qui laisse voir la jambe et la cuisse nues jusqu'aux hanches. Accompagnée par les instruments à cordes, elle prit quelques poses hiératiques, au cours desquelles le jupon se souleva encore un peu plus haut, et le tout Mytilène entra en délire... Il y avait là " petit Janot " [Jeanne de Bellune] qui montrait sa belle brune, et, avec eux, un tas de personnes vieillies, fripées, défraîchies, exsangues, arborant l'uniforme du couvent, cheveux courts, col droit masculin et petit smoking de drap noir sur jupe plate, sans dessous. »

Le décor représente une hutte dans les bois. Pan dort la tête appuyée sur la table, caché par une toile blanche. Pierre, le berger, et sa femme Anne sont assis sur deux tabourets. Au centre de la scène, leur fille Paniska, éclairée par le feu de la cheminée de pierre, autour d'eux une troupe de gitans étendus sur le sol. Paniska regarde Pan et les gitans. Elle lève les bras au ciel puis lentement les baisse jusqu'aux tempes, elle va à la porte et regarde la nuit. Un enfant entre portant une lanterne en forme de lune suivi des trois rois mages, d'un chameau et de deux panthères, « animaux chers à Pan ». Les gitans se lèvent et dansent, Colette disparaît avec Pan « qui devait, sans doute, s'appeler Zizi », et la philosophie prit possession de la scène dans un dialogue symbolique que toute la critique qualifia d'ennuyeux. Le public impatient siffle et hue les acteurs. « Heureusement, à la fin de la pièce, Colette reparut drapée dans une petite peau de tigre très courte, avec une longue queue qui s'enroulait autour de ses jambes potelées; et, alors, elle nous dansa un petit pas – saperlipopette ! – lui seul valait le voyage. Jamais je n'avais si bien compris le triomphe de la nature » écrit le critique du *Rire*. « Il y eut des applaudissements et aussi quelques coups de sifflets lancés par des jaloux qui voudraient qu'un succès dépendît d'études au conservatoire et non d'incitations charnelles. Pan se termina en apothéose. La marquise trouva cependant qu'il n'y avait pas assez de rappels. Elle en eût voulu au moins soixante-huit [22]. »

Mais la critique n'est pas tendre et Colette écrit une petite autobiographie pour les journaux où elle se dit prête à se retirer aux Monts Boucons si le public la rejette :

« Une enfance campagnarde, une adolescence provinciale et paisible ne semblaient pas me destiner au rôle de Paniska, et pourtant – les Claudines en témoignent – il n'y a pas d'amour *plus païen et plus passionné* que le mien pour *notre mère*, la Terre, la Terre d'où jaillissent les sources, le blé et la rose...

Pan et Lugné-Poë l'ont voulu ! Je serai Paniska, comme je fus le *Faune* des Mathurins, le petit *Coquebin* du Théâtre Royal, la *Romanichelle* de l'Olympia... je veux bien demain, faire du trapèze et des anneaux, dire des vers, jouer la comédie... Changer, c'est vivre, et *je n'ai jamais pu concevoir que changer ce fût déchoir.*

Le besoin d'exercer des muscles bien portants, le désir de mesurer mes propres moyens, la plus avouable des curiosités, enfin, me *poussant vers le théâtre.*

Ma destinée quitte ici celle de Claudine, cette Claudine en qui l'on voulut deviner mon sosie, ou une sœur – plus folle ou plus sage ? – que moi, et qui *est seulement ma fille spirituelle*, en même temps que celle de Willy.

Je me fie au public, prête à me dépenser pour lui de tout mon cœur. Si j'ai trop présumé de moi-même, je sais un petit coin où, pour moi, vagabonde assagie, les bêtes sont prêtes à dialoguer de nouveau, où les vrilles de la vigne enguirlandent de leurs vertes griffes une maison vieillotte, hantée de fantômes sereins, ouverte sur un paysage aux lignes pures [23]... »

Après Paris, c'est Bruxelles et le théâtre du Parc. Le Patriote avertit ses lecteurs : la pièce est un brulôt, les personnages sont immoraux et comble de provocation, Colette Willy dansera nue. Deux longues files d'attente se forment devant le théâtre, il n'y a plus une place debout, la police est appelée pour contrôler la foule. Mais Colette porte le maillot et les bas réglementaires, avertie que le bourgmestre est prêt à faire appliquer la loi Woeste. Le public, en grande partie masculin, est déçu. Quelques cris de « remboursez » fusent mais les danses de Colette Willy « charmante et drôle, étrange et comique, pleine de poésie et d'esprit frondeur mais nullement subversive ou anarchique » les séduit.

La famille belge est divisée. Colette, escortée de Missy et de plusieurs jeunes actrices, a fait scandale à Bruxelles. Jules Landoy, son témoin à son mariage, refuse de la recevoir, mais Raphaël, chansonnier au *Diable au corps*, vient l'applaudir. Willy lui non plus n'a pas assisté aux représentations de *Pan* : « Avez-vous vu C. à Marigny – Est-ce bien ? Au fond je m'embête d'elle, plus que je ne veux me l'avouer [24]. »

« J'APPARTIENS A MISSY »

Le 14 décembre Colette et Missy assistent à l'inauguration du théâtre Réjane. Réjane, financée par Alfred Edwards, le mari de Misia (ex-Natanson et pas encore Sert), a transformé le théâtre de Paris et en a fait la plus belle salle de la capitale. Depuis l'inauguration du canal de Suez, on n'a vu une si brillante assemblée, affirme *Le Figaro*. Le Président de la République, les membres du gouvernement se mêlant au Tout-Paris mondain, demi-mondain et littéraire autour du bar américain, dans le fumoir aux meubles XVIIIe siècle, un audacieux mélange d'ancien et de moderne. Les photographes aveuglent de leurs éclairs au magnésium les célébrités qui entrent dans la salle où l'orchestre joue « Fascination ». On oublie les fauteuils « pullman » tapissés de brocard blanc et or pour admirer l'*électrolier* aux 2 000 ampoules. Une rumeur court qui devient la nouvelle du jour. La marquise de Morny va jouer *La Romanichelle* au Moulin-Rouge avec sa maîtresse, Colette Willy. On regarde la loge où Missy, en smoking, cravate de soie retenue par une perle géante, escorte Liane de Pougy en robe de satin, ses célèbres perles au cou et une très élégante Colette Willy qui porte un collier dit de chien dont on chuchote l'inscription : « J'appartiens à Missy ».

Willy, l'apprenti sorcier, a poussé Missy à accepter de se produire au Moulin-Rouge avec Colette. Vuillermoz, leur musicien accompagnateur, entièrement dévoué à Willy, et ce dernier se sont relayés pendant les répétitions de *La Romanichelle* pour la convaincre. Meyrargue, le directeur du Moulin-Rouge, fait partie du complot. Le scandale attire et les directeurs de music-hall sont prêts à payer cher pour avoir un grand nom attaché à leur théâtre. Quand la princesse de Caraman-Chimay est tombée amoureuse de Rigo, la vedette d'un orchestre gitan, le directeur ajouta une clause au contrat de Rigo stipulant que « la princesse devait être dans sa loge d'avant-scène portant ses bijoux et son diadème » quand Rigo était en scène. Le public venait voir la princesse applaudissant son amant. Un coup publicitaire inégalé serait de faire monter sur scène la nièce de Napoléon III. La marquise a consenti à donner une seule représentation sous son pseudonyme Yssim. Mais quelque chose ne va plus entre Willy et la marquise qu'il appelle désormais « mon ennemi » ou « Le Minotaure ».

Le 15 décembre paraît dans *Fantasio* un article fielleux en double page signé « Le Vitrioleur » illustré d'une caricature de Sem, « La marquise à la Mayolaise », d'une photo de Mme de Belbeuf en frac, haut-de-forme, canne et cigare aux doigts et de deux photos de Colette et Missy avec les sous-titres « pantomime à la ville », « pantomime au théâtre ». Colette, la tête appuyée sur la poitrine de la marquise, la regarde énamourée. L'attaque est d'une rare violence :

> « Il y a tantôt vingt-cinq ans, (...) on l'eût volontiers comparée à Diane chasseresse, ou à une héroïne de Barbey d'Aurevilly. Son teint lilial aux transparences d'hostie, ses yeux fascinateurs aux reflets d'aigues-marines, son profil de jeune Dieu que nimbaient de courtes bouclettes de la teinte du tabac d'Orient, ses lèvres au retroussis dédaigneux sur quoi elle semblait avoir écrasé tout un bâton de fard, et où flottait un pâle sourire désenchanté, son torse souple et élancé qui se libérait du corset, auraient plu aussitôt à Helleu et à La Gandara, les portraitistes reconnus des Dames de Perversion et de Beauté. (...)
> Missy n'est plus aujourd'hui que l'ombre d'elle-même, qu'une manière de fantôme qui a quelque chose d'apeurant et de lamentable.
> Les cicérones spéciaux qui révèlent aux riches étrangers les curiosités secrètes et les tares de Paris ne manquent pas de leur montrer dans l'allée des Acacias, dans certains bars et certains tripots... cette désexuée au visage de plâtre mou qui se boursoufle, au regard fixe d'éthéromane et de nyctalope, aux lèvres mortes et qui est invariablement coiffée d'un chapeau d'entraîneur et sanglée dans un veston de

drap noir, qui remorque avec elle, tantôt un caniche, tantôt une théâtreuse.

Déclassée, tombée au troisième dessous, n'ayant plus pour continuer la fête qu'un majorat ébréché, elle finira soit par se réfugier dans la paix du Carmel, soit par tenir à Monte-Carlo ou à Passy quelque table d'hôte de femmes, soit par échouer dans la petite voiture qui brouette les vieux messieurs à goût spéciaux.

En attendant, elle se met à jouer la pantomime en compagnie d'une sienne amie, déjà fameuse, et demain elle débutera au Café-Concert.
Pauvre Missy ! »

La marquise porte plainte en diffamation et demande quinze mille francs de dommages. Le juge condamne *Fantasio* au minimum : vingt-cinq francs d'amende et vingt-cinq francs de dommages-intérêts, et *Fantasio* se hâte de publier les attendus du jugement :

« Attendu, au fond, que s'il faut reconnaître que la marquise de Morny a donné prise aux plus vives critiques, ces critiques s'adressant à une femme ne pouvaient avoir la tournure qu'on leur a donnée dans l'article incriminé ; que la demanderesse peut à juste titre se plaindre d'avoir été représentée comme capable de tous les vices et de toutes les débauches, ainsi que cela ressort de l'ensemble de l'article de *Fantasio* ; qu'il lui est donc dû des dommages-intérêts pour le préjudice qu'ont pu lui faire éprouver ces imputations diffamatoires et injurieuses ; mais que ces dommages-intérêts ne sauraient avoir l'importance qu'elle entend leur donner lorsqu'on se reporte à une lettre de Colette W... du 25 novembre 1906, parue dans le numéro du *Cri de Paris* du 2 décembre, dans laquelle cette dernière affichait sans vergogne son genre d'existence... »

Le 20 décembre Colette et la marquise bravement montent sur scène pour interpréter *La Romanichelle* :

« La chose s'est passée fort tard au Moulin-Rouge, devant des Parisiens un peu abrutis par le manque de sommeil – ils étaient rentrés de la répétition des Folies-Bergère à 5 heures du matin – mais surexcités quand même par l'attente d'un sensationnel événement. On avait payé cent francs les loges, et deux cents francs les avant-scènes. »

Le critique du *Rire* décrit le pandémonium :

« Prenons notre lyre, et pinçons la corde d'airain pour chanter le grand événement. Mimi, pinçons !
Une nouvelle artiste nous est née. Yssim, un nom autorisé que ces dames ne prononcent qu'à genoux. Le programme alléchant, ... nous prévenait qu'il s'agissait " d'une mondaine très connue, célèbre même, d'une grande dame aussi authentique que blasonnée qui s'est découvert tout récemment la vocation artistique "...

Donc, après une lutte bruyante, entre l'orchestre du Moulin-Rouge qui résonnait dans la salle et la fanfare d'un journal qui tonitruait en même temps dans le promenoir, après l'exhibition d'un monsieur qui jouait du violon avec un trombone – quelle drôle d'idée ! – et celle d'un autre sportman qui tombait de bicyclette, sur son derrière, en lâchant avec grâce un petit bruit, très bien imité ma foi, par la trompe d'avertissement, quelques spectateurs commencèrent à réclamer sur l'air des lampions : " La marquise ! la marquise ! "

... Et elle parut enfin, un peu mûre, en cheveux courts, frisés au petit fer, plus pâle que jamais, avec le nez long et mince, pointant au-dessus de sa lèvre exsangue. Je pense que la pantomime s'appelait : Ah ! mes aïeux ! Et, de fait, je me figure la " bobine " que devait faire dans son cadre, rue Marguerite, le noble père, dignitaire du second empire, duc, et grand-croix de la Légion d'honneur, en voyant sa fille bien-aimée s'exhiber sur les planches d'un music-hall.

Alors Yssim lutta, à main plate, avec une bohémienne, peu vêtue, tandis que, de tous côtés, dans la salle, les cris partaient : " Vas-y, ma vieille Yssim ! Prends-la ! Mais prends-la donc ! "... Et quand la bohémienne partit – pour retrouver le système Polaire, peut-être – Yssim s'affala en sanglotant ; et toute la salle, dans un touchant élan de solidarité sympathique, s'associa à cette douleur, en poussant des cris et des gémissements. Ce fut vraiment très drôle, et il n'y eut, pour siffler dans la salle, que les derniers représentants de la corruption impériale.

– C'est égal, disait en sortant Mme Sylviac écœurée, faut-il que nous soyons poires [25] !... »

Le scandale du Moulin-Rouge

Deux jours plus tard, dans un communiqué publié dans *Le Gil Blas*, Willy nie avoir composé la musique de la pantomime que vont jouer « Madame de Morny, Colette Willy et Dassan au Moulin-Rouge », ne laissant ainsi aucun doute sur l'identité d'Yssim. D'accord avec Viterbo chargé de la publicité au Moulin-Rouge, il a fait imprimer les armes des Morny sur les affiches qui annoncent « Yssim et Colette Willy dans *Rêve d'Égypte*, une pantomime en deux actes et 10 tableaux pour dix séances seulement » à partir du 3 janvier, à 11 heures du soir – l'heure du dîner à la Belle Époque. Willy, furieux que Colette et Missy n'aient pas choisi une pantomime signée Willy et sentant que la situation lui échappe, a dépassé les bornes de la bienséance et donné un camouflet au duc de Morny ; il le paiera de sa réputation et de son poste à *L'Écho de Paris*.

Pendant la première partie du spectacle, Serge de Morny et le prince Murat installent leurs bataillons à l'orchestre et dans les avant-scènes. Tout le Jockey-Club est là. Ils ont payé aussi une claque qui prend place dans le promenoir. A 11 heures le maître de cérémonies annonce « Une pantomime par une marquise que tous reconnaîtront sous son nom de scène Yssim. » La salle répond en soufflant dans des trompettes, en frappant le sol à coups de canne. Le rideau se lève sur Missy, le savant qui a trouvé une formule pour faire revivre une momie. Un énorme tumulte monte de la salle qui noie la musique des quarante musiciens. Quand Colette, en momie égyptienne, sort de son sarcophage pour embrasser le savant, la salle explose en cris : « A bas les gousses ». Tout ce qui peut servir de munition atterrit sur la scène : boîtes de bonbons, oranges, boîtes d'allumettes, étuis à cigarettes, même des cannes et des « petits coussins » (les tabourets pour les pieds) de la part du Jockey-Club, une pluie de gousses d'ail de la part de la claque. Willy est dans une avant-scène avec Meg Villars, des cris montent du parterre « Cocu, cocu ». En sortant de sa loge, il est attaqué à coups de cannes, et se défend avec la sienne, les journalistes viennent à son secours, la police fait évacuer la salle, Willy et Meg se frayent un passage à coups de poings jusqu'au bureau du directeur.

La presse est unanime à condamner l'exhibition choquante de la marquise de Morny et de Colette. Gaston Calmette dans *Le Matin* écrit : « En vérité, c'est un soulagement pour la conscience des honnêtes gens que l'exécution d'hier... Paris... a pu accueillir... la complaisante chronique d'aventures scandaleuses, mais leurs héros, s'ils étaient un peu plus parisiens, auraient compris que la curiosité n'a qu'un temps et que le scandale n'est pittoresque qu'à condition d'être éphémère[26]... » Seul *Le Courrier français* prend la défense de Colette :

> *Pourquoi cette Colette exquise*
> *Jouerait-elle pas après tout*
> *Avec sa divine marquise ?*
> *Quoi ça peut vous foutre, surtout*[27] *?*

Le lendemain, M. Lépine, préfet de Paris, convoque Mayrargue pour lui signifier que *Rêve d'Égypte* doit disparaître de l'affiche ou il fera fermer le Moulin-Rouge. Incapable de résister aux profits promis par ce scandale, Mayrargue obéit sans obéir. Le 4 janvier *Rêve d'Égypte* devient *Rêve d'Orient* avec Georges Wague dans le rôle du savant. Dès que Colette sort de son sarcophage, le public envoie une pluie de gousses d'ail sur la scène. Le préfet de police met sa menace à exécution. « La pantomime est interdite. Je le regrette pour plusieurs raisons... » écrit Colette à Wague. La marquise intente un procès à Mayrargue et réclame dix mille francs de dommages et intérêts pour avoir utilisé les armes des Morny sur les affiches du théâtre et pour avoir révélé son nom dans les communiqués.

Le scandale du Moulin-Rouge se répand dans la presse de province qui y voit une occasion d'attaquer la corruption parisienne. Willy et sa « fille » dans sa loge, Colette et Missy sur scène sont l'exemple de la plus outrageante dépravation, dénonce *L'Éclair de Montpellier*. Willy répond qu'il n'est pas responsable des faits et gestes de Mme Colette Willy dont il est séparé, « Que si vous trouvez que j'ai eu tort (...) d'assister à la première de *Rêve d'Égypte*, voici mon excuse : j'ai reçu quelques heures avant la représentation un " petit bleu " courageusement anonyme (...) où l'on me défiait, sous peine de voir endommager ma " sale... figure ", d'aller ce soir au Moulin-Rouge. Alors, j'y suis allé[28] ». La vie des Willy est semée de lettres anonymes mais tout sert à garder leurs noms à la une des journaux. A cause du scandale, Willy est congédié de *L'Écho de Paris*. « We are really very poor (nous sommes vraiment pauvres) écrit Meg à son « frère » Jacques. « Hier Willy l'a dit à Colette. Elle est terriblement égoïste, elle a seulement dit : " Oh, je regrette " et a continué à parler de ses affaires[29]... »

Colette voulait mettre à profit le scandale, elle demande à Wague s'il a une autre pantomime. Elle est plongée dans un nouveau projet, celui de fonder une compagnie cinématographique. Elle a consulté des hommes d'affaires, un bon film peut rapporter facilement cent mille francs. Elle est prête à investir dix mille francs, la marquise mettrait le reste, demeurerait propriétaire du négatif, et se chargerait de faire distribuer les copies. Colette en serait la vedette. En attendant elle espère encore faire partie de la revue du Moulin-Rouge, négocie plusieurs contrats pour la scène, une tournée à l'étranger, elle pousse Wague à se démener un peu plus, à faire « vite, vite ». *Nos actrices contemporaines* publie une photo pleine page de Colette Willy.

Colette a loué un appartement près de Missy, au rez-de-chaussée du 44, rue de Villejust (aujourd'hui rue Paul-Valéry). Les jardins de l'immeuble communiquent avec le parc de l'hôtel particulier de Renée Vivien, 22, Avenue du Bois. A côté de Colette, le vicomte Robert d'Humières, écrivain et directeur du Théâtre des Arts, a une garçonnière. Il est discrètement homosexuel, seuls quelques intimes et sa femme « toujours sur le qui-vive[30] » sont au courant. Colette, habituée à vivre parmi les gens qui font de la provocation une profession de foi, découvre le charme du silence et de la discrétion. « Nos amis » : la marquise de Morny, Marguerite Moréno, Léon Hamel, Robert d'Humières et son chat persan blanc se retrouvent dans l'hôtel de Renée Vivien, aux fenêtres voilées de mauve, éclairé nuit et jour aux chandelles, décoré, selon l'humeur de l'hôtesse, d'une collection de pièces anciennes, de statues de Bouddha, d'insectes rares, de papillons tout aussi rares, d'objets de jade. Chez la muse aux violettes le violet domine : tunique violette du maître d'hôtel chinois, livrées des valets de pied et du cocher à la veste parme, avec culottes à la française blanches et bottes violettes, soie mauve du capitonnage de la calèche. Sauf ses domestiques, et ses tuteurs de latin et de grec, son hôtel est un sanctuaire qui s'ouvre seulement du côté de Sodome et Gomorrhe. Renée vit avec la baronne Zuylen de Nyevelt qu'on appelle La Brioche à cause de son gabarit.

Toujours enveloppée de voiles sombres, attentive au raffinement de sa table, mais mangeant à peine, Renée Vivien boit des alcools mêlés d'éther, disparaît quelquefois pour se piquer; « la fondante créature » perd discrètement conscience au milieu d'une phrase, revient à elle et reprend le fil de son discours. Pour distraire ses hôtes, elle donne des concerts joués sur une rare collection d'instruments anciens, leur offre des récitals de poésie ou de danses. Elle aime plus particulièrement les *tableaux vivants* historiques. Elle est hantée par Anne Boleyn dont elle écrira la biographie. Pour interpréter le rôle de la reine décapitée, la diaphane Vivien, se trouvant trop grosse, se retire pendant dix jours au Pavillon Henry IV à Saint-Germain, marche six heures par jour, et ne boit que du thé. Le soir de la représentation, Renée donne une interprétation très convaincante des derniers instants d'Anne Boleyn. Chez elle Colette danse nue *La Danse du Sphinx*, Moréno récite des poèmes, Emma Calvé chante Carmen. Colette s'amuse à mettre un peu de désordre dans cette ambiance raffinée. A un dîner de 24 personnes, ignorant couteau et fourchette, « ces horribles petites choses », elle croque une pomme. Renée et Missy applaudissent, Liane de Pougy trouve Colette « vulgaire ». Une autre fois, lassée de la pénombre qui règne, Colette arrive avec une lampe et l'installe devant son couvert. Renée jure qu'elle ne le lui pardonnera jamais, mais le lendemain lui envoie un panier de pêches où elle a caché une lettre la suppliant de revenir. Vivien cache toujours ses lettres dans une corbeille de fruits, un bouquet, un cadeau. Elle est agoraphobe et ne peut supporter les interviews, elle envoie à sa place la gouvernante de Natalie Barney, une grande femme plutôt laide, vêtue de noir, donnant ainsi naissance à la légende que Vivien n'est pas la gracile poétesse de Lesbos mais une horrible sorcière. Quand Sido sera mise au courant de l'amitié de sa fille avec Renée, elle écrira : « Je me figurais Mlle R. Vivien, vieille, laide et mal faite !... C'est une jeune personne fine et élancée. Bon, j'aime autant cela [31] ».

Sido pousse Colette à reprendre la vie avec Willy : « Vos théories sur vos relations conjugales bouleversent les miennes, quoique j'aie trouvé toujours que coucher avec son mari n'était ni propre ni convenable [Sido a toujours fait lit ou chambre à part] mais mettre des rues et des murs entre son mari et soi est tout de même beaucoup [32]... » Elle ne comprend pas que Colette prenne la défense de Willy : « Tu aimes Willy, et beaucoup dis-tu, et il part en compagnie d'une jeune et jolie femme [33] » dont Colette vante les charmes : « Bizarre, bizarre ». Bizarre en effet car bientôt Meg entretient une correspondance avec Sido qui finira par trouver l'amitié de Colette et de Meg « fantastique ».

Sido ne comprend pas ce qui pousse Colette à danser nue, à perdre son statut de femme de lettres respectée, d'hôtesse parisienne. Elle est invitée à faire la connaissance de la marquise. Colette qui connaît les faibles de sa mère l'amène à l'élégant club Victor-Hugo. Après quelques jours passés avec la marquise et Colette, Sido se rallie, elle accepte comme inéluctable que sa fille monte sur les planches, promet de ne plus rien dire à ce sujet, et confie Colette à Missy dont la générosité se répand sur toute la famille; elle envoie au jour de l'an un rossignol en cage, une toupie mécanique, une boîte à musique aux filles d'Achille, des fruits exotiques à Sido. Elle s'occupe de Léo, qui, ayant abandonné ses études de pharmacie, vit au gré de ses amitiés, mais n'ose plus aller dîner chez Willy aussi souvent depuis le départ de sa sœur, il est si bouleversé par leur séparation et par le vide de sa vie qu'il est au bord du suicide. Missy en prend soin, invite chez elle « le sylphe » perdu dans les fumées de ses souvenirs.

En dépit de la générosité et de la tendresse de Missy, Colette voudrait reprendre la vie avec Willy : « Je mesure l'énormité de mon erreur, et seule, je sens que je ne puis me résigner à vivre sans toi, ceci avec le sentiment profond de tout ce que tu as fait pour moi.[34] »

« Séparation de corps »

Le 18 janvier *Le Temps* annonce : M. Gauthier-Villars intente un procès en divorce contre sa femme. Colette envoie immédiatement une rectification publiée au *Gil Blas* : ce n'est pas un divorce, seulement une séparation de biens. Mais deux jours plus tard, Colette, qui ne s'y attend pas, reçoit une demande en séparation de corps pour abandon du domicile conjugal. Son avocat, Me Mignon, introduit une demande reconventionnelle puisque Gauthier-Villars vit en concubinage. Depuis la séparation de biens l'ambiance est houleuse. L'appartement rue de Courcelles est vendu, les meubles partagés, il y a d'acerbes prises de bec, et des querelles encore plus violentes au sujet des droits d'auteurs sur les livres que Colette a écrits pour Willy, « en conséquence de nouvelles insinuations dans les journaux – enfin une ambiance extrêmement déplaisante[35] ».

Il y avait en jeu non seulement les droits d'auteur des *Claudine* et des *Minne*, mais ceux des Ateliers qui, en 1906, ont produit *Une Plage d'amour*, *Jeux de Prince* et le roman d'*Un jeune homme beau*. En 1906, avec Colette sur scène, la production des Ateliers s'est arrêtée net. Il y a aussi en jeu cette *Vagabonde* qui deviendra *La Retraite sentimentale* que doit publier Ollendorff. Colette va reprendre son manuscrit et laisse un mot d'explication pour le directeur, « Cher Monsieur, ... Je me fais un devoir de vous avertir que je reprends parmi les objets ou meubles qui m'appartiennent ma part de collaboration à un dernier roman, *La Vagabonde*, pour le publier chez l'éditeur avec qui j'ai un traité [Le Mercure de France]. Je n'ignore pas que Willy vous devait un roman et je ne doute pas qu'il vous le donne par la suite. Le mien est prêt, je l'emporte, c'est un match où j'arrive la première, voilà tout [36]. » Paul Barlet est chargé d'aller récupérer les manuscrits des *Claudine* composés sur les feuilles craquantes d'un papier américain et qui se sont retrouvés nettement recopiés sur des cahiers d'écolière avec marginalia de Willy. D'après Willy, Paul Barlet lui a aussi volé des lettres qu'il a vendues à Colette.

Willy est complètement ruiné. Son écurie de course ne se distingue pas. Malgré les pronostics de *La Presse* ou de *Paris-Sport* qui donnent Rameau d'or et Belhomme comme favoris à Rambouillet ou à Saint-Cloud, ses chevaux ne sont jamais placés. Willy se voit dans l'obligation de se défaire des parts héritées de sa mère, en faveur de son frère. Ces parts représentent environ un demi-million de francs-or. Il attribue en partie sa ruine à Colette : la location des théâtres, les décors, les costumes, ses toilettes, mais aussi au baccara, aux paris mutuels, aux réceptions, à la table ouverte, aux prêts à droite et à gauche. « Il avait fait le sacrifice de sa fortune, et il ne regrettait rien... Mais quand même, près de 300 000 francs en dix-huit mois [37] ! »

Le 14 février le tribunal de la Seine prononce la séparation de corps aux torts réciproques. Les divorces sont rares, mais les torts réciproques le sont encore plus. Willy et Meg partent pour Capri. Les relations de Willy et Colette sont toujours plus complexes que les apparences. Willy envoie une lettre triste à Colette qui lui répond : « Au revoir, Chère Doucette, Nous vous embrassons [38]. » Leur entente secrète, leurs coups de tête, leurs séparations, leurs retrouvailles déconcertent leur entourage. Missy aimerait y voir clair ; le 16 février elle écrit à Willy : « Je ne comprends pas toujours vos deux caractères. » La marquise est excédée par Willy dont elle déplore le « besoin d'afficher notre situation (bien voulue par vous) et qui aurait pu être tout aussi nette mais plus discrète... » Elle se dit peinée par Colette qui lui reproche d'avoir été la cause de la séparation de corps. Le manque de lucidité du couple terrible l'étonne, elle seule a « vu, et au-delà, ce qui pouvait nous arriver à tous trois. Je crois donc n'avoir pas mérité les reproches de Colette, qui est une enfant étourdie et sans beaucoup de sens moral [39]... » « L'enfant étourdie » a 34 ans, Missy 44 et Willy 47.

Cette lettre est suivie le 18 février par une lettre de Colette à Willy. Elle lui propose un ménage à trois avec Meg. Elle se charge des frais du ménage. « Il paraît que te voilà mieux disposé. Si je quitte Missy, que fais-tu pour moi [40] ? » Colette regrette l'agitation constante, les projets, les crises, l'euphorie de sa vie avec Willy. Rien n'arrive dans sa vie avec Missy, les projets cinématographiques ne se réalisent pas, la tournée à l'étranger tombe à l'eau, Wague n'a pas de nouveau contrat, le Moulin-Rouge ne lui signe pas de contrat pour la revue, alors que Willy, installé rue Chambiges avec Meg, vient de signer pour elle un contrat à *Parisiana*. Jusqu'à l'automne Colette s'efforcera de trouver un *modus vivendi* avec Willy et fera plaider sa cause par Vallette et Saglio.

Le 23 février *Le Mercure de France* publie *La Retraite sentimentale* avec un « avertissement » signé Colette Willy :

> « Pour des raisons qui n'ont rien à voir avec la littérature, j'ai cessé de collaborer avec Willy. Le même public qui donna sa faveur à nos six filles... légitimes, les quatre *Claudine* et les deux *Minne*, se plaira, j'espère, à la *Retraite sentimentale*, et voudra bien retrouver dans celle-ci un peu de ce qu'il goûta dans celles-là. »

La deuxième partie de la saga des Willy vient de commencer. *Claudine* est devenue plus sage et plus triste. Renaud meurt, elle reste seule à Casamène avec ses chats et ses chiens, le passé s'estompe doucement, le printemps qui perce atténue sa tristesse et annonce sa guérison. Les dernières pages sont parmi les plus belles que Colette ait écrites sur l'écoulement du temps, sur les joies passagères, sur le stoïcisme devant la peine et la douleur, sur l'amour. Colette fait mourir Renaud sachant que le personnage qu'il représente n'existera jamais plus. Finies les promenades à bicyclette au bord de la Marne, les pique-niques, les soirées dans les salles de rédaction de *L'Écho* ou du *Journal*, les vacances à Belle-Ile, finis les jours de leurs amours passionnées. Renaud est malade et impotent, « un vieillard, un vieillard !... Cela est-il possible ? Mon ami, mon amant, mon cher compagnon des heures furieuses... Vous voilà tout à coup ... irréparablement... un vieillard ». Face à ce malade, Colette s'écrie : « Me voici pleine d'une force qui ne s'est jamais tout entière dépensée, me voici jeune... privée de ce que j'aime en secret d'une ferveur si brûlante et je me tords... les mains [...] devant la statue mutilée de mon bonheur... » Que faire entre des sens exigeants et un mari qui l'aime et « souffre en silence d'une douleur humiliée car je ne veux pas de ce qu'il m'offre, et je n'accepte ni ses douces mains habiles, ni sa bouche à qui je dus tant de délices... Mes nerfs et ma pudeur se révoltent à l'imaginer dans ce rôle d'instrument complaisant et insensible... » Pourtant, elle ne veut pas le quitter, elle ne veut pas qu'il lui ouvre la cage : « O ma liberté que je refuse ! » espérant que « cela s'arrangera. On ne sait pas comment, mais « cela s'arrangera [41] ».

Pendant trois ans Colette et Willy vont se cramponner à ce souhait. Colette propose à Willy d'aller s'installer en Amérique du Sud pour retrouver le bonheur perdu. Elle ne peut pas vivre séparée de lui dans la même ville que lui. Ils vivent leur séparation comme une autre mystification imaginée pour les journalistes et leur entourage, sûrs qu'en fin de compte ils se retrouveront unis, amis, amants, compères.

A travers ces personnages qu'ils s'imaginent jouer, ils exposent leurs griefs, leurs justifications et se voient obligés de se rappeler à la réalité. N'oublions pas que nous jouons « nos zizanies, nos conventions qui jouent encore, j'y compte [42] ».

Sur le manuscrit de *La Retraite sentimentale*, Willy, de sa petite écriture, a indiqué quelques corrections en marge. Dans le prologue, il suggère de couper une phrase : « Arrête-toi là, mon enfant de génie. » A la fin du manuscrit, Colette écrivait : « Je n'ai pas perdu mon amour », « Moi non plus [43] » répondait Willy en marge. Après la mort de Renaud, Willy parlera de Colette comme de sa « veuve » et de lui-même comme de « feu Willy ».

Ce roman montre les forces antagoniques au cœur de la personnalité de Colette. D'un côté, Claudine « fière », « libre » et « chaste », de l'autre, Annie, nymphomane, « esclave de [son] corps », qui ne se sent vivante que par la sexualité et affirme : « Moi, c'est mon corps qui pense, toute ma peau a une âme. » A la fin de *La Retraite sentimentale* seuls demeureront face à face les deux avatars les plus corrompus de Colette et Willy : Henry Maugis, débauché, libertin, manipulateur et Annie dominée par des sens insatiables qui la poussent dans les bras de « Marcel, Paul, Chose, Machin, le petit chauffeur, le groom du palace, le collégien de Stanislas... », un ténor célèbre (probablement de Bréville), un acteur de pantomime (Georges Wague) et « son beau-fils », le fils homosexuel de Renaud.

Ce roman montre aussi, en situation, la conception de l'amour chez Colette : d'un côté l'amour essentiel, pivotal, qui satisfait le cœur, l'esprit et le corps « Enfin conquête suprême ! je l'ai conduit à aimer l'amour comme je l'aime. Il n'a plus besoin que de moi et de lui [44] » et de l'autre, les amours contingentes ou « les monogamies successives », simples satisfactions sensuelles sans importance.

Après Willy, Missy devient l'amour pivotal : « Tu m'as donné la place la meilleure... Tu penses à moi comme je pense à toi... nos pensées s'aiment discrètement à travers cette aube bleue, si prompte à grandir [...]. Car je sais que tu m'accorderas la volupté comme secours, comme l'exorcisme souverain qui chasse de moi les démons de la fièvre, de la colère, de l'inquiétude [45]... » Autour de cet amour pivotal, les amours contingentes se multiplient dans la vie de Colette. Le jeune comte Sylvain Bonmariage, dont le père est un intime de Georges Clemenceau, a 19 ans quand il tombe amoureux d'elle, après l'avoir vue dans *Pan*. Colette avait alors, comme amie, Bobette, une jeune actrice (Thérèse Robert), une amphibie. « Un sentiment profond liait paradoxalement ces deux femmes. » Colette trouvait que le jeune comte serait un bon protecteur pour Bobette et la poussa dans ses bras. Il l'emmena en Hollande. « Thérèse ne cessa de recevoir des lettres de Colette. Elles étaient passionnées et d'une rare indécence [46]. » Le jeune homme arrive vite au bout de ses ressources, il avait des ambitions littéraires, Colette l'envoya rejoindre l'équipe des collaborateurs de Willy et poussa son premier livre, *L'Éveil du cœur*.

Elle s'éprit de Lucien Fauchon, le neveu d'un sénateur influent, aussi mal élevé qu'il était jeune, beau et millionnaire. Il l'attendait au Thé de Ceylan, manifestait sa joie de la retrouver en lui tapotant le derrière. « Ce garçon m'adore. Et à travers le drap de ma jupe tailleur, je ne sens pas ses claquettes » disait Colette en riant. Lui disait d'elle : « Elle ne cède à un type que s'il lui plaît, mais comme tous les types lui plaisent... » Elle fréquentait le Watrin et le café des Sports où se retrouvaient les professionnels de l'automobile, ou bien elle allait à Luna Park et chahutait avec des gigolos.

Les actrices avaient des protecteurs, Colette aussi, de préférence des sud-américains : l'écrivain argentin Gomez Carrillo, M. Ortega, secrétaire de la légation d'Argentine, Willy de Blest-Gana, dandy célèbre pour ses duels, ami de Jules Forgès, le millionnaire du cognac, protecteur de Polaire.

Colette n'était ni une courtisane, ni une femme entretenue, elle *pilonnait*, c'est-à-dire qu'elle n'avait jamais d'argent quand arrivaient les factures, quand il fallait payer le percepteur, l'huissier, la bonne. De sorte que « cette maîtresse gratuite à laquelle j'ai fait quelques cadeaux m'a coûté plus cher que si je l'avais entretenue. Et je n'ai jamais exercé les droits du maître de maison [47] », racontait Fauchon. Mais c'est à la marquise que revient le droit de lui faire une pension de cinq cents francs par mois et de payer le loyer de son appartement. Un an après, fin 1907, cet appartement est au nom d'Achille Robineau-Duclos qui le loue à sa sœur pour la modique somme de deux cents francs par trimestre. Il est plus probable qu'il appartient à Colette, qui ne voulait pas que Willy soit au courant de cet achat.

« PROCLAMATION DE FOI DU MIME ÉCRIVAIN »

Sido supplie Colette de ne pas abandonner sa carrière d'écrivain. « Tu as une corde à ton arc, un réel talent d'écrivain, *ne compte que là-dessus*, car ta position actuelle est fragile et tu as des ennemis (Missy a une famille) [48]. » Colette, en vérité, écrivait. Le 27 avril, elle publie dans *La Vie parisienne* sa proclamation de foi, *Toby-chien* parle :

> « Je veux faire ce que je veux. Je veux jouer la pantomime, même la comédie. Je veux danser nue, si le maillot me gêne et humilie ma plastique. Je veux me retirer dans une île, s'il me plaît, ou fréquenter des dames qui vivent de leurs charmes, pourvu qu'elles soient gaies, fantasques, voire mélancoliques et sages, comme sont beaucoup de femmes de joie. Je veux écrire des livres tristes et chastes, où il n'y aura que des paysages, des fleurs, du chagrin, de la fierté, et la candeur des animaux

charmants qui s'effraient de l'homme... Je veux chérir qui m'aime et lui donner tout ce qui est à moi dans le monde : mon corps rebelle au partage, mon cœur si doux et ma liberté !... »

Rien ne l'empêchera de danser sur scène « pour le seul plaisir de danser », même si on parle « de déchéance, d'avilissement », raison de plus pour le faire. « Je ne me suis jamais sentie plus digne de moi-même [49]. » Sa vie l'a coupée de toute une partie de la société parisienne. Dans certains cercles on reçoit la marquise sans inviter Colette qui trouve ces mesures vexatoires. C'est insultant pour elle mais encore plus pour Missy que l'on traite, explique Colette, comme si elle couchait avec sa cuisinière. Colette essaie de trouver des appuis dans la société parisienne et se tourne une fois de plus vers Robert de Montesquiou :

> « J'ai si peu d'amis, Monsieur – Ceci n'est pas une plainte, certes non ! Mais je vis, m'assure-t-on, d'une manière inusitée et je sais qu'on me blâme beaucoup. On me blâme surtout parce que je n'explique pas assez mes raisons de rompre avec presque tout ce qui est sage ou ce qui passe pour l'être. Mais je vous assure que ne suis pas vilaine, et qu'il n'y a pas un seul motif bas à ma conduite ! Cela vous est égal, mais je n'aime pas être méconnue par une certaine qualité de gens [50]. »

Dans *Les Vrilles de la vigne*, Colette se déchaîne contre les maîtresses de Willy, seules responsables de ses ennuis actuels. « Ces tortues-là – La Femme du monde couperosée qui s'occupe de musique et fait des fautes d'orthographe ; la vierge mûre... l'Américaine aux cuisses plates ; et toute la séquelle des sacrées petites toquées... », des fausses Claudine qui l'accusent d'avoir des amants, et lui « faible et volage, amoureux de l'amour qu'il inspire » est aveuglé et naïf. Elle l'abandonne « à ces petites truies gloutonnes » espérant qu'un jour « il s'enfuira, effrayé, frémissant, dégoûté d'un vice inutile... » Quant à elle, personne ne la comprend parce que personne ne comprend l'amour comme Colette. « Moi, j'aime. J'aime tant tout ce que j'aime ! Si tu savais comme j'embellis tout ce que j'aime, et quel plaisir je me donne en aimant !... de quelle force et de quelle défaillance m'emplit ce que j'aime !... C'est cela que je nomme le frôlement du bonheur. Le frôlement du bonheur [...] caresse impalpable... frisson mystérieux... angoisse légère... tristesse voluptueuse... bondissement sans cause, toi qui gis au sein des heures les plus pleines... et jusqu'au fond du regard de ma sûre amie [51]... »

En mars Missy accompagne Colette et Georges Wague au festival de Nice où ils donnent trois représentations du notoire *Rêve d'Égypte*. La marquise est tous les soirs dans les coulisses. Willy n'est pas loin, il est à Menton avec Meg, il n'est pas venu voir Colette sur scène mais il est allé féliciter, à son hôtel, « la jeune mime » et elle lui a rendu visite à Menton en secret. « C'est pas ma faute si je ne peux pas la détester, ni elle moi [52] » écrit-il à Vuillermoz. Le couple terrible, séparé, se retrouve en cachette, voilà qui donne du piquant à leurs rencontres. Puis Colette passe quelques jours chez Renée Vivien, à la villa Cessolles. Pendant les vacances de Pâques, Colette et Willy se rendent visite tous les jours. Jacques les voit collaborer comme par le passé. Colette participe secrètement à la rédaction d'*Un Petit Vieux bien propre* dont elle écrit les descriptions des Monts-Boucons et une longue lettre à Maugis où elle reprend ce qu'elle disait dans *Toby-chien* : Maugis/Willy est amoureux de l'amour, et ne comprend pas que ses maîtresses sont ses pires ennemies. Tous leurs personnages y font une apparition, même Toby-chien, « le lien sacré », dont ils ont convenu, dans l'acte de séparation, de se partager la garde. Paul Héon est chargé d'aller le chercher et de le ramener.

Colette signe un contrat avec *La Vie parisienne* où elle donnera une rubrique par mois, d'avril 1907 à mai 1910, *Le Journal de Colette*. *La Vie parisienne* vendait des marionnettes en bois de gens célèbres. Colette eut la sienne habillée en Claudine, la plume à la main, traînant derrière elle *Le Journal de Colette* en plusieurs tomes. Elle continue à faire de la publicité pour des produits divers : cure-dents, poudre de riz Colette et parfum Colette. Elle écrit pour Missy *Nuit blanche* où seule la dernière ligne révèle que l'amant est une femme. Sido trouve le poème en prose « plutôt scabreux ». Le texte fut ensuite édité au masculin quand l'homosexualité ne fit plus partie de l'image de Colette et quand ses amours avec la marquise de Morny, difficiles à nier, seront présentés comme l'acte désespéré d'une femme sans-le-sou. Colette remettra le féminin dans l'édition de ses œuvres complètes. En 1907 Colette non seulement ne s'en cache pas, mais s'étonne que le livreur de Saglio, son éditeur, ne le sache pas. « Quand on ne me trouve pas 44, rue de Villejust, on vient 2, rue George-Ville, un enfant de sept mois n'ignore pas cela [53]. »

« LES DERNIERS CHANTS AMOEBES »

Colette, Missy, Willy et Meg passent l'été au Crotoy dans deux villas voisines. Colette et Meg s'habillent en twins, sans but publicitaire cette fois. Colette recherche la compagnie de son meilleur ami. « L'homme extraordinaire que j'avais épousé détenait le don, exerçait la tactique d'occuper sans repos une pensée de femme [54]. » Willy est affolé parce que Folette s'est écrasé trois doigts sous une roue de voiture. « Elle est exquise, cette chère petite folle. » Il doit la quitter pour servir de secrétaire à Renée Vivien et l'aider dans ses recherches sur Anne Boleyn. Colette leur adjoint son frère, Léo. A Londres,

Willy pense à Colette, elle lui manque terriblement. « Elle ne demanderait – je le sais trop – qu'à plaquer l'anormal pour se terrer avec moi, quelque part. Mais manger ? Mais affronter le potin vraisemblable : ils boulottent ensemble ce qu'ils ont volé à la Belbeuf. » Un journal a déjà écrit que les Willy vivent aux dépens de la marquise. Colette propose à Willy de reprendre la vie commune, elle y met une condition, Meg doit aller s'installer ailleurs. « Quel tourment de toutes les heures » pour Willy qui n'a plus le sou. Il voudrait délivrer Colette « du Minotaure... ou de la Minovache. Mais vous pensez bien qu'elle n'a pas mis un sou de côté. Il était indispensable d'avoir des chapeaux de Lewis ! Je ne dis pas ça pour la charrier, pauvre chère toquée, vous le sentez bien » se lamente Willy auprès de Vuillermoz. Il se tourne ensuite vers Curnonsky : « Pourquoi je souffre ? Tout bêtement parce que je suis loin de la seule femme que je puisse complètement aimer. Et puis je la croyais heureuse et je *sais* maintenant qu'elle s'embête, elle me l'écrit sans ambages : Allons-nous-en loin, tous deux. » Mais la lancinante question d'argent se pose, « je ne puis vivre avec elle sur le pied de 40 sous par jour [55]. »

Willy doit de l'argent partout, il vend tout : ses livres, ses tableaux, ses chevaux. Riou, son jockey, lui fait un procès pour trois mille francs de gages qu'il lui doit. Colette, assignée par Redfern pour non-paiement, fait suivre à Willy. Il se lance dans toutes sortes de tractations, essaie d'être bookmaker et se fait voler. Il s'adresse à Montesquiou pour lui trouver un acquéreur pour son portrait par Boldini. Le comte sert d'intermédiaire dans des ventes de tableaux et objets d'art dont il gonfle les prix et qui sont parfois d'origine douteuse : une cage d'oiseau ayant appartenu à Michelet, la balle qui avait tué Pushkin, une larme de Lamartine dans un flacon de cristal, un mégot de cigarette de George Sand. Montesquiou disait qu'il avait trouvé, dans le jardin d'un couvent, la baignoire de marbre rose de Mme de Montespan, qui était devenue le lavoir du couvent et l'avait échangée contre une paire de pantoufles en persuadant les religieuses qu'elle avait appartenu au Pape. Willy a trouvé le modèle à imiter. Il courra des rumeurs de vente d'un douteux dessin d'Ingres, puis d'un Degas, on mentionnera le nom de Willy au moment du vol de *La Joconde* en même temps que celui de Picasso et d'Apollinaire. Malgré tous ses efforts, une saisie est prononcé contre lui.

Acculé en septembre, il vend à Vallette les droits de *Claudine en Ménage* (118 tirages) pour deux mille quatre cents francs, en octobre il vend à Ollendorff les droits de *Claudine à l'école*, *Claudine à Paris* et *Claudine s'en va* pour cinq mille francs. Colette qui ne sait rien de cette cession, lui demande que les prochaines éditions paraissent sous leurs deux noms. Willy s'empresse d'accepter. Le tirage suivant porte sur la couverture Willy et Colette Willy. Ce n'est pas ce qu'avait demandé Colette, elle voulait à juste titre que son nom soit le premier. Elle fait insérer un « avertissement » : seule une erreur typographique a fait que son nom a été imprimé en second alors que pour des raisons littéraires, il aurait dû être en première place. De sa petite écriture, Willy a corrigé l'avertissement. Une autre surprise attend Colette avec la publication, en octobre, d'*Un Petit Vieux bien propre*. Dans ce roman Willy répond point par point à une interview de Colette parue sous le titre « La Peur de l'Être » le 9 mars dans *Froufrou*, signée Lyonne de Lespinasse. « On le dirait écrit par toi, mais ce n'est pas toi sans doute... Sais-tu qui a écrit cet article » se préoccupe Sido. On aurait dit, en effet, une confession de Colette, écrite dans le style des Ateliers.

— Comment, vous aussi vous divorcez !
— Oui, nous divorçons. Il n'y a pas moyen que ça marche plus longtemps ; Henri et moi avons examiné froidement, sérieusement la situation, et, d'un commun accord, nous avons conclu qu'il fallait se séparer...
— Voyons, ma chère Folette, racontez-moi donc un peu vos griefs !...
— D'abord, me répondit-elle, ce n'est pas moi qui demande le divorce, c'est Henri. Ensuite... Mais, il faut commencer l'histoire par le début. Henri est plus âgé que moi de dix-huit ans. J'étais comme sa gosse, une gosse qu'il ne prenait pas du tout au sérieux. Il s'amusait de moi comme un gamin de son polichinelle. Le hasard avait voulu que je ne fusse pas trop dinde, il se plut à me mêler à sa vie, à me mêler aussi à la vie des autres comme si je n'avais été qu'une petite maîtresse dont on n'est pas jaloux, que personne ne regardera, qui amuse et qu'on amuse... j'eus des succès d'esprit, on applaudit à quelques mots heureux, et, dans son ombre, je cueillis une réelle célébrité. Henri a du talent et de la finesse, disait-on, mais Follette en a au moins plus que lui. Mon gros Henri, au fond, – et je n'ai jamais pu le lui faire avouer – était un peu jaloux de mes triomphes qui faisaient pâlir ceux auxquels il était accoutumé, dont il avait besoin pour vivre comme on a besoin d'air pour respirer. Il faisait des livres, ça m'intéressait. Un jour, je lui dis que j'écrirais bien aussi, moi, un livre... c'est Henri qui le signa de son nom. Mon roman eut du succès, Henri fut couvert de gloire. Ainsi, souvent les romanciers sont surtout célèbres par les romans qu'ils n'ont pas écrits.

Encouragée, j'écrivis deux, trois, quatre romans ; ils eurent la chance d'intéresser les foules, mais ce fut toujours Henri qui les signa. Il était sur la parade, on le félicitait, et moi, derrière, toute petite, je demeurais ébahie qu'il ne partageât pas avec moi un peu de cette renommée dont j'étais, en réalité, la seule ouvrière. Là, il se gonflait d'orgueil ; l'orgueil engraisse ; Henri bedonna. Sa calvitie, déjà, ne pouvait pas faire qu'il fût un beau jeune homme ; ventripotent, il ne gagna pas en charmes. Il s'en rendit compte, un jour, en s'admirant dans la glace de l'armoire. Alors, tout à coup, Henri eut peur, oui, il eut une peur atroce de la gosse – joujou qui osait se révéler, à lui et à d'autres comme une nature exceptionnelle. Il m'avait habituée à une certaine indépendance, et il redouta cette indépendance. Il eut la conception foudroyante que je pourrais me passer de lui et que l'avenir m'appartenait. La cour, discrète ou non, que je subissais de ses amis et qui, jusque-là, l'avait amusé, qu'il m'avait encouragée à exciter même, lui devint odieuse. C'était fatal, il le serait, il le serait comme tant de maris sur lequels il avait exercé sa raillerie ; il serait cocu ni plus ni moins que le bourgeois d'en face ou le charcutier d'à côté. Il se rendait compte qu'il ne l'était pas encore... Certes, Henri est trop fin, il connaît trop la femme, pour avoir commis la sottise de révolutionner notre vie, de chasser les rôdeurs d'amour, de m'enfermer dans une prison dont il serait le geôlier. Il chercha un dérivatif, il le trouva. Sous prétexte de m'apprendre des choses utiles, il m'enseigna la théorie de quelques vices à la mode qu'une femme ne doit pas ignorer sans faire pouffer de rire ; j'avais des adorateurs, il les opposa aux charmeuses exquises dont les folies sont de paradisiaques chevauchées vers l'idéal de la joie.

... Henri fut enchanté ! Ah ! il était bien tranquille !... Lui, habile mari, il avait posé la barrière infranchissable... En effet, il ne le fut pas... Pourtant !... Vous connaissez le reste, mes compromissions qui firent sourire la galerie qui voulait s'intéresser à moi, mes vagabondages en des compagnies hétéroclites et ridicules, mes exhibitions sur des tréteaux où je dépensai sans mesure le sens d'art qui est en moi... vous savez tous les détails du scandale qui coupa court à mes représentations sur la Butte sacrée... Henri, alors, fut pris d'une peur nouvelle. Ce public qu'il avait secoué sans merci, qu'il avait déchiqueté sans pitié, l'effraya. Ce public osait le souiller de ridicule !... Il réfléchit quelques jours à la situation qui lui était imposée, et, alors, lui qui n'était pas pourtant le mari trompé puisqu'il avait été le machiniste de tout ce que moi, marionnette, avait accompli, bravement, il se déclara cocu tout de même, cocu malgré moi, cocu malgré tous, prosaïquement cocu, notablement et notoirement cocu, et il me dit, en cinq sec : « Ma petite Folette, ça va mal ; moi je vais essayer de me tirer des pattes, et pour y arriver, je demande le divorce. On se débrouillera plus tard... Pour le moment, tes jours sont luxueusement assurés, je n'ai donc pas à m'en soucier. D'ailleurs, avant peu de temps, une dame qui s'intéresse à toi, sera en âge de t'adopter... Soigne-la... Sois bien gentille... C'est une poire pour la soif, comme dirait le cardinal Richard. »... Eh bien ! moi, je regrette toutes ces sales histoires. C'est idiot. Henri est un brave garçon, un très honnête garçon... Il m'aimait trop. Et toute la psychologie qu'on doit tirer de notre vie, de notre divorce, c'est qu'Henri était simplement un homme qui avait peur d'être un mari trompé... moi, je vous affirme que je ne l'ai jamais trompé...

— Folette est partie... Oui, comment cela se terminera-t-il ? Ils divorceront et, après, ce seront deux amants qui s'adoreront et seront heureux... »

Willy, par le truchement de Curnonsky, répond à cet article. Tout le roman à clé, *Un Petit Vieux bien propre*, est basé sur les événements récents de leur vie. Pimprenette de Foligny (Colette) essaie de se lancer au théâtre quand elle rencontre Tardot (Willy) qui vit retiré aux Monts-Boucons. Amoureux fou de Pimprenette, il investit toute sa fortune pour en faire une actrice et payer ses numéros de music-hall. Pimprenette prend pour amant son partenaire, Lydio (l'idiot), qui a tous les traits de Georges Wague et explique en bonne fouriériste : « Pour nous [acteurs] faire l'amour n'est qu'une façon d'exprimer notre amitié. » Tardot est vite ruiné par Pimprenette qui devient la maîtresse du prince Mihaïl de Morénie (Mathilde de Morny) et pour qu'il n'y ait aucun doute sur l'identité du personnage, Willy fait dire à Maugis : « Morny soit qui mal y pense. » Mais Pimprenette aime Tardot et propose de l'entretenir. « J'ai besoin de toi pour me conseiller, me diriger, me gronder et m'empêcher de faire trop de bêtises. Non, sans blague, je ne me vois pas sans toi ! » – « Pimpin, ma Pimpin chérie, soupirait M. Tardot... il ne faut pas y songer, je ne puis pas vivre à tes frais ! » Le généreux prince de Morénie supplie Tardot de ne pas abandonner Pimprenette, offre de payer l'hypothèque des Monts-Boucons et d'en faire don à Pimprenette. Tardot refuse car les Monts-Boucons représentent ce qu'il y a de pur dans son amour. L'ardente Pimprenette a de nombreuses aventures avec de riches sud-américains et de brèves rencontres avec des acteurs.

Pendant un voyage à Londres, Tardot rencontre une brunette aux yeux bleus (Meg Villars). Pimprenette les découvre dans leur chambre d'hôtel et pleure. Tardot lui fait remarquer qu'elle aussi a des aventures. « Mais ce n'est pas la même chose, interrompit Pimprenette. Toi quand je te trompe, tu t'en fiches, tandis que moi [56]... » Tardot et Pimprenette décident de rester amis. Il vend les Monts-Boucons aux enchères. Le prince de Morénie, Lydio et Pimprenette célèbrent la 300ᵉ de leur mimodrame. Maugis au cœur tendre qui aime Pimprenette envisage de se suicider. Le roman finit sur une note légère, Tardot gagne le gros lot à la loterie d'un État balte.

Le roman se passait d'abord à Monaco, puis, à la demande de Colette, dans le Jura. En corrigeant le texte final, Diard s'étonna de la première phrase : « De son balcon à Besançon, M. Tardot s'amuse à cracher dans les vagues... » de la Méditerranée. On corrigea en hâte. Avec cette coquille prit fin la collaboration littéraire de Colette aux romans signés Willy.

CHAPITRE VIII

La chair

> « Il n'y a de réel que la danse, la lumière, la liberté, la musique... »
>
> *La Vagabonde.*

En automne Colette joue *Le Crin* de Sacha Guitry au Tréteau de Paris, un petit théâtre rue Caumartin. La pièce a débuté au printemps avec Maggie Gauthier, Colette et Missy ont fait pression pour que Colette ait le rôle. Elles ont obtenu aussi de Georges Wague le rôle d'Otéro dans *La Chair*, la pantomime qui a eu un grand succès dans la tournée d'été des villes d'eau. Colette, qui ne veut pas perdre l'amitié d'Otéro, va lui rendre visite accompagnée de Missy. Otéro est sortie, Colette lui écrit « une grande lettre gentille ». Otéro, méprisante, fait répondre par sa femme de chambre qu'elle n'en veut qu'à Wague, « Colette est tout à fait en dehors de la question bien que ce ne soit pas du tout la femme du rôle [1] ». *La Chair* devient le grand succès de Colette, six cents représentations en cinq ans. Les répétitions sont turbulentes, Colette refuse de répéter le matin, refuse de répéter à l'Apollo en même temps qu'une troupe de funambules et de cyclistes aériens qui l'empêchent de se concentrer. Missy aplanit les difficultés en dédommageant tout le monde.

La Chair, sur une musique de Chantrier, est une pantomime violente, simpliste et sensuelle. Le contrebandier Hokartz a une passion dévorante pour Yulka qui partage sa dangereuse vie. Mais Yulka est infidèle, elle a pour amant un ennemi d'Hokartz, un jeune officier. Le contrebandier les découvre, roue l'officier de coups et le met à la porte. Puis il s'apprête à tuer Yulka qui se débat pour s'échapper. Dans la lutte sa robe se déchire, elle apparaît à moitié nue. Hokartz, médusé par sa beauté, vaincu par « la chair », s'agenouille devant Yulka qui refuse son amour. Fou de douleur, il se poignarde plusieurs fois et dans sa rage se transperce le bras d'un coup de poignard qui le cloue au plancher. Yulka s'approche du mourant qui l'emprisonne de son bras libre. Elle devient folle en essayant de se libérer de cette dernière étreinte.

Pendant les répétitions, le directeur aurait demandé à Colette de laisser paraître un sein. Une autre version veut que ce soit une trouvaille de Colette elle-même. A la répétition générale, devant les journalistes, elle dénuda sa poitrine entièrement et disparut prestement dans les coulisses. On entendit la belle Otéro faire des commentaires venimeux sur les petits seins de Colette, elle était fière des siens qui avaient inspiré les coupoles de l'Hôtel Ruhl à Nice. Polaire était choquée de l'audace de sa twin. *La Presse* décréta « Belle manifestation artistique » et souligna que « Mme la marquise n'a pas épargné les corbeilles de fleurs envoyées à sa chère Colette [2] ». Du jour au lendemain le sein de Colette devient célèbre et inspire les échotiers et les caricaturistes.

J'ai vu La Chair *! Ma foi j'ignore*
Si c'est de l'art ou... Mais crénom !
Colette a de bien beaux nichons !!
Et Dam ! Quand on connaît ses seins on les adore.
                    Signé : Le Cochon qui sommeille [3]. »

La Chair fera la saison à Nice et à Monte-Carlo. Le préfet des Alpes Maritimes déclare que les seins nus sont une atteinte à la moralité publique. Après de nombreuses tractations, le directeur du théâtre des Capucines qui a centré toute sa publicité sur la poitrine de Colette obtient la permission d'en dénuder un seul. Pourquoi un et pas deux ? Le rôle de l'officier joué à Paris par Marcel Vallée est tenu par Christine Kerf. Brune et potelée, Kerf est une danseuse classique. Elle a fait ses classes au théâtre de la Monnaie à Bruxelles avant de parcourir l'Europe, du palais de la Danse à Paris au Winter Garten de Berlin et de Vienne. Elle a dansé le lazzarone aux Folies-Bergère, dans un ballet en quatre actes interprété par des femmes. Puis elle a été Satan dans *La Tentation de saint Antoine*, elle vient de remporter un succès dans le rôle du fiancé dans *Giska la bohémienne*. Pour elle Wague transforma le rôle de l'officier en celui d'un montagnard pour lui permettre de danser une mazurka serbe. « Quand on voit la jolie Colette embrasser cette fraîche boulotte et le mari furieux de ces baisers surpris, on comprend mal pourquoi il s'encolère si sauvagement au spectacle de ce tableau vivant, d'après *Les Chansons de Bilitis* [4]. » Désormais *La Chair* sera interprétée par Wague, Kerf et Colette Willy, et s'avère un succès durable à l'Apollo à Paris, aux Bouffes et au Variety Spectacle Hall à Bordeaux, à l'Eldorado Casino et au Palais de Cristal à Marseille, au Casino-Kursaal de Lyon, à Grenoble, à Nice, au Havre, à Bruxelles et à Genève.

Les journaux, dans l'ensemble, font l'éloge du talent de Colette mais aucun ne le fait avec plus de vigueur que *Comoedia*, la nouvelle revue des arts, du music-hall et du théâtre qui, lancée avec un gros budget publicitaire, devient vite la première revue des spectacles. Willy fait partie du comité de rédaction.

> « Qu'est-il besoin de paroles *à cette adorable Colette* pour exprimer l'amour, le dépit, la colère, la surprise, l'héroïsme. Ces attitudes, ce corps offert et repris, cette mimique expressive, le geste surtout, le geste admirable, ce déchirement violent de la tunique qui fait jaillir le fruit savoureux de la chair de la poitrine ! Ah, que la moindre parole serait déplacée dans ce tragique et rapide drame [5] !... »

Louis Delluc, le cinéaste, déclare :

> « Pour moi la plus originale des mimes, la plus vraie, est Colette Willy [...] Ses poses plastiques sont d'une intellectuelle, mais elles n'ont rien d'étrange, d'ennuyeux. Elle donne à la fois l'impression de l'impudeur et de la naïveté ; il y a dans son visage quelque chose de chaste. Est-ce la bouche, les yeux, le front ? Il y a aussi quelque chose d'avidement sensuel [6] [...] »

Et Georges Wague, créateur de la pantomime moderne, qui comptera parmi ses élèves Marceau et Barrault, prenait Colette Willy extrêmement au sérieux :

> « Parmi tous ceux, camarades ou élèves, qui ont travaillé avec moi la pantomime, ... aucun plus que Colette... n'a montré un intérêt plus puissant, une plus âpre ardeur et j'ose à peine écrire ce mot, une plus grande docilité au travail si passionnant de la mise en place d'une pantomime...
>
> Toujours en avance, tant aux répétitions qu'aux représentations, elle commençait à être inquiète à 6 heures du soir pour entrer en scène à 10 heures. L'ai-je entendue dans les villes successives où nous menait notre vagabondage d'artistes répéter ces phrases : Wague, quelle heure est-il ? Wague, on va être en retard !
>
> Active, toujours prête, jamais fatiguée, jamais satisfaite d'elle-même, quêtant une observation, provoquant une critique. Une fois qu'elle avait donné sa confiance, c'était sans restriction. Elle écoutait les avis avec une sorte de foi dont je demeure maintenant tout confus.
>
> Lorsque, avec le compositeur Albert Chantrier, nous répétions à l'Apollo *La Chair*, le mimodrame qui fut pour nous tous le début de notre réputation, et qui, dans *La Vagabonde* devient *L'Emprise*, Colette avait une façon subtile de tout comprendre à l'instant même où nous pensions à modifier un jeu de scène, corriger une expression, amplifier ou réduire un geste, elle avait saisi notre intention... et, chose extraordinaire, alors qu'on discutait encore les procédés de la vieille pantomime conventionnelle, elle osait supprimer les gestes

surannés, pour les remplacer par une pensée intense ou un coup d'œil expressif. (Elle a d'ailleurs une originalité physique d'expression que je n'ai jamais observée qu'en elle, elle obtient un maximum d'extériorisation de pensée les yeux fermés. C'est un contresens mais l'effet est indiscutable.) Elle osait, en d'autres cas, rompre, ouvertement avec les vieilles routines et s'en tenir au geste synthétique que je préconisais...

... elle fut une des premières et des plus fidèles à suivre mes idées sur l'art mimique, des plus ardentes à les défendre et à m'aider à les faire triompher [7]. »

Les avis contraires viendront plus tard, beaucoup plus tard. En 1926 Rouveyre écrira dans *Le Mercure de France* « elle tâchait de cabrioler sans rien d'aérien ».

Reutlinger fait les photos professionnelles de Colette. Il la photographie en romanichelle, avec Poucette, le nouveau bouledogue que Colette vient d'acheter neuf mille francs à une exposition canine. Il la photographie nue sur des peaux de lion, la drape dans six mètres de lin mouillé pour souligner sa plastique. Dans une de ses danses « Elle joue avec un grand voile blanc où elle se roule, où elle se drape, où elle se sculpte ; elle a des pieds et des jambes parfaits, sa gorge s'offre droite, et puis toute sa nudité harmonieuse se livre [8]. »

Cette nudité choque le grand public. Colette dans sa rubrique « Le Journal de Colette » défend la nudité. A « la pudeur au centimètre carré », elle oppose « cette sérénité de sauvage [9] », de « caraïbe » disait Montesquiou – sûre d'avoir raison contre la fausse pruderie des moralisateurs. Elle intégrera plus tard la nudité dans sa vision esthétique et fouriériste du monde. Fourier pensait que « la nudité totale repousse l'ivresse... le sommet de la perfection [physique] appelle seulement le sérieux ». Fourier rêvait d'un musée vivant où la nudité des corps « aussi chaste que celle des statues aiderait à développer le sens esthétique. La vue d'une statue provoque l'admiration, la vue de vingt beautés nues devrait nous charmer encore plus [10] ». Colette a trouvé ce musée sur la scène des Folies-Bergère où la nudité des danseuses est pour elle, un plaisir esthétique. « Une chair sans défaut semble suffire à les douer d'une sérénité qui écarte la grivoiserie. Car la nudité intégrale n'appelle pas la frénésie. A sa vue, les visages ne s'avilissent pas. » Le musée de Colette est un musée vivant où évolue quelque belle statue comme Joséphine Baker. « La statuaire dota toujours Vénus d'un grand œil vide, d'une étroite bouche qui ne sourit pas, d'un petit front fermé et dur. Tout le long de toutes les revues des Folies, auxquelles je suis depuis si longtemps assidue, Vénus diverse, a coutume de se tenir debout, dévoilée et paisible... Seul l'art assainit l'œuvre consacrée à la ressemblance, on cite peu de chefs-d'œuvre maléfiques [11]. »

Colette doit annuler à la dernière minute sa participation au spectacle du théâtre des Arts dirigé par d'Humières où elle devait mimer une lettre d'amour d'une femme célèbre pendant qu'un acteur en donnait la lecture. Elle a été convoquée dans le Jura où les Monts-Boucons, cette propriété que Colette aime tant, sont vendus par autorité de justice. La marquise a proposé de payer les hypothèques et de mettre la propriété au seul nom de Colette. Willy s'y est refusé, ne voulant pas que la « Minovache » s'y installe avec Colette. Après la vente, Willy devra encore vingt mille francs à un Besançonnais qu'il ne remboursera jamais. Cette vente est un exemple de l'imbroglio des affaires des Gauthier-Villars. Pourquoi deux ans après la séparation de biens, cette propriété est-elle encore en indivis ? Le couple terrible donnera deux versions de la vente : Willy « le généreux » les aurait vendus pour venir au secours de Colette fortement endettée, qui avait besoin d'une forte somme, Colette « l'exploitée » dira M. Willy sembla me les donner : « Tout cela est à vous. » Trois ans plus tard, il me les reprenait : « Cela n'est plus à vous, ni à moi [12] » « La vérité, disait Willy, est une conception personnelle des événements. Ce n'est pas quelque chose de concret [13]. »

L'année 1907 commencée par le scandale du Moulin-Rouge se termine dans le scandale : le tapage autour de *La Chair* et le bruit fait autour de la mort de Mme de Costa, la gouvernante de Missy, tuée dans le hall de la marquise d'un coup de revolver tiré par Jules, le valet de chambre, qui nettoyait son arme. La police conclut à une mort accidentelle, mais la marquise fait encore la une des journaux qui se gaussent de sa vie avec Colette. Et comme si ce n'était pas assez, Sem a peint chez Maxim's un mur entier représentant les célébrités au bois de Boulogne. Au premier plan, Willy conduit une voiture où Colette et la marquise sont enlacées. Willy intente un procès en diffamation contre Sem et Roubille. Il sera débouté, la situation étant de notoriété publique.

« COLETTE WILLY DANS CLAUDINE »

Ce qui n'empêche pas le trio de passer le réveillon ensemble avant d'aller au carnaval de Nice. Le 10 mai Colette débute dans *Claudine à Paris*, jouant enfin ce personnage qui a orienté sa vie. Elle endossera le sarreau de l'écolière de Montigny trois cent vingt-cinq fois. Colette et Willy sont à nouveau ensemble pour lancer cette entreprise. C'est lui qui a obtenu le contrat avec *Parisiana* pour que Colette reprenne le rôle de Polaire. Il met tout le poids de *Comoedia* derrière Colette et inonde une nouvelle fois Paris de cartes postales de Colette en sarreau et col Claudine avec Poucette dans le rôle de Toby-chien. Pour la circonstance, Willy remettra le chapeau haut de forme de Maugis.

Il envoie à Sido une lettre nostalgique pour lui dire combien il a été ému en voyant Colette interpréter Claudine, le personnage qu'elle a « créé et incarné [14] ». « Vous aimez-vous beaucoup ou vous détestez-vous beaucoup ?... tout est si anormal entre vous qu'on ne sait sur quel pied danser » demande Sido à Colette qui chante les louanges de son mari. « Mon Dieu que j'étais jeune, et que je l'aimais cet homme-là ! Et comme j'ai souffert [15] !... » disait Colette.

« Parbleu ! Je ne croyais pas, moi, qu'il me serait impossible de me passer d'elle, vitalement impossible ! Oh ! ne croyez pas à des besoins de couchage ! Mais sa présence me manque, ses sourires ambigus, la rapidité folle de sa compréhension, le livre qu'elle me jetait sous les yeux ouverts à la page qu'il fallait – jamais d'erreur – marquée d'un coup d'ongle ; il me manque ses joies absurdes, ses chagrins violents et brefs, la puérilité bavarde dont elle masque, comme une tare, sa sensibilité aiguë, et qui sait choisir. Il me manque ses accès de taciturnité pensive. Nous avons eu des parties de silence, inégalables [16]. »

disait Willy.

Il obtient les Palmes académiques pour Colette qui envoie une lettre à son cher Willy, son seul véritable ami, au « magique Willy » signée « votre petite Mélisande » avec une couronne de laurier dessinée sous la signature. Sur cette lettre il commentera dans la marge qu'il est stupide de se réjouir d'une distinction qu'on n'accorde qu'aux idiots, qu'aux « pédicures bloquards ». Il recommande à la marquise « Missy, Missy, soignez bien ma Folette chérie, soyez heureux tous deux » et termine sa lettre en demandant à Colette : « Ne m'oubliez pas petite Fille très aimée [17]. »

Colette se fait faire de nouvelles photographies par Couture et Valéry, elle se demande si abuser de la nudité ne risque pas de nuire à son image, cependant elle pose dans une tunique de lin fendue de haut en bas qui laisse peu à l'imagination. « Comment oses-tu poser ainsi, presque nue ! » demande Sido. La question n'est pas académique. Un article du *Temps* annonce que la police va inspecter et interroger les actrices qui se produisent nues sur les scènes parisiennes et dans les music-halls y compris L'Apollo. « Vas-tu être du nombre de ces femmes nues ? Ce serait bien fâcheux [18] », s'inquiète Sido. Willy intervient pour que Colette n'ait pas d'ennuis.

Les angoisses de Sido ne s'arrêtent pas là. Choquée par la vie scandaleuse de Colette, la belle-famille d'Achille, dans une lettre collective, exige que le corps du Capitaine soit enlevé du caveau des La Fare. Colette paie les frais de l'exhumation de son père mais n'assiste pas au deuxième enterrement du Capitaine.

En septembre Juliette se suicide. Sido écrit une lettre dramatique sur la mort de sa fille. Elle est persuadée que son gendre s'est discrètement débarrassé de sa femme en lui donnant une dose trop forte d'aconitine. Le jour de l'enterrement, l'implacable Achille conduit sa mère en voiture mais l'attendra pendant la cérémonie, refusant son pardon à sa sœur morte. Au milieu de ces drames, et devant l'indifférence manifestée par ses enfants, Sido se tourne vers Willy et se confie à lui : Juliette était désespérée parce que son mari lui préférait leur fille. Roché avait déjà dépouillé sa tante, puis il a dépouillé Juliette en dépensant sa fortune en procès, et comme il avait dû quitter discrètement Saint-Sauveur après la mort tragique de son père, Sido prédisait qu'il devrait quitter Charny après celle de Juliette. Vols, assassinats, inceste ne semblent pas suffire au portrait de ce beau-fils tant haï, et Sido le dit aussi morphinomane. Le Dr Roché mourra cinq ans plus tard. Sa fille Yvonne, la nièce de Colette, alcoolique comme Juliette, habitera *La Guillemette*, une ferme héritée de sa mère, avec son mari et ses deux fils qu'elle n'enverra jamais à l'école. Ses fils vivront en économie fermée, de lait de chèvre et de fromage cachant dans une boîte d'inutiles pièces d'or. Un cousin, effrayé des conditions désastreuses dans lesquelles ils végétaient, essaya en vain de les aider. On retrouva l'un des frères mort d'un coup de fusil dans un bois, suicide ou assassinat, personne n'en sut rien.

Indifférente au suicide de Juliette, Colette déménage, son immeuble ayant été racheté par la ville de Paris pour élargir la rue. Elle s'installe rue Torricelli (rue Saint-Sénoch), une rue neuve dans le XVIIe. Déménagement, tournée à Bordeaux, à Rouen, à Bruxelles, Colette vit intensément. Elle harcèle Wague pour trouver de nouveaux contrats pour écrire une autre pantomime, « vite, vite », devient son leitmotiv. Elle est en pourparlers avec un petit théâtre chic, elle fait la chorégraphie de ses *Danses païennes*. On la presse pour une tournée de comédies mais elle ne veut pas abandonner la pantomime. « Car c'est curieux, dans une pièce où j'ai du succès, je suis prise tout à coup d'un besoin de ne pas parler, d'exprimer en gestes, en physionomie, en rythme de danses ce que je suis en train de dire. » Aussi est-elle déçue quand Wague signe avec Hammerstein pour produire *La Chair* à New York, au Manhattan Opera House en décembre, sans Colette. Elle l'accuse d'avoir sabordé sa carrière américaine : « J'étais très disposée à faire quelque chose là-bas [19]. » Wague connaît trop Colette pour l'envoyer seule à New York. Elle ne supporte pas la solitude, même relative. En août Willy a dû demander à Meg de l'accompagner à Genève où elle jouait *Son premier voyage* de Xanrof et Guérin. « Je lui ai donné une nurse anglaise » blague Willy qui conclut « la vie est bizarroïde [29] ». Missy a dû l'escorter à Bruxelles où Willy a fait un saut entre deux trains pour assister à la répétition générale. A peine est-il rentré à Paris qu'il reçoit un télégramme de Colette. Elle a attrapé la grippe, il repart à Bruxelles, « je ne peux pas la laisser seule ». Entre Willy et Missy, Colette se sent protégée et tout lui paraît beau. Elle aime la troupe, elle aime les décors, elle aime la nouvelle publicité, le théâtre fait distribuer dans les rues de petites cartes avec sa photo. Elle aime les critiques dithyrambiques. Puis tout à coup son ciel s'assombrit. Willy est à Ostende, Missy à Paris. La voilà dans une solitude qui l'angoisse, elle supplie Léon Hamel de la rejoindre. En décembre, bouquet de fleurs dans les bras, entourée de journalistes qui font éclater leurs flashes, Colette, escortée de Willy et d'Hamel s'embarque seule pour Lyon jouer *Claudine* à la Scala. Dès que le train s'ébranle, Colette envoie des lettres à sa douce amie, et lui dit combien elle lui manque. Willy écrit à Curnonsky : « Merde ! Merde ! Merde ! Je m'ennuie quand elle n'est pas là. Je n'ai pas le sou pour l'accompagner [21]. » Il vient d'apprendre qu'on le poursuit en justice pour une vente de piano dont le prix n'a jamais été versé à la propriétaire qui réclame deux mille francs. « Je suis foutu » conclut Willy. Il l'est.

Colette savoure son double succès sur scène et en littérature. Saglio vient de publier les exquis poèmes en prose des *Vrilles de la vigne*, « Le livre dont tout Paris parle [22] » et qui en trois mois aura dix tirages. « Nonoche » était dédié à Willy, mon meilleur ami, « Toby-chien parle » à Meg Villars, « Nuit Blanche », « Jour gris », « Le dernier feu » à M. (Missy) pour qui Colette fit tirer un exemplaire unique avec dix-sept aquarelles de Fraipont.

« EN CAMARADES »

Colette est à la recherche d'un répertoire plus étendu. Elle demande à Pierre Louÿs de la laisser monter *Les Chansons de Bilitis* pour l'ouverture du Théâtre Michel, il refuse. « Mais si vous vouliez, Pierre Louÿs, si vous aviez le loisir d'écrire la toute petite comédie, le beau dialogue que vous m'aviez, dans le jardin de Natalie, presque promis [23]... » Elle demande à Claude Farrère si Otéro est déjà sous contrat pour *La Femme et le pantin*, sinon elle aimerait beaucoup le rôle, elle est, dit-elle, un très bon mime qui veut partager sa vie entre la scène et l'écriture, ce qui demande une grande fortitude.

Elle décide d'écrire *En camarades*, une comédie bourgeoise, pendant les vacances au Crotoy. Missy a retenu à son service Paul Barlet qui a été pendant 15 ans le secrétaire de Willy et un pilier des Ateliers. La pièce est pur théâtre de boulevard. Max vit en camarade avec Fanchette, sa femme. Il a une maîtresse, Marthe. Fanchette, qui a entendu son mari lui donner un rendez-vous, décide de se venger avec Le Gosse qui est amoureux d'elle et lui donne rendez-vous dans sa garçonnière. Marthe surprend leur conversation. Au deuxième acte, Fanchette arrive dans la garçonnière du Gosse avec son chien Poucette et, oubliant les raisons de son rendez-vous, lui fait la conversation. Le Gosse, à bout de patience, met Poucette à la porte et prend Fanchette dans ses bras qui lui résiste en lui faisant une leçon sur les devoirs de la femme mariée. A ce moment on frappe, Fanchette enferme Le Gosse dans la salle de bains, ouvre la porte. C'est son mari. Il lui fait une scène de jalousie, elle pleure, sanglote, le convainc de son innocence, ils s'embrassent, tout en buvant le vin du Gosse. Ils s'en vont bras dessus bras dessous, ayant laissé un mot de remerciement.

Les critiques sont partagés. Pierre Brisson, dans *Le Temps*, trouve que Colette, excellent mime, n'est pas une bonne actrice, elle a la voix rauque, elle est trop tendue et que sa pièce est « un embryon de comédie » autour de quelques idées intéressantes. Dans *Comoedia*, Léon Blum aime l'interprétation de Colette, trouve les dialogues pétillants d'esprit, mais la pièce a encore les marques d'une débutante. Willy vient au secours de Colette dans un article signé Marc Gauthier dans *Akademos* : « Madame Colette Willy est une excellente actrice et sa pièce qui passe du rire aux larmes est une comédie comme on n'en a pas vu depuis longtemps. Si sa sincérité déplaît aux prudes et aux moralistes protestants, ils feraient mieux de prendre exemple sur le naturel, la grâce et la saine candeur de l'auteur d'*En camarades*[24]. » Par cet éloge, Willy prenait la défense de Colette contre Sacha Guitry qui avait écrit deux mois plus tôt dans *Comoedia* un article que Colette ne lui pardonna jamais : « L'existence tumultueuse et factice de Colette Willy me semble uniquement triste, et les danses qu'elle crut sensuelles et qu'elle exécuta devant la badauderie attroupée sont à la fois sinistres et disgracieuses. Ses essais chorégraphiques eussent passé inaperçus complètement sans l'espèce de sauvagerie naturelle qu'elle a dans le visage... » Il réservait ses éloges à l'écrivain tout en terminant par cette pique : « On ne peut se défendre d'admirer et de plaindre la paysanne[25]... » Paysanne, le mot était lâché. « Tu n'es pas une paysanne » s'indigne Sido. Willy, une fois encore, avait pris sa plume pour défendre l'honneur de Colette, avec d'autant plus de plaisir que Colette avait accepté d'écrire une suite aux Claudine. « Avec un plan, je torche ça en deux mois » mais elle ne voulait pas que Missy soit au courant. Les Ateliers se reformaient en secret, Willy avait commandé un plan à Curnonsky en lui recommandant : « Plus d'amourettes de femmes, mais un conflit tragique d'âmes, terminé par un meurtre, Mon Dieu ! Oui... Faut que le public en bave. » Il proposait de mettre face à face les deux avatars de Colette : Willette Collie, la danseuse mime, et Claudine, et conseillait « de ménager à Claudine de belles échappées sur la campagne ». Le diabolique Willy se proposait de fourrer dans le texte de Colette quelques lettres de Maugis de sa façon mais « Chut ! Bocca chiusa[26]. »

La cinquième Claudine ne verra pas le jour. Colette vient de découvrir la vente des manuscrits :

« ... il a vendu, à mon insu, toutes les Claudine aux Éditeurs, pour presque rien et [...] ces livres qui m'appartenaient si entièrement (moralement) sont à jamais perdus pour lui et pour moi. On dirait vraiment, étant donné les conditions dans lesquelles il a cédé les 4 Claudine, qu'il a non seulement voulu en retirer très peu d'argent mais encore s'assurer que jamais, même après sa mort, je ne rentrerai en possession de ces livres qui sont les miens... Il a répondu à mon cri de désespoir par une lettre froide, presque menaçante, et je pense qu'après l'explication nécessaire qui aura lieu à son retour de Monte-Carlo (après-demain) tout sera fini entre nous [27]. »

Le 21 mars, elle demande à entrer à *La Société des auteurs* où elle est parrainée par Jules Claretie, directeur de La Comédie-Française, Henri de Régnier et Paul Margueritte. Le 22, Colette et son avocat font signer à Willy un accord où il renonce à tous ses droits sur *Minne* et *Les Égarements de Minne*. Alfred Vallette et Ollendorff sont informés par pli recommandé que Colette et Willy ont cessé leur collaboration et demande leur est faite de mettre leurs deux noms sur toute nouvelle édition des 4 Claudine. C'était une manœuvre qui permettait à Colette de ne pas reconnaître les cessions des Claudine. Ce qu'elle fit. En juillet, elle signera un accord avec les deux éditeurs s'engageant à ne pas s'opposer aux cessions de droits faites par Willy, en contre-partie, elle touchera un pourcentage sur toutes les ventes.

Le 24 mars, Colette oblige Willy à reconnaître qu'elle a écrit avec lui une pièce en trois actes, *La Petite Jasmin* dont elle a séquestré le manuscrit. Willy s'emporte : « Voyons, ma chère amie... Votre vaudevillesque diplomatie, qui consiste à ne pas me rendre ce manuscrit... Nous avons été des associés, ne devenons pas des ennemis. Vous n'auriez rien, je vous le jure, à gagner [28]... » Colette a tout à y gagner, Willy cède, elle peut informer *La Société des auteurs dramatiques* qu'elle a droit à 50 % des royautés sur la comédie, ses traductions et ses adaptations.

La saga des Claudine n'était pas terminée. Willy a décidé d'écrire le 5e roman. *Paris-Journal* révèle que Meg doit « prochainement publier, en collaboration avec Willy... un roman sur les *girls* de nos music-halls – nouvelle incarnation de la célèbre Claudine [29] ». Colette envoie aussitôt un démenti : « Je vous prie de démentir cette information assurément inexacte. Claudine est un personnage créé par moi, qui m'appartient, et ne peut appartenir en même temps ni à Mlle Villars, ni à M. Willy [30] ».

Pendant les représentations d'*En camarades*, Colette et Missy ont installé leurs quartiers généraux « Chez Palmyre », Place Blanche, où se réunissent les homosexuels des deux sexes. Là règne Palmyre, « reine guerrière, armée du coutelas à viande, qui parle une langue colorée à son peuple de jeunes hommes à longs cheveux et de femmes à cheveux courts ». Elle sera Sémiramis dans *Paysages et Portraits* et Olympe dans *La Vagabonde*. Palmyre, amie de Toulouse-Lautrec, coiffée d'une masse de cheveux roux, un nez de bouledogue, la cigarette au coin des lèvres, capricieuse, âpre et généreuse à la fois, « dispense une parcelle de cette maternité bougonne qui lui fait, de sa clientèle d'habitués, une progéniture dorlotée, bousculée et docile [31]... » Elle est aux petits soins pour le couple célèbre formé par Colette et la marquise, leur fait des cadeaux, leur donne des fruits et « fait cuire pour Missy des petits biftecks ». Colette prend « plaisir, en dînant, à regarder de jeunes modèles, de petites théâtreuses au chômage, les petites noceuses du quartier qui dansent pour leur plaisir... en habituées des bals de barrière, crapuleusement, voluptueusement... Que voulez-vous ? Je trouve ça plus joli qu'un ballet [32] ». Dans *Gitanette*, Colette recrée l'histoire de deux de ces danseuses. Chez Palmyre, circulent toutes les nouvelles de Lesbos :

> « Nous avons su par J. de Bellune qu'à la redoute de Nice la baronne Van Zuylen trônait dans une loge en habit, avec des moustaches ! La baronne Ricoy l'accompagnait, en habit également et si étique auprès de ce monstre éléphantesque. On les a reconnues et on les a tourmentées dans leur loge, bien que la baronne Van Zuylen répondît aux intrus par des bordées d'injures pourtant très masculines [33]. »

Jeanne de Bellune, « ce bon garçon de Janot », est alors l'amie de Renée Vivien et compte dans son impressionnante liste d'aventures Liane de Pougy et Colette.

Willy donnera sa version de ce lieu mal famé dans *Lélie, fumeuse d'opium*, le « ... Bar Zénobie, restaurant polyglotte dont l'éclectique tenancière (grande amie... de Vivette Wailly) (Colette) encourageait, au besoin, les débuts dans la galanterie de gosselines en jupes courtes [34] ». Les soupers chez Palmyre ont la réputation de se terminer en orgie. Missy et Colette y recrutaient des « gosselines » pour de petites soirées très privées données dans une garçonnière de Missy. Colette, qui voit dans l'assouvissement des passions la seule morale possible donnera toujours en exemple le côté discipliné du demi-monde et des artistes du music-hall dont les orgies inspireraient « la vertu aux plus hystériques [35] ». A cette époque disait Delluc, Colette aurait donné toutes ses œuvres à venir pour une incartade de plus, « elle était bizarre, jolie, impossible, charmante, mélange d'ironie et d'abandon, d'insouciance, la plus invraisemblable de nos gloires parisiennes [36] ».

Colette et Missy, habillées en pierrots niçois, célèbrent chez Palmyre la clôture d'*En camarades* avec Véra Sergine de la Comédie-Française et le beau, le légendaire Édouard de Max, aficionado de l'opium et des éphèbes, spécialiste des rôles passionnés et romantiques. Comme Sarah, ce Roumain s'est façonné une diction entre le chant et le parler, soutenue par les « r » roulants roumains semblables aux « r » bourguignons de Colette. Il garde les paupières mi-closes, les ouvrant brusquement sur d'admirables yeux verts maquillés de bistre. Il partage avec Colette l'adjectif « félin » dans la presse.

Colette aime sa démesure. Quelques mois plus tôt, à un gala costumé donné par d'Humières au Théâtre des Arts, sur le boulevard des Batignolles, de Max est arrivé costumé en bédouin, coiffé d'un aigle empaillé, suivi de trois très jeunes adolescents demi nus, outrageusement maquillés, deux en bergers d'Arcadie et, le favori, Jean Cocteau, en Héliogabale, les cheveux teints en rouge, portant aux doigts huit bagues du Maître. L'attroupement causé sur le boulevard par cette flamboyante camarilla effraya le discret d'Humières qui envoya Sarah Bernhardt en délégation pour prier de Max de renvoyer les ravissants adolescents chez eux.

En janvier, Colette a dansé dans le drame *La Tour du silence* du suédois Collijn, interprété par de Max et Véra Sergine, puis à un gala de charité au théâtre Marigny, elle a quêté avec de Max. Ces deux monstres sacrés ont monopolisé l'attention. Colette était en sphynx, elle venait d'interpréter *Une Danse égyptienne* d'Ingelbrecht sur fond de harpe et de flûte, ce qui lui valut une verte remarque de Sido : « Tu étais costumée... en sphynx égyptien, oui ! Petite cochonne, tu crois donc que nous ne lisons pas les journaux [37] ? »

Après le dîner chez Palmyre, Colette et Missy déguisées, et de Max et Sergine « qui n'étaient ni masqués, ni costumés » finissent la soirée au bal Wagram. Sergine « promenait dans ce lieu de fête sa figure sérieuse et pâle, avec un air de s'ennuyer profondément [38] ». Colette est frappée par ce contraste dont elle fera le thème de *Réveillon du nouvel an* où elle est ce personnage isolé au milieu des cris, des bruits de la fête, qui se crée une niche de silence en se remémorant les jours de l'an de son enfance. Une brise, un parfum, l'expression d'un visage dans le plus bruyant des entourages peuvent déclencher le processus créateur chez Colette qui se sent facilement différente et en *Exil*. Les témoignages de ses intimes concordent : en public, Colette est en représentation, Colette n'est elle-même que devant une feuille de papier.

> « Écrire... C'est le regard accroché, hypnotisé par le reflet de la fenêtre dans l'encrier d'argent, la fièvre divine qui monte aux joues, au front, tandis qu'une bienheureuse mort glace sur le papier la main qui écrit [...]. Cela veut dire aussi l'oubli de l'heure, la paresse au creux du divan, la débauche d'invention d'où l'on sort courbatu, abêti, mais déjà récompensé, et porteur de trésors qu'on décharge lentement sur la feuille vierge, dans le petit cirque de lumière qui s'abrite sous la lampe [39] [...]. »

« En tournée : 32 villes en 35 jours »

Au printemps Colette fait un tour de France avec les tournées Baret, elle joue *Claudine à Paris*. Colette ne voyage pas avec la troupe. Elle a chauffeur et voiture, car Missy, « le merveilleux compagnon » toujours d'humeur égale, l'accompagne et s'occupe de son bien-être, comme elle le fera l'année suivante pour la seconde tournée Baret. Du nord au sud, les opinions des journaux concordent : la pièce est très risquée, « d'un décolleté à faire rougir les plus blasés des sapeurs... Elle s'adresse à un monde spécial, celui des viveurs, des noceurs, des cocottes, dans un milieu qu'on ne trouve qu'à Paris » écrit *Le Populaire de Nantes*. Mme Colette Willy « sent et vit son rôle plutôt qu'elle ne le joue, et cela avec une intelligence toujours en éveil » d'après *Le Phare de la Loire*. A Rennes, les étudiants scandent son nom et veulent « qu'on bisse le dernier acte [40] ». A Toulon, le berceau des Colette, on lui fait une ovation « Vive Colette, Vive Colette » et une pluie de bouquets. A Pau, elle va rendre visite à Mélie, sa nourrice, le personnage tant aimé de Claudine. La vue de Mélie ranime chez Colette un désir d'écrire le roman de son adolescence, ce projet mettra des années avant de se réaliser et de devenir *La Maison de Claudine* et *Sido*. Le passé l'obsède, c'est le titre qu'elle donne à un article publié ce même mois dans *Akademos*.

Puis la tournée perd tout son charme quand Missy la quitte pour aller au Crotoy. Colette envoie à Sido une carte postale représentant « l'enfant pleureur » de la cathédrale d'Amiens. Missy partie, Colette, qui doit rester seule 4 jours, se sent désorientée, tout devient lugubre, les hôtels, le paysage. Elle envoie un télégramme à Missy qui la rejoint aussitôt. Mais à l'idée que Missy devra repartir, Colette commence à souffrir par anticipation.

Chaque fois que Colette joue en province, elle écrit tous les jours à Missy lui disant combien elle l'aime, combien elle rêve de planter des laitues en sa compagnie, combien elle lui est fidèle malgré les fleurs et les propositions qu'elle reçoit, personne ne pourra jamais remplacer l'amie bien-aimée. Missy lui fait envoyer des fleurs, les premières cerises. Colette lui dédie « Dans la dune ». « Ce n'est rien qu'un berceau de sable fin... aujourd'hui je t'y fais place à côté de moi... couche-toi sur le dos et regarde... ce chardon bleu pudique et méchant, ce liseron que l'ouragan déchire, je te les offre, mon amie [41]. »

Pendant la tournée, Colette, qui en est la vedette, a des moments d'abattement où elle prend en pitié les humbles acteurs du music-hall pour qui cette vie est le pain quotidien. Soutenue par la tendresse vigilante de Missy, la visite de Léon Hamel, les allées et venues de Paul Barlet qui fait le lien avec son éditeur, Colette prend des notes.

Dans *Notes de tournée* publiées du 15 août au 15 septembre dans *Akademos*, elle commence ce reportage tout à fait nouveau sur l'envers du music-hall où, au lieu de parler de l'art, des interprètes, de la beauté de leur danse ou de leurs gestes, du prix de leurs costumes, de la munificence de leurs cachets, elle décrit la vie quotidienne des petits artistes, le souffleur ivre qu'on ne retrouve plus, la prostitution des jeunes artistes pour arriver à joindre les deux bouts.

Colette, qui ne se sent bien que dans le mouvement, est rentrée de la tournée, débordante d'énergie. Elle a deux agents, Buysens à Paris et Brouette en Belgique, qui s'occupent de sa carrière, et Wague qui veut signer à l'Alhambra ; Colette s'y oppose si on n'augmente pas ses cachets : « J'ai un nom et je fais recette. Quand est-ce que j'augmenterai mes prix, alors ? A l'âge d'Otéro [42] ? » (Otéro venait de déclarer dans une interview qu'elle avait 29 ans). A partir de *La Chair*, Colette est payée « comme Polaire ». Elle ajoute à ses activités de mime-écrivain celle de conférencière qu'elle n'abandonnera plus. Jusqu'à la Deuxième Guerre mondiale, on se pressera aux conférences de Colette, un moyen pour elle de ne pas abandonner la scène pour laquelle elle a une passion qui ne se démentira jamais. Sa première conférence au centre Fémina au Théâtre des Arts lui rapporte « 15 louis ». C'est le poète décadent Laurent Tailhade, maquillé, sanglé dans un costume de velours, qui la présente au public. Le charme de Colette conférencière était de s'adresser au public directement comme si elle parlait à des amis dans son salon. Pour donner cet air d'intimité, de discours spontané, elle travaille longuement devant un miroir. Là encore Colette était une actrice.

Concurremment à ces activités, elle se lance dans les affaires, servant d'intermédiaire pour des ventes de terrains à Auteuil où les grandes propriétés des Goncourt, des Proust, de la princesse Mathilde, de Jacques-Émile Blanche sont achetées par des constructeurs immobiliers. Colette propose les terrains à René Blum, le jeune frère de Léon Blum, le futur mécène des Ballets russes. « J'essuie le courroux d'un acquéreur dépassé et dépossédé [43] », écrit-elle à Hamel, son conseiller, à qui elle a promis d'offrir un papillon de chez Kirby si l'affaire réussissait. Elle s'occupe de la vente d'une maison de Missy et vend à Achille la part qu'elle avait dans la maison de Saint-Sauveur. Sido, qui s'entremet en faveur d'Achille, obtient que Minet-chéri baisse son prix à sept mille francs.

« PIMPRENETTE DE FOLIGNY »

Colette et Missy s'installent pour l'été à la villa Belle-Plage au Crotoy où Sacha Guitry et sa femme, Charlotte Lysès, viennent les rejoindre. Chacun travaille. Hamel a acheté la villa voisine. De temps en temps se pose sur la piste d'atterrissage de fortune du Crotoy l'avion d'Auguste Hériot. Ce « fils » de Missy est amoureux fou de Colette et sera le modèle de *Chéri*. La trentaine, les cheveux noirs, des yeux d'almée verts bordés de cils noirs, l'élégance d'un officier de cavalerie et des millions pour seconder son charme, Hériot est l'un des êtres les plus séduisants de Paris. Il pratique la boxe, le sport chic et se passionne pour l'aviation. Il habite un hôtel particulier imposant (aujourd'hui l'ambassade de la République argentine) avec un salon signé Riesner, deux tapisseries des Gobelins d'après des cartons de Fragonard et partout des tapis de la Savonnerie. Dans son fumoir, sous deux nus voluptueux de Boucher il a fait installer le premier bar américain. Francis, son barman, passe pour être le meilleur de la capitale. Hériot est un être gâté, capricieux, qui abuse des boissons fortes et perd quelquefois le contrôle de soi. Comme *Chéri*, il aime qu'on l'aime et veut absolument recevoir un cadeau de rupture de ses maîtresses. A Charlotte Lysès qui le quitta pour épouser cet autre « fils » de Missy, Sacha Guitry, il demanda une couverture en hermine comme celle de Natalie Barney. Il a été l'amant de Polaire à qui il donna sa célèbre ceinture de diamants, de la baronne d'Arlix, de Liane de Pougy. Resté orphelin très jeune, il est à la recherche de l'amour absolu. Colette « fut une sorte de révélation pour lui. Il abandonna tous ses camarades, toutes ses fantaisies, prêt à consacrer ses forces et sa fortune à l'entreprise de l'aimer, de se faire aimer d'elle, d'assurer son bonheur... » Contrairement à la liaison publique de Colette avec Missy, Hériot avait « le souci de cacher leur vie aux yeux des autres [44] ».

Ces jours tranquilles au Crotoy sont troublés par la publication de *Pimprenette de Foligny*, un roman de Willy. En apparence c'est l'histoire légère d'une actrice courtisane, de son aristocratique protecteur et d'un écrivain appauvri, René de Genlys (J'en lis). Willy reprenait le héros de *Jeux de Prince* et d'*Un Petit Vieux bien propre*, Mihaïl de Morénie (Mathilde de Morny) et en faisait un être berné, trompé par l'astucieuse Pimprenette de Foligny « qui interprète naturellement Claudine [45] ». Elle a un insatiable appétit d'argent tout en gardant un certain fond de naïveté inconsciente et de nombreux amants parmi les riches sud-américains et les acteurs. Son dernier amant est l'aviateur Hallier (à lier, Auguste Hériot).

Le seul amour de Pimprenette est René de Genlys qui a dépensé tout son héritage pour ses beaux yeux. Elle lui procure la place de secrétaire du prince. René, qui est un homme honorable, refuse de tromper le prince avec Pimprenette pendant qu'il est son secrétaire. Pimprenette trouve que c'est faire beaucoup d'embarras pour rien mais accepte de vivre « en camarades », ils se diront tout, n'auront aucun secret l'un pour l'autre. Mais leur mutuelle attraction est irrésistible. René, pour refaire la fortune qui lui permettrait de vivre avec Pimprenette, joue aux courses, fait de louches affaires, écrit, ces travaux herculéens le vident de ses forces. Or, Pimprenette n'aime en lui que l'amant et l'abandonne, le laissant ruiné, le cœur en lambeaux. C'était Willy vu par Willy, et sa vengeance. Missy, prince de Morénie était informé en termes clairs que Colette était infidèle, intéressée, amorale et indiscrète. Le portrait de Pimprenette était fait pour blesser Colette. Willy, qui connaît son complexe d'infériorité, fait de nombreuses allusions à son instruction primaire, il se moque de Sido et d'Achille, toujours prêts à intervenir, *Soutiens-moi Châtillon*! dévoile que la femme de chambre Francine – décrite sous son nom – est un être corrompu qui espionne pour le compte de tout le monde. Et se donnant le beau rôle, il rappelle à Pimprenette qu'il a plaidé sa cause quand le censeur (Lagourde) voulait la faire arrêter pour avoir enfreint les lois de la décence sur scène.

Colette jure que Willy lui paiera tout ce qu'il lui a fait et promet de lui arracher les yeux s'il essaie de nuire à Missy. Elle va répondre à René par la bouche de Renée, l'héroïne de *La Vagabonde*. « J'ai commencé avant-hier ce qui sera, j'espère, une façon de roman... Je ne le commence pas sans appréhension, je vous avoue, et cela me rend hargneuse et nerveuse. » Missy lui achète des stylos, du papier américain que Colette préfère à tout et la dernière création des papetiers, un classeur à anneaux. Munie de ces fournitures neuves, Colette écrit *La Vagabonde*. A peine a-t-elle commencé qu'une nouvelle bataille s'engage avec Willy. *L'Indiscret,* un journal à scandales, publie un article faisant allusion à la rapacité de Colette et à de louches transactions sur des terrains. Colette, sûre que c'est Willy, se dit « disposée *à tout* pour empêcher que cela continue [46] ! » Elle lui répond dans le *Paris-Théâtre* du 16 octobre 1909 qui lui consacre sa couverture. Elle en profite pour envoyer quelques coups d'épingles à Rachilde et à Robert de Montesquiou, tous deux amis de son mari. L'article est signé A. R.

> « Mime et comédienne toujours fêtée mais que son humeur vagabonde enlève trop souvent aux applaudissements de Paris, Colette Willy n'est jamais tout à fait absente : l'actrice partie, l'écrivain nous reste et, quand le spectacle de sa grâce nous est ravi, nous goûtons du moins son esprit rare et charmant dans " Le Journal de Colette " qu'elle adresse périodiquement à notre confrère *La Vie parisienne* et dans ses livres, devant lesquels ses plus forcenés détracteurs sont désarmés car le temps n'est plus où Mme Rachilde, toujours si noblement dévouée à la cause de l'art, sollicitait un prince de la critique de bien vouloir relire *La Retraite sentimentale* et où ce prince, qui disposait de beaucoup de puissance, promettait, puis reculait... " devant le scandale qu'il y aurait eu sans doute pour lui à avouer son admiration. " Étrange timidité si l'on songe qu'avant *La Retraite sentimentale*, Colette Willy avait déjà publié les fameuses *Claudine*, dont plus de 300 000 exemplaires ont été

vendus ! (Il est vrai que la majorité du public ignorait alors qu'elle fût l'auteur de ces romans célèbres, dont il est juste de lui restituer la gloire, si elle n'en eut pas le profit). Victorieux des fausses pudeurs bourgeoises, le talent littéraire de Colette Willy n'est plus contesté par personne : *Les Vrilles de la vigne*, l'an passé, furent accueillies par des éloges enthousiastes, le même succès est réservé apparemment à *L'Ingénue libertine*... »

Quelques jours plus tard Willy publie une lettre ouverte :

« Monsieur le Gérant de Paris-Théâtre,

Au cours d'un article consacré par votre revue à Mme Colette Willy, femme de lettres et artiste dramatique, je lis ceci : " la majorité du public ignorait alors qu'elle fût l'auteur de ces romans célèbres, dont il est juste de lui restituer la gloire si elle n'en eut pas le profit. "

Le talent littéraire de celle qui a écrit les *Dialogues de Bêtes* " pour amuser Willy ", nul ne l'admire plus que moi ; en maintes publications je lui ai rendu hommage pendant que Mme Colette Willy était ma femme et même depuis qu'une décision judiciaire a rendu à chacun de nous sa liberté.

C'est pourquoi je ne saurais admettre le reproche sournois implicitement contenu dans la phrase de votre collaborateur anonyme qui semble dire que, refusant de rendre à César ce qui appartient à César, je me serais jadis efforcé de cacher au public la part prise par Mme Colette à la composition des *Claudine*. Rien n'est plus faux. Je pourrais vous citer nombre d'articles dans lesquels cette collaboration, précieuse entre toutes, a été, je ne dis pas avouée mais proclamée par moi, encore que l'intéressée montrât alors infiniment peu de goût pour ces divulgations qui blessaient sa modestie en ce temps-là.

Elle-même va nous édifier à ce sujet. Dans une interview qu'elle accorda en 1904 à *La Dépêche*, elle disait expressément : " Je me suis longtemps défendue d'avoir collaboré avec Willy, car j'aurais préféré qu'il fut reconnu seul père de ces romans. Mais il crie si obstinément à tous les échos ma participation que je dois m'incliner. " Vous le voyez : " Il crie obstinément à tous les échos... " la déclaration est formelle.

Dois-je voir dans votre article, comme on m'en a charitablement prévenu, le prélude d'une série d'attaques ? C'est bien possible, peu m'importe. J'espère seulement que mes agresseurs voudront bien désormais ne plus se dissimuler derrière des initiales prudentes, je m'engage à leur fournir toute satisfaction, sur quelque terrain que ce soit, bien résolu à ne me laisser porter aucune botte sans riposter. Car, si je ne cherche pas la guerre, je veux qu'on me fiche la paix... »

« Henry Gauthier-Villars
(Willy) »

Colette, usant du droit de réponse, envoie une lettre que *Paris-Théâtre* hésite à publier :

« Nous avions annoncé dans notre dernier numéro que Mme Colette Willy (en réponse à la lettre de M. Willy publiée dans les colonnes de *Paris-Théâtre*) nous avait envoyé, aux fins d'insertion, une réplique que nous publierions si les termes en étaient maintenus. Mme Colette Willy ayant *exigé*, après une entrevue avec notre directeur, l'insertion intégrale de sa réponse, nous ne pouvons que déférer à sa volonté expresse, puisque la requérante fait appel à l'article 3 de la loi du 29 juillet 1881.

A Monsieur le directeur de Paris-Théâtre,

Cher Monsieur,

Répondant à votre très amical article que *Paris-Théâtre* a bien voulu me consacrer, M. H. Gauthier-Villars (Willy) fait état de propos que j'ai tenus en 1904. Je tiens à dire qu'en 1904, avant 1904 et après 1904, j'ai plus d'une fois commis des mensonges (j'hésite à les qualifier de pieux) destinés à sauvegarder la personnalité littéraire, et même la personnalité tout court, de mon mari.

M. Gauthier-Villars vous écrit qu'en maintes publications il m'a rendu hommage. Je préférerais qu'il rendit hommage, simplement, à la vérité ; il proclamerait alors non pas que je " participai " aux quatre *Claudine*, à *Minne* et aux *Égarements de Minne*, mais que sa collaboration, à lui, ne dépassa guère celle d'un secrétaire, d'un secrétaire pas très soigneux, soucieux surtout d'ajouter à mon texte quelques calembours, des gravelures, des rosseries destinées à satisfaire ses rancunes personnelles ; il confesserait que le maintien de sa signature à côté de la mienne, sur la nouvelle édition de *Claudine*, lui fait encore la part trop belle, et que, par cette concession suprême, j'avais cru acheter de lui la paix à forfait...

Veuillez agréer, Monsieur, l'assurance de mes sentiments les meilleurs.

Colette Willy. »

Après cet échange de boulets, deux camps se forment, les supporters de Colette et ceux de Willy, ils entretiendront une guerrilla alimentée par les munitions fournies au cours des années par Colette et par Willy. En cet hiver 1909, les journaux refusent d'être partie dans la querelle du couple et de publier des réponses aux réponses. N'ayant plus de forum public, les adversaires continuent en privé. Willy propose une rencontre, Colette répond qu'elle ne le verra qu'en présence de son avocat, Mᵉ Monnier. « Choisissez les témoins que vous voudrez, le lieu du rendez-vous, le jour et l'heure », écrit Willy, « Vous n'aurez pas à le regretter ». Après d'aussi peu engageantes prémices, Colette et Willy se voient seuls, pleurent dans les bras l'un de l'autre. Encore une fois, à travers ses larmes Colette lui déclare qu'elle ne peut vivre ainsi séparés dans la même ville. « Ô Folette », sanglote Willy, « chaviré par cette grosse peine, par cette tristesse d'enfant à laquelle il ne sait pas résister ». Ils se quittent ayant réglé leurs différends, mais décidés à garder en public une façade hostile « puisque nous sommes d'accord vous et moi d'arborer cette zizanie [47] ». Pour qui ? Pour Missy et Meg ? Pour la publicité ? Ou parce qu'ils sont tombés d'accord pour dépouiller d'un immeuble Mme de Serres qui fait un procès à Willy pour détournement de fonds, il a besoin du témoignage de Colette contre sa maîtresse. L'affaire a commencé deux ans plus tôt.

Willy a persuadé Colette, et peut-être lui-même, que Liette de Serres est seule responsable de l'échec de leur mariage parce qu'elle a accusé Colette d'avoir des amants, avec tant d'insistance que Willy l'a crue jusqu'au jour où il a compris les desseins de Liette. Pour la punir il décide de ne plus payer les intérêts d'une importante somme que Liette lui avait confiée pour l'investir dans les éditions Gauthier-Villars, mais il court le risque que Liette exige le remboursement de la somme. Pour l'en empêcher et pour la faire taire, il a été convenu un an plus tôt que Colette jouerait le rôle de la femme qui découvre que son mari l'a trompée et qui est prête à révéler toute l'affaire à Louis de Serres.

Le diabolique Willy donne alors à Colette les lettres qu'il a reçues de Liette et révèle à sa maîtresse que sa correspondance est entre les mains de sa femme. Cela devrait suffire pour l'intimider. Pendant toute l'année 1909, Willy, au milieu d'assignations, de menaces et de poursuites, essaie par tous les moyens d'éviter que l'affaire soit portée devant le juge. Il supplie Colette de demeurer son amie, de ne pas le laisser tomber car Liette est décidée à le détruire. Elle le menace après avoir rencontré Sido qui lui a raconté mille choses sinistres sur Willy. Il se plaint des confidences malencontreuses de sa belle-mère dans les salons. Il avoue aussi à Colette qu'il a signé une reconnaissance de dette à Liette, si l'affaire passe au tribunal c'est la prison assurée. Il lui promet de ne plus jamais attaquer Missy, « votre amie et mon ennemie ». Devant son affolement, Colette envoie une lettre à Liette de Serres lui demandant d'avoir pitié de l'homme qu'elle a aimé et qui est prêt, au cas où le procès aurait lieu, à se suicider. Mme de Serres décide alors d'aller voir Albert Gauthier-Villars qui lui répond courtoisement qu'il ignore tout des affaires de son frère. Elle comprend alors que Willy a dépensé son argent au lieu de le placer.

Après la sanglotante entrevue avec Colette, Willy, décidé à se venger de Liette, a un plan pour lui extorquer un immeuble qu'elle serait obligée de lâcher si elle se sentait acculée. Colette, bien entendu, recevrait sa part. Quelques jours plus tard paraît *Le Retour d'Age*. Willy y raconte, à peine déguisée, sa liaison avec Liette de Serres, son irrésistible attirance pour cette femme qui, en fin de compte, n'était pas son genre, leur commune passion pour les tables de jeux. Il révèle que, pendant des années, il a financé ses dettes de jeux, le tout à la barbe du confiant mari. En croyant intimider Liette, Willy s'attire les foudres de Colette qui sait lire et croit voir enfin où se sont engloutis héritages et droits d'auteur. De plus, le livre écrit avant la promesse faite à Colette de ne plus attaquer la marquise tourne Missy en dérision. Cette fois la coupe est pleine. Colette intente un procès à Willy pour non-paiement de la rente sur les meubles qu'il devait lui verser après leur séparation de corps, et s'allie avec Liette dans le procès. Elle fait venir Marcel Boulestin de Londres pour témoigner contre Willy qui menace son ancien secrétaire d'exposer certaines louches transactions. Boulestin repart immédiatement pour Londres où il s'est établi. Willy obtiendra un non-lieu, il avait en main des reconnaissances de dettes de jeux de Liette, et Colette n'a pas pu fournir les originaux des lettres impliquant son mari. Elle avait versé au dossier des extraits dactylographiés, vraisemblablement supprimant tous les passages pouvant la compromettre.

« Rien ne compte en amour, hormis le premier amour »

Après trois ans de séparation, le divorce devenait automatique. A l'approche de la date fatidique, il règne une ambiance terroriste. Colette menace de faire des révélations sur Willy si déshonorantes que les Gauthier-Villars seraient prêts à changer leur nom. Attention, avertit Sido, Willy pourrait aussi faire des révélations gênantes. Willy promet un nouveau roman, *Sidonie ou la paysanne pervertie*. Valentine Gauthier-Villars, la belle-sœur de Colette, est envoyée en médiatrice. Si les Gauthier-Villars proposent un arrangement financier, Sido conseille de l'accepter et d'exiger cent cinquante mille francs. Elle fournit à sa fille d'autres munitions. Avant la mort de Germaine Villars, Henry avait demandé à Achille quelle était la dose mortelle de morphine. Après son départ, Achille s'était rendu compte qu'il lui manquait un flacon de morphine, il était prêt à aller en témoigner à Paris.

Quelques jours plus tard, Willy a fait la paix avec sa belle-famille. Il charme Sido en lui montrant une photo de Colette. Il envoie un message à Colette pour l'assurer de son amour. Ce couple indéfinissable fait un nouveau pacte publicitaire, Willy fera l'éloge de Colette qui répète *C'tte Pucelle d'Adèle* de Sacha Guitry.

> En attendant sa revue, La Gaîté Rochechouart se préoccupe de présenter quelques numéros sensationnels. Ce fut le mois dernier. Mistinguette au talent si original... ce mois-ci c'est Mme Colette Willy qui a trouvé moyen d'ajouter à la gloire de l'un des noms les plus célèbres qu'il y ait.

Le cas de Mme Colette Willy est unique et, je crois, sans précédent. Ceux-là seuls qui ne l'ont pas lue ignorent qu'elle est tout simplement un des plus grands écrivains de ce temps. Soit dans cette fameuse série des *Claudine* et des *Minne* où elle ne se cache point d'avoir collaboré avec son « veuf » (qui ne s'en cache point non plus d'ailleurs), soit dans *Les Dialogues de Bêtes, La Retraite sentimentale* et *Les Vrilles de la vigne* qui sont d'elle seule et ne peuvent être que d'elle. Mme Colette Willy a inventé un style et une façon de comprendre et de sentir qui l'égalent aux plus grands maîtres de la langue et de l'esprit français. Elle est, avec Mme Henri de Régnier (Gérard d'Houville) et la comtesse de Noailles, l'une des femmes de lettres dont on peut dire aujourd'hui avec une tranquille certitude *qu'elles ont du génie*. La seule création des types de Claudine et de Minne lui a valu le suffrage du grand public. Mais l'admiration des lettrés s'attache surtout aux *Dialogues de Bêtes* qui resteront un livre unique à moins qu'il ne lui plaise de nous en donner un second volume, et à ces délicieux Essais qu'elle publie çà et là et dont la réunion quelque jour formera *Le Journal de Colette*... c'est-à-dire les Mémoires les plus variés, les plus vivants, les plus sincères qu'une femme ait jamais écrits, et qui resteront comme un monument de notre littérature.

Or, il arrive que cette admirable artiste... a le goût du Théâtre et veut aussi être une comédienne, c'est, je pense, le plus bel hommage qu'on ait jamais fait à la profession ; mais d'aucuns le considèrent comme une profanation ; ils ne peuvent supporter que cette jeune femme, qui a écrit des chefs-d'œuvre, s'abaisse à interpréter les œuvres des autres... Mme Colette Willy a le droit de faire ce qu'elle veut. Molière aussi a joué la comédie... Une seule chose importe : sait-elle son métier de comédienne ? Oui ! Il suffit pour s'en assurer d'aller l'entendre à La Gaîté Rochechouart... La pochade de Sacha n'est pas un chef-d'œuvre :

Adèle, jolie fille de ferme, battue, giflée, fouettée, martyrisée par ses parents, veut s'enfuir de chez elle. Comme elle n'a pas le sou, elle persuade son petit amoureux Firmin de faire le fantôme, d'imiter les voix qui parlèrent à Jeanne d'Arc et de lui prescrire le départ pour la capitale. Le père et la mère, médusés par Firmin entortillé dans un drap de lit, convaincus de la mission céleste de leur fille, lui donnent l'argent du voyage. Premier acte. Deuxième acte : Adèle revient enceinte. Un point c'est tout... Guitry a fait et fera mieux.

Mme C. Willy est une délicieuse Adèle. Elle remplit... ce rôle bizarre de sa fantaisie gamine et sincère et arrive à lui donner l'apparence de la vérité et de la vie. Le jupon court et la chemisette que gonfle une poitrine libre et ronde à souhait font valoir la perfection de ses formes et cette beauté étrange qui n'est qu'à elle et qui lui va si bien[48] !... »

Dans un autre article, Colette est citée parmi les trois artistes les plus payées de Paris.

Mi novembre *l'Ingénue libertine* sort en librairie. Elle en envoie un exemplaire à Curnonsky avec une dédicace visant à vexer Willy : « A mon vieux Curnonsky, à l'auteur d'*Une Plage d'amour*, du *Petit Vieux bien propre*, de *Maugis en ménage* etc., L'auteur des *Claudine*. »

Curnonsky trouve « la dédicace flatteuse mais injuste : ... votre ex-mari (malgré toutes les bêtises qu'il a pu faire...) n'est pas une nullité sans talent, comme certains ont voulu le prétendre qui pensent à vous faire leur cour en mentant ainsi [49]. »

« ÉCRIRE ! VERSER AVEC RAGE TOUTE LA SINCÉRITÉ DE SOI »

Colette se débat avec *La Vagabonde*. En février, elle demande à Saglio d'en retarder la publication : « Ce n'est pas par manque de confiance en moi-même ! Ce n'est pas pour céder à l'influence... dirai-je scrupuleuse de Paul Barlet ! C'est simplement parce que je viens de revoir... *La Vagabonde,* et de me rendre compte de tout ce qui manque, de tout ce qu'il faut changer [50]. » Colette a d'abord écrit un roman épistolaire (dont il existe un seul exemplaire), elle le reécrit tout en gardant de nombreuses lettres, reprises de sa correspondance avec Missy.

De mai à octobre, *La Vie parisienne* publie *La Vagabonde* en feuilleton. Wague y est Brague, Maurice Chevalier, Cavaillon, Missy est Max. Hamond est un composé de Hamel et de Paul Masson, et surtout Willy est Taillandy, le faux nom qu'il utilisait pour louer sa garçonnière avenue Kléber. Colette peint Taillandy comme un manipulateur sans scrupules, un cynique pour qui mentir est un art. Charmeur ou menaçant selon les circonstances, mettant sa femme en esclavage psychologique, la battant « peu souvent » pour assurer son prestige, Taillandy n'a aucun talent. C'est un artiste pour dégénérés, un libertin pour blasés, un romantique pour naïfs. C'est un affairiste sans scrupules. Pour lui Renée Néré a accepté toutes les compromissions, et c'est elle qu'on blâme pour leur divorce. « Un roman est un paysage » disait Colette qui a fait de *La Vagabonde* le paysage de ses illusions perdues.

Le divorce Gauthier-Villars, après de nombreux marchandages, est prononcé le 21 juin aux torts réciproques. Willy continue à écrire à Colette des lettres pénibles, injustes, extravagantes. Elle a des palpitations à la seule vue de son écriture et lui demande de ne plus lui écrire.

Elle s'embarque avec Missy pour sa seconde tournée. Elle est Margot dans *La Cruche* et La Femme dans *La Peur des coups* de Courteline. Elle en veut à Baret « ce cochon » d'avoir refusé *En camarades* et se réjouit que la tournée ne marche pas bien. Peu lui importe, elle s'est fait payer d'avance, il peut bien subir une perte de vingt mille francs ! Colette est accompagnée de Missy et du « patito », Auguste Hériot.

Colette cherche une propriété pour remplacer les Monts-Boucons. Elle envisage d'abord l'achat d'un domaine d'un demi-million avec chasse privée près de Châtillon, puis en mai, elle découvre en Bretagne un petit manoir au fond d'une baie. La propriétaire refuse de vendre. La marquise se charge de la faire céder. Il lui faudra un an pour l'amener à vendre, en attendant elle consent à louer Rozven.

En juin, la marquise et Colette assistent au mariage de Liane de Pougy avec le troisième « fils » de Missy, le prince Ghika, neveu de la reine de Grèce. Liane aurait voulu épouser Auguste Hériot, l'arrivée de Colette dans la « famille » de Missy avait bouleversé ses plans. La grande courtisane, auteur à succès, considérait Colette comme une rivale. Elles s'étaient partagées les faveurs de Natalie Barney, de Renée Vivien, de Jeanne de Bellune, de Moréno qui lui aurait dit « Méfie-toi, mon Lianon, Colette est vicieuse, mauvaise, envieuse, elle jalousera ta beauté, tes traits, ta maison, tes perles, tes amis. » N'avait-elle pas séduit deux des partis les plus recherchés du demi-monde, la marquise et Hériot ? N'avait-elle pas enlevé à Otéro Mme de la Redorte qui dépensait des fortunes à Monte-Carlo ? Liane n'avait jamais pardonné un article que Colette supprima dans ses œuvres complètes où elle décrivait : « L... de P..., frêle, délicieuse, soutenue, presque portée par le jeune H. et le non moins jeune G... Elle a le beau sourire d'une jeune mère heureuse qui s'appuie sur ses deux fils [51]... » « La patte de velours et le coup de griffes », c'était là tout l'art de Colette disait la princesse Ghika. Elle soupçonnait Colette d'avoir inspiré une série d'articles dans *Le Rire, Le Sourire,* et *Fantasio,* ridiculisant le jeune prince envoûté par les millions de la courtisane qui s'était offert la respectabilité d'un titre nobiliaire. Après enquête, la princesse Ghika avait découvert que Willy était à la source de ces articles, elle était sûre qu'il l'avait ridiculisée pour amuser Colette.

A 38 ans, Colette a des raisons d'être heureuse. Avec Sarah Bernhardt, Mme Simone, de Max, Colette Willy participe à une causerie organisée par Sacha Guitry. Elle joue en alternance *Aux Bat' d'Af* au Ba-ta-clan et *La Chair* à l'Étoile-Palace. « Mme Otéro s'était déplacée pour voir s' " ils " tenaient encore et le père Hébrard, [le directeur du *Temps*] aussi. " Ils " tiennent [52]. » Christian Beck la préfère à Isadora, la sensualité des scènes avec Christine Kerf est à faire perdre la tête si on a du goût pour « ces sortes de dames » disait-il.

La Vagabonde, le roman d'un écrivain déclassé, d'une femme qui a renoncé à l'amour, lui vaut les éloges de la presse de droite et de gauche. Colette renouvelle l'art du roman, elle est la seule femme qui sache qu'écrire est un art (Valéry). Maurice Donnay résume l'enthousiasme des critiques : « Chère collègue, vous écrivez comme un ange. » *La Vagabonde* obtient trois voix pour le prix Goncourt, *Le Figaro* voudrait la voir membre de l'académie Goncourt et dans une enquête de *L'Intransigeant,* Colette est citée parmi les trois femmes dignes d'entrer à l'Académie française. A l'Opéra-Comique, on joue *Claudine,* une opérette adaptée des romans de Willy et de Colette Willy sur une musique de Rudolphe Berger.

Colette a gagné son procès contre Willy condamné à lui payer dix mille francs de dommages pour non-paiement du loyer des meubles et à une amende de deux cents francs par jour de retard et Colette se sent aussi vengée sur le plan littéraire. Elle vient de lire *Maugis en Ménage,* « le dernier roman du vieux salaud [53] ». Mais Willy refuse de reconnaître que Colette ait écrit seule les *Claudine,* et fait publier dans *L'Éclaireur de Nice* et d'autres journaux de province une lettre ouverte où, s'il insiste sur sa collaboration, il le fait en termes modérés :

> « Non seulement Colette a inspiré le personnage de Claudine, mais elle l'a créé. La petite tétralogie romanesque des *Claudine,* dont les deux premiers tomes ont servi à construire la pièce, c'est Colette qui l'a écrite avec moi ; j'ajoute qu'elle y a travaillé infiniment plus que moi-même ; autrefois, quand nous étions mariés, elle s'est toujours refusée avec une jolie petite pudeur farouche, à s'enrôler sous la bannière des " Femmes de Lettres ", à revendiquer et même à accepter sa part de collaboration.
> Ces reculs n'auraient plus d'excuse, aujourd'hui que la loi (zut pour elle !) nous a séparés, et la prochaine réédition des *Claudine* paraîtra avec notre double signature. C'est même d'une cocasserie amèrement mélancolique, n'est-ce pas ? cette réunion des deux noms survenant après que les deux époux sont disjoints ?... »

Le 2 décembre 1910 Colette publie son premier conte au *Matin* signé d'un simple masque.

> « ... Sous ce loup énigmatique se cache, par caprice, une des femmes de lettres qui comptent parmi les meilleurs écrivains de ce temps et dont le talent si personnel, fait d'exquise sensibilité, d'observation aiguë, de fantaisie gamine, vient de s'affirmer, une fois de plus, dans un roman sentimental qui est le succès du jour. »

Après « L'Exilé », Colette se démasquera. Elle a signé un contrat pour deux contes par mois. On a répété qu'elle est entrée au *Matin* grâce à Henri de Jouvenel. Ce n'est pas exact. Elle a été parrainée par René et Léon Blum et par Alfred Edwards, le magnat de la presse, propriétaire de plusieurs théâtres. Il avait acheté *Le Matin* et en quelques années l'avait transformé en un grand journal avec le plus fort tirage européen, avant de le vendre à Buneau-Varilla. Colette le connaissait bien. « Edwards peut toujours quelque chose quelque part [54] », disait-elle. Il la recommanda à Buneau-Varilla, « un monsieur barbu, autoritaire et dynamique ». « Le grand Maître du *Matin* se méfiait de tout et de tout le monde. Comme beaucoup d'hommes petits de taille (il mesurait 1,50 m), il aimait s'entourer de beaux gaillards larges d'épaules mais se gardait de leur donner une autorité excessive. Aussi deux rédacteurs en chef : Stéphane Lauzanne et Henri de Jouvenel, prenaient-ils la barre par roulement, tous les quinze jours. Le patron adorait le bruit, la réclame tapageuse, les compagnes de presse outrancières et tonitruantes. L'immeuble du " Matin " était peint en rouge vermillon, c'est tout dire [55]. » On raconte que Stéphane Lauzanne aurait menacé de démissionner si Colette « cette saltimbanque » collaborait au *Matin*. Mais il n'avait aucune chance contre « cette saltimbanque », qui, comme le patron, aimait le tonnerre.

« L'OISIVETÉ DE MON AMI... EST UN SUJET D'EFFAREMENT, POUR MOI, PRESQUE DE SCANDALE »

En février, Colette, portant au cou un collier de perles digne d'Otéro, escortée d'Auguste Hériot, s'en va danser nue dans *Xantho chez les courtisanes* de Richepin, avant de faire un voyage en Italie avec « le chérubin » qui veut lui offrir une villa sur le lac de Côme. La solitude à deux n'est pas le fait de Colette, elle voit Jeannot de Béthune et autres lesbiennes célèbres. Sa jeune protégée, l'actrice Lily de Rême, vient les rejoindre à l'hôtel Majestic à Nice, Colette trouve « le trio » qu'ils forment digne d'intérêt : « Ces deux enfants amoureux de moi sont singuliers – par le seul fait qu'ils m'aiment [56]. » Elle s'inquiète de la passion grandissante d'Hériot, « très affecté par l'aventure », et se demande que faire, doit-elle l'épouser ? Colette est tentée par un mariage qui lui permettrait de reprendre sa place dans la société parisienne dont l'ostracisme, depuis son divorce, lui pèse, de redevenir une hôtesse parisienne, tout en continuant à vivre selon ses goûts. La marquise est trop « homme du monde » pour ne pas comprendre ce désir, le mariage est dans le cours des choses. Colette est partagée, elle aime sa douce amie, et Sido lui conseille le statu quo : « Je suis contente, ma chérie, que tu aies près de toi une amie qui te soigne tendrement. Tu es si habituée à être gâtée. » D'autant que la marquise est en train de mettre Rozven au nom de Colette qui, pour l'occasion, fait un aller-retour en train pour aller signer l'acte. « Ton Rozven ! J'espère que tu y seras heureuse longtemps [57]. » Ce souhait de Sido s'accompagne de l'espoir de voir Colette abandonner le théâtre pour se consacrer entièrement à l'écriture d'une œuvre sérieuse.

Mais sitôt l'acte signé, Colette s'embarque sur *Le Carthage* pour aller jouer en Tunisie *Xantho chez les courtisanes* et *Claudine à Paris*. Lily de Rême fait partie de la troupe. Hériot est resté à terre, Colette en a assez des sautes d'humeur, des caprices de cet enfant gâté, et refuse de lui écrire. Hériot, désespéré, se réfugie à Rozven chez Missy qui surveille la réfection du manoir. La vedette de *Xantho* s'agace de ces gens, y compris de sa mère, qui complotent derrière son dos. Elle ne veut pas d'un « arrangement conjugal » à Rozven. Lily aussi lui pèse, prenant drogue sur drogue, elle passe d'accès de dépression à des accès de rires, de danses. Elle voudrait partir aux Indes. « Plutôt mourir » déclare Colette. Ce ne sont pas les débauches de Lily qui ennuient Colette mais son manque total de culture, son vocabulaire primaire, son manque d'esprit, la frivolité de sa conversation limitée aux voitures, aux robes et aux hôtels de luxe. C'est aussi ce que Colette reproche au « petit serin ». Lily et Hériot, dont elle se reprochera d'avoir partagé la vie, deviendront May et Jean de *L'Entrave*.

Dans le monde de Colette, la paresse est le seul défaut rédhibitoire. Elle célébrera le travail forcené des petites gens du music-hall sans beaucoup de talent mais décidés à survivre. Elle trouve « honnête » l'industrie des courtisanes, et condamne « l'oisiveté » d'Hériot. Le travail est la seule vertu de son éthique où les vices n'existent pas. Le corrolaire de ce principe c'est de ne jamais perdre le contrôle de soi. Hériot et Lily, amants oisifs, perdent leur vie dans les fumeries d'opium. Hériot parfois devient violent. Non que Colette condamne les fumeries d'opium qu'elle fréquente avec Missy, mais jamais elle ne deviendra l'esclave d'une drogue : cigarettes opiacées, haschisch procuré par Meg Villars ou « la touffiane ». Curieuse de tout, elle essaie de tout suivant en cela sa mère qui trouvait que l'opium « diminue l'enflure ».

Pour se remettre de la compagnie d'Hériot, Colette demande à Claude Farrère, l'auteur de *Fumeurs d'opium,* de l'accompagner en Tunisie. Avec lui aucun risque de s'ennuyer mais Farrère ne peut la rejoindre. Alors elle visite la Tunisie avec l'acteur Philippe Legrand et Lily. De Châtillon, Sido plaide pour Hériot qui la bombarde d'appels au secours sous forme de télégrammes. « Mais quand je dis Non, c'est Non [58] », répond Colette. A la fin du tour, elle compte les heures qui la séparent de Missy, elle ne peut plus supporter la présence de Lily, de Philippe Legrand, d'Hériot. Sa « crise de vulgarité [59] » est passée, elle le dit aussi dans *L'Entrave* : « Dieu merci, j'ai quitté à temps ces gens-là. » Elle rentre à Paris le temps de dîner avec les Guitry et repart pour Rozven où elle arrive dans un état de fatigue extrême, elle a attrapé en Tunisie une bartholinite. Missy lui en veut de jouer avec sa santé et la soigne. Elle lui a fait décorer une chambre et a installé Paul Barlet, qui réside en permanence à Rozven, comme secrétaire-bibliothécaire. Pendant quinze jours, elles nagent, pêchent, attrapent des crabes et écrivent, Colette fait sa purgation des passions en se lançant dans une activité physique effrénée, elle nettoie le puits, huile les planchers, se réconcilie avec Hériot et s'occupe d'obtenir le prix Goncourt en allant voir Louis de Robert qu'elle connaît depuis les temps de *L'Écho*. Elle s'est rapprochée de lui après son divorce et en a fait le confident de sa fâcheuse aventure avec Hériot et Lily. Elle lui avoue n'être heureuse qu'à Rozven avec Missy qui apprivoise les oiseaux.

« Henry de Jouvenel des Ursins »

Au début d'avril, Auguste Hériot emmène Colette passer deux jours à Compiègne chez la comtesse Pillet-Will née Isabelle de Comminges la maîtresse d'Henri de Jouvenel dont elle a un fils, Renaud. Que s'est-il passé au château ? Selon Louise Weiss dans *Les Mémoires d'une Européenne* et Sylvain Bonmariage dans *Willy, Colette et moi,* on s'amusa à des échanges de partenaires. De Compiègne, Colette va à Paris pour dix-huit représentations de *La Chair* à La Gaîté Montparnasse, un music-hall qu'elle aime particulièrement parce que M. Dorfeuil, le directeur, la traite comme une star. Chaque soir sa loge déborde de fleurs envoyées par Missy, Hériot, M. Dorfeuil et de bouquets de plus en plus volumineux d'Henri de Jouvenel. Ils se sont revus à Paris et ce qui avait commencé comme un interlude libertin, se transforme en une irrésistible attraction physique. Cependant, c'est avec Auguste Hériot que Colette rentre à Rozven. Avertie par Isabelle de Comminges de ce qui se passe, la calme Missy est en fureur. « Ah !... quelle arrivée ! C'est dur – c'est arrangeable mais c'est dur [60] » écrit Colette à Wague. Pratiquant l'appaisement à Rozven, Colette, qui a donné rendez-vous à Jouvenel du 25 mai au 2 juin, demande à Georges Wague de lui fournir un alibi, ce qu'il fait. Colette, heureuse d'avoir manipulé des événements à sa guise, retourne à Rozven en compagnie des Guitry. « Tout va beaucoup mieux ici, Dieu merci ! Je n'en pouvais plus [61]. »

Bertrand Henry Léon Robert, baron de Jouvenel des Ursins, 1,80 m, « est un bel homme brun, au physique avantageux, à la moustache conquérante. Il n'a pas une très bonne réputation, ce qui achève de le rendre intéressant [62]... » Il fait remonter sa famille aux Orsini. *Le Dictionnaire des parlementaires Français,* en termes peu diplomatiques, émet des doutes, « sa famille prétendait descendre de l'illustre Juvénal des Ursins et se flattait d'être apparentée aux princes romains Orsini ». En fait son arrière grand-père, Bertrand-Joseph Jouvenel, un mathématicien connu, avait été annobli le 16 mai 1817 par Louis XVIII. Sa descendance se lança dans la politique. Son fils fut élu sénateur de la Corrèze où, en 1844, il acheta Castel-Novel, un château peu novel, près de Varetz. Son petit-fils, Raoul, marié à la fille du député de Janzé, fut nommé préfet de la Côte-d'Or par Napoléon III, il eut vite la réputation d'avoir la préfecture la plus brillante et la plus onéreuse de l'Empire. Il eut deux fils Henry et Robert, qui firent leurs études au collège Stanislas, pépinière d'hommes politiques de l'extrême droite comme de l'extrême gauche.

Dès l'adolescence, Henry est un charmeur, nonchalant d'allure, adonné à des accès de mysticisme. Il prétend ne pas s'intéresser à ses études mais finit toujours à la tête de sa classe. Il a un talent rare qui le servira en politique. Dans les discussions, il a le don d'écouter plusieurs opinions divergentes puis d'en faire la synthèse, mettant tout le monde de son côté. Sa prose, au lyrisme hugolien, lui vaut un deuxième prix au concours général. Dès le lycée, il est « l'irrésistible ». Personne n'était plus fasciné par son regard « de feu et de caresse [63] » qu'Anatole de Monzie, le neveu du philosophe Lassère. Monzie, l'un des esprits les plus incisifs de son temps, fera une carrière politique très rapide et réussira à entraîner Henri de Jouvenel après 1914. Affligé d'une légère claudication, il compensera cette infirmité par la quête du succès.

Jouvenel prépare l'entrée à l'École normale. Pour des raisons inconnues, en cours d'année il s'engage comme simple soldat pour trois ans. Sans autre bagage qu'un rang de caporal, il essaie de faire du journalisme et voit ses articles refusés. Il invite à dîner Buneau-Varilla en espérant l'impressionner mais le propriétaire du *Matin* n'est pas séduit. Sans le sou, il se retire en Corrèze, se proposant d'écrire la vie de Lamartine. Dans sa correspondance avec Monzie, docteur en droit, licencié ès-lettres, il laisse éclater sa fureur contre une société qui ne le comprend pas. Monzie le supplie de retourner à Paris, il vient de se rallier au groupe de Joseph Paul-Boncour, secrétaire de Waldeck-Rousseau. *Le Cercle républicain* se promet de rajeunir les structures politiques de la France par le syndicalisme. Jouvenel se joint à ces jeunes idéologues dont il devient le secrétaire général. Il impressionne Alfred Boas, milliardaire, franc-maçon, habitué des cercles radicaux, qui lui obtient un poste de secrétaire particulier auprès du ministre de la Justice du gouvernement Combes. Il entre alors au *Matin* et épouse Claire Boas en 1902, ils ont un fils, Bertrand, en 1903 et se séparent aussitôt.

La maîtresse en titre de ce séducteur est la comtesse de Pillet-Will, surnommée « La Panthère », ce qui vaut à Jouvenel d'être surnommé « Le Tigre ». Du côté maternel, elle est la fille de la princesse Lubomirski. C'est une des plus belles femmes de la capitale. Des yeux vert foncé, des cheveux acajou, extrêmement élégante, elle est toujours entourée de chiens danois ou de dobermans et promena même quelque temps une panthère noire. Elle est mariée au banquier Pillet-Will dont elle a trois enfants. Issue d'une très vieille famille, elle a pour les nouveaux aristocrates, y compris son mari et son amant, une attitude condescendante. Le comte a les nerfs fragiles et des hallucinations. Un jour dans un accès de rage, il abat à bout portant le danois de sa femme. Elle le quitte mais le divorce étant hors de question, elle s'installe à Passy et reprend son nom. En 1907 elle a un fils de Jouvenel. Après lui avoir donné un puma comme jouet, ses parents s'en désintéressent, Renaud sera élevé par des gouvernantes, puis sera mis en pension.

A 36 ans, Henry de Jouvenel « est un de ces hommes qui n'ont qu'à paraître pour triompher... merveilleusement intelligent, merveilleusement amoral [64] ». Henry de Jouvenel et Colette se séduisent mutuellement.

Fin mai, Colette a établi un équilibre précaire entre Missy qu'elle n'a nullement l'intention de quitter, Jouvenel et Hériot qu'elle a finalement décidé d'épouser, après l'avoir envoyé faire un tour en Afrique du Nord. Elle lui a donné rendez-vous en Suisse où elle joue *La Chair*.

A Lausanne elle reçoit un télégramme de Sidi, – le surnom donné à Jouvenel par ses intimes – il ne peut plus vivre loin d'elle. Il arrive à Lausanne sans s'annoncer, un bras en écharpe après un duel avec le rédacteur en chef du *Journal*. Sur ce arrive le télégramme d'Hériot annonçant le jour de son arrivée. Colette lui envoie une série d'ordres et de contrordres télégraphiques pour le bloquer à Paris. Dès son retour de Suisse, Jouvenel rompt avec Isabelle de Comminges qui jure d'aller tuer Colette. Celle-ci va la trouver « là-dessus [Isa] s'effondre et me supplie. Courte faiblesse, car deux jours après elle annonçait à J. l'intention de me zigouiller [65] ». Jouvenel prend cette menace au sérieux et s'adjoint Sauerwein du *Matin* comme garde du corps pour escorter Colette à Rozven. Missy refuse de recevoir Jouvenel qui s'installe à l'Hôtel du Golfe en attendant que Colette l'ait fait accepter. Paul Barlet, qui porte les messages entre Rozven et l'hôtel, est armé d'un fusil de chasse pour protéger Colette. Missy, dégoûtée par la sinistre farce, va à Honfleur chez les Guitry. Après trois jours d'attente, on signale Isabelle de Comminges en Bretagne, plus décidée que jamais à assassiner sa rivale. Jouvenel, Colette et Sauerwein prennent précipitamment la route de Paris où Colette est gardée jour et nuit à l'hôtel Meurice par deux journalistes du *Matin*. Sidi a aussi obtenu que la Sûreté délègue un gendarme qui fait le guet.

Colette a de la peine parce que Missy « est toujours glaciale et dégoûtée [66] ». Elle continue à lui écrire et lui raconte son séjour parisien où elle est « gardée officiellement et policièrement ni plus ni moins qu'un monarque en déplacement. » Mais la marquise en a assez, elle abandonne Rozven et achète à trois kilomètres de là, la Villa Princesse. « Ma chérie », lui écrit Colette, « je continue à vous écrire malgré votre silence [67]. » Convaincue que les réactions de Missy sont anormales, Colette se persuade qu'elle devient folle. Elle consulte le Dr Charles Binet, directeur du Laboratoire de Psychologie et Physiologie, l'auteur de *La Folie de Jésus*, en quatre volumes. « L'état mental de Missy m'inquiète à bon droit [68] », écrit-elle à Christiane Mendelys, la femme de Georges Wague.

À Châtillon Sido reçoit des messages désespérés d'Hériot mais ils vont cesser en même temps que les menaces d'assassinat de la Panthère. L'aventure se termine d'une façon inattendue. Auguste Hériot et Mme de Comminges s'embarquent au Havre sur le *Esmerald* pour une croisière de six semaines.

Colette, elle, compte ses sous. Jouvenel n'a pas de fortune si ce n'est son salaire de quarante mille francs au *Matin*. « Comme je gagne bien ma vie, nous nous en tirerons [69] », conclut Colette. En août, elle a fait l'inventaire de ses meubles avec Missy, ce qui provoque la remarque suivante de Sido : « Dis donc, quand elle aura repris tous ses meubles, il ne te restera pas grand chose et je crains que, dans tous ces changements, il ne te restera que peu de choses [70]. » Missy a fait transporter ses meubles à la Villa Princesse, Colette l'accuse de prendre ce qui lui appartient, et surtout elle accuse Missy de la laisser tomber. « J'aime bien qu'on me fasse bénéficier d'un traitement d'exception, et je serai la première à avoir vu " la marquise " demander de l'argent à une femme qu'elle quitte [71]. »

« LA BARONNE DE BIZE »

Après la lecture de *La Vagabonde*, Willy fait écrire par Curnonsky et Toulet une charge contre Colette avec les recommandations suivantes :

> « La baronne de Bize, je souhaite qu'elle ressemble – à crier –... à Mme Colette Willy, physiquement et par ses mœurs, avec cette différence que l'infortunée paysanne pervertie n'a jamais trouvé chaussure à son pied, ... Bien entendu, il ne saurait être question, ... d'attribuer à la baronne Gousse de Bize le moindre talent littéraire, n'est-ce pas ?
> Mais je ne peux pas assez te recommander la gousse ; soigne-la. Il y a un détail vrai que je te recommande, comme sa principale originalité consistait en un accent fresnois, elle avait un cahier d'expression rurales qu'elle relisait avant d'aller dans le monde [72]. »

Le portrait était dévastateur :

> « De son Frenois natal, elle gardait des intonations paysannes et les exagérait, ... (...) Non que Mme de Bize fût la fleur printanière : sa quarantaine..., l'amer sillon la proclamait, tracé dans sa joue creuse par le perpétuel sourire de commande... Épaisse, sa taille courte roulait sur des hanches évoquant la gourde plutôt que l'amphore, et les lacis de la patte d'oie tiraient vers les tempes kalmouckes deux yeux gris aux paupières mâchurées de khol, des yeux madrés de paysanne, du plus amusant contraste avec la bouche toujours entr'ouverte par une moue enfantine assidûment travaillée devant l'armoire à glace...
> Pour un moment elle oubliait... ses coutumières angoisses, toujours

cachées sous une fausse gaieté bousculante : effroi de la vieillesse approchante, proche, aiguillant son désir vers des proies de plus en plus jeunes, Lélie encore presque une enfant, des gigolos dont elle aurait pu être la mère... » et avec qui elle fume l'opium.

Au portrait de Taillandy, homme d'affaires véreux, il répond par un portrait de Colette qui « emploie ses loisirs à maquignonner de louches ventes d'immeubles » en prélevant d'énormes commissions et « assez femme d'affaires pour avoir gardé, seule, un manoir breton... Mais endettée, avec cela, jusqu'au cou, au point de ne l'oser dire à son mari et rêvant de donation, de testament en sa faveur, et tout cela avec une inconscience, un manque de morale, un certain état de grâce. C'est Ève avant le péché. « Sait-elle la différence qu'il y a entre le bien et le mal [73] ? »

Willy demande à Curnonsky de faire savoir à Colette que Lélie est « en réponse aux attaques de *La Vagabonde* justifiées ou non... » et de lui dire : « Pour vous haïr ainsi, il faut qu'on vous ait beaucoup aimée [74]... »

Colette et ses amis continuent à faire courir le bruit que Willy n'avait pas écrit une seule ligne de ses romans. Le numéro d'avril de *Femmes d'aujourd'hui*, consacré à Colette Willy, commence par un poème de Martini contre Willy qui le peint comme un vieux satyre, n'ayant d'autre talent que celui de dévoyer les petites filles. Willy répond : « Ce Martini... n'a pas inventé le cocktail [75] » et lui envoie ses témoins. Le duel a lieu au parc des Princes le 17 avril devant les caméras qui le filment. Jean-Paul Toulet prend la défense de Willy. *Les Guêpes* lui consacrent un numéro. *Le Feu, Le Divan, L'Occident* chantent les gloires de l'Ouvreuse. C'est le chant de cygne de Willy qui, à partir de là, vivra loin de Paris, à Monaco ou à Bruxelles. En 1911, il épouse Meg Villars qui le quitte deux ans plus tard pour un « riche oncle » avec qui elle passera la guerre aux États-Unis.

Colette a tourné la page. Jusqu'à *Mes apprentissages*, elle abandonne le roman vengeance, mais pas Willy, qui continuera à la harceler de sa plume fallacieusement légère et ironique dans *La Virginité de Mlle Thulette, Ginette la rêveuse, La Bonne Maîtresse*, cependant les aventures des Willy auront cessé d'intéresser le Tout-Paris qui seul pouvait lire entre les lignes.

Jouvenel installe Colette 57, rue Cortambert dans un faux chalet suisse entouré d'un quart d'hectare de parc. Elle met tout de suite amis et parents à contribution pour le meubler. Dès l'automne la monogamie a perdu de son charme, elle rêve de retourner au Crotoy, fait un voyage avec Hamel à la Grande Chartreuse où elle achète un lot de liqueurs abandonnées par les moines chassés neuf ans plus tôt. Le Théâtre Michel reprend *En camarades*, la publicité change de ton et se fait moralisatrice. Jouvenel l'accompagne dans sa tournée annuelle sur la Riviéra. Fin gourmet, il organise leur itinéraire en fonction des relais gastronomiques. « Nous mangeons beaucoup et bien » est le leitmotiv des cartes à Sido qui trouve que Colette a un peu trop « de quoi s'asseoir [76]. » Leur coupé décapotable attire les badauds qui applaudissent Colette Willy.

De retour, Colette est la vedette de la revue du Ba-ta-clan, *Ça grise*. Ba-ta-clan est le plus grand music-hall parisien avec deux mille places. Sur le point de faire faillite, il a été sauvé par Mme Rasimi qui produit des revues à grands spectacles où évoluent les « Rasimi girls ». Toute la publicité de *Ça grise* est centrée autour de Colette qui en est la commère, elle interprète aussi *La Chatte amoureuse*, une pantomime de Wague adaptée du *Pygmalion* de Jean-Jacques Rousseau. Pygmalion, en transformant, grâce au système américain du Dr Pulsoconn, la statue de Galatée en femme, irradie aussi la chatte de la mère Myclès cachée dans le socle par l'esclave Ganymède qui veut en faire une gibelotte. La chatte, devenue de taille humaine, est amoureuse de tous les hommes et jalouse des amours de Ganymède et de Galatée. Elle avertit Pygmalion qui implore les dieux de le venger. La foudre éclate, la chatte reprend sa taille et retourne dans les bras de Mme Myclès. Le paragraphe final du programme avertissait le lecteur que :

> « Ce dénouement profondément moral a inspiré à M. Jules Clarétie l'idée de mettre au répertoire de la Comédie Française la pièce *Pygmalion* de Jean-Jacques Rousseau. La Direction de Ba-ta-clan est heureuse d'en offrir la primeur aux spectateurs. »

Le Pygmalion de Rousseau était une « opérette sans chanteurs » où les acteurs mimaient et dansaient sur fond musical. Par le biais de Rousseau, Clarétie et Wague pensaient pouvoir mettre la pantomime au répertoire de la Comédie-Française. Ils étaient soutenus par une discrète campagne de presse en faveur de la création d'une section de mime au Conservatoire national d'Art dramatique. La pantomime permettrait à Colette Willy d'entrer au Français. Elle venait dans ce but de faire une conférence sur l'art de la pantomime au club de l'Union des Artistes.

Willy, qui a vent de l'affaire grâce aux espions qu'il a autour de Colette, lance dans *Les Guêpes* une féroce attaque anonyme contre Georges Wague, dans un article intitulé « Une femme de lettres » :

> « C'est Colette Willy. Comment cette petite bourgeoise, charmante lettrée et si délicate, a-t-elle pu tomber jusqu'au caf'conc', en compagnie d'un horrible drôle qui la traite comme une fille. Grouille-toi le mou', dit cet affreux chenapan à sa partenaire, avant d'entrer en scène pour y mimer, en d'effroyables contorsions, des histoires plus ou moins curieuses...
> Mais a-t-il compris quelque chose, cette espèce de Pierrot sinistre, à tête d'escarpe lugubre, à la noire souquenille, aux sentiments grossiers,

que la vagabonde si exquise traîne, sur tous les chemins avec son désespoir et ses regrets amers d'être acoquinée à un personnage qui ne peut pas être davantage immonde [77] ? »

L'affaire de la Comédie-Française en resta là.

Après le succès de Colette dans *Ça grise*, elle se repose quelques jours avec Jouvenel à Trouville puis à Villerville dans la propriété de Jean Sapène, journaliste au *Matin*. Elle fait de longues promenades, se plaint qu'elle grossit et rêve encore de retourner au Crotoy, se promettant d'y aller cette année ou l'année prochaine. Cette nostalgie vient des tensions de sa vie avec Jouvenel. Elle le trouve capricieux et sent monter « une effroyable rancune contre cette nature de garce qui ne sait ni nourrir une femme ni la défendre. » Elle ne désespère pas « de le traiter aussi légèrement qu'Hériot [78] ».

Pour la première fois de sa vie, Colette se sent menacée dans sa sécurité financière. Si chaotique qu'ait été sa vie, elle a toujours eu quelqu'un pour payer ses dettes. Or Jouvenel a un aristocratique dédain de l'argent. En période faste, il finance des amis, des meetings aériens, ou le budget de Varetz ; quand il est désargenté il emprunte au *Matin*. Colette confie à Hamel, sur une carte bordée de noir qui reflète son humeur, qu'il ne lui reste que mille cinq cents francs, ce qui n'est pas assez pour partir ou pour voyager. Jouvenel devait lui donner mille francs en août et ne l'a pas fait. Colette projette de le quitter à l'automne après la nouvelle revue de Ba-ta-clan. En attendant elle commence *Le Raisin volé* (*L'Entrave*), recréant le personnage de Paul Masson, cet ami tant aimé, ce guide de sa vie de femme.

Comme toujours dans les moments tumultueux de sa vie, Colette se tourne vers la musique. Elle travaille plusieurs morceaux de Schumann. Pour se détacher de Sidi dont « *la présence* lui manque terriblement », elle organise « une tentative d'évasion... sensuelle [79] » à Londres. Elle essaie d'organiser une tournée en Angleterre et écrit à Robert Sherard, rédacteur de la *Saturday Review* et le biographe d'Oscar Wilde qui, avec Max Beerbohm et Frank Harris, venait rue de Courcelles. Mais la réputation de Colette a dépassé les frontières. Sherard ne veut pas avoir à présenter à sa femme « l'héroïne d'un scandale ». Prétextant une maladie, il envoie Colette Willy chez Sir Rivers Boddily, président du Coliseum, le grand music-hall de Londres. A son retour, Colette a résolu de quitter Jouvenel. Pour se « munir *discrètement* d'une somme assez ronde », elle se tourne vers Hériot qui accepte comme gage le collier de perles qu'il lui a offert. L'affaire devant rester secrète, c'est un ami d'Hériot qui traite avec Colette, désormais assez riche pour quitter Jouvenel. Elle tergiverse, décide d'attendre encore, écrit « au *baron* qui là-bas plastronne et s'endette [80] » et se promet de ne pas lui prêter d'argent mais le fera contre reçu. Cet épisode se retrouve dans *Julie de Carneilhan*.

Jouvenel revient à Colette qui « se laisse aller à un éphémère heur de brute... Au moins j'ai la récompense d'un entêtement stupide, d'une persistance que tout le monde a blâmée, sauf... Buneau-Varilla [81] », car tout *Le Matin* a suivi l'évolution de la situation. Jouvenel est de nouveau à ses pieds.

Septembre s'écoule comme un rêve. Colette écrit, répète *L'Oiseau de nuit*, assiste à l'ouverture du nouveau Ba-ta-clan, rénové pendant l'été et confié à Marguerite Moréno son intention de continuer à écrire et à jouer. Wague est en train d'organiser une tournée en Roumanie et en Russie pour janvier 1913. Colette fait augmenter ses cachets.

Pour se relaxer elle fait de la boxe en compagnie de Meg Villars et de Christiane Mendelys dans un studio dirigé par Maîtrot, un champion de boxe.

> « ... l'une de nos plus délicieuses " écrivains ", l'une de nos plus troublantes Parisiennes, nous avons nommé Mme Colette Willy s'est lancée dans la boxe. Colette raffole éperdument du sport nouveau et montre dès l'abord les plus heureuses dispositions. C'est à présent un boxeur redoutable, qui possède le « punch » le plus vicieux qu'il soit possible de souhaiter [82]. »

La mort de Sido

De Châtillon, depuis des mois, Sido supplie Colette de venir la voir. Elle a été opérée d'un cancer au sein et sa santé se détériore. Elle ne comprend pas ce qui se passe dans la vie de sa fille qui, tout à coup, a cessé de la tenir au courant. Colette promet de venir mais ne cesse de remettre son voyage. Sido se demande si elle la reverra jamais et passe les jours à attendre le facteur. En apprenant sa liaison avec Jouvenel, Sido se demande si sa fille n'est pas en train de lâcher la proie pour l'ombre, elle lui conseille de s'installer avec Missy, d'épouser Hériot et finalement décide d'aller à Paris discuter de la situation sur place. Colette est frappée par sa maigreur et par la fièvre qui l'anime, Sido lui a apporté des boutons de rose enveloppés dans un linge mouillé. Pendant les trois jours de son séjour, que Colette raconte dans *Chambre d'hôtel*, Sido va à l'Opéra-Comique, visite les collections privées au musée du Louvre et s'en va rassurée, après avoir vu la marquise. Mais, en été, ses doutes la reprennent, elle supplie Colette de venir passer au moins quelques heures avec elle. Et Rozven ? Et Missy ? Et Hériot, si dévoué, va-t-elle tout abandonner ? Mais Colette part pour Castel-Novel, en Corrèze. Sido qui n'a jamais eu de maîtres, qui aurait volontiers rejeté « le joug » du mariage, ne comprend pas que sa fille sacrifie sa liberté « pour se vautrer ainsi dans les délices de Capoue. » Toutes les cartes postales de Castel-Novel, « un château comme ceux des contes de Gustave Doré », ne l'empêcheront pas de regretter Rozven, « ce jouet » tant désiré et déjà abandonné par son inconstante fille qui lui envoie une photo de Sidi en attribuant au régime qu'elle lui impose la bonne mine de Jouvenel : « Oui da, répond Sido, ... pourvu que ces messieurs du *Matin* n'aillent pas te demander la même recette pour eux [83] ». Colette, connaissant le point faible de sa mère, lui annonce que Jouvenel lui lance un défi aux échecs et l'invite rue Cortambert, puis repousse sans arrêt la date de l'invitation. Colette ne saisit pas l'urgence de l'appel de sa mère. Sido met sur le compte du journalisme, des répétitions, des voyages, de « sa lune de miel », les excuses de sa fille. Et le leitmotiv se fait de plus en plus pressant : « Quand viens-tu ? Quand ? »

Devant le désespoir de sa mère, Achille écrit à Colette que Sido est très malade, qu'elle peut vivre encore si les émotions ne la tuent pas. « Enfin tu viens » se réjouit Sido. Colette ne vient pas. Sido lui demande de prendre des mesures avec le directeur du théâtre au cas où elle mourait. En mars, Colette vient entre deux trains mais trouve une excuse pour ne pas assister à la première communion de ses nièces. Willy, qui a appris la maladie de Sido, lui fait envoyer une photo agrandie de Colette à 5 ans, dans un joli cadre. C'est la photo préférée de Sido. Elle est émue de ce discret cadeau anonyme. « Ce Willy a toujours un geste touchant. »

Quelques jours plus tard, en août, Colette débarquait à Châtillon pour deux nuits et un jour, qu'elle emploie à écrire à ses amis. A Christiane Mendelys, elle raconte que Jouvenel ne peut plus se passer d'elle et lui a octroyé une permission de quarante-huit heures pour voir Sido. A Wague, que dans leurs étranges relations familiales, Sido appelle « mon fils », elle écrit « ... ma sainte mère est insupportable, non qu'elle soit plus gravement malade, mais elle a une crise de " je veux voir ma fille ". » Colette ne peut plus se passer de Jouvenel. « Oh ! je le sais mieux que toi que je suis une f... bête [84] », avoue-t-elle à Wague. Pendant ce séjour, Sido lui conseille encore d'épouser Hériot qui lui donnerait la liberté d'écrire de grandes choses, tandis qu'avec « l'autre » elle va gâcher son talent dans le journalisme.

Un mois plus tard, le 25 septembre, Sido mourait à Châtillon. « Je ne veux pas aller à l'enterrement. Je ne le dis à presque personne, et je ne porte aucun deuil extérieur... Je continue à jouer *L'Oiseau* [...] mais j'ai comme chaque fois qu'un chagrin en vaut la peine, une crise d'inflammation... interne qui est bien douloureuse [85]. »

Sido a vu juste. Colette se lance dans le grand reportage, cette carrière encore fermée aux femmes. On la voit aux grands procès, aux séances du parlement. En 1912, Buneau-Varilla a donné l'ordre au *Matin* de soutenir l'aviation et la création d'une armée de l'air. Colette est la première à monter à bord du *Caudron Airbus*, puis du *Clément Bayard*. Elle fait le reportage du Grand Prix d'Aviation de l'Aéroclub de France que gagne Roland Garros devant ce que le prince Paléologue appelait « la foule dissolue des aéroports » : Marcel Proust frissonnant de froid dans son manteau de fourrure, de Max et Maurice Rostand, les joues et les lèvres maquillées, une grande duchesse qui suit des yeux « un polisson volant ». En 1953, Camus rendra hommage dans *Combat* au grand journaliste qu'a été Colette, et à son art de recréer une atmosphère en restant près de l'événement.

En octobre, Colette est à nouveau à Castel-Novel, invitée par Mme de Jouvenel. « Votre belle-mère » comme l'appelle déjà Jouvenel, n'est pas une femme à s'effrayer des aventures de ses fils. Elle fume le cigare, aime le cognac. Quinze ans plus tôt, elle a fait une fugue avec M. Chevandier de Valdrome dont elle a une fille, Édith, qui vit avec elle. Colette fait la connaissance de Robert de Jouvenel qui termine son pamphlet, *La République des camarades*, où il dénonce l'influence des intérêts particuliers. Robert lui plaît par son intelligence et sa finesse.

Le 22 octobre, Colette et Jouvenel rentrent à Paris en voiture. Le 28, quand elle prend le train pour Genève où elle joue *L'Oiseau de nuit*, elle sait qu'elle est enceinte «... et je n'ai aucun remords, écrit-elle à Hamel. J'enverrai une dépêche à cette Suissesse incandescente et je mettrai tout sur le dos de... l'enfant [86]. » (Sa fille naîtra le 3 juillet.) Mais elle accepte de danser dans le salon de Mme Dangenne pour cinq cents francs.

Une semaine avant Noël, à 4 h 30 de l'après-midi, Gabrielle Colette épouse Henry de Jouvenel. «... on a fait la noce, depuis le 18, d'une manière dégoûtante. Le 19 on s'est marié... on a rebondi de déjeuner en dîner, de dîner en souper, jusqu'au Réveillon où nous avons clos notre semaine de débordements en nous couchant à 7 heures du matin [87]. »

Dans quelques jours, la nouvelle baronne de Jouvenel fêtera ses 40 ans.

CHAPITRE IX

La baronne de Jouvenel

> « Sidi, un délicieux puteau... »
>
> COLETTE, *Lettre à Moréno*.

La baronne de Jouvenel, qui signe toujours de son pseudonyme Colette Willy, inaugure l'année 1913 par un article antiféministe au *Matin*. Elle fait un reportage sur l'élection présidentielle. Députés et sénateurs sont réunis en congrès à Versailles, la foule se presse aux tribunes. « ... Que de femmes, que de femmes !... » Elle demande ce qu'elles font là, les traite de « politicailleuses exaspérées » et voudrait les voir retrouver « un charme qu'elles dédaignent et pourtant très féminin, qui serait fait d'incompétence, d'embarras, de silence [1] ». Colette s'opposait à toute action politique des femmes, ce qui était surprenant chez une collaboratrice du *Matin*. Henry de Jouvenel, en tant que rédacteur en chef, soutenait le syndicalisme qui favorisait la lutte des ouvrières pour une égalité économique. L'admission des femmes dans les unions et le droit des femmes de créer leurs propres unions étaient chaudement débattus au Parlement. Le conseil général de la Seine voulait, dès 1907, donner aux femmes le droit de vote, une première étape vers l'égalité électorale. *La Fronde* lançait une campagne pour la révision du code civil, le droit à la « maternité volontaire », le droit de vote, et une réforme des lois sur la prostitution. Marguerite Durand, rédactrice en chef de *La Fronde*, pensait que l'auteur de *La Vagabonde* était tout indiquée pour porter le flambeau du féminisme. Colette lui opposa un refus moqueur en l'assurant qu'elle était une âme pacifique qui évitait les pugilats. Dans *Les Belles Écouteuses*, elle fait la caricature des femmes qui se pressent au Collège de France, aux conférences mondaines de Bergson que désole la frivolité de son public. Elle parle de la « sereine ignorance » d'une de ces femmes, « de son impudence bonne à fouetter », elle la peint allant droit au philosophe pour lui dire : « ... Très bien, très bien, c'est moi qui vous le dis[2]! » Dans *Chéri*, Mme Peloux, courtisane enrichie, devenue femme d'affaires, est responsable de la dépression profonde de son fils. Ses succès financiers, qui seraient normalement du domaine des hommes, dépouillent *Chéri* de toute ambition. Claude Chauvière trouvait que Colette voyait clair : « Les féministes sont doctrinales et "rasantes", vous, vous nous avez rendu notre vraie personnalité », et de citer comme preuve de cette clairvoyance une phrase de *L'Entrave*, écrite en 1913 : « Je crois que beaucoup de femmes errent d'abord comme moi, avant de reprendre leur place qui est en deçà de l'homme[3]. » Phrase qu'elle récusera plus tard en critiquant son roman.

Mais Cocteau, qui la connut pendant de longues années, la définissait par son ambiguïté et son art de brouiller les pistes lorsqu'il s'agissait d'elle, car nul n'a mieux su garder ses secrets et donner le change. Elle lui rappelle une valse célèbre de 1900 : « Non, tu ne sauras jamais... » Il en cite un quatrain à propos de Colette :

> *En vain dans mes yeux distraits*
> *Tu cherches à lire en moi-même,*
> *Tu voudrais savoir si je t'aime,*
> *Mais tu ne le sauras jamais.*

Elle vécut, dit-il, comme si la gloire n'existait pas et la gloire tomba dans le piège. Elle était profondément féminine par cet art qui lui permettait de paraître ce qu'elle voulait, qui s'appelle simplement l'art de plaire, l'art de séduire. Or Colette ne trouvait pas l'image de la féministe bien séduisante. Elle ne faisait pas de concessions quand il s'agissait de son métier d'écrivain ou de sa carrière sur les planches, et pourtant elle réussissait à conserver ce « je ne sais quel charme » qui lui permettait de dominer en attirant et en se faisant aimer.

Les célébrations pantagruéliques des noces amènent une crise d'entérite et une diète forcée. Elle se repose dans le Midi en travaillant à son roman, en donnant une conférence sur *L'Envers du musichall* à Nice, et en voyageant sur la côte avec les Polignac : « ... si nous continuons à nous reposer de ce train-là, on nous rapportera sur une civière... Tout nous entraîne... l'envie de remuer... le jeune appétit de vivre de Sidi... ». Elle raconte à Hamel que Jouvenel est allé seul clôturer le carnaval à l'Opéra et qu'il est rentré à 5 heures du matin « ravi et repu d'avoir étreint tant de croupes anonymes[4] ».

Bien qu'elle continue à signer ses romans Colette Willy, et à paraître sur scène sous ce pseudonyme, Colette aime sa nouvelle identité. Même à ses plus vieux amis, elle envoie des lettres signées Colette de Jouvenel. Marcel Proust devinait que quelque chose avait changé. *Du côté de chez Swann* vient de paraître et il voudrait l'envoyer à Colette : « Mais je ne veux pas lui envoyer maintenant qu'elle est célèbre, brillamment mariée, etc. mon livre... » Il expose ses scrupules à Louis de Robert : il l'a perdue de vue. « Et je ne voudrais pas qu'elle pût imputer à sa situation littéraire actuelle, mon premier signe de vie depuis quinze ans [5]. »

Et pourtant la baronne de Jouvenel continuait sa carrière au music-hall. A Nice, un journaliste étonné note que Colette Willy, dans sa conférence sur le music-hall, le décrit comme un monde moral et hygiénique où l'on peut vivre en paix, où les jeunes filles sont plus en sûreté que sur les Champs-Élysées. Elle appelle le music-hall un couvent moderne parce que les acrobates et les danseuses doivent économiser leurs corps et sont tenus « à une vie d'anachorètes ». Quand elle ne compare pas le music-hall à un couvent, elle le compare à une usine. L'horaire strict, la discipline, la routine lui manquent, elle a répété bien des fois : « La règle guérit de tout. »

En mars *Prrou, Poucette et quelques autres* paraît à la Librairie des Lettres, et *L'Envers du music-hall* chez Flammarion. Elle l'a signé Colette et entre parenthèses (Colette Willy). C'est un recueil d'articles parus dans *Le Matin* entre 1910 et 1912. « Toutes les nouvelles réunies sous le titre *L'Envers du music-hall* datent d'un temps que j'appelle heureux. » Dans la préface à l'édition de 1937, Colette avoue : « Je porte à ce livre-ci une bienveillance particulière : nulle part je n'eus besoin de mentir [6]. » Rachilde compare Colette à Dickens et la NRF, pour la première fois, lui consacre un article : « Mme Colette Willy met à nu la misère de ces existences, cet *envers* du music-hall, et son éloquence est d'autant plus saisissante qu'elle s'éclaire d'un sourire et qu'elle semble être involontaire. »

A la fin de mars, bien qu'elle soit enceinte de six mois, elle paraît dans *L'Oiseau de nuit*, au théâtre de l'Apollo à Genève. Ses partenaires s'inquiètent à cause de son état et la dorlotent. Le matin, ils lui apportent le café qu'ils ont filtré eux-mêmes et des petits pains mollets achetés spécialement pour elle. Ils viennent la servir au lit, Wague, déguisé en femme de chambre, Christiane Kerf en valet. Le soir, en scène, Wague soutient adroitement ses reins dans les scènes de pugilat et chaque mouvement est plus contrôlé que jamais. La baronne de Jouvenel avoue : « Chaque soir, je disais un peu adieu à l'un des bons temps de ma vie. Je savais bien que je regretterais. »

Dans le roman auquel elle travaille elle revient sur cette nostalgie qui ne la quitte pas. En fait, elle n'a jamais renoncé à la scène.

« UNE GROSSESSE D'HOMME »

Colette prenait sa grossesse « avec une méfiance réfléchie » sans la mentionner. Charles Sauerwein, qui était père de famille, lui dit un jour : « Sais-tu ce que tu fais ? Tu fais une grossesse d'homme. Une grossesse il faut que ce soit plus gai que ça » et l'emmène, de ce pas, manger des glaces. Peu à peu, elle se laisse envahir par ce qu'elle appelle « la béatitude des femelles pleines ». Elle parle d' « euphorie », de « ronronnement », de l'état de « banale magnificence » qu'elle goûtait et déclare sa grossesse une longue fête. Elle refuse de rester enfermée chez elle, comme c'était la coutume dans la bourgeoisie, et dénonce cette pratique. Elle n'hésitait pas à se montrer à ses amis, au journal, même en public, telle qu'elle était. « Vers la fin j'avais l'air d'un rat qui traîne un œuf volé [7]. »

Elle ne manque pas la tumultueuse première du *Sacre du printemps* de Stravinski au théâtre des Champs-Élysées. La chorégraphie de Nijinksi arrache des cris d'horreur au public et quand les danseurs portent les mains à leurs joues, ce qui paraît le comble du grotesque, des cris s'élèvent : « Un dentiste ! Deux dentistes ! » Des bagarres éclatent, on se battait dans les rangs des fauteuils d'orchestre. Serge de Diaghilev faisait éteindre puis rallumer les lustres de la salle pour calmer les protestataires, le tumulte couvrait complètement l'orchestre et Nijinski, caché derrière le décor, s'époumonait à compter la mesure pour les danseurs assourdis qui ne pouvaient plus suivre la partition, déjà très difficile, puisqu'il avait fallu cent trente répétitions pour régler le ballet. Les partisans de Stravinski, la princesse de Polignac, Misia Sert, Ravel, Debussy et Colette, applaudissaient à tout rompre. *Le Sacre du printemps* ne tint l'affiche que quatre soirs, emporté par le fureur du public.

Enfin la prudence prévalut. Au septième mois de sa grossesse, Colette part pour Castel-Novel où elle est accueillie avec une sollicitude qui l'étonne : « On me portait sur un pavois de privilèges et de soins. » Elle surveille la modernisation du château car elle se méfie des extravagances de Sidi. « ... La moindre des modifications qu'il [Jouvenel] rêve pour ses terres et son château consterne l'imagination. » Elle en plaisante avec Hamel à qui elle confie : « Mon roman seul me tourmente ». Elle n'arrive pas à prendre de l'avance sur le feuilleton que *La Vie parisienne* a commencé à publier le 15 mars. Sa fille naît le 3 juillet 1913. Le feuilleton ne sera repris que le 11 octobre, elle envoie alors à Léon Hamel son bulletin de victoire : « J'ai fini *L'Entrave*, j'exulte de soulagement, mais je la vomis et je la méprise [8]. » Dans *L'Étoile Vesper*, en 1946, Colette explique la faiblesse de ce roman par la maternité. « *L'Entrave*... ne se remit pas des coups portés par la faible et triomphante créature... voyez cette fin étriquée... mes héros amenuisés. Voyez le ton bénisseur d'une conclusion à laquelle ils ne croient pas... » C'est celui de ses romans qu'elle juge le plus sévèrement. Elle fait d'elle-même une franche analyse : « Mon brin de virilité me sauva du danger qui expose l'écrivain, promu parent heureux et tendre, à tourner auteur médiocre... Un vieux garçon de quarante ans, sous la femme encore jeune que j'étais, veilla au salut d'une partie peut-être précieuse. » Elle pense à Sido qui, la voyant malhabile avec un ouvrage d'aiguille, « hochait son front divinateur : " Tu n'auras jamais l'air que d'un garçon qui coud. " Ne m'eût-elle pas dit : " Tu ne seras jamais qu'un écrivain qui a fait un enfant. " Elle n'aurait pas ignoré, elle, le caractère accidentel de ma maternité. » Quand Colette dit « accidentel », c'est dans le sens opposé à essentiel et non dans le sens d'imprévu.

Elle donne à sa fille les prénoms de Colette, Renée, Renée son nom dans *La Vagabonde* et *L'Entrave*. Elle la trouvait ravissante et s'émerveillait de la perfection de ce petit être. « Mais la minutieuse admiration que je dédiais à ma fille, je ne la nommais pas, je ne la sentais pas amour. » Elle ne se sentit « enfin une mère ordinaire... que lorsque le langage intelligible fleurit sur les lèvre ravissantes [9]... ».

Dès septembre la vie mondaine et la politique entraînent Colette. On acclame Sidi « autant que Poincaré ». « Arcs de triomphe... déjeuner avec le Président et sa dame à Brive. Mme Poincaré est charmante, elle veut un chat bleu. » Colette donne un dîner de 87 couverts, mais pendant toutes ces cérémonies officielles, elle cherche un synonyme d'*avide*, et prévient Hamel qu'il n'y en a pas, pas celui qu'elle voudrait, elle se dit « sociale, présente à la conversation, futile et très gentille ». Cependant elle a travaillé onze heures la veille. « Et le lendemain, comme la fin était ratée, j'ai tout recommencé. » Elle se plaint de sa nouvelle existence : « Poincaré, le roman, la nourrice qui perdait son lait... » Dès son retour à Paris elle court les bureaux de placement « pour nurses sèches anglaises ou non. Je vous assure que tout cela a été odieux. J'ai connu l'angoisse, l'ennui et l'emm... dement... Ouf j'ai une nurse [10] ! ».

Elle retourne à Castel-Novel où les travaux prennent de l'ampleur. La maison est pleine d'ouvriers. « Elle est jonchée de plâtres, de cloisons de bois abattues d'un seul coup, de lambeaux d'andrinople cinquantenaire et de cuvettes à w-c neuves. Neuves, hélas ! et qui menacent de l'être longtemps encore [11]. » Malgré toutes ces obligations, c'est la recherche des mots qui l'obsède. A Paul Barlet, qui va publier *L'Entrave* en volume, elle écrit qu'elle a recommencé trois fois la fin, mais comme il n'aime pas le mot « imperméabilité », elle est ennuyée. « Obscurité serait la dernière concession, tous les autres sont trop faibles !... Et même je voudrais étanchéité [12]. »

Si l'écriture est une obsession, la scène demeure un pôle d'attraction. Au Salon des dessinateurs humoristiques, Colette met en scène les *Dialogues de bêtes*. Firmin Gémier joue Toby-chien, Suzanne Desprès, Kiki-la-Doucette et Colette une petite chienne en visite. Elle va à Tournai donner une conférence organisée par Les Amitiés françaises, au café Excelsior. La salle est bondée, c'est le succès habituel.

Colette et la marquise de Morny. *(D. R.)*

1907. Le scandale du Moulin-Rouge. Colette et Missy dans *Rêve d'Égypte*. *(D. R.)*

Mademoiselle Colette de « Bataclan ». *(D. R.)*

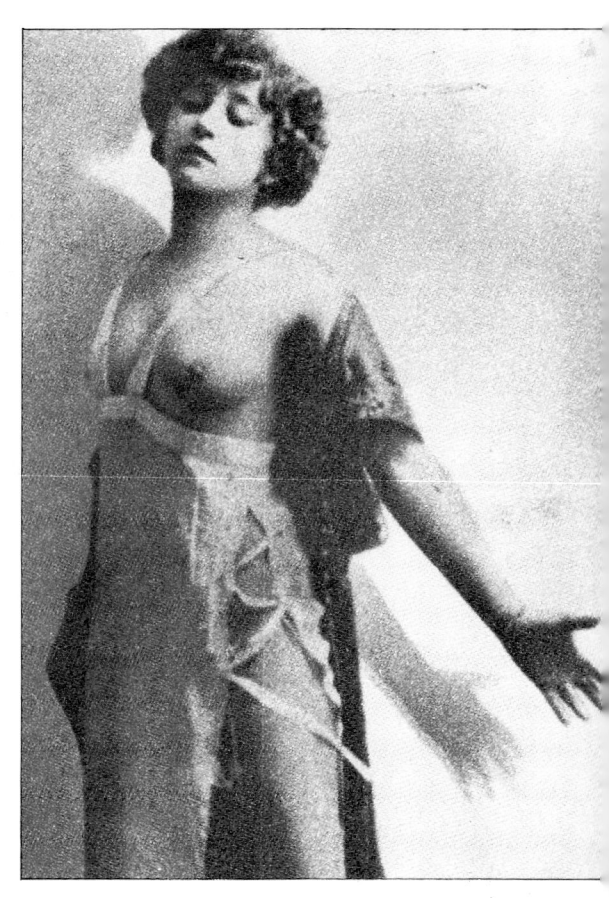

1907. *La Chair. (D. R.)*

Marguerite Moréno.
(Roger-Viollet.)

Polaire.
(Roger-Viollet.)

Musidora. *(Roger-Viollet.)*

La princesse de Polignac. *(Harlingue-Viollet.)*

Le beau-fils de Colette.
Bertrand de Jouvenel.
(Roger-Viollet.)

Le baron et la baronne de Jouvenel avec leur fille à Castel-Novel.
(Roger-Viollet.)

1930. Colette et ses chats. *(D. R.)*

1932. Colette (cinquante-neuf ans) maquille sa fille à l'inauguration de son Institut de beauté. *(D. R.)*

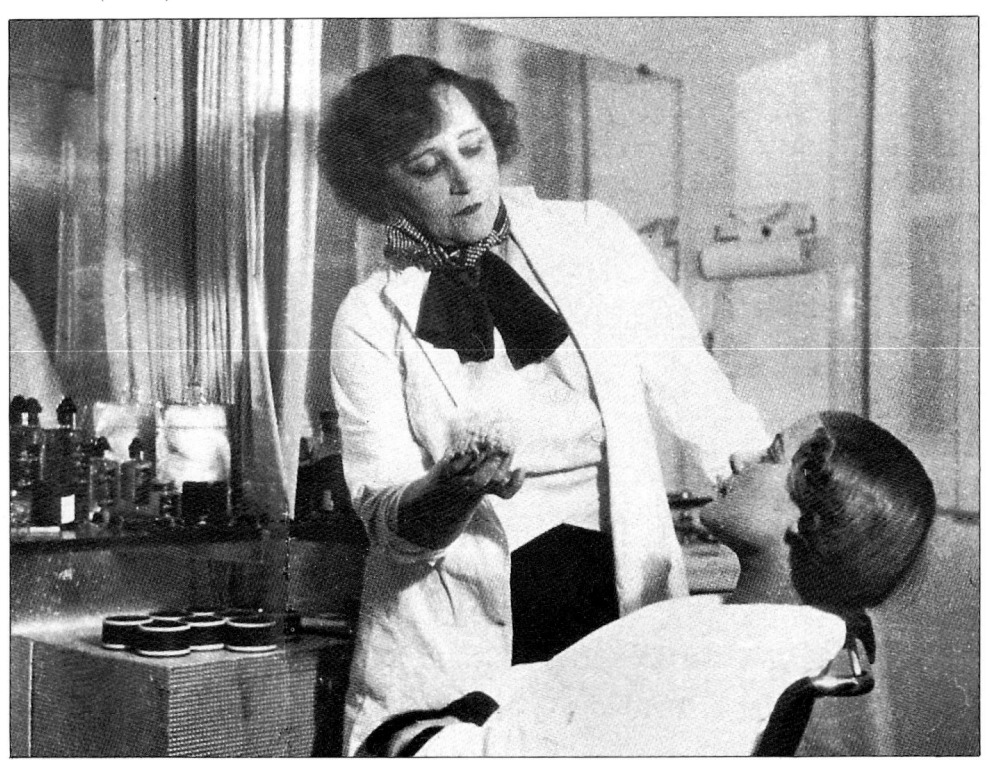

Colette et Maurice Goudeket
vers 1950. *(D. R.)*

Le prince Rainier de Monaco
et Colette, présidente d'honneur du
Conseil littéraire de la Principauté
de Monaco. *(Keystone.)*

Palais-Royal. Colette sur son « divan-radeau ». *(Keystone.)*

Grand-Officier de la Légion d'honneur, présidente de l'Académie Goncourt, Colette fête son 80ᵉ anniversaire. *(D. R.)*

Les funérailles nationales de Colette. *(D. R.)*

Un an après, elle joue les *Dialogues de bêtes* avec Georges Wague à l'Université populaire du Faubourg-Saint-Antoine, « le tout à l'œil ».

Le dernier jour de décembre 1913, Achille, l' « aîné sans rivaux », mourait du cancer. Après la mort de Sido, quinze mois plus tôt, il avait quitté Châtillon pour s'installer à Paris, Colette n'alla pas à l'enterrement. Jane, sa belle-sœur, avait coupé les ponts avec Colette et spécifié dans son testament qu'on ne l'enterrât ni avec les Robineau-Duclos ni avec les Colette. Les centaines de lettres que Colette avait adressées à Sido furent détruites, peut-être par Achille, peut-être par Jane, peut-être par Colette elle-même quand elle épurera son passé. Il ne restait plus à Colette que Léo.

Elle gardait son cercle d'amis : Sacha Guitry, Marguerite Moréno qui revenait d'une tournée en Argentine, Missy, vite ramenée au bercail et l'impérieuse Natalie Barney qui avait atteint la célébrité qu'elle cherchait en séduisant Rémy de Gourmont. Il vivait en reclus depuis qu'un lupus l'avait défiguré, Natalie le promenait au Bois caché dans sa calèche, elle l'avait même entraîné dans un bal sous la protection d'un masque. Elle fut son dernier amour. Il écrivit pour elle ses *Lettres à l'Amazone*. Pour les admirateurs de Rémy de Gourmont qui le proclamaient le Sainte-Beuve et le Montaigne de son temps, l'Amazone devint l'égale de la Laure de Pétrarque ou de la Béatrice de Dante. « Dites-moi, chère enfant, demandait Alice Pike Barney, comment avez-vous fait, depuis vos relations avec ce vieux monsieur, pour qu'on parle ainsi de vous dans toute l'Europe [13] ? »

Natalie tente aussi de séduire André Rouveyre, journaliste, caricaturiste et écrivain, qu'elle avait prié de lui apprendre à danser le tango. Il la jugeait égoïste et dangereuse, elle attire, disait-il, les créature androgynes et les jolies femmes et sous un masque de civilisée cache une nature sauvage. Elle recevait dans son Temple de l'Amitié, un pavillon du XVIIIe siècle, qui avait appartenu à Adrienne Lecouvreur, au n° 20 de cette rue Jacob où Colette avait vécu avec Willy et écrit *Claudine à l'école*. Tout était blanc chez Natalie, les tapis en ours polaire, les lustres en albâtre, le dessus-de-lit en cygne, les fauteuils, les rideaux et les nappes ; une profusion de cristaux de roche étaient les seuls bibelots, les gâteaux, servis avec le thé, étaient saupoudrés de sucre glace. Le jardin regorgeait de lys. L'ambiance était détendue, Georges Clemenceau-Gatineau faisait un numéro de claquettes, André Germain coiffé de bandeaux à la vierge dévisageait les arrivants à travers un face-à-main de femme. Colette venait accompagnée de Jouvenel, de Robert d'Humières, de Léon Barthou : et s'intéressait à un couple de lesbiennes anglaises et aristocrates. « Hier soir, soirée chez Natalie... que tu nous manquais à tous, dit-elle à Moréno... La vie est meilleure... et Sidi un délicieux puteau... La baronne Deslandes était chez Natalie... j'aurais voulu que tu participasses à cette fête... Sidi est beau, glorieux, impérieux... » Mais le séducteur irrésistible ne séduit pas Natalie. Pour attirer Marguerite, Colette lui écrit : « Et toi, quand finis-tu de n'être jamais là ? (Bel alexandrin, ma foi...)... Comme tu me manques ! » Et pour cette interprète des classiques, Colette fait des déclarations iconoclastes : « Écoute, m... pour Molière. » Elle vient de faire une conférence sur Molière et a surpris tout le monde : « ... j'ai osé avouer que je pouvais vivre sans Molière, et qu'il ne faisait pas, à mon goût, d'assez beaux vers, sonores et creux, comme je les aime. » L'amitié de Marguerite Moréno lui est d'autant plus nécessaire qu'elle trouve, dès 1914, que Jouvenel sort trop souvent sans elle. Elle termine une lettre sur une plaisanterie acide : « ... Je t'embrasse mille fois au moins, ainsi que Sidi ne manquerait pas de le faire, s'il ne dînait pas en ville, le puteau [14] ! »

Le mariage avec Jouvenel n'avait rien changé à la sensualité androgyne de Colette. Dans le brassage mondain des salons des beaux quartiers, Colette remarque Catherine Pozzi. En 1913 Catherine est la femme d'Édouard Bourdet mais elle aime passionnément Georgie Raoul-Duval. En novembre 1913 Georgie va mourir, on ne sait de quoi. Catherine, elle, le sait : « Elle s'en va, tuée par l'amour, cet amour dominateur dont on n'ose parler, auquel elle a été la plus douce esclave. » Marguerite Moréno, de retour d'Argentine, en la revoyant, essaie de deviner « si la petite fille qui l'avait troublée autrefois était une femme plus accessible ». Mais non, à 31 ans, Catherine n'est pas plus tentée qu'à 20 ans. Au début de la guerre, Catherine va chez Colette « pour avoir des nouvelles, Jouvenel étant directeur du *Matin* ». Catherine, qui a séduit Georgie, Moréno, Édouard Bourdet, en attendant de séduire Paul Valéry, n'est pas banale. Colette n'a pas l'habitude de cacher ses sentiments et Catherine se rebiffe : « Colette s'est éprise de moi et m'embête. Son mari me fait la cour : ces triplices auxquelles Georgie ne m'a pas convertie, me tentent moins que jamais. Cependant je suis équivoque et gentille, car Jouvenel dirige *Le Matin* et me téléphone tout [15]. »

« Musidora, filleule des fées, œuf d'oiseau bleu que j'ai un peu couvé »

Colette est très éprise d'une jeune actrice-danseuse-chanteuse qui triomphait au music-hall. Musidora avait onze ans de moins que Colette, elle s'appelait Jeanne Roques et avait trouvé le nom qu'elle allait rendre célèbre au cinéma dans un poème de Théophile Gautier. Son père était répétiteur de chant, il avait deux passions, la musique et la philosophie ; sa mère tenait une mercerie, écrivait des articles pour de petits journaux et finit par lancer le sien : un journal féministe, *Le Vengeur*. Jeanne, douée pour le dessin, entre aux Beaux-Arts, mais rêve d'une carrière théâtrale.

Musidora avait seize ans quand la lecture de *Claudine à l'école* l'avait troublée au point qu'elle écrivit à Willy. Il la reçut dans sa garçonnière, la séduisit, devint son protecteur et son ami. Musidora, en apprenant que Colette était l'auteur des *Claudine*, reporta sur elle sa fascination passionnée. Elle pria Willy de transmettre une lettre à sa femme, ce qu'il fit, toujours enclin à favoriser les trios.

« Madame,
« Je vous admire tant, j'admire tellement votre talent d'écrivain que j'offrirais ma vie pour vous si vous me la demandiez. »

Elle joignit à sa lettre quelques dessins de Claudine telle qu'elle la voyait. La réponse espérée ne venant pas, Musidora supplia Willy de faire pression sur Colette. « Mon protecteur sourit et dit : Peut-être consentira-t-elle. Je lui demanderai en tout cas. » Et la lettre tant désirée arriva. « Mon enfant... j'ai gardé vos dessins, même celui où une Claudine nue et embellie s'assied sur un fond bleu indien. Croyez, mon enfant, que je ne vous demanderai ni votre vie... ni le reste. Je suis à travers tout une femme très sage... Je ne suis pas encore une vieille femme, mais une femme dont la jeunesse s'en va, qui n'essaie pas de le cacher, et qui sera très contente de vous serrer la main [16]. » C'était le premier pas d'un attachement qui dura.

En 1910 Musidora est remarquée au théâtre de l'Étoile dans le rôle d'un petit pâtissier. On l'engage au théâtre Montparnasse pour un mélodrame : *La Loupiote*, dans le rôle d'une prostituée. Musidora va se documenter à la source. Les filles et leurs Jules lui apprennent l'argot et viennent l'applaudir. C'est un succès. Elle est engagée au Ba-ta-clan dans la revue *Ça grise*.

Musidora écrivait dans des journaux de théâtre et fit un compte rendu extatique d'une conférence de Colette Willy au théâtre Fémina. Colette l'invite à déjeuner. « Dès ce jour-là j'étais agriffée à elle », constate Musidora. Après *Ça grise* au Ba-ta-clan, Musi passe aux Folies-Bergère dans *La Revue galante* où elle apparaît en Virginie. Trois feuilles brodées sur un tulle lui cachent les seins, des brins d'herbe complétaient son costume. Colette et Henry de Jouvenel, dans une loge, assistent à la première. Louis Feuillade est ébloui et propose à Musidora le rôle de la Vierge Marie dans le film qu'il doit tourner pour la Société Gaumont en Palestine. Elle refuse. Elle a déjà tourné pour la Société du Cinéma du peuple *Les Misères de l'aiguille*, la sombre histoire d'une piqueuse-couseuse exploitée par son patron. Louis Feuillade lui fait tourner une série de courts métrages : *Fifi tambour*, *Les Leçons de la guerre*. En 1915, il tourne un film à épisodes : *Les Vampires* dont Musidora est la vedette, elle est *la vamp*, le mot fera fortune. Elle joue le rôle d'Irma Vep, anagramme de vampire. Vêtue d'un collant noir, coiffée d'une cagoule, elle fait partie d'une bande de mystérieux criminels. Elle apparaît tantôt en séductrice, tantôt en jeune garçon, tantôt en soubrette, mais surtout dans le fameux collant qui semble le comble de l'audace. Le préfet de police Lépine veut interdire le film. Louis Feuillade lui dépêche Musidora. Elle a déjà un argument frappant : s'il interdit un film de bandits français, qu'il interdise aussi les films américains. *Les Vampires* soulevaient l'enthousiasme des spectateurs. Les surréalistes en aimeront la fantaisie et la poésie absurde et adopteront Musidora. Louis Aragon, alors étudiant, ne manque pas un épisode, André Breton tombe amoureux d'elle et lui lance une gerbe de roses quand elle paraît sur la scène de Bobino. A la manifestation du groupe Dada, après *Le Manifeste cannibale* d'André Breton, elle interprète les dernières créations dada et c'est le délire. Musidora écrit un scénario, *Vicenta*, qu'elle interprète et met en scène elle-même. Bientôt elle fonde sa propre société de production de films. Musi est un de ces êtres exceptionnels qui attirent et retiennent Colette. La passion de la baronne de Jouvenel pour la ravissante *vamp* était connue. Louise Weiss note dans *Mémoires d'une Européenne* : « Lorsque Musidora dansait aux Folies-Bergère, Colette était tellement éprise qu'elle allait la rejoindre dans sa loge. Jouvenel fit poster un garde républicain devant la loge de Musi pour que les deux femmes ne puissent se rejoindre [17]. » Mais Jouvenel était-il si jaloux ? Il devint son amant.

Colette et Jouvenel passent leurs vacances à Rozven. En juillet, Musidora est invitée à les rejoindre. « Musi montre ses f...aces, au petit marchand de statuettes, et Sidi a découvert ce que c'était que la vie à la mer... il se baigne sans caleçon, proh pudor ! se roule dans le sable [18]... » Quand il part, Colette reste seule avec Musi à Rozven où la déclaration de la guerre les surprend. « Dans Saint-Malo, où nous courions chercher des nouvelles, un coup de tonnerre entrait en même temps que nous : la mobilisation générale [19]. » Le chauffeur les ramène à Paris. Jouvenel est mobilisé, il doit rejoindre le 23ᵉ régiment d'infanterie territoriale. Sacha Guitry réunit quelques amis que la guerre va disperser et Marguerite Moréno remarque un changement en Jouvenel. En uniforme c'est un autre homme. Il a l'air d'être déjà pris par de nouveaux devoirs, il a confié sa famille à son ami Anatole de Monzie. « Nous avons déjeuné chez les Guitry, notre gaieté sonne faux. Le mari de Colette est équipé et part tantôt, joyeux. Elle feint une aisance qui est pénible à ses amis et je la plains. » Elle ajoute : « Colette crâne [20]. »

Paris était soudain une ville silencieuse. Plus d'autobus, plus de taxis. Le gouvernement s'était replié à Bordeaux, beaucoup de Parisiens envoyaient leur famille en province. Le cuisinier, le chauffeur, le jardinier étaient mobilisés. Colette ne supportait pas la solitude, elle organise ce qu'elle appelle « le Phalanstère du XVIᵉ arrondissement ». Marguerite Moréno habitait rue Jean-de-Bologne, Annie de Pène impasse Herran, Musidora rue Decamp, toutes trois vivaient très près de la rue Cortambert. Colette les réunissait chez elle, elles se partageaient les tâches. Annie de Pène, dont le grand-père avait fondé *Le Gaulois* et *Paris-Journal*, dirigeait *L'Eclair*, et avait chargé Colette de la critique dramatique. On murmurait qu'elle avait quitté son mari pour l'amour de Colette. C'est elle qui fournissait le Phalanstère de poulardes et de truffes. Marguerite Moréno récitait *Andromaque* en essuyant la vaisselle, quant à Musi, Colette l'avait installée chez elle. « Nous vivons ici, la petite Musi et moi, elle est fauchée aussi, cette enfant, et elle fait les provisions et un tas de choses [21]. » Catherine Pozzi voyait le Phalanstère sans la moindre indulgence :

> « ... Ce soir, je dîne chez Colette... celle-là s'amuse " au siège ". Avec Musidora, petite poule des Folies – Colette a toujours une grue à la clef –, elle fait la cuisine, accumule des provisions et mène par avance une existence de sauvage apprêtant sa pâture. Elles vivent toutes les deux de biscuits, de légumes, de sardines sans aucune nécessité et se découvrent une intelligence de Robinson. Moréno partage leurs repas avec intermittence, étourdissante de drôlerie mordante ou vulgaire, jouant cent petites scènes par heure : la scène de " l'épicière dont onze parents sont à la guerre ", la scène de " Moréno mettant le couvert ", du " Monsieur qui suit Moréno dans la rue ", des " enfants de la voisine de Moréno "... Ce soir, j'aurai probablement la scène de la mort du frère de Moréno et la scène de la mère de Moréno à l'enterrement du frère de Moréno, deux événements qui viennent d'arriver, et ce sera d'un gai éclatant [22] ! »

En septembre, après la bataille de la Marne, la vie mondaine reprend, mais la guerre demeure au centre de tout et l'organisation des ambulances et les soins des blessés suscitent d'étranges rivalités. Qui ne veut pas de grands blessés dont les chances de survie sont faibles, qui ne veut pas de blessés légers qui ne font pas assez honneur à leurs infirmières bénévoles. Seules les plus courageuses assistent aux amputations, les moins braves se contentent du parrainage des soldats. L'abbé Mugnier, toujours curieux des faits et gestes de la haute société, note que la comtesse de Foix refuse de faire des pansements pour ne pas exciter la jalousie des blessés. Des femmes du monde militent activement pour l'entrée en guerre des états neutres. On change des noms familiers : l'eau de Cologne devient l'eau de Louvain, les bergers allemands s'appellent bergers alsaciens. Quant aux dachshunds, on ne les voit plus trottiner dans les rues. Misia Sert, qui a son ambulance, dévalise littéralement les grands hôtels dont les propriétaires sont allemands pour se fournir de linge pour les blessés. Colette s'engage comme veilleuse de nuit au lycée Janson-de-Sailly transformé en hôpital. Elle écrit à Hamel : « C'est un terrible métier... Treize heures sur le qui-vive, *tous* les soins à donner, quand le matin vient on est un peu hagard[23]. » Elle ne tiendra que quelques jours et les archives de Janson-de-Sailly ne conservent aucune trace de son passage. Elle est toujours la petite Gabri que la panique saisissait quand Sido la chargeait de porter des fleurs à une vieille dame malade.

Au mois d'août *Le Journal de Colette* devient *Propos d'une Parisienne*, que Colette ne signe pas. C'est une série de reportages sur la guerre, les difficultés de ravitaillement, les beaux gestes de solidarité dans un Paris mystérieusement débarrassé des apaches, où dans les ténèbres imposées par la menace des raids aériens des Taubes et des Zeppelins, on voyait la lune et les étoiles comme à la campagne. Elle souligne l'élégance des Parisiennes qu'elle assimile à un acte de défi et de courage. « Je n'ai jamais vu tant de belles femmes », écrit-elle le 2 septembre 1914 dans *Le Matin*. Elle donne des articles à *La Vie parisienne*, au *Flambeau*, à *Excelsior*. La compassion est présente mais jamais l'attendrissement, et le sens de l'humour donne un étonnant panache à ces vignettes. Elle parle du *premier café-concert*, réouvert clandestinement dès novembre 1914, où l'on chante des chansons du passé, « qui rallument un brasier assoupi de souvenirs... » et pour apaiser la censure, Colette devient patriotique. « Le peuple français pouvait seul inventer et lancer par-dessus la rampe, dès aujourd'hui, ces chansons qui sont, au vrai, celles de demain... des chansons d'après la victoire[24]. »

« Il est a Verdun, il est bien, il l'aime. Elle exulte » (Marguerite Moréno)

Le 16 octobre 1914 Colette écrit : « Il y a 64 jours que je n'ai vu Sidi[25]. » Plus de « Sultane », de « Triton », ni de « délicieux Puteau », Sidi est redevenu « l'être nécessaire ». Le régiment de Jouvenel est stationné à Verdun, le secteur est calme, le front est à 10 kilomètres au nord de Verdun. La garnison est dans une sorte d'enclave où les femmes viennent en visite, si bien qu'on ne trouve rien à louer, sinon à des prix astronomiques. Mistinguett loue une villa pour rejoindre Maurice Chevalier, les Parisiens font des blagues sur cette villégiature à la mode. Jouvenel retient un appartement chez un sous-officier et sa femme, rue d'Anthouard. En tant que journaliste Colette a obtenu un permis, sans difficulté. Treize heures de trajet et, entre Châlons et Verdun, un cheminement toutes lumières éteintes, avec « la lueur boréale » d'une canonnade incessante au nord. Enfin elle rejoint Jouvenel. « Sa joie paraît tout aussi vive que la mienne et je ne demande rien au-delà... » Elle écrit à Annie de Pène qu'elle le trouve très à son goût, aussi chic « qu'un pharmacien de première classe[26] ». Par prudence, il ne prend qu'un repas sur quatre avec Colette, mais il la rejoint le soir à 9 h 30. Elle ajoute gaiement que, comme le disait Louis XIV à Mme de Maintenon, nous n'entrerons pas dans les détails.

Colette a demandé à Annie de Pène de les rejoindre. « A propos, Annie va venir ! » « Pourquoi ? » demande Jouvenel surpris. « Pour faire du bœuf bourguignon. » Il éclate de rire et écrit à Annie de rester chez elle parce que le règlement est d'autant plus sévère qu'il n'y a rien d'autre à faire qu'à l'appliquer. Colette est à Verdun en journaliste. Le 2 décembre, elle assiste de la citadelle à un engagement qui lui paraît digne d'un opéra wagnérien. Le jour de l'an elle fait partie d'un groupe d'officiels qui visitent le front, elle voit Clermont-sur-Argonne en ruine, on leur sert un déjeuner dans un bâtiment éventré, sur une musique de canons, puis ils distribuent des vêtements et de la nourriture aux troupes. Jouvenel était déçu parce qu'il s'était attendu à se trouver au cœur de l'action. Pour le distraire, Colette apprend à jouer aux échecs. Colette ne pouvant rester à Verdun, rentre à Paris en janvier mais retourne brièvement en février.

En avril 1915 Jouvenel est déprimé. Il ne voit que des pères qui viennent lui demander le corps de leur fils tué, des femmes qui sanglotent, des réfugiés qui viennent implorer qu'on les laisse retourner dans leur village, même sous les bombes. « Mon cher amour, tu es toujours là, n'est-ce pas ? Tu m'aimes toujours [27] ? » Colette ne résiste pas à cet appel, en mai elle est de retour à Verdun, où en trois mois la situation a changé. Elle doit se cloîtrer. Il y a un jardin sous sa fenêtre, des oiseaux, une chienne, une chatte, deux chatons et elle a Sidi. Les jeux érotiques occupent agréablement le temps. Colette écrit beaucoup à Annie, la chargeant de faire remettre en état son lit rue Cortambert, et ajoute : « Je finirai par vous écrire chaque fois que je voudrai changer de linge ou... Mais ceci frôle le chapitre de la grivoiserie. Je suis pudique, moi ! Je ne suis pas comme tel et tel sale individu, moi. Je ne me vante pas, comme certain militaire ignoble, de savoir jouer à " debout à Annie ", moi [28] ! » Erotisme et gastronomie vont de pair dans ces lettres malgré les Taubes qui lâchent quelques bombes et la canonnade toute proche. Prête à rentrer à Paris, elle mobilise Annie de Pène, « le boudin, le boudin et le beurre ! », et lui promet des sorties ensemble au Petit Casino. Elle est contente de rentrer à Paris. Bientôt elle est de retour à Verdun. « C'est le harem », écrit-elle joyeusement à Annie, et à Wague : « Je suis la Rate séquestrée, choyée, engraissée, comblée d'aise et de bombes d'avion [29]. » Avec Annie les plaisanteries érotiques reprennent. En juillet elle annonce son retour à Paris pour le début d'août en la priant de préparer le bœuf, le vin rouge et l'oignon. Elle lui annonce aussi la permission de Sidi dont Annie est la marraine de guerre. Elle verra à quel point il sera charmant quand elle lui fera passer un petit examen oral dont Colette fournit les questions et les réponses : Qui êtes-vous ?

Sidi répondra qu'il est une charmante demoiselle, une véritable beauté. Après ces sous-entendus égrillards, Colette écrit des articles sur Verdun et occupe ses loisirs en faisant des pastels. Ses articles ne seront pas publiés, probablement parce que les autorités sont contre les femmes au front, journalistes ou pas.

En juin 1915, Colette part pour l'Italie faire des reportages pour *Le Matin*. L'Italie vient d'entrer en guerre contre l'Autriche-Hongrie. Colette pense à son père, «... me tourner le jour anniversaire de Magenta vers le champ où mon père laissa un long lambeau de lui-même [30]... » Après avoir parcouru le nord de l'Italie, Colette arrive à Rome où une surprise désagréable l'attend. Claire Boas, qui continue à se faire appeler baronne de Jouvenel, est célèbre en Italie car c'est dans son salon politique parisien que s'était préparée l'entrée de l'Italie dans le camp des Alliés. Après son succès, la baronne de Jouvenel avait commandé à un joaillier parisien une hampe incrustée de pierreries pour un immense drapeau italien, et, munie de son drapeau, était partie rejoindre D'Annunzio pour participer à une campagne de propagande de Gênes à Rome. Les foules enthousiastes accueillaient la baronne et son drapeau par des pluies de fleurs. Un étage lui était réservé à l'hôtel Excelsior. Quand Colette se présente à cet hôtel sous le même nom, on la prend pour une aventurière et on refuse de la recevoir. Elle doit s'installer à l'Albergo Regina, via Veneto. Outrée, de ce camouflet elle trouve que sa « mansuétude » a assez duré et exige de Jouvenel une action décisive, un procès s'il le faut, pour interdire à Claire Boas de porter son nom.

Dans la journée, son vieil ami, le comte Primoli, lui fait visiter les palais romains. Il l'emmène chez la princesse Venosa dans l'unique palais médiéval de Rome. Colette n'aime pas « ces pompeuses halles de vingt, de trente mètres... un salon plus grand que tous, sorte de jardin mortuaire où l'on perdrait connaissance à cause des fleurs enfermées [31]... ». Le soir c'est avec Gabriele D'Annunzio que Colette visite les *osterias* du Trastevere. « Rome, je tâche d'en avaler le plus possible mais sans m'éreinter... L'ambassade de France, dans la personne de ses chefs de cabinet et attachés, est charmante. » A Rome, l'athéisme de Colette éclate : « Je vomis les basiliques. Je déteste Saint-Pierre et Sainte-Marie-Majeure, et si Saint-Jean-de-Latran n'avait pas son cloître... En dehors de cela il y a cent choses qui m'enchantent [32]. » En juillet Colette est à Venise. « On a vingt fois vomi Venise et son poison romantique. Et puis on arrive à Venise et on découvre qu'elle ne ressemble à rien de ce qu'on a lu, entendu [33]. » Elle fait un court voyage à Verdun, passe quelques jours à Rozven et retourne à Rome. Malgré les difficultés des transports, Colette se déplace. Elle passe septembre et octobre 1916 à Cernobbio, près du lac de Côme, dans la somptueuse Villa d'Este, en compagnie de

Robert de Jouvenel et de sa maîtresse Zou. Il est le rédacteur en chef de L'*Œuvre*, un journal que, d'après lui, les idiots ne lisent pas. En septembre Henry de Jouvenel les rejoint, il a reçu une affectation civile, les deux frères aiment la vie mondaine et, à la Villa d'Este, on change trois fois de tenue avant de s'habiller pour dîner. « Un très catholique harem observe ici les rites d'une morale orientale : emplir le mieux la semaine d'absence du seigneur, croître en beauté, en bonne humeur [34] », constate Colette, qui, elle, sillonne le lac de Côme à la rame. Elle est heureuse : « Sidi, le lac, les sauges rouges, les volubilis, les escaliers d'eau, les figues mûres... J'en suis étourdie [35]. » Son reportage sur l'Italie est publié en partie dans *Le Matin*, puis dans *Flambeau*. Colette a des difficultés avec la censure. Elle a publié une interview avec le prince de Hohenlohe qu'elle a rencontré à Lugano et, malgré un clin d'œil patriotique à la fin de l'article, cette interview a déplu. En 1915 Colette ne signera que six articles au *Matin*, puis plus rien jusqu'à la fin de la guerre. Jusqu'en juin 1916 aucun article signé Colette ne paraîtra dans la presse parisienne. Elle placera quelques chroniques dans *L'Excelsior*, un journal à petit tirage, et à l'automne elle reprend « Le journal de Colette » pour *La Vie parisienne*, et cherche à vendre un scénario tiré de *Claudine à l'école* et *Claudine à Paris*. Elle charge Mme Sigrist de Cesti de transmettre ses conditions à la Société Lombarde. Ce projet n'eut pas de suite.

Fin octobre, le baron et la baronne sont à Paris, Jouvenel vient d'être nommé chef des services d'information. En novembre, ils déménagent 69, boulevard Suchet dans l'hôtel particulier acheté à Ève Lavallière. Ils quittent le chalet « vermoulu, condamné, spongieux jusque dans sa charpente... dont un angle venait de choir dans le fond du jardin [36]... ». Pour obtenir cet hôtel qu'elle guigne depuis longtemps, Colette avait fait une cour assidue à sa vieille amie et l'avait emmené faire une promenade peu conventionnelle dans les fossés de Paris.

Colette se tourne vers le cinéma. En décembre elle entreprend, avec la collaboration de Musidora, de faire un film, *Minne*, tiré de *L'Ingénue libertine*. Jacques de Baroncelli est chargé de l'adaptation du roman, Musidora en est la vedette et la réalisatrice. Colette suit de près tous les stades de la production. Le film dépasse le budget prévu. Quand l'un des producteurs refuse d'investir davantage, Colette avance les fonds nécessaires. Le journal *Le Film* annonce la sortie de *Minne* produit par les Films Lumina : « Minne, une comédie dramatique (1 250 mètres), scénario de Mme Colette (Colette Willy), d'après son roman *L'Ingénue libertine*, interprétée par Musidora. » Pour mieux lancer le film, on attribue le scénario à Colette sans mentionner Jacques de Baroncelli. Le film, qui avait coûté 30 000 francs, une somme considérable pour l'époque, ne fut pas projeté. La censure, très stricte en temps de guerre, en avait interdit la projection.

Les rêves libertins de l'Ingénue étaient trop audacieux pour *Anastasie,* ainsi qu'on nommait la censure.

En décembre 1916 Colette est de nouveau à Rome où Jouvenel est délégué à la Conférence de l'Entente. Elle pose pour le peintre Carrère, dit trois monologues de *Bêtes* à l'ambassade d'Angleterre avec beaucoup de succès et revoit la baronne Deslandes, âgée de 54 ans, en avouant 25, qui a séduit le duc Gallese âgé de 17 ans. Le père a arraché l'adolescent à la séductrice et l'a enfermé dans un couvent « comme sous Louis XIV ». A Rome, Colette apprend la mort de Léon Hamel, survenue à Paris le 20 avril 1917. Avec lui elle perd l'un de ses plus chers amis, son confident privilégié, son conseiller, son soutien inconditionnel dans tous les orages de son existence.

Colette assiste au tournage de *La Vagabonde*, discute avec les directeurs de la société Film d'arte et le réalisateur Eugenio Perego, qui, avec Musidora, adapte *La Vagabonde*. Elle s'intéresse à « la création du manuscrit par image », à mesure que son roman devient un scénario. Le succès de *La Vagabonde* permet à Musidora de fonder sa propre compagnie : la Société des films Musidora. A Paris, le premier épisode de *Judex* de Louis Feuillade remporte un succès égal à celui des *Vampires*, faisant de Musidora la plus célèbre actrice du cinéma français. Elle demande aussitôt à Colette un scénario original et cela pour 10 000 francs. Ce sera *La Flamme cachée* dont Colette fait le découpage avec Roger Lion. « Cela n'a absolument aucun point de rencontre avec la littérature », écrit-elle à Annie de Pène. Elle s'oppose aux décors surchargés d'accessoires, aux outrances des premiers mélodrames du cinéma où les héroïnes abandonnées lacèrent « avec les dents et les ongles un store en dentelle [37] » en guettant le retour de l'infidèle. Elle réduit les sous-titres au minimum. Dans *La Flamme cachée*, drame en quatre parties, une étudiante épouse un étudiant millionnaire alors qu'elle aime un étudiant pauvre. Pour être libre d'épouser celui qu'elle aime, elle décide de ruiner son mari afin de le pousser au suicide. Mais c'est elle qui meurt dans une explosion après avoir perdu l'homme qu'elle aime, rebuté par la révélation de ses perfides manœuvres. Le sujet est aussi mélodramatique que ceux des films de l'époque, mais les scènes tournées en plein air, dans la cour de la Sorbonne, avec de vrais étudiants, étaient une innovation. Il ne reste de *La Flamme cachée* ni le film, ni le scénario. Devenue secrétaire du Commissariat des recherches historiques de la cinémathèque en 1946, Musidora le cherchera en vain. *La Flamme cachée* laissa un déficit de 45 000 francs. Cela n'empêcha pas Musidora de trouver l'énorme somme de 500 000 francs pour produire *Pour Don Carlos* d'après un scénario de Pierre Benoît. Ayant perdu de l'argent, Colette ne reviendra au cinéma qu'en 1930 avec *Divine*, un scénario écrit pour Simone Berriau, qu'on annoncera alors à tort comme le premier scénario de Colette.

Depuis 1914 elle faisait des critiques de films pour *Le Matin* et pour *L'Excelsior*. Du 28 mai au 21 juillet 1917, elle est chargée de la critique cinématographique de *Film*, le premier journal entièrement consacré au cinéma. Quand elle quitte *Film*, parce qu'elle n'y gagnait pas assez d'argent, c'est Louis Delluc qui prend sa place. Il trouvait admirable sa perception de l'avenir du cinéma. Elle avait contribué par sa critique au succès de deux films qui allaient faire école : *L'Expédition de Scott au pôle Sud* en 1914, le premier grand documentaire, et, deux ans après, *Forfaiture (The Cheat)* de Cecil B. de Mille, qui influença les metteurs en scène, de Louis Delluc à Jean Cocteau. Dans *Petit manuel pour l'aspirant scénariste*, elle attaque les stéréotypes qui déjà s'imposaient : la vedette féminine, une femme fatale, la vedette masculine, un vengeur ou un brigand. Elle veut qu'on évite le plus possible le tournage en studio, qui sent la scène de théâtre, et qu'on tourne en extérieur. Et surtout elle conseille aux producteurs et aux directeurs de ne pas jouer sur les émotions du public le plus naïf, mais de considérer le cinéma comme un art.

« Quelques coups de pied perfides » (Willy)

Willy avait eu vent de démarches faites par Colette en Italie pour vendre un scénario tiré des *Claudine* et de sa collaboration avec Musidora. Des échos injurieux, sans signature, parurent en Suisse et furent repris par la presse parisienne. Musidora était décrite « le regard hébété et les dents gâtées [38] ». Il y avait des insinuations sur la nature des relations de Colette et de Musi, des allusions à leurs entreprises financières et cinématographiques qualifiées de douteuses. Ces attaques provoquèrent une riposte dans l'hebdomadaire *Cinéma* contre l'auteur anonyme facile à identifier. « Cet auteur impersonnel, mais fécond, n'a cherché par un scandale tardif, heureusement avorté, qu'à ennuyer un bel écrivain, Mme Colette, et une artiste intéressante, Mlle Musidora. Il est déjà suffisant que M. Willy touche des droits d'auteur sur les *Claudine* qui ne sont pas de lui [39]. » Les hostilités étaient de nouveau engagées. Colette estimait que les droits cinématographiques de *Claudine* lui appartenaient en entier. La dispute continuait au sujet des droits de l'opérette. En 1911, Willy faisait un compte rendu ironique de la situation. « Dommage que nous soyons si nombreux à nous partager les miettes du gâteau dont la plus grosse part revient, légitimement, au compositeur... il y a, pour prendre part à la dînette, d'abord Mme Colette avec qui j'ai signé les romans dont j'ai tiré le livret, puis M. Henri Cain qui a remanié mon travail, ensuite M. Adenis qui a remanié ce remaniement, et même M. Henri Moreau qui, si j'ai bien compris, a cédé son tour de pièce pour permettre de jouer *Claudine*. »

Willy avait cédé 50 pour cent des droits à Colette après qu'elle l'eut menacé d'un procès, mais il l'insulta dans la lettre qui accompagnait son accord avec l'éditeur Heugel. « Il va sans dire que... mon nom seul doit figurer comme auteur de la pièce, à l'exclusion de celui de Mme Colette qui ne connaît pas ces trois notes [41]. » 50 pour cent des droits de Willy allèrent à Rudolphe Berger, un compositeur dont tout Paris fredonnait les valses lentes.

Colette ne voulait plus partager les droits d'adaptation avec Willy. Grâce à Musidora qui, productrice de films, était au fait des subtilités légales et financières régissant la propriété littéraire, elle eut gain de cause. Willy donna libre cours à sa colère dans un roman à clé vengeur : *La Bonne Maîtresse*. Quand son vieil ami Louis Forest en fit une critique acerbe, Willy, furibond, répliqua que son roman avait été « grossièrement et injurieusement attaqué par Louis Forest qui... se repentira, je le jure, d'avoir servi les rancunes de ma veuve ».

Dans *Ginette la rêveuse* c'est Musidora qui reçoit le paquet : « Une étoile de cinémas banlieusards, Dora Musi, furieuse de voir que je ne prêtais aucune attention à ses œillades quémandeuses, me fit injurier dans les revues féministes par Loquette Wely (l'ex-danseuse, devenue romancière zoophile) et dans les journaux cinématographiques, par un drôle : Diamant Berger, son chamelier servant. » Dans le périodique *Film* d'Henri Diamant-Berger, et dans *Filma*, Colette et Musidora renvoyèrent la balle. Willy redoubla les coups dans *La Virginité de Mlle Thulette* en 1918 et dans *La Petite Vestale* en 1920, où une girl est engagée pour remplacer « Miousidora qui était trop moche [42] ».

Dans les journaux, les escarmouches étaient en général anonymes, mais en novembre 1917, un article signé Colette Willy paraît dans *L'Excelsior* : « Ceux d'avant la guerre ». Pour le lecteur non averti, c'est un article patriotique écrit sur le ton de la confidence. Après avoir consacré un paragraphe peu flatteur aux Allemands qu'elle a vus chez eux, elle écrit : « Ce n'est pas en Allemagne que je retrouve... mon Boche digne d'être cité, mais bien à Paris, sous les traits et le nom d'un compositeur " très parisien ", au vrai viennois, et qui maintenant, suicidé l'année dernière, conduit à trois temps les mornes processions du purgatoire. » Seuls les initiés pouvaient comprendre l'agressivité et l'aigreur de cet article que Colette a inclus dans le recueil intitulé *Les Heures longues*. Elle y décrit une répétition de l'opérette *Claudine*. Elle accuse Berger de payer un musicien pour écrire sa partition et Willy de signer un livret dont elle est l'auteur. Elle montre Berger au piano soudain incapable de déchiffrer la partition qu'il n'a pas composée, et Willy incapable de lui rappeler les mots du livret qu'il n'a pas écrit. « Cependant le musicien salarié, et l'auteur véritable du livret... donnaient des signes du plus sincère... embarras [43]. » Cet article dicté par une rancune tenace ne visait pas Berger qui, réfugié en Espagne, n'avait pas pu supporter sa condition d'exilé et s'était suicidé en 1916. C'est Willy qui en était la cible. Au-delà du leitmotiv : c'est un auteur incapable d'écrire, il y avait quelque chose de plus sinistre. L'académicien Frédéric Masson avait réclamé le peloton d'exécution pour tous les wagnériens en général et Willy en particulier : « ... pour avoir confessé que je restais partisans " inchangé " de la musique wagnérienne, j'ai reçu plusieurs lettres où l'on me disait... " Si vous aimez Wagner, c'est que vous êtes un sale boche ! " Puissamment raisonné ! Alors, si j'aime le thé, je suis un sale Chinois [44] ? » En rappelant que Willy avait collaboré avec un compositeur Viennois, que Colette appelle *un boche*, elle amenait de l'eau au moulin des ennemis de Willy.

Peu après, Charles Martinet, un ami de Willy qui dirigeait *La Suisse*, lui propose de collaborer à son journal avec des appointements réguliers et le directeur de *L'Écho de Paris* lui consent une avance de mille francs sur des articles à lui faire parvenir de Suisse, tout en exigeant de sa part une scrupuleuse objectivité. Willy s'installe à Genève dans une pension de famille, 9, rue Pierre Fatis, où Madeleine de Swarte, sa maîtresse, secrétaire et collaboratrice, vient le rejoindre. Son idée de l'objectivité n'étant pas celle de *L'Écho*, son premier article ne fut pas inséré et Willy cessa d'en envoyer. Sa célébrité n'avait pas décliné. *Les Amis de Siska*, écrit en collaboration avec Curnonsky, lui avait rapporté de l'argent, 240 000 exemplaires s'étaient enlevés rapidement. Il ne renouvelait pas son style mais il changea son image. Après le Willy au fameux chapeau à bord plat du temps des *Claudine*, il y avait eu le Willy à la barbe Édouard VII et au monocle, de l'intermède Meg Villars. Depuis la guerre il porte l'impériale et les moustaches « comme un officier de gendarmerie sous Henri III [45]. » Il retrouve la verve de *L'Ouvreuse* en écrivant les chroniques théâtrales pour *La Suisse*, il fournit des sketches et même des revues entières aux cabarets francophiles et à certains théâtres genevois ; les cabarets parisiens reprennent les sketches de Willy dont l'esprit continue à amuser le public. Il ne se prive pas d'attaquer Romain Rolland et les pacifistes repliés en Suisse. Ses plaisanteries germanophobes provoquent des réactions dans les salles de spectacles et les autorités le prient de se souvenir que la Suisse est neutre. Mais comme il passe ses soirées dans les brasseries où se réunissent les réfugiés allemands et autrichiens, des rumeurs malveillantes circulent à son sujet. On le dit germanophile, ce qui est démenti par son dossier aux Affaires étrangères. Willy n'a pas perdu son esprit anarchisant.

Protéen et mystificateur à son ordinaire, il signe des polémiques Gauthier-Villars, Parville, Willy. Il attaque Henri Guilbeaux, inculpé en France de haute trahison et d'intelligence avec l'ennemi, (condamné à mort, mais acquitté lors de la révision de son procès). Il fait sa tête de Turc d'un candidat aux élections municipales de Genève en publiant un sonnet acrostiche où l'on peut lire *Hubacher crétin*. Il se lie d'amitié avec Tristan Tzara, le dadaïste, dont il ne partage pas le nihilisme, mais dont il apprécie les mystifications. Lui-même mystifie une veuve qui avait fait paraître une petite annonce dans *La Gazette de Lausanne*, cherchant « un veuf aisé pour mariage ». Il se déclare directeur de « l'usine des Guanos perfectionnés ». Il a perdu sa femme dans un accident de chemin de fer où elle a été décapitée, et cela s'étant passé dans l'obscurité du tunnel de Saint-Gothard, il a des idées noires. Cette mystification dura plusieurs mois avec une correspondance que Willy amena à un niveau d'absurdité toute dadaïste. Il mit fin au projet matrimonial en déclarant que, catholique, sa conscience lui interdisait de convoler avec une protestante.

Ces divertissements étaient maigres et le besoin d'argent pressant, car Willy n'avait pas perdu son goût du jeu. Il se trouve à sec et s'adresse à la Société des gens de lettres en demandant des secours. Pierre Mille le dirige vers l'Office de propagande qui devait pouvoir l'employer et dont Henry de Jouvenel est devenu le directeur, mais Willy ne peut pas s'adresser au mari de Colette. Finalement Philippe Berthelot lui obtient des Affaires étrangères une mensualité régulière qui l'aide à vivre. En outre, l'opérette *Claudine* fait avec Polaire de modestes recettes dans des théâtres de quartier assurant à Willy quelques droits d'auteur et l'animosité de Colette avec laquelle les escarmouches à travers la presse continuent, servant les intérêts publicitaires des deux adversaires.

« Plus ça change... » (Colette)

Colette a besoin d'argent. Elle vend son fameux collier de perles et d'autres bijoux. Elle cherche des acheteurs pour ses manuscrits. Annie de Pène trouve un amateur pour *L'Ingénue libertine* qui rapporte 3 000 francs, Musidora arrange une rencontre avec le prince Sixte de Bourbon-Parme. Colette indique une somme élevée : « Est-ce que la somme que je demande vous paraît acceptable ? – Sans discussion [46]. » Et le prince emporte le manuscrit de l'une des *Claudine*.

La vie devenait difficile. Le lait était réservé aux enfants de moins de 3 ans et aux vieillards, les boucheries n'ouvraient que deux fois par semaine. Les Parisiens souffraient, il y eut des grèves. Cependant, le Tout-Paris se pressait au théâtre du Châtelet pour voir le ballet de Jean Cocteau, *Parade*, pour lequel Diaghilev avait réuni le premier orchestre d'Erik Satie, le premier décor de Pablo Picasso, les premières chorégraphies cubistes de Léonide Massine. *Parade* était annoncé dans le programme comme un ballet « réaliste », mais Guillaume Apollinaire, qui en avait rédigé le texte, lança un mot qu'il avait inventé : *surréalisme*, pour décrire la fusion des talents de Picasso, de Satie, de Cocteau et de Massine. On disait que Satie avait composé l'*Ubu Roi* de la musique. Le rideau de Picasso, le décor cubiste des gratte-ciel de New York et la chorégraphie révolutionnaire de Massine furent jugés frivoles en temps de guerre, les auteurs, dit-on, auraient mérité d'être bannis. Jean Cocteau, ravi, rappela plusieurs fois à Colette que *Parade* avait créé un scandale aussi grand que *L'Après-midi d'un faune*. Il fut rapidement oublié, effacé par l'arrivée du général Pershing à Paris et le débarquement du corps expéditionnaire américain à Saint-Nazaire.

Colette partit pour Castel-Novel retrouver sa fille qu'elle n'avait pas vue depuis deux ans. Bel-Gazou avait les manières et l'allure d'un petit garçon, courait pieds nus, parlait anglais avec sa nurse, et patois avec sa mère. Elle était telle que Colette la voulait, comme « les enfants anglais, lumineux, libres, intelligents [47]... ». Bel-Gazou « parade » pour sa mère, qu'elle éblouit, elle n'a peur ni des orvets ni des chiens, et après le dîner lui offre un verre de cassis « avec une bonne grâce et un accent tous deux bien limousins ». Colette essaie de lui lire des contes de fée, mais Bel-Gazou fait des commentaires pratiques : le Petit Chaperon rouge ne pouvait pas porter à sa grand-mère un pot de beurre et une galette, « c'est défendu la galette, à *cose* de la guerre » et Colette séduite par son « Eros à la brouette » constate que sa fille est « un enfant de la guerre [48] ». Mais « quel enfant de cinéma ça ferait [49] ! ».

Le 13 juillet 1917 Henry de Jouvenel est nommé chef du cabinet d'Anatole de Monzie qui, sous-secrétaire d'État aux Transports maritimes et à la Marine marchande depuis dix jours, n'a pas perdu de temps pour l'entraîner vers une carrière politique. En attendant, les difficultés financières des Jouvenel sont réelles. Colette reçoit une avance pour *Les Heures longues*, la collection de ses articles publiés dans *Le Matin*, *Le Flambeau*, *L'Excelsior*, *La Vie parisienne* qui lui permet de payer des meubles achetés trois ans plus tôt. « ... j'ai dû me débrouiller, depuis trois ou quatre semaines, et me tirer d'une crise, oh fort ordinaire, de mouise... plus ça change... », se plaint-elle à Georges Wague. Comme au temps de Willy, elle travaille pour payer des dettes. Elle publie *Mitsou* en feuilleton dans *La Vie parisienne*, sous le pseudonyme de *Marie*, le nom qu'elle donnait à son double imaginaire quand elle était enfant. Fatiguée et distraite, elle perd le manuscrit dans le métro en allant le livrer au journal. Elle n'avait pas gardé de brouillon. Désespérée elle doit se coucher grelottante par 28° de chaleur. « Le lendemain matin je m'étais " surmontée " comme disent les femmes de ménage, et je me rattelais à la plus vomitive besogne que j'aie faite de ma vie, recommencer quelque chose [50]... »

D'autres problèmes s'ajoutent aux siens. Renaud, le fils d'Henry, est élevé en pension et Isabelle de Comminges exige un supplément aux 6 000 francs par an versés par Jouvenel pour subvenir aux frais d'éducation de l'enfant. A la demande de Sidi, Colette se résout à écrire à son ex-rivale. Elle lui envole une lettre diplomatique, sa lettre « n'est pas écrite par la Colette que vous avez connue mais une autre Colette, déjà très loin de la jeunesse, très loin de l'âpreté et de l'orgueil de la malfaisante jeunesse [51] ». Cette lettre ouvre le chemin à leur amitié. Colette n'ignore pas que son mari a une nouvelle maîtresse jeune, intelligente et séduisante. Germaine Patat est une femme d'affaires. Elle a fondé sa propre maison de couture qui sera la première entreprise dirigée par une femme cotée en bourse. Elle ne sera pas la dernière conquête du volage Jouvenel, mais elle ne sortira plus de la vie de Colette.

Jouvenel n'est chef de cabinet que pendant quatre mois. Le 30 décembre 1917, le sous-lieutenant Jouvenel est rappelé sous les drapeaux. Il rejoint le 44e RIT. Avant de partir il dit en plaisantant à son ami Henry Lemery : « Si je venais à être tué, tu n'aurais pas grand-chose à dire de moi. Tu parleras de ma vie sentimentale. Je te donne le titre de l'ouvrage : *De la Juive errante à la Vagabonde*[52] ». Le 27 mars 1918, Jouvenel passe au 29e RIT et le 14 avril il est promu lieutenant. Le 8 juin 1918 il est nommé officier porte-drapeau. Le 11 juin, après s'être porté seul à la rencontre d'une patrouille ennemie, Henry de Jouvenel est cité à l'ordre du jour de la 125e division. Colette écrit à Wague qu'il a été « au point le plus brûlant de l'offensive. Il a passé pour mort ou prisonnier. Il s'est conduit comme un brave... je tiens à te raconter ça en détail[53]... ». *Le Matin* du 14 juillet reproduit le texte de la citation décernée à son rédacteur en chef : Colette demande à Wague d'en informer Missy, qui n'admirerait rien tant que le courage, pour lui prouver qu'elle n'avait pas eu tort d'épouser Sidi. Colette continue à se « débattre contre ce qui empêtre le mieux et menace le plus : la purée [54] ».

La grippe espagnole fait des ravages. Guillaume Apollinaire succombe à l'épidémie deux jours avant l'armistice. Puis Annie de Pène meurt. « Quelle mort imbécile ! » Colette accuse Annie d'avoir causé sa propre mort : « Elle oubliait de déjeuner ou de dîner ou bien sautait un repas pour ne pas engraisser, et la grippe l'a saisie dehors sans défense, c'est-à-dire l'estomac vide [55]. » Elle se désole à l'idée de ne plus entendre sa voix au téléphone, son rire va lui manquer. Au marché aux puces où elles allaient souvent, Colette avait déniché un agenda dans un boîtier de porcelaine doublé de soie bleue, daté de 1830. Elle y avait noté : Lundi : aller voir Annie. Mardi : aller voir Annie, etc. : « et, jusqu'à mes derniers jours, c'est mon seul vœu ». Liane de Pougy, toujours ravie de pouvoir dire du mal de Colette, raconte à ce propos : « Elle ne croit ni à Dieu ni à diable, elle ne craint ni le mal ni la mort. Je l'ai vue danser et s'empiffrer goulûment près d'une chambre funèbre et du cadavre d'une femme qu'elle aimait la veille, criant à tue-tête : " On y passera tous ! Les morts ne doivent pas attrister les vivants. " Pauvre, pauvre Colette... boursouflée de graisse, gonflée de rancune, de haine, d'ambition. On dit qu'elle brigue le ruban rouge [56]. » La nourriture panacée, il est vrai qu'elle y eut recours pour adoucir le chagrin de Germaine Beaumont, la fille d'Annie de Pène. Elle l'emmena au restaurant, en lui affirmant que la nourriture était le seul remède au deuil. A la fin de sa longue vie, Colette constatera : « Je ne comprendrai jamais rien à la mort [57]. » Elle gardait de ses amis disparus une image vivante, repoussant de son souvenir « leur image de gisants, leur posture de quiétude définitive [58] ». Parce qu'elle les veut toujours vivants, sa curiosité la conduit chez ceux qui ont « commerce avec les esprits ». Elle demande à un médium : « Alors, vous voyez les morts ? Comment sont-ils ? » et trouve sa réponse : « Comme les vivants [59] » révélatrice.

Elle avait consulté la fameuse voyante Freya quand elle se séparait de Willy et elle était convaincue qu'elle communiquait avec Marguerite Moréno par transmission de pensée. Elle croyait au hasard et à la chance. Elle disait que, si elle avait pu remplacer le mot « chance » par le mot « foi », elle aurait été croyante. Au début de la guerre, le gouvernement avait interdit les tarots et les cartes, et défendu aux médiums et aux diseuses de bonne aventure d'exercer leur métier. Trop de femmes se laissaient duper à cause de leur besoin pathétique de savoir si leurs fils, leurs maris étaient morts ou vivants. Colette savait où trouver les officines clandestines. Elle vit Saphira, « un homme âgé, maquillé, imprégné de parfums », la liseuse de cartes de la rue de Chazelles, Élise la femme à la bougie, qui disait l'avenir en tâtant de la pointe d'un couteau une bougie allumée que ses clientes lui apportaient après l'avoir gardée entre peau et chemise, la dormante de la rue Caulincourt, « une pauvre petite larve à visage de salade blanche » dont il fallait tenir la petite main molle entre ses mains pendant qu'elle parlait dans son sommeil, « la consternante, l'indiscrète vérité future avait choisi de passer par ce misérable corps [60] ».

Une de ces voyantes, Mme B., « une aimable et ronde femme à cheveux blancs », après avoir gardé dans les siennes la main de Colette, l'informa qu'un homme se tenait debout derrière sa chaise. Elle le décrivit et Colette reconnut son père. « C'est un esprit bien placé dans le monde des esprits. Il s'occupe beaucoup de vous à présent [61] », dit-elle à Colette, intriguée par cet « à présent ». La voyante s'expliqua : il s'occupait d'elle parce qu'elle représentait ce qu'il aurait voulu être : un écrivain. Achille parut à son tour, si bien décrit que Colette ne put douter que c'était lui. Elle était enchantée d' « une sorcellerie anodine et inexplicable ». La voyante le plaignait, elle n'avait jamais vu « un mort aussi triste » ! Colette demanda s'il n'y avait pas une femme âgée dans cette petite réunion de famille, mais Sido manquait à l'appel. La voyante la consola en lui disant : « Un esprit ne peut pas être partout à la fois. » Colette apprit dans le salon ensoleillé de Mme B. que « le commerce des défunts s'accommode de lumière terrestre, de familière gaieté [62] ».

Elle n'avait jamais eu le moindre goût pour la lugubre attitude de Jeanne de la Vaudière qui avait fait partie, comme elle, de la Petite Classe de Jean Lorrain. Jeanne, prêtresse de l'au-delà, auteur de livres ésotériques, vivait retirée dans son château familial à Parigné-l'Évêque, où l'on disait qu'elle communiquait à la lumière des torches avec ses parents, couchés dans leurs cercueils de verre, dans le souterrain du château.

« A mon vieil ami tout nouveau, Francis Carco. » C'est ainsi que Colette dédicace *Les Heures longues* à Francis Carco qui vient de lui envoyer *Les Innocents* et *Jésus la Caille*. Elle traite les textes de son propre recueil de « pauvres choses journalistiques » mais ajoute : « Vous avez bien raison de m'écrire, j'ai idée que nous pensons la même langue. J'ai découvert *Les Innocents* et relu *La Caille* [63]. » Carco avait réussi à étonner Paris à la sortie de son premier livre de poèmes, *Instincts*, en 1910. Il avait réuni amis et journalistes sous un réverbère de l'étroite rue Visconti, les priant de venir en habit. Lui-même apparut dans une veste trop courte d'où débordait un trop grand plastron de chemise empesé. Il lut quelques-uns de ses poèmes dans la rue. Il avait une voix que Colette ne cessa jamais de trouver la plus belle voix d'acteur qu'elle ait entendue. Il était né François Carcopino-Tusoli, à Nouméa où son père était inspecteur des Domaines. Son frère aîné sortit major de Polytechnique, son cousin Jérôme Carcopino devint un historien éminent. Francis était le rebelle de la famille. Après le baccalauréat, il s'installe dans une mansarde à Montmartre avec l'intention d'écrire et de peindre. Il se fait des amis qui lui donnent les toiles qu'ils ne vendent pas ou vendent vingt sous. C'est ainsi qu'il commence une collection de toiles d'Utrillo, de Suzanne Valadon, de Modigliani, de Picasso. Il ne cessera jamais de collectionner les tableaux de ses contemporains et c'est à lui que Colette s'adressera quand elle voudra investir dans des œuvres d'art. Mais ses goûts en peinture n'étaient pas ceux de Carco. Elle n'aimait pas les cubistes qui font fi de la perspective alors qu'elle y voit quelque chose de « divin ». L'art déco ne la séduit pas davantage. Ce sont les brumes légères de Corot, les vapeurs nuageuses de Turner qui l'attirent, elle aime certains Claude Monet. Elle donnerait tous les cubistes et tout l'art déco pour la sculpture d'une panthère par Fritz Behm. Lorsque Carco offrit de lui vendre des Modigliani de sa propre collection, elle les refusa et acheta des aquarelles de Chas Laborde et de Dignimont. « Si la peinture est mon vice, disait Carco, le vice de Colette c'est le music-hall [64]. »

A Montmartre, Carco avait réussi à survivre en allant voler à l'aube le pain et le lait déposés à l'entrée de service des immeubles bourgeois. Il tenta de gagner sa vie comme chauffeur, comme chanteur de caf' conc', comme employé à la Compagnie des Eaux. Il finit par faire partie du groupe d'aspirants-écrivains qui gravitaient autour de Willy à Paris et à Bruxelles. Il travailla anonymement à deux romans de Willy, puis se brouilla avec lui parce que Willy l'avait décrit dans *Les Amis de Siska* comme un homosexuel et Carco ne pouvait plus se défaire de cette image. « Le cynisme de Willy, son amour des plaisirs, de l'argent, m'avaient déjà permis de le juger. J'optai donc pour Colette. »

Il la vit pour la première fois dans le bureau d'Annie de Pène à *L'Éclair*, rue du Faubourg-Montmartre, accompagnée d'une de ses amies, une femme du monde « appétissante ». En l'apercevant Colette leva les bras en l'air, dans un geste qui lui était familier.

« Comment, c'est vous, Carco ? Et Jésus-la-Caille où est-il ? Que fait-il ?

— Mais... le tapin en bas.

— Quoi, s'exclama la femme du monde, ma Colette, vous l'entendez : le tapin [65]. »

Bientôt, elle lui écrit : « Je me plais dans vos livres. La pluie, les petits bistrots, l'étrange bureaucratie des existences de filles, et cette austère absence de rigolade — vous êtes le maître actuel de cette littérature [66]. » L'amitié ne tardera pas à devenir une prise de possession : « Je vous ai adopté, Carco. Il n'y a pas d'adoption sans l'illusion — au moins — de la protection [67]. »

Elle intervient auprès de Gustave Téry qui accepte de publier *Le Temps perdu, scènes de la vie de Montmartre*, de Carco. Celui-ci observe Colette et estime qu' « un vieux compte à régler entre elle et les représentants du sexe masculin semblait la tenir constamment sur ses gardes ». Il l'appelle « le renard » à cause de son visage triangulaire : « Le renard savait se défendre, il ne fuyait pas le commerce des hommes, mais c'était pour les mieux avoir à sa discrétion [68]. » Colette aime cette intelligence, ce talent : « C'est une chaleur si agréable que celle d'une jeune amitié comme la vôtre. » Elle accueille sa femme Germaine dans son cercle d'intimes : « Je vous embrasse tous deux mes enfants, et je suis votre vieille mère et amie [69] ».

Colette a trouvé en Carco un nouveau Lorrain. « Si Jean Lorrain vivait, il serait déjà à vos genoux — si j'ose écrire [70]. » Avec lui elle explore encore une fois les bas-fonds. Les anciens bals musette étaient de nouveau à la mode, mais on y dansait les danses nouvelles qui arrivaient d'Amérique. Les bals où Jean Lorrain s'affichait avec les costauds de la place Maubert rouvraient. Un soir, rue de Lappe, dans un bal dont le patron n'était autre qu'Odilon Albaret, l'ancien valet de chambre de Marcel Proust, le tapage et le désordre étaient tels que la police y fit une descente. Colette, « après l'irruption brutale des flics et l'inévitable distribution de capuchons (c'est-à-dire des coups des fameuses capes aux ourlets plombés), s'écria, debout sur une table : Enfin un peu de rêve [71] ! ». En écrivant en 1955 ses souvenirs *Colette « mon ami »*, Carco met leur amitié au masculin pour souligner leurs rapports de copains et de confrères. Il raconte plaisamment que la femme du monde que Colette qualifiait de « comestible » leur servait de chaperon dans leurs excursions de la place du Tertre à la place d'Italie et aux Gobelins. Colette aimait les beuglants où ils se glissaient pour entendre des chanteuses en robe rouge, couvertes de sequins, pousser la goualante. Vers 3 heures du matin, la tournée s'achevait dans un bistrot des Halles. Colette n'explorait pas seulement les bars des quartiers louches, elle entraînait Carco à *L'Étincelle*, un salon de thé fréquenté par les homosexuels.

Elle le présente à son amie Hélène Picard, une femme passionnée qui écrivait des vers d'une intense sensualité. Son premier recueil de poèmes, *L'Instant éternel*, avait été couronné par l'Académie française en 1904 et le jury de *Fémina* lui décerna le titre de poète-lauréate. Née en 1873 comme Colette, elle s'était séparée de son mari et fixée à Paris en 1915 où elle travaillait au *Matin*. Colette se l'attacha, elle devint sa secrétaire, puis bientôt sa confidente et son factotum. Sa passion pour Colette tenait de l'envoûtement et du culte. Elle avait grandi en province, près du quartier réservé d'une ville de garnison, et racontait : « De tels souvenirs des pensionnaires de ces lieux de débauche qu'on n'en croyait pas ses oreilles. » Elle tomba amoureuse de Carco. A Rozven, n'ayant pu le séduire, elle le photographiait. Carco jugeait ces photos, prises à son insu « ...inconvenantes. Sans m'en douter, j'étais ainsi l'objet d'une sourde conspiration de femmes étendues, l'œil mi-clos, sur le sable [72] ».

Le cercle d'intimes s'enrichit de la maîtresse de Jouvenel, Germaine Patat, une amie d'Hélène Picard. Colette qu'elle attirait ne l'attirait pas moins. Une entente étroite s'établit. Selon son habitude avec ses amis intimes, Colette l'appelle « mon enfant ». Germaine, dès la fin de la guerre, fit d'énormes profits en exportant ses créations aux États-Unis et en Amérique latine. C'est à elle qu'elle s'adresse quand elle a besoin d'argent, Germaine lui en prête pour acheter un terrain près de Rozven. Et c'est à Germaine que Colette confie sa fille, en lui expliquant qu'elle est sa petite sœur. Ces nouveaux liens familiaux fonctionnent à merveille. Bel-Gazou est prise en charge par Germaine et passe ses vacances dans sa propriété. Ce trio sans drames deviendra le sujet du roman *La Seconde* que Colette écrira en 1929.

Thésauriseuse d'amours et d'amitiés, Colette s'enrichissait toujours, s'appauvrissait rarement et toujours en dépit d'elle. Elle restait en contact avec Missy, avec Léon Barthou, avec José-Maria Sert et

Misia, avec Georges Wague qui, grâce à ses démarches, est chargé d'une classe de pantomime au Conservatoire national d'art dramatique. Elle lui gardait une amitié un peu nostalgique. En juin 1919, elle donne une conférence sur le mimodrame et la pantomine au Trianon lyrique. Au *Matin* elle fait la connaissance de Léopold Marchand qui lui a soumis un conte. Il ne tarde pas à devenir son « enfant ». Elle l'apprivoise rapidement. « Vous êtes construit en matériaux si sympathiques... Qu'est-ce que vous faites ? Une pièce ?... Venez me dire bonjour au *Matin* [73]. » Il sera, dès 1920, un invité régulier à Rozven, le « vous » fera place au « tu » et c'est lui qui collaborera avec Colette pour adapter ses romans à la scène. Il était le fils des propriétaires des Folies-Bergère et de l'Olympia, ce qui donnait un titre de plus à l'intérêt que Colette lui portait.

Musidora poursuit brillamment sa carrière. Colette l'appelle « ma fille Musi » et signe ses lettres « ta vieille et sainte mère », n'omettant pas d'appeler Bel-Gazou « ta sœur ». Germaine Beaumont a pris la place de sa mère, Annie de Pène, dans l'affection de Colette. Meg Villars, de retour des États-Unis, apparaît aussitôt boulevard Suchet. Son divorce d'avec Willy est prononcé, elle ne tarde pas à devenir l'une des sultanes temporaires de Jouvenel, à qui Colette donne le sobriquet de Pacha.

Carco, qui n'était pas encore complétement apprivoisé, s'étonnait de l'envoûtement des amis de Colette. Un matin, au petit déjeuner qui réunissait toute son amoureuse famille, Colette pose un regard, que Carco appelle « concupiscent », sur Hélène. Sans la quitter des yeux, elle sort de sa poche une paire de ciseaux, s'avance lentement vers elle et sans prononcer une parole se met à couper ses longs cheveux jusqu'à ce que toute la noire crinière soit à ses pieds. Dans le silence général la voix d'Hélène s'élève, piteuse :

« Oh, ma Colette !

– Ça te va mieux, dit tranquillement Colette, et maintenant mes enfants, déjeunez ».

A Rozven Colette se livrait à une de ces orgies d'activité physique qui, chez elle, précédaient les moments de grande création littéraire. Elle nageait furieusement trois fois par jour, pêchait le crabe, les crevettes et, par les nuits de pleine lune, le poisson plat. Pour achever de dégager son esprit, elle attaquait les sous-bois, arrachait les mauvaises herbes, creusait des marches dans la colline. Assise à même le sol, elle avait l'air d'une druidesse en transe, ratissant la terre à pleines mains. Elle avait commencé son nouveau roman : *Chéri*.

« LE COURS DES CHOSES »

Dès la fin de la guerre Colette est devenue directeur littéraire du *Matin*. Outre la direction de la rubrique des *Contes des mille et un matins*, le 19 décembre 1919, Colette est chargée de la critique dramatique, domaine jusque-là totalement masculin dans les grands quotidiens. Désormais, armée de sa jumelle noire, elle assiste à toutes les premières. L'influence de Jouvenel s'impose dans les pages politiques, celle de Colette dans les pages littéraires. Elle est l'un des critiques les plus écoutés de son temps. Elle donne des critiques dramatiques à *L'Éclair*, à *La Revue de Paris*, au *Journal*, au *Petit Parisien*. Dans le monde du spectacle, elle jouit d'un réel pouvoir. Elle aborde la critique dramatique avec une connaissance pratique de la scène ; le plateau, les décors, l'éclairage, les coulisses lui sont familiers. Le texte l'intéresse, mais ni plus ni moins que la mise en scène, le jeu des acteurs, les intentions et les réalisations des directeurs. De plus, elle observe le public, et fait nouveau, l'intègre au spectacle par ses réactions. Elle traite le cirque, les Folies-Bergère, la Comédie-Française, le théâtre du boulevard avec le même respect. Elle aborde avec le même amour de la scène Ibsen, Racine, Shakespeare, les auteurs contemporains où le théâtre pour enfants. Elle traite Maurice Chevalier, Mistinguett, Joséphine Baker, comme elle traite les tragédiens du Théâtre-Français ou les comédiens du boulevard. Elle travaille avec son intensité coutumière ; en 1920, elle fait la critique d'une cinquantaine de pièces. Elle saisit toutes les occasions de faire du reportage.

Presque tous les soirs, à 6 heures, Colette arrive au *Matin*, boulevard Poissonnière. Elle est souvent vêtue d'un tailleur strict, chaussée de bottines étroites, coiffée d'un petit chapeau orné d'une courte voilette semée de pastilles de velours qui soulignent l'éclat de ses yeux pers cernés de khôl. En hiver elle cache ses mains dans un manchon de loutre. Elle monte directement au bureau de Jouvenel pour discuter les affaires courantes avant de regagner son bureau à l'étage au-dessus. Elle met une magnifique paire de lunettes en écaille de tortue qui lui donnent l'air d'un jeune docteur, d'après Roger Martin du Gard qui l'admirait de loin, et elle attaquait la tâche qui l'attendait. Sa production quotidienne aurait été écrasante si elle n'avait appris de Willy et du grand journaliste Charles Saglio à déléguer le travail. Hélène Picard, Claude Chauvière, Germaine Beaumont sont ses auxiliaires et ses secrétaires. Colette les envoie prendre des notes, assister à des spectacles, leur fait faire un travail de rédactrices qu'elle reprend entièrement ensuite.

Elle avait besoin de dormir sept heures et rattrapait quelques minutes de sommeil réparateur, assise à son bureau, la tête appuyée au dossier du fauteuil. Elle maintenait un rythme de travail épuisant grâce à son remède personnel, la nourriture. Elle avait toujours une boîte de chocolats à portée de la main. L'éditeur Arthème Fayard, qui manquait d'appétit, était stupéfait de la voir faire allègrement des pique-niques de fromages et de vins sur son bureau chargé de papiers, de livres, d'épreuves. Ce bureau rappelait une loge d'actrice par l'abondance de fleurs, et les murs couverts de photographies, de caricatures, de dessins. Elle gardait bien en vue une photographie de Gabriele D'Annunzio dans l'uniforme des Arditi, avec cette dédicace : « A Colette, en souvenir de Rome, Fiume, septembre 1920. » Après la guerre, jugeant que les Alliés n'avaient pas bien traité l'Italie, le poète avait rassemblé mille volontaires et, à leur tête, conquis la ville de Fiume. Colette aimait sa « grandezza », c'est ainsi qu'elle comprenait la politique « de l'opéra pur ».

Ses subordonnés appréciaient sa simplicité et son professionnalisme. Un correcteur pouvait lui renvoyer ses articles et ses contes « avec, en marge, des interrogations, des indications de passages à modifier ». Elle reprenait le texte en question, le revoyait, le corrigeait sans le moindre sursaut d'orgueil. Claude Chauvière la vit porter elle-même ses chroniques au *Figaro*, les remettre au secrétaire de rédaction « comme elle eût glissé des lettres à la poste [74] » et repartir sans déranger qui que ce soit. Cette humilité étonnait, d'autant plus que c'était le contraire du style qui se pratiquait au deuxième étage du *Matin*. Là les huissiers en culotte à la française introduisaient les visiteurs par le grand escalier dans le bureau de Jouvenel, deux fois plus grand que celui de Colette ; le décor était imposant et une certaine étiquette y régnait.

Colette était reconnaissante à ceux qui l'aidaient, en particulier à Sapène qui lui avait enseigné qu'un journaliste devait être au centre de l'événement à n'importe quel prix. Il s'était fait rouler dans un tapis avec sa caméra pour être dans la pièce où des diplomates devaient se réunir. Colette trouve un stratagème pour être la première à interviewer la reine Marie de Roumanie. Le 5 mars 1919, à 6 heures du matin, Colette se fait conduire dans une station de province où le train royal devait s'arrêter brièvement avant d'atteindre Paris. Elle monte à bord avec une brassée d'orchidées, et à 7 h 45 elle est admise dans le compartiment royal. Quand le train entra en gare à Paris et que les journalistes s'élancèrent à bord, Colette descendit du train avec son article tout prêt.

Quand de jeunes écrivains venaient lui soumettre un conte pour ses *Mille et un matins*, la plupart l'appelaient « maître ». Colette les grondait, prenait leur papier et les reconduisait jusqu'à l'ascenseur avec des mots d'encouragement. A Georges Simenon, elle dit qu'il était trop littéraire, et lui conseilla de couper toute littérature de sa prose, il estimait qu'elle lui avait donné le conseil le plus précieux qu'il ait jamais reçu. A Claude Chauvière, elle conseillait de ne pas être trop brève, de ne pas demander trop au lecteur qui trouve alors le texte long. Pour les descriptions, il fallait commencer par la vue, suivie de l'odorat et enfin utiliser l'ouïe. Mais l'essentiel était de lire énormément. « Lis les livres des autres, même s'ils t'embêtent... sans ça tu contracterais une terrible ankylose de style », disait-elle. Écrire est une question de discipline, un sport mental, il faut que l'esprit soit toujours en éveil, il faut être curieuse de tout. Quant à la débauche, toute débauche est un excès et l'excès nuit au travail quotidien. « Tu peux faire soûle ou vidée une nouvelle incomparable mais ça sera tout. Je n'ai jamais cru à la débauche, je crois que j'ai bien fait. »

Elle était l'une des journalistes les mieux payées. Le directeur des *Nouvelles littéraires*, en entendant le prix qu'elle demandait, protesta :

« André Gide exige le quart pour un papier !

– André Gide a tort, répondit Colette. « Si les illustres agissent ainsi, qu'obtiendront les autres qui ont peut-être faim ? »

Elle était l'écrivain qui obtenait des éditeurs les plus gros pourcentages, dit Chauvière, « ... et c'est justice. Sur son nom, on n'a pas besoin de faire de publicité, il se suffit [76] ».

Dès 1918 Rachilde affirmait que Colette serait l'une des plus grandes journalistes de son temps. Elle avait créé son propre genre, l'article semblait tiré de son propre journal, où elle aurait noté ses impressions personnelles sur les êtres et les choses. Elle parle du soldat qui rêve au tapis qu'il mettra dans sa maison après la guerre, de l'employé qui mange un croûton de pain assis sur les marches du métro, de la joie d'un coiffeur qui passe son dimanche à la campagne, de sa fille qui règne sur le poulailler à Castel-Novel, des chiens qui vont chercher les soldats blessés dans les tranchées, d'un championnat de boxe, du tour de France cycliste, du procès d'un meurtrier. Aucun genre ne lui est étranger. Elle parle des mésanges de son jardin, de la peine des animaux que les humains torturent : du chevreau porté au marché les pattes liées, aveuglé par son propre sang, de l'humble lapin aux yeux arrachés, des oiseaux élevés pour la table qu'on tue en leur écrasant le bec. Le monde où elle vit est tout entier présent et chaque incident s'impose comme une image qu'on n'oublie plus. On a défini son journalisme comme impressionniste. En fait, Colette, moraliste cachée quand elle touche au malheur des hommes ou des bêtes, a le pouvoir de toucher le cœur et de remuer la conscience.

« NUL N'A PLUS DE GÉNIE QUE COLETTE » (J. de Pierrefeu)

De janvier à juin 1920 *Chéri* paraît en feuilleton dans *La Vie parisienne*. En 1946, dans *L'Étoile Vesper*, Colette dit tout simplement : « Quand on me parle de *Chéri* et de sa fin, ou de *Sido*, je montre de la compétence et de la complaisance. Je sais où se trouve le meilleur de mon travail d'écrivain [76]. » La genèse de *Chéri* fut longue. Elle avait commencé par un conte publié dans *Le Matin* en août 1911, sur un jeune homme nommé *Clouk* à cause du bruit léger que faisait sa narine chaque fois qu'il inspirait. Il était riche, faible, et il avait une vieille maîtresse. En 1912 *Clouk* alterna avec *Chéri*. *Clouk* apparut dans quatre récits et *Chéri* dans quatre également. Dès sa parution en feuilleton, *Chéri* suscite le scandale. Qu'un jeune homme de 19 ans, aussi beau, soit dévasté par son amour pour une courtisane qui a 30 ans de plus que lui est une invention dépourvue de toute vraisemblance. *Chéri* n'est qu'un gigolo dégénéré. Colette prend les critiques avec calme. Une seule opinion lui importe, celle de Proust. « On n'en finit pas d'imprimer et de brocher *Chéri*, je suis inquiète de votre opinion, et je vous envoie par impatience un jeu d'épreuves, mais elles ne sont pas corrigées, tant pis. » Elle sait qu'elle vient d'écrire un roman qui ne doit rien au passé : « C'est un roman que je n'avais jamais écrit, – les autres, je les avais écrits une ou deux fois, c'est-à-dire que les *Vagabondes* et autres *Entraves* recommençaient toujours un peu de vagues *Claudines*[77]. »

En novembre 1920, Proust est nommé chevalier de la Légion d'honneur, Colette avait reçu le ruban rouge en septembre. Il lui écrit : « C'est moi qui suis fier d'être décoré en même temps que l'auteur du génial *Chéri*[78]. » André Gide lui écrit : « Une louange que vous ne vous attendez guère à recevoir, je gagerais bien que c'est la mienne... J'ai dévoré *Chéri* d'une haleine. De quel admirable sujet vous vous êtes emparée ! et avec quelle intelligence, quelle maîtrise, quelle compréhension des secrets les moins avoués de la chair !... D'un bout à l'autre du livre, pas une faiblesse, pas une redondance, pas un lieu commun[79]. » Anna de Noailles apprenait par cœur des pages entières à force de les relire. Henry de Montherlant admirait le roman. Mais dans *Le Temps*, Paul Souday déplorait que Colette eût entrepris une étude psychologique objective alors que c'est le domaine propre des hommes, les femmes ne sachant écrire que d'après leur perception personnelle, c'est-à-dire féminine. Jean de Pierrefeu trouvait que Colette « romancière de l'instinct... conduit à la nuit cérébrale, à la fin de toute culture, à l'appauvrissement définitif de la personne humaine ramenée au rang de l'animal ». Il lui concède malgré tout rien de moins que du génie : « Nul n'a plus de génie que Colette... elle a trop de génie, n'est-ce pas, pour continuer à l'encanailler. » Colette lui répondit avec beaucoup d'esprit : « Mais qu'est-ce que vous avez, cher Pierrefeu et d'autres, à vouloir me régénérer ? Se pencher sur des pauvres – Léa, et Chéri plus qu'elle, sont des pauvres parmi les pauvres – c'est donc si vil ?... Et il me semble bien que je n'ai jamais rien écrit d'aussi moral que *Chéri*[80]. »

Aux débats littéraires, des querelles d'argent ajoutèrent leur venin. Charles Saglio refusait de payer plus que ce qu'il avait promis pour la publication de *Chéri* en pré-originale dans *La Vie parisienne*. Pour 6 500 francs, il se considérait comme quitte, Colette était mécontente parce qu'elle aurait pu avoir davantage ailleurs. Lucie Saglio envoya un faux ébénier et Charles une coupe de cristal bleu avec de très bons chocolats qui adoucirent l'humeur de Colette. La fêlure de cette vieille amitié fut soigneusement réparée par des envois de fleurs, d'ananas, de raisins, de pommes. « O mes chers Lucie et Charles ! » leur écrira-t-elle en 1948, et à Lucie en 1953, peu avant sa mort : « Parfaite amie, je vous chéris toujours [81]. »

Henry de Jouvenel était revenu du front souffrant comme beaucoup d'autres d'une désillusion profonde. Au *Matin*, il exprimait ses idées avec une rare puissance de persuasion. Ayant soif de rénovation, sensible aux virtualités du moment, il pensait que le bouleversement opéré par la guerre lui ouvrait un champ d'action à la mesure de ses idéaux. Il entreprend une campagne pour que la tombe du Soldat inconnu soit placée, non au Panthéon, mais sous l'Arc de triomphe. Il crée la Fédération des travailleurs intellectuels et cette fédération nouvelle est imitée dans douze pays. Il se présente comme candidat indépendant au conseil général de Corrèze, il est élu, et, le 9 janvier 1921, il devient sénateur de la Corrèze. Dès lors sa carrière politique prend son essor. Homme de gauche, il s'était d'abord rallié aux radicaux, puis au radicaux-socialistes, avant de se déclarer indépendant de gauche. Orateur brillant, il fit, en l'espace de deux ans, vingt discours sur des sujets aussi divers que l'éducation physique et la banque de Chine. Il ouvrit les colonnes du *Matin* à ceux qui étaient en désaccord avec lui. Il cultivait la diversité des opinions en affirmant qu'il fallait de nombreuses hypothèses pour atteindre une vérité moyenne. Il savait aussi que la polémique fait la manchette des journaux. Mais comme la polémique est souvent fondée sur de fausses nouvelles, il souhaitait qu'une entente internationale assurât l'exactitude de l'information et que des comités internationaux de surveillance puissent rapporter à un tribunal international de la presse les infractions commises.

Un an plus tard il est membre de la commission des Affaires étrangères. Il appuyait Aristide Briand dont la politique tendait à organiser le désarmement de l'Europe. Délégué de la France à la Société des Nations, il opposa avec éloquence la « civilisation du bonheur à celle de la force ». Il disait que la victoire réelle n'était pas celle des armes, « la victoire ce sont des esprits qu'on amène à la conception de la civilisation humaine ». Il voulait organiser la paix et il était un Européen convaincu avant l'heure. Sénateur de la Corrèze, il modernise la région, fait construire des routes, amener l'électricité, il fait même bâtir un aéroport près de Varetz, le seul village de 300 habitants à avoir une piste d'atterrissage.

En été, le baron et la baronne de Jouvenel arrivent au château familial dans leur limousine, suivis de leur cuisinière et de leur femme de chambre. Le chien Gamelle et un chat persan sont du voyage. A Castel-Novel, Colette soutenait de son mieux la carrière politique de son mari. Elle assistait aux réunions quand elle pensait que sa présence serait utile, elle recevait beaucoup.

Sa situation au *Matin* aidait à effacer l'image de la Colette d'avant guerre. Elle était désormais uniquement une femme de lettres, les danses, les aventures théâtrales étaient oubliées. Cette métamorphose eût été plus facile sans Willy qui ne pardonnait toujours pas. Son frère était mort en héros à la guerre, mais Willy ne pouvait pas reprendre la direction de la presse familiale à cause de ses créanciers qui le poursuivaient. C'est sa nièce, le Dr Paulette Gauthier-Villars, qui est nommée directeur de la maison d'édition. Willy publie *Ginette la rêveuse*, roman dans lequel il se décrit ruiné par une femme-auteur. Le roman est la confession imaginaire de Colette-Ginette, peu avant sa mort. Willy prétend qu'il a été obligé de remanier de fond en comble ce texte, de couper des chapitres « d'une psychophysiologie captivante mais si peu respectueuse de " l'honnêteté " qu'Albin Michel aurait dû les publier en latin ». Afin que l'attaque contre Colette soit plus évidente, Willy cite le baroque paysage bourguignon décrit par Ginette : « Les longs cyprès effilés me saluaient de leurs cimes amies quand je suivais la rivière jalonnée d'oliviers... Au bord de l'Yonne ! Pourquoi pas des cactus et des baobabs... ? » Il accuse Ginette de plagier Rachilde, voire *Lélie, fumeuse d'opium* ; il insinue que les descriptions de Colette, qu'il pastiche, sont une « mosaïque d'expressions pillées au hasard des lectures ». Une phrase révèle la virulence de la rancune qui anime Willy : « Ginette paiera pour Claudine [28]. » La baronne de Jouvenel redoutait les attaques de Willy. De plus, elle craignait le rappel de son passé, à juste titre. « Lorsque H. de Jouvenel fut sur le point d'être nommé ambassadeur à Berlin, les Allemands firent paraître, dans un journal illustré, un portrait de Colette dansant nue sur une scène de music-hall en *Phryné* avec ce titre : " La future ambassadrice des Français ", ce qui mit fin aux ambitions de Jouvenel [83]. »

Colette contre-attaque et paraît disposée à faire paraître un article dénonciateur. Liane de Pougy raconte : « J'ai dîné l'autre jour chez Mme Gillou avec Colette qui, entre parenthèses, mène tout au *Matin* côté littéraire. Elle s'est mise à dire un mal terrible de Willy. On était gênés. Elle s'acharnait bassement à le frapper, n'omettait rien, accentuait tout, jurant que jamais il n'a écrit une seule ligne d'aucun de ses romans, citant les noms des auteurs exploités, fouillant dans son sac pour chercher le dossier révélateur. C'était pénible. Son mariage avec M. de Jouvenel, qu'elle a chipé à l'une de ses amies, la belle Isa de Comminges, mariage brillant qui la place haut dans le monde des lettres, eût dû la mettre également au-dessus de ces basses rancunes... On chuchote qu'elle n'est pas très heureuse, trompée, repoussée, mal traitée... Peut-être aime-t-elle encore Willy [84]... »

Colette n'était toujours pas la seule baronne de Jouvenel, Claire Boas n'ayant pas renoncé à porter ce nom. Cette dernière s'intéressait toujours à la politique étrangère, dans son salon et au Cercle Interallié elle était entourée de diplomates amenés à Paris par la conférence de la Paix. Elle soutenait l'idée d'une Tchécoslovaquie indépendante et mit Édouard Benès en rapport avec Aristide Briand. Son influence ne s'arrêtait pas aux Affaires étrangères, elle lança *La Journée Pasteur* pour réunir des fonds pour la recherche scientifique. C'était un camouflet pour Colette qu'il y ait deux baronnes de Jouvenel. Cinq ans après s'être vu refuser une chambre dans un palace à Rome, sous prétexte qu'elle usurpait le nom qui était bien le sien, rien n'avait changé. Jouvenel louvoyait. Colette fit pression pour qu'il interdise enfin à Claire Boas de porter son nom. Celle-ci, tenant à le conserver, eut l'idée de se servir de son fils pour plaider sa cause. Elle le munit d'un superbe bouquet et l'envoya 69, boulevard Suchet.

Bertrand a 16 ans. Il est follement intimidé par sa mission. Introduit dans le salon, il se réfugie dans le coin le plus sombre, derrière le piano. La porte s'ouvre brusquement, Colette marche rapidement vers la porte-fenêtre donnant sur le jardin, « petite, ramassée, rapide et puissante ». Elle ne voit personne, murmure : « Mais où est-il donc cet enfant ? » l'aperçoit et fond sur lui. Bertrand a une impression de force « et d'une force dont le choc m'était doux... Mais au premier regard... je me livrai à la protection de Colette, que son premier regard aussi me promit [85] ». Phèdre avait jeté les yeux sur Hippolyte, tout prit un nouveau cours. Colette rend visite à Claire Boas : « Nous avons lié à Paris une vieille amitié en l'espace de vingt minutes. Elle m'a confié son fils, qui est charmant. » En avril, toute la famille se réunit à Castel-Novel, Claire Boas, invitée, a failli venir. « Sidi plane sur le groupe avec une sérénité mahométane [86]. » La famille compte également Renaud, le fils de Jouvenel et d'Isa de Comminges, qui a 12 ans. « Je suis parcourue d'enfants de la plus jouvenelle espèce [87] », confie-t-elle à Hélène Picard.

Bertrand est très grand. Il est mince et sportif. C'est un lecteur passionné d'histoire, d'économie et de politique. Il est élevé par sa grand-mère maternelle, une femme délicate qui garde toujours, à portée de ses doigts, une coupe pleine de pétales de roses. Il a grandi dans sa propriété à Montmorency. Une discrétion aristocratique interdisant toute mention de la fortune familiale, ce n'est qu'au lycée que Bertrand apprend qu'il est riche, quand un condisciple, par hasard, fait allusion aux grands biens de sa famille. Son grand-père paternel était un homme de droite qui n'approuvait pas la politique de son fils et s'efforçait de transmettre ses propres opinions à son petit-fils. Bertrand, élevé dans une ambiance feutrée, découvre à Castel-Novel une vie nouvelle. Il apprend que Mamita, sa grand-mère paternelle, a une fille illégitime, sa tante Édith. Il découvre sa demi-sœur Bel-Gazou qui, à 7 ans, « va son chemin toute seule, se rend à l'école, en revient, repart [88]... ». Il fait la connaissance de son demi-frère Renaud. Ayant adopté Bertrand, Colette adopta Renaud, un garçon de 12 ans et demi, terrible, séduisant, farouche, tendre, destructeur, tout à fait étonnant. « Quelle force, déjà, dans ce Sidi encore enfant [89] ! »

« LA PERVERSITÉ DE COMBLER UN AMANT ADOLESCENT NE DÉVASTE PAS ASSEZ UNE FEMME, AU CONTRAIRE » (Colette)

Puis tout le monde se rend à Rozven : « Si tu voyais le bain de Sidi, Sidi-Neptune entouré de ses petits tritons Bertrand, Renaud, Colette et sa grosse tritonne – moi... C'est un spectacle d'une mythologie bien touchante. » La « grosse tritonne » pèse 81 kilos ! Elle mesure 1,63 mètre. Robert de Jouvenel et sa maîtresse Zou, Germaine Patat, Hélène Picard, Germaine Beaumont, Francis Carco, Léo Marchand se rassemblent ou se succèdent. « C'est du monde bien gentil [90]... »

Colette ne cesse d'observer Bertrand avec une « expression mêlée de coquetterie souriante, et la double promesse de tendresse et de moquerie [91]... » Elle a senti qu'il tressaillait quand, sur la plage, elle a passé un bras autour de sa taille. Elle lui donne un exemplaire de *Chéri* avec une dédicace qui se lit « A mon fils *Chéri* ». Étendues au soleil sur le sable, Colette, Hélène Picard et Germaine Beaumont tenaient de mystérieux conciliabules qui les faisaient beaucoup rire et intriguaient Bertrand. Un soir Colette lui demanda laquelle des trois femmes lui plaisait le plus. Il répondit courtoisement qu'elles étaient également charmantes. Un autre soir, en lui souhaitant une bonne nuit, elle l'embrassa. Il faillit laisser tomber la lampe à pétrole qu'il tenait. Colette lui dit de la tenir plus ferme. Elle décida que Germaine Beaumont, qui avait 38 ans, initierait Bertrand. Ce fut un échec, il sortit de sa chambre en larmes. Colette veillait, elle emmena Bertrand. Non seulement elle l'initia, mais elle en fit un amant dont elle s'éprit. Elle le dominait complètement et lui, pendant cinq ans, n'aima qu'elle. En septembre, Bertrand rentra chez sa mère et au lycée Hoche. Claire Boas se doutait de quelque chose et n'envoyait plus Bertrand boulevard Suchet, sauf quand son père l'invitait à déjeuner.

Phèdre sans contrition, Colette cherche la fontaine de Jouvence. Le 5 janvier 1921, l'abbé Mugnier consigne dans son journal qu'au dîner qui réunissait entre autres Drieu la Rochelle et Lucien Daudet chez Jacques Porel, le fils de Réjane : « Nous devions avoir Picasso et Colette, mais Picasso attend un bébé et Colette se fait *remonter* le visage [92]. » Elle essaie de maigrir, se fait faire un traitement rajeunissant à base de transfusions de jeune sang. Claude Chauvière, qui l'accompagne à la clinique, observe « la jolie fille si fière de donner son sang neuf et la contraction du visage de Colette quand la transfusion s'opérait [93] ». Après cinq jours de transfusion, Colette eut des syncopes et de la fièvre. Il fallut y renoncer, mais Colette affirmait qu'elle voyait mieux et respirait mieux.

Le succès de *Chéri* ne diminuait pas en librairie. Colette, qui avait d'abord écrit *Chéri* comme une série de nouvelles brèves, avait ensuite voulu en faire une pièce. Elle avait écrit le troisième acte et consulta le directeur du théâtre du Gymnase, qui lui dit qu'un tel sujet serait gaspillé dans une pièce en un acte. *Chéri* devint donc un roman. Mais l'idée de le mettre en scène hantait Colette. Elle proposa à Léopold Marchand d'en tirer une pièce. « Madame Colette, mon cher Maître, vous m'avez parlé hier, ce matin encore d'un projet de pièce pour *Chéri*, et, avec votre divine spontanéité, vous avez ajouté : Veux-tu l'écrire avec moi ?... Je ne sais que vous dire... Je suis à peu près fou... ce serait atteindre si loin avec un si mince bagage !... Si un pareil miracle venait à me tirer de ma nuit, je vous devrais presque tout [94]. »

Le 13 décembre 1921, *Chéri* au théâtre Michel remporte un succès éclatant. Les costumes de Lucien Lelong donnent un charme irrésistible aux courtisanes. Après le spectacle, on cherche Colette partout. On la trouve au restaurant voisin, achevant de dîner sereinement à une petite table. Le public avait pleuré, la critique était enthousiaste. La veille, Colette avait annoncé dans *Comoedia* qu'elle adaptait *La Vagabonde* pour la scène avec la collaboration de Léopold Marchand. En février, pour la 100e représentation de *Chéri*, elle remonte sur scène pour interpréter *Léa*; son succès l'encourage à penser que c'est une possibilité pour l'avenir.

Colette rassemble les articles qu'elle a écrit de 1911 à 1918 et publie en 1920, *La Chambre éclairée*, chez Édouard Joseph, et en 1922 *Le Voyage égoïste* chez Édouard Pelletan. Il sera remanié par Colette en 1928.

Colette emmène Bertrand à Saint-Sauveur-en-Puisaye. La visite au village de son enfance a l'allure d'une consécration amoureuse. De cette rencontre du passé avec un nouvel amour naît *La Maison de Claudine* que Colette remaniera pour l'édition de 1923 et celle, définitive, de 1930. La liaison secrète suit son cours. Colette constate que Bertrand ne s'intéresse qu'à elle et la suit « caninement [95] ». En 1922, à 19 ans, il commence sa vie d'étudiant. Colette fait louer par Hélène Picard un studio dans l'immeuble qu'elle habite rue d'Alleray, le fait tapisser et meubler à son goût. Elle y voit discrètement Bertrand. En avril, elle l'emmène en Algérie. Elle lui a fait découvrir l'océan à Rozven, les bois à Saint-Sauveur, elle lui fait connaître un nouveau monde. Ils vont voir la belle Yamina qui danse nue et Colette la lui offre pour une nuit, mais il la refuse. Colette le captive entièrement, il aime la femme, il est ébloui par l'écrivain. L'escapade algérienne coïncide avec la visite officielle du président Millerand. L'hôtel où Colette et Bertrand sont descendus se trouve soudain envahi par des ministres, des secrétaires, des officiels de tout rang et par les journalistes. La situation est digne de Feydeau, Colette doit cacher son jeune amant car, en apprenant que la baronne de Jouvenel se trouve à Alger, le Président lui fait aussitôt parvenir des invitations. Elle est sur la liste officielle des dîners, des réceptions, elle assiste à la Fantasia, tandis que Bertrand se terre et se rend invisible. Elle le ramène à Paris, exsangue à force de mal de mer, et y trouve Jouvenel faisant ses valises et bien décidé à les emmener à Castel-Novel : « Allez, baignez-vous au trot, je vous emmène. » Ils repartent aussitôt avec lui. De retour à Paris, Colette a un accident rue de Breteuil : un camion heurte son auto, et la réduit en miettes. Colette et son chauffeur sont tirés indemnes des débris du véhicule par des passants affolés. Elle éprouve quelques malaises et son médecin, le Dr Trognon, lui déclare : « Vous subissez une série de phénomènes de castration... » La prescription est imprévue : « Exercice, ventouses scarifiées [96]. »

Jouvenel, nommé délégué de la France à la Société des nations, est de plus en plus souvent en voyage. A Rozven, Colette travaille avec Léo Marchand à l'adaptation de *La Vagabonde*, et elle achève *Le Blé en herbe*, un roman qui évoque de près son aventure avec Bertrand. Elle donne à « la dame en blanc », le nom de la rue où elle a sa garçonnière : Mme Dalleray. L'histoire de Phil et Vinca était inspirée de faits réels. Colette, avec le zèle d'une missionnaire de l'amour et la curiosité d'une romancière, avait encouragé le flirt de Bertrand et de Pamela Paramythioti. Son bureau au *Matin* leur servait de boîte aux lettres, c'est là aussi qu'elle recevait les lettres de Bertrand, utilisant des ruses de Sioux pour éviter que Jouvenel s'en aperçoive, faisant appel en cas de danger à sa chère âme, Moréno. En juillet 1922, *Le Blé en herbe* paraît en feuilleton dans *Le Matin* sous son titre provisoire : *Le Seuil*. Sous la pression croissante des lecteurs scandalisés, la publication est interrompue après le 15e chapitre. *Chéri* et *Le Blé en herbe* sont deux romans sur le même thème, l'histoire d'un jeune amant et d'une maîtresse beaucoup plus âgée que lui. Ils se terminent tous deux par la séparation. Colette n'y voit rien d'immoral, ne voit jamais rien d'immoral à l'amour. « Es-tu contente de ta Mélisande-des-Fortifs ? demande-t-elle à Moréno. Contente-toi, je t'en conjure, d'une tentation qui passe, et satisfais-la [97]. »

A la rentrée Colette met sa fille en pension au lycée de Saint-Germain-en-Laye, elle y restera jusqu'en 1924, puis poursuivra ses études en Angleterre.

En 1922, dans le gouvernement formé par Poincaré, Colette compte de nombreux amis : Louis Barthou à la Justice, André Maginot à la Guerre. Quant à Henry de Jouvenel, il sera ministre de l'Instruction publique dans le cabinet Poincaré en 1924, ministre de la France d'Outre-Mer dans le cabinet Daladier. En 1925, il sera haut-commissaire en Syrie. Colette juge opportun de faire disparaître les vestiges d'un passé qui ne peut que nuire à l'ascension politique de son mari. « Au temps où je remplissais auprès d'elle les fonctions de secrétaire, mon principal rôle consistait à déchirer des lettres [98] », écrit Claude Chauvière. Jusqu'à la fin de sa vie, Colette tiendra sa correspondance en ordre, détruisant lettres et photos, classant soigneusement ce qu'elle entend laisser après soi, et ne laissant pas de notes.

Elle avait de bonnes raisons d'être vigilante. En 1922, un quotidien, *Le Petit Bleu*, publiait des indiscrétions au sujet de ses mœurs. Colette soupçonnait une actrice, Aline B., avec qui elle avait eu une aventure, d'être à l'origine des informations parce qu'elle était la maîtresse du rédacteur en chef du *Petit Bleu*. La mère d'Aline avait été la concierge de l'immeuble de la rue Marbeuf où « la marquise de Morny avait, dix ans plus tôt, habité avec Colette ». Aline, âgée de 15 ans, et deux de ses amies passaient alors de longues heures chez elles. Aline venait de créer une pièce de Sylvain Bonmariage, et Colette le pria de venir la voir, boulevard Suchet. *Le Petit Bleu*, « depuis quelques jours, amorce contre moi une campagne de chantage à propos de vieilles rengaines que la chère enfant est seule à Paris à pouvoir documenter, dit-elle à Bonmariage. Je n'ai peur de rien, naturellement, mais j'ai horreur des embêtements. En outre, j'ai un mari, une situation, une famille. Êtes-vous homme à voir ça ? » Elle lui raconta que « la petite garce » avait débuté sept ans plus tôt « en jouant un acte de M. Willy ». Colette s'était intéressée à elle « fraîchement issus de la loge de sa mère, pipelette rue Marbeuf. Elle avait 15 ans quand je lui offris son premier chapeau ». Puis elle l'avait fait recevoir au Conservatoire d'art dramatique. Aline lui devait ses débuts.

Le comte Bonmariage, derrière sa façade de respectabilité, fréquentait le Tout-Paris qui s'encanaillait discrètement. Il organisait des dîners nudistes et connaissait les fumeries d'opium. Il écrivait des comédies, des nouvelles, il dirigeait des feuilles politiques où il n'hésitait pas à dénoncer des trafics d'influence. Il ne lui fallut que deux jours pour s'assurer qu'Aline ne soufflerait plus mot. Il s'adressa au directeur du *Petit Bleu* qui, aussitôt, fit cesser cette campagne à coups d'épingles et Bonmariage se rendit chez Colette pour la tranquilliser. Il se fâcha quand, pour tout remerciement, elle laissa échapper un cri de cœur : « Vous voilà trop instruit. Vous avez barre sur moi ! » Elle se reprit, lui dit qu'elle avait voulu rire, et lui demanda ce qu'elle pouvait faire à son tour pour lui être agréable. « C'est tout simple, répondit Bonmariage, vous avez la direction littéraire du *Matin*. Prenez-moi des contes. – D'accord, dit-elle, un par mois [99] ? » Ainsi fut fait.

L'hôtel particulier 69, boulevard Suchet, était devenu l'un des centres politiques et littéraires de Paris. Claude Chauvière l'a décrit dans tout son éclat. « Là, j'ai vu défiler dans le salon, qui descendait sur le gazon soyeux du jardin où les oiseaux avaient leur bar, et dans le boudoir qui communiquait avec la chambre brune où des papillons bleus de la Guyane formaient une frise fastueuse : des Japonais, des Américains, des Grecs, des quémandeurs d'autographes, des managers, des auteurs, des peintres, des musiciens, des types tarés, des types très bien... Aragon, Pierre Benoît, Marguerite Moréno, Fresnay... Liane de Pougy gémissante... Henry Bernstein. Et ce prince en passe d'extradition, ivre de stupéfiants, qu'accompagnait Corydon, le plus délicieux des Corydons. Et Carco, Hélène Picard, sorcière de génie, et Léopold Marchand toujours si correct et M. Francis Ducharne, mécène, artiste et soyeux, et l'exquis M. Rodier [100]. » L'énumération continue : politiciens, grands couturiers, la princesse de Polignac et sa nièce Armande de Polignac et Anna de Noailles, tout ce que Paris comptait de savants, d'artistes, de célébrités. Le décor était attachant et personnel. Au-dessus du grand piano, il y avait un tableau peint par Colette, sur les murs des tableaux de sa collection et des tapisseries rares, sur tous les meubles des presse-papier dont elle avait commencé la collection avant la guerre en explorant le marché aux puces avec Annie de Pène. Elle en avait une série avec une rose, qu'elle donnait à ses visiteurs. Quand l'écrivain américain Truman Capote vint la voir, il en reçut un et un autre pour son ami avec une rose en son cœur. Elle travaillait, au second étage, dans son boudoir dont les fenêtres donnaient sur les arbres du bois de Boulogne. Il était attenant à sa vaste chambre à coucher, tapissée de toile de Jouy rose pâle. Le lit, qu'elle avait fait faire sur mesure, était, selon les enfants Jouvenel, le plus grand lit du monde.

En 1922, lors d'un déjeuner, l'abbé Mugnier remarquait que les choses n'allaient pas bien : « M. de Jouvenel ne rayonne pas... Colette a, dans la figure, je ne sais quoi de dur, de non épanoui... » L'abbé note sans commentaire : « Colette avait, à sa droite, le ministre [André Maginot] et à sa gauche sa chienne et moi. » Il la trouve singulière : « Drôle de personne ! Si son mari tient au décorum, je le plains. Après le dîner, causant avec Mme Bernstein, elle lui tâtait les seins, en la félicitant de sa santé. » Il connaît les visées politiques de Jouvenel qui « voudrait être aux Affaires étrangères. Mais recevrait-on Colette ? Colette a tout un passé (hommes, femmes). Elle jouait au music-hall... Si Jouvenel ne parvient pas... à réhabiliter Colette, il pourrait la lâcher. Elle a peur d'être lâchée en effet [101] ».

Le groupe familial présentait des signes avant-coureurs d'éclatement. Henry de Jouvenel n'ignorait plus la liaison de sa femme et de son fils et s'alarmait des rumeurs qui couraient à leur sujet. Colette se désintéressait de sa fille qui devenait insupportable. La petite Pauline Vérine, engagée à Varetz spécialement pour servir Bel-Gazou, s'y refusait, elle n'arrivait plus à se faire obéir. Renaud, isolé au sein de cette famille où chacun avait ses secrets et ses problèmes, se raccrocha à une illusion. Il prit une bague de Colette, comme il aurait pris un mouchoir ou un gant, pour avoir un souvenir d'elle dans le collège où il était pensionnaire. Le directeur du collège, apercevant cette bague de prix au doigt de ce garçon de quatorze ans, avertit son père qui en parla à Colette. Elle reconnut aussitôt une bague qui avait disparu. Elle ne devina pas le motif, ne vit que le vol et se fâcha. Jouvenel fut pris d'une de ces colères furieuses dont il était coutumier et arrangea avec le département des travaux publics un châtiment exemplaire. Renaud allait passer plusieurs mois à casser des cailloux sur la route, le châtiment réservé aux bagnards; l'image était terrifiante pour un enfant qui se voyait condamné aux travaux forcés ! Bertrand, bouleversé, implora qu'on fît grâce à son frère d'une telle humiliation mais Isabelle de Comminges approuva le choix du châtiment.

Claire Boas et Henry de Jouvenel estimaient que la liaison de Colette et de leur fils devait être rompue. Tout Paris la connaissait. La parution du *Blé en herbe*, en feuilleton, avait alimenté les rumeurs. Comme Bertrand s'intéressait à la politique, Jouvenel saisit l'occasion d'un déjeuner boulevard Suchet avec Colette et son fils pour lui dire qu'Édouard Benès, le futur président de la République tchécoslovaque, l'invitait à Prague. Colette déclara que Bertrand ne partirait pas, qu'elle le gardait auprès d'elle. Jouvenel furieux quitta la table sur-le-champ et le domicile conjugal.

La vie se déstabilise et Colette se tourne vers le théâtre. En janvier 1923, elle donne une conférence au théâtre de l'Athénée, « L'homme et la bête ». Le 3 février, *La Vagabonde* remporte un succès au théâtre de la Renaissance. En mars, Colette part dans le Midi avec les tournées Baret pour un mois. Elle joue Léa et elle donne également des conférences qui ajoutent à son salaire d'actrice des cachets importants. Aussitôt après la tournée, elle reprend *Le Blé en herbe* et le termine. Le roman paraît chez Flammarion. Pour la première fois elle signe de son seul patronyme : Colette.

En septembre, Jouvenel est à Genève. Colette donne rendez-vous à Bertrand au Mont-Saint-Michel, elle veut voir avec lui la grande marée d'équinoxe. De là, elle va à Castel-Novel d'où elle écrit à Moréno que Jouvenel n'a pas même paru. « Amour, amour... Anagramme d'amour : rouma. Ajoute " nia " et... tu trouves au bout une dame qui a des os de cheval et qui pond des livres en deux volumes [102]. » Il s'agit de la princesse Marthe Bibesco, l'ex-maîtresse du roi d'Espagne et de lord Carrington, qui a rencontré Jouvenel au début de l'année. Lettres et fleurs ont suivi, enfin, un jour, en sortant d'un dîner chez la princesse, Jouvenel revient sur ses pas, se jette à ses pieds et les baise. Elle est envoûtée, d'autant plus qu'elle aime les hommes au pouvoir et qu'on prête à Jouvenel un grand avenir. Elle le retrouve à Nîmes où elle lui promet de divorcer pour l'épouser aussitôt qu'elle aura marié sa fille. Elle rêve de jouer un rôle politique, elle lui écrit : « L'idée que vous pouvez faire de l'histoire de France me donne de l'ivresse... Vous savez que j'ai le sens de la volupté historique... que j'assiste à cette transfiguration, à ce changement d'un homme en dieu, au regard des autres hommes, et que vous m'ayez choisie pour partager le regard de votre divinité, je ne vous demanderai pas davantage pour mourir enfin de joie [103]. » Un amour si flatteur, venant d'une femme très belle et très courtisée, était assez pour séduire le séducteur.

La situation de Colette était scabreuse. Elle voulait donner une conférence sur « Le problème de la vie à deux » ; craignant le ridicule, elle se rabattit sur un sujet éprouvé : « Ce que j'ai vu de la scène dans la salle et de la salle sur la scène ». Elle repart pour une autre tournée de conférences. « Toute seule, sans troupe, ni régisseur et seule pour défaire, refaire quotidiennement mon bagage et reprendre un train, et tout cela ! » ajoute-t-elle entre guillemets pour Marguerite, qui comprend ce que cette litote recouvre de tourment et d'incertitude. Elle est éreintée, elle parle sur des scènes glacées. A Marseille, elle trouve enfin la chaleur, et s'accorde « 24 heures de pantoufles, de robe de chambre, de lecture... ». Elle a beaucoup de succès, mais cela ne la touche pas pour le moment. Il s'agit de rassembler ses forces. « D'avance je lutte contre tout par un appétit méthodique qui s'adresse surtout aux fruits de mer [104]. » Ce qu'elle prévoyait s'accomplit. En janvier 1924, elle écrit à la femme de Georges Wague : « Je suis seule depuis un mois. Il est parti sans un mot pendant que je faisais une tournée de conférences. Je divorce [105]. »

Bertrand vient aussitôt s'installer boulevard Suchet. A son oncle qui trouvait que c'était incorrect, il répliqua qu'il fallait un homme dans la maison pour protéger Colette. Pour se remettre vite d'aplomb, Colette s'accorde des vacances roboratives dans les Alpes. Elle emmène Bertrand à Gstaad, prend des leçons de ski, fait du patin et de la luge. « Je ne pourrai jamais m'empêcher de vivre physiquement avec une grande intensité [106]. » Elle prépare son avenir après le divorce. Elle écrit plusieurs articles pour *Le Matin*, discute avec Armand Colin un projet de livre d'enfants, examine les conditions d'une collaboration avec le directeur du *Quotidien*, avec celui de *Vogue*, qui lui demande un article mensuel. Comme elle dirige chez Ferenczi *La Collection Colette*, elle le pousse à annoncer deux titres pour février, puis un titre par mois. Vingt romans paraîtront dans cette collection. Le deuxième sera *Sabbat* de son amie Hélène Picard. Elle obtient une avance pour la publication d'un recueil de nouvelles, *La Femme cachée* chez Flammarion. Ayant organisé les lendemains, elle repart se mettre en forme en Suisse. « Mes soucis m'ont empoisonnée, écrit-elle à Marguerite. Je vais déjà bien, et je fais du bobsleigh avec Gallifet à 70 à l'heure sur la grande pente [107]. » Elle trouvait la luge trop lente et avait demandé au marquis de Gallifet de la prendre comme partenaire de bobsleigh. Les descentes sont vertigineuses. Colette et le marquis crient à pleins poumons pour que les skieurs dégagent la piste. La violence de ce sport délivre Colette et la remet en état de faire face à une nouvelle existence.

Dès le mois de février 1924, elle avait démissionné du *Matin*, renvoyé son chauffeur et vendu pour 8 000 francs une peinture à un acheteur amené par Francis Carco. En avril, elle commence une rubrique dans *Le Figaro*, « L'opinion d'une femme », et donnera des articles jusqu'en octobre. Elle fait une conférence sur la haute couture chez Lucien Lelong et pense à s'associer avec Germaine Patat dont la maison, 11, rue du Faubourg-Saint-Honoré, prospère. Elle prévient Anatole de Monzie, que Jouvenel a chargé de la procédure du divorce, que le prix de la pension de Bel-Gazou a augmenté et qu'elle manque d'argent. Elle rencontre Jouvenel dans le bureau de Monzie, ils sont d'accord pour que le divorce se fasse avec le maximum de discrétion. Colette renonce à Castel-Novel et garde l'hôtel particulier boulevard Suchet, Jouvenel lui promet une voiture. Sans perdre un instant, elle commande une Renault rouge dernier modèle, et s'inscrit pour des leçons de conduite. La Renault, tardant à se matérialiser, la princesse Edmond de Polignac lui fait cadeau d'une Citroën et Colette lui offre le manuscrit du *Blé en herbe*.

Rozven, son domaine personnel, son havre favori, est à ce moment menacé par un pharmacien qui achète un lopin de terre adjacent, bâtit dessus une cabane et s'apprête à acquérir une bande de terre pour que ses enfants puissent jouer sur la plage. Pour sauvegarder sa vie privée à Rozven, et se protéger de l'intrusion de trop proches voisins, Colette s'empresse d'acquérir les terrains nécessaires pour encercler le pharmacien, puis elle lui offre d'acheter sa propriété qui n'a plus d'accès à la mer et lance un appel urgent à Germaine Patat qui lui avance aussitôt les fonds nécessaires. Comme si elle voulait se donner une compensation pour le divorce, ou par besoin d'activité pour dissiper les soucis, Colette entreprend de faire retapisser l'entrée et l'escalier à Rozven et d'agrandir la maison. Elle fait refaire le toit du boulevard Suchet, et modifie son lieu de travail en retapissant son boudoir. A la fin de 1924, elle a 18 700 francs de factures à régler. Si Germaine Patat ne pouvait pas lui prêter cette somme, elle vendrait ses émeraudes. Une fois de plus, son amie l'aida et Colette garda les émeraudes en question.

La famille Jouvenel l'a rejetée. On ne l'avertit pas que Robert de Jouvenel est au plus mal. Bertrand a été appelé à Castel-Novel. Colette, « un peu tremblante et obsédée », doit téléphoner à la maison de santé pour avoir des nouvelles. A Moréno seule, elle peut raconter que, la nuit précédente, elle a été éveillée par un cri, elle a reconnu la voix d'Henry de Jouvenel. « L'impression a été si forte... que j'ai allumé ma lampe, bu, et regardé l'heure, il était *deux heures*[108]. » Robert était mort à 2 heures du matin. On n'invita pas Colette à l'enterrement.

Elle sent que Bertrand lui échappe. L'adolescent ébloui est devenu un homme de 21 ans débordant d'idées, de projets, d'ambitions. A l'instigation de son père, il s'apprête à se rendre auprès d'Édouard Benès qui l'invite à Genève. Au mois d'août, il ne vient pas à Rozven et Colette prend mal cette indépendance : « Bertrand est à Paris, depuis huit jours, l'imbécile. Il organise je ne sais quelle jeunesse démocratique ou autre fantaisie[109]. »

La famille fait un effort concerté pour que le brillant étudiant s'évade des rets de Colette. La santé qui a tant servi de prétexte à Colette pour garder Bertrand à Rozven sera invoquée cette fois contre elle. Claire Boas et Mamita mènent Bertrand chez le Dr Trognon, où la consultation prend un tour très peu médical. Après avoir précisé que Bertrand ne souffre ni du cœur ni des poumons, le docteur déclare qu'il souffre d'une situation morale intolérable, qu'il faut absolument qu'il s'éloigne. Or, justement des amis n'attendent que lui pour partir en croisière sur leur yacht. Bertrand, pris de court, garde le silence. Puis le docteur mentionne carrément ses relations avec Colette. Bertrand est scandalisé par cet accroc aux convenances. Sans un mot, il baise la main de sa grand-mère, salue froidement sa mère et sort du bureau. Il se fait aussitôt conduire chez Claire Boas où il prend ses livres et ses vêtements, va déposer le tout rue d'Alleray, puis se rend boulevard Suchet. Pas pour longtemps. A la fin du mois, c'est Colette qui se plaint : « Impossible de l'empêcher de travailler, politiquement parlant. Depuis dix jours, il est à Caen, chez des amis avec toute sa potée de complices, de petits satans politicailleurs. Et *L'Intransigeant* leur donne chaque semaine deux pages, à cette meute jappante. »

Elle fait un retour sur elle-même. « Le diable emporte toute tendresse inutile, et ce battement d'ailes que nous avons autour d'un oiseau sorti d'un œuf de coucou[110]. » Elle essaie de retenir Bertrand en le faisant entrer à *L'Œuvre*. Elle le recommande au directeur Gustave Téry mais Bertrand voit déjà plus loin, il choisit de partir. Colette, qui n'a pas l'habitude des défaites, a voulu un instant l'accompagner, puis s'est ressaisie : « Cher moi-même », écrit-elle à son inconditionnelle Marguerite, « aujourd'hui Bertrand part. Le cœur, c'est le cas de le dire, me manque pour partir avec lui[113]. » A Genève, Bertrand accepte un poste de premier secrétaire à la Société des Nations.

Tout en étant inquiète et mécontente, Colette n'a pas perdu ses intérêts de vue. Le directeur du *Quotidien* lui offre 42 000 francs avec une promesse d'augmentation de 2 000 francs par mois pour des critiques dramatiques, et de grands reportages. Elle négocie avec *Le Journal*, donne des articles à divers journaux dont *Gringoire, Marianne, La Revue de Paris, Le Mercure de France*. Avec René Blum, qui dirige le théâtre de Monte-Carlo, elle discute le projet de donner *Chéri* en décembre. Elle compte jouer Léa, Marguerite Moréno sera Mme Peloux, elle donnera également des représentations à Marseille. Mais cette énorme activité ne suffit pas, elle commence un nouveau roman auquel elle travaille « avec un courage désespéré [112] ». Il lui faudra un an et demi pour écrire *La Fin de Chéri*.

Pour détacher définitivement Bertrand de Colette, le plus efficace serait de le marier. Ses parents sont d'accord là-dessus. Bertrand se laisse fiancer à Mlle de Ricqlès. Henry de Jouvenel fait la demande officielle en habit et en gants beurre frais. Avant de se rendre au déjeuner de fiançailles, Bertrand va chez Colette. En la quittant, il s'attarde dans le jardin, lève la tête et la voit à la fenêtre du deuxième étage. Un papier flotte jusqu'à ses pieds, il le prend et lit : « Je t'aime. » C'est un choc ! Elle ne lui avait jamais dit ces mots-là. Bertrand remonte chez elle et oublie le déjeuner de fiançailles. Le scandale est retentissant.

Colette était victorieuse, mais elle savait que sa victoire serait de courte durée. Elle continuait à mettre en ordre son existence. Au début de l'année 1925, *Chéri* est repris au théâtre Daunou, puis au théâtre de la Renaissance. Colette joue Léa et la pièce remporte toujours le même succès. A Monte-Carlo la création de *L'Enfant et les sortilèges* de Maurice Ravel sur un livret de Colette est l'événement de la saison.

Claire Boas, qui n'a pas renoncé à ses projets de mariage, envoie son fils à Cannes et le loge dans l'hôtel voisin de celui où est descendue la nouvelle fiancée qu'elle lui destine. C'est Marcelle Prat, la nièce de Maurice Maeterlinck. Elle est ravissante, sophistiquée, intelligente et s'intéresse aux arts. Bertrand hésite. Au même moment, Colette se trouve au cap d'Ail, chez des amis intimes de Marguerite Moréno, Bernard et Andrée Bloch-Levallois, que Colette appelle « les gentils chiwawas ». Parmi les hôtes, il y a Pierre Moréno et Maurice Goudeket, un négociant en perles fines et pierres précieuses, âgé de 35 ans, l'amant officiel du « gentil chiwawa » Andrée.

Colette téléphona à Bertrand pour l'inviter à déjeuner au cap d'Ail. A la fin de la journée, elle l'emmène dans sa chambre et ils examinent sérieusement leur avenir. Fallait-il renoncer à épouser Marcelle Prat ? Bertrand se disait prêt, si Colette le voulait, à lui consacrer sa vie. La discussion fut longue. Au lever du jour, ils étaient convenus que leur liaison avait pris fin.

Colette devait rentrer à Paris, Goudeket aussi ; mais, très pressé, il voulut prendre le train et lui offrit sa voiture et son chauffeur pour la reconduire chez elle. Il se trouva que les wagons-lits étaient tous loués. Maurice demanda à Colette de l'accepter comme passager dans « sa » voiture. « Je vais rentrer par un magnifique retour en auto [113] », écrit-elle à Hélène Picard, avec le pressentiment que quelque chose de bon avait fait irruption dans sa vie.

CHAPITRE X

« Il n'est vendange que d'automne »

> « Mais, grands dieux, qu'il est aimable au sens le plus étymologique du mot. »
>
> *Lettre à Marguerite Moréno.*

En mai Colette est à l'affiche du théâtre des Champs-Élysées. Elle fait une conférence sur ses expériences au music-hall et lit « deux pastiches littéraires exquis : *Poum* et *La Chienne trop petite* [1] ». Comme elle n'aimait pas se montrer en public avec des lunettes et qu'elle voyait mal sa pagination, elle déplaçait les feuillets, ne s'y retrouvait plus, et finissait par improviser avec brio. Un soir Maurice Goudeket et ses amis, les Bloch-Levallois, viennent l'attendre après le spectacle pour aller souper dans « le froid mais joli appartement » de Maurice. Bientôt elle a avec Goudeket des conversations « qui commencent à minuit moins dix et finissent à 4 h 25 du matin ». Elle s'y livre avec de plus en plus de plaisir, dans une orgie d'eau de Vittel, de jus d'orange et de cigarettes. Bientôt, son « conteur nocturne » ne la quitte plus qu'après le déjeuner du lendemain. « Le garçon est exquis », commente-t-elle pour Marguerite. Les tracas des mois passés s'estompent, « le beau temps vient d'éclater sur Paris ».

En juin ils partent ensemble en voiture pour Saint-Sauveur où Anatole de Monzie préside à l'inauguration d'une plaque commémorative en marbre rose sur la façade de la maison natale de Colette. Mais que voit-elle ? « Acacias, acacias et encore acacias, et roses et eau rapide, et heures plus rapides que l'eau. »

Tout est devenu si étrange dans sa vie qu'elle se sent comme quelqu'un qui tomberait d'un clocher et planerait dans un confort féerique. Elle se laisse rouler comme une planète n'ayant plus de contrôle sur sa destinée. Elle appelle Maurice « le noir, noir, noir garçon », insiste sur le côté secret de sa personnalité : « Le noir et peu loquace garçon... est un être si charmant, et d'une sorte si fine que je me trouve parfois bien " grosse "... auprès de lui. » Bientôt elle se sent au-delà des mots : « Ah la la, et encore la la ! Et jamais assez la la !... Oh ! le satanisme des gens tranquilles – je dis ça pour le gars Maurice. » Bientôt l'envoûtement est total. « Ne me crois pas folle, ni déchaînée, ma chère âme. C'est bien pis, va, que faire ? Ah laisser faire... non je ne suis pas folle – c'est beaucoup plus grave... – luxe de s'offrir par surcroît l'amitié ! C'est à peine croyable. » Elle rappelle à Marguerite qu'elle lui avait prédit la rencontre d'un homme qui changerait sa vie.

La maîtresse de Maurice que Colette avait baptisée le Chiwawa à cause de sa petite taille, et qu'elle appelait maintenant « cette malheureuse femme », se doutant de ce qui se passait, s'était lancée dans une folle enquête sur les allées et venues de Colette, téléphonant à tous ses amis, questionnant même sa femme de chambre, ce qui n'empêchait ni le Chiwawa ni son mari de dîner comme d'habitude avec Colette et Maurice. Celui-ci voulait mettre fin à ce que Colette appelle des « mesquineries misérables » en avouant la vérité à Mme Bloch-Levallois. Colette, toujours prête à prendre les choses en main, appela le Chiwawa et lui assena par téléphone un discours dont l'efficacité fut totale. Le Chiwawa accepta de quitter Maurice. Colette qui traitait sa rivale d'enfant gâtée, téléphona pour vérifier son état, la trouva d'une douceur exemplaire et conclut qu' « avec une trique [2] » on en faisait ce que l'on voulait. Les relations du quatuor demeurèrent ce quelles étaient avec un simple changement de rôle pour Maurice. Sous ses dehors très calme et sa réserve il était entré dans cet amour comme on entre en religion. « Mon amour pour la femme, mon admiration pour l'œuvre demeuraient en quelque sorte parallèles. » Pendant trente ans il donna à Colette un amour inébranlable, une amitié inconditionnelle, un dévouement sans faille, tout en dissimulant sa vénération pour son génie par un comportement simple, familier et une vie quotidienne où il avait l'air d'avoir complètement oublié qu'il vivait avec une femme extraordinaire. « Notre bonheur était à ce prix [3]. »

L'homme qui venait d'entrer dans la vie de Colette n'avait rien de l'étincelant boulevardier qu'était Willy, rien du politicien doué qu'était Henri de Jouvenel, rien du charme adolescent de Bertrand qui allait se révéler l'un des esprits les plus distingués de son temps, rien du panache du jeune millionnaire Auguste Hériot. « Maurice est Maurice », disait Colette. Il sera son amant, son mari, son « meilleur ami », son conseiller financier, l'éditeur de ses œuvres complètes. Elle en fera par testament son exécuteur littéraire. Quand l'arthrite l'aura rendue invalide, Maurice l'entourera de soins, infatigable, vigilant et serein. S'il fut jamais un amour-admiration, Maurice en fournit le modèle à l'étonnement croissant de Colette qui fit cette confidence imprévue à son amie, Hélène Morhange : « Maurice mérite d'être canonisé [4]. »

« JE RESPIRE DONC J'AI LE DEVOIR D'ÊTRE HEUREUX »

Maurice Goudeket a 35 ans et Colette 52. Il était né à Paris le 3 août 1889, l'année de l'Exposition universelle, et se plaisait à dire qu'il était le jumeau de la tour Eiffel. Son père, courtier en diamants, est néerlandais, sa mère est française. Il fait ses études au lycée Condorcet où il a pour condisciple et ami Jean Cocteau. Son père craignait le grand air au point d'interdire à sa femme et à ses fils le bois de Boulogne sous prétexte que les arbres épuisaient tout l'oxygène à leur profit. Maurice se rabattait sur la lecture, les livres le dévoraient, dit-il. Sans en sauter une ligne il lisait Platon, Locke, Condillac, Spencer, Spinoza, Kant, Hegel, Poincaré, Auguste Comte, Bergson, le Bhagavad Gîtâ, et les traités ésotériques qui lui tombaient sous la main. Il avait heureusement une préférence pour *Le Discours de la méthode* de Descartes et les *Essais* de Montaigne. Aussi, le « conteur nocturne » de Colette avait-il une longue habitude des méandres de l'esprit.

Il n'aimait pas sa mère, une femme violente qui cultivait, par plaisir, la scène du ménage et humiliait les domestiques. Elle avait inventé de faire mettre au garde-à-vous ses deux fils pendant qu'elle les giflait pour des fautes qu'ils n'avaient généralement pas commises. Maurice contenait difficilement sa révolte. Le tendre dévouement de Maurice pour Colette vient peut-être de cet enfant qui enviait ceux pour qui « le doux nom de mère garde à jamais son exquise résonance ». Quant à son père, il n'encourageait pas les confidences. S'il le croisait par hasard dans la rue Maurice devait le saluer et rester découvert jusqu'à ce qu'il ait la permission de remettre son chapeau. Il interdisait toute expression triviale et n'usait que d'un langage châtié. Au lycée Condorcet Maurice découvrit qu'il existait une autre langue. L'éveil des sens le trouva sans personne à qui parler. « La puberté qui livre presque toujours le garçon à un malaise d'une ampleur que son entourage ne soupçonne pas, prit pour moi les dimensions d'un drame, écrit-il, ma pudeur se montrait bien entendu à la hauteur de mes autres empêchements. A ma première découverte, nocturne et humiliante, de mon état d'homme, vers ma quatorzième année, je m'en ouvris à mon frère. » Il lui répondit par des grivoiseries qui le choquèrent et il ne se confia plus à personne. Chaste, il brûlait de tous les feux d'une nature furieusement sensuelle. Le corsage rebondi de la bonne, le mollet d'une passante, un décolleté le mettaient au supplice. Les longs gants de peau, les hautes bottines, devenaient des objets érotiques, le crissement de la soie le serrait à la gorge, la vue d'un gazon éveillait des images lascives. « Tout contact, dit-il, me devenait un piège : une selle de bicyclette, un siège un peu dur, et si je me trouvais pris dans une foule quelconque je n'en sortais pas indemne. » Son frère, son aîné d'un an, rentrait tard, se levait tard, mentait avec insouciance. Voyant qu'il ne pouvait compter que sur lui-même Maurice regarda d'un œil critique l'image qu'il offrait. Il se planta devant un miroir, vit des épaules étroites, une poitrine rentrée, un teint blême. Il réagit avec la fureur du désespoir. « ... J'aspirais maintenant à me faire violence, et je cherchai, parmi les sports, celui qui contrarierait le mieux ma nature... j'avais toujours évité au lycée de me battre... c'est pourquoi je choisis la boxe. »

A mesure qu'il se transformait en athlète, il éprouvait tant de bien-être à respirer à pleins poumons qu'il se disait : « ... le bonheur est d'abord d'essence respiratoire. » Jamais plus il ne cessera de s'entraîner, pratiquant la natation, le tennis, plus tard le golf. Il se tourna vers les affaires avec la même volonté de réussir et se fit dans le commerce des perles et pierres précieuses une situation enviable. A 25 ans il était riche, et suivait son frère dans le Paris de la noce. En smoking, le monocle à l'œil, tutoyant les maîtres d'hôtel, le pourboire fastueux, riche et généreux, il était couvert de femmes. La guerre mit fin à cette vie. A 21 ans il avait opté pour la nationalité hollandaise afin d'échapper au service militaire, « mais la guerre était une toute autre affaire. J'appartenais à ce pays-ci de toute mon âme [5] ». Il s'engagea et fut versé dans une compagnie belgo-française qui fut incorporée à la Légion étrangère. A la suite d'une blessure à la jambe, il fut attaché comme interprète à un bataillon anglais.

Pendant les mois vécus dans la boue et le froid, Maurice se crée une philosophie personnelle. Le bonheur était un devoir, mais le bonheur n'était ni dans les succès, ni dans les plaisirs, mais dans la joie d'être vivant et de savourer cette joie minute par minute avec gratitude. Il se répétait : « Je respire donc je suis heureux. » Il ne cesse plus de pratiquer cet art de vivre ancré dans une discipline physique et morale qui sous une simplicité, à première vue élémentaire, engageait en réalité l'être tout entier. Maurice s'était créé une règle de vie. Or, comme Colette aimait à le dire : « La règle guérit de tout. »

Son impatience de vivre le tirait du lit dès l'aurore. Il savourait tout ce que la journée lui apportait : la tasse de café qui avait toujours un goût nouveau, les journaux qui ouvraient une perspective sur le monde, la rue avec sa forêt mouvante de passants. Il avait une façon raisonnée d'accueillir chaque instant. Il aimait l'art, le théâtre. Bibliophile avisé, il collectionnait les éditions rares.

A 35 ans Maurice était petit, mince, musclé, bronzé, élégant et réservé. Il avait rencontré Colette pour la première fois en décembre 1924, chez les Bloch-Levallois qui recevaient ce jour-là Léon Blum,

Marguerite Moréno et Colette. Elle était à plat ventre sur un sofa, les cheveux ébouriffés, les bras nus. A table, Colette jouant toujours la Huronne et s'amusant de l'effet produit sur les inconnus prit une pomme dans une corbeille de fruits et la croqua à belles dents. Maurice, qui était à sa droite, lui versa à boire. « Elle en parut étonnée. » Elle lui « envoya un regard bleu de nuit ironique et scrutateur [6] ». Le reste de la soirée traîna en longueur. Colette ne s'amusait pas, Maurice non plus.

« QUE DE TUMULTE TOUJOURS DANS MA SACRÉE EXISTENCE »

Maurice Goudeket est vite adopté par les amis de Colette. « Qu'Anna de Noailles soit folle de Maurice, que Winnie l'ait convié fidèlement, qu'Hélène de Chimay cite ses mots, cela me paraît tout simple », confie Colette à Marguerite. Elle se félicitait de l'avoir découvert, et elle ajoute une petite remarque sur sa propre perspicacité : « J'ai été vite [7]. » Pour certains son attachement était incompréhensible. Paul Valéry, en particulier, ridiculisait Maurice avec des plaisanteries gauloises, il prétendait que Goudeket se traduisait par « bonne quéquette » et ne lui voyait pas d'autre mérite qu'un corps bronzé et musclé.

Colette, à 52 ans, non seulement était belle, mais d'après Paul Léautaud, projetait une aura de sensualité et de passion, une maturité voluptueuse extraordinairement séduisante. Maurice, parfaitement conscient des doutes qu'on émettait autour d'eux sur la durée de leur amour, se disait : « La constance ne se déclare pas, elle se prouve... et il faut beaucoup de temps [8]. »

En juillet Maurice emmène Colette à La Bergerie, la villa qu'il louait à Armand Citroën et lui fait découvrir la Provence. Elle n'aimait pas la Riviera mais les collines, les petits ports de pêche, le village encore intact de Saint-Tropez la séduisent au point qu'elle songe à vendre Rozven pour s'y installer.

Comme Colette avait signé un contrat avec les Tournées Baret pour jouer Léa dans quinze villes, Royat, Toulouse, Foix, Cauterets, La Bourboule, Saint-Jean de Luz, Deauville et Monte Carlo furent les étapes d'un tour de France que Maurice entreprit avec elle.

Henri Krimer qui jouait *Chéri* raconte que Colette, toute souriante, arrivait dans une superbe torpédo, tout le monde s'arrêtait pour les regarder. Maurice était au volant. Les amants descendaient dans les meilleurs hôtels, et n'hésitaient pas à faire un trajet supplémentaire de cent kilomètres pour dîner dans une auberge renommée. Souvent Colette n'arrivait au théâtre que quinze minutes avant le lever du rideau. Elle n'avait pas le temps de se maquiller, ses cheveux étaient embroussaillés par le vent, n'importe ! Elle entrait directement en scène, les acteurs s'affolaient : elle n'était pas habillée pour le rôle, elle n'était pas Léa ! Mais au bout de dix minutes le miracle se reproduisait : le public était conquis, les acteurs étaient sous le charme. Il y avait quelque chose d'irrésistible dans son regard et dans sa voix qui, pourtant, n'était pas une belle voix de théâtre.

En avance sur une technique lancée par l'Actor's Studio elle ne semblait pas jouer, elle donnait à ceux qui l'écoutaient l'impression d'assister à une véritable crise émotionnelle, de surprendre le secret tourment d'une femme. Elle n'en gardait pas moins sa présence d'esprit. A Cauterets la seule chose disponible était une clarine. Quand au lieu de la sonnette le tintement trop typique se fît entendre, Colette s'exclama : « Tiens ! On a fait rentrer les moutons ! » Le public rit et l'applaudit spontanément. Dans une autre ville c'est l'appareil téléphonique qui manquait. Quand la sonnerie retentit, elle ne vit pas de téléphone. Soudain une main d'homme en brandit un des coulisses. « La main de Dieu [9] », commenta Léa-Colette aux acclamations du public.

Épanouie chaque fois qu'elle monte sur les planches, enchantée du succès et des grosses recettes, Colette crée sur scène une ambiance électrique : sans prévenir les acteurs, elle improvise quand elle pense que ça améliore le dialogue. Elle sent les moindres réactions de la salle et joue magistralement avec les émotions du public. Lucie Delarue-Mardrus la trouvait impressionnante quand elle demeurait silencieuse, elle savait exactement jusqu'où elle devait prolonger son silence. Henry Bernstein étudiait son jeu et se demandait : « Est-elle une grande actrice ? Je n'en sais rien. Je sais seulement qu'elle donne une moqueuse, une cruelle, une dédaigneuse, une subtile, une poignante représentation. » Elle jouait même si elle brûlait de fièvre, si elle avait mal à la gorge, ne laissant rien paraître jusqu'à la chute du rideau. A peine assise dans la voiture qui la ramenait chez elle, elle s'effondrait, enrouée, aphone, respirant, comme si elle y trouvait de l'oxygène, les fleurs de ses admirateurs. Le critique Albert Flamant la comparaît à un Renoir sensuel, avec son cou rond et solide, ses belles épaules, ses seins attachés haut. Georges Wague trouvait qu'elle n'aurait jamais dû abandonner la scène.

A peine rentrée à Paris avec Maurice, Colette met Rozven en vente. De mauvaises nouvelles l'attendent. Les règlements financiers du divorce, prononcé le 6 avril, traînent en longueur. Colette apprend qu'Henry de Jouvenel n'avait pas tout payé lors de l'achat de l'hôtel particulier du boulevard Suchet. Il restait 20 000 francs à régler au vendeur qui avait entamé une procédure judiciaire contre elle. Il était prématuré de vendre Rozven, de signer un accord avec M. Ducharme pour la maison de Saint-Sauveur, d'envisager l'achat d'une maison dans le Midi. Au lieu de mettre un terme aux procédures du divorce,

Jouvenel paraissait regretter leur séparation, laissait traîner les choses en longueur pour des raisons qui échappaient à Colette.

Les amis de Jouvenel sont de nouveau au pouvoir, Aristide Briand le nomme haut-commissaire en Syrie où il arrive le 1er décembre. Ce même jour la princesse Bibesco quittait Bucarest où elle avait assisté au mariage de sa fille unique et prenait le train pour le Moyen-Orient. Elle écrit à Jouvenel qu'elle lui trouve les épaules assez larges pour porter un empire, insinuant qu'elle était prête à l'aider dans cette glorieuse tâche. Elle le trouve froid et réservé et sauve la face en faisant une croisière sur le Nil avant de rentrer à Paris. Incapable de se croire rejetée, la princesse Bibesco lui téléphone pour s'entendre dire qu'elle avait créé assez de difficultés. Le lendemain elle recevait une lettre qui commençait par le mot « Madame » et se terminait par les mots : « Paix et solitude. » Colette avait servi de paratonnerre, son divorce avait traîné suffisamment pour entraver les plans de Marthe Bibesco.

Un autre drame émotionnel s'achevait sans douleur. Bertrand épousait Marcelle Prat en décembre 1925. A cette occasion Colette lui envoya une longue lettre que la fiancée intercepta. La lettre était si belle que Marcelle Prat la relut jusqu'à la savoir par cœur. Quelques années plus tard, quand il n'y avait plus à craindre de retour de flamme, elle avoua son indiscrétion et récita la lettre de Colette à son mari.

Colette travaille trop à son gré : « Cette *Fin de Chéri* sera la mienne tant elle m'emm...nuie. » Elle joue Léa au théâtre Daunou, donne trois représentations à Bruxelles où le public lui fait une ovation. La reine la reçoit. Elizabeth de Belgique protège les artistes. Aux Indes où l'horaire officiel ne prévoyait pas une visite à Rabindranath Tagore, elle n'avait pas hésité à faire un petit voyage incognito pour rencontrer le grand poète. Son affection était acquise à Colette et ne se démentit jamais, l'écrivain était à ses yeux au-dessus de tout scandale. Colette s'est fait accompagner par sa nouvelle « enfant », Alba Crosbie, une jeune Irlandaise blonde, dévouée et discrète qui fait partie de ce groupe cosmopolite qui a redécouvert le Palais-Royal où elle habite. Maurice vient les rejoindre pour trois jours.

Après la dernière représentation un point congestif prive Colette de sa voix et elle a pendant la nuit « une abominable syncope [10] » qui effraie Maurice. Elle exige de rentrer le lendemain même à Paris et, dûment emmitouflée, soutenue par Alba Crosbie, elle rentre boulevard Suchet. La vie reprend son cours accéléré, entrecoupé de crises de colère contre le roman qui lui résistait : « Oh ! m... pour *La Fin de Chéri*. Qu'il crève celui-là ! » Enfin à la mi-décembre 1925 c'est la victoire : « J'ai fini mon roman, je pars ce soir pour Marseille », où elle doit jouer *Chéri* avec Marguerite Moréno, tragédienne devenue comédienne grâce à Colette, et le jeune Pierre Fresnay. Ils logent dans un médiocre hôtel mais la vue compense l'absence de luxe. « Quand je me penche à la fenêtre, je me fous un mât dans l'œil. » Noël à Marseille c'est la foire aux santons, la foire aux sucres, Colette traîne dans les rues avec Marguerite. Il ne lui manque que « Maurice Satan », le surnom qu'elle utilise dans ses comptes rendus à Hélène Picard. « Tu n'as jamais connu dans tes sabbats, de Satan plus silencieux et plus gai que le mien. »

Le 5 janvier elle fait un saut à Paris pour corriger les épreuves de *La Fin de Chéri*, lit 247 pages jusqu'à 7 heures du soir et attrape de justesse le train de 7 h 50 qui l'emmène pour une autre tournée dans le Midi, où sévit un froid inhabituel. On gèle dans le train, les théâtres ne sont pas chauffés, mais à Nice le soleil les accueille. Maurice, retenu pour affaires à Paris, lui envoie des lettres « pleines du plus jeune amour [11] ». Colette s'installe à l'hôtel Plaza avec sa « petite compagne Alba » qui la soigne « comme un cheval de courses [12] ». La saison bat son plein. Claire Boas donne des fêtes à l'hôtel Negresco et continue à se faire appeler Mme de Jouvenel, une journaliste lui demande une interview pour le *Chicago Tribune* et s'éclipse aussitôt qu'elle comprend qu'elle ne parle pas à Colette. La tournée dans le Midi avait été un triomphe, mais la création de *L'Enfant et les sortilèges* à l'Opéra-Comique fut un échec imprévu après le succès remporté à Monte-Carlo l'année précédente. La critique jugea enfantin cet opéra-ballet où un enfant, puni par sa mère, est pardonné par les objets et les animaux qui l'entourent : une théière, une tasse de thé, un écureuil, un chat, une libellule. Maurice Ravel avait travaillé à la partition pendant dix ans, il avait intégré des rythmes modernes : la théière dansait un rag-time, et deux chats exécutaient un duo miaulé. Cela déplut.

La Fin de Chéri sortit des presses en mars 1926. Un ami appela Colette pour lui dire qu'il était en train de lire son roman et qu'il y manquait un chapitre, 32 pages avaient sauté, le livre avait 246 pages au lieu de 278 ; 35 000 exemplaires étaient déjà chez les libraires. Colette, effarée, appela Flammarion et l'éditeur consterné lui dit qu'il n'y avait aucun moyen de repêcher 35 000 livres. Colette avait travaillé un an et demi à ce roman, à travers les tournées, à travers un long divorce, elle avait corrigé les épreuves avec des interruptions, elle n'avait pas vérifié la continuité des chapitres et l'ensemble portait son bon à tirer. La responsabilité de l'éditeur était dégagée.

Bien avant la parution, la publicité avait battu son plein. *Aux écoutes* alléchait ses lecteurs en prévoyant des révélations puisque Mme Colette avait toujours mis sa vie dans ses romans. Les « amis bien informés » espéraient découvrir dans *La Fin de Chéri* le vrai *Chéri* qui, d'après eux, n'était autre qu'Henri de Jouvenel. Colette est habituée à ce genre de publicité, mais de savoir son roman amputé, était pour elle un supplice. Écrire lui coûtait tellement.

Elle travaillait lentement face à un mur pour ne pas être distraite. Sa concentration était telle qu'elle se refroidissait progressivement, jetait d'abord un châle sur ses épaules, puis une couverture sur ses genoux. A mesure que la fin du livre approchait les heures de travail s'allongeaient. « On avait l'impression qu'elle donnait vraiment sa substance... Capable alors de travailler huit ou dix heures d'affilée », elle se couvrait progressivement de châles, « ... elle ressemblait enfin à un cocon ». Maurice pensait : « Qu'elle le voulût ou non, elle n'était pas loin à ce moment d'une sorte d'état second[13]. »

Elle déchirait et recommençait plutôt que de corriger et déclarait que sur 3 000 pages il fallait n'en garder que 250. Son besoin de précision lui faisait consulter sans cesse les manuels Roret pour trouver le terme exact employé en marquetterie, en verrerie, en tissage, en poterie. Elle consultait aussi *La Maison rustique des dames* de Mme Millet-Robinet, le manuel de la parfaite ménagère publié en 1845. On y apprenait comment avoir une bonne basse-cour, comment entretenir l'argenterie, faire le pain, amidonner les rideaux de dentelle, tout ce qui concernait la maîtresse et les domestiques dans une maison bien tenue. Goethe affirmait que le génie est une longue patience, la recherche constante de la perfection.

Colette avait ses domaines secrets et surprenait même ses intimes. Un jour qu'une amie devait chanter quelques mélodies de Duparc et que son accompagnatrice n'arrivait pas, Colette se mit au piano et l'accompagna. Puis, sans rien dire, elle joua longtemps, sans partition. La nuit tomba, personne n'avait bougé, ni parlé. Brusquement Colette se leva, se servit un thé tardif, le silence ne se dissipait pas. Germaine Beaumont hasarda quelques mots : « Je ne savais pas que vous... » Colette lui donna une tape sur le genou et demeura silencieuse. La musique était un refuge qu'elle gardait strictement pour elle-même. Elle trouvait un autre refuge dans son besoin obsessionnel de garder autour d'elle son cercle d'amants, d'amantes devenus ses amis. Elle avait le don de conserver son emprise sur tous ceux qui l'approchaient. Elle garde de bons rapports avec Andrée et Bernard Bloch-Levallois. Ils se réunissent en quatuor pour « un fort gentil dîner[14] ». Le Chiwawa se plaint que Colette la néglige. Colette n'a jamais coupé les ponts avec Meg Villars. Quand elle voit Germaine Patat dévastée par sa rupture avec Jouvenel, elle la prend sous son aile et lui impose une diète roborative de viande saignante, l'emmenant elle-même au restaurant Dagorno, aux abattoirs de La Villette. Pour Hélène Picard elle relance les éditeurs qui tardaient à publier ses articles ou son livre de poèmes. Sa fidélité lui valait une fidélité réciproque qui confinait à la dévotion.

Colette songeait toujours à déménager dans un appartement, à vendre Rozven, et à trouver une maison dans le Midi. Les amis s'affairaient. Elle ne voulait plus vivre boulevard Suchet : « Quand un logis a rendu tout son suc, la simple prudence conseille de le laisser là [15]. » L'arrivée de Goudeket a tout changé. Elle abandonne le journalisme pour sept ans, pendant lesquels, sécurisée par la présence de Maurice, elle écrira ses grandes œuvres.

« JE M'EN VAIS À MA MAISON VIDE PLEINE DE PROMESSES ET D'AMBITIONS »

En juillet on lui signala une propriété à Saint-Tropez qui s'appelait Tamaris-les-Pins. « C'est un joli nom pour une gare », dit-elle. Une vigne ancienne de raisin muscat montait à l'assaut d'un puits, « Cela s'appellera La Treille muscate [16] », déclare Colette qui achète le domaine d'un hectare avec un vignoble, un petit bois de pins, quelques figuiers, un petit jardin, une maison basse de quatre pièces, une petite terrasse ombragée d'une imposante glycine. La mer était à quelques pas, au-delà d'un chemin côtier. Le manque de confort était total, mais Colette avait déjà des plans pour aménager, planter, démolir, construire. D'année en année La Treille muscate s'agrandit et sera toujours en chantier. Au mois d'août l'installation commence. Les meubles n'arrivant pas de Rozven, Colette s'est fait livrer un fourneau, « deux réchauds à pétrole et trois casseroles, plus deux petits sommiers-divans et un balai de riz [17] ».

Elle et Maurice se lient rapidement avec un groupe de peintres installés autour de Saint-Tropez : André Dunoyer de Segonzac, André Villebœuf, Luc Albert Moreau et sa compagne la violoniste Hélène Jourdan-Morhange. Il y avait parmi les estivants le critique Régis Gignoux, l'actrice Thérèse Dorny, Georges et Nora Auric, tout le monde se connaissait et se réunissait pour des repas rustiques dans les collines. Colette commençait toujours par une croûte de pain frais vigoureusement frottée d'ail et saupoudrée de gros sel. Les melons verts, l'anchoïade, la rascasse, le riz aux favouilles, la bouillabaisse, l'aïoli lui plaisaient de plus en plus. « Hélène, je deviens très méridionale [18]. » Tout au long des repas elle croquait des gousses d'ail « comme s'il se fût agi d'amandes [19] ». Elle retrouvait un bien-être inespéré : « Mon Dieu, qu'il est doux de vivre physiquement, et de sentir accourir en soi des forces musculaires qu'on oubliait ! » écrit-elle à Marguerite, après avoir nettoyé le toit, délivré le jardin de ses mauvaises herbes, éclairci le bois, nagé et, ayant tiré son matelas sur la terrasse, dormi sous les étoiles.

Maurice allant et venant entre Paris et Saint-Tropez, c'est Alba Crosbie qui promène Colette dans sa Citroën. « Elle est une propre petite âme, really [20] », écrit Colette en pur franglais. Les vacances sont brèves. En septembre elle est de nouveau sur scène. Elle joue *Chéri* au Grand Théâtre de Bordeaux avec Marguerite et son neveu Pierre Moréno. En novembre elle est en tournée en Suisse, et donne des conférences sur *L'Envers et l'Endroit du music-hall*.

Dès qu'elle rentre à Paris elle termine avec Léopold Marchand la version dramatique de *La Vagabonde* en vue d'une tournée avec Pierre Renoir, le fils d'Auguste Renoir, avec Paul Poiret qui veut jouer le rôle de Brague, Marguerite Moréno et son neveu Pierre. Colette dirige les répétitions. Poiret qui avait plus de génie comme couturier que comme acteur, oubliait son texte, jugeait les répétitions superflues. A Monte-Carlo elle n'arrive pas à l'arracher aux plaisirs de la roulette et se lamente auprès de Léo Marchand « d'avoir à traiter avec un mégalomane obtus » à qui elle doit souffler ses répliques tous les soirs. Mais la publicité escomptée et le succès dépassent ses prévisions.

Au théâtre du Parc, le Tout-Bruxelles, le prince de Ligne en tête, se pressait à la première. A Paris, au théâtre de l'Avenue, le programme avait l'air d'une brochure publicitaire : « A la ville et à la scène Lucien Lelong habille Colette, ses costumes de music-hall sont créés par Paul Poiret, ses chapeaux sont de Marthe Régnier, ses souliers de Perugia... », les tapis, les chandeliers, rien n'était omis, toutes les grandes marques étaient représentées. Le succès dura trois semaines. Mais Natalie Barney notait sans indulgence que Colette avait l'air d'un piédestal ambulant surmonté d'un tout petit visage triangulaire, le teint d'une octorone et l'air d'une chouette en plein jour.

La Vagabonde mit un point final à la carrière théâtrale de Colette. Elle a 54 ans. Elle fait un petit bilan. « Pour moi être riche ça veut dire posséder – outre la tendresse d'un être aimé et de mes amis – un bout de terre, une voiture qui roule, de la santé, la liberté de ne pas travailler au moment où je ne veux ou ne puis travailler. » Elle a entendu dire que Jouvenel faisait moderniser Castel-Novel et estime la dépense à un demi-million. Il pourra mener « la vie de château » et ça la fait « claquer des dents [21] ». Elle a enfin l'électricité à La Treille muscate et peut ranger les bougies. A Paris Alba Crosbie lui a sous-loué un entresol, rue de Beaujolais, à l'angle du passage du perron qui débouche sur le jardin du Palais-Royal. Elle se plaît dans cet appartement de 14,70 mètres de long qu'elle appelle « le tunnel », « le manchon », « le tiroir » et même « le drain », dont elle touche le plafond du bout des doigts, où elle garde les lampes allumées en plein jour. Elle l'a fait tapisser de cretonne, plafond inclus, l'a rempli de sombres meubles espagnols incrustés de nacre et d'une profusion de fleurs et de bibelots de verre. Le Palais-Royal était vite devenu pour elle un lieu privilégié. « Tous mes souvenirs de logis aimables pâlirent auprès de la seigneurie qui me faisait accueil [22]. » Elle convoitait l'appartement ensoleillé juste au-dessus de son entresol et Gustave Quinson, le directeur du théâtre du Palais-Royal, avait promis de le lui céder à l'expiration de son bail.

En quittant son hôtel particulier boulevard Suchet, elle tourne une page de sa vie, congédie ses domestiques et ne garde désormais que la fidèle, l'indispensable Pauline. Elle a Chatte et Souci, une chienne bull, premier prix à l'exposition canine, qui lui a coûté le prix du mur de brique dont elle voulait entourer sa vigne. Sa vie est devenue facile, Maurice l'approuve en tout et aime ce qu'elle aime. Elle se reproche presque cette prise de possession totale : « ... Quel cannibalisme de ma part [23] ! »

Elle voit peu sa fille qui est chez Germaine Patat quand elle n'est pas en pension. Colette la surveille, mais de loin. « ... Je lui connais de mauvaises dispositions d'esprit... ça se pourrait bien que ça barderait. » Bel-Gazou aime les autos rapides, les phonographes et la danse. « Une enfant d'aujourd'hui, quoi [24]. » Colette la met en pension en Angleterre ce qui inspire à Moréno une remarque acide : « Je te félicite de mettre ta fille en Angleterre... ce peuple conservateur lui apprendra l'égalité et elle va acquérir cette nécessaire hypocrisie que commandent son tempérament et... celui de son père [25]. » Élevée par tout le monde et par personne, la petite Colette devenait une adolescente difficile. Henri de Jouvenel et Mamita, d'après Colette, lui donnaient trop d'argent de poche, mettaient leurs voitures à sa disposition. Quand elle voulait s'absenter de son pensionnat, elle n'avait qu'à donner un coup de téléphone à l'un des deux chauffeurs. Germaine Patat qui l'aimait tendrement créait des vêtements pour elle et amusait Colette en habillant sa fille tantôt en petit garçon, tantôt en petite princesse. Ses mauvaises notes contrariaient Colette, mais ce qui l'alarmait davantage c'est que sa fille fumait en cachette. Elle essaya de lui faire comprendre le danger de succomber à une habitude quelle qu'elle fût. Colette avait goûté à tous les plaisirs, frôlé tous les abîmes sans jamais perdre le contrôle d'elle-même. Elle ne redoutait aucun excès puisqu'elle pouvait y mettre fin aussitôt qu'elle le jugeait bon. Mais il était très difficile de faire comprendre à une adolescente l'usage raisonné de la volonté. Elle demanda à Germaine Patat, de l'intéresser aux affaires, en vain. Colette était aussi mécontente parce que sa fille ne prenait pas la peine de lui écrire sous le mauvais prétexte que sa mère, étant un grand écrivain, elle avait honte de lui envoyer une lettre banale. Mais, elle restait ravissante et sa beauté finissait par désarmer Colette. Goudeket remarquait les rapports difficiles entre mère et fille. Elles restaient des mois séparées, sans motif particulier. Quand elles étaient ensemble, elles semblaient chercher un contact qu'elles ne trouvaient pas. Colette avait comme Sido la certitude que les enfants doivent quitter leurs parents et mener leur vie. Bel-Gazou venait les bras chargés de fleurs, de gravures, de fruits et Colette ravie pouvait écrire à Marguerite : « Elle est miraculeusement aimable... et je m'en réjouis et je ne lui conteste plus rien [26]. »

« COMME ÉCRIVAIN COLETTE RESTE À DÉCOUVRIR »

C'est à La Treille muscate que Colette commence un ouvrage différent de ceux qu'elle a écrits. Comme toujours le démarrage est difficile : « Je voudrais bien travailler. Je griffonne – je déchire. Je me désole [27]. » Elle s'acharne à travailler : « ... Si travailler est déchirer ce que j'ai fait la semaine passée et recommencer... mon roman me tourmente, je ne vois pas bien ce que je fais [28]. » Elle demande à Léo Marchand s'il est en train de travailler : « Moi, j'essaie. Mais avec quelle peine et quelle humilité !... J'avance. Oh! 18 pages! – en aveugle, vraiment c'est terrible [29]. »

Maurice, qui la voit tous les jours aux prises avec son projet, juge qu'il est « au centre de son œuvre, la fleur de sa pleine maturité [30] ». *La Naissance du jour* marque par son titre même une nouvelle vision du monde. La désespérance qui baignait *La Fin de Chéri* s'est effacée. Ce livre n'est ni tout à fait un roman, ni tout à fait un essai, ni une confession, ni une méditation. La gestation en est difficile : « Je travaille avec un dégoût incroyable, et une constance méritoire. » Elle recommence huit fois une scène : « Il me semble que je franchis un tournant... Mais il y a seulement deux jours, je devenais enragée et je ne dormais pas, pas assez du moins [31]. »

Les absences de Maurice l'empêchent de se concentrer, elle travaille moins bien quand il n'est pas là, d'autant plus que la chatte et la chienne Souci le cherchent partout. « C'est terrible ces bêtes, ça n'a aucune pudeur dans le chagrin. » Elle a besoin de sa présence et lui écrit, péremptoire : « ... Il faut que je sache ce que tu penses de la scène Vial qui, finie, m'empoisonne encore. »

Au sujet de cet ouvrage qui tourmente tellement Colette, Maurice met le critique en garde : « Dans la mesure où la recherche des références personnelles dans l'œuvre de Colette semble particulièrement aisée, je recommande à ses futurs commentateurs la plus grande méfiance [32]. » « Certains de ses livres ont l'air de raconter des épisodes de sa vie alors qu'ils les précèdent. Et il est arrivé, quand nous étions séparés, que ses lettres répondissent à des questions que je ne lui avais pas encore posées [33]. » De quels courants profonds lui vint ce livre qui ressemble à une conjuration ? L'élan fut donné par Sido. Quinze ans s'étaient écoulés depuis sa mort. Colette, par hasard, était tombée sur les papiers de sa mère. « Je ne fais que sortir d'un travail émouvant : relire, toutes, les lettres de Maman, et en extraire quelques joyaux [34]. »

C'est une lettre de Sido, réécrite par Colette, qui amorce la méditation qui court le long de *La Naissance du jour* et en fait « l'art de vivre » et « l'art d'aimer » de Colette. Cinq fois en moins de deux pages Colette affirme : « Je suis la fille de... », proclamant une dette morale et intellectuelle dont elle mesurait enfin l'étendue. Sido savait combien sa fille lui ressemblait. En 1908 elle lui écrivait : « A qui parler de mes états d'âme si ce n'est à toi, à toi cher moi [35]... » Le texte prend des nuances de possession mystique : « ... Je me vois poussée hors de moi-même et forcée de concéder une large hospitalité à ceux qui... ne sont qu'en apparence immergés dans la mort », écrit Colette. Il semblait à Maurice qu'elle était parfois dans une sorte de transe et que les derniers mots du livre sont ceux d'une visionnaire ; « ... le voici halliers, embruns, météores, livre sans bornes, ouvert, grappe, havre, oasis... ». C'est sur ces points de suspension que glisse toute explication de cet étonnant ouvrage où elle s'adresse à Sido comme à une indéniable présence : « ... toi à qui je recours sans cesse... », « ... toi qui m'accompagnes... » Dans une image saisissante elle décrit son rapport à Sido : « ... Je sentis remuer au fond de moi celle qui maintenant m'habite, plus légère à mon cœur que je ne le fus à son flanc [36]... » Peu de temps après avoir achevé ce texte hanté par Sido, Colette, en visitant le jardin de sa maison à Saint-Sauveur, eut la certitude de sa présence : « Là, je l'ai pourtant revue, un moment furtif du printemps de 1928 [37]. » Avec *La Naissance du jour* Colette s'empare de la pensée de Sido. « Elle m'a donné le jour, et la mission de poursuivre ce qu'en poète elle abandonna. » Avec une humilité qui touche au masochisme Colette invoque Sido : « Que je lui révèle... combien je suis son impure survivance, sa grossière image, sa servante fidèle chargée des basses besognes [38]. » Étonnante mutation, étonnante prise de possession de l'auteur par son propre personnage car la Sido littéraire est une création de Colette.

La Naissance du jour ouvre un cycle fouriériste dans son œuvre. A peine terminé, l'ouvrage est suivi par *La Seconde*, une approche fouriériste du triangle passionnel formé par le mari, la femme et la maîtresse, puis, en 1930, par *Le Pur et l'Impur*, cet essai sur l'amour dont la hardiesse s'appuie sur la sexologie révolutionnaire de Fourier. *Duo* n'est original que par la thèse fouriériste qui s'y dissimule. Comme une flamme cachée, l'amour selon Fourier est au cœur des œuvres qui succèdent à *La Naissance du jour*.

Le Nouveau Monde amoureux de Fourier ne fut publié qu'en 1967 parce que Victor Considérant, sachant qu'il choquerait trop, voulait faire accepter d'abord les réformes économiques proposées par son maître, s'éloignant en cela de Fourier qui demandait que les réformes du travail et des mœurs aillent de pair. Les amis de Considérant n'ignoraient pas cette partie essentielle de l'Utopie fouriériste. La morale de Sido s'appuie sur les idées subversives du *Nouveau Monde amoureux*. La réforme économique de Fourier était fondée sur le droit à ce qu'il appelle « le minimum social », droit aux soins médicaux, à la nourriture, au logement, au travail ; sa réforme sociale était fondée sur « le minimum sexuel », le droit à la satisfaction érotique pour tous, avec pour unique restriction, mais restriction absolue : l'interdiction de toute coercition qu'elle soit de nature physique, mentale, émotionnelle, qu'elle découle d'un abus d'autorité, d'une forme d'intimidation ou de chantage. Il avait rejeté toutes les philosophies et pratiquait à l'égard des penseurs laïques ou religieux ce qu'il appelle « l'écart absolu ».

Pour lui le but des passions tant décriées par les religions est de créer des associations harmonieuses. L'amour, dit-il, doit multiplier à l'infini les liens sociaux, et c'est l'amour qui établit dans le monde un nivellement spontané. Contre l'égoïsme en amour, qui s'incarne dans le couple traditionnel, il préconise les rapports multiples et affirme qu'il n'y a pas de véritable amitié sans entente érotique. Il réserve aux passions qu'il appelle « ambiguës » la même place qu'aux autres, répétant inlassablement que c'est la répression des passions qui crée les désordres sociaux. Hétérosexuelle, homosexuelle, polygame, toutes les passions sont bénéfiques à condition qu'elles soient pratiquées dans une ambiance de bienveillance générale, et ne soient « ni nuisibles, ni vexatoires » pour autrui. Il accuse la civilisation d'être en fait ennemie de la morale qu'elle impose et dénonce l'hypocrisie qui consiste à réprimer au grand jour ce qui est toléré dans l'ombre. Il rejette les devoirs qui sont, dit-il, la création des hommes, varient de siècle en siècle et de région en région alors que la nature des passions est invariable. « La créature humaine ne s'obstine à rien autant qu'à un devoir imaginaire [39] », écrit Colette dans *Le Voyage égoïste*.

Dans *La Maison de Claudine* elle dépeint déjà une Sido fouriériste : « ... qu'une candeur particulière inclinait à nier le mal, cependant que sa curiosité le cherchait et le contemplait pêle-mêle avec le bien d'un œil émerveillé [40] ». Avec *La Naissance du jour* Colette expose l'éthique de Sido. « Je célèbre la clarté originelle qui, en elle, refoulait, éteignait souvent les petites lumières péniblement allumées au contact de ce qu'elle nommait le " commun des mortels [41] ". » Elle la voit fuyant « de la vertu l'austérité pestinentielle ». Mais elle s'avoue moins informée que Sido : « Je n'ai pas ton art à rebaptiser selon ton code de vieilles vertus empoisonnées, et de pauvres péchés qui attendent, depuis des siècles, leur part de paradis [42] ».

Dans *Le Pur et l'Impur* elle parle « des temps lointains où le mal et le bien, mêlés comme deux breuvages, ne faisaient qu'un [43]... » et se souvient que Sido lui disait : « ... le mal et le bien peuvent être également resplendissants et féconds, et ajoute : « Abstention, consommation, le péché n'est guère plus lourd ici que là, pour les " grandes amoureuses " de sa sorte – de notre sorte [44]. » Elle décode ses enseignements : « Maintenant que je la connais mieux, j'interprète ces éclairs de son visage. Il me semble qu'un besoin d'échapper à tout et à tous, un bond vers le haut, vers une loi écrite par elle seule, pour elle seule, les allumait [45]. » Et Colette comprend qu' « ... il serait grand temps de l'approcher autrement... ». Elle ne peut plus se contenter pour parler de sa mère de ce qu'elle appelle ironiquement « le culte de la petite casserole bleue [46] ».

Fourier pensait que la Convention qui, en 1792, « avait foulé aux pieds tous les préjugés », n'avait pas détruit « le seul qu'il fallait détruire, l'institution du mariage ». Colette se souvenait du petit sermon de sa mère à la veille de son mariage avec Willy : « Tout est bien mal arrangé... je ne cherche pas à expliquer, ni à refaire comme ils disent une société nouvelle, mais tout est si mal arrangé [47] ! ». Elle fut plus explicite la veille de son mariage avec Jouvenel : « Ce n'est pas tant le divorce que je blâme, disait-elle, c'est le mariage. Il me semble que tout vaudrait mieux que le mariage [48]. » Colette ne se prive pas d'attaquer le mariage, « ... cette école de démoralisation que constitue la vie impeccable... aux côtés d'une épouse sans reproche [49] », elle nomme le mariage bourgeois « cette geôle qu'on nomme la vie à deux [50]. » Elle se refusait à être « confinée à un seul homme » et gardait, à la mode fouriériste, des rapports étroits avec ses anciens amants, ses anciennes amantes, devenus des amis ou tout au moins d'affectueux camarades.

Dans *L'Entrave* elle écrit : « Il était fatal que le foncier, le normal instinct de polygamie s'éveillerait chez Jean [51]. » Dans *Claudine s'en va*, elle exhorte l'épouse fidèle : « Un amour même défendu vous eût fait fleurir... quand on aime d'une certaine manière les trahisons elles-mêmes deviennent sans importance. » Claudine se découvre : « une âme d'entremetteuse désintéressée », et ayant poussé Marcel dans la chambre d'Annie, se congratule : « ... toute soulevée d'une noble fièvre qui n'avait rien d'impur. Parfaitement [52] ! » Claudine remplit le rôle que Fourier a dévolu au « Sympathiste », qui est une femme le plus souvent, et dont l'art consiste à assortir les couples ; il y a aussi en Harmonie les « Confesseurs », de préférence des femmes, dont le rôle est de persuader, c'est le rôle de Claudine auprès d'Annie. On retrouve Fourier quand elle rejette le rapport des âges où elle voit une convention inutile et parle du « jeu d'équilibre qui, à l'heure marquée, pousse le barbon vers le tendron et Chéri vers Léa. » Fourier affirme qu'une dame de quarante-cinq à cinquante ans, bien conservée, charmera fort aisément un jouvenceau de 16 à 18 ans. Colette rejette toute discrimination basée sur l'âge, et c'est à Sido qu'elle fait dire : « Est-ce qu'il faut vraiment renoncer à être jeune ? Je n'en vois pas l'utilité, ni même la bienséance [53]. » Colette reconnaît qu'elle doit à Sido « ... le don de secouer les années comme un pommier ses fleurs [54] ». Fourier voyait la vieillesse comme un mal de la civilisation où la masse « des gens fanés » est hors de proportion naturelle. Que l'âge ne fait rien à l'affaire est une certitude avancée dès *Claudine à Paris*, reprise dans *L'Ingénue libertine*, dans *Le Blé en herbe*, *Le Tendon*, *Le Képi*, et dans *Chéri*.

Elle ne craint pas de suivre Fourier dans sa démarche la plus subversive, la suppression du tabou de l'inceste. C'est à Sido qu'elle confie le soin de mettre en question ce point de morale et d'ordre social enraciné dans les consciences. Dans *Le Sieur Binard*, elle nous présente un veuf qui commet l'inceste avec ses quatre filles à mesure qu'elles deviennent nubiles et qui procrée impunément dans son harem incestueux. Colette ne voit non plus rien d'immoral dans sa relation avec son beau-fils et quand Marguerite a une aventure semblable à la sienne, sauf qu'il s'agit non d'un beau-fils mais d'un neveu presque aussi jeune que Bertrand, Colette l'exorte à ne pas laisser passer une chance de bonheur. « Ton pays... avait encore un présent à t'offrir. Prends-le [55]. » Ce que Fourier appelle « l'inceste collatéral » n'est qu' « un crime de convention » puisque, avec une dispense, un oncle peut épouser sa nièce ou une tante son neveu. Moréno suit le conseil de Colette. Elle appelle Pierre « mon Abricot-Perdreau », l'admire clouant des tonneaux dans le chai de sa propriété, Le Castelou, « sa culotte tachée de vin, ses pieds encore mouillés dans des sandales. Ah, Dionysos, quel est ton sexe ? L'émanation de la nature qu'est ce petit te baise les mains [56] », écrit-elle à Colette.

Faut-il s'étonner qu'elle fût mise à l'index et que l'abbé Bethléem mît en garde ses lecteurs, en signalant « ... les déportements de la littérature la plus scandaleuse, qu'il s'agisse des *Claudine* ou de *La Naissance du jour* » ou que Charles Bourdon, en 1938, flétrît « la séduction malsaine » de Colette, son « impudence coutumière... », l'atmosphère de mauvaises mœurs où elle vit « comme un ver dans la boue » et, prévînt ses lecteurs : « N'approchons pas de la fosse où elle nage, car nous en recevrons des éclaboussures [57]. » L'éthique fouriériste avait de quoi effrayer. Colette ne se contentait pas d'y toucher du bout de la plume.

Dans *La Naissance du jour*, Colette s'étonne que tout soit devenu simple. « Tout est ressemblant aux premières années de ma vie [58]... » Elle parle d'émerveillement, de sérénité, du second couvert en face du sien. Elle peut être seule, elle n'est plus délaissée. Avec Willy, avec Jouvenel il y avait toujours des problèmes émotionnels et financiers ; avec Maurice Colette a un soutien financier et intellectuel qui la libère et ouvre une période de créativité étonnante. En quinze ans elle publie quinze volumes de romans ou de recueils de récits, et, après 1934, ayant repris le journalisme, les quatre volumes de *La Jumelle noire*, le recueil de ses critiques dramatiques entre 1934 et 1938. Son activité de journaliste sera alors intense. Elle écrira pour *Le Figaro, Demain, Art et Industrie, Art et Médecine, La Revue de Paris, Le Journal, La République*. Elle reprendra « Le journal de Colette », collaborera à *Paris-Soir*, à *Marie-Claire*. Elle fera des émissions radiophoniques au Poste parisien et travaillera pour le cinéma : sous-titres pour *Jeunes filles en uniforme*, dialogues pour *Lac-aux-Dames*, et pour *Divine*.

Cette époque d'intense travail est aussi celle des grands honneurs : Officier de la Légion d'honneur en 1928, elle est promue commandeur en 1936. En 1935, elle est élue à l'Académie royale de langue et de littérature françaises. Une première biographie : *Colette, sa vie et son œuvre* par Jean Larnac paraît en 1927, puis *Colette* par Claude Chauvière en 1931 sont suivies par les témoignages d'universitaires étrangers et par la première bibliographie d'une œuvre déjà multiple et multiforme par Francis Ambrière. Colette désormais ne rivalise plus qu'avec elle-même.

« QUE J'AIME LES CHOSES QUE JE NE COMPRENDS QU'À DEMI »

On savait que Colette était attirée par l'occulte, et Joseph Delteil la mit en rapport avec le comte Carlos de Langerme, poète, romancier, astrologue versé dans la symbolique des pierres précieuses. Colette aimait les poèmes de cet homme très cultivé qui n'écrivait que pour son plaisir, aimait la mystification et lui rappelait Paul Masson. Il fit l'horoscope de Colette et lui exposa le secret de l'influence des couleurs. « Mon Dieu, que c'est joli ! s'émerveille Colette. Avec joie j'ai appris pourquoi les pierres bleues, le *verre* bleu, le papier bleu et les saphirs me sont nécessaires. Mais je ne veux pas vivre entre des murs bleus, ni dans un ameublement bleu. » Elle lui envoie *La Naissance du jour* : « Vous y verrez cent fois le mot " bleu " et je n'y peux rien [59]. » A La Treille muscate elle s'était découvert un don de sourcière. « Mais sourcière à la limite de la sourcellerie ! Je suis folle d'orgueil, d'un orgueil idiot... Je suis très agitée par cette révélation. » C'est sa voisine, Sextia Aude, qui lui avait mis la baguette dans la main. Colette s'était empressée de voir si Pauline ou Louise, la gardienne, étaient aussi sourcières, mais non, ce don est rare. « J'ai donc enfin un gagne-pain, plaisante-t-elle, le curé sourcier qui vient sur demande reçoit vingt-cinq mille francs s'il trouve de l'eau. »

Colette avait « à la fois un vif appétit du surnaturel et une foncière inaptitude à y adhérer ». Lire les lignes de la main, tirer les cartes, prédire l'avenir, correspondre à distance, ne lui semblaient pas totalement du charlatanisme. Elle hésitait, Maurice la pressait de s'expliquer : « Tu y crois donc ? » et ne recevait jamais qu'une réponse ambiguë : « Que j'y croie ou que je n'y croie pas ne fait pour moi aucune différence. » A Saint-Tropez ils étaient logés provisoirement dans un hôtel sur le port pendant des travaux à La Treille muscate. Une nuit Colette se lève brusquement en disant : « Tu ne l'endends donc pas ?... Il est en train de se noyer. » Maurice, qui n'entend rien, demande « Un homme ? » Elle hausse les épaules : « Un chien, voyons ! » Elle sort en courant, se jette à plat ventre sur le quai, retire le chien de l'eau. La bête s'enfuyait déjà en s'ébrouant quand Maurice ayant dévalé l'escalier voit Colette qui revenait furieuse contre ceux qui n'avaient rien entendu. « C'était pourtant clair ce qu'il disait ! » Elle devinait ce que les bêtes voulaient, elle semblait comprendre leur langage. Étant partie avec des amis visiter une maison en location, elle est accueillie par une chatte qui depuis trois semaines vivait seule, nourrie par les voisins. « Elle s'est jetée sur nous... avec de tels *cris* d'espoir et de douleur, nous a guidés de pièce en pièce avec des paroles folles, des questions, des gémissements. C'est affreux... ce sont des drames que tu comprends, toi, écrit-elle à Maurice... J'en ai encore le cœur barbouillé de larmes en dedans [60]. »

Elle enviait Jean Cocteau parce qu'il fréquentait « sur un même pied d'égalité morts et vivants, fantômes et dieux ». Dans sa critique théâtrale, elle remarque : « Le théâtre français, fait peu de cas du surnaturel et encore moins d'un mélange de réel et d'irréel dont se délecte le théâtre anglais [61] », et le regrette.

« ROMAN QU'ON DIT À CLÉS, COMME TU NOUS TENTES »

Avant même la correction des épreuves de *La Naissance du jour*, Colette avait commencé un roman, *Le Double*. Un élan, qui ne lui était pas habituel, la portait, elle écrit 57 pages d'un seul jet et soudain le roman lui résiste. Elle pensait le remettre à Ferenczi le 15 juin 1927, mais le 15 avril elle n'en a écrit que 80 pages dont elle doit déchirer 40 si elle ne veut pas le voir tourner « au plat feuilleton ». A la fin du mois d'août elle se demande de nouveau si son roman ne va pas être « le plus bas feuilleton romanesque ». Elle se plaint à Marguerite que son roman la rend malade et qu'elle ne peut pas rentrer chez elle rue de Beaujolais, sa sous-location étant contestée. Elle décide de s'enfermer au château d'Ardenne en Belgique, un hôtel en pleine forêt, enneigé, isolé, qu'elle choisit parce qu'on le lui a décrit comme sinistre. Elle y arrive, éreintée par neuf heures de conduite dans le brouillard. Le silence feutré qui règne lui plaît. Dès le lendemain elle travaille neuf heures, sept heures le jour suivant, tout en se lamentant : « ... Quel joli métier que celui d'écrivain ! Mais je *veux* finir [62]. » Le 2 janvier elle a fini. *Le Double* est devenu *La Seconde*, la publication en feuilleton commence dans *Les Annales*.

La Seconde est la transposition d'une relation triplice où l'on a voulu voir Colette, Germaine Patat, Henri de Jouvenel. Cependant Germaine affirmait que c'était Meg Villars qui était le modèle de Jane et non pas elle. Dans *L'Étoile Vesper* Colette écrit à propos de *La Seconde* : « Roman qu'on dit à clé, comme tu nous tentes ! Comme tu provoques notre plume non pas à nuire, mais à restituer la vérité qui maintient au service d'un seul homme deux femmes et leur supportable malheur [63]. » Le sujet est banal et explique la crainte de Colette de verser dans le plat feuilleton. Ce qui rend *La Seconde* original c'est la solution qu'elle apporte à une crise tant de fois traitée. Elle la traite dans une perspective fouriériste en créant un lien nouveau entre les protagonistes. La paix et le réconfort émergent d'une situation généralement pétrie de haine, de jalousie et de souffrance. Dans *La Seconde* le trio est déculpabilisé, les rapports réarrangés dans un nouvel ordre non seulement guérisseur mais bénéfique. Fanny, l'épouse, et Jane, la maîtresse, s'aperçoivent que leur relation personnelle est plus précieuse que leur rapport avec Farou, le mari libertin et volage. Elles reconnaissent le besoin qu'elles ont l'une de l'autre et le bonheur qui découle de leur alliance.

A la parution de *La Seconde*, Colette confie son inquiétude à André Billy : l'idée contenue dans les dernières pages du roman n'était pas comprise des critiques, bien que certains se fussent avisés que l'histoire n'était écrite qu'en vue de la conclusion. Benjamin Crémieux admire l'écrivain mais s'insurge contre ce retour au harem. D'autres pensent qu'en voulant sauver le foyer à n'importe quel prix, Colette se montre trop conservatrice. Elle essaie de clarifier son dessein dans un article des *Annales* : « Celle qui trahit pensera surtout à celle qu'elle trompe. Son véritable souci sentimental sera de songer toujours à celle-là [64]. » Colette, comme Fourier, pense que les liens sentimentaux ne doivent jamais être prétexte à mensonge, et ils sont d'autant mieux acceptés que les hommes et les femmes se lient d'amitié avec l'amant ou la maîtresse. Ces liens effacent toute hostilité et créent le bonheur commun. La fin de *La Seconde* serait normale en Harmonie. Fourier appelle ces liens des liens magnanimes, il veut qu'un homme s'unisse à deux femmes, une femme à deux hommes, ce « redoublement d'amitié » multiplie les liens sociaux.

Pour se reposer, Colette part en voyage avec Maurice. Le pacha de Marrakech a mis de nouveau une villa à leur disposition. Colette décide d'en profiter pour visiter l'Espagne. La semaine sainte à Séville la rebute. Elle juge la cathédrale « intolérable », la conduite des prêtres la scandalise : « Haïssables prêtres – deux, dix, cent – qui parlent haut, et arpentent les dalles d'un pas à grosses semelles ; on voit que Dieu est leur tapis familier. » Le soir, le caf' conc' ne trouve pas grâce à ses yeux : « un reste de danseuse espagnole, épaissie, danse », sa longue robe balaye les planches « avec un bruit de savates ». Les mantilles exhaussées par les peignes ne la séduisent pas, c'est une mode inventée « pour grandir la femme qui est petite, ronde et basse de fesses ». A Tolède, ce sont les Greco qui excitent son ire : « les nez de travers de tous les Greco, les nez en os crayeux ». Charles II n'est pas mieux traité : « Sa bouche en cerise malade, ses cheveux d'ange peignés superficiellement, les poux restaient au fond. » Ni « son armure d'azur », ni « sa ravissante écharpe rose » ne le rachètent. Elle se sent renaître en Andalousie, la belle et bonne terre. Les gens « ont l'air gai de n'être pas en Castille. Il y a de quoi ». Après avoir noté que la chèvre est passée au henné, et le mouton est angora, Colette s'ébroue : « Enfin un bois ! Je pleure après un bosquet depuis Madrid. »

L'hospitalité magnifique du pacha dans un décor digne des *Mille et Une Nuits* lui fait oublier le cauchemar espagnol. Colette et Maurice se promènent dans des hectares d'orangeraies où les fleurs sont « larges comme des anémones », et dont le parfum « vous tuerait si le vent ne l'emportait à mesure [65] ».

A leur retour, l'éditeur suisse, Gonin demande à Colette d'écrire le texte pour un album de luxe, *Paradis terrestre*, qui sera illustré par Paul Jouve. Colette veut voir de près les animaux qui seront le sujet de son texte. Elle part visiter le zoo d'Anvers. Enfin elle s'accorde de vraies vacances chez Léopold Marchand qui possède le château de Costaérès dans une île bretonne. Elle pêche avec frénésie : « Vingt et un homards en dix jours... dix-neuf crabes araignées... deux langoustes... Avant le déjeuner nous pêchons le bouquet aux flaques... Je m'arrange terriblement bien de cette vie. Mais je m'ennuie de Maurice... » Il vient la chercher et ils vont à La Treille muscate où le bulletin à l'intention de Marguerite se termine dans la jubilation : « Ma vendange est faite, 1 500 litres environ », et quand elle coupe ses grappes de « raisin de luxe », elle se flatte qu' « à Paris ils n'en ont pas de pareil sur les tables des riches [66] ».

Elle fait un retour au journalisme et accepte d'être critique dramatique à *La Revue de Paris*, mais démissionne au bout de deux mois. « Ces emplois sont peu payés et donnent de la peine. » En octobre 1929 elle est à Berlin, l'invitée d'honneur de la Société franco-allemande. Elle est accueillie en grande vedette, les photographes l'attendent à la gare. Pendant quatre jours elle donne des conférences, inaugure la foire aux livres de luxe, signe ses livres. En février 1930 elle est de nouveau en Allemagne, cette fois à la requête de Sarrasini, le propriétaire d'un cirque célèbre. Il espérait que l'auteur des *Dialogues de bêtes* pourrait l'aider à obtenir la permission de transporter cinq cents animaux en France. Les propriétaires de cirques français, craignant la concurrence, mettaient des bâtons dans les roues. Sarrasini invite Colette et dix-huit journalistes dans l'espoir que la presse lui concilierait l'opinion. A l'entrée du grand chapiteau, Sarrasini, en habit pailleté, accueille ses invités. Il a fait placer de part et d'autre deux vastes corbeilles où jouent de petits lions et des bébés tigres qu'il offre comme s'il offrait des chatons. Colette est séduite. Le festin, servi sous le grand chapiteau par des acrobates, des jongleurs, des clowns, est suivi d'une représentation privée. Nul ne comprit alors le désir de Sarrasini de quitter Berlin. En 1935 on lui intimera l'ordre de renvoyer tous les Juifs, tous les Yougoslaves, tous les Africains de son cirque. Il tentera de s'embarquer pour l'Argentine. La nuit de l'embarquement, à Anvers, la tente qui logeait les éléphants brûla, tous les éléphants périrent. Ce n'était que le commencement d'une série de malheurs. Sarrasini finit par atteindre l'Amérique, fit faillite et mourut.

A Paris Colette doit quitter son entresol du Palais-Royal. Alba Crosbie qui le lui sous-louait était en litige avec la propriétaire pour contravention au bail. Maurice adoucit les désagréments en achetant La Gerbière près de Montfort l'Amaury, non loin de la propriété de leurs amis, Luc Albert Moreau et Hélène Jourdan Morhange, Colette pourrait y travailler en paix. La Gerbière satisfait « le goût de Colette pour les horizons resserrés, les domaines étouffés, les logis à la mesure moyenne des hommes et aussi son besoin de larges espaces aérés [67] ». Elle pend aussitôt aux branches des maisons pour les oiseaux et les écureuils, fait des boutures avec le vieux jardinier et annonce à Marguerite : « J'ai pondu 41 pages. » C'était la troisième partie de *Sido*.

En juillet elle s'embarque pour la Norvège sur le yacht du baron Henri de Rothschild dans un confort qui lui paraît féerique. Les nuits sans nuit « offusquèrent » Colette. « J'ai des histoires avec le soleil qui n'est jamais à la place où il devrait être [68]. » Pendant la croisière, elle prend des notes qui seront publiées dans *En pays connu*, et commence à écrire *Ces plaisirs*. Toujours à l'aise dans les situations extrêmes, elle travaille malgré le mal de mer qui incommode tout le monde pendant trente heures de tempête. Le 9 août l'*Eros* mouille au Havre et Colette et Maurice prennent le chemin de La Treille muscate où Colette trouve sa paix menacée. Saint-Tropez devenait en effet une annexe du Ritz et de Montparnasse. En allant acheter de la toile de garde-manger sur le port, Colette le trouve barré par « trois rangs d'Hispanos et de Bugattis [69] ». On la suit, trente curieux attendent sa sortie de la boutique du marchand de journaux. Entourée de jeunes femmes, suivie de Goudeket, elle est devenue une attraction locale. Elle a contribué au lancement de Saint-Tropez en écrivant des lettres enthousiastes à ses amis. Elle avait exorté Anna de Noailles à venir boire du vin blanc au bal des pêcheurs : « Vous auriez du plaisir à voir danser ensemble de si beaux garçons [70]. » Bientôt Natalie Barney avait sa maison dans les collines, Isabelle de Comminges aussi. Lucien Lelong achetait une somptueuse résidence non loin de La Treille muscate et arrivait avec ses trois automobiles et son yacht, alors que Colette, André Dunoyer de Segonzac et Luc Albert Moreau s'efforçaient de vivre la vie rustique des pêcheurs. L'arrivée des habitués du Bœuf sur le toit marque la fin d'un mode de vie. Au Bœuf sur le toit, sous le regard de l'*Œil cacodylate* de Picabia, autour de l'*Orphéal* que personne ne pouvait jouer sauf Wiener, Jean

Cocteau régnait parmi ses fidèles. On y voyait Louise Balthy, une ancienne amie de Colette, Romaine Brooks, peintre américain, l'une des grandes amours de Natalie Barney, la duchesse d'Uzès fumant sa célèbre pipe, tout un monde qui lançait la mode et soutenait l'avant-garde quelle qu'elle fût. Deux cents « stars » rendent Saint-Tropez méconnaissable. Colette dénombre Mme de Clermont-Tonnerre en pyjama, un auteur dramatique en moussaillon, une actrice en salopette, un banquier en culotte courte – on ne disait pas encore short. Elle déplore le factice du bal des Nouilles « où tous les ornements, colliers, ceintures, coiffures étaient exécutés avec des macaronis fragmentés, nouillettes, papillons, coquilles, teints [71] ».

Elle est intriguée par les récits de certaines bacchanales que lui raconte Léon-Paul Fargue où l'épouse de l'un est troquée contre le fils de l'autre et s'étonne que Paul Géraldy puisse voir chez ces oisifs une Arcadie. Elle en parle sans indulgence à Radcliffe Hall, l'auteur du *Puits de solitude*, en disant que l'obscénité pour l'obscénité devient vite ennuyeuse. Elle trouve D. H. Lawrence, qu'elle désigne comme « l'auteur de Lady... Quel est son nom ? », tout simplement infantile. Elle travaille à *Ces plaisirs*..., et ses réflexions sur les conduites et sur les écrits se placent dans cette perspective. Elle reproche à Radcliffe Hall d'avoir donné une impression d'anomalie dans l'analyse de ses personnages lesbiens. Elle lui explique que si une personne dite anormale se sent anormale, c'est qu'elle se voit par les yeux des autres. Pour Colette personne n'est anormal, chacun porte en soi sa normalité.

La frange excentrique du Paris littéraire l'intéresse aussi. Léon-Paul Fargue la mène à des réunions de dadaïstes chez Mme de la Hire dont le mari avait été le biographe de Willy et de Colette. Un soir un groupe de dadaïstes s'hypnotise en masse et René Crevel persuade six d'entre eux de se pendre à un portemanteau qui s'écroule sous le poids. Francis Poulenc et Erik Satie se succédaient au piano tandis que Jean Cocteau actionnait une trompe d'automobile et jouait des castagnettes. Tout cela lui paraît bien mièvre par rapport aux soirées avec Lorrain, Jarry, Masson. L'« acte gratuit » n'a aucune valeur pour Colette, quant au *théâtre de la Cruauté* d'Antonin Artaud, ce n'est, selon elle, que « le théâtre de la véhémence », de l'exhibitionnisme : il n'y a pas « trente-six manières de manger un cœur, ni de découper un enfant », et qu'en fin de compte Artaud sera bien obligé de se tourner vers les tourments de l'esprit. Classique dans l'âme elle affirme qu'un supplice « ne nous prend aux entrailles que s'il se passe en coulisse, durant que notre cruauté, réelle celle-là et bien cachée, l'imagine [72] ».

Autour d'elle, grandit une génération à laquelle elle se sent étrangère. L'érotisme grossier, la cruauté gratuite et surtout le recul devant l'effort la détachent d'un groupe dont elle ne partage par les divertissements. Sa fille ne se déplace pas sans un phonographe et des kilos de disques, et fait partie d'une jeunesse dorée pressée de vivre. La crise oblige Germaine Patat à fermer sa maison de couture où Bel-Gazou recevait un salaire pour un travail peu évident. Mais au mois d'août Solange Bussy commence le tournage de *La Vagabonde* et engage Bel-Gazou comme script-girl. Colette n'aime pas les gens qui ne font rien, surtout à vingt ans.

En 1930 Colette a 57 ans. Henri de Jouvenel s'est remarié avec la veuve de Louis Dreyfus. La fortune de sa femme lui permet de moderniser Castel-Novel, d'acheter une villa sur la côte d'Azur et, à Paris, l'ancien hôtel particulier de Talleyrand. Colette apprenant par Pauline que « Castel-Novel et ses seigneurs auront la semaine prochaine *quarante* invités, « M... ! m'écrié-je avec considération ». Elle est contente de la simplicité de sa Treille muscate où les matinées commencent à 5 h 30 et « passent comme un instant », où son domaine « s'échevelle », où elle « apprivoise des sphinx alcooliques » qui boivent le vin rosé sur ses doigts. « Tout est neuf. Moi aussi [73]. »

Le stoïcisme de Maurice la gagne de plus en plus. Elle renonce brusquement aux cigarettes orientales parce qu'elle craint que l'habitude ne prenne le dessus sur sa volonté. Jean Cocteau, qu'elle aime beaucoup, lui fournit le spectacle de l'intoxication. On venait de le trouver dans un état lamentable entre la vie et la mort à l'hôtel du Port et des Négociants à Toulon. Quant à Francis Carco, il devait vendre sa collection de peintres cubistes pour pouvoir se faire désintoxiquer dans une clinique. Pierre Louÿs était mort en 1925 après avoir vécu d'une pension versée par le Secours des Beaux-Arts. On se demandait qui hériterait de ses droits : un amant suspect ou un marchand de drogues.

« ... L'HOMME EXTRAORDINAIRE QUE J'AVAIS ÉPOUSÉ... »

Le 12 janvier 1931 Willy meurt. Depuis plusieurs années des amis communs s'efforçaient en vain de les réconcilier, des deux parts la rancune était tenace. Ayant rencontré Colette par hasard, Willy écrit à Curnonsky : « Elle a maintenant (ce qui doit la désoler mais me fait plaisir) un cul comme un arrière de diligence... et ça ne m'incite pas au voyage [74]. » Il vivait à l'hôtel Hesperia, 149, avenue de Suffren, à deux pas de Madeleine de Swarte qui habitait au 159. Elle l'entourait de soins et tâchait de le distraire. Ils recevaient toujours Léo Colette, gardaient pour lui des timbres rares, le nourrissaient d'un solide pot-au-feu qui le changeait de son régime de gargottes. Madeleine écrivait des livres inspirés par Willy : *Mady l'écolière, Les Fourberies de papa, Les Caprices d'Odette*. A la demande de Louis Querelle, l'éditeur du *Sourire*, Willy avait écrit en 1925 *Souvenirs littéraires et autres*. Mais ce livre discret ne fut pas le scandale qu'on attendait. Aux Éditions Martine il avait publié *Propos d'ouvreuse*, un choix d'articles anciens. Il joua un tour à Colette en les faisant précéder de deux lettres-préfaces : *L'Ouvreuse à Marseille* et *L'Opinion de Claudine* écrites en 1905 où elle couvrait *L'Ouvreuse* d'éloges. Toujours curieux des dernières tendances, Willy avait consacré un chapitre au dadaïsme et au cubisme dans *Ça finit par un mariage*. Il est parmi les premiers à prendre au sérieux les livres surprenants de Raymond Roussel. Albin Michel réédite ses romans, la NRF lui consacre un volume, *L'Esprit de Willy* et il collabore à des journaux humoristiques comme *Le Canard enchaîné* où, toujours au courant des faits et gestes de Colette, il fait des mots sur « Claudine éducatrice ». Mais il manquait cruellement d'argent. Quand Yvette Guilbert lui offrit une aide, il la remercia avec simplicité : « du secours quel qu'il soit... moi qui ai obligé tant d'amis, me voici solitaire, délaissé, dans un vrai dénuement [75] ».

Son médecin lui conseillait de ne plus écrire la nuit. Il passait outre. Paul Léautaud le trouvait très démoli : « Il doit avoir un grand passé de noce. » Rachilde, bouleversée par l'abandon de Willy, publie un long article dans *Le Mercure de France*, estimant qu'il était temps que ses nombreux obligés fassent preuve de gratitude. En 1929 elle publiait dans *Portraits d'hommes* un émouvant croquis de Willy. « Ce tombeur de musiciens et de femmes de théâtre n'avait aucune amertume... On peut lui être tendre aujourd'hui où il se trouve dans une situation délicate car il fut toujours prêt à rendre service aux camarades... consentant à toutes les démarches, à tous les dons. » Elle l'appelle « notre Willy national », répétant : « Willy c'est Paris... Paris se doit à Willy en souvenir des feux d'artifice de jadis qu'il tira dans ses étincelantes *Lettres de l'Ouvreuse*, il nous a ouvert un théâtre qui n'appartient qu'à sa direction mentale. Qu'on lui ouvre donc aujourd'hui un compte illimité. » Elle revient sur « ...le naïf étonnement devant quelque chose, sinon quelqu'un de beaucoup plus fort que lui... et tellement plus cruel [76] », une allusion à Colette dont l'attitude offusquait certains. Paul Léautaud rapporte qu'à un dîner elle s'était emportée contre Willy : « Ce vieux salaud, ce vieux soûlard, ce vieux con, qu'est-ce qu'il a fait ? » Léon Deffoux se tourna vers elle : « Ce qu'il a fait ? Mais, vous, madame ! » Henriette Charanson avait insisté auprès de Colette pour qu'elle rende visite à Willy qu'on savait très malade. Colette lui avait cloué le bec : « J'ai envie de vous dire comme à ma fille : t'es bien trop gentille, tu ne peux pas comprendre [77]. »

Les amis de Willy organisent un gala à son bénéfice. Le président de la presse de music-hall est chargé de recueillir les sommes et de les placer à la banque, mais pas au nom de Willy, afin d'éviter la saisie pour dettes. La souscription s'élève à 4 000 francs. Colette refuse d'y contribuer. Peu après Willy perd connaissance en arrivant pour déjeuner chez Madeleine de Swarte. Jacques Gauthier-Villars veut le placer dans une maison de santé. Il refuse. Il vivra encore deux ans, ne quittant plus son fauteuil, lucide et écoutant les disques que Madeleine lui apportait. Il mourut, s'étant confessé et ayant reçu les derniers sacrements. La Société des gens de lettres participa aux frais d'obsèques. Après une messe solennelle à l'église Saint-François-Xavier, trois mille personnes suivirent le corbillard jusqu'au cimetière Montparnasse. L'Académie française, l'Académie Goncourt, la Société des gens de lettres et la Société des auteurs dramatiques étaient représentées. Toute la rédaction du *Mercure de France* entourait Rachilde, Alfred Vallette et Charles Maurras.

Dix jours plus tard la revue *Sur la Riviera* publiait *Indiscrétions et Commentaires sur les Claudine* sous le titre de *Williana*. C'étaient des notes écrites directement sur des exemplaires des *Claudine* appartenant à Jules Marchand, un ami de Willy. Elles n'étaient pas destinées à la publication. Le texte entier ne fut publié qu'en 1962 en édition privée limitée à cinquante exemplaires. Le débat sur les *Claudine* rebondissait.

CHAPITRE XI

Du Palais-Royal au Palais-Royal

« J'eus là plusieurs variétés d'amis, des inquiets, des dissolus, des laborieux. »

Trois... Six... Neuf...

A la fin de décembre 1930, chassée de son « tiroir » du Palais-Royal, Colette charge son amie Jeanne Mauduit de lui trouver un appartement au Palais-Royal et s'en va chercher le soleil et le grand air à la cime d'un palace. Elle s'installe au sixième étage du Claridge, sur les Champs-Élysées, dans deux pièces communicantes avec salle de bains, kitchenette et deux balcons au bord de la gouttière. Elles les fait tapisser d'un papier à fleurs et oiseaux importé de Londres et les meuble. C'est sa passerelle de bateau, son perchoir, sa vigie et dans ce pigeonnier, au-dessus des automobiles et des passants, elle découvre « une surprenante paix ». A ses amis, étonnés de son choix, elle explique : « Un écrivain travaille bien à l'hôtel[1] », le portier protège sa solitude. Sur les deux balcons contigus elle plante sans tarder des fraisiers en pot qui meurent et des masses de géraniums, elle y reçoit ses amis, se réjouit de la vue et de l'« isolement étonnant ». Par beau temps elle sort un oreiller et une couverture et dort à la belle étoile. Les repas lui sont montés directement du restaurant du Claridge quand elle préfère ne pas descendre dans la salle à manger se mêler à « une humanité variée » : ... Anglaises vêtues pour le dîner de liberty glauque et de « pink chiffon », princes hindous et leurs femmes en saris tissés d'or et d'argent, vedettes de cinéma ou de la chanson, tout un monde cosmopolite.

Maurice loue une chambre voisine, Pauline est également logée au Claridge avec la Chienne et la Chatte. Colette est conquise par sa vie au Claridge et envisage sérieusement d'y rester, si l'appartement du Palais-Royal demeurait inaccessible. Elle en parlait si bien que, « tentés par [sa] paix aérienne, des amis vinrent se poser au bord du même toit ». Missy s'y installe quelque temps. Parmi la clientèle du Claridge elle eut « plusieurs variétés d'amis ». Elle s'amusait des bruits qui traversaient les cloisons, s'amusait à distinguer à travers les portes les parfums, l'odeur du whisky, « le puissant et indiscret arôme de l'opium d'après minuit [2]... ». Le « pigeonnier » de Colette devint un pôle d'attraction où ses amis se découvraient mutuellement, parfois avec surprise. Adrien Fauchier-Magnan, historien, collectionneur et mécène, et sa femme Valérie qui avaient été reçus officiellement par le Pacha de Marrakech, vêtu d'habits marocains, communicant avec eux par l'intermédiaire d'un interprète, le rencontrèrent chez Colette, en complet de serge, s'exprimant en un français impeccable. Ils virent aussi Missy qui, après le divorce de Colette, était revenue. Lorsqu'ils prirent l'ascenseur ensemble pour partir, Mathilde de Morny les pria de ne pas l'appeler « Madame » en passant devant le bureau de réception parce que le concierge l'appelait toujours « Monsieur le Marquis ». Les Fauchier-Magnan étaient les rares amis de Colette que Missy pouvait encore étonner. Lors d'une reprise de *La Vagabonde* elle était venue dans la loge de Colette pour lui dire qu'elle n'avait pas du tout changé. Leur amitié avait repris. Ses « fils », par contre, avaient changé. Sacha Guitry était devenu l'un des rois du théâtre, Georges Ghika, marié à Liane de Pougy, était tombé amoureux d'une jeune fille, avait divorcé après un essai raté de ménage à trois et s'était remarié avec Liane qui avait demandé à Missy d'intervenir. Elle lui donnait assez cocassement le nom de « père ». On voyait Missy à Londres, à Vienne, dans les hauts lieux de la société lesbienne, elle fit une croisière sur l'*Éros* d'Henri de Rothschild, mais la chronique mondaine omettait son nom, on ne s'intéressait plus à la nièce de Napoléon III.

Colette qui écrivait *Ces plaisirs...* avec ses difficultés accoutumées, « Mon pauvre travail n'avance pas [3] ! », faisait de Missy l'un des personnages essentiels de son essai sous le nom de *La Chevalière* et la voyait volontiers. Missy n'avait pas changé. Elle refusait toujours avec une exquise politesse les œufs, les petits pois, le poisson, les tomates, le veau, le porc, les fromages, les gâteaux, les fraises et les abricots. Elle ne mangeait des laitues que les côtes blanches et seulement les pilons des volailles. Colette ne la contrariait pas et l'écoutait parler des concoctions qu'elle inventait : tantôt un baume pour un orteil douloureux de Liane de Pougy, tantôt une crème pour faire briller le cuivre ou bien une échelle roulante pour les libraires. Elle se vantait d'avoir inventé les tanks avant tout le monde. Pour faciliter le travail de Colette, elle lui apporta une lampe qu'on pouvait accrocher n'importe où, à n'importe quoi. Entourée d'un capuchon de papier bleu cette lampe ne la quitta plus et devint *Le Fanal bleu*.

Un soir, lors d'une partie de cartes, Missy dit qu'avant d'avoir atteint ses dix-huit ans elle avait eu deux aventures hétérosexuelles. Elle avait cédé à son cousin Alexis Orlof qui menaçait de se suicider par amour pour elle, puis à Lord Hume, un jeune adorateur qui la suppliait de l'épouser. Incertaine de ses propres goûts elle avait été sa maîtresse pendant dix jours puis jeta son dévolu sur le marquis de Belbeuf. Colette l'écoutait avec attention et consultait Marguerite Moréno : « Il faudra que tu me dises ce que tu penses de ce que j'écris en ce moment sur les " unisexuelles * ", – quel affreux mot ! Évidemment on pourrait traiter le chapitre comme ceci :

<blockquote>
Les Unisexuelles
Chapitre Unique
Il n'y a pas d'unisexuelles[4]. »
</blockquote>

Missy confirmait la thèse de Colette que les homosexuelles sont toujours bisexuelles. Elle se fiait à sa propre expérience, à ce qu'elle savait des amours alternées de Georgie Raoul-Duval, de Marguerite Moréno, de Lucie Delarue-Mardrus, de Musidora, et même de Winnie de Polignac qui, depuis le divorce de Colette, était devenue encore plus protectrice.

La princesse Edmond de Polignac, née Singer, venait sans façon pour un goûter de fromage et de vin chaud. Chez elle on aurait pu la prendre pour une invitée, tant sa réserve était grande, elle était totalement détendue chez Colette et tandis que celle-ci vantait les plaisirs rustiques qu'elle trouvait à La Treille muscate, la princesse parlait de sa nostalgie d'une vie selon Thoreau, le retour à la nature au bord d'un lac. Winnaretta Singer, Winnie pour ses amis, Américaine de naissance, Française par ses goûts, vivait en parfaite amitié avec un mari homosexuel qui partageait sa passion pour la musique. Elle soutenait le groupe des Six, les Ballets russes, elle finança *Mavra*, l'opéra-bouffe de Stravinski, installa Erik Satie dans une clinique privée où il put s'éteindre doucement dans l'euphorie due au champagne et à l'opium. Sa générosité se muait en pluie d'or pour les individus comme pour les institutions. Elle finança des laboratoires au Collège de France, des expéditions archéologiques en Grèce, la restauration de Sainte-Sophie en Turquie, créa le musée Gauguin à Tahiti, fit don d'un laboratoire flottant à l'Institut océanographique de Monaco, finança des études des récifs de corail en Nouvelle-Calédonie, des études sur les hormones, sur les champignons hallucinogènes. La Fondation Singer-Polignac assuma les frais de la création de refuges pour l'Armée du Salut à Paris, d'une société pour la protection et la réhabilition de jeunes filles et de logements pour travailleurs. La princesse légua au Louvre une collection de peintures et d'objets d'art. Elle fut l'un des mécènes les plus éclairés et les plus agissants de son temps.

* Terme utilisé par Fourier pour l'homosexualité féminine.

Winnie n'avait pas d'amie plus proche que Colette qu'elle entourait de soins. Elle lui fit cadeau d'une voiture, le jour où un collier de diamants arriva caché dans une gerbe de fleurs, cette discrétion dénonçait Winnie. Quand l'arthrite paralysera Colette, la princesse lui fera fabriquer une table qui enjambera son divan comme un pont et lui permettra d'écrire allongée.

Son cercle d'amis intimes comptait surtout des homosexuels des deux sexes, et on plaisantait sur le choix des élus : « Vous êtes homosexuel, n'est-ce pas ? Alors parlons musique [5]. » Des règles non écrites gardaient de toute gaffe. Romaine Brooks, Violet Trefusis, Jean Cocteau en faisaient partie, mais, malgré l'intercession passionnée de Cocteau, Gertrude Stein n'y fut jamais admise parce qu'elle était trop bohème et trop grotesquement masculine d'allure. Il fallait sauvegarder le décorum, ce qui n'était pas toujours facile. A Venise, lors d'un dîner que la princesse donnait dans son palais à un groupe exclusivement féminin, un mari interdit de fête loua une gondole, se fit conduire sous la fenêtre de la cuisine, l'escalada, attaqua les cuisiniers, saisit les rôtis et les pièces montées, jeta le repas entier dans le canal et il fit remettre à Winnaretta sa carte avec un défi : « Si vous êtes l'homme que vous prétendez être, venez vous battre. » Winnaretta, maîtresse d'elle-même, fit servir une collation froide à ses amies, se mit au piano, joua comme si de rien n'était, mais quelques fausses notes inhabituelles lui échappèrent. Le pire pour elle était de savoir que le Tout-Venise et le Tout-Paris seraient au courant du scandale.

Si l'on se gardait de toute provocation on ne renonçait pas à s'amuser. Les bals masqués permettaient le travesti. Lors d'un bal donné par sa nièce sur le thème des personnalités parisiennes, Winnie et la journaliste Elsa Maxwell apparurent toutes deux déguisées en Aristide Briand, avec de superbes moustaches. Colette se contenta d'être Léa avec le prince de Monaco en Chéri. Mais c'est Maurice qui fut le clou de la soirée. Colette l'avait persuadé d'arriver déguisé en Marguerite Moréno à cause de la minceur de ses hanches et demanda à Germaine Patat de l'habiller. Colette aimait en lui une certaine grâce qu'elle trouvait féminine. Elle envoya à Léo Marchand une photo prise à Sainte-Maxime, qu'elle disait trop compromettante, Maurice avait l'air d'une jeune mariée dans ses voiles. Elle avait parlé à Marguerite de sa « peau de satin », le mot avait couru, les gens mal disposés à l'égard de Maurice en avaient fait un sobriquet pour le ridiculiser.

Son essai sur l'amour lui paraissait de plus en plus important. Le titre la gênait et elle consultait Hélène Picard. *Ces plaisirs...*, « ... ce livre où je prétends verser au trésor de la connaissance des sens une contribution personnelle [6] », devraient-ils s'appeler *Remous* ou bien

Écumes ? Peut-être *Le Fourbe* d'après l'un des personnages du livre ? Quand l'ouvrage fut réédité en 1941 Colette lui donna son titre définitif qu'avait suggéré Maurice : « C'est selon mon vœu personnel que le volume intitulé *Ces plaisirs...* s'appellera désormais *Le Pur et l'Impur* », écrit-elle en exergue. Goudeket l'appelle « le plus difficile de ses livres et le plus nouveau [7] ». C'est aussi le plus imprégné de fouriérisme. Pour Fourier l'amour est la panacée pour tous les maux de la civilisation, la passion qui garde sa valeur originelle. Colette dit simplement : « Pain de ma plume et de ma vie, amour [8] ! » et parle de son « travail régulier, obstiné, qui ne tire sa joie que des sources où il puise. Les miennes... s'appellent la nature et l'amour [9] ». L'infidèle, le sensuel Henri de Jouvenel lui demandait si elle ne pouvait pas écrire un roman qui ne fût « d'amour, d'adultère, de collage mi-incestueux, de rupture [10] ? ». Maurice, érudit, l'avait encouragée. « Si *Ces plaisirs...* avait eu le ton didactique, sans doute eût-il été aux nues. On eût dit que le problème des sens se trouvait traité pour la première fois dans un véritable esprit philosophique... Mais le livre est écrit avec la limpidité habituelle à Colette, tout en récits, souvenirs plus ou moins déguisés, anecdotes. Il aborde avec assurance la question des anomalies sexuelles, sans rien laisser dans l'ombre [11]. » Colette confiait à la journaliste américaine Janet Flanner qu'elle espérait que ce livre serait un jour reconnu comme le meilleur de son œuvre. A 70 ans, elle disait à son amie Glenway Wescott qu'elle venait de le relire par hasard et qu'elle en était fière.

Colette, immoraliste ou amoraliste pour certains, est une moraliste si secrète qu'on est tenté de la croire quand elle nie toute pensée philosophique. « J'écris..., disait-elle à un journaliste, faut-il encore que je pense ? » L'amour pour elle, comme pour Fourier, était la passion pivot. Qu'il fût hétérosexuel, homosexuel, bisexuel, l'étiquette ne faisait rien à l'affaire. « Elle avançait qu'il n'y a qu'un amour, qu'il a partout le même langage et la même démarche, chez ceux qui, comme dans *Le Blé en herbe*, en sont à le découvrir ou encore chez ceux qui acceptent pour seuls partenaires ce qui leur ressemble [12]. » Seul Edmond Jaloux voyait plus loin que la maîtrise du style que tous lui concédaient : « Cette femme sans prétention philosophique, ni d'aucune autre sorte d'ailleurs, est un des plus beaux esprits cosmiques que je connaisse [13]. »

Balzac, que Colette préférait à tout autre, admirait son contemporain Charles Fourier. Comme lui il voit dans les passions les moteurs de l'homme et des sociétés et estime qu'elles ne sont pas mauvaises en elles-mêmes, que la société les rend subversives. « J'ai la longue habitude de croire Balzac sur parole [14] », dit Colette. Balzac et Sido la menaient dans la même direction, qui mettait en question la définition traditionnelle du bien et du mal, particulièrement « si l'on donne au commerce charnel son ancien nom de " mal " [15] ». Colette admirait la façon dont Sido traversait la vie sans être prise au piège de la morale : « Je n'ai pas, ma très chère, ton pied léger pour passer dans certains chemins. Je me souviens que, par jours de pluie, tu n'avais presque pas de boue sur tes souliers [16]. » Mais Colette niait toute idéologie avec un sens de l'humour désarmant : « Il me semble que je vois, dans quelque dix ans, une vieille Colette raisonneuse, sèche, avec des cheveux d'étudiante russe, une robe réformiste, qui s'en ira dans les villes, prônant l'union libre... et un tas de fariboles [17]. »

Ayant joué brillamment le rôle de la Huronne, elle joue avec un égal bonheur le rôle de l'écrivain sensuel et gourmand se faisant photographier en train de trancher une miche de pain ou de caresser un chat. Cette attitude agaçait certains qui voyaient au-delà des apparences dont Colette se faisait un paravent commode. Catherine Pozzi notait en 1934 dans son journal : « ... Tout est faux en Colette. C'est la personne qui se fait une personne, industrieusement, et je te la retouche, et je te l'arrange, dans les miroirs humains. Sa cuisine, sa sensualité culinaire ? Elle ne sait pas faire une côtelette à point... Il ne lui reste que son secret (il est bien à elle). Elle a découvert qu'on n'écrivait pas avec les yeux (comme ces écrivains croient) mais avec tout son corps [18]. » Paul Géraldy trouvait que tout en Colette était attitude. Elle faisait semblant, disait-il, d'avoir préparé un repas, fait la pâte elle-même pour un pâté d'anchois, mais ces prétentions à la gastronomie éliminaient radicalement toute question indiscrète, toute pose littéraire. A 73 ans Colette résuma la situation : « ... Ils ont de moi une vieille image stéréotypée [19]. » Derrière le stéréotype, dès le début, il y avait la fille de Sido fouriériste : « Oser... Qu'oserai-je donc de plus ? On m'a assez affirmé que vivre selon l'amour, puis selon l'absence d'amour, était la pire outrecuidance [20]... »

Dès *Claudine en ménage*, Claudine élucidait avec Renaud ce qui était vice et ce qui ne l'était pas. Prendre un amant, selon elle, n'est pas un vice, « c'est la bonne foi naturelle et je me considère comme la plus honnête des créatures ». Renaud lui demande : « Alors, qu'entends-tu par vice ? L'unisexualité ? – Oui et non, ça dépend comment on la pratique, dit Claudine. Je me résume : le vice c'est le mal qu'on fait sans plaisir. » Et Colette d'ajouter : « S'abandonner à l'ivresse de chérir, de désirer – oublier tout ce qu'on aima, et recommencer d'aimer... – c'est le but du monde [21]. » Pour faire entendre sa voix, Colette a créé son antithèse, le personnage de Valentine, une jeune femme aussi conformiste qu'il est possible de l'être, dont elle voudrait empoigner la « petite caboche... pour en secouer tous les préjugés, tous les tronçons d'idées, les débris de principe qui y font ensemble un si immoral tapage... Oui, immoral, petite buse ! Immoral, serine ! Immoral, cruche poreuse [22] ! ».

Ces plaisirs... parurent d'abord dans l'hebdomadaire *Gringoire*. Le directeur en arrêta la publication dès le deuxième feuilleton : « Chère amie, cette fois-ci, c'en est trop. De toutes parts je reçois des protestations. Je me vois forcé[23]... » Dix ans plus tôt *Le Blé en herbe* avait aussi été arrêté en cours de publication par la direction du *Matin*. Dans l'édition définitive devenue *Le Pur et l'Impur*, Colette intégra *Renée Vivien* et *Supplément à « Don Juan »*, mais le texte initial ne fut pas modifié.

Le Pur et l'Impur commence dans une fumerie d'opium. Étendue sur un matelas parmi les fumeurs, Colette écoute les voix qui lui parviennent dans la pénombre. Elle distingue celle de Charlotte, une habituée, et médite sur le « plaisir quasi public » qu'elle accorde à son jeune amant, lui donnant « la plus haute idée qu'un homme puisse concevoir de lui-même ». Charlotte est une jolie bourgeoise de quarante-cinq ans, vêtue avec discrétion. Colette encourage les confessions et Charlotte lui avoue qu'elle feint le plaisir, ce que Colette qualifie de « miséricordieux mensonge ». L'amant a 22 ans, il a les poumons délicats. « Un peu d'opium de temps en temps, ce n'est pas très mauvais, n'est-ce pas... » Le dialogue avec Charlotte amène des réflexions sur le cœur et les sens : « Ce serait trop beau l'amour d'un si jeune homme si je n'étais pas forcée de mentir. » Elle l'aime : « Mais qu'est-ce que c'est que le cœur, madame ? Il vaut moins que sa réputation... il est si peu difficile... le corps lui... A la bonne heure ! Il a comme on dit la gueule fine, il sait ce qu'il veut. » Colette, retournant la *Pensée* de Pascal, estime que ce n'est pas le cœur qui a ses raisons que la raison ignore, « c'est le récif sourd et inintelligible, le corps humain... mystères, traîtrises de la chair, échecs de la chair, surprises de la chair... » Elle appelle « L'Inexorable... le faisceau de forces auquel nous n'avons su donner que le nom de " sens " ». Elle les nomme « seigneurs intraitables », parle de leur empire dont nul ne peut fixer « les instables frontières[24] ».

Fourier était convaincu que l'attraction passionnelle nous était donnée par la Nature avant le développement de la raison et qu'elle persistait en dépit de siècles de répression. Il était absurde de penser que Dieu, qui avait réglé le cours des astres, n'ait pas pourvu les hommes d'un code inné qui créerait l'harmonie sociale et assurerait le bonheur de tous. Ce code existait, c'était les passions données par le Créateur à ses créatures qui les avaient détournées de leurs fonctions originelles.

Cette attraction passionnelle de l'*Inexorable* est pour elle aussi primale que pour Fourier. Dans le recueil de textes qu'elle publiera à 76 ans, *En pays connu*, elle reprendra le thème des sens. « N'est-il pas étrange qu'un caractère d'interdiction s'attache... à un acte qu'aucune sanction ne punit[25] ? » Elle parle de la « valeur volupté » appelée « le péché » et honnit les femmes qui refusent l'amour physique pour vivre dans une chasteté triste qui n'a ni valeur morale, ni justification.

Fourier pensait qu'en proscrivant l'amour physique et en exaltant l'amour sentimental on sacrifiait les deux. Cependant cette répression de l'amour physique était, selon lui, justifiée par la menace des maladies vénériennes. Dans cette seule perspective, l'amour platonique est justifié, mais il n'en reste pas moins un demi-amour, une illusion pleine de pièges. C'est seulement quand l'homme ou la femme ont parcouru la gamme des passions, connu les orgies et les bacchanales, créatrices de liens toujours multipliés, qu'il y a place pour l'amour platonique.

Après avoir peint Charlotte en missionnaire fouriériste, « un génie femelle, occupé de tendre imposture... » qu'elle appelle : « cette héroïne [26] » dispensant le plaisir sans l'éprouver, Colette fait le portrait d'une victime de l'*Inexorable* : Renée Vivien. Cette jeune poétesse saphique, « la fondante créature », « l'éphémère », avait « une considération immodeste pour " les sens " et les techniques du plaisir ». Colette y voit un exemple du plaisir destructeur et n'a aucune indulgence pour Renée qui avait péri de l'intensité de ses égoïstes quêtes voluptueuses. « O plaisir, bélier qui te fêles le front et qui recommences ! » Par contraste Colette mesure sereinement sa propre force : « Comme tous ceux qui n'employèrent jamais leur vigueur jusqu'à ses limites, je suis hostile aux consumés [27]. »

Colette traite ensuite un autre être inutile, don Juan. Le personnage de don Juan la tentait depuis longtemps. Elle avait pensé écrire une pièce pour Édouard de Max. Un dramaturge de ses amis la détourna de ce projet : c'était un sujet rebattu « auquel personne n'a rien compris ». Elle n'écrivit pas la pièce, mais fit le portrait de son don Juan dans *Le Pur et l'Impur*, un don Juan vieillissant et misogyne qu'elle appelle Damien. Elle le pousse à expliquer ses abandons à la chaîne. Il y voit une fatalité inéluctable : « ...Il a bien fallu que je les quitte au moment où j'étais sûr qu'elles crieraient après moi comme des brûlées... » Damien ne donne rien, ne reçoit rien et ne garde aucune trace d'affection ou d'amitié pour ses partenaires. Quand il décidait d'abandonner une femme, elle disparaissait de sa vie comme s'il « l'avait jetée au fond d'un puits ». Colette, dont la liste de conquêtes est imposante, se compare à Damien en termes non équivoques : « un champion, humilié par un autre champion, salue pourtant une vitesse supérieure... » Mais Damien lui est inférieur selon le mode fouriériste où les infidélités successives sont mauvaises quand elles ont pour conséquence l'oubli. Ce n'est pas la multiplicité des conquêtes qui est à blâmer, au contraire, c'est l'oubli total. Que rien ne subsiste d'un lien amoureux est mal. Or Damien confesse à Colette son détachement absolu : « Je peux affirmer sur mon honneur n'avoir jamais fait don, ou prêt, ou échange que... de cela [28] », disait-il en désignant son corps. Colette au contraire est le don Juan « vertueux » puisqu'elle donne et reçoit plus que le plaisir sensuel et tisse autour de soi des liens multiples. A chaque occasion Colette créait « un amour pivotal ». Ni les amants ni les amantes, selon Fourier, ne sont jaloux de « l'objet pivotal » dont ils deviennent les confidents. Cette notion de l'amour sera reprise par Jean-Paul Sartre et Simone de Beauvoir qui pratiqueront, tout en les justifiant par une nouvelle philosophie, deux catégories d'amour : l'amour essentiel, le leur, et les amours contingentes, toutes les autres.

Colette propose à Damien de faire un voyage ensemble. « Je n'aime voyager qu'avec des femmes, lui répondit-il. » Le refus était blessant, il l'aggrave en le justifiant : « Vous une femme ? vous voudriez bien... » A cette époque Colette s'efforçait de séduire un homme qui la fuyait parce qu'il la trouvait « virile par quelque point ». Elle connaît son hermaphrodisme : « Je vise le véridique hermaphrodisme mental qui charge certains êtres fortement organisés. » Elle aurait voulu rejeter son ambiguïté à cause de cet homme dont elle était éprise et qui la fuyait. C'est Marguerite Moréno, qui éclaircit pour elle les motifs de sa fuite : « Certaines femmes représentent pour certains hommes un danger d'homosexualité, dit-elle, tant d'hommes ont dans l'esprit quelque chose de femelle... je dis dans l'esprit... car sur le chapitre des mœurs, ils sont inattaquables. » Cela dit, Marguerite, fatiguée par une journée passée à tourner un film, s'assoupit dans un fauteuil. En la regardant Colette poursuit sa méditation sur l'hermaphrodisme. « Le sommeil remporte un nombre incalculable de femmes vers la forme qu'elles auraient sans doute choisie... Pareillement pour l'homme », songeait Colette, en couvrant d'une couverture légère « Chimène et le Cid, étroitement unis dans le sommeil d'un seul corps [29] ».

Plusieurs personnages féminins de Colette ont des traits de l'autre sexe : « ... le son de la voix de Léa, presque mâle [30]... » Dans *Le Blé en herbe*, Mme Dalleray a « ce sourire viril qui lui donnait souvent l'air d'un beau garçon [31] ». Son jeune amant la voit comme « ... sa maîtresse, et parfois son maître [32]... ». L'être bisexué, de par sa nature, est l'être le plus capable de séries passionnelles et Colette, qui est le personnage central de son œuvre, se donne en personnage exemplaire. Elle disait à Saint-John Perse qu'elle avait la chance d'être double : masculine et féminine, et pensait que Maurice Goudeket, qui pourtant aimait les femmes très féminines, aimait en elle son côté viril. « La séduction qui émane d'un être au sexe incertain ou dissimulé est puissante [33]. »

Colette aborde ensuite « un monde qui périssait », le Lesbos aristocratique de la marquise de Morny qu'elle appelle la Chevalière. Toujours vêtue d'un sombre complet masculin qui « démentait toute idée de gaieté et de bravade », entourée de femmes qui la ruinaient, « elle s'encanaillait comme un prince », mais cherchait « un calme climat sentimental », toujours déçue de ne pouvoir « lier honnêtement amitié avec des femmes... ». Missy est l'androgyne qui ne trouve dans l'homme ou dans la femme que son « demi pareil ». « J'aurais été un mirage », disait la Chevalière et Colette parle de « sa misère de séraphin [34] ».

Pendant qu'elle écrivait son essai sur l'amour, Colette ne cessa de mettre à contribution ses connaissances. Una Troubridge lui signala le journal de Lady Eleanor Butler. Colette y trouva l'exemple d'un amour « unisexuel », exclusif et passionné qui dura cinquante-trois ans dans un vallon isolé du pays de Galles. En 1778 deux jeunes filles de l'aristocratie irlandaise s'enfuirent pour vivre dans la solitude. Leur fuite fit d'abord scandale, puis la considération les entoura. Parmi les visiteurs de marque des « vierges de Llangollen » on compte Walter Scott. Elles vécurent inséparables, isolées, heureuses dans leur cottage, et moururent octogénaires. « Le libertinage saphique est le seul qui soit inacceptable, déclare Colette. Deux femmes absorbées l'une en l'autre ne craignent, n'imaginent pas plus la séparation qu'elles ne la supportent. » Elle définit l'amour saphique par l'instinct femelle, le besoin inné d'un foyer, d'un « gîte sentimental [35] » et cite Amalia, une camarade du temps du music-hall qui racontait ses aventures saphiques en disant qu'il ne fallait jamais cesser d'être une femme. Un ménage de femmes, disait-elle, peut être heureux, « mais s'il s'y glisse en la personne d'une des deux femmes ce que j'appelle un faux homme, alors... une femme qui reste une femme, c'est un être complet [36] ». En d'autres termes, il faut garder son authenticité, ne pas essayer d'imiter l'homme et Colette critique l'époque où elle essayait de passer pour un garçon.

Pour désarmer les lecteurs qui trouvaient que c'en était trop, Colette, qui n'a jamais cessé de se mettre en scène dans ses livres, devançait le blâme : « Tout ça c'est très joli, fait-elle dire à son amie Valentine, quand vous voulez vous disculper de quelque chose, vous habillez ça avec de la littérature. » Se moquant de ses censeurs, Colette plaide coupable : « Chargée de tous les péchés, je comparais devant mon amie Valentine [37]. » C'est une tactique éprouvée depuis les *Claudine*, elle en use toujours avec esprit et une dose de malice.

Dans sa peinture de Gomorrhe, Colette ne voit pas trace de « la foudroyante vérité » qui éclaire Sodome, « intacte, énorme, éternelle ». La raison en est simple, Gomorrhe n'est qu'une « chétive contrefaçon » de Sodome. Colette conclut, en réalité « il n'y a pas de Gomorrhe », et se demande : en assemblant une Gomorrhe « d'insondables et vicieuses jeunes filles », Proust « fut-il abusé, fut-il ignorant [38] ? ». Mais « *personne au monde* n'a écrit des pages comme celles-là sur l'Inverti, personne », lui écrivait-elle en 1921 après la lecture de son éblouissante analyse de *Sodome et Gomorrhe* : « C'est *celle-là* que je portais en moi, avec l'incapacité et la paresse de l'en faire sortir... Je jure que personne après vous, autre que vous, ne pourra rien ajouter à ce que vous aurez écrit [39]. » Peu de femmes avaient pu comme elle fréquenter des homosexuels et en être acceptées. « Il est en moi, écrit-elle, de reconnaître à la pédérastie une manière de légitimité et d'admettre son caractère éternel [40]. » On surprend dans cette déclaration un écho de Fourier qui aurait classé Colette parmi les « omnigynes » comme lui-même. N'écrivait-il pas qu'il aimait les lesbiennes, que tout « omnigyne mâle » était par nature « saphiniste », ou protecteur de lesbiennes, comme chaque omnigyne féminin était nécessairement « pédérastile » ou protectrice des pédérastes ? L'omnigyne avait de plus la qualité « pivotale », ce besoin philanthropique de plaire, dans le mode ambigu comme dans le mode direct.

Si le vocabulaire fouriériste rebute, l'idée n'en est pas moins singulièrement appropriée à Colette. Son discours sur Sodome est un panégyrique. Elle se plaisait dans « l'atmosphère qui bannissait les femmes », elle la nommait « pure » et prenait parti : « ... mâle amitié... Pourquoi le plaisir amoureux serait-il le seul sanglot d'exaltation qui te fût interdit ?... » Elle appelle « Oasis » le lieu où elle rencontre ces hommes qui « ...dataient de la naissance du monde... avaient traversé sans périr toutes les époques et tous les règnes... » Elle admet « l'existence d'un genre masculin affamé de l'homme, réservé à l'homme », et explique sa compréhension de l'homosexualité masculine : « un regard de femme s'est-il déjà arrêté sur eux aussi longtemps que fit le mien [41] ? ». Dans l'une de ses critiques théâtrales elle rend compte d'une pièce où un homosexuel, ayant perdu son ami, n'a plus qu'un but : trouver la mort, et conclut en citant Balzac : « Rien ne nous console d'avoir perdu ce qui nous a paru être infini » ; Colette achève sa pensée : « Rien ne met en repos ceux qui ont touché le bord du précipice où s'effondre la morale humaine, frôlé la fragile limite qui sépare le pur et l'impur [42]. » Elle fait de l'homosexualité le thème du troisième récit de *Bella Vista* : *Le Rendez-Vous*. Bernard va épouser la femme qu'il aime, mais pendant un séjour au Maroc, il découvre un Arabe de 17 ans blessé ; en le soignant jusqu'à l'arrivée des secours, Bernard a la révélation de son homosexualité. Rose n'est plus rien pour lui : « Elle était ma femelle, mais celui-ci c'est mon semblable... Mon beau semblable ! Il n'a eu qu'à paraître... Je retrouverai une Rose... Mais on ne retrouve par facilement un enfant à forme d'homme... » Il « goûtait un contentement, une surprise aussi neufs que l'amour [43]... ». Colette est d'accord avec Fourier, et avec Proust qui écrivait : « Personnellement je trouvais absolument indifférent au point de vue de la morale qu'on trouvât son plaisir auprès d'un homme ou d'une femme, et trop naturel et humain qu'on le cherchât là où on pouvait le trouver [44]. »

Colette ne voyait aucun inconvénient à faire de ses expériences personnelles le cœur de ses ouvrages. « Pourquoi suspendre la course de ma main sur ce papier qui recueille, depuis tant d'années, ce que je sais de moi[45].... » A la pénultième page du *Pur et l'Impur*, Colette présente le problème du trio : « De ces abdications consenties... la plus imbécile de toutes... est celle que la littérature nomme " harmonie ternaire de l'amour ". » La littérature ? L'expression est empruntée à Fourier avec qui elle n'est pas d'accord sur l'égalité qui doit régner dans un trio. Elle n'a aucune indulgence pour cette harmonie ternaire, pour ses « choquantes variations, ses aspects gymniques et " pyramide humaine " », pour ce qu'elle appelle « les vacillantes polygamies ». Elle ne croit pas qu'il y ait de femme assez sotte pour croire qu' « un et un font trois ». Colette pratiquait ce qu'elle appelait les monogamies successives. Elle sait, par expérience, que dans un trio voluptueux quelqu'un est trahi, et pense que c'est le plus souvent l'homme le « patriarche à huis clos, mormon clandestin ». Dans son expérience personnelle de séductrice, la plus faible des deux s'abandonne à la plus forte et « remet à l'amie une chaste et totale confiance ». Les deux femmes se sont « rejointes en dépit de l'homme ». L'une d'elles prononce les mots qui préparent la conclusion de l'ouvrage : « Notre infini était tellement pur que je n'avais jamais pensé à la mort... » Ce que Colette commente en donnant le champ libre à la controverse : « Le mot " pur " ne m'a pas découvert son sens intelligible[46]. »

« JE M'APPELLE COLETTE ET JE VENDS DES PARFUMS »

En 1931 Maurice est ruiné. Le commerce des perles fines s'écroule sous le poids de la crise américaine et de la concurrence de la perle japonaise. Il doit abandonner son appartement de l'avenue Wilson et vendre La Gerbière à Chanel. Colette pensait que la crise ne durerait pas plus de six mois, et que Maurice, qui avait passé un été et un automne à chercher à faire des affaires à Londres, à Cologne, en Suisse, pourrait respirer. La crise du commerce de luxe oblige Germaine Patat à fermer sa maison de couture, Colette tente de la consoler en lui disant que l'on croit toujours être la cause des événements qui nous touchent mais qu'il n'en est rien, ils mûrissent et tombent comme les pêches et le raisin.

En février, en mars, en avril Colette donne une série de conférences à Paris, en Autriche, en Roumanie, en Afrique du Nord. « O O Oh, Hélène que je suis fatiguée ! » écrit-elle de Vienne, « ...le ministre de France à la gare avec les journalistes... déjeuner 30 couverts à l'ambassade... politique-journalisme... ». A Bucarest elle est reçue par la reine. Elle rentre au Claridge « si *follement* fatiguée » qu'elle reste quatre jours au lit. Elle se lève pour aller donner une conférence à Cahors, et enchaîne sur Tunis, Oran, Constantine, Sfax, Bizerte, Alger. « L'année est mauvaise et nous manquons, Maurice et moi, d'argent... Tout s'arrangera sans doute. » En attendant elle atteint, encore une fois, la limite de ses forces, et doit s'aliter. « ...Ça y est, j'ai de la bronchite, de la trachéite, des ventouses, des inhalations, des emmerdations [47]... » Elle sort par un temps glacial pour donner une conférence. C'est un succès et une rechute.

Ayant constaté qu'elle n'était plus qu'un pâle reflet d'elle-même, Colette va se reposer à La Treille muscate. En allant se baigner aux Salins, Maurice voulut tourner la voiture, pour ne pas avoir à le faire en revenant de la plage. Pour faciliter la manœuvre, Colette poussa la grille d'un domaine. La grille résistait, Colette recula pour prendre de l'élan et n'aperçut pas un fossé étroit, profond d'un mètre, qui servait à l'écoulement des pluies. Elle tomba et sa jambe s'enfonça tout entière. Elle a une fracture du péroné et des ligaments arrachés. Menée à l'hôpital de Saint-Tropez, la jambe plâtrée, ramenée chez elle, Colette criait de faim et trouvait très drôle d'être la seule à dévorer du veau aux haricots à l'ail sous les yeux de Maurice et d'Hélène qui ne parvenaient même pas à avaler une goutte de vieux marc. Mais ce qui lui paraît plus remarquable dans cet accident c'est la prémonition de Claude Chauvière : « Je me suis réveillée dans la nuit de jeudi à vendredi 4, toute baignée de larmes à cause de vous. J'avais rêvé que vous souffriez. » L'accident est arrivé le 5 septembre. « Ça ne nous étonne pas toi'z' et moi [48] », écrit-elle à Marguerite.

A la fin de septembre Maurice est reparti pour Paris, « le temps est long sans ce calme et égal compagnon ». Elle décide de rentrer, mais elle a « deux points de supplice », causés par le plâtre, et le fait enlever. Ce plâtre défie les instruments du médecin. Il doit s'armer d'un couteau de chasse, de deux sécateurs et d'une cisaille à émonder les haies. Au bout d'une heure, Pauline tirant d'un côté, le médecin de l'autre, Colette peut retirer du plâtre sa jambe « timide et molle [49] ». Elle regagne le Claridge et, avec une bande Velpeau et un étrier, elle se force à marcher quelques mètres de plus chaque jour malgré de violentes douleurs.

Les affaires ne s'arrangeaient pas. « C'est surtout le tourment de Maurice qui me tourmente, encore le cache-t-il de son mieux [50] », écrit Colette à Misz Marchand. Elle cherchait une solution à leur problème financier et la trouva en déjeunant avec André Maginot. L'inventeur de la ligne Maginot avait beaucoup d'imagination, il conseilla à Colette de songer à un commerce de luxe. Il suffisait de louer une boutique. Sur la porte de cette boutique elle écrirait : « Je m'appelle Colette et je vends des parfums. » Maurice tentait de la dissuader en lui disant qu'il était difficile de rivaliser avec les grandes maisons de produits de beauté dont les directrices donnaient des séances de démonstration et maquillaient elles-mêmes leurs clientes. Loin de la décourager, l'idée de transformer des visages humains la tenta. Maurice savait qu'elle se consolerait d'échouer, mais s'en voudrait de ne pas avoir entrepris et Colette se souvenait du succès des produits « Claudine ».

Parmi ses amis, elle eut tôt fait de trouver cinq commanditaires. La princesse de Polignac, le pacha de Marrakech, le directeur de journaux Léon Bailby, le banquier Daniel Dreyfus et Simone Berriau participèrent chacun pour la somme de 200 000 francs. Parmi ces cinq commanditaires la plus enthousiaste était Simone Berriau, une femme étonnante. « C'est une créature très mystérieuse, au sourire ouvert et à l'âme fermée [51]. » A 17 ans Simone s'était déguisée en garçon pour suivre au Maroc le lieutenant qu'elle aimait. Les autorités découvrirent le travesti, le colonel Berriau fit mettre le lieutenant aux arrêts et donna l'ordre de rapatrier la jeune fille mineure par le premier bateau. Simone ne fut pas rapatriée. Un coup de foudre changea sa destinée, le colonel Berriau, tombé follement amoureux, annula l'ordre et l'épousa. Simone allait mettre au monde leur enfant quand le colonel mourut soudainement d'une infection dans l'oreille. A peine rentrée en France, Simone est remarquée par Albert Wolff, le compositeur, chef d'orchestre de l'Opéra-Comique. Elle avait une voix ravissante dont personne ne s'était avisé. Elle prend des leçons de chant, éblouit les amis de Wolff et bientot chante *Carmen* et *Mélisande* à l'Opéra-Comique. Au sommet de sa carrière de cantatrice, alors qu'elle dîne chez Maxim's avec El Glaoui dont elle est l'amie, Simone avale de travers un grain de poivre qui se loge sur une corde vocale et l'endommage sans remède. Simone se tourne vers le cinéma et Colette écrit pour elle le scénario de *Divine*. Les affaires l'attireraient, elle y réussit. Elle lance un restaurant, fait l'acquisition d'une vaste propriété dans le Midi, Mauvannes, où elle produit son propre vin dont elle fournit la cave de Colette. Quand elle veut un théâtre, elle prend la direction du théâtre Antoine. Elle y montera les pièces de Jean-Paul Sartre. Pour se détendre, elle participe à des courses automobiles et collectionne des tableaux.

Entourée de commanditaires aussi solides, Colette n'avait aucune inquiétude au sujet de *La Société Colette pour la fabrication des produits de beauté* fondée le 2 mars 1932. Elle loue une boutique 6, rue de Miromesnil. Malgré sa jambe qui la fait souffrir, elle se rend régulièrement au laboratoire où se fabriquent ses produits. N'hésitant pas à faire de l'espionnage industriel, elle écrit à Moréno : « Ma chère âme puisque tu m'as gentiment offert que tu volasses pour moi du Max Factor... » Elle lui demande de lui procurer des fonds de teint. Elle choisit les flacons, les boîtes, les emballages, rédige le prospectus et les modes d'emploi. Pour le couvercle de sa boîte à poudre elle dessine sa propre caricature. La curiosité est telle que la presse lui fait « plus de 50 000 francs de réclame [52] ». Cette activité ne l'empêche pas de donner une conférence aux Annales : « Confidences d'auteur », et de participer à la conférence de Mme Dussane : « Au jardin de la chanson française » où elle chante des chansons de la Puisaye. Ayant abusé de ses forces, elle doit s'aliter avec un énorme zona qui tient l'épaule, le sein, l'aisselle, et dont la virulence est telle qu'elle a des pustules jusque sur le pied. Elle a 40° de fièvre et souffre tant qu'elle ne peut dormir. « La nuit le mal est si vif qu'il a l'air gai [53]. »

Le 1er juin l'inauguration est un événement bien parisien. Dans sa boutique ultra-moderne étincelante de chrome et de miroirs, Colette, en tailleur noir et blanc, reçoit ses amis, les journalistes, les amateurs d'autographes. Elle accueille chacun avec un mot flatteur et s'exclame en voyant la princesse Ghika : « Ma fortune est faite ! Voilà Liane ! La belle Liane [54]. » Elle maquille elle-même Cécile Sorel, « la Célimène nationale », sous les éclairs des photographes. Natalie Barney remarque qu'elle n'avait pas maquillé les deux yeux de la même façon, ce qui avait malencontreusement vieilli la comédienne. Quant à sa fille qui lui servait de modèle, Colette l'avait maquillée si outrageusement de rose et de violet qu'elle avait l'air d'une prostituée. Colette évitait de porter des lunettes en public, ceci explique cela. Elle allait régulièrement à sa boutique, maquillait ses clientes, mais à la fin du traitement, la cliente tirait infailliblement de son sac un ou plusieurs livres et sollicitait des dédicaces. Colette demeurait avant tout un écrivain. Son nouveau métier se révélait harassant. Elle restait debout quatre heures d'affilée cinq jours sur sept, la cheville tenue par des bandages élastiques. Elle faisait des tournées de démonstration en province, souvent suivies de conférences. En août elle ouvrit une succursale à Saint-Tropez, la confia à deux antiquaires et partit en tournée de démonstration avec Maurice : Marseille, Pau, Biarritz, Tours, Caen, le Luxembourg, la Belgique. C'est la répétition des tournées d'antan, en plus dur. Elle a mal au genou, elle attrape sa bronchite coutumière. Elle se résigne à un repos forcé pendant lequel elle règle un différend entre Henri de Jouvenel et sa fille qui refuse d'aller à Rome où son père vient d'être nommé ambassadeur. Il se fâche et part pour l'Italie sans laisser un sou à Bel-Gazou qui ne peut rien retirer de la banque sans la signature paternelle. Colette les réconcilie.

Couverte de synapismes Colette fait le sous-titrage d'un film américain, *No Greater Love*, distribué en France sous le titre *Papa Cohen*. Elle écrit les dialogues pour un film allemand, *Jeunes filles en uniforme*, et commence un roman : *La Chatte*. En janvier 1934, elle accepte de donner trente conférences et de reprendre ses tournées « où se mêleront littérature et maquillage » parce que ce qu'elle gagne « allège l'affaire ». Elle fait baisser le prix du loyer au Claridge. Maurice représente une compagnie américaine qui fabrique des machines à laver et « un charmant outil à déboucher les conduites d'eau et les cabinets » qu'elle baptise « le furet ». Il circule en métro, en seconde, et Colette est fière de lui : « Nous sommes bien [55]. »

Le besoin d'argent devenait pressant. Le percepteur lui réclamait des arriérés d'impôts sur ses droits d'auteur s'élevant à 285 751 francs en 1932, et 299 684 francs en 1933. Elle décide de repartir en tournée. Maurice la supplie de renoncer à l'affaire des cosmétiques, mais elle prétend que le plus dur est passé, qu'il ne faut pas lâcher maintenant. Elle a un épanchement de synovie au genou, mais à Cannes « dopée, piquée, enflée d'aspirine, lunée de mille ventouses, je vais tâcher d'entrer en scène tout à l'heure ». Elle a failli appeler Maurice, mais n'a pas cédé à son impulsion. Sur scène il lui arrive de se retenir de tousser « comme on se retient de vomir ». A Bordeaux grand succès. A Lyon, il neige, le train a quarante minutes de retard, elle a « l'envie démesurée d'avoir fini. Mais finir quoi ? Finir tout court, peut-être [56] ». Le succès ne lui est plus d'aucun secours, elle n'en peut plus de passer du train à une voiture, de la voiture à l'hôtel, de l'hôtel à la salle de conférence, elle se sent prisonnière, elle manque d'air. En juillet c'est la chaleur qui l'accable aux Galeries Lafayette pendant qu'elle dédicace 650 volumes en trois heures trente. Malgré ce travail héroïque, les ventes des produits de beauté sont en baisse. Maurice prend la place du directeur, ce qui donne à Colette un sursaut d'espoir : « Depuis qu'il fait tout lui-même, l'affaire et Maurice s'en trouvent très bien [57]. » Mais Maurice pense tout autrement : il estime qu'il est grand temps de reconnaître l'erreur, de liquider l'entreprise des produits de beauté et de rendre Colette à son métier d'écrivain.

Elle avait terminé *La Chatte*, écrivant onze heures par jour, et plus d'une fois jusqu'à l'aube. C'est la chronique de l'échec d'un mariage causé par l'incapacité du jeune mari de se délivrer de la nostalgie de son adolescence. Saha, sa chatte, incarne cette chimère, le vert paradis d'une enfance choyée. Sa femme, elle, n'aime que les hôtels, les voitures, la compagnie d'amis aussi « modernes » qu'elle. Dans une crise de jalousie elle pousse la Chatte du haut du neuvième étage. La Chatte survit, Alain comprend que sa femme a voulu tuer sa rivale. Il la quitte pour retourner à son jardin, à sa mère et à son unique amour, sa Chatte. Le thème principal est celui du rêve d'une enfance éternelle, d'une mystérieuse entente avec « une petite créature sans reproche, bleue comme les meilleurs rêves, une petite âme [58] »... Alain retrouve avec elle le bonheur. C'est l'histoire d'une pureté qui ne peut pas s'adapter à une vie d'adulte. Ce recours à la magie de l'enfance évoque l'éternelle nostalgie de Colette pour son jardin, le souvenir de son frère Léo, incapable de grandir, la farouche réserve d'Achille qui fuyait les visiteurs. Colette reprenait des forces en recréant ce qu'elle aimait.

En été elle écrit les dialogues d'un film produit par Philippe de Rothschild, un travail qu'elle qualifie de stupide. Le film est une adaptation du *Lac aux Dames* de Vicky Baum. L'équipe est brillante :

Marc Allégret le dirige, Françoise Giroud en est la script-girl, Georges Auriac compose la musique. Colette de Jouvenel (Bel Gazou), second assistant, maigrit sous la pression d'une activité peu coutumière. Philippe de Rothschild loue un étage entier du Claridge pour faciliter les communications avec Colette. Pendant dix jours elle écrit les dialogues, travaillant pendant treize heures avec l'équipe qui monte de l'étage du dessous, les uns en pyjama à peine éveillés, les autres en robe de chambre sortant directement de la douche, quelques-uns déjà vêtus et alertes. Il s'agissait de ne pas perdre une seconde. Pour accélérer le travail, Colette leur lisait les dialogues au fur et à mesure, les discussions étaient intenses, et généralement Allégret demandait des changements. Elle déchirait ce qu'elle avait fait, recommençait le tout, rappelait l'équipe, lisait le texte, et les discussions reprenaient. Quand Allégret voyait que tout le monde était épuisé, il faisait monter du champagne et le marathon reprenait son élan jusqu'à 2 heures du matin. Les uns finissaient par s'effondrer dans les fauteuils, les autres s'allongeaient sur le tapis. Colette les envoyait se coucher quand elle n'en pouvait plus. Le lendemain à la première heure, ils étaient tous là et on recommençait. Philippe de Rothschild transporta toute l'équipe, Colette incluse, dans le luxueux château de Madrid à Neuilly pour mieux les isoler et accélérer le rendement.

Enfin Colette toucha le chèque convenu, plus 5 000 francs pour « son travail exceptionnel » et pour sa bonne humeur qui avait relevé le moral de tout le monde. Elle était prête à partir pour La Treille muscate, quand l'équipe du film reparut, timide mais exigeante, et Colette reprit ses dialogues jusqu'à 6 heures du soir. A 3 heures du matin elle fuyait Paris avec Maurice. « J'ai bien failli m'échapper à moi-même de fatigue et de travail [59] », avoue-t-elle. Bientôt elle nage plus d'un kilomètre et s'en émerveille : « Il m'est venu avec ma cinq ou sixième jeunesse un don de nageuse de fond [60]... » Renaud de Jouvenel et sa femme, Arlette Louis-Dreyfus, née du premier mariage de la troisième Mme de Jouvenel, lui rendent visite. Colette les a soutenus quand Henri de Jouvenel s'opposait à ce mariage.

Puis Marc Allegret débarque par avion et elle se résigne à reprendre les dialogues. Après quatre heures de travail intense il repart content et Colette soupire : « Elle est dure à gagner, l'argent [61] ! » Maurice fait la navette entre Paris et La Treille muscate. Il essaie de liquider le mieux possible l'affaire des cosmétiques, et se tourne vers une nouvelle planche de salut : le journalisme. Il débute dans *La République*. Colette retourne aussi au journalisme et signe une chronique hebdomadaire au *Journal* où elle sera critique dramatique jusqu'en 1938. A toutes les premières on la verra attentive, armée de sa jumelle noire.

En janvier elle souffre d'une névrite au bras droit, à l'épaule et au dos. « ... Écrire devient un geste abhorré [62]... » Elle part chercher le soleil et la chaleur à La Treille muscate, mais il fait froid dans le Midi, elle doit garder un feu permanent dans sa chambre. Sa fille, qui s'est acheté une maison à Saint-Tropez, s'aperçoit qu'elle souffre souvent sans se plaindre et sans interrompre son travail. L'adolescente turbulente et difficile a mûri et laisse percer une nature compatissante. Contrairement à sa mère qui achète des bêtes de race, Colette de Jouvenel adopte les chiens blessés, les chats abandonnés, soigne avec dévouement ses amis malades, toujours heureuse qu'on fasse appel à elle. Quand Renaud se casse la jambe, son père lui envoie aussitôt un télégramme et Bel-Gazou prend l'auto en pleine nuit et part à Castel-Novel soigner son frère. Colette estimait qu'il eût été normal d'engager une infirmière et que c'était user de la jeune Colette « bien légèrement [63] ».

Colette dont la liberté d'esprit n'excluait pas le goût des honneurs, espérait obtenir une promotion dans la Légion d'honneur, le fidèle Anatole de Monzie l'informa officieusement que c'était fait. La presse annonça qu'elle allait recevoir la cravate de commandeur. Mais quand la liste des nouvelles nominations parut, le nom de Colette n'y figurait pas. M. Lépine, préfet de police au moment du scandale du Moulin-Rouge, faisait partie de la Grande Chancellerie. Il n'avait pas oublié le temps où Colette portait non la cravate rouge de la Légion d'honneur, mais un collier sur lequel on pouvait lire : « J'appartiens à Mme de M... », et s'y opposa. Puis la presse annonça que Colette allait être élue à l'Académie Goncourt, Georges Courteline venant de mourir. Ce fut une autre déception. Du moins était-elle présidente du jury du Prix de la Renaissance, membre du jury du Prix des Portiques. En outre dans un référendum du journal *Minerve*, elle fut élue « Princesse des Lettres », Anna de Noailles étant élue « Princesse des Poètes » et Marie Curie « Princesse de la Science ».

Au printemps Colette travaille aux dialogues de *Divine*, et à *Duo*, qui paraît en feuilleton dans *Marianne* avant d'être publié par Ferenczi en octobre. Colette trouvait que *Duo* pourrait devenir facilement une pièce, et demande à Léopold Marchand d'en faire l'adaptation avec elle. Mais Léo était surchargé de travail. Paul Géraldy lui propose d'adapter *Duo*. Elle ne l'encourage pas, se contentant de lui souhaiter de réussir là où elle-même avait échoué. Deux ans plus tard, Paul Géraldy venait dîner à La Treille muscate, la pièce terminée sous le bras. Après le dîner, il se mit à la lire. La nuit s'écoula. Au jour levant Colette savait que Géraldy avait fait une adaptation remarquable. La pièce sera créée au théâtre Saint-Georges en 1938 avec un énorme succès.

Duo est l'histoire d'une infidélité. Pendant une brève absence de son mari, Alice le trompe avec son associé. Quelques mois plus tard

Michel découvre par hasard ce qu'il appelle « une ignominie », Alice proteste et s'indigne avec candeur : « Parce que j'ai couché une fois dans ma vie avec un autre homme que toi, tu dois empoisonner notre existence à tous les deux [64]... » Alice et Michel sont psychologiquement et mentalement aux antipodes l'un de l'autre et ce *Duo* est un duel. Alice est fouriériste dans l'âme, Michel incarne toutes les valeurs traditionnelles. Elle essaie vainement de lui faire accepter sa façon de voir les choses, de lui faire comprendre « comment un abandon est à la fin d'un entretien très long... la preuve... d'une confiance, d'une amitié qui vient de se donner, qui aurait scrupule de ne pas se prodiguer encore [65] »... Alice se sent innocente, son bref abandon à Ambrogio n'altère en rien ses sentiments pour son mari. L'amitié, qui va jusqu'au plaisir physique et, « aurait scrupule » à ne pas se prodiguer totalement, est incompréhensible pour Michel. Sa femme est à lui, si elle se donne à un autre elle le trahit. Le code des passions selon Fourier lui est étranger alors qu'Alice ne voit dans la sensualité comblée qu'une extension de son amitié pour Ambrogio. Elle n'a rien ôté à Michel qui demeure son amour essentiel. Après dix ans d'un mariage heureux Alice pense que Michel devrait comprendre ce qu'elle lui explique et mettre en perspective le bref intermède avec Ambrogio. Mais Michel, désespéré par les idées d'une femme qu'il ne comprend plus, incapable de surmonter sa jalousie, se noie dans la rivière qui traverse son domaine.

Après un réveillon passé avec la princesse de Polignac, l'année 1935 commence par une déception. Elle aurait voulu que *Chéri* soit au répertoire de la Comédie-Française, elle a l'appui d'Émile Fabre, l'administrateur du Théâtre-Français, mais l'avis des membres du comité de lecture « est que *Chéri*, malgré ses qualités charmantes, se heurtera à bien des préjugés. On s'effarouchera de voir sur la scène de la Comédie ces antiques demi-mondaines... ». C'est de Belgique que vient la consolation. Le 9 mars elle est élue au siège d'Anna de Noailles par l'Académie royale de Langue et de Littérature française, la première réaction de Colette est de penser au discours de réception « avec une peur verdâtre [66] ». Une invitation moins solennelle la détend : on lui demande de présider le déjeuner offert à la presse sous le grand chapiteau du cirque Amar. Sous le feu des projecteurs Colette baptise au champagne un tigre nouveau-né. Elle accepte de laisser filmer ses mains d'écrivain au travail, ses manuscrits et sa chatte.

Le 15 février *Les Nouvelles littéraires* annoncent la création des *Amis de Colette*. Tristan Bernard, Pierre Brisson, Francis Carco, Jean Giraudoux, Édouard Herriot, François Mauriac et Paul Morand font partie du comité. L'Association a pour but de publier les notes, les brouillons, le journal de Colette.

« Montaigne, Pascal, Chateaubriand, Huysmans, Loti, Zola et quelques autres, qui ont aujourd'hui des " amis " fort actifs, eussent été fort heureux de se voir honorés ainsi avant leur mort. Nous ne reprocherons qu'une chose aux amis de Colette : c'est qu'au lieu de paraître sur de modestes bulletins à la portée de tous, les inédits de la romancière ne verront le jour que dans de coûteux tirages limités. »

Le premier à souscrire fut Albert Lebrun, président de la République.

A la même époque, le Claridge fait faillite et Colette s'installe 33, rue des Champs-Élysées, au huitième étage d'un immeuble tout neuf, l'immeuble Marignan, parce qu'il fonctionne comme un hôtel, et l'appartement a une immense terrasse qu'elle compte transformer en jardin. Elle y reste trois ans malgré ce qu'elle appelle « la décrépitude foudroyante [64] » des constructions mal faites. Les murs se lézardaient, il y avait des fuites d'eau, un orage arracha les châssis des fenêtres. Maurice s'installe dans l'appartement voisin. A grands frais, pour sauvegarder les convenances, ils modifient le plan tout en gardant deux portes d'entrée, deux téléphones distincts. Elle n'avait jamais habité avec Maurice, sauf à La Treille muscate où il pouvait passer pour son invité. Maurice trouvait qu'il aurait été plus simple de se marier. Cette solution parut s'imposer quand *Le Journal* délégua Colette pour faire un reportage sur la première traversée du paquebot *Normandie* et que Goudeket fut chargé par son journal de relater également l'événement. Un couple non marié ne pouvait partager la même chambre dans un hôtel américain. « Si nous nous mariions ? » hasarda Goudeket dans la version qu'il donne de leur mariage. Colette le regarda et il comprit, avec émotion, « ce que cette cimentation de nos rapports signifiait pour elle [68] ». Au bout de dix ans, l'amitié qui accompagnait leur amour était « d'une essence incomparable [69] ». Pour éviter d'ameuter la presse, Maurice demande une dispense de la publication des bans. Il déclara qu'on les croyait mariés dans leur quartier et qu'il y aurait scandale si l'on apprenait, précisément par la publication des bans, qu'ils ne l'étaient pas. La moralité publique et la discrétion mises d'accord, Colette et Maurice se marient le 3 avril 1935 à la mairie du 8e arrondissement. Colette a 62 ans, Maurice 46. Ils emmènent leurs témoins Luc Albert Moreau et Hélène Jourdan-Morhange, Julio Van der Henst, un dentiste de Saint-Tropez et sa femme, une ancienne ballerine, déjeuner aux Vaux-de-Cernay. En rentrant à Paris le soleil brillait, mais il y eut soudain une brève averse de neige. Colette fait arrêter la voiture, descend pour recevoir sur le visage les gros flocons imprévus qu'elle n'oublia plus. « A propos, nous sommes mariés, Maurice et moi, depuis une dizaine de jours », écrit-elle à Hélène Picard. « En plus de dix années nous n'avions pas trouvé une matinée libre pour " régulariser " [70] ! » A Marie-Thérèse Montaudy, qui connaissait Colette depuis cinq ans, Colette écrit que ce n'est qu'une formalité et lui envoie un collier fait avec des perles de Saint-Sauveur qu'elle a enfilées elle-même. Cette « enfant » est une passionnée. Elle lui fait envoyer trois cent quatre-vingts tulipes et deux mille muguets. Ce fut la seule extravagance qui marqua l'événement.

Le 29 mai ils s'embarquaient sur le *Normandie*. Pour ce voyage aller-retour de dix jours, dont six jours à New York, Colette recevait 10 000 francs et un crédit pour dix robes et dix manteaux par le couturier Lucien Lelong. Le *Normandie*, « le plus grand et le plus luxueux paquebot jamais construit », devait porter au-delà des mers le prestige de la France. Un train spécial allait transporter les journalistes de Paris au Havre. Les journaux avaient annoncé qu'à bord du *Normandie* une table sans rivale attendait les passagers. Colette fait un petit coup publicitaire en arrivant à la gare avec, au bras, un panier rempli de pâtés, d'œufs durs et de poulet froid. Les confrères en font leur premier écho. Dans sa luxueuse cabine Colette s'allonge pour prendre des notes : « ... emmerdeurs à bâbord et à tribord [71]... ». Le Tout-Paris de la presse, de l'industrie, de la politique est là. Il y a Bertrand de Jouvenel qui, à 32 ans, est un économiste reconnu. La vitesse envoyait de telles vibrations dans le palace flottant que la colossale statue dorée qui se dressait dans le hall tremblait et Colette l'avait baptisée « la statue de l'épouvante ».

A l'arrivée il semblait que tout New York attendait, massé sur le quai. Une flottille les escorte, les sirènes mugissent. La presse prend d'assaut le paquebot. Colette est peu connue aux États-Unis et aurait échappé aux photographes et reporters si l'un d'eux n'avait aperçu ses pieds nus dans des sandales. Depuis son accident elle ne portait rien d'autre. Un cordonnier de Saint-Tropez les lui faisait sur mesure, et en faisait aussi de pareilles pour le prince de Galles. Ces sandales à larges lanières ressemblaient aux sandales des centurions romains. Ces pieds nus firent sensation. « Pourquoi avez-vous les pieds nus ? » La réponse s'étala le lendemain dans les journaux : « Parce que cela m'est plus commode pour marcher. » L'essaim des reporters lui coupait la retraite et la bombardait de questions : « Combien mettez-vous de temps pour écrire un roman ? » « Avez-vous écrit un roman pendant la traversée ? » Dans les locaux de la douane, où jamais autant de visiteurs n'étaient arrivés à la fois, il régnait une pagaïe inimaginable. Colette, debout comme tout le monde, attendait son tour. Au bout de quelques heures, Maurice, sachant qu'une longue station debout lui était pénible, décide d'abandonner les bagages et de prendre un taxi. Arrivée enfin à l'hôtel Waldorf-Astoria, Colette contemple New York du haut du 24ᵉ étage. « L'étonnement ne dure qu'un moment. L'œil habitué, il n'est plus question que de proportions et celles-ci me plaisent ! » Les bagages arrivèrent comme par enchantement.

Ils devaient se rendre le soir même au banquet officiel présidé par

Mme Albert Lebrun, l'épouse du président de la République, et Fiorello La Guardia, le maire de New York. Il y avait 800 invités. L'invitation de Colette portait le numéro 799, celle de Maurice le numéro 800. On leur avait assigné les derniers couverts, personne ne sachant qui étaient M. et Mme Goudeket. Colette furieuse de ce camouflet où elle voit la main de ses ennemis décide qu'ils n'iraient ni au banquet officiel ni au banquet prévu pour les écrivains, elle refusa également d'aller voir une collection privée de tableaux, et décida que ce séjour serait son voyage de noces. Les Goudeket partent en badauds à travers New York. Ils se font photographier au sommet de l'Empire State Building, vont au « Roxy » voir danser les girls, flânent à Central Park et à Harlem. Puis elle insiste pour aller à la maison-mère des stylos Parker. Maurice essaie de l'inciter à visiter les autres quartiers de New York en lui rappelant qu'elle peut acheter les mêmes stylos à Paris. « Ici ils coûtent beaucoup moins cher, et en outre, ils sont plus frais [72]. » En repartant ils trouvent dans leur cabine cinq mille boîtes de fleurs et de fruits.

Au retour sa fille la surprend en lui annonçant son mariage avec le docteur Denis Adrien Camille Dausse, un jeune homme barbu, ni beau ni brillant, qui se couvre de ridicule en offrant un oranger en pot à Colette en lui disant que cette plante ressemble à Colette de Jouvenel. Personne ne comprit ce mariage. En effet, Colette II vivait ouvertement avec des femmes. A son demi-frère Renaud, qui était son meilleur ami, Bel-Gazou avait confié qu'elle se mariait pour se normaliser. Colette n'a pas l'intention d'assister au mariage. Mariée le 11 août, Colette de Jouvenel divorce en octobre. « Motif sans réplique : horreur physique. On ne discute pas ça », écrit Colette à Hélène Picard, en ajoutant comme l'aurait fait Sido : « N'en parle pas. » Elle lui apprend aussi la mort de Jouvenel. Dans la nuit du 5 au 6 octobre, en sortant du Salon de l'Automobile, Henri de Jouvenel avait succombé à une embolie sur les Champs-Élysées. Avec froideur Colette informe Hélène Picard de ce deuxième événement. Sa fille va partir à Castel-Novel pour l'enterrement, elle espère qu'elle ne s'enrhumera pas. « Le rhume est le fruit quasi obligatoire de toutes les obsèques ». Et Colette enchaîne sur les soins qu'elle conseille à Hélène de donner à ses perruches bleues, elle se souvient que Sido avait des perruches vertes. Elle promet une grande cage si celle d'Hélène est trop petite. Et cette lettre qui enveloppe le mariage éclair, le divorce de sa fille et la mort subite de son ex-mari dans le contexte des perruches bleues se termine par une question urgente : « Et un nichoir ? Ont-elles un nichoir [73] ? » L'humour noir de Colette ne semble pas s'être arrêté là. Sa fille lui attribuera d'avoir lancé la rumeur que Jouvenel était mort en compagnie d'une prostituée dans les bosquets des Champs-Élysées.

Renaud fut le plus loyal soutien de Colette de Jouvenel. Il paya les factures impayées du Dr Dausse pour les fleurs dont il l'avait inondée pendant ses fiançailles. Le docteur exigeant le retour de la bague de fiançailles, Renaud fit démonter le diamant, le renvoya, et en fit monter un autre pour sa demi-sœur. Quarante ans plus tard, Colette de Jouvenel tentait encore de justifier cet intermède bizarre.

« AH ! JE L'AI TROP AIMÉ POUR NE LE POINT HAÏR »

Imperturbable, Colette avait travaillé pendant toute cette année mouvementée non seulement à ses chroniques théâtrales mais à un livre qui était le coup de grâce asséné à Willy qui ne pouvait plus lui répondre, une conclusion posthume à leurs querelles. Elle l'appela *Mes apprentissages ou ce que Claudine n'a pas dit*. Elle avait travaillé avec précaution et circonspection, évitant les visites, même d'Hélène Picard, « le plaisir pris pendant une heure défait toute ma journée [74] », disait-elle. Le texte qui exigeait toute son attention était un réquisitoire implacable contre l'homme, le mari, l'écrivain. C'était également la création de l'image définitive qu'elle voulait imposer d'elle-même. Elle oblitérait la Claudine libre et hardie, la Huronne, la créature androgyne qui physiquement et mentalement dominait les gens et les événements. Dans ce texte, qu'elle écrivit à 62 ans, elle crée une jeune Colette timide et opprimée, elle dessine l'image d'une villageoise innocente, pervertie par un vieux mari, exploitée par un homme sans scrupules qui l'enfermait à clé pour l'obliger à produire des romans qu'il ne lui permettait pas de signer. Elle se peint comme une jeune épouse désarmée, bafouée, trompée par un libertin qui, après l'avoir introduite dans une société corrompue et mêlée à une bohème sans vergogne, l'abandonna sans un sou, la réduisant à se produire au music-hall, le seul métier possible pour les jeunes femmes qui n'en ont pas d'autre. En 1935 la société avait changé. Les courtisanes endiamantées et les boulevardiers spirituels avaient rejoint les dinosaures. Les mœurs étaient jugées selon de nouveaux critères, le chic avait changé de qualité. Les sports et un air de santé étaient à la mode. Colette avait adopté un nouvel art de vivre. A mesure qu'elle atteignait l'âge mûr, puis l'âge tout court, elle se transformait, assumait le caractère d'une Cérès, d'une Pomone. Son amour des plantes, des animaux, de la nourriture accréditait ce mythe. Elle se tourne vers ses jeunes années et les explique par son impuissance et par l'oppression d'un homme redoutable, « aucun être ne l'a connu intimement. Trois ou quatre femmes tremblent encore à son nom... », il est mort, mais « quand il était vivant j'avoue qu'il y avait de quoi [75] ». Elle déclare que ceux qui l'appellent « le bon Willy... ne l'ont presque pas connu ». Voilà qui rejette en bloc tout ce que les vieux amis de Willy pourraient dire de lui, et Colette ajoute mystérieusement : « Ceux qui ont eu, d'un peu près, affaire à lui se taisent [76]. »

Mes apprentissages est un livre qui se présente comme une autobiographie et a été pris au pied de la lettre. Le premier chapitre s'ouvre sur une déclaration qui donne le ton : « Je n'ai guère approché, pendant ma vie, de ces hommes que les autres hommes appellent grands. Ils ne m'ont pas recherchée. Pour ma part, je les fuyais... » Et Claude Debussy ? Et Anatole France ? Et Proust ? Elle leur a « préféré des êtres obscurs [77]... », mais la première personne à surgir de ses souvenirs est la Belle Otéro. En 1935, quand *Mes apprentissages* parurent en feuilleton dans *Marianne*, Otéro vivait à Nice d'une modeste pension que lui versait le Casino de Monte-Carlo pour la remercier d'avoir perdu à ses tables de jeu plusieurs fortunes. Elle avait publié ses mémoires en 1925 et le journal *Aux écoutes* en avait donné des clés à ses lecteurs : Lisbette était Colette, Liane de Chandel était Liane de Pougy, Lucette Norbert était Yvette Guilbert, la marquise de Jolival était la marquise de Morny. Otéro prétendait s'être chargée de l'éducation de Lisbette et l'avoir trouvée peu douée. Dans *Mes apprentissages*, Colette rapporte quelque chose d'analogue. « Mon petit, me disait-elle, tu m'as l'air pas très dégourdie... » Parlant de la période où elle cherchait à gagner sa vie, elle évoque « Mme Caroline Otéro qui me transmit en pure perte, autrefois, et sans obstination, de grandes vérités ».

Après le préambule consacré à la Belle Otéro et aux courtisanes, Colette entame son réquisitoire contre Willy dont elle fait un personnage balzacien. Elle l'accuse d'avoir été avare, d'avoir menti en se disant pauvre, d'avoir emprunté, sans scrupules, de l'argent à plus pauvre que lui. Elle décrit le « passé de dupes » de tous ses collaborateurs, elle se voit « forcée de parler de cet homme-là » parce que dit-elle « ... son nom est lié à un moment, à un cas de la littérature moderne, et au mien [78] ».

Après des années d'exploitation littéraire et d'infidélités subies en silence, Colette ne pouvait « fuir... Et ce sang monogame que je portais dans mes veines, quelle incommodité [79]... ». C'est Willy qui poussa la monogame Colette à monter sur scène, c'est Willy qui suggéra de liquider leur appartement et de se séparer. Elle déménagea donc. Elle recevait des lettres dans lesquelles Willy mentionnait leurs accords en ce qui concernait les *Claudine*. « Mais aucune des lettres ne me demanda jamais de rebrousser le chemin [80]... »

Dès qu'il paraît en avril 1936 chez Ferenczi, les critiques notent que ce livre de souvenirs était pour une large part le livre du silence. Ni Georgie Raoul-Duval, ni Missy, ni Musidora n'apparaissent, le scandale du Moulin-Rouge est passé sous silence. Natalie Clifford Barney n'est qu'une relation mondaine. En outre, elle n'avait pas connu « ces étroits attachements d'adolescentes... La vie villageoise... les décourage » et après son mariage « je les accueillis mal d'abord, dit-elle, ... j'étais garçonnière, assurée dans la compagnie des hommes, et je redoutais la fréquentation des femmes... ». Cette « disette d'amitiés féminines [81] » était compensée par son étroit attachement à Sido.

A cette lecture, beaucoup d'amis sont outrés. Paul Léautaud est scandalisé. D'autres plus proches de Colette ont de la peine. En dînant avec le professeur Vallery-Radot et Colette, le professeur Paulette Gauthier-Villars * lui dit brusquement : « Tante Colette, vous avez fait une mauvaise action. – Mon enfant, je le sais [82] », répondit Colette. Un groupe d'amis de Willy s'efforçait de faire donner son nom à une rue. Ils estimaient que cet homme d'esprit ne devait sa renommée qu'à lui-même. Mais Colette avait raison de penser que sa propre gloire absorbait la renommée de Willy. En 1942, quand Maurice Goudeket doit se cacher dans la zone libre, et veut revoir La Treille muscate que Colette avait vendue, il se présente comme le mari de Colette. On lui ouvrit aussitôt la porte en l'invitant chaleureusement : « Entrez donc, monsieur Willy [83] ! »

Le 21 janvier 1936 Colette est promue au rang de commandeur de la Légion d'honneur. En février elle retourne pour un soir à ses anciennes amours : le music-hall. Elle fait à l'ABC une conférence et chante trois vieilles chansons de la Puisaye. Sa voix, aux « r » roulés, son sens infaillible de la musique, le magnétisme qu'elle dégage charment le public. « L'écrivain le plus illustre de nos jours sur la scène d'un music-hall ! » s'émerveille le critique du *Journal*. La nouvelle génération ignorait la vie de Colette avant la guerre des tranchées. Elle part ensuite pour La Treille muscate rédiger le discours pour sa réception à l'Académie royale de Belgique. Le 4 avril, la princesse de Polignac et Maurice accompagnent Colette. A la frontière, le contrôleur voit que le passeport de Colette est périmé et veut la faire descendre du train pour la refouler. Maurice essaie de le fléchir en lui expliquant qui était Colette, en vain, le contrôleur était inflexible. La princesse, redressant sa haute taille, les dents serrées, la mâchoire en avant, martela les mots avec son accent américain : « Madame est attendue à votre Académie pour un discours, gronda-t-elle, et on ne pourra pas commencer sans elle. » L'étrange élocution, les mots d'Académie et de discours « ne firent qu'affirmer la résolution de l'employé ». Alors Maurice remarqua l'expression de Colette. En proie à « un trac démesuré », un fol espoir détendait ses traits : la séance n'aurait pas lieu ce jour-là ! La princesse, les dents de plus en plus serrées, tentait de faire comprendre la situation au contrôleur qui partit consulter et revint en accordant la permission d'entrer en

---

* Paulette Gauthier-Villars est professeur agrégé de médecine à la Faculté de médecine de Paris, titre qu'elle est la première femme à porter.

Belgique. Le visage de Colette changea, le fol espoir s'était envolé. Ce soir-là, assise au premier rang, « éperdue d'appréhension et de malaise, elle souhaitait la fin du monde [84] ». Mais quand elle se leva dans sa longue robe noire, les papiers ne tremblaient pas dans sa main.

Dans son discours d'accueil l'académicien Valère Gille rendit Colette aux Landoy, parla de Sido élevée en Belgique par ses frères : « Ah! ceux-ci nous les connaissons! Nous connaissons surtout Eugène Landoy dit *Bertram*. Il est venu de France, avec le projet de donner à notre presse provinciale une allure plus vive. Il y réussit... il a épousé Caroline Cuvelier de Trye, la fille de l'auteur dramatique parisien [85]... » Il énumère les cousins belges de Colette, Eugène II qui a fondé *Le Matin* d'Anvers, Jules qui fut directeur des Beaux-Arts et Georges Landoy, le fondateur de l'Université du cinéma. De dix ans plus jeune que Colette, ce cousin était mort dans des conditions étonnantes. Il était rédacteur en chef au *Matin d'Anvers*, comme tous les Landoy il cherchait passionnément la justice sociale et créa l'Université du cinéma en 1926. En avance sur son temps, il voulait un cinéma éducatif pour les jeunes défavorisés. Il recueillit 40 000 souscriptions en quelques mois, ce qui attira l'attention des producteurs de films américains. La Fondation Carnegie l'invita avec neuf journalistes européens à visiter les États-Unis. Au parc de Yellowstone, Georges s'approcha de l'un des geysers qui jaillissent du sol volcanique. Soudain une éruption imprévue du Castle Geyser le projeta dans une cascade bouillante. Quand ses compagnons accoururent Georges se traînait hors de l'eau fumante, brûlé sur tout le corps. Il mourut deux jours plus tard. A Bruxelles le gouvernement, l'Université, le monde artistique et le monde scientifique assistèrent à ses funérailles. Des milliers de Bruxellois étaient massés sur le parcours du corbillard que les étudiants de l'Université du cinéma escortèrent jusqu'au cimetière. Cet événement, qui défraya la presse belge, n'a pas été mentionné par Colette. Elle ne se déplaça pas pour l'enterrement.

Après le discours de Valère Gille célébrant les liens qui attachaient Colette à la Belgique, Colette parla de Sido qui, toute sa vie, garda la nostalgie de la Belgique et y venait régulièrement jusqu'à sa mort, et de sa propre visite, tout enfant, chez ses oncles, 25, rue Botanique, où sa tante, « Cette Cuvelier de Trye... lettrée, musicienne et polyglotte... enseigna à ses fils, mes cousins germains, le grec et le latin [86] ». Puis elle parla d'Anna de Noailles, sans insister sur son œuvre poétique, mais en évoquant les souvenirs personnels d'une longue amitié. Après la réception, la nouvelle académicienne est reçue longuement par la reine.

Puis Colette s'en va célébrer sa nouvelle promotion avec des amis dans le meilleur restaurant de la ville. Comme on empêchait la presse d'entrer, un journaliste français décide d'interviewer le portier qui avait l'air scandalisé : « Cette Colette qui a sa photo dans tous les journaux, elle vient ici avec une foule de gens, nu-pieds, oui nu-pieds dans des sandales et les ongles laqués en rouge ! Ici nous avons les diplomates de toute l'Europe, l'élite de Bruxelles, et la voilà en sandales et les cheveux en broussaille ! Et vous savez ce qu'elle a commandé comme boisson ? Du Krieken-Lambic ! » Cette boisson ne se débitait que dans les quartiers louches, le maître d'hôtel qui n'avait jamais servi que les meilleurs crus avait dû expédier quelqu'un dans une taverne des bas-fonds pour trouver la douzaine de bouteilles de Krieken-Lambic qu'elle avait décidé de rapporter à Paris.

Pourquoi pas, dans le numéro qu'il lui consacre, s'indignait autant que le portier : « Jamais séance académique... n'aura suscité autant de curiosité... prestige de Paris, prestige de la femme, prestige du talent et – pourquoi ne pas le dire ? – prestige du scandale... c'est une chose admirable, que dans un pays de conformisme moral comme le nôtre, une Académie " royale " ait fait la place qu'il mérite à un talent aussi peu conformiste... Colette en effet a été de scandale en scandale. Scandales littéraires : ses livres d'une audace singulière ; scandales parisiens : le ménage Willy-Colette-Polaire, la marquise de Belbeuf, toute une salle de spectacle dressé contre le couple cynique qui avait bravé si longtemps la respectabilité bourgeoise ; puis le divorce, le music-hall et les danses plus ou moins nudistes, le mariage avec Henri de Jouvenel... havre provisoire d'une respectabilité relative mais nullement bourgeoise ; puis redivorce, *La Naissance du jour*, *Chéri*, *La Fin de Chéri*, chefs-d'œuvre, mais bien au-dessus, ou au-dessous, mettons en dehors, de la moralité courante. Tout cela est de notoriété publique. » Comparée à George Sand, « l'ancêtre de toutes les femmes émancipées », il n'y a chez Colette « aucune angoisse métaphysique », il y a « une sorte d'innocence ». Dans *Mes apprentissages* qui vient de sortir « un livre déchirant et déplaisant », Colette tente « une sorte de justification, sinon d'apologie ». Déplaisant ce livre l'est « parce qu'il est tout gonflé de rancunes recuites... on est effrayé de la somme de haine et de mépris qui peut s'accumuler dans un cœur féminin. » Willy ? Il était bien connu à Bruxelles, « ... nous avons peine à nous le figurer sous la figure de ce pervertisseur à froid, de ce dur négrier enfermant sa femme à double tour devant le cahier de copie à remplir. » Accusé par Colette de n'avoir rien écrit, en réalité il usait de ses collaborateurs en virtuose et savait les choisir. « ... Tel un bon chef d'orchestre il savait les diriger, leur imposer sa marque de fabrique... » Cependant « Colette remariée – le havre de grâce – honorée, cravatée du rouge le plus officiel, entre à l'Académie – la nôtre, puisque la française n'est pas accessible aux femmes. Une carrière nouvelle s'ouvre devant elle : celle des honneurs et de la respectabilité. Elle a tant de talent qu'elle y réussira sans doute aussi bien que dans celle de l'irrégularité et de l'indépendance. » Et le journaliste de conclure : « Quelle page de haute moralité littéraire[87] ! »

Les honneurs n'altéraient pas la nuance fouriériste des écrits qui se succédaient. Sous le titre de *Bella Vista*, Colette réunit quatre nouvelles dont les sujets ne pouvaient manquer de scandaliser des lecteurs pusillanimes. Dans la première un homme vit déguisé en femme, la seconde raconte l'histoire tragique d'une danseuse qui s'est fait avorter, la troisième présente un cas d'homosexualité, la dernière a pour sujet l'inceste.

En janvier 1937, sa rituelle grippe hivernale chasse Colette vers la Riviera où elle passe huit jours en compagnie d'Hélène Jourdan-Morhange à l'hôtel Negresco à Nice. A Paris, Goudeket s'occupait de l'hebdomadaire populaire *Confessions* qu'il avait fondé avec Georges et Joseph Kessel. Les premiers numéros s'étaient bien vendus. En 1938 il fait partie de l'équipe de *Marie-Claire*, écrit régulièrement dans *Match* et *Paris-Soir*. *Le Club du Livre* lui demande une édition critique des *Lettres de la Princesse Palatine*. En 1939 il donnera à *Paris-Soir* une série d'articles sur les génies scientifiques : « Les héros de notre empire spirituel. Pionniers français du progrès humain. Histoires vraies. » Il traduit une pièce de J. B. Priestley. Colette n'était pas contente du lancement. Aux « couturières » il n'y avait que fort peu de monde, la pièce était mal jouée. Elle ne prévoit qu'un succès d'estime, mais Maurice l'émeut : « Décomposé, ne dînant pas, il paraissait largement ses 14 ans et demi [88]. »

L'immeuble Marignan avait à son tour « rendu tout son suc », Colette cherche un nouveau gîte. Elle croit l'avoir trouvé place Vendôme, à l'étage mansardé, quand « un modeste miracle » la ramène au Palais-Royal. Ce miracle est provoqué par André Arnyvelde, journaliste à *Paris-Midi*. Celui-ci veut une interview. Colette, trop occupée, l'éconduit deux fois. Il insiste, elle le reçoit. Arnyvelde lui demande pourquoi elle déménageait si souvent. Colette réplique qu'elle n'avait déménagé que quatorze fois dans sa vie et toujours malgré elle. Ainsi lorsqu'elle habitait au Palais-Royal, elle ne demandait qu'à y rester. L'article « Les déménagements de Colette » paraît le 6 novembre 1937. Le lendemain elle reçoit une lettre : le locataire de l'appartement en question se dit prêt à le lui céder sans délai. Et Colette regagne le Palais-Royal : « La seigneurie retrouvée... village dans la ville, cité dans la cité », elle aime que les animaux y soient « indivis [89] » et les voisins courtois. Elle commence immédiatement l'aménagement des lieux. « Appartement futur indescriptible, tout ce qu'on défonce ouvre sur des crasses et des charpentes (belles) de 1720 [90] ! » La Bibliothèque Nationale est à deux pas, son directeur, Julien Cain, vient voir Colette en voisin. Jean Cocteau s'installe dans le quadrilatère historique aux appartements de plus en plus recherchés par les artistes et les intellectuels. « Tout me retient ici [91] », écrit-elle. C'est là qu'elle va amarrer son « divan-radeau », dans l'embrasure de l'une des grandes fenêtres donnant sur le jardin. C'est là que brillera tard dans la nuit son « fanal bleu », c'est là qu'elle recevra le suprême hommage de la France.

Colette et Maurice étaient à peine installés quand Renée Hamon vint leur rendre visite. Colette collectionnait tout ce qui lui parlait d'évasion : compas, astrolabe, mappemondes, atlas, coquillages, papillons exotiques, et possédait soixante-huit volumes de récits de voyage écrit au XIXe siècle par des explorateurs, telle Ida Pfeiffer qui courait le monde et l'admirait sans s'encombrer de plus de cinq kilos de bagages. Colette aurait voulu rencontrer un de ces explorateurs « ingénus », Maurice lui fit observer qu'elle avait Renée Hamon. Colette s'était attachée à cette petite Bretonne qui explorait le monde. Elle avait vingt-quatre ans de moins que Colette qui lui disait : « Tu es pour Maurice et pour moi une très chère petite fille [92]. »

Mariée en 1917, elle avait divorcé après la mort d'un enfant unique et tenté de gagner sa vie en fabriquant des poupées et en présentant les collections de Paul Poiret qui s'intéressait à elle. En 1926, quand il jouait *La Vagabonde* avec Colette, il avait fait donner un rôle à sa protégée. Présentée à Colette, Renée se prend pour elle d'une passion qui confinait au culte. Pour lui envoyer des gerbes de fleurs elle se privait de manger. En 1933 elle fait le tour du monde à bicyclette et en cargo. Elle épouse un intellectuel suédois qui avait trente ans de plus qu'elle et part avec lui pour Tahiti avec l'intention de se documenter sur Paul Gauguin. Elle apprend le maori et rentre en France alors que son mari s'établissait définitivement à Tahiti. Hamon veut y retourner pour tourner un documentaire. Le poète breton Petrus Borel, prévenu par Colette des projets de Renée, paie de sa poche sa traversée. A Tahiti, Renée fait un reportage sur la femme de Gauguin, une grosse personne édentée, sur son fils qui était mentalement déficient et sur une fille de Gauguin qui vivait aux îles Marquises. Elle rentre à Paris avec un film documentaire et donne une conférence à l'École du Louvre. Colette la prend fermement en main. Convaincue que les photographies ne sont pas « les témoins les meilleurs d'un voyage... », elle la force à écrire, Renée « regimbait... et même larmoyait... ». Elle la traitait de tête de bois et lui donnait une de ces leçons qu'elle ne dispensait que rarement : « Dis-moi, sur cette photo où tu es si petite et si seule, échouée entre un vieux plumeau de palmier, tes deux valises et la mer, d'où venais-tu ? – Je quittais une goélette équipée de types de couleur, sur laquelle j'avais payé mon passage en cuisant le riz, en tirant le filet, en... – Assez ! Tu écriras le reste... » L'interrogatoire continuait : « Et là... à quoi pensais-tu ? La réponse est coupée aussitôt : « Silence ! Tu consigneras cela sur ton papier. » De photo en photo, de souvenir en souvenir, Colette guide Renée : « Chut ! Va à ton reportage, Renée Hamon ! » Renée émet une dernière protestation : elle ne sait pas ce qu'il faut mettre dans un livre. « Moi non plus, figure-toi. » Colette sait seulement ce qu'il ne faut pas y mettre, et lui donne quelques conseils : regarde, évite le mot rare, ne ment pas, crains « l'indiscrète poésie » et n'écris pas pendant que tu fais un reportage. « On n'écrit pas un roman d'amour pendant qu'on fait l'amour[93]. » Ce sera *Aux îles de Lumière*, que publie Flammarion.

Quand elle vient la voir au Palais-Royal, trois jours après son emménagement, Renée reconnaît le papier peint londonien avec ses fleurs et ses oiseaux dont Colette fait partout tapisser ses murs. Elle conseille à Renée de l'imiter dans le choix d'un appartement, il faut une grande pièce et pas de salle de bains, « pas de baignoire, c'est mauvais pour la santé ». Elle la mène à son placard-salle d'eau : une douche souple est branchée au robinet du lavabo. « Tu te frottes au gant et v'lan la douche ; épatant[94] ! » Justement le robinet est desserré, l'eau jaillit, inonde le parquet, Colette veut réparer le robinet et y parvient. « ... Faut que je me serve de mes mains ; quand mes mains ne travaillent pas rien ne va. J'aurais dû être une femme de ménage. J'adore récurer... »

A 65 ans, Colette est trépidante, volontaire, « incapable de subir la moindre entrave[95] ». Renée comprenait très bien que Maurice vécût près d'elle avec une modestie qui provoquait certains sourires. « Je veux bien croire, admettait-il, que le rôle que j'ai rempli auprès de Colette n'a pas eu de précédent... Bien sûr, je me suis parfois entendu nommer " M. Colette " ; je me serais méprisé de m'en offenser... Je pense... qu'il faut avoir bien peu d'amour pour le laisser primer par l'amour-propre[96]. »

Après des négociations serrées, Colette signe un contrat avec *Paris-Soir*, le quotidien parisien au plus fort tirage, et démissionne du déclinant *Journal*. Au même moment, Édouard Bourdet, le nouvel administrateur de la Comédie-Française qui résidait non loin de La Treille muscate, modernisait le répertoire et comptait faire accepter *Chéri*. Colette dînait volontiers chez lui à la Villa Blanche, elle montait les marches de la terrasse, reprenait haleine et regrettait ses « beaux cinquante ans ». Bourdet lui demande de retoucher la pièce, elle coupe le rôle de Masseau et donne à la pièce la même fin qu'au roman. Bourdet possédait une collection de photographies d'actrices de la Belle Époque que Colette aimait feuilleter en donnant des détails sur les actrices, les chanteuses, récréant pour ses amis fascinés les manières et même le vocabulaire de ces vedettes et de ces courtisanes, racontant en détail leurs amours, leurs scandales. Elle avait une mémoire exceptionnelle, Jean Cocteau notera qu'à la fin de sa vie, elle évoquait le temps des *Claudine* comme si c'était le temps présent.

En 1938 Saint-Tropez était de plus en plus envahi et les chercheurs d'autographes, de plus en plus hardis. Ils frappaient à la porte de

Colette, ou se glissaient carrément dans la maison malgré les protestations furieuses de Pauline. Colette décide de vendre au premier acheteur qui se présenterait et de retourner en Bretagne. Elle charge Renée de lui donner des informations sur l'hôtel où elle se trouvait : « Prix d'été, nourriture, genre de clientèle. Est-ce près de la mer ? Une plage baignable ? Des rochers ? Du sable ? Pas de TSF ? » C'était le 25 septembre 1938. Deux jours plus tard Renée est à Paris suppliant Colette de venir non en vacances, mais de se réfugier à Auray. Paris était en fièvre après le discours de Hitler, on mobilisait. Colette ne s'inquiète pas mais ses proches la poussent à partir, sa fille lui suggère d'aller à Castel-Novel qui appartient maintenant à la veuve d'Henri de Jouvenel. « Tu me vois y aller ? dit-elle à Renée. Pourquoi ne pas faire venir aussi les autres ex-femmes de Jouvenel ? » Ce qu'elle veut ce sont de simples vacances en Bretagne, un point c'est tout, et elle plaisante : « Que penses-tu de Hitler ? Un monsieur végétarien qui ne mange que des flocons d'avoine à midi et parfois un œuf dur le soir... un monsieur qui ne fait pas l'amour, même pas avec les hommes [97]... »

En octobre la guerre semble évitée, et Colette a des raisons personnelles d'être contente. *Duo* remportait un grand succès à la scène, elle gagnait enfin de l'argent sans travailler car elle recevait 6 pour cent de la recette qui était de 12 000 à 17 000 francs par soirée.

Les plans de vacances en Bretagne sont remis à plus tard, Colette et Maurice sont envoyés au Maroc par *Paris-Soir* pour suivre le procès d'Oum El-Hassen, dite Moulay Hassen. On s'attendait à un procès sensationnel. Moulay Hassen est la tenancière d'un bordel. Dans sa jeunesse cette belle prostituée avait suivi les troupes de Lyautey pendant la conquête. Au péril de sa vie elle avait sauvé des officiers menacés par des soulèvements en 1912 et 1925, et avait tué de sa main un assaillant. En 1938 des enfants qui jouaient dans un terrain vague près du bordel de Moulay Hassen découvrirent un couffin rempli de membres humains préalablement bouillis. Les policiers qui perquisitionnaient dans le bordel, entendirent un grattement, éventrèrent un mur et trouvèrent quatre fillettes et un garçon mourant d'inanition et portant des traces de torture. A Paris on comptait sur des révélations concernant les relations de la prostituée avec des officiers de l'état-major. C'est la présence de Colette qui fait sensation, on s'étonne que Paris ait cru bon d'envoyer des reporters car, comme l'explique l'avocat de Moulay Hassen, « il ne s'agit que de femmes... Ce sont des femmes des montagnes, qui n'ont même pas d'état civil ». Oum El-Hassen s'en tira avec quinze ans de travaux forcés. « Quelques femmes de plus ou de moins ! Personne ici n'y prête attention [98]. » Colette fait un récit impressionnant de l'affaire qu'elle reprit dans son *Journal à rebours*. Elle expliquait la cruauté d'Oum El-Hassen par sa vie qui lui avait appris que les femmes n'avaient aucune valeur, et aussi par « l'écrasante stupidité [99] » de ses victimes qui ne cherchaient même pas à fuir, ne sachant où trouver un refuge.

De retour à Paris, Colette ajoute des textes à une réédition des *Fleurs* de Redouté, et reprend son projet de vacances. Elle donne ses instructions à Renée Hamon pour passer Noël en Bretagne. Moune et Luc Albert Moreau, Paul Géraldy et sa compagne seraient de la partie. Que la patronne de l'hôtel, bien connue pour sa cuisine, prépare le réveillon. Elle charge Renée de lui procurer une bonne lampe, elle veut faire un article pour *Paris-Soir* sur les religieuses d'Auray qui apprennent aux sourdes-muettes à communiquer. La Bretagne remue des souvenirs. « Et pourvu qu'un jour je puisse revoir Belle-Ile ! » Belle-Ile, Willy, Masson, Colette qui écrit *Claudine à l'école*. Ce coup de nostalgie en amène un autre plus lointain encore : « On ira un peu à la messe de minuit [100] ? »

CHAPITRE XII

« L'Étoile Vesper »

« Il faut vivre avec précaution... »

En pays connu.

Cette année l'hiver fut particulièrement froid, le 21 décembre 1938 le départ pour Auray n'a pas lieu. « On n'a pas vu le Palais-Royal comme ça depuis Richelieu. » La neige s'amoncelle. Colette ne renonce pas à son Noël breton. « Quand l'adoucissement viendra, écrit-elle à Renée, je baptiserai " réveillon " le dîner d'arrivée que je veux merveilleux !... La vieille Souci, la crépusculaire Chatte[1] », Maurice et Colette ont besoin de changer d'air. Enfin le 7 février 1939 Colette retrouve la Bretagne, « ... les coquillages oubliés. Une nourriture épatante, les grosses crevettes, les palourdes, les huîtres, le beurre salé et tout et tout[2]. » Elle a déjà jeté son dévolu sur une maison avec une plage privée et n'a plus qu'un désir : vendre La Treille muscate.

Deux jours après le retour au Palais-Royal, la Chatte meurt. Le chagrin de Colette est si profond qu'elle ne veut plus d'autre chat. Quatre ans plus tard, elle recevait la visite d'une voyante qui soudain se pencha comme si elle remarquait quelque chose sur le tapis. C'est une chatte grise, dit-elle à Colette, une chatte morte depuis quatre ans qui n'est jamais partie : « ... elle est là tout le temps. Elle n'a pas envie de vous quitter... Elle va, elle vient, elle se promène. Elle fait comme elle veut puisqu'elle est morte[3]. » Colette ne voulut plus rappeler la voyante de crainte de l'entendre dire que la Chatte l'avait quittée pour de bon.

Puis la chienne, Souci, meurt d'une crise d'épilepsie. « L'étrange est que la Chatte a quitté la vie un dimanche 19 en février et la chienne un dimanche 19 en mars[4] », dit-elle à Renée Hamon en lui demandant de venir lui tenir compagnie. Maurice et Pauline sont épuisés, elle a passé une nuit pénible, et a recours à sa panacée : la nourriture. Elles déjeuneront d'une potée de lard et de choux, puis Colette pourra enfin dormir. Comme son frère Achille, Colette trouve la compagnie des animaux supérieure à celle des hommes. « Nos compagnons parfaits n'ont jamais moins de quatre pattes [5]. » Elle ne les oublie plus. « Seules les heures de travail peuvent écarter brutalement de la pensée qui revient toujours [6]. » Dans *Le Fanal bleu* elle évoque les bêtes qu'elle a aimées. « Quand je cesserai de chanter la Chatte Dernière, c'est que je serai devenue muette sur toutes choses [7]. » Cette entente avec les animaux petits et grands, elle l'appelle un danger. « Choisir, être choisi, aimer : tout de suite après viennent le souci, le péril de perdre... De si grands mots au sujet d'un passereau ? Oui, d'un passereau. Il n'est pas, en amour, de petit objet [8]. »

En mars Colette suit le procès de l'assassin Weidman pour *Paris-Soir*. Le texte sera recueilli dans l'édition du Fleuron avec d'autres articles traitant en particulier de meurtres en série sous le titre de *Monstres*. Colette cherche à comprendre ce qui pousse les êtres à tuer leur semblable. « Me voilà bien aventurée dans des cogitations de détective amateur. C'est que j'ai souvent rêvé, étonnée, sur les genres divers d'hommes qui ôtent la vie à l'homme [9]. »

Ferenczi publie *Le Toutounier*, une suite à *Duo*, l'histoire des trois sœurs d'Alice, toutes aux prises avec des amours malheureuses. L'une, Bizoute, inspirée par Renée Hamon, tourne de petits films documentaires aux îles Marquises. Colombe, amoureuse de son patron, attend que l'épouse de celui-ci, atteinte d'un mal incurable, meure. Hermine aime aussi un homme marié. Sa passion finit par réveiller en elle une énergie insoupçonnée, elle se procure un revolver, tire sur l'épouse qu'elle rate, mais qui, voyant qu'elle est trahie, demande le divorce. Lui, ébloui de se voir l'objet d'une telle passion, épouse Hermine, alors que l'humble patience de Colombe ne la mène à rien.

En juin La Treille muscate est vendue à un prix que Maurice jugeait dérisoire, Colette ne voulait plus avoir le souci d'une propriété. Mais elle a un coup de cœur, à Méré, un faubourg de Montfort-l'Amaury, pour une glycine qui s'étale sur soixante mètres de clôture. La propriété est à vendre. Le soir même Maurice est chargé d'aller voir le propriétaire et d'accepter son prix. Le Parc est acheté sur-le-champ. La glycine et la proximité de la propriété de Luc Albert Moreau et d'Hélène Jourdan-Morhange le rendaient irrésistible. Luc Albert, que Colette appelle tantôt « Saint-Luc », tantôt « Le Toutounet » et Hélène qu'elle appelle « Moune », avaient une ferme convertie en résidence près de La Treille muscate. Depuis 1925, ils se voyaient beaucoup, tantôt à Saint-Tropez, tantôt aux Mesnuls, près de Montfort-l'Amaury. « Les jours et les saisons, passant, nouaient fortement notre amitié, de couple à couple [10]. » Moune, de quinze ans plus jeune que Colette, était devenue une confidente presque aussi intime que Marguerite Moréno. « Moune » avait été reçue au Conservatoire à l'âge de 10 ans. Violoniste virtuose, interprète de Ravel qui lui dédia sa *Sonate piano-violon*, elle semblait promise à une carrière exceptionnelle ; un rhumatisme chronique l'interrompit en plein succès. Colette l'encouragea à devenir critique musical, et préfaça son livre *Ravel et nous*. Aux Mesnuls ils recevaient tous les dimanches des peintres, tel André Dunoyer de Segonzac qui illustra l'édition de luxe de *La Treille muscate*, des musiciens : Ravel, Auric, Poulenc, des hommes de science : Henri Mondor, Pasteur Vallery-Radot. Les dimanches chez Moune et le Toutounet étaient un véritable rite. Guy, le chauffeur de Maurice, conduisait d'abord Colette place de la Madeleine où elle avait une discussion technique avec l'épicier sur le degré de maturité de divers fromages avant de les charger dans la voiture. L'arrêt suivant était devant la boucherie choisie par Colette pour la qualité de ses viandes et le bagout du boucher. Quand elle arrivait aux Mesnuls les braises rougeoyaient sous le gril. Le Toutounet et Colette mettaient tout le monde à la porte et faisaient griller la viande avec des soins jaloux. Les viandes sur le gril étaient arrivées en France avec le charleston et le ragtime, pour l'avant-garde des connaisseurs c'était un retour à la simplicité primitive. C'était moderne, c'était révolutionnaire, et pas du tout du goût du vieil ami de Colette, Curnonsky. Cur, élu Prince des Gastronomes, collectionnait les recettes du XIXe siècle et défendait la riche cuisine traditionnelle contre les nouveaux barbares. Si le steak sur le gril était l'un des succès de Colette, son traitement des truffes lui valait un triomphe. Elle se faisait expédier des caisses de truffes du Périgord. Elle les préparait en versant une bouteille de champagne dans une poêle, y jetait des lardons, salait, poivrait et ajoutait les truffes. Elle faisait servir les truffes sur les assiettes et la sauce chaude dans des verres à porto. Après la gastronomie, l'après-midi était consacré à la musique.

TÉMOIGNAGES

Colette s'était prise d'amitié pour Violet Trefusis, la fille de Mme Keppel, la maîtresse d'Édouard VII. Violet était née en 1894, sa mère ne rencontra le roi, alors prince de Galles, qu'en 1898, mais le bruit courait qu'elle était sa fille, on la traitait comme si elle avait du sang royal dans les veines. Dûment mariée, Violet avait eu de tumultueuses amours avec Vita Sackville-West, aristocrate et écrivain, amie de Virginia Woolf et du groupe de Bloomsbury. Après la guerre, elle s'était installée à Paris, et voulait se faire un renom littéraire. Dans son salon, elle recevait Paul Morand, Paul Valéry, Jean Giraudoux, Max Jacob, Jean Cocteau. Elle voyait en intime Colette, la princesse de Polignac, Lucie Delarue-Mardrus, Marie Laurencin, Misia Sert. Marcel Proust l'avait si bien fascinée par une description du domaine de Saint-Loup qu'elle l'avait acheté. Colette, frappée par l'aspect d'une tour qui avait survécu à la ruine de l'abbaye de Saint-Loup, l'appelait *La Mélisandière*. Une discrétion vigilante cachait les amours saphiques de Violet que sa mère chaperonnait à Venise ou en Égypte pour éviter toute rumeur.

Violet Trefusis a laissé de Colette une image pittoresque : « J'emploie un mot qui étonnera ceux qui ne connaissent pas Colette : elle était " confortable "... elle adorait le confort et méprisait le luxe... elle détestait les femmes dont la conversation était aussi maigre que leur diète. » Violet admirait « la grande gourmande qui tournait un dîner en hymne lyrique à la nourriture ». C'était une audace dans une société où le bon ton voulait qu'on ne mentionnât jamais ce qui était sur une assiette. On parlait d'art, de littérature, à la rigueur du temps qu'il faisait, mais parler de ce qui se fomentait dans les cuisines était inacceptable. Colette brisait les tabous et se faisait des disciples. Elle les entraînait dans des quartiers où l'on n'allait jamais pour savourer un plat régional. Par pure malice elle envoya à une dame titrée une invitation à dîner chez Ogier, rue Chabanais, une rue connue pour son bordel. Colette lui expliqua son choix par la cuisine émérite du patron, en espérant que le nom de la rue et les tables sans nappe ne l'épouvanteraient pas. Elle ajoutait que la princesse de Polignac serait de la partie, Winnie adorait les provocations de Colette. Elle apprit à Violet Trefusis à faire « le jarret de mouton de sept heures [11] » qui devenait si tendre qu'on le mangeait à la cuiller, en rejetant fourchette et couteau. Colette charmait tout son monde, choquait les pusillanimes et Liane de Pougy, devenue princesse Ghika, qui lui concédait à peine un talent d'écrivain, continuait à la trouver mal élevée. Il est vrai que la célèbre courtisane avait été pensionnaire au Sacré-Cœur.

Le curieux abbé Mugnier, qui notait dans son *Journal* : « Ce que j'aime, dans ce monde, c'est le cadre, les noms, les belles demeures, les réunions de beaux esprits, le contact des célébrités [12]... », se trouvait souvent à la même table que Colette. Il aimait *Les Vrilles de la vigne* : « Quelle poésie ! C'est elle qui ne s'est pas privée de voir, de sentir, de toucher. Divine guêpe qui a mordu le gâteau sucré ! » L'abbé remarquait que le grand écrivain parle « comme une enfant, une gamine... », et ajoutait qu'elle ne doit pas aimer les contraintes. « Elle disait qu'elle n'était pas faite pour écrire des œuvres. » Puis elle amusait tout le monde en parlant « de la truffe endimanchée [13] ». A un dîner chez Violet Trefusis, avec Georges Auric et l'abbé, « ... vu le petit nombre, tout petit, Colette parla tout à son aise et fut éblouissante de verve... surtout culinaire... Elle analysa ce qu'on nous servit, elle *lut les plats* eux-mêmes. Ce fut son expression. » Elle identifie, sans se tromper, tous les ingrédients de la sauce, la moelle, l'oignon, le vin de Champagne, puis raconte ses promenades à Rome avec D'Annunzio en 1915. « Colette et D'Annunzio à travers les ruines de la ville éternelle ! Après Goethe, Chateaubriand, Lamartine..., le futur romancier de *Chéri* [14] ! » « Le romancier » enthousiasme l'abbé. Chez Bernstein avec les Maurois, les Mauriac, les Bainville : « Colette a parlé cuisine... Elle ramène tout à la gourmandise culinaire, voluptueuse, etc. Elle a répété, à plusieurs reprises que la pureté est une tentation comme les autres, et pas plus noble. » L'abbé lui ayant demandé si elle écrirait un livre qu'il pourrait lire, elle lui répondit qu'elle ferait un livre qui serait « une débauche, une orgie de vertu [15] ». L'abbé s'intéressait aux idées de Colette. En 1916 il avait écrit dans son *Journal* : « Je crois que l'instinct sexuel est l'explication de tout puisque tout en vient... La sotte pudeur ou la sotte luxure empêchent toute étude sérieuse [16]. » En 1936 l'abbé lui avait demandé si elle continuerait à écrire ses mémoires après *Mes apprentissages*. Elle dit que non : « car elle ne veut pas écorcher. Elle reconnaît avoir écorché Willy dans *Mes apprentissages*. Revenus au salon, j'ai encore dit quelques mots à Colette qui m'a embrassé [17] ».

Passant avec aisance du milieu mondain au milieu bohème, Colette continue à explorer les bas-fonds avec Francis Carco, qui, avec sa mèche sur l'œil, son teint blême, son éternel mégot au coin de la lèvre, jouait au mauvais garçon, mais sous la gouaille Colette le trouvait très « fleur bleue ». Il lui était tendrement attaché. Il donna son amitié à Maurice dès leur première rencontre. Ensemble, ils couraient les bals musettes, les maisons de filles, rue Sainte-Apolline, rue de Lappe, rue de la Gaîté, ils visitaient des repaires secrets de Montparnasse où la pègre se livrait au trafic de la drogue. Francis Carco chantait la romance « de façon exquise » et disait des vers de Verlaine comme « un grand comédien – un grand poète... Magnifique. Voix, rythme, tout. Et je t'assure que je suis difficile », disait Colette à Éliane Carco « dans le tuyau de l'oreille [18] » en lui demandant, avec son inconscience coutumière, si elle avait jamais entendu son mari dire des vers.

Colette aurait pu dire, encore une fois, « je fréquentais un monde qui périssait [19] ». Un monde qui, en 1938, croyait à la paix et à la douceur de vivre.

En 1939 Renée Hamon se préparait à repartir pour Tahiti. Comme Colette lui remettait une lettre de recommandation pour Georges Mandel, ministre des Colonies, et une autre pour Jean Fraysse, le directeur de *Paris-Mondial*, Renée fut alarmée de lui voir une expression sinistre. Brusquement Colette soupira : « Si tu savais combien je me dégoûte depuis deux jours ! Je me dégoûte, je me dégoûte... Hier je ne pouvais plus marcher... » Colette avait lutté toute la journée et n'avait retrouvé l'usage de ses jambes que vers minuit, heure à laquelle, en s'appuyant au bras de Maurice, soutenue par Luc et Moune, elle partit dîner au restaurant. Comme toujours pour conjurer sa peur elle est prise d'une fringale incontrôlable. Elle mange de l'oie aux petits pois et « un grand triangle de tarte aux fraises [20] ». C'était la première crise d'arthrite qui allait finir par l'immobiliser.

Le Parc étant en pleine réfection, Colette s'installe au château d'Alizay à 18 kilomètres de Rouen, pour écrire un récit qu'elle voulait appeler *Gîte de hasard* mais appela *Chambre d'hôtel* à la suggestion de Francis Carco. Elle s'y met en scène à l'époque des tournées de pantomime avec Georges Wague. Dans le second récit, *Lune de pluie*, le passé surgit encore, parmi les personnages fictifs, Colette mêle Sido, Lucien Muhlfeld, Francis Carco, Annie de Pène, Gustave Téry, et elle-même. En juillet, Le Parc n'étant toujours pas habitable, Colette passe une semaine à Camaret-sur-mer dans le Finistère. « Une anse de Bretagne rappelle toujours un peu Rozven [21]. » Au mois d'août Léopold et Misz Marchand la persuadent de les rejoindre à Dieppe. On ne croyait pas à l'imminence de la guerre, pourtant Maurice remarquait que les touristes anglais rentraient chez eux en masse. A la fin d'août Léopold Marchand est mobilisé. Maurice, qui avait 50 ans, attendait un ordre d'affectation. Colette veut rentrer à Paris, Maurice la conjure de rester à Dieppe. Ils avaient un accord tacite : ne jamais s'enquérir des pensées de l'autre. Une sorte de silence contraint s'établit pendant quelques jours, puis Maurice pose la question tabou : « A quoi penses-tu ? – A la même chose que toi [22]. » Le lendemain ils partent à l'aube et rentrent 9, rue du Beaujolais le 27 août. La guerre est déclarée le 3 septembre. « Je n'aurais jamais cru que le genre humain en viendrait là encore une fois [23]... »

CEUX QUE JE VOULAIS DURABLES, BIEN ACCROCHÉS À LEUR VIE ET À LA MIENNE, OÙ SONT-ILS ?

La Citroën n'étant pas encore réquisitionnée « se planque », Maurice doit la « déplanquer » pour conduire Colette à Levallois-Perret où Léo Colette la réclame. La concierge l'avait trouvé évanoui dans la cage de l'escalier. Léo vivait depuis cinquante ans dans une mansarde au sixième étage. Colette, qui refuse d'envisager la mort de Léo, comme elle avait refusé d'envisager la mort de Sido, le trouve « assez mal en point mais pas en danger immédiat [24] ». Tout ce qu'elle et Maurice avaient tenté de faire pour améliorer ses conditions de vie avait été refusé comme des complications inutiles. Ses seuls plaisirs étaient le billard, les collections de timbres et le piano. Sans s'annoncer, il apparaissait parfois à l'heure du dîner et laissait Pauline lui tailler ses longues moustaches tombantes. Il avait choisi ce que Colette appelle « une besogne de scribe » parce que, assis derrière une table, il vagabondait en imagination dans les sentiers de son enfance. Il ne portait ni cravate ni gants, mais ses mains gercées gardaient un toucher délicat. Colette parle de la qualité « scintillante et ronde » des sons qu'il tirait d'un piano comme par miracle. Il conservait gravées dans sa mémoire les archives de Saint-Sauveur. Avec une précision photographique, il évoquait pour Colette tout ce qui faisait partie de leur enfance.

Pendant plusieurs semaines le cœur de Léo battit de plus en plus lentement : « 29, 26, 24 pulsations », il ne souffrait pas, il ne savait pas qu'il mourait. Geneviève, la fille d'Achille le fit transporter chez elle à Bléneau, près de Saint-Sauveur, où il s'éteindra le 7 mars 1940. Geneviève avertit Colette par lettre, non par télégramme, sachant qu'elle ne viendrait pas à l'enterrement. La tante et la nièce ne s'entendaient guère. Geneviève, qui avait soigné et enterré son oncle, mit opposition à l'héritage de Léo, il s'agissait de 18 000 francs. « Mais je pense que cette détraquée ferait de même pour 18 millions [25] », écrit Colette, agacée, à Moune.

Colette répétait souvent qu'elle ne comprendrait jamais rien à la mort de ses amis. « En moi-même, je leur reproche leur fin... Me priver d'eux si brusquement, me faire ça à moi [26]... » Claude Chauvière meurt le 7 avril 1939. Elle était mariée à Georges Lefèvre, un journaliste qui fit une grande interview de Colette : « Une heure avec... » Il trouvait sa femme trop entichée de celle-ci et n'appréciait pas les commentaires de ses collègues. Un jour il mit ses valises dans un taxi pendant que Claude, saisie d'étonnement, s'évanouissait dans les bras de la femme de chambre. Quand elle ne fut plus sous « l'influence roborative de Colette, elle donna un moment dans le mysticisme [27] », se convertit en 1928 et demanda à Colette d'être sa marraine.

Une autre mort réveille le passé. Polaire meurt le 11 octobre. On l'avait trouvée inconsciente après un suicide manqué. La nouvelle avait fait la une des journaux : « Oui, cette nuit-là j'ai voulu mourir [28] », dit-elle aux journalistes qui se pressaient au onzième étage de l'hôpital Baujon. Elle pleurait en avouant qu'elle avait tenté de se fracasser la tête contre la porte mais, qu'avant de tenter de se tuer, elle avait étranglé en serrant de toutes ses forces le cou de son petit chien, son seul ami, pour ne pas l'abandonner. Maintenant elle voulait vivre, tout ce qui lui manquait c'était « un coin de feu de rien du tout ». La cause du suicide de Polaire remontait loin. Dix ans plus tôt, tandis qu'elle jouait à Paris, le fisc avait fait saisir sa propriété méridionale, la villa Claudine, à Agay. Imposée chaque année de 1 400 francs pour cette villa, Polaire fut imposée en 1926 de 10 800 francs. Elle protesta, le fisc reconnut l'erreur et rétablit la somme à 1 800 francs pour l'année 1927, tout en réclamant le payement des 10 800 francs pour 1926, la décision n'étant pas rétroactive. Dès qu'elle fut informée, Polaire télégraphia au percepteur qu'en mars elle allait jouer à Nice, elle serait sur place et payerait son dû. Peu après, en rentrant chez elle après le spectacle, à 1 heure du matin, elle trouve un télégramme envoyé par des amis affolés : « On va vous vendre. » Dans la nuit elle télégraphie au percepteur : « Je vais vous payer. » Le lendemain matin on lui téléphone d'Agay que tout a été vendu aux enchères publiques. Les agents du fisc ont réclamé les clés à l'agence de location à qui Polaire les confiait, on est entré dans sa villa, on a fait enlever ses meubles, ses tableaux, ses portraits, ses bibelots, vidé les tiroirs, répandu sur le plancher ses lettres et ses papiers personnels. « On n'a pas le droit de perquisitionner chez quelqu'un sans la présence de l'inculpé ! » clamaient les journaux. C'était trop tard.

Le choc ébranle profondément Polaire. Elle glisse dans une dépression de plus en plus sévère, se met à boire, à jouer. Elle doit vendre son hôtel particulier rue Byron et ses bijoux. Elle vit de ce qu'elle gagne sur scène, mais elle était d'un autre temps, elle n'attire plus le public. En 1932 elle était venue demander une faveur à Colette. Elle écrivait ses mémoires, une préface de l'illustre romancière lui assurerait une bonne vente. « La pauvre créature va publier ses mémoires et me demande une préface. Je ne lui ferai pas une préface, écrit Colette à Moune, ... je lui donnerai un petit papier qui ne parlera pas du volume ». Colette justifie son refus par la prudence : Polaire va se plaindre, elle dit elle-même qu'elle écrit ses mémoires « pour pousser un cri [29] ». Colette ne veut pas s'en mêler et préfère que leur jeunesse reste ensevelie dans un profond oubli. C'est à l'hôpital que Polaire trouve enfin la compassion qui lui manquait, elle y languit six mois. En 1949, Colette lui consacre une page et la qualifie, comme Willy, Masson, Schwob, Kinceler, de « monomane » : le crépuscule l'assombrissait, la pluie lui mettait les larmes aux yeux. « Elle pleurait de solitude morale, d'anxiété chronique [30]. »

« ... Paris est en guerre, le seul pays habitable. Toute la province a le cafard. »

Colette ne voulait pas s'éloigner de Paris. Elle écrit ce qu'elle appelle « beaucoup de petits papiers anodins » que le commissariat général prend pour les journaux étrangers, mais « à l'œil [31] », ce qui veut dire, pour Colette, des articles qui ne sont pas payés à son tarif habituel. Maurice est directeur littéraire de *Marie-Claire* et de *Match*. Ils sont tous deux invités à faire des émissions radiophoniques destinées aux États-Unis. A cause du décalage horaire, ces émissions ont lieu la nuit. Colette faisait, tous les lundis à 2 h 30 du matin, une causerie qu'on traduisait, au micro, au fur et à mesure. Maurice présentait une pièce en anglais à 3 h 20. Leur auto aux phares peints en bleu roulait dans les ténèbres d'un Paris aux fenêtres noires, aux réverbères éteints. Rue de Grenelle, dans la cour de l'immeuble de la poste, des fantômes amicaux se saluaient au hasard sans se reconnaître. Dans les studios aveuglants après la nuit des rues, des acteurs, des écrivains célèbres parlaient au micro. Les heures d'attente se passaient à la cantine où, avec de la bière tiède, on trouvait « une hypothèse de jambon entre deux matelas de pain [32] ». Les émissions en direction des États-Unis étaient un appel. Colette s'adressait à son auditoire américain en lui parlant de son voyage à New York ou de ce qu'elle avait en commun avec les Américains : son goût de la simplicité et du confort ; elle parlait des femmes qui tricotaient pour les soldats ou sautaient un repas pour contribuer à un fonds de secours patriotique. La veille de Noël elle parla de la messe de minuit, du réveillon dans un village. Jusqu'au 2 mai 1940, Colette fit appel au cœur de l'Amérique. Elle ne se plaignait pas des émissions qui duraient jusqu'à l'aube. Elle a toujours aimé « ce jour levant, si pur, et Paris désert, pas encore levé [33] ».

Mais son arthrite se confirme et la descente aux abris lui est pénible. Les alertes se faisant plus fréquentes, Maurice insiste pour qu'elle se réfugie à la cave. Colette pense aux caves voûtées de l'hôtel Beaujolais qui sont spacieuses. Elle y dépêche Pauline qui aménage un coin avec des fauteuils, des couvertures et une table. Mais après y avoir passé trois heures, Colette y renonce. Aux prochaines alertes elle se contentera d'ouvrir les fenêtres pour empêcher les vitres d'éclater. C'est ce qu'elle faisait pendant la guerre de 1914.

« Colette se montra, tout au long de la guerre, un fourrier incomparable [34]. » D'abord le charbon ! Dès le mois de septembre elle en fait remplir sa cave à ras bord. Puis elle organise un système d'expéditions de denrées avec tous ses amis vivant à la campagne. Renée Hamon est chargée du ravitaillement en produits de la Bretagne. Deux jeunes institutrices, que Colette appelle « mes petites fermières », et qui avaient quitté familles et métiers pour vivre aux champs comme les dames de Llangolen, sont chargées d'expédier des colis de la région de Nantes. De la région de Touzac, dans le Lot, du Castelou de Marguerite Moréno, et du Moulin de la Source bleue de Pierre Moréno, arrivent des colis divers et du vin en tonneau. Le vin ne manquait pas grâce à Lucien Brocart, un négociant à Bercy, bibliophile qu'un libraire avait fait connaître à Maurice. Grâce à un échange de livres rares, la cave de Colette reste pleine pendant la disette. Le fournisseur providentiel entre tous était « Tonton », le propriétaire du Liberty's Bar, 5, place Blanche, un ami de Marguerite Moréno.

Ayant organisé la provende avec une prévoyance de fourmi, Colette commence *Le Journal à rebours* et se met à la tapisserie. « C'est un vice que je ne peux contenter qu'en temps de guerre. » C'est la tapisserie qui lui donne le meilleur moyen de s'évader, elle choisit les fils avec l'œil exigeant d'un peintre. Elle peignait, d'ailleurs, elle avait donné quelques peintures à Anna de Noailles, elle peignit un fuchsia pour Winnie, et la princesse de Polignac la remercia par le don d'une de ses propres toiles : un dahlia. Les tableaux de Colette furent détruits pendant la guerre dans l'incendie de l'appartement où elle les avait entreposés, rue Raynouard. La guerre qui semblait assoupie se déchaîne. C'est Dunkerque, c'est le 3 juin, le premier bombardement intense de la région parisienne. Maurice oblige Colette à partir pour Le Parc. En arrivant, ils trouvent dans leur maison « quinze chevaux et un détachement marocain [35] ». Colette veut retourner à Paris mais Maurice parlemente, s'adresse à l'adjoint au maire et les soldats se retirent. Comme il remerciait l'adjoint en le reconduisant, un commandant entre pour installer au rez-de-chaussée une infirmerie militaire pour soldats galeux. Cette fois c'est Colette qui proteste car à moins de 200 mètres il y avait deux grandes villas inoccupées. Colette, Maurice et Pauline s'installent et ne bougent plus du Parc pour éviter toute nouvelle occupation des lieux. Dès le premier soir, Christiane, une de leurs jeunes amies, arrive en taxi, éperdue. Elle vivait avec une aristocrate autrichienne qui faisait partie de l'élite libérale et avait fui le régime de Hitler. Erna Redtenbacher était la traductrice allemande de Colette. Pendant son séjour à Nice, Colette avait fait avec elles des randonnées dans les collines, fait des projets pour un séjour en Bretagne. Christiane était « comme un oiseau effaré », Erna venait d'être internée dans un camp de concentration dans les Basses-Pyrénées. Colette envoie aussitôt une lettre au ministre Georges Mandel. Christiane mobilise tous ses amis, disperse une fortune pour sauver Erna du camp « comme on arrache quelqu'un aux flammes [36] ». Elles partent s'installer à La Trinité-sur-Mer, près de Renée Hamon. Peu après, convaincues que l'avance allemande atteindrait la Bretagne, elles se suicident. Colette fut consternée « que ces deux pures créatures aient choisi de quitter la vie [37] ».

Colette de Jouvenel s'est repliée à Curemonte. A Castel-Novel, les parents juifs d'Arlette de Jouvenel arrivent avec enfants, nurses et gouvernantes. Colette apprend que pendant le bombardement du 3 juin un voisin des Mesnuls qui était sur la route a eu une jambe arrachée ; une femme, qui était sortie de sa voiture, croyant être plus à l'abri sous un pommier, a été décapitée. « Si la sagesse est de goûter le moment présent, je suis sage. Le canon de la DCA et les oiseaux nous éveillent le matin [38] », écrit Colette à Moune, avec une amère ironie. Maurice partait chaque matin et rentrait le soir. Le 11 juin, il trouve à Paris un aspect insolite. « On chargeait des voitures, on arrimait des bagages, des fumées s'élevaient çà et là provenant d'archives que les ministères brûlaient. » A *Paris-Soir*, une partie des services étaient déjà en route pour Clermont-Ferrand. Il n'y avait pas de temps à perdre. Maurice passe à sa banque et retourne à Méré. Il fallait partir immédiatement. Colette refuse. Désespérant de la convaincre, Maurice a recours à une ruse : « Très bien, dit-il, puisque Méré doit demeurer une villégiature, pourquoi ne pas faire une petite promenade ? » L'exode avait commencé. Les autos, les anciens chars à bancs, les chars à bœufs, les bicyclettes se suivaient. En les voyant, Colette se rend. Quand partaient-ils ? Avant l'aube, dit Maurice. Les valises faites, les bidons d'essence remplis, ils partent, Pauline sur la banquette arrière au milieu des colis soupire : « Ah ! On n'aurait jamais dû *les* laisser entrer [39] ! »

Le soir même ils sont à Curemonte. Le domaine comprenait deux châteaux en ruine dont les pierres se détachaient par temps d'orage, mais il y avait des parties restaurées le long du mur d'enceinte. Pendant trois semaines Colette ronge son frein dans « un tombeau verdoyant » où ne parvenait aucune nouvelle. Elle ne pouvait plus supporter cet « isolement complet jusqu'à la nausée [40] ». Devant l'accablement de Colette, Maurice suggère de s'installer à Lyon où la rédaction de leurs journaux s'était repliée. A Lyon ils se logent dans un hôtel avec une belle vue sur le Rhône. Colette y continue son *Journal à rebours* et donne quelques articles au journal *Candide*. Mais c'est Paris qu'elle veut.

L'essence est rare. Le maire de Lyon, Édouard Herriot, un vieil ami de Colette, facilite les choses. Ils essaient de passer en zone occupée le 11 juillet. A Châlons les autorités allemandes dévisagent les trois voyageurs, ne disent rien à Maurice mais déclarent que Colette est juive, et Pauline aussi. « Une insane révolte » saisait Maurice. Il dit en allemand : « ... Moi seul ici suis de naissance juive [41]. » Ils sont immédiatement refoulés. « Hélas, j'ai épousé un honnête homme », écrit Colette à Édouard Bourdet, et toujours prévoyante lui dit être partie de Paris sans se munir d'assez d'argent. Bourdet offre aussitôt de lui avancer ce qu'il lui fallait. Maurice trouve qu'elle dépasse les bornes et lui demande de rassurer Bourdet. Puis elle dîne chez le consul de Suède « ... à toutes fins utiles [42] ». C'est le consul de Suède qui procure le laissez-passer ouvrant à Colette le chemin de Paris occupé.

Parallèlement Colette avait tenté une autre voie. Mary Marquet, une actrice de la Comédie-Française qui connaissait Otto Abetz, l'ambassadeur allemand, était à Lyon, Colette lui confia une lettre pour Abetz, qu'elle avait rencontré avant la guerre. Les relations et les amis étaient plus nécessaires que jamais. Avant la guerre, l'ambassadeur avait été en bons rapports avec Bertrand de Jouvenel, il le demeura sachant que Claire Boas était juive. Beaucoup étaient persuadés que les Allemands ne traiteraient pas les Français d'origine juive comme les autres Juifs, en particulier Otto Abetz marié avec une Française. Il avait vécu plusieurs années en France et s'était fait des amis dans les milieux intellectuels et mondains où l'on pensait qu'un rapprochement franco-allemand garantissait la paix.

Dès son retour Colette écrit pour *Le Petit Parisien*, commence *Julie de Carneilhan*, et *Chambre d'hôtel* paraît chez Fayard parce que Ferenczi, étant juif, ne pouvait plus rien publier. Sa maison d'édition avait été confiée à Jean de la Hire par les autorités allemandes; outre la presse de Ferenczi, on lui confie *Le Matin*. On avait ôté à Julien Cain la direction de la Bibliothèque Nationale. « Les Cain grelottent dans un appartement d'emprunt. » Colette incite Moune à leur écrire, et lui annonce que Léo Marchand est nommé chef de la propagande pour la presse et le cinéma à Alger, mais sa femme, Misz, étant d'origine juive, vit dans l'angoisse. Les Juifs n'ayant plus le droit de travailler pour la presse, la radio, le cinéma ou le théâtre, Maurice ne peut plus rien faire. Colette de Jouvenel choisit ce moment pour envisager de fonder une revue, ce que Colette juge inopportun : « Heureusement qu'elle n'a pas d'argent [43]. » Les déplacements devenaient un problème majeur, mais Colette a des amis, tel José-Maria Sert, ambassadeur du généralissime Franco auprès du Vatican, que son titre n'empêche pas de résider à Paris. Lui et sa femme Misia mettaient leur voiture à sa disposition.

Le 1er janvier 1941 la neige tombe pendant six heures, il n'y a personne pour nettoyer les rues. Colette, cloîtrée par une bronchite et par un froid « d'une fixité et d'une cruauté affreuse », a reçu de son « petit corsaire alimentaire » un coffre à trésors : pommes de terre, châtaignes, pommes, oignons « et surtout l'AIL ». Colette a téléphoné au rayon épicerie d'Old England, « une voix d'outre-tombe » lui a répondu : « Oh! Madame, nous n'existons plus. » Hédiard est vide, la direction est partie. Elle cherche avec diligence ce qui est « consommable [44] ». Ce qu'on appelle alors « le contingentement des denrées » est fait par des cartes de ravitaillement et donne aux consommateurs de quoi vivre dix jours par mois. Ils doivent chercher « les deux tiers d'une alimentation estimée de 850 à 1 200 calories quotidiennes, soit moins de la moitié des 2 500 calories que le professeur Vallery-Radot estime nécessaires à la subsistance des citadins ». Les points de textile permettent d'acheter des « lainages » tissés avec de la caséine ou des produits inidentifiables aux noms déroutants : « azic, kashil, tataz, flamangore, operamil, filigrin [45]... ». Les bas, cent fois ravaudés, finissent par manquer, les femmes se teignent les jambes à la teinture d'iode.

Les semelles de bois remplacent le cuir des souliers. Pendant cet hiver de privations et l'un des plus froids du siècle, les femmes se mettent à porter les pantalons de leurs maris mobilisés. Au nom de la morale, le préfet de police interdit aux femmes le port du vêtement masculin, sous peine de sanctions sévères.

On commence à manger les pigeons de Paris et Colette remarque qu'elle n'a pas vu « le beau matou qui venait déjeuner et dormir ici. Il a dû être mangé [46]... ». Le comte de Bestegui, châtelain près de Montfort-l'Amaury, met sa voiture à gazogène à sa disposition pour aller à Méré. Le professeur Henri Mondor lui fait livrer soixante bouteilles de vin. Colette et Maurice ne manquent pas d'invitation à dîner dans les restaurants où la gastronomie reposait sur de mystérieux marchés noirs. « Les ressources alimentaires clandestines de Paris sont bien curieuses. » Des homards à la nage et des biftecks leur sont servis au Café de Paris, alors que le menu officiel n'offrait que salades, tomates et cerises cuites, à un déjeuner qui réunissait Léon Barthou, Georges Duhamel et Henri Mondor. Les bonnes adresses se communiquent sous le sceau du secret. Quand Pauline a son jour de congé, Colette et Maurice vont au Mirliton. Elle y mangeait du jambon de Bayonne et du mouton, Maurice un rumsteak garni. « Et nous y avons acheté (chut!) un rôti pour aujourd'hui. Des prix indécents mais il faut manger. » Quand elle déjeune avec le préfet de la Seine, elle en profite pour lui demander une allocation d' « un demi-litre de lait par jour » attribuée aux personnes âgées nécessiteuses.

Les Parisiens maigrissent. Une de ses amies « a maigri de vingt kilos comme tout le monde sauf moi [47] », constate Colette. Invitée par le directeur du musée du Louvre à dîner sur la terrasse avec vue sur le Carrousel, Colette se régale d'un délicieux repas et d'une superbe sauce à l'ail. Marcel Boulestin, rentré de Londres où il avait ouvert un restaurant, célèbre, a des relations utiles. Mais les repas les plus somptueux ont lieu chez José-Maria et Misia Sert qui reçoivent leurs provisions d'Espagne, et connaissent les adresses des meilleurs restaurants du marché noir. Comme au temps de l'affaire Dreyfus, Colette a les pieds dans les deux camps.

Adrienne Monnier, dont la librairie avait été un centre de ralliement pour les auteurs d'avant-garde, était l'amie de Marthe Lamy et Paulette Gauthier-Villars qui l'invitèrent à déjeuner avec Colette dans un petit restaurant de la rue de Babylone. La libraire fut saisie par son regard féroce et perçant qui semblait évaluer un ennemi. Ses yeux étaient bleus, gris, changeants avec des paillettes d'or, aucune photo n'a jamais reproduit l'intensité de ce regard. Quand on lui faisait une remarque sur ses yeux intimidants, Colette répliquait qu'elle savait quoi mettre dans son regard, c'était là tout le secret. A peine assise, la restauratrice pour lui faire plaisir lui pose un chat sur les genoux; elle n'avait pas lu ses livres mais la connaissait grâce aux émissions radiophoniques. Elle lui sert un hachis avec de l'ail, une omelette, un châteaubriand et des pommes de terre sautées au beurre. Un somptueux repas de marché noir. La conversation roule sur les maisons hantées. Colette affirme qu'elle en avait possédé une qui avait jadis été un couvent, et qu'elle avait dû vendre parce que des fantômes hostiles faisaient des processions dans les couloirs, elle parla de voyantes, de cartomanciennes. Adrienne lui dit qu'elle lisait les lignes de la main, Colette lui tendit aussitôt la sienne. Adrienne y voit une tendance au mysticisme, une sensualité exceptionnelle, un pouce qui révèle une violence étonnante, digne d'un pirate. Colette avoue qu'en effet elle est violente au point de vouloir tuer.

Colette ne néglige aucune source de revenu. Elle donne des articles à *L'Officiel de la couture et de la mode*, écrit pour *Images de France*, pour *Le XXᵉ Siècle*, un journal qui ne parut pas. En février elle apprend par un coup de téléphone que tout *Le Petit Parisien* a démissionné en bloc. « Je vais être chômeur aussi », écrit-elle inquiète à Moune, il lui reste à finir son roman, elle ne sait pas encore « où il va [48] ». Quant au *Journal à rebours* qui vient de sortir, tout ce qu'elle en attend c'est un peu d'argent, à part cela : « Je me f... pas mal de mon *Journal à rebours*. » Elle travaille à ce qu'elle appelle « une besogne étrange [49] ». Des sketches pour la revue du théâtre Michel, l'un sur la Pompadour, l'autre sur Claudine. Colette doit toucher un pourcentage ; la revue n'a aucun succès. Elle veut vendre Le Parc, elle doit encore 40 000 francs dessus, elle doit également 35 000 francs d'impôts en retard depuis 1939. Elle s'inquiète pour Maurice qui n'a plus rien, et veut mettre ses affaires en ordre, elle a besoin de se confier à Moune : « Ces obligations, jointes à un sentiment un peu superstitieux que tu connais, expliquent que je me sente portée à déposer mon fardeau sur la route. » L'arrestation de Julien Cain a été un choc pour Colette. Quand Moune lui demande de signer une pétition pour le faire libérer, elle refuse à cause de sa situation conjugale, une pétition en faveur d'un Juif aurait pour résultat « l'épluchage minutieux des signatures [50] ». Elle fera ce qu'elle croit sans danger pour Maurice, elle enverra à Julien Cain des colis alimentaires dont il a un urgent besoin.

Du 13 juin au 22 août 1941, *Julie de Carneilhan* paraît en feuilleton dans *Gringoire*. Le premier épisode sort dans le numéro où un article applaudissait la décision d'enlever aux Juifs naturalisés leur citoyenneté française. Fayard, en publiant *Julie de Carneilhan* en octobre, annonçait en dos de couverture *Mein Kampf*. Après *Les Cahiers de Colette, Le Pur et l'Impur*, paraît *Aux armes de France* que dirige le collaborateur Louis Thomas. *Julie de Carneilhan*, « ce roman mal léché, mal coupé [51]... », faisait du bruit dans le cercle de ses amis. Claire Boas et Isabelle de Comminges le voyaient comme une vengeance, la veuve d'Henri de Jouvenel pouvait se reconnaître dans la millionnaire épousée pour son argent et devenue la dupe de son mari. Anatole de Monzie est bouleversé. Il était non seulement un ami de Colette, mais il l'admirait à l'égal de Jean-Jacques Rousseau et de Chateaubriand. Il lui écrit en la conjurant de lui affirmer que le baron d'Espivant n'est pas Henri de Jouvenel, qu'elle n'a jamais eu l'intention de porter atteinte à la réputation du père de sa fille. Dans le roman, le baron d'Espivant demande à sa première femme de l'aider à extorquer une grosse somme à sa seconde femme par une ruse plus que douteuse. Colette s'en tire par une pirouette. Elle répond à Anatole de Monzie qu'elle n'aurait pas pris la peine de répondre à une telle lettre s'il n'avait été un si vieil ami, mais que, elle et lui étant les seuls à avoir vraiment connu Jouvenel, s'il ne reconnaissait pas Jouvenel en Espivant, Espivant n'était pas Jouvenel.

Le mois de janvier 1941 lui apporte son annuelle bronchite, elle est aphone. Toujours prête à essayer le dernier traitement, elle se fait faire les piqûres de sérum d'oiseau du professeur Jaworski qui traitait la perte de la voix. « ... Je suis miraculeusement mieux, grâce aux piqûres de sérum d'oiseau [52]... », annonce-t-elle à Renée Hamon à qui elle conseille de les essayer. Elle projette de donner des conférences pour faire connaître ce traitement dont la singulière poésie lui plaît. N'a-t-elle pas toujours aimé les oiseaux ? Pour tenir l'arthrite en échec Colette décide de faire de la bicyclette et parcourt les allées du bois de Boulogne avec Maurice. « Je vois très bien après sa mort une notice biographique : vers soixante-dix ans elle se consacra au cyclisme, ses performances resteront célèbres, notamment un Paris-Les Mesnuls accompli en moins de quarante-huit heures, etc. » Les soucis financiers s'allègent momentanément grâce à la vente du Parc. Colette n'a plus qu'un logis : le Palais-Royal. Elle raconte ses déménagements successifs dans *Décor sans personnages* qui paraîtra en feuilleton dans *Le Petit Parisien* en mars 1942, et sera publié après la Libération sous son titre définitif : *Trois... Six... Neuf...* Les déménagements devenaient des jours de fête. Quand elle ne pouvait pas changer de logis, elle changeait tous les meubles de place.

Une partie du public lui est hostile. Avec une inconscience que Willy appelait « sa naïveté », elle donne des conseils à ses lectrices : qu'elles portent de l'or pour se tenir chaud, qu'elles restent au lit, elle leur apprend la recette de la flognarde. « Nous en avons assez de votre littérature de décadence, lui écrit une dame. Nous ne voulons plus de ces *Claudine*, de ces *Ingénue libertine*... Plus de ces *Perversités* de Francis Carco, plus de ces histoires pédérastiques d'André Gide, plus de ces *Filles de volupté* de Jean Dorsenne, plus de ces *Dieu des corps* de Jules Romains ! Plus de ces dessins érotiques de Pascin ou de Dignimont ! Tout ça c'est de l'art juif ! Grâce au ciel, la révolution nationale change tout cela ! Je vous présente mes respects, Madame. Vive Pétain ! – Georgette Meyer [53] ».

« MONSIEUR, CE SONT LES ALLEMANDS QUI VIENNENT ARRÊTER MONSIEUR »

Le 12 décembre 1941, à 6 h 30 du matin, Pauline entre dans la chambre de Maurice : « Monsieur, ce sont les Allemands qui viennent arrêter Monsieur. » Colette dormait. Le cœur de Maurice se serre, comment allait-elle recevoir un choc auquel elle n'était pas préparée ? Un sous-officier allemand est entré sur les pas de Pauline, et lui intime l'ordre de faire sa valise sur-le-champ. Maurice dit à Pauline d'aller prévenir Colette, puis il se rend auprès d'elle. Il la trouve debout, maîtresse d'elle-même, elle aide Maurice à finir sa valise. Colette l'accompagne jusqu'à l'escalier. « Nous nous regardâmes. Nous étions l'un et l'autre souriants, nous échangeâmes un baiser rapide. – Ne t'inquiète pas, dis-je. Tout ira bien. – Va, me dit-elle avec une tape amicale sur l'épaule. » C'est ainsi que Maurice raconte leur séparation où l'un et l'autre pressentaient la probabilité du camp de concentration et de la mort.

Maurice voit dans ce stoïcisme « les traits essentiels du caractère de Colette, sans la connaissance desquels son œuvre... n'est pas entièrement lisible ». Il insiste sur la discipline, la sévérité envers soi-même, la volonté qu'exige un travail continu, « Colette s'élevait sans effort à la plus grande fermeté d'âme [54]. » Cette force d'âme apparaît dans la lettre qu'elle envoie à Hélène Picard : « Mon Hélène, sache d'abord qu'on est venu arrêter Maurice vendredi à 6 h et demie en pleine nuit. Je ne t'infligerai pas les détails. Il est parti très calme vers je ne sais où, chargé du crime d'être juif, d'avoir fait l'ancienne guerre comme volontaire, et d'être médaillé. J'attends. On me dit qu'il est peut-être à Compiègne dans des baraquements. Des amis cherchent à agir pour moi. » Elle enchaîne sans transition sur les perruches bleues d'Hélène. Elle a trouvé un marchand d'oiseaux où elles seront en pension, et bien nourries. Quelques jours plus tard elle demande à Hélène de ne pas venir la voir : « ... J'ai pour toi... une trop particulière tendresse pour que ta vue ne fasse pas, fût-ce un moment, défaillir ma volonté que je tends », et vite de passer aux perruches bleues. Elle ajoute cependant quelques mots sur Maurice : un libéré âgé a pu lui dire au téléphone que « Maurice était en bon état moral et physique. Paille par terre pour coucher. Trente-six par baraquements. Tous courageux [55] ».

Mille Juifs avaient été arrêtés en même temps que Maurice. Rassemblés au manège de l'École militaire, ils appartenaient presque tous au même milieu. Maurice échangea quelques mots avec René

Blum, avec le dramaturge Jean-Jacques Bernard, avec Arnyvelde. Les Allemands avaient eu l'intention de les expédier directement vers un camp en Allemagne, mais c'était le 12 décembre, il fallait assurer le transport des permissionnaires pour Noël. Il n'y avait pas assez de trains, les Allemands donnèrent la préséance aux soldats, les Juifs furent internés à Compiègne. Maurice comprit que ceux qui se laisseraient atteindre par la dépression seraient vite en danger de mourir. « Ne pouvant désormais rien pour Colette, sinon de survivre, ma raison, ma volonté s'appliquèrent à ce seul objet[56]. » Quant à Colette, son impuissance est son supplice. Un mois après l'arrestation, elle écrit à Lucie Delarue-Mardrus : « ... Il est à une centaine de kilomètres... Le matin, un jus. A dix heures, la soupe. Après quoi il n'y a plus rien que 250 grammes de pain et une tasse de tilleul. Impossible de correspondre, d'atteindre, d'échanger. Je frappe à des portes... Si je pouvais seulement faire passer un mot et à manger. Je t'ai tout dit, le reste de moi est attente... Merci d'être inquiète et de te soucier de mon parfait compagnon[57]. » 9, rue de Beaujolais, l'entrée était encombrée par des bicyclettes, Moune, le Dr Marthe Lamy, Antonia Lichwitz, Geneviève Leibovici se relayaient auprès de Colette. Simone Berriau arrivait en voiture. Natalie Barney, venue en hâte, raconte qu'en se voyant par hasard dans un miroir, Colette ne reconnut pas son propre visage, un instant elle avait cru voir une étrangère au visage ravagé. Elle passait les nuits assise au bureau de Maurice, dans l'appartement silencieux, tandis que les heures les plus longues de sa vie s'écoulaient. Pendant trois semaines Maurice fut sans nouvelles de Colette, puis, clandestinement, des contacts s'établissent. « Ah ! les premiers mots... griffonnés par elle ! »

Le 31 janvier 1942, Marie Dormoy vient lui acheter un manuscrit pour la bibliothèque Doucet. Colette lui confie que, grâce à des influences qu'elle ne nomme pas, Maurice serait libéré dans quelques jours. Cet espoir est déçu. Pour libérer Maurice elle voit des collaborateurs, elle voit des Allemands. Un écrivain avait obtenu sa liberté en promettant sa collaboration. Il vient dire à Colette qu'il avait obtenu des Allemands un emploi au camp de Compiègne qui éviterait à Maurice le transport en Allemagne et la mort à brève échéance. Il lui suffirait de donner quelques petits renseignements sur ses camarades. « Un poste de confiance. » Colette, calmement, refuse. Le collaborateur crut qu'elle n'avait pas saisi l'alternative : « C'est la mort, vous m'entendez, la mort... – Eh bien, je choisis la mort. » Le visiteur se rebiffe. « Pas sans consulter votre mari, je pense ? » Alors Colette prononce des mots que seul un amour enraciné dans une entente totale l'autorisait à prononcer : « *Nous* choisissons la mort[58]. » Au début de février 1942 Colette confiait à sa voisine Denise Tual qu'on s'occupait de Maurice.

Le 6 février Maurice est libéré. Il regagne Paris comme il peut, surtout à pied. Craignant de donner un choc à Colette, il sonne à la porte de la cuisine. Pauline ouvre et pousse un cri. Colette était chez son coiffeur. Pauline lui téléphone et passe l'appareil à Maurice. Colette est tellement émue qu'elle demande à une amie de lui donner le bras jusqu'à la porte. Maurice ne pesait plus que 53 kilos. « ... Je n'avais pas encore vu sur un homme des couleurs extrahumaines, le blanc-vert des joues et du front, l'orangé du bord des paupières, le gris des lèvres [59]... » « ... Il est revenu, c'est un miracle... Depuis avant-hier matin je ne suis plus seule. Un chemineau a cheminé pendant quarante-huit heures pour me rejoindre, et il m'a rejointe [60] » écrit-elle à Lucie Delarue-Mardrus, et à Marguerite Moréno : « Si je ne t'ai pas écrit, c'est que je portais depuis huit semaines quelque chose de trop lourd... Maurice, "absent" depuis le 12 décembre, vient de m'être rendu [61]. » Cinq jours après la libération de Maurice, Suzanne Abetz remerciait Colette pour un envoi de fleurs et ajoutait : « ... Je suis contente de votre bonheur ». En mai elle invitait Colette à prendre le thé à l'ambassade d'Allemagne avec Maurice, avec un avertissement discret. Elle espérait que Maurice « toujours prêt pour prendre l'avion » serait encore à Paris. Elle appelait Colette « ma chère protégée [62] ». Nul ne sait quelle intervention fut efficace. Celle de Drieu la Rochelle ? Celle de Robert Brasillach ? Celle de Sacha Guitry qui était en relation avec Otto Abetz et avec Fernand de Brinon ?

Le retour de Maurice ne marquait pas pour Colette la fin du cauchemar « ineffaçable ». Le danger d'une nouvelle arrestation ne s'était nullement dissipée. Un coup de sonnette infligeait toujours à Colette « le choc nerveux, le tressaillement de la bouche et du coin de l'œil, de l'épaule haussée vers l'oreille [63] ». Maurice la voyait aux aguets au moindre bruit de pas dans l'escalier. Endormie elle tressaillait à des coups de sonnette rêvés. Pour lui épargner ce tourment, il partit en été en zone libre chez le Dr Julio Van der Henst, son témoin à son mariage, dont la propriété était juste derrière La Treille muscate. Pendant quelques mois Colette et lui communiquèrent par les cartes interzones qui ne permettaient d'écrire que quelques phrases prudentes.

En juillet 20 000 Juifs d'origine étrangère vivant en France sont arrêtés et déportés. Le 27 juillet Misz Marchand se suicidait. L'absence de Maurice, le désespoir de Léo Marchand, la perte de Misz dans des conditions tragiques accablent Colette, elle traverse « une inqualifiable période [64] ». Elle doit lutter contre l'arthrite qui progresse, elle est abrutie de radios, de piqûres de soufre-et-iode qui pendant trente secondes la brûlent de haut en bas : « Car on te f... le feu jusqu'en bas des poumons, dans les narines et dans le kkh ! » explique-t-elle à Moune. Quand Misia Sert ne peut pas lui prêter sa voiture, Colette a recours au vélo-taxi, une boîte montée sur roues et traînée par un cycliste. Elle se commande une voiture « en forme de fauteuil à mutilé. Moteur électrique ! Vitesse : 12 à l'heure [65] ! ». Ayant besoin d'argent elle écrit des articles publicitaires, une préface pour le catalogue de l'exposition *Fleurs et Fruits depuis le Romantisme* pour la galerie Charpentier, et travaille à un recueil de nouvelles. Elle commence *Gigi*, qui paraîtra du 28 octobre au 24 novembre dans l'hebdomadaire *Présent*, dont le siège est à Lyon. Elle prépare un volume de nouvelles dont la première, *Le Képi*, donne le titre à l'ouvrage. Le thème qu'on retrouve dans les quatre nouvelles du recueil est celui du mensonge, du faux-semblant. Dans *Le Képi*, l'amour naît d'une mystification perpétrée par Paul Masson et meurt quand l'illusion se dissipe. Dans *Le Tendron*, un homme vieillissant est pris dans les rets d'une adolescente qui se joue de lui. Dans *La Cire verte*, Gabri, Sido et le Capitaine font partie des personnages. Une de leurs connaissances, une veuve, produit un testament scellé d'un cachet de cire verte. Cette cire est le véhicule de fallacies successives. La veuve l'a volée à Gabri, sous prétexte d'emprunter un livre, Sido l'a subtilisée au Capitaine et l'a donnée à Gabri sans le consentement de son mari qui tient à cette cire parce que sa mère la lui a donnée en prétendant qu'elle avait servi à Napoléon Ier, mais, selon Sido, sa belle-mère mentait chaque fois qu'elle ouvrait la bouche. La cire devient enfin le sceau d'un testament frauduleux. Dans la dernière nouvelle, *Armande*, un jeune médecin et une jeune héritière sont épris l'un de l'autre, mais l'illusion que leurs différents niveaux sociaux les empêchent de se marier les rend malheureux, jusqu'à ce que la chute d'un lustre de cristal sur la tête du jeune médecin les éclaire brusquement et les ramène du mensonge des préjugés à la vérité de l'amour.

Pour publier ce livre Colette doit se conformer aux nouvelles règles, c'est-à-dire soumettre le manuscrit « au Comité, Syndicat, fourbi, machin, qui décide, vu la pénurie de papier, de l'opportunité d'éditer ou de ne pas éditer. Au bout d'une quinzaine, une des membresses de ce truc m'a téléphoné pour me dire que sa bienveillance m'était acquise et qu'elle espérait me donner bientôt une bonne nouvelle. Elle a vingt-quatre ans. C'est la prochaine Europe. Faut rien dire. Faut attendre », écrit-elle outrée à Renée Hamon. Le calme apaisant de Maurice lui manque. Son absence n'en finit pas, elle compte les jours. « Ça fait cinq mois et cinq jours que Maurice n'est pas là [66]. »

Le 11 novembre 1942 les Alliés débarquent en Afrique du Nord et les Allemands occupent la zone libre. Maurice quitte aussitôt Saint-Tropez et se réfugie dans le Tarn. Puisque toute la France était occupée et que des amis venant de Paris lui avaient dit que Colette souffrait visiblement de leur séparation, il regagne Paris en se faisant aussi peu visible que possible. « Parfois c'est l'inquiétude qui est le mal intolérable, parfois c'est l'absence, écrit-il à Renée Hamon, alors il faut osciller entre les deux. Pour le moment je suis bien content d'être auprès de tout ce que j'aime[67]. » Il n'était pas question pour Maurice de s'installer dans l'appartement. Les Allemands faisaient les arrestations la nuit. « Celui que j'appelle mon meilleur ami quitta, tous les soirs notre toit pour aller dormir, ici, là, ailleurs, son paisible sommeil de condamné », écrira Colette, il « couchait çà et là, comme une hirondelle de cheminées ». Le secours s'offrait de divers côtés du Palais-Royal. La libraire avait arrangé des oreillers et des couvertures derrière des piles de livres et ne fermait pas à clé la porte de son magasin. La boutique de broderies avait une porte de service, dont la propriétaire donne la clé à Maurice. La locataire des mansardes au-dessus de l'appartement de Colette propose une cachette à toute épreuve : « S'ils viennent pour vous reprendre, courez à ma chambre... fourrez-vous avec moi dans mon lit[68] ! »

Le 28 janvier 1943 Colette a soixante-dix ans. Elle se sent « terriblement vieille ». A Paris, des affiches annonçant l'exécution des Français accusés de sabotage se multiplient. Pour chaque Allemand tué par les résistants, des otages sont exécutés. Le V, symbole de la victoire, et la croix de Lorraine fleurissent mystérieusement sur les murs des couloirs du métro. Renée Hamon lui envoie des daphnés de Bretagne sachant combien les fleurs lui apportent de réconfort. De Toulouse une amie lui envoie des tailles d'amandier qui arrivent en bouton et s'épanouissent le lendemain. « Il me faut bien ces fleurs introuvables à Paris pour que je supporte sans chavirer le temps, l'attente et mon travail[69]. » Colette apprend que le Petit Corsaire est en train de mourir d'un cancer à l'utérus. Ses lettres désormais ne sont qu'encouragement, tendresse et optimisme, et comme Renée est devenue croyante, Colette va mettre pour elle des cierges à Notre-Dame-des-Victoires, et la confie à son médecin, Marthe Lamy.

L'arthrite lui rend la marche de plus en plus douloureuse. Elle essaie l'acupuncture chez un spécialiste qui a guéri la sciatique de Jean Cocteau. Après quatre séances, il lui semble qu'il y a quelque chose de changé, « ça suffit pour que je me remette à espérer[70] ». Elle écrit des textes courts qui lui donnent du mal et elle s'en plaint à ses amies : *Nudité* pour les Éditions de la Mappemonde à Bruxelles, *Flore et Pomone* pour la galerie Charpentier, *De la patte à l'aile* pour l'éditeur Corrêa.

Elle se tourne de plus en plus vers son passé. « Je possède en propre à peu près tout ce que j'ai perdu – et même mes morts très chers. » Colette affirme qu'elle partage cette faculté de visionnaire avec certains animaux et se souvient du jour où elle conduisait un petit cheval sur une route de Picardie. Une herse était abandonnée au bord d'un champ, le petit cheval vit la herse et s'arrêta pris d'une telle épouvante que Colette dut le ramener à l'écurie en faisant un détour.

Colette oublia l'incident. Un autre jour d'été, sur la même route, le petit cheval s'arrêta net au même endroit, la herse n'y était plus. « ... Il voyait si bien le fantôme de la herse qu'en un moment il se mouilla de sueur... j'ai été souvent ce petit cheval visionnaire. La vie a bien du mal à me déposséder. » Elle repasse en pensée les rues, les jardins qu'elle a aimés, elle appelle cela des « spectacles-souvenirs [71] ». Cette puissance d'évocation se mêle de nostalgie dans *La Dame du photographe*, un conte qui sera publié à la suite de *Gigi* en 1944. Colette va chez une renfileuse de colliers qui s'appelle Mlle Desvoidy. (C'est le nom du savant cousin du premier mari de Sido.) Chez sa « payse » elle évoque Saint-Sauveur. C'est le seul texte où Colette parle de « la féminine grandeur, humble et quotidienne [72] » de la femme d'intérieur. La peur de perdre Maurice donnait tout son prix à une vie paisible, bien réglée, sans surprises.

« Colette demanda à Mauriac de l'aider à obtenir ma conversion » – Goudeket

Maurice a beau remplacer « la sécurité par la sérénité [73] », elle cherche un moyen plus efficace de le protéger. S'il se convertissait et devenait catholique, il ne serait plus exposé au traitement réservé aux Juifs, oubliant que la persécution n'était pas fondée sur la religion comme au Moyen Age, mais sur la race. C'était une erreur répandue. Claire Boas s'était convertie. Colette fait appel à François Mauriac, toujours disposé à tenter la conversion de ses pairs. Il admirait Colette, la trouvant morale par son immoralité, et s'exclamait affectueusement : « Où ne s'est-elle pas fourrée, cette grosse abeille ? » En 1943 il y eut entre eux « une sorte de flirt spirituel ». Elle l'accueillait, adossée à ses coussins, sur son divan, lui se posait près d'elle, mince et élégant, et parlait de sa voix brisée, dont il avait fait un charme de plus, car c'était un charmeur. Il semblait avoir formé le dessein secret de convertir Colette qui se montrait attentive, et recevait de sa main des ouvrages religieux, les épîtres de saint Paul, la Bible. Elle lui demanda de lui procurer un missel relié de cuir noir comme celui qu'avait possédé Sido. Le lendemain on le dépose chez la concierge. Colette pense qu'il venait de Mauriac mais une lettre la détrompe. Il venait de la princesse Orbeliani, une amie de Colette qui était profondément croyante. Elle était très gravement malade, et, avant de partir en ambulance, elle téléphone à Colette qui lui demande pourquoi elle lui avait envoyé ce missel. La princesse lui dit que quatre jours plus tôt elle avait vu Colette en rêve qui lui demandait le missel en question. Un mois plus tard la princesse mourait. Colette est impressionnée par le don de visionnaire de sa mystique amie. Elle demande à Mauriac de faciliter la conversion de Goudeket. Il arrange un rendez-vous avec un jésuite, le père Fessard. Puisque la démarche que Colette le pressait de faire apportait un soulagement à son inquiétude, Maurice y consent. Il était tenté de se « rallier » à l'ordre chrétien « non pour renier le judaïsme... » mais parce qu'il estimait, avec Bergson, que le christianisme en est « l'édition moderne ». Il part pour la Maison des Jésuites, 17, rue Monsieur, se trompe et se rend rue Monsieur-le-Prince. Le numéro 17 l'étonne, c'est un hôtel meublé. Il entre, traverse un couloir et se trouve « face à face avec une abondante personne du sexe féminin » à la gorge provocante. Étonné, Maurice demande machinalement : « Est-ce que le père Fessard demeure bien ici ? – Le père Fessard, non, mais nous avons une petite mère fessarde qui fera sûrement votre affaire. » Maurice prend la fuite en se demandant comment Mauriac prendrait le récit de l'aventure. Mauriac éclata de rire : « Vous êtes dans la bonne voie ! » Mauriac lui obtient un second rendez-vous, Maurice explique au père Fessard que Dieu était pour lui la plus haute idée qu'il pouvait se faire de l'homme « ... à la manière d'un horizon qui toujours reculerait, que la quête de la perfection demeurait pour lui l'essentiel et demanda s'il était vraiment important d'approfondir... si Dieu créa l'homme ou l'homme Dieu [74] ». Le père Fessard accueillit ces propos avec froideur, constata que les conversions d'adulte étaient difficiles et recommanda à Maurice de prier Dieu de le faire bénéficier de sa grâce. Plus tard, après la mort de Colette, Maurice se convertit au catholicisme.

« Mille jours et plus de cinq cents encore »

En juin 1943 la reprise de *Duo* fait diversion, puis le réalisateur Robert Bresson vient chercher Colette en voiture pour assister à la projection de son film *Les Anges du péché* auquel avait collaboré Jean Giraudoux. Simone de Beauvoir la remarque au concert Pasdeloup avec Jean Cocteau. Elle se rend au ministère de l'Agriculture parce qu'elle veut que le prix Sully-Olivier-de-Serres aille à Joseph Cressot, un paysan de 61 ans qui avait écrit « un livre admirable », *Le Pain au lièvre*. Colette fait partie du jury, « j'étais malade à l'idée qu'il pouvait ne pas être récompensé. Il l'est ! » écrit-elle, victorieuse, à Marguerite. Elle voulait aller à la Comédie-Française pour la générale du *Soulier de Satin* de Paul Claudel. Une heure avant de partir, elle a flanché. « Si j'étais guérie, je sortirais plus souvent [75]. » Sacha Guitry lui demande quelques pages sur Balzac pour le livre qu'il prépare, *De Jeanne d'Arc à Philippe Pétain*.

L'arthrite lui laissait quelque répit mais elle se trouve violemment incommodée par un protozoaire tropical très rare sous nos climats mais pathogène en Amérique du Sud. « Il porte un nom de vaudeville : el Señor Trichomonas[76]. » On la traite au laudanum. Colette minimise avec humour une épreuve qui va durer dix semaines, elle se résigne à jouer à la belote avec Maurice et à faire de la tapisserie, à écrire longuement à Marguerite. Elle lui annonce la mort de leur ami Marcel Boulestin, qui faisait « gîte et table communs avec un ami ». Sa cuisinière l'avait trouvé mort dans son lit. Colette apprend de son serviteur chinois qu'il était opiomane. « Il a dû finir comme il a vécu, sans souffrance morale ni physique. » Jean de Polignac meurt laissant une femme et une chatte dont Colette ne sait « laquelle va survivre tant elles l'aiment ». Puis, Renée Hamon meurt après deux ans de souffrance, à 44 ans. Seule la tendresse de Marguerite lui est d'un grand réconfort. « Merci de m'avoir écrit pendant ces heures où je remâche des souvenirs sur des êtres morts trop tôt. » Une autre mauvaise nouvelle lui parvient de Londres, la princesse de Polignac y est morte d'une crise cardiaque.

Maurice la soutient de sa bonne humeur et de sa fermeté. « ... Quand j'éclate en aboiements, miaulements, et injures d'impatience, il me dit : Demain je te promets tu auras un joli petit communiqué. » Pour Moréno qui lui envoie des châtaignes pour lui rappeler son enfance, Colette retrouve son esprit ludique, le Dr Marthe Lamy veut essayer sur elle un nouveau remède aux ultraviolets. « Tous les parasites intestinaux meurent du violet, figure-toi. » On lui avait dit autrefois que « les mouches, dans les églises pourvues de vitraux, ne volent pas dans les rayons violets et bleus[77] ».

Étendue sur son radeau-divan, Colette commence à écrire une nouvelle où se reflète sa secrète angoisse. *L'Enfant malade* est l'histoire d'un enfant atteint de poliomyélite, qui échappe à son immobilité en se créant un monde de rêve avec tout ce qui l'entoure. Il s'éprend si bien de ce monde magique de formes, de couleurs, de personnages féeriques que, guéri, il regrette son domaine imaginaire. Dès la fin de sa « nouvelle-cauchemar » qu'elle avait déjà reprise trois fois avant de retourner à son « vomissement, c'est-à-dire que j'ai recommencé encore une fois la dernière page de la nouvelle que je croyais finie », elle a fêté sa délivrance en allant voir *Le Soulier de satin*. Ayant manqué la générale, elle avait lu la pièce « en grognant, en invectivant contre ces apparentages d'époque et de caractères, qui vont jusqu'à rappeler si vivement Jarry ! Et puis... et puis des scènes qui vous arrachent à la critique »... Les cinq heures de spectacle lui ont paru si légères qu'elle se demande : « Serais-je claudélienne[78] ? » Elle y retrouvait Shakespeare qu'elle aimait, et quand elle critique *Les Cenci*, la pièce d'Artaud, elle la démonte en trois mots : « Voyez Richard III[79]. »

« Nous vivons des jours inquiets... et toujours ce besoin de vieillir qui nous accompagne »

Au début de l'année 1944 Tonton, son généreux pourvoyeur en denrées clandestines, lui apprend à retardement que Pierre Moréno, très actif dans la Résistance, avait été dénoncé, arrêté mais immédiatement relâché. Il sera arrêté une seconde fois le 19 février, libéré le 25 mai il prendra aussitôt le maquis. Paris est devenu dangereux. Misia Sert raconte à Colette qu'en revenant de l'Opéra avec Christian Bérard et Boulos, son secrétaire, trois hommes qui sortaient du métro l'ont jetée soudain à terre et lui ont arraché ses boucles d'oreilles. Sous les arcades du Palais-Royal, à la sortie du Théâtre-Français, la mère de Claude-André Puget a été approchée par un homme qui sortait du spectacle comme elle. Il lui a simplement demandé sa bague en appuyant un revolver au creux de son estomac. Elle a remis le diamant à l'homme qui est parti sans se presser. La milice réquisitionne Castel-Novel, terres et château. Mme Van der Henst et sa fille ont dû fuir de Saint-Tropez, Goudeket les a logées dans des chambres de bonne au-dessus de l'appartement de Colette qui s'étonne de retrouver, en réfugiées manquant de tout, des amies de quinze ans qui étaient riches et heureuses. Elle s'inquiète pour Andrée Bloch-Levallois, le Chiwawa, réfugiée à Monaco. « Paris est tout grouillant d'histoires, de bobards, de drames [80]... »

En avril le quartier de la Chapelle est bombardé. Le Palais-Royal, « ce charmant mais croulant édifice », est ébranlé, les bombardements se succèdent. « ... Celui de 4 heures était costaud... celui de 10 heures le dépassait en fantaisie. » La vie devient impossible, plus d'eau chaude, l'électricité est coupée pendant treize heures, du matin au soir. « Défense de... Interdiction de... Sous peine de..., etc. ». Curnonsky lui rappelle un début d'article de Rochefort : « Art. Ier : il n'y a rien. Art. II : personne n'est chargé de faire exécuter le présent décret. »

Elle apprend que Missy a tenté de se suicider en se faisant hara-kiri pour mourir de la noble mort d'un samouraï. Colette ne la voyait plus depuis deux ans, Missy, pour des raisons inconnues, lui ayant signifié de cesser toute communication. A 81 ans la marquise de Morny perdait la mémoire, elle était obligée de marquer sur des bouts de papier l'endroit où elle voulait se rendre. Elle vivait d'une maigre pension. Sacha Guitry veillait sur elle, s'assurait qu'elle ne manquait pas de nourriture et ne dépérissait pas dans son appartement de la rue des Eaux. Après son premier échec, Missy se suicide au gaz le 29 juin. Sacha Guitry lui fait faire des obsèques à l'église Saint-Honoré-d'Eylau, et veille à ce que la bière porte les armes des Morny. Une douzaine d'amis suivent le corbillard jusqu'au cimetière. Colette écrit à Marguerite que « Maurice était plein de pitié et d'étonnement devant cet être inachevé [81] ». De ses propres sentiments elle ne dit rien.

Après le débarquement du 6 juin, « Paris respirait mieux, se contenait plus mal ». Pendant deux mois, Colette et Maurice, « de plus en plus serrés l'un contre l'autre [82] », soutenaient leur espoir en écoutant trois fois par jour la radio anglaise. Le matin du 18 août, les Allemands évacuaient leurs services administratifs, depuis la veille la police faisait grève, en révolte contre les occupants. Emporté par la curiosité, Goudeket alla voir ce qui se passait place de la Concorde. Une voiture de police avec cinq agents en civil est coincée par une voiture allemande à la hauteur du musée de l'Orangerie, les Français sont emmenés. Un car de policiers français vire devant le ministère de la Marine, un homme debout sur le marchepied tire un coup de revolver dans la direction du ministère, une mitrailleuse sur la terrasse du ministère lui répond. Les Allemands font évacuer les Tuileries, en demandant leurs papiers aux rares promeneurs qui n'avaient pas déjà fui. Maurice ne pouvait pas montrer ses papiers avec la mention : Juif. Après dix-huit mois de vie cachée, le piège se refermait. Il se réfugie dans un abri souterrain où vivait un vieux jardinier des Tuileries. Maurice maudissait sa curiosité, il pensait à l'angoisse de Colette. Il entendait des fusillades, et le bruit des camions allemands. La nuit tombe. Le jardinier va chercher des tomates qu'il avait plantées sur l'abri. Il en offre une à Maurice. Un autre jour passe dans les mêmes angoisses et les mêmes remords. Le soir le jardinier lui offre une autre tomate verte. Au milieu de la nuit des soldats allemands viennent coucher dans l'abri. Il les entend tout près, dans les ténèbres. Il se garde de dormir, de tousser, presque de respirer. Enfin, au matin, ils partent et Maurice s'assoupit. Il est réveillé par les cris de joie du jardinier, les grilles étaient ouvertes, on circulait librement. Une trêve avait été obtenue par l'ambassade de Suède entre les Allemands et Paris soulevé. Colette l'accueillit par une bordée d'injures. Pendant trois jours et deux nuits elle l'avait fait chercher « parmi les morts [83] ». Les jours suivants, Colette, comme tout le monde, égrenait passionnément les nouvelles : « *Ils* sont à Antony... Ils sont sur les hauteurs de Châtillon... Ils vont entrer... Ils entrent, et " ... la nuit se leva comme une aurore [84] "... ».

Le 26 août le général de Gaulle descendait les Champs-Élysées. Colette assiste au défilé historique du haut du balcon de José-Maria et Misia Sert. Il y avait encore des tireurs sur les toits, certains espéraient le retour des Allemands. Une fusillade éclate, les vitres volent en éclats, les Sert et leurs invités se replient en hâte dans l'appartement où les miroirs tombaient en miettes. La guerre n'était pas finie, elle allait durer encore huit mois. Les amis de Colette qui avaient plus ou moins collaboré se voyaient menacés. Colette craignait pour

« Tonton » qui l'avait si généreusement ravitaillée. Chaque quartier avait ses brebis galeuses et ses héros. L'homme qui avait sauvé de la famine les perruches bleues d'Hélène Picard avait collaboré, mais Mme Laure, une dame russe qui habitait dans l'appartement au-dessous de celui de Colette, avait hébergé des parachutistes anglais.

Le 5 octobre les Françaises reçurent le droit de vote. Colette, qui quelques décennies plus tôt honnissait les suffragettes, annonçait fièrement que sa fille avait été élue maire de Varetz, et Renaud, premier adjoint à Brives. Colette les appelait ses « deux maquisards ». Sacha Guitry était sorti de Drancy et était entré dans une clinique. Il avait de nombreux ennemis, on l'avait dénoncé comme collaborateur. Colette ne fit rien pour l'aider et Guitry constatait amèrement qu'une amie de quarante ans n'avait pas prononcé un mot en sa faveur, malgré son intervention pour Maurice.

Une série de nouvelles assombrit le début de l'année. En janvier Édouard Bourdet meurt, il n'est plus question de faire entrer *Chéri* à la Comédie-Française. Charles Maurras, dont un article avait jadis porté aux nues *Claudine à l'école*, est condamné à la réclusion à vie. Marguerite d'Escola, une romancière qui avait donné à Colette des nouvelles pour les *Mille et Un Matins*, l'informa qu'Hélène Picard se mourait à l'hôpital Saint-Jacques. Ne pouvant se déplacer, Colette la pria de venir la voir. Marguerite d'Escola lui dit qu'un mot d'elle serait précieux à Hélène. Colette avait une tablette de chocolat sur sa table. « Elle la saisit, la cassa de ses dents solides : « Vous lui apporterez ce morceau de ma part [85] ! » Quand Mme d'Escola retourna à l'hôpital Hélène était morte. Colette lui avait envoyé un pneu : « Mon pneumatique arriva au moment où elle mourait, et elle est partie avec mon enveloppe bleue, fermée, sous sa main [86]. » Pendant les derniers mois de sa vie, Hélène, déformée par une maladie des os, ne pouvant plus se traîner qu'à quatre pattes, n'ouvrait sa porte qu'à Marguerite d'Escola. Sa chambre bleue était entièrement tapissée des lettres de Colette et de ses photos. Elle se voyait si difforme qu'elle confiait à Mme d'Escola : « Je me suiciderais si Colette entrait ici [87] ! » Ses manuscrits s'entassaient sur une petite table. Colette fera le tri des poèmes, des romans, de la correspondance d'Hélène dont la sœur ne voulait pas se charger. Elle est émue de découvrir quatre lettres qui lui étaient adressées mais n'avaient pas été envoyées. « C'est elles qui m'appelaient [88]. »

En avril Colette perd une autre de ses amies, Lucie Delarue-Mardrus, à qui elle écrivait en 1922 : « Trouvez-moi deux créatures, acquises au même métier, qui pourront se ressembler jamais autant que nous devons nous ressembler, vous et moi ? » Peu après elle lui écrit : « ... Mon Dieu que tu es riche, et abondante et variée ! Moi qui sue sang et encre pour bâtir des personnages... » Elles se taquinaient volontiers sur l'emploi des mots « rares ». Lucie reprochait « anatife » à Colette qui ripostait : « Tu tutoies " chrysoprase " et tu me chicanes " prasins " » ? Elle lui avoue à quel point elle aurait voulu savoir le latin, « trop haut pour moi... », dit humblement ce maître du langage. Elles jouaient avec des mots comme elles auraient échangé des billes : « Mais mon chéri, la bugrane nous l'appelions déjà par son nom quand j'étais enfant, dans mon pays. Bugrane, ou arrête-bœuf. » Dans une nouvelle Colette avait mis un mot rien que pour Lucie, « ... pour te taquiner et me faire gronder [89] ».

En apprenant que Maurice avait dû se réfugier en zone libre, elle envoya à Colette des primeurs, des oranges et une petite chienne que Colette lui rendit.

Lucie souffrait de rhumatismes. Elle vivait chez son amie Germaine de Castro, une chanteuse dont la voix l'avait envoûtée. En 1945, gravement malade, se sentant très faible, Lucie avait demandé à Germaine, qui prenait son café dans la chambre voisine avec une jeune amie qui la ravitaillait en cigarettes, de chanter. Sur les ondes de la voix aimée, Lucie glissa dans la mort. Natalie Barney, qui aimait Lucie, disait qu'elle était partie emportée par l'enchantement d'une voix, à minuit l'heure magique. Elle s'étonnait de la force de la dernière passion de Lucie, et ne connaissait personne qui fût capable d'un tel attachement, ni en amitié ni en amour.

Les procès de l'épuration suivaient leur cours. Jean Cocteau faillit être interrogé mais Louis Aragon intervint. Le procès de Sacha Guitry est ajourné indéfiniment. Drieu la Rochelle se suicide en prison. Robert Brasillach est condamné et exécuté. Une pétition en sa faveur avait recueilli cinquante-neuf noms dont ceux de Valéry, Mauriac, Claudel, Camus. Colette refuse d'abord de signer, mais Jean Cocteau la fait changer d'avis. Elle trouvait les procès d'épuration « dégueulasses ». Colette de Jouvenel, corédactrice en chef de l'hebdomadaire *Fraternité*, demandait des sanctions plus sévères dans son article : « Indulgence – Réflexions sur une épuration manquée ». « Voyez-moi le ton de cette Jouvenelle [90] » écrit Colette à Charles Saglio. Ce qu'elle apprend des camps de concentration la bouleverse. Elle raconte à Moréno que place des Ternes « des rescapées sans regard et sans paroles relevaient leurs robes et montraient leurs jambes dévorées, jusqu'en haut des cuisses, par les chiens des camps [91] ». Natalie Barney avait passé une partie de la guerre en Italie, elle partageait les idées d'Ezra Pound sur le fascisme et on lui avait refusé l'entrée en France. Colette intervient pour qu'on lui accorde un permis de séjour.

La vie mondaine reprenait. « En trois jours nous avons pris deux repas chez les ambassadeurs d'Angleterre, qui sont charmants. »

Dans leur cercle d'intimes on comptait Jean Cocteau, Christian Bérard, Louise de Vilmorin, les Georges Auric, Denise Bourdet, tous des amis de Colette. Les réunions avaient souvent lieu au Véfour, où Cocteau tenait table ouverte. Fréquenté par Bonaparte, Balzac, Baudelaire, le Véfour était de nouveau à la mode. Comme l'électricité manquait de temps en temps, Lady Diana Cooper dépêchait son chauffeur à l'ambassade pour en rapporter une vingtaine de candélabres munis de bougies. Dans l'euphorie de la nouvelle après-guerre tout le monde rajeunissait. « On a dansé la farandole dans l'appartement de Simone Berriau, avec Yves Mirande, un général, des militaires alliés, un avocat, des jolies femmes, puis tout le monde s'est lancé sur les chapeaux et les fourrures et, follement travestis, les invités ont repris la farandole conduite par Joséphine Baker en uniforme. Colette, qui devait se contenter d'admirer les gambades, ne s'en amusait pas moins : « Est-ce que tout cela ne sent pas agréablement la fin d'une guerre [92] ? »

« ... C'EST UN PLAISIR ENCORE TRÈS FÉMININ QUE JE GOÛTE À ÊTRE LA SEULE FEMME DES DÉJEUNERS GONCOURT »

Le 2 mai 1945 Colette est élue à l'unanimité à l'Académie Goncourt. Elle s'était présentée à quatre reprises : en 1924, 1926, 1929 et en 1937. Elle a le premier couvert, celui de Léon Daudet, puis de Jean de la Varende, qui venait de démissionner. Une seule femme l'avait précédée : Judith Gautier, qui avait succédé à son père, Théophile Gautier. Elle savoure la galanterie de ses neuf collègues : « Ils ont tous l'air de se souvenir que j'ai été une femme [93]. » Les 86 ans de Rosny, les 84 ans de Descaves lui font paraître ses 72 ans plus légers. Le petit ascenseur du restaurant place Gaillon lui rend le trajet facile ; quand elle ne pourra plus se déplacer, les neuf académiciens viendront se réunir autour de son divan-radeau.

Elle part chez Simone Berriau, à Mauvannes, travailler à *L'Étoile Vesper*, tandis que Maurice collabore avec Yves Mirande à une comédie : *Pas un mot à la reine mère*. Chez Simone Berriau Colette trouve une ambiance de fête. Il n'y a jamais moins de seize convives à table, Simone ne cesse d'étonner Colette. Partie en promenade avec des amis, elle ramenait en auto le préfet de Draguignan et un mouton vivant. Le pacha de Marrakech était l'hôte d'honneur. Colette aimait le voir danser avec des jeunes femmes. L'animation qui régnait empêchait Colette de travailler, mais, après les années de guerre, cette explosion de vitalité lui faisait du bien et, quand elle apprend la mort de Paul Valéry en recevant huit places de tribunes pour les obsèques nationales que Charles de Gaulle avait personnellement demandées, sa réaction fut ambiguë. Elle écrit à Moune au verso de l'une des cartes d'invitation : « Ma parfaite entente de toutes les économies les utilise, comme tu vois [94] », et sans autre mention de la mort de ce vieil ami, Colette enchaîne sur la beauté de douze mille pêchers, et le coloris des pêches.

En juillet Colette fait son testament. Elle léguait à Maurice la moitié de ses droits d'auteur et l'autre moitié à sa fille, et charge Maurice d'administrer ses biens littéraires. Elle spécifiait que si sa fille contestait le mandat dévolu à son mari, elle la déshéritait et Goudeket recevrait la totalité des droits d'auteur et tous les biens meubles. S'il mourait avant sa fille, celle-ci devait vendre aux enchères les manuscrits et les livres en les désignant comme « la collection Maurice Goudeket ».

Maurice ayant obtenu une licence d'éditeur, entreprend l'édition des œuvres complètes de Colette. Il pensait qu'une mise en ordre des textes donnerait à son œuvre sa dimension définitive. Il recherche et groupe des textes inédits, « éliminant de chaque ouvrage ce qui déjà figurait ailleurs ». Il met trois ans à établir l'édition du *Fleuron*. « Colette relut et corrigea tous les textes, leur adjoignant un certain nombre de courtes préfaces. » Elle avait surtout tendance à couper. « Elle opéra des coupes sombres surtout dans *La Chambre éclairée* et dans *Les Heures longues*, et refusa bien des textes inédits en librairie... » Elle corrigeait des milliers de pages s'arrêtant parfois en s'exclamant : « ... Maurice, est-ce possible que j'aie écrit tout cela ? » Elle commentait parfois, humblement, avec prudence ce qu'elle lisait : « Ce n'est pas du travail si mal fait, tu sais [95] ! »

CHAPITRE XIII

« Ne suis-je pas reine ? »

« Vie de Colette. Scandale sur scandale. Puis tout bascule et elle passe au rang d'idole. »

Jean COCTEAU.

Jean Cocteau, qui avait crayonné une caricature de Colette en compagnie de Willy et de Polaire au palais de Glace, s'émerveillait du déroulement de sa vie : « Elle achève son existence de pantomimes, d'instituts de beauté, de vieilles lesbiennes dans une apothéose de respectabilité[1]. »

Elle terminait *L'Étoile Vesper* en avouant qu'il est difficile « de mettre un terme à soi-même » mais « ... je vois d'ici le bout de la route[2] ». Elle croit avoir écrit son dernier livre. Trois ans plus tard, dans *Le Fanal bleu* elle constate : « ... Je vais écrire encore. Il n'y a pas d'autre sort pour moi, et les derniers mots cette fois-ci sont : " A suivre[3]... " »

Maurice la supplie d'essayer un nouveau traitement. Colette accepte d'aller à Uriage tenter une cure d'eau et de piqûres. Au bout de quelques jours elle est saisie « de cent douleurs supplémentaires, de défaillances, de Dieu sait quoi ». Le médecin coupe tout traitement. Pour consoler « ... le pauvre et méritant Maurice », Colette lui fait « la surprise d'une traversée de la cour[4] ». Puisqu'elle vit avec la douleur, Colette l'étudie, la défie, l'apprivoise, « ... cette douleur toujours jeune, active, inspiratrice d'étonnement, de colère, de rythme, de défi[5]... ». Elle écrit à Francis Carco : « ... Comme c'est curieux de souffrir beaucoup. Note bien, de toi à moi, que je ne crois pas que ce soit totalement inutile. Mais je n'ai pas encore bien compris. C'est ardu[6]. » Elle compare son accueil de la douleur à l'esprit de gageure qu'elle qualifie de « super-féminin » comme celui de la Chatte Dernière qui, mourante, indiquait de la patte « qu'une ficelle était encore objet de jeu [7]... ». Le médecin lui interdit d'écrire pendant deux mois, elle passe dix jours chez ses amis Charles et Pata de Polignac, à Grasse, puis, dès son retour à Paris, écrit *Florie*, un texte pour les éditions de *La Joie de vivre*. Elle vit couchée. Pour qu'elle ait plus chaud en hiver, Maurice déménage le divan-radeau dans sa propre chambre qui lui paraît plus ensoleillée. Il fait mettre un nouveau système de chauffage dans la cheminée, un caisson électrique dans la salle de bains, découvre un nouveau traitement, cette fois à Genève, et trouve une voiture américaine pour emmener Colette. « Tu n'entends rien, tu ne sens rien et tu roules sur un nuage », dit-elle à Moune. Les piqûres à la base du cou la laissent « un peu morte, avec vertiges et surdité passagères. Je fais la meilleure figure que je puis pour Maurice qui est, ma foi, sublime ». Entre les séances, le Dr Menkès lui apporte des narcisses et des gerbes de lilas. Une inconnue lui envoie une grande boîte de crème fraîche, un gâteau, des meringues ; une voisine apporte des fleurs, la propriétaire de l'hôtel aussi. Le traitement dure six semaines. Le Dr Menkès souhaite tellement que Colette aille mieux, qu'elle a envie de mentir : « Oui, oui, c'est guéri, c'est guéri ! » Quant à Maurice, elle ferait n'importe quoi pour lui donner un ferme espoir. Elle prend son bras pour aller jusqu'à la salle à manger, mais s'y trouve mal. Moune s'inquiète, Colette ne lui laisse aucune illusion : « Je ne re-marcherai jamais » mais elle lui demande de n'en rien dire « à cause de Maurice qui me soigne avec tant de passion que j'en suis presque triste – pour lui ».

Pendant les six semaines de cure Maurice a voyagé pour affaires entre Genève, Paris, Zurich. « Ce qu'il aura fait comme travail pour que nous ne rentrions pas trop dénués [8] ! » Cette crainte de manquer d'argent hante Colette. Ses médecins lui ont tous recommandé le repos, mais pour une luxueuse publication des commerçants lyonnais, elle accepte d'écrire une préface : *A propos de Mme Marneffe*, un texte inspiré par un personnage de Balzac.

Maurice, cependant, préparait une surprise à Colette. Un matin de septembre, à l'insu de son médecin, Maurice installe Colette dans l'automobile et la conduit à Limas, près de Villefranche-en-Beaujolais. Il lui offrait les vendanges. Tout était réglé comme un spectacle : l'accueil des propriétaires du vignoble, le nombre d'hommes nécessaires pour soulever la chaise roulante devenue chaise à porteurs. Les lourdes portes des caves s'ouvrent devant elle, elle pénètre au cœur de la colline sous cent mètres de voûtes, au milieu des cuves où le vin jetait une écume rose. On lui tend une tasse d'argent avec le beaujolais de 44, « un 44 parfait » et on lui dit de revenir goûter le 47. Quelques jours plus tard, Maurice la mène dans un autre vignoble où, dans une cour ombragée par une glycine géante, elle envie le repas des vendangeurs à qui on sert des omelettes, des volailles, du porc, du veau tandis qu'on lui servait une collation froide de jambon, de saucissons, de fromages, le tout arrosé d'un grand cru. Dès son retour, Colette commence *Pour un herbier*.

« MON " ANNIVERSAIRE " A PRIS LES PROPORTIONS D'UN SCANDALE » — Colette

Le 28 janvier 1948 le soixante-quinzième anniversaire de Colette est un événement. Le libraire Anacréon lui envoie soixante-quinze œillets, elle reçoit une bouteille de vin datée de 1873, les fleurs, les fruits arrivent en masse, d'Amérique viennent des colis de fruits secs, de sucreries, de gâteaux. Ses collègues de l'Académie Goncourt lui font un rampart d'azalées autour de son divan, Pauline lui donne les plus beaux fruits qu'on pouvait trouver à Paris, sa fille, un rameau d'orchidées, Maurice, un bracelet d'or. Mais ce qui l'émeut le plus c'est l'avalanche de cartes de vœux et les petits bouquets innombrables déposés à sa porte par des admiratrices : « Qu'il m'est doux d'être un bien indivis ! » Elle manque l'hommage lu à la radio par Marguerite Moréno qui la console : « Nous recommencerons, toi et moi, dans soixante-quinze ans [9]. »

Goudeket obtient de l'administration des Beaux-Arts la permission de remplacer les panneaux pleins par des vitres afin de donner à Colette, étendue sur son divan, la vue sur le jardin. Adossée à de nombreux coussins, une couverture de fourrure sur les jambes, elle avait ce qu'elle nommait son établi, la table en acajou au pupitre à crémaillère, don de la princesse de Polignac. Un petit pot de porcelaine bleue offrait son bouquet de stylos : l'un était réservé à la correspondance, un autre corrigeait les épreuves, un troisième était destiné aux romans. Les *Pensées* de Pascal, transformées en boîte, cachaient la poudre, le miroir, le rouge à lèvres, le peigne, que Colette ne manquait pas d'utiliser avant de se déclarer visible. Un sous-main à buvard vert, un étui à lunettes, le téléphone, une petite serviette en cuir rouge, un ou deux dossiers complétaient son nécessaire. Un thermomètre accroché à la balustrade, un baromètre accroché au mur l'informaient du temps qu'il faisait. Deux cannes à manche courbe lui servaient de crochets pour atteindre ce qui était hors de sa portée. Sur le mur, dans une niche en face du divan, séparé de la fenêtre par une étroite ruelle, elle avait ses livres préférés, cachés par des boîtes de papillons exotiques, don d'une amie qui en possédait quarante-cinq mille. Sur le manteau de la cheminée étincelaient des presse-papiers, des sulfures. Une quantité de petites toiles, représentant des fleurs ou des fruits, couvrait les murs. Seul un portrait de femme par Marie Laurencin avait été admis par Colette « qui bannissait de sa vue toute représentation du visage humain [10] ».

La petite chaise roulante en chrome et cuir ne servait d'abord qu'aux sorties, puis Colette l'utilisa pour se déplacer dans l'appartement. Il fallut la porter dans les escaliers. Maurice imagina un système de tubes et de courroies amovibles. Pour les voyages il fallait prévoir les transferts de l'auto à l'avion, avec deux hommes au départ, deux à l'arrivée. Pauline la servait avec un dévouement infatigable. En 1946, à 45 ans, elle s'était mariée, mais son mariage n'avait rien changé. Il y avait quelque chose de médiéval dans son attachement absolu à sa Dame. Elle était entrée au service de Colette à 13 ans, et ne la quitta plus, faisant les courses, la cuisine, prenant soin des animaux, puis elle devint l'infirmière, la garde de jour et de nuit. Colette l'appelait « mon enfant » et c'est à elle qu'elle légua les bijoux de Sido.

« Maurice semble s'occuper admirablement des affaires de sa femme [11] », notait Cocteau. Grâce à sa gestion, la SARL Le Fleuron, dont il avait fourni le capital avec deux associés, est en mesure d'acheter l'appartement du Palais-Royal pour 1,3 million de francs au marquis de Cuevas. En 1949 Colette avait 125 000 francs en droits d'auteur, en 1952 le chiffre dépassait 800 000 francs. Maurice propage l'œuvre de Colette à l'étranger où elle était peu connue. Il choisit dans chaque pays un éditeur qui s'engage à publier l'œuvre complète et surveille la parution de très belles éditions en Angleterre, en Amérique, en Allemagne. Le cinéma n'avait pas fait grand cas des romans de Colette : *La Vagabonde* en 1930, *Claudine à l'école* en 1937. En 1945 la maison Pathé achète les droits de *Gigi* et n'en fait rien. La metteuse en scène Jacqueline Audry persuade des producteurs de racheter ces droits et en 1948 tourne *Gigi* avec une inconnue : Danielle Delorme. Colette avait écrit les dialogues. Le film sort en province avec un énorme succès. Les producteurs, surpris, achètent les droits de tous les romans de Colette, indistinctement.

A partir de 1948 la gloire de Colette est internationale. Un flot de lettres déferle sur sa table, d'innombrables admirateurs tentent de se faire recevoir. Maurice désormais filtre les journalistes qui voulaient l'interviewer, les universitaires étrangers qui voulaient lui consacrer une thèse, et les admirateurs qui voulaient l'apercevoir et lui arracher un autographe, et se fait traiter de Grand Inquisiteur. La fille de Colette l'appelle le « Crocodile ». Natalie Barney et Marguerite Moréno téléphonent à Pauline pour savoir si Maurice est sorti avant de se rendre chez Colette que Michel del Castillo appelle peu respectueusement : « l'Ogresse aux yeux pers, tranchants comme des lames » ou « la prêtresse apaisée du Palais-Royal [12] ».

Le Véfour était devenu une sorte d'annexe de l'appartement de Colette depuis que le chef Raymond Oliver l'avait acheté. Elle y recevait ses amis pour dîner, et avait écrit la brochure publicitaire du lancement. Quand elle allait au Véfour, poussée dans sa chaise roulante par Maurice, les boutiquiers sortaient sur le pas de leur porte, les passants s'approchaient, les gens quittaient leur chaise pour venir la saluer. Elisabeth, la reine des Belges, lui rendait visite, montait l'escalier les bras chargés de fleurs, suivie du chauffeur portant des pots du miel des ruches royales. La reine s'asseyait au pied du divan pour bavarder. Elle avait trois ans de moins que Colette, elles avaient connu la même génération d'écrivains et d'artistes. Pauline n'oublia pas un certain dîner en mars 1949. Colette avait retenu deux garçons pour le service. Ils s'apprêtaient à servir le gigot sur un plat d'argent. Pauline s'y opposa : Madame aimait son gigot servi dans le plat où il avait cuit. Les voix montèrent, Colette entendit Pauline qui défendait son gigot. Elle consulta la reine qui donna raison à Pauline, et le gigot apparut dans son plat de cuisson. Colette le découpa elle-même. En partant la reine lui dit qu'elle voulait lui faire un cadeau qui lui fasse vraiment plaisir. Que voulait-elle ? Du Krieken-Lambic répondit Colette. Il fallut fournir quelques explications. Ce breuvage très alcoolisé, fait avec des cerises, ne se vendait que dans des estaminets. Quelques jours plus tard la voiture de l'ambassade arrivait avec six bouteilles de cet humble et puissant breuvage qui évoquait pour Colette le Bruxelles de sa jeunesse, un Bruxelles inconnu de la reine des Belges.

Deux morts affectent profondément Colette. En avril 1948 Luc Albert Moreau s'écroule, foudroyé par une embolie comme il félicitait un ami de sa promotion dans la Légion d'honneur et, en juillet, à Mauvannes, elle reçoit une lettre dictée par Marguerite Moréno et non écrite de sa main. Deux jours plus tard Pierre Moréno lui annonçait la mort de Marguerite : « ... Vous seule qui avez été sa parallèle pendant de si longues années pouvez me comprendre... Chère, chère Colette, je vous embrasse pour elle et pour moi de tous nos cœurs. » Colette lui répond : « ... Je ne l'ai pas vue partir, je ne l'ai pas sentie partir, je ne la sens pas partie... » Un an après, elle a toujours le cœur à vif. Elle vient d'être malade. « Pendant les mauvaises nuits... je me serrais contre son souvenir et son image... rien, dans les pertes que j'ai subies, ne ressemble à ce choc qui accompagne chaque fois la pensée de Marguerite [13]. »

Le Monde théâtral et littéraire publie *En camarades* et Ferenczi *Le Fanal bleu*. Pour la reprise de *Chéri* au théâtre de la Madeleine, les interprètes viennent répéter chez elle. Elle modifie un peu le texte, donne des indications de mise en scène, éclaire la psychologie des personnages. Elle est toujours femme de théâtre. *Chéri* remporte un énorme succès. En septembre Colette est élue à la présidence de l'Académie Goncourt. En 1951, à la question : « Qui est un classique pour les contemporains ? » Claude Roy répond : « C'est Colette. »

Gérard Bauer parle de sa grâce panthéiste, Henry de Montherlant déclare qu'il y a entre Colette et Gide la même différence qu'entre Saint-Simon et Anatole France.

Les féministes la découvrent. Janine Jacoupy produit un film semi-biographique sur elle, dirigé par Yannick Bellon. La caméra suit l'itinéraire de Colette de Saint-Sauveur au Palais-Royal. Colette lit des passages de ses œuvres, et dialogue avec Jean Cocteau. On enregistre sa voix sur des disques. En 1950, le prince Pierre de Monaco lui demande d'être la présidente d'honneur du conseil littéraire de la principauté. On tourne *Julie de Carneilhan*. Colette remanie *Prisons et Paradis* pour l'édition définitive. *Le Fleuron* termine l'édition de ses œuvres complètes avec le quinzième et dernier volume. Colette est membre fondateur de l'Académie du Disque créée en 1951. Les réunions se tiennent chez elle. La création de *La Seconde* au théâtre de la Madeleine est un nouveau succès.

Dès 1950 elle se plaît tellement à l'hôtel de Paris à Monte-Carlo qu'elle y retourne chaque année. Pendant son deuxième séjour on tournait *Rendez-vous à Monte-Carlo* dans le hall de l'hôtel. Quand Colette arrive pour déjeuner, son fauteuil chromé poussé par Maurice bute contre les câbles déroulés partout. Une très jeune actrice anglaise jouait une scène, mi en anglais, mi en français. Colette la regarde et se tourne vers Maurice : « Voilà notre *Gigi* pour l'Amérique. Ne cherchons pas ailleurs [14]. » La pièce américaine tirée de *Gigi* par Anita Loos était annoncée à Broadway, mais on cherchait encore une interprète pour *Gigi*. Colette dépêche Maurice auprès de la jeune actrice. Audrey Hepburn, la fille d'une baronne hollandaise, née à Bruxelles en 1929, avait grandi en Angleterre puis en Hollande. Elle parlait français. Colette la prend en main, lui explique le personnage, lui fait lire la pièce. Toute sa vie Audrey Hepburn gardera la photo où on la voit avec Colette en train de commenter *Gigi*. Colette la lui avait dédicacée : « A Audrey Hepburn, le trésor que j'ai trouvé sur la plage. »

A Paris Colette essaie divers traitements qui ne la soulagent guère, se résigne à prendre de l'aspirine, mais surtout elle applique son remède mental : « Comme je souffre d'une manière sauvage, j'en profite pour me montrer gaie et accueillante par esprit de défi [15]. » Elle invite le professeur Mondor : « Oh! retournons chez Véfour ! Quand vous voudrez puisque vous ne rougissez pas de mon impotence [16]. » Elle reçoit Julien Green en décembre 1951, qui note dans son *Journal* :

« Visite à Colette dans un petit salon rouge du Palais-Royal. Elle m'avait écrit : " Si j'étais Julien Green, j'irais voir Colette "... Ses grands yeux sont les plus beaux yeux de femme que je connaisse, des yeux beaux comme ceux d'un animal rempli d'âme jusqu'au bord et de tristesse. Sur la longue table qui enjambe son lit, un grand désordre de lettres... Elle en prend une au hasard et murmure : "Quel est le chameau qui me parle de ma longue expérience ?" Des livres d'images lui arrachent des cris d'admiration d'enfant ! " Voyez donc... " Entre à cet instant un vieux monsieur qui nous parle de livres pornographiques... Il s'en va et Colette me dit, pensive : " Ce que vous avez l'air jeune ! Vous avez raison. C'est moche, les vieillards [17] ! " »

Sa fille qui venait d'ouvrir une boutique d'antiquaire rue Bonaparte déjeunait avec Colette et Maurice quand celui-ci remarque que les gens s'arrêtent et regardent bouche bée l'entresol au-dessous de l'appartement. Il s'approche d'une fenêtre et se rend compte qu'il y a le feu exactement sous leurs pieds. Il va aussitôt trouver Pauline et de sa voix la plus calme, pour ne pas provoquer de panique, lui dit de préparer la chaise à porteurs parce qu'il y a le feu dans la maison. Puis il met rapidement quelques manuscrits de Colette dans une petite valise et va chercher la chaise. Elle n'est même pas dépliée. Devant l'air impassible de Maurice, Pauline ne l'avait pas cru ! Il n'était plus temps de fuir, une épaisse fumée remplissait déjà l'escalier. Soudain, sortant de la fumée, Raymond Oliver surgit. Il était parti en courant du Véfour dès qu'il avait vu le feu et venait pour aider à transporter Colette. Il se trouvait pris au piège. Une foule s'était attroupée dans le jardin, on criait : « Les planchers vont s'effondrer ! Sautez ! » Il n'en était évidemment pas question. Colette dit soudain : « Ce n'est tout de même pas une raison pour ne pas prendre le café [18]. » Les pompiers arrivaient, l'incendie est éteint dans un bruit de vitres cassées.

Pour éviter la chaleur du mois d'août, Maurice installe Colette au Trianon-Palace à Versailles ; elle souffre d'une intoxication alimentaire. Alors plus tôt que d'habitude ils partent pour Monte-Carlo. A l'hôtel de Paris elle a son jardin privé dont Maurice garde la clé et où elle n'admet qu'une « famille composée de parents et de quatre chatons entièrement blancs ». Le prince Pierre de Monaco et le prince Rainier sont aux petits soins pour elle, la comblent de bonbons et de fleurs. « Je crois que j'ai un peu moins mal. Tout le monde est bien gentil pour tes Mauricecolette [19] », écrit-elle à Moune. Jean Cocteau « a paru et disparu, toujours Luciole [20] ». Il dîne avec Colette et la trouve : « Très mal, séparée du monde par ses oreilles et par sa fatigue. Très pâle et comme loin. » Le tzigane de l'orchestre vient jouer l'air de *Gigi* à leur table et « semble former avec Colette, son violon et cet air de *Gigi* une sorte de groupe fantôme... ». Le lendemain matin tout a changé : « Elle est une autre et remise à neuf. Elle nous entend [21]. » Il essaye de comprendre ces métamorphoses et pense qu'elle « accepte cette souffrance parce qu'elle détermine un genre de vie où Maurice ne la laisse jamais seule. Elle préfère cette souffrance à une santé qui les séparerait[22] ». Plus tard il remarquera que c'est son courage qui « lui donne l'air d'être en forme[23] ».

Le Figaro littéraire faisait un sondage au sujet de la réforme de l'orthographe proposée par le gouvernement. Colette venait de quitter Monte-Carlo pour Deauville où elle subissait un nouveau traitement de piqûres. Le journaliste du *Figaro* la trouva dans le hall du Royal Hôtel, tenant le texte du projet de réforme. Elle l'agitait en se récriant : « Non, non, non !... Je veux une orthographe pittoresque, hérissée : c'est un paysage pour moi. Non seulement, il ne faut rien enlever, mais il faut en remettre... remettre des consonnes... des Y, des H et toutes sortes d'exagérations... C'est tellement plus joli[24] ! » De retour au Palais-Royal, elle écrit à un ami allemand que la souffrance est une habitude « que le corps prend sans trop de difficulté » et qu'elle fait l'adaptation d'une pièce étrangère avec son « extraordinaire mari[25] ». *Ciel de lit*, une pièce du Hollandais Jan de Hartog, sera créé au théâtre de la Michodière en avril 1953. L'auteur n'était pas connu en France, les trois directeurs de la Michodière, Pierre Fresnay, Yvonne Printemps et François Périer avaient demandé à Colette d'en faire l'adaptation. Périer est délégué pour participer aux séances de travail au Palais-Royal. « Nous savions tous que c'était Goudeket... qui faisait tout. » Personne n'était dupe mais tout le monde jouait la comédie. Colette voulait que Périer vienne à l'heure où Pauline arrivait du marché. Elle prenait quelques fruits, quelques légumes, en parlait avec poésie, puis « d'une main tremblante » elle tendait des feuillets dactylographiés. « C'était un grand numéro » que Périer appréciait en acteur. La fallacie était scrupuleusement respectée de part et d'autre. Un jour Périer lui parle de la scène où, à propos du mariage de sa fille, la mère évoque les souvenirs du sien. Colette s'anime soudain, improvise directement le dialogue, « c'était magnifique[26] ». Périer courut au premier café pour tenter de noter fidèlement tout ce qu'il avait entendu. C'était *du Colette* pur, la prose incomparable avait jailli comme une source vive.

Le quatre-vingtième anniversaire de Colette prend des allures de célébration nationale. Le 26 janvier 1953 le président du conseil municipal de Paris remet à Colette la grande médaille de la Ville de Paris. L'Académie Goncourt fête sa présidente chez elle. De grands plats couverts de dômes d'argent arrivent de la place Gaillon et les neuf académiciens se serrent autour du gâteau décoré de 80 bougies. *Le Figaro littéraire* lui consacre un numéro d'hommage. Henri Mondor l'appelle « ... la gloire souveraine des femmes-écrivains de tous les temps ». La presse rend hommage à « la plus grande femme de lettres depuis George Sand ». Le *New Yorker* fait chorus avec une phrase de Colette de Jouvenel, empruntée à Saint Louis : « Merci, mon Dieu, de m'avoir prêté Madame ma Mère. » Colette remercie Henri Mondor de son article : « Je ne puis marcher. Mais je vole. D'abord dans vos bras. Puis tous les jours au-dessus de mon jardin [27] » et à Curnonsky : « Cher Cur, c'est vrai que nous sommes octogénaires... Jure-moi que tu n'as pas oublié la rue Jacob. ... de nous deux, c'est toi le plus provincial, le plus croustillant, le plus doré... Toi seul dates aujourd'hui de mon premier roman [28]. »

En mars, Colette est promue grand officier de la Légion d'honneur. André Marie, ministre de l'Éducation nationale, vient lui remettre la plaque. On parle d'elle pour le prix Nobel. Douglas Dillon, l'ambassadeur des États-Unis, lui remet le diplôme du National Institute of Arts and Letters. Elle a reçu 2 000 lettres de félicitations. « Si j'avais des jambes, ou seulement une, je serais la reine du monde [29]... » En novembre 1953, Colette, ne pouvant se rendre au banquet de l'Académie du Disque, y participe par une émission radiophonique en duplex. Son appartement est relié à la salle du banquet, à l'hôtel de Rohan, rue Vieille-du-Temple. C'est Curnonsky qui avait créé le menu. Le président Auriol, qui préside le banquet, commence son discours en s'adressant à Colette dont la réponse est radiodiffusée. En janvier, Colette assiste à la première projection du film de Claude Autant-Lara, *Le Blé en herbe*. La séance était donnée au profit de la Caisse de solidarité des étudiants. Colette avait auparavant enregistré un message diffusé avant la projection du film. Quand sa voix s'éleva, les auditeurs eurent l'impression que c'était un adieu. Mais si c'était un adieu, il célébrait la vie. « L'heure de la fin des découvertes ne sonne jamais. Le monde m'est nouveau à mon réveil chaque matin et je ne cesserai d'éclore que pour cesser de vivre [30]. »

En février, pour la répétition générale de *Gigi*, adaptée par Maurice Goudeket, la télévision française organisait, en duplex, un dialogue entre Colette, au Palais-Royal, et ses confrères de l'Académie Goncourt réunis au théâtre des Arts. Elle improvisa quelques phrases qui ne parlaient que d'amour et de jeunesse. Bertrand de Jouvenel vint la voir au printemps. L'adolescent de Rozven avait maintenant 50 ans, c'était un philosophe et un politologue de renommée internationale. Il apporta un bouquet de strelizias, des fleurs que Colette lui avait fait découvrir pendant leur voyage en Algérie. Elle lui remit un exemplaire de son livre *Paradis terrestres* avec une dédicace nostalgique : « A Bertrand, le Paradis terrestre, me suis-je bien fait comprendre [31] ? »

Sans être malade, Colette s'affaiblissait. Maurice l'emmena à Monte-Carlo où le soleil semblait lui rendre des forces pendant qu'un scandale éclatait en Normandie et s'étendait comme un feu de broussailles. Le clergé de Caen mobilisait contre *Le Blé en herbe* et tentait de faire interdire la projection du film après une première houleuse où dix personnes avaient été arrêtées. Le président du groupement local des officiers de réserve avait accueilli les premières images en « s'époumonant sur son sifflet à roulettes ». La bataille avait gagné la rue. Un chanoine et une vingtaine de prêtres menèrent en procession deux cents de leurs fidèles devant le cinéma. On distribua des tracts réclamant « des films propres pour nos enfants » signés « des pères de famille indignés ». A Notre-Dame de Caen, le R.P. Bouley commençait son prêche de carême en disant : « Il est des valeurs pour lesquelles on doit mourir... l'Église qui est une mère pour tous ses enfants doit dicter des règles d'hygiène et de prudence. Vous n'irez pas voir *Le Blé en herbe*[32]. » Malgré une opposition acharnée, le film est présenté par Claude Autant-Lara, qui est accueilli par « une ovation délirante » des étudiants de l'université de Caen. Cependant, à Monte-Carlo, Colette vivait entourée d'égards, « Pierre de Monaco, Rainier de Monaco, les pachas, etc. Quelle foule... Je te parlerai de tout cela, de tous ceux-là. Aujourd'hui je ne vaux rien ». Et elle confie à Moune sa plus secrète douleur : être devenue « Un écrivain qui ne peut plus écrire[33] »...

André Maurois, déjeunant avec le prince de Monaco et Colette, remarquait que son regard était voilé et lointain alors même qu'elle s'efforçait d'être aimable et présente. Elle était comme un ami qui, du pont du navire, tâche encore de faire signe à ceux qui demeurent sur le quai. Daisy Fellowes, la nièce de la princesse de Polignac, invite Colette à déjeuner avec l'historien anglais James Lees-Milne, qui laissa l'une des dernières descriptions de Colette. Des cheveux gris, vaporeux, autour d'un visage ovale, spirituel, très joli. De grands yeux, très beaux, cernés de mascara, un petit nez finement dessiné, des mains expressives, deux bagues d'améthyste aux doigts de la main gauche, la croix de la Légion d'honneur épinglée à son manteau bleu. Elle est très frêle, remarque-t-il, elle a quelque chose d'enfantin qui est très touchant. Elle parle avec des expressions précises qui n'en sont pas moins poétiques. Le menu était exquis, mais Colette demanda du fromage et du thé. Elle évoquait son enfance, la tortue de sa mère dont l'éveil annonçait le printemps ; elle parlait de l'intelligence des poissons, en particulier du brochet. Elle était comme un fantôme qui aurait quitté une époque plus idyllique.

Maurice la ramène à Paris en mai. Pour la distraire, il la promenait en voiture aux environs de Paris. Elle se penchait pour mieux voir, elle tenait ses mains, paumes en avant « en un geste d'émerveillement[34] », mais elle était épuisée quand elle regagnait son divan-radeau au Palais-Royal. En juin elle ne touchait plus aux journaux que Pauline déposait le matin sur son lit, elle sortait de sommeils profonds comme si elle revenait de très loin, elle prenait sa grosse montre à répétition dont la cloche d'argent sonnait les heures, les quarts d'heure, même les minutes, elle consultait le baromètre, le thermomètre comme si elle faisait le point sur son radeau, dans l'espace, dans le temps. Elle demandait à Pauline un de ses albums et regardait à la loupe des plantes, des oiseaux, des insectes. Elle regardait avec la même attention les papillons exotiques dans leurs casiers de verre. « Ni elle ni moi ne comprenions rien à ces terreurs, qu'à propos de sa mort, se donne l'homme », affirme Maurice. Chaque fois qu'elle lui demandait s'il croyait qu'elle allait bientôt mourir, il la faisait sourire en répondant : « Pas avant que je t'en donne la permission [35]. »

Pauline, depuis des mois, portait Colette dans son bain et la retirait pour la remettre sur le divan. Elle se levait la nuit pour venir écouter à la porte si Colette dormait. Vers le 20 juillet Colette donna de nouveaux signes de faiblesse. Elle sortait de longues torpeurs avec un regard de tendresse et un sourire tantôt pour Maurice, tantôt pour sa fille, tantôt pour Pauline. Elle s'éteignait doucement. Maurice se souvenait d'une page écrite il y avait bien longtemps : « ... Si la poudre éternelle n'a pas, avant ta dernière heure, sevré tes yeux de la lumière merveilleuse, si tu as, jusqu'au bout, gardé dans ta main la main amie qui te guide, couche-toi en souriant, dors heureuse, dors privilégiée... » Il lui achète un album de lithographies représentant des papillons, des insectes, des oiseaux « qui la ravirent ». Elle lut les légendes à haute voix. Le 1er août, « elle émergea d'un grand accablement pour une heure de grande lucidité ». Maurice s'assit près d'elle, par terre, dans la ruelle. Colette se pencha vers lui. Elle lui désigna les boîtes de papillons, le livre ouvert, les oiseaux dans le jardin. « Son bras décrivit une volute qui embrassa tout ce qu'elle avait montré : Regarde, me dit-elle, Maurice ! Regarde ! » Le lendemain elle sortit encore une fois de sa somnolence, « le visage rayonnant ». Ses lèvres prononçaient un discours muet, qui ne s'adressait à personne. « Elle paraissait intensément heureuse », toutes ses forces l'avaient abandonnée, mais les mains demeuraient levées. Elle avait rejoint le jardin de son enfance. « Le cercle se fermait, la courbe la ramenait aux sources de son pays dont elle avait souhaité qu'il lui fût donné, au moment de tout finir, d'emporter avec elle une gorgée imaginaire. »

Le soir du 3 août 1954, Maurice et Pauline veillaient Colette qui dormait. Sa respiration se fit rauque, dura un quart d'heure environ, « soudain ce fut le silence, et la tête de Colette pencha lentement de côté, par un mouvement d'une grâce infinie [36] ». Le 3 août était la date de l'anniversaire de Maurice. Par une coïncidence étrange sa mort surviendra en 1977, le 28 janvier, le jour anniversaire de la naissance de Colette.

« AUTANT QUE SON ŒUVRE SON DESTIN EST ADMIRABLE... » – Maurice Druon

L'État décide de lui rendre un suprême hommage en lui faisant des obsèques nationales. Maurice aurait voulu une cérémonie religieuse et s'adresse au curé de Saint-Roch qui refuse. Les dernières instructions de Colette à Pauline avaient été de lui mettre sa robe noire et de poser sur sa poitrine la plaque de grand officier de la Légion d'honneur. Elle avait aussi spécifié : « Je ne veux pas qu'on me voie, après. Et surtout pas qu'on me photographie [37]. »

Le 7 août, un samedi, dès le matin un catafalque drapé d'un grand voile tricolore est dressé dans la cour d'honneur du Palais-Royal. Sur un coussin noir la plaque de grand officier de la Légion d'honneur étincelait. Des fleurs, disposées sur un fond de feuilles de chêne, couvraient le socle, tout autour le sol était tapissé de bouquets. On pouvait distinguer les couronnes du président de la République, du ministre de l'Éducation nationale, du préfet de la Seine, du préfet de police, du conseil général, du conseil municipal. Il y avait les couronnes ou les gerbes du maire de Lyon, de Rainier de Monaco, d'Elisabeth de Belgique, de l'Académie-Goncourt, de la Comédie-Française, des associations du théâtre, du music-hall, de la presse, du cirque, celles de Saint-Sauveur-en-Puisaye, de la Société des gens de lettres, de l'Académie du Disque. De 8 h 15 à 10 h 30, la foule défile, canalisée par des agents à fourragère rouge. Après les discours officiels, la garde républicaine rend les honneurs. On présente les armes et la sonnerie aux morts retentit pour Colette. Puis les cuivres de la garde républicaine entonnent *La Marche funèbre* de Chopin, et le fourgon part pour le cimetière du Père-Lachaise où la tombe de Colette voisine avec celle d'Alfred de Musset. Parmi les vieux amis de Colette, certains trouvaient que cette pompe officielle lui allait bien mal, en particulier Henry Thétard qui l'avait amenée à Berlin en 1930 à la demande du directeur du cirque Sarasini. Il déplorait le conformisme des obsèques nationales, il aurait fallu, dit-il, « poser le cercueil sur une rocaille entourée de la verdure sombre de grands arbres déracinés ». Il regrettait qu'on ait emporté Colette au son de l' « inévitable » marche de Chopin. « La femme qui avait l'âme d'un chef aurait dû quitter son Palais-Royal aux accents grandioses des funérailles de la Walkyrie [38]. »

A peine Colette a-t-elle atteint son éternel repos qu'un scandale éclate. Le dernier. Après les funérailles, Edmonde Charles-Roux et Graham Greene vont dîner ensemble, très émus. Graham Greene, un catholique ardent, s'indigne que l'archevêque de Paris ait refusé d'accorder des funérailles religieuses à Colette. Il décide de dire ce qu'il pense dans une lettre ouverte. Sur un coin de table, il écrit un texte agressif et Edmonde Charles-Roux, qui partage son indignation, le traduit en français. Le lendemain matin, il montre sa lettre à Maurice Druon qui l'approuve et la fait parvenir au *Figaro*. Une semaine après les funérailles nationales de Colette, la lettre ouverte de Graham Greene à Son Éminence le cardinal-archevêque de Paris paraissait en première page du *Figaro littéraire*.

> « Dans notre foi les morts ne sont jamais abandonnés, disait-il. C'est le droit de toute personne baptisée catholique d'être accompagnée par un prêtre jusqu'à sa tombe. Ce droit, nous ne pouvons pas le perdre... par crime ou par délit, pour ceci qu'aucun être humain n'est capable d'en juger un autre, ni de décider où commencent ses fautes, où s'achèvent ses mérites. Mais aujourd'hui, par votre décision, aucun prêtre n'a offert de prières publiques aux obsèques de Colette... Deux mariages civils sont-ils tellement impardonnables ? La vie de certains de nos saints nous offre de pires exemples... Les autorités religieuses rappellent fréquemment aux écrivains leur responsabilité envers les âmes simples et les risques de scandale. Mais il existe aussi un autre risque qui est de scandaliser les esprits avertis... Aux non-catholiques il pourra sembler que l'Église elle-même manque de charité... Bien sûr, à la réflexion, les catholiques pourront estimer que la voix d'un archevêque n'est pas nécessairement la voix de l'Église [39]... »

Maurice Druon lance un autre brûlot :

> « M. le curé de Saint-Roch, soucieux sans doute de sauver son nom de l'oubli auquel il était promis, a refusé son église au cercueil de Colette... Saint-Roch, c'était la paroisse de Molière, et après trois cents ans *Tartuffe* ne s'y joue pas seulement sous les lustres du théâtre français [40]. »

La semaine suivante *Le Figaro littéraire* publiait la réponse du cardinal-archevêque de Paris, à Graham Greene : « ... L'Église catholique, apostolique et romaine, est une société qui, comme telle, a ses lois, et vous semblez ignorer en particulier celle qui concerne les obsèques religieuses. Avant d'en discuter, il eût été bon de la connaître. » Il précise en particulier que tout chrétien est libre. « Quand il l'a quittée volontairement et librement, l'Église ne veut pas lui imposer ses rites. » Il ajoute que « le refus des prières publiques n'interdit aucunement les prières privées pour un défunt. La charité que vous invoquez vous invite même à les lui accorder, afin qu'une grâce de pardon lui soit donnée par le Dieu miséricordieux qui seul, vous le reconnaissez, peut décider où commence la faute, où s'achèvent les mérites [41]. » Immédiatement une humeur belliqueuse s'empare des partisans de Son Éminence et de ceux de Graham Greene. *Le Figaro* ouvre ses colonnes à un torrent de lettres. La plupart se rangeaient du côté de l'archevêque, et approuvaient le refus de funérailles religieuses, qui auraient été imposées à Colette puisqu'elle n'avait pas demandé l'assistance d'un prêtre sur son lit de mort. Ils trouvaient que l'Église avait respecté sa volonté. Certains croyaient tout simplement que l'amour que Colette avait porté à toute la Création suffisait pour lui entrebâiller les portes du paradis.

Dans *La Naissance du jour*, Colette avait réglé la question. La mort, disait-elle, « je m'applique parfois à y songer, pour me faire croire que la seconde moitié de ma vie m'apporte un peu de gravité, un peu de souci de ce qui vient *après*... C'est une illusion brève. La mort ne m'intéresse pas, la mienne non plus ».

Note : Maurice Goudeket ne déplaça rien dans l'appartement, Pauline demeura à son service. Il consacra deux livres de souvenirs à Colette, fit mettre une plaque commémorative au Palais-Royal, s'occupa de la diffusion de son œuvre, publia deux ouvrages posthumes : *Belles Saisons* et *Paysages et Portraits*. Il voulait être enterré près de Colette, il avait préparé son épitaphe : « Ici est venu la rejoindre son meilleur ami. » Ce n'était pas son destin. En 1959 Maurice épousa la jeune veuve de Lucien Lelong. Ils eurent un fils. Maurice mourut à Deauville en 1977, âgé de 87 ans. Colette de Jouvenel contesta le testament de sa mère et gagna son procès ; un procès qui défraya la chronique parisienne. Elle mourut en 1981.

Remerciements

Nos remerciements vont en premier lieu aux archivistes et conservateurs qui nous ont aidées à rassembler la documentation de ce livre. Nous avons consulté en France : les Archives de la Ville de Paris, les Archives de la Ville du Havre, le Minutier central des notaires de Paris, les Archives nationales : États généraux des Fonds : Marine et Outre-Mer, les Archives des ports : état civil des gens de couleur, les Archives juridiques de la Ville de Versailles, les Archives du Rectorat de Paris, les Archives de la Gironde, les Archives départementales de l'Yonne, la bibliothèque de l'Arsenal, la bibliothèque de l'Opéra et le musée de la Légion d'honneur.

En Belgique : les Archives de la Ville de Bruxelles, les Archives notariales de la province de Brabant, la Bibliothèque royale de Belgique, les services démographiques.

Aux États-Unis : les bibliothèques de l'université de Californie à Los Angeles, de l'université du Texas à Austin, de l'université de Princeton.

Nous tenons à remercier en particulier Claude Giraud de la Société des manuscrits et autographes français, Monsieur Frans de Haes et Madame Grunhard du Musée de la Littérature à Bruxelles, Monsieur Hubert Collin des Archives départementales et communales de Charleville, Michèle Le Pavec, conservateur au département des manuscrits de la Bibliothèque Nationale, Marguerite Boivin, secrétaire de la Bibliothèque des Amis de Colette à Saint-Sauveur, Agnès Marcetteau, archiviste-paléologue de la médiathèque de la Ville de Nantes.

Nous exprimons notre reconnaissance toute particulière à Gladys Fowler-Dixon et Roger Fowler-Dixon.

Notes

Les références aux œuvres de Colette sont tirées de l'édition en trois volumes, Bouquins, Robert Laffont, 1989.
Chaque volume est indiqué par un, deux, ou trois *. Les références à l'édition de la Pléiade par PI, PII, PIII.

Colette   Œuvres complètes, Édition du Fleuron, Paris, distribué par Flammarion 1948-1950, 15 vol.

Œuvres complètes, Édition du Centenaire, Paris, Flammarion 1973-1976, 16 vol.

Œuvres, NRF La Pléiade, Paris, Gallimard, vol. I 1984, vol. II 1986, vol. III 1991, vol. IV à venir.

Cahier de Colette, Paris, les Amis de Colette : Premier Deuxième, Troisième, 1935 – Quatrième, 1936.

Mes cahiers, Paris, Aux armes de France, 1941.

Cahiers Colette, *La Société des Amis de Colette*, Paris, Flammarion, 1977.

LHP :   Colette, Lettres à Hélène Picard, Paris, Flammarion, 1958.
LMM : Colette, Lettres à Marguerite Moréno, Paris, Flammarion, 1959.
LMT :   Colette, Lettres à Moune et au Toutounet, Paris, Des femmes, 1985.
LPC :   Colette, Lettres au Petit Corsaire, Paris, Flammarion, 1963
LSP :   Colette, Lettres à ses pairs, Paris, Flammarion, 1973.
LV :   Colette, Lettres de la Vagabonde, Paris, Flammarion, 1961.
LPB :   Colette, Lettres à Annie de Pène et Germaine Beaumont, Flammarion, 1995.
LS :   Lettres de Sido à sa fille, précédées de Lettres inédites de Colette, Paris, Des femmes, 1984.
DV :   Goudeket, Maurice, *La Douceur de vieillir*, Paris, Flammarion, 1965.
PC :   Goudeket, Maurice, *Près de Colette*, Flammarion, 1955.

I. LA FAMILLE DE COLETTE

1. *Vins*, ***, 986.
2. *Une amitié inattendue*, Paris, Éd. Émile Paul Frères, 1945, 12 octobre 1905.
3. *L'Éclaireur de Nice*, 14 décembre 1910.
4. Pl, XLIII.
5. LP, 109.
6. *Maison de Claudine*, **, 237.
7. Robinet, *Études ardennaises* n° 9, avril 1957.
8. *La Fille de mon père*, **, 237.
9. *L'Étoile Vesper*, ***, 631.
10. Archives de la Chambre des notaires, minutier central XCV 563.
11. Landoy, Eugène, *L'Illustration, journal universel*, 19 juin 1852, 407 « Le personnage principal de toute ma vie », *Journal à rebours*, 51.
12. LS, 357.
13. LS, 12 juin 1907.
14. Minutier central, Étude Edmé Foucher, inventaire des biens Landoy, 1835.
15. *Ma mère et la morale*, 268.
16. Landoy, Eugène, « Un pèlerinage à Waterloo », *L'Illustration*, 1854, 410.
17. *Une guêpe exilée*, *Salon 1842*, Bruxelles, 1842, préface 1re livraison.
18. LS, 463.
19. *L'Office de Publicité*, 32e année, n° 1652, 23 mars 1890.
20. LS, 288.
21. *La Naissance du jour*, **, 610, 611.
22. LS, 86.
23. LP, 202.
24. LS, 56.
25. *Le Képi*, ***, 345.
26. *Ma mère et le curé*, **, 265.
27. *Sido*, 770, 773.
28. *La Cire verte*, 343, *Le Sauvage*, 210.
« Le mariage ne procure aucun bonheur », Fourier, OC, I, 204.
29. *Claudine à l'école*, 9.
30. *Ibid.*, 9.

31. *Où sont les enfants*, **, 207.
32. LS, 166.
33. Mme Marguerite Boivin.
34. Rapport du juge Crançon, juge de paix de Saint-Sauveur au procureur impérial, 15 novembre 1865.
35. *L'Étoile Vesper*, 663.
36. PIII, 1081.
37. Juge Crançon.
« Né pour plaire et pour combattre », *Maison de Claudine*, 226 et 779.
38. *Le Zouave*, 1238.
39. Amblard, E., *Bulletin de la Société des Sciences historiques et naturelles de l'Yonne*, t. 97, 1957-1958.
40. PI, XLVI.
41. Dinesen, T., *Boganis*, 9.
42. Colonel Godchot, *Le Premier régiment des zouaves*, 1852-1895, 2 vol., Paris, Librairie Centrale des Beaux-Arts, (s.d. 1898).
43. PI, 1239.
44. LS, 441.
45. Juge Crançon.
46. *Ibid.*.
47. Sartre, J.-P., *Lettres au Castor*, t. I, Paris, Gallimard, 1983, p. 227.
48. Juge Crançon.
49. Amblard, *op. cit.*

II. GABRIELLE SIDONIE COLETTE

1. *Le Fanal bleu*.
2. *Progéniture*, **, 476.
Yvonne et Gabri resteront toujours en contact. Yvonne s'établit comme modiste à Saint-Sauveur. En 1898 elle épouse à Paris un ingénieur dont le témoin est Henry Gauthier-Villars. Ils vécurent en Russie. La dernière lettre de Colette à Yvonne est du 13 février 1954. Elles moururent toutes deux en 1954 à trois mois d'intervalle.
3. *Claudine à l'école*, 11.
4. Robineau-Desvoidy, *Essai statistique sur le canton de Saint-Sauveur-en-Puisaye*, Bruxelles, Imprimerie d'Amédée Gratiot et Cie., 1838, p. 47.
5. *Printemps passé*, **, 293.
6. Claudine au concert, *Gil Blas*, juin 1903.
7. *La Chaufferette*, ***, 61.
8. *En pays connu*, ***, 860 et 963-964, LS, 188.
9. *Les Vrilles de la vigne*, *, 620-621.
10. *Autres bêtes*, Fleuron, III, 816.
11. Lettres de Mme Saint-Aubin, 9e, 18 décembre 1880, *Cahiers Colette*, 5 et 6.
12. *Conferencia*, 1er avril 1926 et LP, 242.
13. Landoy, (Jenny) A.C., *Rhamsès II*, Paris, Simonis-Empis, 1894, 14-15.
14. *Sido*, 790, 769.
15. Colette, *Discours A.R.L.L.F.B.*, 1936.
16. Landoy, Jenny, *op. cit.*, préface.
17. *La Naissance du jour*, 651. Entretiens avec Alain Parinaud, 1949. Archives sonores, Institut national de l'audiovisuel, 1991.

18. *La Naissance du jour*, 650.
« Je n'ai jamais eu de camarades de mon espèce », *Claudine à l'école*, 11.
  19. *Claudine à l'école*, 11; *Aventures quotidiennes*, 484-485.
  20. *Ma mère et les livres*, **, 224.
  21. *Flore et Pomone*, ***, 450.
  22. *En pays connu*, ***, 1008.
  23. *Mélanges, Fleuron*, XV, 347.
  24. *Ibid.*, 344. Houssa, Nicole, *Revue d'histoire littéraire*, janvier-mars 1960.
  25. *Propagande*, **, 227.
  26. PI, CXXVI.
  27. *Sido et moi*, 59.
« Des sauvages, des sauvages... que faire avec de tels sauvages » – *Sido*, **, 787.
  28. *Aventures quotidiennes*, **, 484-485.
  29. *Ma mère et la maladie*, 273.
  30. *La Naissance du jour*, 589.
  31. *Ibid.*.
  32. *La Maison de Claudine*, 273.
  33. *Le Fanal bleu*, ***, 817.
  34. *Pour un herbier*, ***, 714.
  35. *Ibid.*
  36. Chastenet, Charles, *La République des républicains*, Paris, 13.
  37. *Claudine s'en va*, 507.
  38. *Journal à rebours*, ***, 59.
  39. *Pour un herbier*, **, 768.
  40. Robineau-Desvoidy, J.B., *Histoire naturelle des dyptères des environs de Paris*, Masson, 1858, préface.
  41. Fabureau, Hubert, *Mercure de France*, 1-1-1950, 187-190.
  42. *Claudine à l'école*, 9-11.
  43. *Journal à rebours*, 8.
  44. *Des mères, des enfants*, 955.

III. UNE ÉDUCATION À FUMET FOURIÉRISTE

  1. *La Fleur de l'âge*.
  2. *Des mères, des enfants*, III, 957.
  3. Fourier, OC VI, 335-337.
  4. *En pays connu*, III, 956.
  5. *Le Voyage égoïste*, II, 149-150.
  6. *Prisons et paradis*, II, 986.
  7. *Le Capitaine*, **, 777.
  8. *Flore et Pomone*, ***, 465.
  9. *La Noce*, 240.
  10. *Ibid.*, 241-242.
  11. *Sido*, **, 760.
  12. *De ma fenêtre*, 119.
  13. *Sido*, 768.
  14. *Papillons*, 70.
« Elle bannissait les religions humaines », *Sido*, 770.
  15. LS, 335.
  16. *Sido*, 770.
  17. *Noëls anciens*, ***, 965.

18. *Ma mère et le curé*, **, 265.
19. *Reliques*, ***, 992.
29. *Chambre d'hôtel*, ***, 1511.
21. *Pour un herbier*, ***, 717.
22. *En pays connu*, ***, 867.
23. *Chambre d'hôtel*, ***, 1511.
24. *Le Pur et l'Impur*, **, 947.
25. *La chambre éclairée*, **, 106.
26. LMM, 264.

« Elle refaisait pour nous tout le tableau des sentiments humains », *En pays connu*, ***, 957.

27. *Ma mère et les livres*, **, 224.
28. *Claudine à Paris*, 272.
29. *La Maison de Claudine*, **, 225.
31. *Ibid.*, 257.
31. *Ibid.*, 226.
32. *En pays connu*, ***, 956.
33. L. de Sido, 441.
34. *La Naissance du jour*, **, 590.
35. *La Naissance du jour*, **, 781.
36. *La Naissance du jour*, **, 767.
37. *La Naissance du jour*, **, 778.
38. *Bella vista*, **, 1372.
39. *Ma mère et les livres*, **, 226.
40. *La Petite*, **, 216-217.
41. *Le Miroir*, *, 663-665.
42. PIII, 1793.
43. *Sido*, **, 773 et 789.
44. *La Fleur de l'âge*, ***, 957.
45. *Sido*, **, 761.
46. *L'Étoile Vesper*, ***, 565.
47. *Le Miroir*, *, 663-665.
48. *Sido*, **, 774.

« Ma mystérieuse demi-sœur », *Sido*, **, 777.

49. *Sido*, **, 777.
50. *Ma sœur aux longs cheveux*, **, 243.
51. *Belles saisons*, ***, 554, et, **, 245.
52. LS, 28 avril 1907.
53. *Les Sauvages*, **, 798.
54. *Cahiers Colette*, 31.
55. *Le Capitaine*, **, 780.
56. *Amour*, **, 215.
57. *Le Capitaine*, **, 782.
58. « Contre l'offensive pour la réforme de l'orthographe », *Le Figaro Littéraire*, 2 août 1952.
59. *Le Capitaine*, **, 775.
60. *Le Fanal bleu*, ***, 804 et *Journal à rebours*.
61. *Sido*, **, 416.

« Ce qu'il faudrait écrire c'est le roman de cet homme-là », *Mes apprentissages*, **, 1209.

62. *L'Ami*, **, 260.

63. Caradec, François, *Feu Willy*, Paris, Éd. Carrère-J.J. Pauvert, 1984, p. 32. « Taisez-vous et embrassez-moi », *Claudine à l'École*, 24.
64. Larnac, Jean, *Colette, sa vie, son œuvre*, Paris, Krâ, 1927, 41.
65. « Sources de Colette », *Souvenirs inédits de deux condisciples de Claudine, La Grive*, Juillet-septembre, 1960.
66. *Journal à rebours*, ***, 62.
67. *Claudine à l'école*, **, 95.
68. *L'Almanach de Paris an 2000*, PI, 1555.
69. *Graphismes, Cahier 2*, 7.
70. *Ma Bourgogne pauvre*, ***, 865.

IV. Madame Gauthier-Villars

1. *La Maison de Claudine*, **, 275.
2. *Caradec*, 58.
3. Rousseau Raaphorst, Madeleine, *Colette et sa mère « Sido »*, Lettres inédites concernant le premier mariage de Colette, Rice University Studies, t. 59, n° 3, Summer 1973, p. 61-69.
4. *Ibid.*
5. *Rachilde.*
« Impossible à marier dans son pays », Meg Villars, *Les Imprudences de Peggy*, traduit par Willy, Société d'Édition et de Publications parisiennes, 1910.
6. *Ibid.* et Gauthier-Villars, Henry, *Indiscrétions et commentaires sur « les Claudine »*, Tirage limité à 50 exemplaires, Pro Amicis, 1962.
7. *Sido et moi*, ***, 57.
8. *La Cire verte*, ***, 336.
9. *Le Fanal bleu*, ***, 791.
10. *Mes apprentissages*, **, 1204.
11. *Indiscrétions*, 28.
12. *Claudine en ménage*, *, 303-305.
13. Samain, *Des Lettres*, Paris, Le Mercure de France, 1933, 42.
14. *Sido à Juliette*, op. cit. 12 mai 1892.
15. *Ibid.*, 28 septembre 1892.
16. *Ibid.*, octobre 1892.
17. *Ibid.*, 28 septembre 1892.
18. PI, LX.
19. LP, 3 novembre 1891.
21. *Caradec*, 23.
21. *Caradec*, 63.
22. *Ibid.*.
23. *Sido à Juliette*, octobre 1892.
24. *La Vagabonde*, **, 827.
25. *La Naissance du jour*, **, 592.
« Ange de minuit ».
26. *Caradec*, 73.
27. Blanche, Jacques Émile, *Mes modèles*, Paris, Stock, 1928; *La Pêche aux souvenirs*, Flammarion, 1949.
28. Renard, Jules, *Journal, 1887-1910*, NRF Gallimard, Pléiade, 1960.
29. *Claudine à Paris*, *, 183.
30. *Mes apprentissages*, **, 1211.
31. PL, LXV.

32. *La Petite*, **, 216.
« Avoir toujours tu les grandes rencontres de ma vie », *L'Étoile Vesper*, ***, 629.
33. Talmeyr, Maurice, *Souvenirs d'avant le déluge, 1870-1914*, Perrin, 1927, 161-162.
34. *Courteline*, ***, 874.
35. *Mes apprentissages*, **, 1008.
36. LP, 24. Les citations de Wilde sont traduites de Ellman Richard, *Oscar Wilde*, London, Penguins Book, 1987, p. 322-327.
37. *Le Pur et l'Impur*, **, 949.
38. Rudorff, Raymond, *The Belle Epoque, Paris in the nineties*, New York Saturday Review Press, 1972, 156-185.
39. Barrès, Maurice, préface à Rachilde, *Monsieur Vénus*, Paris, Flammarion, 1977, 5-21.
40. Rachilde (Marguerite Vallette), *Portraits d'hommes*, Paris, Mercure de France, 1930, p. 5-25. *Alfred Jarry ou le Surmâle des Lettres*. Paris, Grasset, 1928.
41. *Mes apprentissages*, III, 997, L'Étoile Vesper, ***, 669.
42. *Correspondance Mallarmé-Whistler*, Paris, Ed. C. Barbier, 1962, 98-99.
43. LP, 390.
44. Bonmariage, Sylvain, *Willy, Colette et moi*, Paris, Charles Frémanger, 1954, 36-35, *Mes apprentissages*, III, 1012.
« Le bastion de l'intimité artistique, ***, 53.
45. *Un salon en 1900*, ***, 53.
46. Willy, *Maugis amoureux*, 20.
47. *Mes apprentissages*, ***, 1267.
48. *Ibid.*.
49. *Journal à rebours*, 53.
50. *Un salon en 1900*, ***, 54.
51. PIII, 1070 et 1800.
52. *Journal à rebours*, 53.
53. OCH, t. IX, 27.
54. *Un salon en 1900*, 54.
55. Seroff, Victor, *Debussy: Musician of France*, New York, Putnam, 1956.
56. *Mes apprentissages,* PIII, 1070.
57. *Sido*, **, 760.
58. PIII, 1800.
59. Gavoty, Bernard, *Reynaldo Hahn, le musicien de la Belle Époque*, Paris, Buchet-Chastel, 1976.
60. Caradec, 105.
61. *Sido*, **, 759.
62. PIII, 1753.

V. DE COLETTE À CLAUDINE

1. LP, 11-12.
2. Willy, *Souvenirs littéraires... et autres*, Paris, Éd. Montaigne, 132-133.
3. *Mes apprentissages*, **, 1217-1218.
4. *Claudine en ménage*, *, 339, 305.
Willy, *Ginette la rêveuse*, Paris, Albin Michel, 1919, 137 – *Maugis Amoureux*, Albin Michel, 1905, 280.
5. *La Belle Époque, op. cit.*, 61.
La maladie dont on tait le nom.

6. Richardson, Joanna, *Judith Gautier*, New York, Franklin Watts, 1987, 164 et *Mes apprentissages*, **, 1258.
7. Préface, LMM, 16.
8. Caradec, 89.
9. PI, LXV.
Les amitiés de pensionnaire.
10. *Mes apprentissages*, 1219.
11. *Ibid.*, 1220.
12. LV à Hamel, 31 mars 1911, 47.
13. *L'Entrave*, *, 1046.
14. PIII, 1735.
15. Caradec, François, *La Farce et le sacré*, Paris, Casterman, 1987, 58-61.
16. *L'Entrave*, *, 1046 passim et PIII, 1736.
17. *Le képi*, 283.
18. PIII, 1734.
19. *Le képi*, 279.
20. *L'Entrave*, *, 1035.
21. *Mes apprentissages*, **, 1223.
22. LP, 18-19 et Champion, Pierre, *Marcel Schwob et son temps*, Paris, Grasset, 1927.
23. LP, 18-20.
24. *Ibid.*, 21-22.
25. Maurras, Charles, *Quand les Français ne s'aimaient pas*, Paris, Nouvelle Librairie Nationale, 1916. 167.
26. Cité par Chastenet, *Histoire de la IIIe République*, Paris, Hachette, 1957-1963, 29-30.
« Je m'appelle Claudine, j'habite à Montigny », *Claudine à l'école*, *, 9.
27. Lettres autographes, *Bulletin Coulet-Faure*, n°s 6 et 24, Paris, sd, 111-114.
28. *Mes apprentissages*, **, 231.
29. Lyonne de Lespinasse, « La Peur de l'être », *Frou-Frou*, 1907.
30. *Indiscréditons*, 25-28.
31. PI, LXV.
32. Willy à Rachilde, *Bulletin Coulet-Faure*, 112-113.
33. *Claudine en ménage*, *, 327.
34. LP, 27, *Mes apprentissages*, **, 1228.
35. Rachilde, *Portraits d'hommes*, Paris, Mercure de France, 1930.
36. Pougy, Liane de, *Mes cahiers bleus*, Paris, Plon, 1977.
37. Lettre de l'Ouvreuse, *L'Écho de Paris*, 1er décembre 1889.
38. Lewis, Arthur, *La Belle Otéro*, New York, Trident Press, 1967, 71.
« La jeunesse du d'Harcourt ».
39. LP, 29.
40. *Mes apprentissages*, III, 1015-1016, 1014.
41. Cité par Goujon, Jean-Paul, *Pierre Louÿs*, Paris, Seghers – Jean-Jacques Pauver, 1988, 160-162.
42. *Ibid.*, 163.
« Madame H.G.V. le nouveau jeune journaliste », Lettre de P. Louÿs à Georges Louÿs, 20 février 1896, p. 168.
43. Francis, C., Gontier F., *Poèmes de Proust, Cahier Proust*, 10, Paris, Gallimard, 1982, 7-8.
44. Kolb, Philippe, *Correspondance de Marcel Proust*, vol. I, Paris, Plon, 1980, 385.

45. Parmentier, Florian, *Histoire de la littérature de 1885 à nos jours*, Paris, E. Figuière et Cie., 1897, 338-339.
46. *Indiscrétions*, 27.
47. *Paysages et portraits*, 112.
48. Caradec, 89.
49. *Ibid.*, 90.
50. *Mes apprentissages*, 1019.
« 93, rue de Courcelles ».
51. Gold, Arthur, Fizdale, Robert, *Misia*, New York, Knopf, 1980, 87.
52. Proust, *op. cit.*, 16 février 1897, 178.
53. *Mes apprentissages*, **, 1258.
54. LP, 25.
55. BN dossier Willy et *Mes apprentissages*, 1217.
56. *Mes apprentissages*, 1223.
« Changer c'est vivre », Colette, dossier « Théâtre du Parc », ML 4439175, musée de la Littérature.
57. Lettres de Willy à Kinceler, BN dossier Willy.
58. Caradec, 97 et Renard, *Journal*, 1897.
59. Léautaud, *Journal littéraire*, Mercure de France, 1954..., 66-67, 91.
60. Caradec, 101.
61. Rosny, J.H. aîné, *Portraits et souvenirs*, Paris, Compagnie française des Arts graphiques, MCMXLV, 83.
Fin de siècle.
62. Renard, *Journal*, 11 février 1897.
63. Sido à Juliette, 5 avril 1898.
64. Boulestin, *A Londres naguère*, Paris, Fayard, 1946 et *Myself, my two countries*, London, Cassel, 1937, p. 82-85.
65. *Indiscrétions*, 28.

VI. CLAUDINE

1. Dauriac, C.R., pseud. Armory, *50 ans de vie parisienne*, Paris, Renard, 1943, 36-37.
2. 10 janvier 1900, BN dossier Willy.
3. *Ibid.*.
4. PI, LXXI.
5. *Ibid.*, LXII.
6. Renard, *op. cit.*, année 1900.
7. Franc-Nohain, *Fantasio*, 1er novembre 1906.
8. Rachilde, *Mercure de France*, IV, 1901, 188-189.
9. *Indiscrétions*, 22.
10. *Claudine à Paris*, **, 212.
11. *Paysages et Portraits*, 141 et Gauthier-Villars, Jacques, « Willy et Colette, un couple parisien de la Belle Époque ou Willy vu par son fils », *Les Œuvres libres*, nouvelles séries, n° 161, 1959, 175-196.
12. *Claudine s'en va*, 498, et *Flore et Pomone*, 451.
13. *Indiscrétions*, 20-28.
14. Lettres de Claudine à Renaud, *Le Damier*, avril 1905.
15. Blanche, Jacques, *De Gauguin à la Revue Nègre*, Paris, 130-131.
16. *Indiscrétions*, 28-29.
17. *Claudine s'en va*, 497.

18. Caradec, 150.
19. LP, 47.
Polaire.
20. *Mes apprentissages*, 1246 et 1248, Caradec, 131.
21. Charles, Jacques, *Cent ans de music-hall*, Paris, 1956, 119, et Polaire, *Polaire par elle-même*, Paris, Éd. Figuière, 1933, 126-127.
« Flagrant délit ».
22. Lettre de Claudine à Renaud, *Le Damier, op. cit.*
23. Casella, Georges, *La Revue illustrée*, 1er octobre 1903, et *Polaire par elle-même*, 138-139.
24. La Hire, Jean de, *Willy et Colette*, « Ménages d'artistes », Paris, Adolphe d'Espie, 1905.
25. PIII, 1780-81.
26. PIII, 1063.
27. LP 53.
28. LMM, 31.
29. LP, 47.
30. *Indiscrétions*, 33.
31. *Mes apprentissages*, 1236.
32. *Claudine s'en va*, 500, 508.
33. *Le Damier, op. cit.*.
34. *Ibid.*.
35. *Claudine s'en va*, 508.
36. Cocteau, Jean, *Portraits souvenirs 1900-1914*, Paris, Grasset, 1935, 57-58, et Colette, Grasset, 1955.
« Paris-Mytilène ».
37. Barney, *Souvenirs indiscrets*, 187-189.
38. Chalon, Jean, *Portrait d'une séductrice*, Paris, Stock, 1976, 311.
39. Carassus, Émilien, *Le Snobisme et les lettres françaises de Paul Bourget à Marcel Proust 1884-1914*.
40. Plat, Hélène, *Lucie Delarue-Mardrus*, Paris, Grasset, 1994.
41. Casella, Georges et Ernest Gaubert, *La Nouvelle Littérature 1895-1905*, Paris, Sansot, 1906, 123.
42. Germain, André, *Les Fous 1900*, Genève, La Palatine, 65.
43. *Le Gil Blas*, 12 janvier, 19 janvier, 30 janvier 1903.
44. *Le Gil Blas*, 30 janvier 1903.
45. Caradec, 155-156.
« Ce couple exceptionnel ».
46. Pléiade, 647.
47. *Le Figaro*, 29 mai 1903.
48. Willy et Curnonsky, *Chaussettes pour dames*, Paris, Garnier, 1905.
49. Charles-Roux, Edmonde, *Chanel*, New York, Knopf, 1975, 189.
50. *Claudine en ménage*, 340 – *Maugis Amoureux*, 20-21.
51. Delarue-Mardrus, Lucie, *Mes mémoires*, NRF Gallimard, 1938, 141.
52. Plat, Hélène, *Lucie Delarue-Mardrus*, Paris, Grasset, 1994, 84.
53. Tual, Denise, *Le Temps dévoré*, Fayard, 1980, 112-113.
54. Séché, Alphonse, *La Mélée littéraire 1900-1930*, Société française d'éditions, 1935, 37.
Les ateliers et « la patronne ».
55. Solenière, Eugène, *Willy*, Paris, Sevin et Rey, 1903, 259.
56. *Maugis amoureux*, 1-2.
57. *Ibid.*, 81, 67, 280, 286.

« Je veux danser la pantomime, je veux écrire des livres chastes », *Toby-chien parle*, Pléiade, I, 994.
   58. *Mercure de France*, avril 1904.
   59. *Une amitié inattendue*, Correspondance de Colette et Francis Jammes, *op. cit.* 37-39.
   60. Jammes F. et Gide A., *Correspondance 1893-1938*, Gallimard, 1948, 216-217.
   61. Préface, PII, 808-809.
   62. LP, 57.
   63. Jean de la Hire, 126.
   64. Fourier, OC VII, 390-392.
   65. *L'Ingénue Libertine*, *, 701, 732, 739, 767, 795, 806.
   66. Lettre de Willy à Rachilde, 114.
   67. Caradec, 169.
   68. à Rachilde, *Ibid.*
   69. *Mes apprentissages*, **, 804.
   70. Lettre de Claudine à Renaud, PI, 529.
   71. *Mes apprentissages*, 1066.
   72. PI, LXXXVI, juin 1905.
   73. PI, 1071.

VII. – Danse, théâtre et music-hall

   1. *La Vie parisienne*, juin 1905.
   2. Pougy, Liane de, *op. cit.*, 126.
   3. Malige, Jeanine, *Colette, qui êtes-vous ?* Paris, La Manufacture, 1953, 4.
   4. PI, LXXXV.
   5. LS, 39.
   6. à Barney, PI, LXXXIV.
   7. LS, 26 septembre 1905.
   8. LS, 21 novembre 1905.
   9. *Antée*, n° 7, décembre 1905.
   10. *Printemps de la Riviera*, PI, 1060.
   11. Newton, Joy et Bruel, Jean-Pierre, *Colette et Robert de Montesquiou, Kentucky Romance Quarterly*, 214-215.
   12. *Ibid.*, mai 1907, 216.
   13. Boulestin, 91.
   14. *La Vie parisienne*, 1905, Une nouvelle étoile.
   15. 14 octobre 1906.
   16. 1er octobre 1906.
   17. « Potins de Paris », *Le Rire*, mars-avril 1906.
   18. *Le Cri de Paris*, 509, 28 octobre 1906, 9.
   19. *Le Cri de Paris*, 25 novembre 1906, 2 décembre 1906.
   20. *Le Journal*, 7 novembre 1906, « Paniska ».
   21. Lugné-Poe, *Parade*, t. III, Gallimard, 1933, 226.
   22. *Le Rire*, 15 décembre 1906.
   23. Théâtre du Parc, coupures de presse, 1906, Bibliothèque royale de Belgique, dossier ML 4439/31.

24. *Ibid.*, 5 décembre et Caradec, 190.
« J'appartiens à Missy. »
25. *Le Rire*, 29 décembre 1906.
« Le scandale du Moulin-Rouge ».
26. *Le Matin*.
27. 10 janvier 1907 et Wague, *Mémoires*.
28. 12 janvier 1907.
29. D'Hollander, Paul. *Ses apprentissages*, Paris, Klincksieck, 360.
30. Wharton, Edith, *Backward Glance*, New York, 1959, p. 137-150.
31. LS, 159.
32. LS, 56.
33. LS, 73.
34. Sylvain Bonmariage, *op. cit.*, 21-23.
« Séparation de corps »
35. Boulestin, *op. cit.*, 93.
36. PI, XCV.
37. Willy, *Un petit vieux bien propre*, 187-190.
38. PI, XCIII.
39. PI, XCIII-XCIV.
40. Caradec, 190.
41. *La Retraite sentimentale*, 598.
42. Caradec, 191.
43. Caradec, 192.
44. *La Retraite sentimentale*, 567.
45. *Nuit blanche*, 971-972.
46. Bonmariage, *Willy, Colette et moi*, Paris, Charles Fremanger, 1954, 22 et *L'Éveil du cœur*.
47. *Ibid.*, 123.
« Proclamation de foi du mime écrivain. »
48. LS, 28 janvier 1907.
49. *Les Vrilles*, 638.
50. Colette et R. de Montesquiou, 220.
51. *Les Vrilles*, 640.
52. Caradec, 201.
53. LV, 16.
« Les derniers chants amoebés ».
54. *Mes apprentissages*, 1266.
56. Caradec, 207.
56. Willy, *Un petit vieux bien propre*, Paris, Bibliothèque des Auteurs modernes, 1907, 195.

VIII. – LA CHAIR

1. LV, 18.
2. Tristan, Rémy, *Georges Wague, le mime de la Belle Époque*, Paris, Georges Girard, 1964, p. 73.
3. *La Presse*, 5 novembre 1907.
4. *Paris Théâtre*, 25 avril 1908.
5. *Le Messager de Bruxelles*, 6 février 1910.
6. *Comœdia illustré*, 5 janvier 1913.
7. *Le Capitole*, mai 1923.

8. *Comœdia*, 5 janvier 1913.
9. *La Vie parisienne*, 14 août 1909.
10. Fourier, OC VII, 331.
11. *Nudité*, 435.
12. *Mes apprentissages*, 1244.
13. Bonmariage, 112 et « Colette Willy dans Claudine », *Comœdia*, 9 mai 1908.
14. LS, 14 mai 1908.
15. LS, 10 mars 1908, 161 – *La Vagabonde*, *, 827.
16. Caradec, 207.
17. BN, *op. cit.*
18. LS, 6 mars 1908.
19. LV, 23 ; 20-21.
20. Caradec, 216.
21. Caradec, 218.
22. *La Vie parisienne*, 9 janvier 1909.
« En camarades ».
23. LV, 144.
24. *Le Temps*, 15 février 1909.
25. *Comœdia*, 17 octobre 1908.
26. Caradec, 217.
27. LV, 28 février 1909, 30.
28. Caradec, 190.
29. LV, octobre 1909.
30. LV, novembre 1909.
31. *Paysages et portraits*, 49.
32. LV 30.
33. LV, 31-32.
34. Willy, *Lélie fumeuse d'opium*, Albin Michel, 1911, 54.
35. *Paysages et portraits*, 49.
36. Delluc, *Chez de Max*, Paris, 1918, 229-230.
37. LMS, 258.
38. LV, 31.
39. *La Vagabonde*, 820.
40. Colette, *En tournée, cartes postales à Sido*, Paris, Ed. Persona, 1984, 40 et PI, 1333 passim.
41. *La Vie parisienne*, 2 octobre 1909.
42. LV 34.
43. LV 36.
« Pimprenette de Foligny », Willy, Bibliothèque des Auteurs modernes, 1908.
44. Barney, Nathalie, *Souvenirs indiscrets*, Paris, Flammarion, 1960, 311.
45. *Pimprenette*, 120 et *Bonmariage*, 220-221.
46. LV, 46.
47. BN, Willy, 2 novembre 1909.
« Rien ne compte en amour hormis le premier amour », *La Vagabonde*, 888.
48. *Paris qui chante*, 5 décembre 1909.
49. Caradec, 226.
« Écrire ! Verser avec rage toute la sincérité de soi », *La Vagabonde*, 888.
50. LV, 39.
51. Pougy, *op. cit.*, 138.
52. LV, 62.
53. *En tournée*, 86.

54. LV, 37.
55. *Le Journal de Genève*, 304, 28-29 décembre 1963.
« L'oisiveté de mon ami... est un sujet d'effarement pour moi, presque de scandale », *La Vagabonde*, 934.
56. LV, 45-46.
57. LV, 76, 416, 57.
58. *En tournée*, 92.
59. LV, 49-50 – *L'Entrave*, 1055.
« Henry de Jouvenel des Ursins ».
60. LV, 52-53.
61. LV, 58.
62. Diesbach, Ghislain de, *La Princesse Bibesco*, Paris, Perrin, 1986, 323.
63. Gillet, Louis : in Binion, Rudolph, *Defeated Leaders, Caillaux, Jouvenel, Tardieu*, New York, University Press, 1960, 122.
64. *Ibid.*, 119-186.
65. LV, 55-58.
66. PII, XIII.
67. PII, XIV.
68. LV, 54.
69. LV, 57.
70. LS, 450.
71. LV, 66.
« La baronne de Bize ».
72. Caradec, 245.
73. *Lélie*, 63-64 ; 313.
74. Caradec, 245.
75. *Ibid.*
76. LS, 497.
77. *Les Guêpes*, 25 avril 1912.
78. LV, 67 ; 70-71.
79. LV, 73, 140-141.
80. LV, 73.
81. LV, 75.
82. Fantasio, 15 février 1911.
« La mort de Sido ».
83. LS, 450.
84. LV 76.
85. LV, 80.
86. LV, 83.
87. LV, 86.

IX. – La baronne de Jouvenel

1. *Dans la foule*, *, 1299.
2. *Ibid.*, 1327-1328.
3. Chauvière C., *Colette*, Paris, Firmin-Didot, 1931, p. 19.
4. LV, 87, 89.
6. Proust M., *Correspondance*, t. XII, Paris, Plon, 1984, 337-338.
6. *L'Envers du music-hall*, préface, Ed. Guillot, 1937.
« Une grossesse d'homme », *L'Étoile Vesper*, ***, 676.
7. *L'Étoile Vesper*, ***, 676-677-678.

8. LV, 96.
9. *L'Étoile Vesper*, ***, 680.
10. LV, 97.
11. LV, 94, 95.
112. LP, 184, 185.
13. Chalon J., *Portrait d'une séductrice*, Paris, Stock, 1976, 161, 166-167.
14. LMM, 36, 37, 38, 41, 42.
15. Pozzi C., *Journal 1913-1914*, Paris, Ed. Ramsay, 1987, 52, 53, 74, 76.
« Musidora, filleule des fées, œuf d'oiseau bleu que j'ai un peu couvé ».
16. Musidora, *Mémoires*, 184, 185, 186.
17. Weiss, Louise, *Notes pour Mémoires d'une Européenne*, BN, NAF, 17794, LV, 104.
19. *Les Heures longues*, *, 1205.
20. Moréno M., *Souvenirs de ma vie*, 231-232.
21. LV, 107.
22. Pozzi C., *op. cit.*, 81.
23. LV, 111.
24. *Les Heures longues*, *, 1210.
« Il est à Verdun, il est bien, il l'aime. Elle exulte », Marguerite Moréno.
25. LV, 111.
26. LV, 113, 114.
27. PII, p. XXVII.
28. PII, p. XXVI.
29. LV, p. 117.
30. *Les Heures longues*, 1245.
31. *Journal intermittent*, O.C.F., 245, 246, 247.
32. LV, 119.
33. *Journal intermittent*, O.C.F., 253.
34. *Les Heures longues*, *, 1268.
35. LV, 121.
36. *Trois... Six... Neuf...*, ***, 382-383.
37. PII, XXXIII.
« Quelques coups de pied perfides », Willy.
38. Musidora, *Mémoires*, 72.
39. *Cinéma*, mars 1917.
40. *Comœdia illustré*, 15 janvier 1911.
41. PII, 1469, Archives Heugel, 30 août 1910.
42. Caradec, *Feu Willy*, 275.
43. *Les Heures longues*, *, 1287.
44. Caradec, *Feu Willy*, 264.
45. Caradec, 265.
« Plus ça change », Colette.
46. Musidora, *Conférence sur Colette*, 20 octobre 1945.
47. LV, 125.
48. *Les Heures longues*, *, 1280.
49. LV, 129.
50. LV, 126.
51. PII, pp. XXXI, XXXII.
52. Lemery, Henry, *D'une République à l'autre*, Paris, La Table ronde, 1964, pp. 104-105.
53. LV, 127.
54. *Le Matin*, 14 juillet 1918.

55. LP, 206.
56. LP, 208.
57. LV, 128.
58. Pougy, Liane de, *Mes Cahiers bleus*, 109.
59. LMM, 353.
60. *Le Fanal bleu*, ***, 729.
61. Sido, **, 785.
62. *L'Étoile Vesper*, 646, 647, 648.
63. *Sido*, **, 785, 786.
64. *Sido*, **, 786.
65. LP, 205.
66. Carco F., *Colette « mon ami »*, Paris, Ed. Rive Gauche, 1955, pp. 8, 11.
67. LP, 204, 206, 208.
68. Carco F., *Colette « mon ami »*, 11.
69. LP, 207, 215.
70. LP, 211.
71. Carco, 39.
72. Carco, 112.
73. LV, 130.

« Le cours des choses ».

74. Chauvière C., *Colette*, Paris, Firmin-Didot, 1931, pp. 83, 84. *Idem*, 121, 122.
75. « Nul n'a plus de génie que Colette », J. de Pierrefeu, *Le Journal des débats*, 13 octobre 1920.
76. *L'Étoile Vesper*, ***, 651, 652.
77. LP, 38.
78. LP, 40.
79. Chauvière, 149 (citant Gide).
80. LP, 280, 288.
81. LP, 125, 140, 143.
82. Willy, *Ginette la rêveuse*, préface.
83. Weiss L., BN NAFr 17794. *Notes et documents pour Mémoires d'une européenne*.
84. Pougy, Liane de, 108, 109.
85. Malige J., *Colette, qui êtes-vous ?* Paris, La Manufacture, 1987, p. 76. Jouvenel B. de, *Un voyageur dans le siècle*, op. cit.
86. LMM, 47.
87. LHP, 30, 31.
88. LMM, 47.
89. LHP, 30, 31.
90. LMM, 59, 61.

« La perversité de combler un amant adolescent ne dévaste pas assez une femme, au contraire », Colette.

91. Malige, J. 77.
92. Abbé Mugnier, *Journal*, 371.
93. Chauvière, 201.
94. LV, 9, 10.
95. LMM, 58.
96. LMM, 59.
97. LMM, 58.
98. Chauvière, 209.

99. Bonmariage S., *Willy, Colette et moi*, Paris, Charles Frémanger, 1954., pp. 40, 41, 4.
100. Chauvière, 65.
101. Abbé Mugnier, 394, 395, 396.
102. LMM, 73.
103. Diesbach (Lettres de M. Bibesco, *op. cit.*), p. 37.
104. LMM, 75, 76, 77.
105. LV, p. 171.
106. LMM, 78.
107. LMM, 80.
108. LMM, 81. 82.
109. LMM, 85.
110. LHP, 67.
111. LMM, 90.
112. LMM, 99.
113. LHP, 72, 73.

X. « Il n'est vendange que d'automne »
(*La Naissance du jour*, **, 592)

1. *Comœdia*, 5 mai 1925.
2. LMM, 101-123.
3. PC, 6-7.
4. LMT, 284.

« Je respire donc j'ai le devoir d'être heureux », DV, 78.

5. DV, 24-92.
6. PC, 10.

« Que de tumulte toujours dans ma sacrée existence », LHP, 73.

7. LMM, 111.
8. DV, 91.
9. *Cahiers Colette*, n° 11, 2078.
10. LMH, 116, 122.
11. LHP, 74, 80.
12. LMM, 126.
13. PC, 21-22.
14. LMM, 123-129.
15. *Trois... Six... Neuf...*, ***, 367.

« Je m'en vais à ma maison vide pleine de promesses et d'ambitions », LMM, 132.

16. PC, 444-45.
17. LMM, 132.
18. LHP, 74.
19. PC, 50.
20. LMM, 133-135.
21. LMM, 148.
22. *Trois... Six... Neuf*, ***, 390.
23. LHP, 80.
24. LMM, 141, 142.
25. LMM, 120.
26. LMM, 161.

« Comme écrivain Colette reste à découvrir », PC, 23.

27. LHP, 92.
28. LMM, 153.
29. LV, 197.
30. PC, 52.
31. LMM, 156.
32. DV, 118.
33. PC, 42.
34. LMM, 145.
35. *Lettres de Sido*, 151.
36. *La Naissance du jour*, **, 624.
37. *Sido*, **, 774.
38. *La Naissance du jour*, **, 589.
39. *Le voyage égoïste*, 152.
40. *La Maison de Claudine*, **, 224.
41. *Sido*, **, 769.
42. *La Naissance du jour*, **, 610-611.
43. *Le Pur et l'Impur*, **, 938.
44. *La Naissance du jour*, **, 588.
45. *Sido*, *, 770.
46. *La Naissance du jour*, **, 646.
47. *Paysages et portraits*, 41-42, Paris, Flammarion, 1958.
48. *La Naissance du jour*, **, 590.
49. *Aventures quotidiennes*, **, 453.
50. *La Femme cachée*, **, 391.
51. *L'Entrave*, *, 1055.
52. *Claudine s'en va*, *, 590.
53. *La Naissance du jour*, **, 592, 623-625.
54. *La Naissance du jour*, **, 623.
55. LMM, 7.
56. LMM, 58, 71.
57. Charles Bourdon, *La Revue de lectures*, Abbé Bethléem, ouvrages à lire et à proscrire, 103.
58. *La Naissance du jour*, **, 581.
« Que j'aime les choses que je ne comprends qu'à demi », LP, 336.
59. LP, 337-338.
60. DV, 128, 131. 132.
61. *La Jumelle noire*, ***, 1087.
« Roman qu'on dit à clé comme tu nous tentes », *L'Étoile Vesper*, ***, p. 651.
62. LMM, 189.
63. *L'Étoile Vesper*, ***, p. 651.
64. *Les Annales*, 1er décembre 1928.
65. O.C.F., XIII, 412-413-414.
66. LMM, 203.
67. PC, 72.
68. PC, 127.
69. LMM, 208.
70. LP, 77.
71. LMM, 210-211.
72. *La Jumelle noire*, ***, 1183-4.
73. LMM, 218-219.
« L'homme extraordinaire que j'avais épousé », *Mes apprentissages*, **, 1265-6.
74. Caradec, *Feu Willy*, 284.

75. *Idem*, 305.
76. Rachilde, *Portraits d'hommes*, Paris, Éditions Mornay, 1929, 27, 28.
77. Caradec, *Feu Willy*, 305, 306.

XI. Du Palais-Royal au Palais-Royal

1. *Trois... Six... Neuf...*, ***, 393.
2. *Trois... Six... Neuf...*, ***, 392-394.
3. LHP, 127.
4. LMM, 216.
5. Cossart, Michael de, *The Food of love*, Hamish Hamilton, London, 1978.
6. *Le Pur et l'Impur*, **, 901.
7. PC, 84.
8. *L'Étoile Vesper*, ***, 670.
9. « Mes idées sur le roman », *Le Figaro*, 30 octobre 1937.
10. *La Naissance du jour*, **, 585.
11. PC, 86.
12. PC, 86.
13. Jaloux, Edmond, *Les Nouvelles littéraires*, 28 juin 1930.
14. *En pays connu*, ***, 894.
15. *La Naissance du jour*, **, 601.
16. *La Naissance du jour*, **, 610.
17. *Paysages et portraits*, Paris, Flammarion, 1958, p. 43.
18. Pozzi Catherine, *Journal*, 25 octobre 1934.
19. *L'Étoile Vesper*, ***, 649.
20. *La Naissance du jour*, **, 603.
21. *Claudine en ménage*, *, 368-369.
22. *Paysages et portraits*, 38.
23. PC, 85.
24. *Le Pur et l'Impur*, **, 884-888.
25. *En pays connu*, ***, 987.
26. *Le Pur et l'Impur*, **, 884.
27. *Ibid.*, **, 912, 921.
28. *Ibid.*, **, 889, 902.
29. *Ibid.*, **, 903, 905.
30. *La Fin de Chéri*, **, 528.
31. *Le Blé en herbe*, **, 343.
32. *Les Blé en herbe*, **, 348.
33. *Le Pur et l'Impur*, **, 911.
34. *Le Pur et l'Impur*, **, 906, 911.
35. *Le Pur et l'Impur*, **, 926, 927.
36. *Le Pur et l'Impur*, **, 922, 923.
37. *Paysages et portraits*, 44-51.
38. *Le Pur et l'Impur*, **, 935.
39. LP, 42, 43.
40. *Le Pur et l'Impur*, **, 943.
41. *Le Pur et l'Impur*, **, 940, 943.
42 *La Jumelle noire*, ***, 1198.
43. *Bella-Vista*, **, 1367.
44. Proust, Marcel, *A la Recherche du temps perdu*, Paris, Gallimard, La Pléiade, t. III, p. 686.

45. *La Naissance du jour*, **, 608.
46. *Le Pur et l'Impur*, **, 954-955.
« Je m'appelle Colette et je vends des parfums », *En pays connu*, ***, 877.
47. LHP, 129, 132.
48.
LMM, 122, 123.
49. LHP, 139, 140.
50. LV, 226.
51. LV, 226.
52. LV, 227.
53. LHP, 148, 150.
54. Pougy, Liane de, *Mes Cahiers bleus*, Paris, Plon, 1977, p. 271.
55. LHP, 154, 160.
56. LMT, 171, 175.
57. LMT, 239.
58. La Chatte, ***, 1116, 1118.
59. LMT, 80.
60. LHP, 80.
61. LV, 233, 234.
62. LHP, 169.
63. LMT, 230, 233.
64. Duo, **, 1138.
65. Duo, **, 1150.
66. LHP, 173.
67. *Trois... Six... Neuf...*, ***, 394.
68. DV, 121.
69. PC, 96.
70. LHP, 174.
71. LMT, 105.
72. PC, 101, 105.
73. LHP, 175
« Ah! je l'ai trop aimé pour ne le point haïr », Racine, *Andromaque*, Acte II, sc I.
74. LHP, 173.
75. *Mes apprentissages*, **, 1209.
76. *Idem*.
77. *Mes apprentissages*, **, 1201.
78. *Ibid.*, **, 1204, 1209.
79. *Ibid.*, **, 1263.
80. *Ibid.*, **, 1271.
81. *Ibid.*, **, 1255.
82. DV, 118.
83. Caradec, *Feu Willy*, 312.
84. PC, 137.
85. Gille, Valère, Discours, *Académie royale de langue et de littérature françaises de Belgique*, Bruxelles, 1936, p. 7.
86. Colette, *Discours (Idem)*, p. 18.
87. *Pourquoi pas?*, 27 mars 1936.
88. LMT, 122.
89. *Trois... Six... Neuf...*, 396.
90. LMT, 124.
91. *Trois... Six... Neuf...*, 397.

92. LPC, 144.
93. LPC, 18, 19.
94. LPC, 38, 39.
95. LPC, 48.
96. DV, 163.
97. LPC, 54, 56.
98. PC, 140, 142.
99. *Journal à rebours*, 44.
100. LPC, 59.

XII. « L'Étoile Vesper »

1. LPC, 60, 61.
2. LV, 262.
3. *L'Étoile Vesper*, ***, 645.
4. LPC, 67.
5. LPC, 240.
6. LP, 252.
7. *Le Fanal bleu*, ***, 793.
8. *Le Fanal bleu*, ***, 736.
9. *Mes cahiers*, O.C.F., t. XIII, 436.
10. LMT, 384,

« Témoignages ».
11. Julian, Ph. and Phillips, J., *Violet Trefusis*, Metuhen, London, 1987, 71, 90.
12. Abbé Mugnier, *Journal*, Paris, Mercure de France, 1985, p. 10.
13. *Idem.* 438-439.
14. *Idem.* 503, 507.
15. *Idem.* 481.
16. *Idem.* 299.
17. *Idem.* 558.
18. LP, 253.
19. *Le Pur et l'Impur*, **, 906.
20. LPC, 71, 72.
21. LV, 265.
22. PC, 174.
23. LHP, 199,

« Ceux que je voulais durables, bien accrochés à leur vie et à la mienne, où sont-ils ? », *Le Fanal bleu*, ***, 729.
24. LMT, 162.
25. LMT, 207.
26. *Le Fanal bleu*, 729.
27. PC, 68.
28. *Paris-soir*, 25 mai 1938.
29. LMT, 58.
30. *En pays connu*, ***, 883,

« Paris est, en guerre, le seul pays habitable. Toute la province a le cafard », LPC, 78.
31. LPC, 79.
32. *En pays connu*, 922.
33. LHP, 200.
34. PC, 175, 176.

35. LV, 275.
36. LMT, 174, 181.
37. LPC, 88.
38. LMT, 177.
39. PC, 182, 183, 184.
40. LV, 276, 277.
41. PC, 190, 191.
42. LP, 402, 405.
43. LMT, 186, 187.
44. LPC, 192, 193, 197.

45 Le Boterf, H. *La Vie parisienne sous l'occupation*, Ed. France-Empire, t. I, 16-26.

46. LMT, 190, 191.
47. LMT, 203, 206, 207, 222.
48. LMT, 193.
49. LHP, 203.
50. LMT, 199, 200.
51. LMM, 240.
52. LPC, 96.
53. LMT, 215, 217, 218, 219.

« Monsieur, ce sont les Allemands qui viennent arrêter Monsieur », PC, 194.

54. PC, 197, 198, 199.
55. LHP, 204, 205, 206.
56. PC, 202.
57. LP, 180.
58. PC, 203, 204, 205.
59. *L'Étoile Vesper*, ***, 597.
60. LP, 180, 181.
61. LMM, 241.
62. Lottman, H., *Colette*, Paris, Fayard, 1990, p. 372.
63. *L'Étoile Vesper*, ***, 596.
64. LV, 281.
65. LMT, 227, 229.
66. LPC, 120, 121, 122.
67. LPC, 124.
68. *L'Étoile Vesper*, 599, 602, 604.
69. LPC, 126, 133.
70. LMM, 250.
71. *Flore et Pomone*, ***, 462, 463.
72. *La Dame du photographe*, ***, 494.

« Colette demanda à Mauriac de l'aider à obtenir ma conversion », Goudeket, *La Douceur de vieillir*, p. 171.

73. LMM, 247.
74. DV, 169, 175.

« Mille jours et plus de cinq cents encore », *L'Étoile Vesper*, ***, p. 600.

75. LMM, 254.
76. *Belles saisons*, ***, 548.
77. LMM, 255, 261.
78. LMM, 265.

« Nous vivons des jours inquiets... et toujours ce besoin de vieillir qui nous accompagne », LMM, 265.

79. *La Jumelle noire*, ***, 1184.

80. LMM, 276.
81. LMM, 279, 288.
82. PC, 213.
83. LMM, 295.
84. *L'Étoile Vesper*, ***, 600, 601.
85. LHP, 217.
86. LMM, 300.
87. LHP, 219.
88. LMT, 245.
89. LP, 169, 182.
90. LP, 138, 139.
91. LMM, 304.
92. LMT, 247.

« C'est un plaisir encore très féminin que je goûte à être la seule femme des déjeuners Goncourt ».

93. *Le Fanal bleu*, ***, 799.
94. LMT, 256.
95. PC, 242, 244.

XIII. « NE SUIS-JE PAS REINE ? »

Epigraphe : Jean Cocteau, *Le Passé défini*, Gallimard, 1985, t. II, 21 février 1953, 41-42.
1. Cocteau, J., *Le Passé défini*, t. II, 21 février 1953, 41-42.
2. *L'Étoile Vesper*, ***, 682.
3. *Le Fanal bleu*, ***, 805.
4. LMT, 267, 268.
5. *Le Fanal bleu*, ***, 729.
6. LP, 262.
7. *Le Fanal bleu*, ***, 730.
8. LMT, 281, 291.

« Mon anniversaire a pris les proportions d'un scandale », LMT, p. 380.

9. *Le Fanal bleu*, ***, 759.
10. PC, 277.
11. Cocteau, J., *Le Passé défini*, t. I, 167.
12. Castillo, Michel del, De Jouvenel à Colette, *Cahiers Colette*, n° 10, Société des Amis de Colette, Saint-Sauveur-en-Puisaye, 1988.
13. LMM, 344, 345.
14. PC, 257.
15. LMT, 333.
16. LP, 395.
17. Green, Julien, *Journal*, Paris, Gallimard, 1950-1954, t. VI, p. 133, 4 décembre 1951.
18. PC, 268.
19. LMT, 328.
20. LMT, 345.

Cocteau, J., *Le Passé défini*, I, 166, 167.

21. *Ibid.*, 279.
22. *Ibid.*, 364.
23. *Ibid.*
24. *Le Figaro littéraire*, 2 août 1952.

25. LP, 368, 369.
26. Perier, F., *Profession menteur*, Paris, Le Pré aux Clercs, 1990, 202-203.
27. LP, 396.
28. LP, 444, 445.
29. LMT, 376.
30. *Le Figaro littéraire*, 20 janvier 1954.
31. Malige, J., *Colette, qui êtes-vous?*, Lyon, La Manufacture, 1987, 118.
32. *France-Soir*, 18-19 mars 1954.
33. LMT, 380, 381.
34. PC, 279.
35. PC, 274, 275.
36. PC, 281, 283.

« Autant que son œuvre son destin est admirable », Maurice Druon, *Un destin parfait, Les Lettres françaises*, 12-17 août 1954.

37. Mazars, P., « Les derniers moments de Colette », *Le Figaro littéraire*, 7 août 1954.
38. Thétard, H., « Colette et les fauves », *La Revue des Deux Mondes*, n° 17, 1er octobre 1954.
39. *Le Figaro littéraire*, 14 août 1954.
40. Druon, Maurice, *Un destin parfait, Les Lettres françaises*, 12-17 août 1954.
41. *Le Figaro littéraire,* 14 août 1954.

Index

A

Adam, Paul : 112, 119, 143, 150.
Albaret, Odilon : 279.
Alençon, Emilienne d' : 126, 156, 168, 193.
Allais, Alphonse : 78.
Allegret, Marc : 342.
Ambrière, Francis : 317.
Anacréon, *libraire* : 389.
Apollinaire, Guillaume : 138, 216, 274, 276.
Arago, Etienne : 22, 25, 34.
Arman de Caillavet, Léontine : 105, 106, 115, 119, 136, 142, 143.
Armory : 146, 184.
Arnyvelde, André : 353, 374.
Artaud, Antonin : 322, 380
Aubernon, Mme d' : 102, 105, 116.
Auric, Georges : 309, 360, 361, 385.
Auriol, Vincent : 395.
Autant-Lara, Claude : 395, 396.
Avril, Jane : 101.

B

Bailby, Léon : 339.
Balzac, Honoré de : 23, 47, 48, 75, 80, 330, 379.
Barlet, Paul dit Héon : 140, 178, 210, 215, 227, 232, 241, 245, 248, 260.
Barbey d'Aurévilly : 78, 99, 139, 203.
Baroncelli, Jacques, de : 269.
Barrés, Maurice : 99, 121, 129, 169.
Barthou, Léon : 105, 176, 261, 280, 292, 370.
Baum, Vicky : 341.
Beardsley, Aubrey : 195.
Beaumont, Etienne de : 174.

Beaumont, Germaine : 277, 281, 282, 289, 308.
Beauvoir, Simone de : 37, 334, 379.
Beerbohm, Max : 252.
Behm, Fritz : 278.
Bellon, Yannick : 392.
Bellune, Jeanne, de (dite Jeanot) : 201, 230, 242, 244.
Bénès, Edouard : 288, 294, 297.
Bérard, Christian : 381, 385.
Berger, Rudolphe : 242, 272.
Bergson, Henri : 256.
Bernard, Tristan : 118, 140, 142, 344.
Bernhardt, Sarah : 77, 78, 96, 107, 126, 135, 159, 173, 176, 188, 194, 230, 231, 242.
Bernstein, Henri : 193, 194, 293, 305, 362.
Berriau, Simone : 270, 339, 374, 385.
Bert, Paul : 42, 43, 46, 48, 52, 81.
Berthelot, Philippe : 274.
Bibesco, Alexandre, pce : 158.
Bibesco, Marthe, pcesse : 294, 297, 306.
Billy, André : 24, 319.
Bizet, Jacques : 106, 178.
Blanche, Jacques-Emile : 91, 92, 97, 142, 151, 157, 158, 193, 233.
Bloy, Léon : 139.
Blum, Léon : 105, 233, 243, 303.
Blum, René : 131, 233, 243, 298, 374.
Bloch-Levallois, Andrée : 298, 300, 301, 303, 308, 381.
Bloch-Levallois, Bernard : 298, 300, 301, 303, 308.
Boas, Alfred : 247.
Boas, Claire : 247, 268, 287, 289, 294, 297, 298, 307, 369, 371, 378.
Boldini : 158, 216.
Boni de Castellane : 151, 152, 169.
Bonmariage, Sylvain : 212, 246, 292.
Bordes, Charles : 103.

Borel, Petrus : 354.
Boulestin, Marcel : 145, 150, 172, 178, 192 à 195, 239, 370, 380.
Bourbaki, Charles général : 34 à 36.
Bourdet, Edouard : 150, 262, 355, 368, 383.
Buffet, Eugénie : 88.
Buneau-Varilla : 247.
Bussy, Solange : 323.
Butler, Eléonor, Lady : 335.
Brasillac, Robert de : 375, 384.
Bresson, Robert : 379.
Brieux, Eugène : 111.
Brisson, Pierre : 228, 344.
Brooks, Romaine : 322, 329.
Bruant, Aristide : 88, 101, 130, 329.

C

Cain, Julien : 353, 369, 371.
Calvé, Emma : 103, 186, 208.
Capote, Truman : 293.
Cappiello, Leonetto : 143, 145, 158.
Caraman-Chimay, Pcesse de : 203, 304.
Carco, Francis : 64, 278 à 281, 289, 293, 296, 323, 344, 362, 363, 372, 387.
Carco, Germaine : 279.
Carreau, Dr : 28.
Casati, Marquise : 169, 170.
Castillo, Michel del : 390.
Cazalis, Henri dit Jean Lahor : 135.
Cèbe, Jean : 31.
Cérisier, Clémentine, Louise : 26.
Chabannes, cte de : 172, 174.
Chabrier : 103.
Chatenay, Sophie : 14 à 19.
Charanson, Henriette : 324.
Charles-Roux, Edmonde : 398, 399.
Chas, Laborde : 278.
Chauvière, Claude : 257, 282 à 284, 289 à 292, 317, 338, 364.
Chausson, Ernest : 103, 142, 157, 162.
Cheval, Philias : 27.
Cholleton, la générale : 86 à 87.
Clarétie, Jules : 173, 229, 251.
Clermont-Tonnerre, Ctesse de : 176, 322.
Clifford-Barney, Natalie : 164 à 168, 176, 183, 185, 187, 191, 208, 234, 242, 261, 310, 322, 349, 379, 384, 390.
Cocteau, Jean : 64, 95, 127, 128, 143, 151, 231, 257, 271, 274, 275, 302, 318, 321, 323, 329, 353, 355, 361, 377, 385, 387, 390, 392.
Colette, Jules Joseph : 32 à 39, 42 à 91, 108, 114, 132, 149, 159, 190, 191, 225.
Colette Léopold : 42, 46, 48, 51, 52, 59, 69, 81, 191, 209, 216, 261, 323, 341, 363, 364.
Colin, Armand : 295.

Comminges Isabelle de (Ctesse Pillet-Will) : 246 à 249, 275, 276, 287, 294, 321, 371.
Considerant, Julie : 22 à 25, 43, 45, 108.
Considerant, Victor : 17, 22, 23, 43, 45, 95, 108, 109, 313.
Cooper, Lady Diana : 385.
Corot : 278.
Courteline, Georges : 93, 95, 135, 138, 142, 343.
Courtet, Emile dit Emile Cohl : 74, 84.
Courtet, Marie-Louise : 74, 84.
Crançon, juge : 38, 40.
Crane, Walter : 43.
Crémieux, Benjamin : 319.
Cressot, Joseph : 379.
Crevel, René : 322.
Croisset, Francis de : 187, 192.
Cros, Charles : 75 ,77.
Crosbire, Alba : 306, 307, 309, 310, 321.
Cuvelier de Trye, Jean, Guillaume, Auguste : 24, 25.
Cuvelier de Trye, Caroline : 23 à 26, 38, 43, 45, 81, 87, 90, 102, 150, 351.

D

Daladier, Édouard : 292.
D'Annunzio, Gabriele : 169, 268, 283, 362.
Daudet, Alphonse : 46, 54, 97, 118.
Daudet, Lucien : 289, 348.
Dausse, Camille Dr : 347.
Debussy, Claude : 103, 104, 105, 135, 144, 170, 259, 349.
Deffoux, Léon : 324.
Degas : 24, 100, 142, 158, 174, 216.
Delagrave : 134.
Delahaut, Auguste : 14, 15, 18.
Delahaut, Honoré : 14, 15, 18.
Delarue-Mardrus, Lucie : 165, 166, 175, 183, 305, 328, 361, 374, 375, 383, 384.
Delluc, Louis : 222, 230, 271.
Delteil, Joseph : 317.
De Max, Edouard : 230, 231, 333.
Désandré, Louis : 39.
Deslandes, Bnne : 125, 164, 169, 261, 270.
Despres, Suzanne : 260.
Diaghilev, Serge de : 274.
Diard, Alfred : 146, 178, 219.
Diamant-Berger, Henri : 272.
Dignimont : 278, 372.
Dillon, Douglas : 395.
Dormoy, Marie : 374.
Dorny, Thérèse : 309.
Dreyfus, Daniel : 339.
Drieu la Rochelle : 289, 375, 384.
Druon, Maurice : 398, 399.
Ducharne, Francis : 293.

Index

Duchemin, Emma : 79, 80.
Duchemin, Gabrielle : 79, 80, 123, 150.
Dufay, Dr : 17.
Duhamel, Georges : 370.
Dujardin, Édouard : 79, 91, 92.
Dunoyer de Segonzac, André : 309, 321, 360.
Duparc : 308.
Dupuis, Philippe : 18, 21.
Durand, Marguerite : 256.
Dussane, Mme : 340.

E

Edwards, Alfred : 202, 243.
El Glaouï : 339.
Elizabeth de Belgique : 391, 398.
Emmery, Marguerite, Rachilde : 37, 85, 94, 98 à 100, 108, 112, 113, 120, 122, 131, 138, 139, 147, 148, 150, 153, 154, 167, 177, 179, 189, 235, 258, 284, 324, 325.
Escola, Marguerite d' : 383.

F

Fabre, Emile : 344.
Fargue, Léon-Paul : 125, 131, 322.
Farrère, Claude : 127, 227, 245.
Fauchier-Magnan, Adrien : 327.
Fauré, Gabriel : 103, 104, 170.
Fayard, Arthème : 282, 369.
Fellowes, Daisy : 396.
Fénéon, Félix : 78, 119, 133, 135, 142.
Ferenczi : 295, 318, 343, 349, 359, 369, 391.
Feuillade, Louis : 263, 264, 270.
Fieschi : 17.
Fix-Masseau : 136, 139.
Flamant, Albert : 305.
Flanner, Janet : 330.
Fleury, Emilie « Mélie » : 40, 41, 64, 65, 104, 150, 163, 232.
France, Anatole : 105, 106, 107, 118, 136, 142, 349, 392.
Frank, César : 112.
Freud, Sigmund : 22.
Fresney, Pierre : 293, 307, 394.
Freya : 277.
Foulard, miniaturiste : 15.
Forain : 101, 115, 118, 169.
Fourest, Georges : 133, 135.
Fourier, Charles : 22, 23, 43, 47, 56 à 60, 68, 95, 97, 181, 182, 199, 223, 313 à 316, 319, 330, 332, 333 à 337.
Fournier de Pescaye, François : 12.
Fuller, Loïe : 107.
Funk-Brentano : 171.

G

Gandrille, Victor : 28, 32, 37, 39.
Gautier, Judith : 108, 113, 125, 127, 385.
Gauguin, Paul : 98, 133, 354.
Gauthier-Villars, Albert : 75, 81, 89, 158, 238, 287.
Gauthier-Villars, Paulette : 287, 350, 370.
Gauthier-Villars, Henry (dit Willy) : passim.
Gémier, Firmin : 260.
Géraldy, Paul : 322, 331, 343, 357.
Germain, André : 261.
Gide, André : 130 à 132, 180, 284, 285, 372, 392.
Gignoux, Régis : 309.
Gilles, Valère : 351.
Giraudoux, Jean : 344, 361, 379.
Giroud, Françoise : 342.
Givry, Louise : 28, 29, 37, 38.
Goudeket, Maurice : 83, 159, 298 à 400.
Gourmont, Rémy de : 118, 139, 154, 165, 261.
Green, Julien : 392.
Greene, Graham : 398, 399.
Greffülhe, comtesse : 130.
Gregh, Fernand : 106, 114.
Guilbert, Yvette : 107, 324, 349.
Guille, Mme : 17, 21.
Guilmant, Alexandre : 104.
Guitry, Sacha : 189, 194, 220, 228, 233, 234, 239, 246, 248, 261, 264, 327, 375, 379, 381, 383, 384, 393.

H

Hahn, Reynaldo : 133.
Hall, Radcliffe : 322.
Hamel, Léon : 115, 196, 207, 227, 232, 234, 241, 250, 252, 255, 257, 259, 260, 265, 270.
Hamon, Renée : 354, 355 à 358, 362, 366, 367, 372, 376, 377.
Hang, Henri-Albert dit Henri-Albert : 131, 135, 173, 174.
Hans, Robert : 200.
Harris, Frank : 252.
Hartog, Jan de : 392.
Helleu, Paul : 151, 203.
Hepburn, Audrey : 392.
Heredia, Marie (dite Gérard d'Houville) : 112, 131, 150, 240.
Hériot, Auguste : 189, 234, 241 à 254, 301.
Herriot, Edouard : 344, 368.
Hervieu, Paul : 107.
Hire, Jean de la : 121, 174, 322, 369.
Huysmans : 78, 118, 120, 139, 171.
Humbert, Fernand : 142.

Humières, Robert d' : 150, 207, 224, 231, 261.

I

Indy, Vincent d' : 103, 107, 121, 135, 142, 171.

J

Jaloux, Edmond : 330.
Jammes, Francis : 9, 179 à 181.
Jarry, Adrien : 33, 38, 135, 185.
Jarry, Alfred : 100, 129, 131, 138, 139, 154.
Jollet Mme : 39, 40.
Jollet, Yvonne : 40, 41.
Jouve, Paul : 320.
Joyant, Maurice : 100.
Jourdan-Morhange, Hélène (Moune) : 309, 321, 345, 353, 359, 363, 371.
Jousserandeau, Laurent : 17, 18.
Jouvenel, Bertrand de : 246, 247, 288 à 291, 294 à 301, 306, 316, 346, 369.
Jouvenel, Henri de : 59, 66, 159, 243 à 311, 319, 323, 340, 348, 352, 372.
Jouvenel, Renaud de : 246, 247, 275, 288, 289, 294, 342, 343, 347, 348, 383.
Jouvenel, Robert de : 246, 255, 269, 289, 295, 296.
Jouvenel Colette de (fille de Colette) : 42, 260, 275, 280, 289, 291, 294, 296, 311, 312, 323, 340 à 343, 347, 356, 369, 383 à 386, 389, 390, 393, 397, 400.
Jullien Dr : 114.

K

Karr, Alphonse : 21.
Kerf, Christine : 221, 242, 258.
Kessel, Georges : 353.
Kessel, Joseph : 353.
Kinceler, Charlotte : 110, 111, 115, 123, 124, 136 à 139, 365.
Kinsley : 22.
Kleinham, Caroline : 48.

L

Labiche : 46.
Lachassagne Dr : 28, 29.
La Gandara : 203.
Landois, puis Landoy, Adèle, Eugénie, Sidonie (Sido) : 13 à 33, 36 à 73, 81 à 91, 107 à 109, 114, 135, 143, 148, 149, 159, 191, 208, 209, 213, 215, 217, 225, 231, 233, 235, 239, 244, 248, 249, 253, 254, 261, 266, 278, 312, 313, 314, 316, 330, 331, 350, 390.
Landois, Christofle : 12.
Landois, Eugène : 43.
Landois, François : 11.
Landois, Guillaume : 11.
Landois, puis Landoy, Henri, Eugène, Célestin (dit Bertram) : 14 à 23, 25, 38, 43, 44, 87, 351.
Landois, puis Landoy, Henri-Marie : 9, 13 à 14, 24.
Landoy, Irma : 12, 15, 18, 19, 26, 27, 44, 68.
Landois, Jacques : 11.
Landois, Jean-Louis : 11.
Landoy, Jenny : 43.
Landoy, Jules : 43, 91, 202, 351.
Landois, puis Landoy, Jules-Paulin (dit Paul) : 14, 18, 19, 23 à 26, 43, 44, 87.
Landois, Madeleine : 11, 12.
Landois, Marie-Charlotte : 13.
Landois Pierre (père et fils) : 11 à 13.
Landoy, Raphaël : 43, 87, 202.
Landois, Robert : 10 à 14.
Laforgue, Jean : 120.
Lamy, Marthe : 115, 370, 377, 380.
Langendries Me : 29.
Langerme, Carlos de : 317.
Larnac, Jean : 317.
Lauzanne, Stéphane : 243, 244.
La Treuille, Jean : 11.
Laurencin, Marie : 361, 389.
Lavallière, Eve : 68, 155, 189, 193, 194.
Lawrence, D.H. : 322.
Léandre : 136, 158.
Léautaud, Paul : 142, 304, 324, 350.
Leblanc, Georgette : 192, 193.
Lebey, André : 130, 131, 135, 167.
Lebrun, Albert : 345, 347.
Ledru-Rollin : 22, 25, 34.
Lees-Milne, James : 396.
Lefèvre, Georges : 364.
Lelong, Lucien : 290, 296, 310, 321, 346, 400.
Lemaire, Madeleine : 132, 133, 163, 195.
Lemery, Henry : 276.
Lépine, Préfet : 206, 264, 343.
Leroux, Thérèse : 19.
Lesné, Pierre : 11.
Le Vasseur (ou Le Vassor) de la Touche : 10, 11.
Loti, Pierre : 105, 106, 107, 118, 127.
Lorrain, Jean : 94, 95, 97, 99, 120, 124 à 129, 135 à 136, 142, 144, 148, 153 à 155, 161, 188, 189, 193, 194, 278, 279, 322.
Louis-Dreyfus, Arlette : 323.
Louÿs, Pierre : 100, 117, 130 à 132, 135, 142, 150, 167, 187, 227, 323.
Lugné-Poe : 92, 138, 142, 154, 155, 184, 190, 200.
Lysès, Charlotte : 233, 234.

M

Mabeil, Jean : 12.
Maeterlinck, Maurice : 139, 192, 298.
Maginot, André : 291, 293, 338.
Mallarmé, Stéphane : 77, 78, 92, 96, 97, 100, 118, 129, 138.
Mandel, Jules : 362, 367.
Manet : 24, 119.
Marchand, Léopold : 281, 289, 290 à 293, 310, 312, 320, 329, 343, 363, 369, 375.
Marchand, Misz : 338, 369, 375.
Mardrus, Charles Dr : 175.
Margueritte, Victor : 135, 140.
Marie, André : 395.
Martel Gabrielle, de (dite Gyp) : 102, 107, 139, 142, 183, 184.
Martin du Gard, Roger : 282.
Massine, Léonide : 274, 275.
Masson, Paul : 90, 94, 115 à 121, 125, 131, 137, 160, 241, 252, 322, 357, 376.
Maupassant, Guy de : 78.
Mauriac, François : 164, 344, 378.
Maurois, André : 396.
Maurras, Charles : 105, 121, 147, 325, 383.
Maxwell, Elsa : 329.
Mendelys, Christiane : 248, 253, 254.
Mendès, Catulle : 70, 88, 95, 112, 113, 127, 135, 163, 170, 174, 179.
Mendès, Catulle, Mme : 171.
Meredith, Georges : 96.
Mérode, Cléo de : 126 à 128, 136, 173, 189,
Merlou, Pierre Dr : 48, 80, 82, 88.
Messager, André : 103, 104.
Meurdefroy, Dr : 17.
Meyer, Arthur : 142.
Miton, Antonin : 28, 31, 38.
Miton, Marie : 28, 31, 38.
Mirande, Yves : 385.
Mirbeau, Octave : 95, 118.
Monaco, prince Pierre de : 392, 393, 396.
Monaco, prince Rainier de : 393, 396, 398.
Mondor, Henri : 360, 370, 394.
Monet, Claude : 142.
Monzie, Anatole de : 247, 264, 275, 296, 300, 343, 372.
Monnier, Adrienne : 370.
Montesquiou, Robert de : 105, 107, 125, 169, 174, 186, 187, 194, 195, 214, 216, 223, 235.
Montherlant, Henry de : 285, 392.
Morand, Paul : 127, 344, 361.
Moreau, Luc-Albert : 309, 321, 345, 357, 359, 363, 391.
Moreas, Jean : 78, 97, 99.
Moréno, Marguerite : 64, 88, 113, 123, 156, 162, 166, 176, 207, 208, 242, 253, 261 à 265, 277, 291 à 301, 304 à 312, 318 à 321, 328, 329, 334, 339, 360, 366, 375, 379, 380, 382, 384, 389 à 391.
Moréno, Pierre : 298, 310, 381, 391.
Morny, Mathilde de, marquise de Belbeuf; (dite Missy) : 51, 108, 125, 144, 159, 164, 187 à 189, 193 à 220, 226 à 253, 261, 276, 281, 292, 327, 328, 334, 335, 349, 352, 381.
Morny, Serge de : 125, 188, 205.
Mugnier, Abbé : 169, 265, 289, 293, 361.
Muhlfeld, Jeanne : 135, 143, 145, 150, 151, 153, 175.
Muhlfeld, Lucien : 118, 135, 143 à 147, 152, 153, 156, 363.
Musidora, (Jeanne Roques) : 111, 262 à 265, 269 à 274, 281, 328, 349.
Musnier, Jean : 11.

N

Nadar : 24, 136.
Natanson, Thadée : 135, 142.
Noailles, Anna de : 240, 285, 293, 304, 321, 343, 344, 351, 367.
Noël, Marie : 46.

O

Olivier, Raymond : 390, 393.
Ollendorff : 146, 147, 152, 165, 170, 178, 181, 210, 217.
Otéro, Caroline : 86, 111, 126, 128, 129, 144, 156, 173, 189, 190, 220, 221, 227, 233, 349.

P

Parinaud, Alain : 122, 123, 146.
Pascau : 158, 172.
Patat, Germaine : 276, 280, 289, 296, 308, 311, 318, 323, 329, 337.
Paul-Boncour, Joseph : 247.
Pauline : voir Vérine Pauline.
Perier, François : 393, 394.
Perret M^e : 18.
Picard, Hélène : 280, 281, 282, 289, 290, 293, 295, 299, 307, 308, 329, 338, 347, 348, 373, 383.
Picasso : 176, 216, 274, 275, 278, 289.
Pierrebourg, Marguerite de; (dite Paul Ferval) : 107.
Pierrefeu, Jean de : 284, 285.
Pène, Annie de : 265, 266, 267, 270, 274, 276, 277, 279, 281, 293, 363.
Poincarré, Raymond : 105, 260, 292.
Poiret, Paul : 310, 354.

Polaire : 111, 144, 155, 156, 158, 160, 161, 164, 170, 171, 176, 177, 184, 191, 213, 221, 224, 233, 234, 274, 352, 364, 365, 387.
Polignac, Armande de : 293.
Polignac, Edmond de : 103, 125, 170, 296.
Polignac, Winaretta de : 107, 125, 164, 174, 195, 259, 293, 328, 339, 344, 350, 361, 367, 396.
Porel, Jacques : 289.
Pougy, Liane de : 107, 126, 136, 144, 164, 165, 167, 173, 174, 176, 189, 190, 193, 198, 203, 208, 230, 234, 242, 276, 287, 293, 327, 340, 349, 361.
Poulenc, Francis : 322, 360.
Pouquet, Jeanne : 136, 162.
Pozzi, Catherine : 163, 166, 262, 265, 331.
Prat, Marcelle : 288, 299, 306.
Primoli, Joseph : 268.
Printemps, Yvonne : 394.
Proust, Marcel : 16, 54, 100, 102, 106 à 108, 121, 125, 132, 133, 134, 136, 187, 233, 255, 257, 258, 279, 285, 335, 349, 361.
Puget, Claude-André : 381.
Puvis de Chavannes : 24.

Q

Querelle, Louis : 324.
Quinet, Edgar : 22.
Quinson, Gustave : 310.

R

Rall, Georges : 74, 78.
Raoul-Duval, George : 150 à 154, 157, 166, 174, 262, 328, 349.
Raquin, Octavé : 100.
Raspail, François : 17, 20, 21, 23, 53, 63.
Ravel, Maurice : 259, 298, 307, 360.
Redtenbacher, Erna : 367.
Reich, Wilhelm : 22.
Régnier, Henri de : 112, 131, 135, 150, 229.
Réjane : 107, 202, 289.
Rême, Lily de : 244, 245.
Renard, Jules : 93, 148, 171, 176.
Renoir, Auguste : 305, 310.
Renoir, Pierre : 310.
Reutlinger : 223.
Réyé, Hélène : 155, 158.
Richepin, Jean : 118, 169, 244.
Robert, Thérèse (Bobette) : 212, 213.
Robert, Louis de : 245, 258.
Robineau-Bourgneuf : 27, 37.
Robineau-Desvoidy Dr : 27, 28, 40, 52 à 55.

Robineau-Duclos, Jules : 27 à 38, 61, 71, 90.
Robineau-Duclos, Achille Dr : 36, 37, 42, 43, 46, 49 à 52, 59, 62, 69 à 72, 74, 81, 83, 85, 87, 91, 121, 135, 143, 144, 147, 154, 191, 209, 213, 226, 233, 235, 239, 254, 261, 277, 359, 364.
Robineau-Duclos, Juliette : 33, 37, 42, 45, 46, 49, 61, 62, 69, 71, 84, 88, 89, 143, 191, 225, 226.
Roché, Charles Dr : 70, 71, 84, 89, 226.
Roché, Yvonne : 71, 226.
Rodier : 293.
Rolland, Romain : 273.
Rollinat, Maurice : 77.
Rops, Félicien : 130, 139.
Rosa, Salvatore : 19.
Rosny, J.H. : 142, 385.
Rostand, Edmond : 93, 142, 173.
Rothschild, Henri de : 321, 327.
Rothschild, Philippe de : 341, 342.
Roussel, Raymond : 324.

S

Saglio, Charles et Lucie : 211, 215, 227, 241, 282, 285, 384.
Salis, Rodolphe : 101.
Saillant, Jean (dit Curnonsky) : 140, 141, 144, 146, 178, 183, 194, 196, 197, 216, 219, 227, 228, 240, 249, 250, 273, 323, 360, 381, 395.
Saint-Aubin, Adrienne de : 33, 40, 67, 68, 69, 84, 88.
Saint-John-Perse : 67, 334.
Saint-Marceaux, Marguerite de : 103, 105.
Saint-Pol Roux : 133.
Sand, Georges : 23, 77, 78, 98, 99, 216, 352, 395.
Sapène, Jean : 252, 283.
Sartre, Jean-Paul : 37, 96, 334, 339.
Satie, Eric : 274, 275, 322.
Sauerwein, Charles : 248, 258.
Schmitt, Florent : 103.
Schoelcher : 22.
Schwob, Marcel : 89, 90, 94 à 97, 100, 103, 106, 110, 113 à 121, 124, 125, 127, 129, 130, 133, 137, 138, 139, 144, 167, 179, 185.
Sem : 86, 158, 164, 203, 224.
Serres, Louis de : 103, 142, 171.
Serres, Liette de : 50, 157, 158, 162, 238, 239.
Sert, José-Maria : 174, 176, 177, 280, 369, 370, 382.
Sert, Misia (épouse T. Natanson puis A. Edwards) : 173, 202, 259, 265, 361, 369, 370, 375, 381, 382.

Index

Séverine : 95, 121.
Sherard, Robert : 252.
Simenon, Georges : 283.
Simonis Empis : 134.
Solenière, Eugène de : 173.
Souday, Paul : 285.
Stein, Gertrude : 329.
Steinlein : 100.
Stevens, Alfred : 24.
Stevens, Joseph : 24.
Stravinsky, Igor : 259, 328.

T

Tailhade, Laurent : 119, 233.
Téry, Gustave : 279, 297, 363.
Terrain, Olympe : 79, 80, 81, 113, 123.
Thétard, Henry : 398.
Tiersot, Julien : 104.
Tinan, Jean de : 112, 125, 130, 131, 140, 141, 144, 150.
Toulet, Jean-Paul : 135, 140, 141, 144, 175, 178, 249, 250.
Toulouse-Lautrec, Gabriel de : 78, 96, 135, 174.
Toulouse-Lautrec, Henri de : 97, 100, 101, 230.
Tual, Denise : 374.
Turner : 174, 278.
Tréfusis, Violet : 329, 360, 361.
Trézénik, Léo : 74, 78, 79, 117.
Troubridge, Una : 335.
Twain, Mark : 78, 100.
Tzara, Tristan : 273.

U

Utrillo, Maurice : 278.
Uzès, Duchesse d' : 322.

V

Valadon, Suzanne : 278.
Vallette, Alfred : 98, 99, 112, 131, 152, 162, 180, 211, 217, 229, 325.
Valdagne, Pierre : 147, 152.
Valéry, Paul : 106, 131, 135, 142, 242, 262, 304, 308, 361, 384, 385.
Valléry-Radot : 350, 360, 369.

Vanier, Léon : 134.
Van der Henst, Julio : 345, 375, 381.
Van Lerberghe, Charles : 200.
Vathaire, Irène et Octave de : 21.
Varende la : 385.
Varenne la : 63.
Varenne, Pierre : 146.
Vayre, Charles : 154, 184.
Véber, Pierre : 91, 135, 139, 140.
Vérine, Pauline : 293, 326 et suiv.
Verlaine, Paul : 77, 78, 96, 99, 104, 163.
Vigoureux, Clarisse : 22.
Villars, Meg (Marguerite Maniez) : 111, 184, 187, 195, 199, 206, 207, 209, 210, 211, 215, 219, 226, 229, 238, 245, 250, 253, 273, 281, 308, 319, 333.
Villebœuf, André : 309.
Vivien, Renée : 164, 165, 167, 168, 175, 183, 193, 207, 208, 215, 230, 242.

W

Wagner, Richard : 92, 112, 124, 127, 128, 144, 151, 273.
Wagner, Siegfried : 141, 163.
Wague, Georges : 189, 199, 206, 212, 215, 220, 222, 226, 233, 241, 246, 248, 251 à 254, 258, 261, 267, 275, 276, 280, 281, 295, 305, 363.
Waldeck-Rousseau : 247.
Weil, Mathé : 16.
Weiss, Louise : 246, 264.
Wescott, Glenway : 330.
Whistler : 76, 100, 119, 131, 164, 165, 195.
Wilde, Oscar : 96, 97, 99, 100, 107, 127, 129, 130 à 132, 154, 165, 169, 252.
Wolff, Albert : 339.
Woolf, Virginia : 360.

X

Xau, Fernand : 95.

Z

Zaessinger, Fanny : 111, 131, 136, 137.
Zola, Émile : 46, 66, 142, 148, 196.
Zuylen de Nyevelt, Hélène : 125, 164, 168, 208, 230.

Table

CHAPITRE PREMIER
LA FAMILLE DE COLETTE

Le « personnage principal de toute ma vie », 17. – « Il était laid... et plus ou moins idiot mais il était riche », 26. – « Le mariage ne procure aucun bonheur, sauf dans le cas où l'on acquiert une grande fortune... », 29. – « Né pour plaire et pour combattre... il était poète et citadin. », 33.

CHAPITRE II
GABRIELLE SIDONIE COLETTE

« Je n'ai jamais eu de camarades de mon espèce », 45. – « Des sauvages, des sauvages... Que faire avec de tels sauvages ? », 49.

CHAPITRE III
UNE ÉDUCATION À FUMET FOURIÉRISTE

« Elle bannissait les religions humaines », 61. – « Elle refaisait pour nous tout le tableau des sentiments humains », 65. – « Ma mystérieuse demi-sœur », 69. – « Ce qu'il faudrait écrire, c'est le roman de cet homme-là », 74. – « Taisez-vous et embrassez-moi », 79.

CHAPITRE IV
MADAME GAUTHIER-VILLARS

« Impossible à marier dans son pays », 85. – « L'Ange de minuit », 91. – « Avoir toujours tu les grandes rencontres de ma vie », 94. – « Le bastion de l'intimité artistique », 102.

CHAPITRE V
DE COLETTE À CLAUDINE

Les amitiés de pensionnaire, 112. – La maladie dont on tait le nom, 114. – « Je m'appelle Claudine, j'habite à Montigny », 122. – Jean

Lorrain : « La chatte portugaise », 124. – « La jeunesse du d'Harcourt », 129. – « Madame H.G.V. ... le nouveau jeune journaliste », 132. – « 93, rue de Courcelles », 135. – « Changer, c'est vivre », 139. – Fin de siècle, 142.

CHAPITRE VI
CLAUDINE
Georgie Raoul-Duval, 150. – Polaire, 154. – Flagrant délit, 157. – Paris-Mytilène, 164. – Ce couple exceptionnel, 172. – Les ateliers et « La Patronne », 177. – « Je veux danser la pantomime, je veux écrire des livres chastes », 179.

CHAPITRE VII
DANSE, THÉÂTRE ET MUSIC-HALL
« Une nouvelle étoile », 196. – « Paniska », 200. – « J'appartiens à Missy », 202. – « Le scandale du Moulin-Rouge », 205. – « Séparation de corps », 209. – « Proclamation de foi du mime-écrivain », 213. – « Les derniers chants amoebés », 215.

CHAPITRE VIII
LA CHAIR
« Colette Willy dans Claudine », 224. – « En camarades », 227. – « En tournée : 32 villes en 35 jours », 232. – « Pimprenette de Foligny », 233. – « Rien ne compte en amour, hormis le premier amour », 239. – « Écrire ! Verser avec rage toute la sincérité de soi », 241. – « L'oisiveté de mon ami... est un sujet d'effarement, pour moi, presque de scandale », 244. – « Henry de Jouvenel des Ursins », 246. – « La baronne de Bize », 249. – La mort de Sido, 253.

CHAPITRE IX
LA BARONNE DE JOUVENEL
« Une grossesse d'homme », 258. – « Musidora, filleule des fées, œuf d'oiseau bleu que j'ai un peu couvé », 262. – « Il est à Verdun, il est bien, il l'aime. Elle exulte », 266. – « Quelques coups de pied perfides », 271. – « Plus ça change... », 274. – « Le cours des choses », 282. – « Nul n'a plus de génie que Colette », 284. – « La perversité de combler un amant adolescent ne dévaste pas assez une femme, au contraire », 289.

CHAPITRE X
IL N'EST VENDANGE QUE D'AUTOMNE
« Je respire donc j'ai le devoir d'être heureux », 302. – « Que de tumulte toujours dans ma sacrée existence », 304. – « Je m'en vais à

ma maison vide pleine de promesses et d'ambitions », 309. – « Comme écrivain Colette reste à découvrir », 312. – « Que j'aime les choses que je ne comprends qu'à demi », 317. – « Roman qu'on dit à clé comme tu nous tentes », 318. – « ...L'homme extraordinaire que j'avais épousé... », 323.

CHAPITRE XI
DU PALAIS-ROYAL AU PALAIS-ROYAL

« Je m'appelle Colette et je vends des parfums », 337. – « Ah ! Je l'ai trop aimé pour ne le point haïr », 348.

CHAPITRE XII
L'ÉTOILE VESPER

Témoignages, 360. – « Ceux que je voulais durables, bien accrochés à leur vie et à la mienne, où sont-ils ? », 363. – « ...Paris est en guerre, le seul pays habitable. – Toute la province a le cafard », 365. – »Monsieur, ce sont les Allemands qui viennent arrêter Monsieur », 373. – « Colette demanda à Mauriac de l'aider à obtenir ma conversion », 378. – « Mille jours et plus de cinq cents encore », 379. – « Nous vivons des jours inquiets... et toujours ce besoin de vieillir qui nous accompagne », 381. – « ... C'est un plaisir encore très féminin que je goûte à être la seule femme des déjeuners Goncourt », 385.

CHAPITRE XIII
NE SUIS-JE PAS REINE ?

« Mon " anniversaire " a pris les proportions d'un scandale », 389. – « Autant que son œuvre son destin est admirable... », 398.

Cet ouvrage a été réalisé par la
SOCIÉTÉ NOUVELLE FIRMIN-DIDOT
Mesnil-sur-l'Estrée
pour le compte des Éditions Perrin
en février 1997

Imprimé en France
Dépôt légal : février 1997
N° d'édition : 1249 – N° d'impression : 37023